Alexander Stahlberg · Die verdammte Pflicht

ALEXANDER STAHLBERG

Die verdammte Pflicht

Erinnerungen 1932 bis 1945

ULLSTEIN

© 1987 Verlag Ullstein GmbH Berlin · Frankfurt/M.
Alle Rechte vorbehalten
Lektorat: Ferdinand Schwenkner
Satz: Fotosatz Gutfreund, Darmstadt
Druck und Verarbeitung: Ebner Ulm
Printed in Germany 1988
ISBN 3 550 07983 4

1. Auflage August 1987
2. Auflage Dezember 1987
3. Auflage Juni 1988

CIP-Kurztitelaufnahme der Deutschen Bibliothek

Stahlberg, Alexander:
Die verdammte Pflicht : Erinnerungen 1932 –
1945 / Alexander Stahlberg. – Berlin ;
Frankfurt/M. : Ullstein, 1987
ISBN 3-550-07983-4

Dem Andenken derer, die meine Wege kreuzten

Dietrich Bonhoeffer

Erich Fellgiebel

Eberhard Finckh

Ewald von Kleist-Schmenzin

Hans Oster

Georg Schulze-Büttger

Claus Graf Schenk von Stauffenberg

Henning von Tresckow

DANK

schulde ich denen,
die mich bei der Niederschrift meiner Erinnerungen beraten
und mir geholfen haben,
manche von mir aufgezeichnete Episode
zu kontrollieren und mich selbst zu prüfen.

Dr. Uta Freifrau von Aretin geborene von Tresckow
Professor Dr. Eberhard Bethge
Dipl.-Ing. Gottfried von Bismarck
Ludwig Freiherr von Hammerstein-Equord
Dorothee Freifrau von Hammerstein-Equord
geborene Claessen
Institut für Zeitgeschichte München
Dr. Manfred Kehrig
Bundesarchiv-Militärarchiv Freiburg
Professor Dr. Helmut Krausnick
Professor Dr. William G. Moulton, Princeton University
Luitgarde von Schlabrendorff geborene von Bismarck
Nina Gräfin Schenk von Stauffenberg
geborene Freiin von Lerchenfeld

Erich Fellgiebel und Fabian von Schlabrendorff haben
auch unter Folter meinen Namen nicht preisgegeben.
Professor Dr. Josef Wollensak,
der mit vier Augenoperationen mein Augenlicht rettete,
verdanke ich, daß ich noch schreiben kann.

INHALT

Prolog

Die dreissiger Jahre

 15 Friedrich-Wilhelms-Universität Berlin
 20 Eine Hochwildjagd
 24 Wilhelmstraße 74 am 30. Januar 1933
 36 Der Reichstag brennt
 39 Auf dem Brandenburger Tor
 43 Potsdam am 21. März 1933
 47 Görings Staatssekretär
 50 Von Berlin nach Hamburg
 57 Der 30. Juni 1934
 63 London
 75 Mitglied der NSDAP?
 80 Im 6. (Preußischen) Reiter-Regiment
 86 »Du bist mitverantwortlich!«
 96 Friedensjahre?
101 Dietrich Bonhoeffer
104 Hauskonzerte
107 Krisenjahre 1938 und 1939
121 Abschied vom Frieden

Beginn des Zweiten Weltkrieges

132 Nach Polen
149 Feldzug in Frankreich
155 Die Kathedrale von Amiens
162 Eine französische Dame
165 Nach Brest und Bordeaux
167 Wieder in Pommern

Angriff auf die Sowjetunion

- 171 Am Vorabend
- 178 Nach Moskau
- 190 Nicht Moskau, sondern Leningrad
- 193 Nicht Leningrad, sondern Tichwin
- 203 Das Tagebuch von 1942
- 210 Heimaturlaub
- 215 Noch einmal nach Leningrad?
- 221 Tresckow und Schlabrendorff

Generalfeldmarschall von Manstein

- 228 Meine neue Aufgabe
- 238 Stalingrad
- 245 Zum ersten Mal: Hitler am Telefon
- 249 Um das Schicksal der 6. Armee
- 255 Die Mission des Hauptmanns Behr
- 262 Stauffenberg bei Manstein
- 272 Zum ersten Mal: im Führerhauptquartier
- 280 Oberst Schulze-Büttger
- 283 Drei Tage Hitler
- 296 Lagebesprechungen in Saporoshje
- 307 »Und du hast ihn nicht totgeschossen?«
- 311 Ein Briefwechsel mit Generaloberst Beck
- 316 Begegnungen
- 320 Noch einmal Hitler in Saporoshje
- 324 Hitlers Berghof bei Berchtesgaden
- 328 Gefahr!
- 331 Ein »Türke« für die Türken
- 333 Unternehmen Zitadelle
- 336 Rommel und Kluge
- 340 Winniza
- 346 Rüstungsminister Speer
- 348 »Totaler Krieg«
- 354 Ein Zwischenruf
- 359 Das Treuegelöbnis
- 364 Reichsführer SS Heinrich Himmler
- 369 Die Entlassung

Das letzte Kriegsjahr

- 373 Liegnitz–Dresden
- 378 Generalmajor Henning von Tresckow
- 381 Botschafter Herbert von Dirksen
- 383 Offensiven von Westen, von Süden und von Osten
- 386 Berchtesgaden am 11. Juli 1944
- 390 Auf der Autobahn zwischen Liegnitz und Breslau
- 393 20. Juli 1944
- 400 Im Tannenberg-Denkmal
- 406 Dem Ende entgegen
- 411 Noch eine Hochzeit
- 420 Unheimliche Abreise
- 423 Die Agonie beginnt
- 429 April 1945
- 434 Hitler ist tot!
- 436 Vor Feldmarschall Montgomery

- 443 Personenregister

PROLOG

> *»Kriegt nichts! Hat nur seine verfluchte Schuldigkeit getan.«*
> Friedrich der Große
> (1744)

In der Aula des Grunewald-Gymnasiums zu Berlin haben sich die Schüler zur feierlichen Verabschiedung des Abiturientenjahrganges 1932, zu dem auch ich gehöre, versammelt. Die Stunde soll mit Musik umrahmt werden. Oberstudiendirektor Dr. Wilhelm Vilmar hatte mich gebeten, auf der Geige ein Stück aus der klassischen Literatur zu spielen. »Zum letzten Mal«, denn seit mehr als zwei Jahren war es meine Aufgabe gewesen, an jedem Montag für die musikalische Umrahmung der überkonfessionellen Morgenandacht zu sorgen.

Ich war leichtsinnig gewesen. Ich hatte ihm die beiden ersten Sätze aus Bachs Solosonate g-moll vorgeschlagen, auswendig selbstverständlich. Das sollte ich büßen, denn gleich bei Beginn des zweiten Satzes überfiel mich kalte Angst, ich könnte in der Fuge steckenbleiben. Ich würde »im Kreise herum« spielen und immer wieder an derselben Stelle landen, ohne die nächste »Weiche« zu greifen. Wie ein böser Traum würde es enden.

Ich zog mich mit einem wenig seriösen Trick aus der Affäre. Als das Thema der Fuge zum zweiten Mal kam, ging ich vom Forte zum Piano über, dann zum Pianissimo, bis ich schließlich, wie aus der Ferne noch gerade hörbar, mitten im Satz ausklingen ließ.

Meine Zuhörer fanden das Spiel offenbar wunderschön und applaudierten freundlich. Sei es, weil dieser Effekt eines musikalischen Abschiednehmens sie amüsierte, sei es, weil diese schwierige Musik so unerwartet schnell beendet war, denn nach Schluß der Feierstunde würde es schulfrei geben.

Im Anschluß an meinen musikalischen Abschied war unser »primus omnium« an der Reihe. Er entledigte sich seines Auftrages mit einer Rede in lateinischer Sprache, wenn ich mich recht erinnere, über das jedem Schüler so sattsam bekannte »non scholae, sed vitae discimus«. Ich für meine Person hörte gar nicht mehr zu, denn ich war froh, das Lateinische und Griechische hinter mir zu haben.

Dann erhob sich der in der ersten Reihe sitzende Oberstudiendirektor und strebte gemessenen Schrittes dem Podium zu. Dr. Vilmar sprach wie stets formvollendet. Er lobte seine fortschrittliche Schule. Er zitierte den Sonderstatus des Preußischen Kultusministeriums von 1920, der den Gymnasiasten der Oberstufe Bewegungsfreiheit zur Betonung dieser oder jener humanistischer oder realgymnasialer Fächer geschaffen hatte. Er vergaß nicht, das System der Koedukation der Geschlechter zu erwähnen. Alles wandte die Köpfe zu den beiden vorne sitzenden Mädchen, denn sie gehörten tatsächlich zu den besten Schülern dieses Jahrganges, ein lebendiger Beweis für die lobenden Worte des Direktors. Schließlich war die eine der beiden auch noch seine eigene Tochter!

Dann rief er einzeln die Namen der Abiturienten auf. Dazu klemmte er sein an einem dünnen schwarzen Bändchen hängendes Monokel ins Auge, um es jedesmal wieder herauszunehmen, wenn er das »Zeugnis der Reife« übergab.

Dr. Vilmar war der »geborene« Gymnasialdirektor. Er machte auch nicht die geringsten Anstalten, den ehemaligen Korpsstudenten zu verleugnen. Mit Autorität sorgte er dafür, daß an seiner Schule Pünktlichkeit und Ordnung selbstverständlich waren, ohne nur im geringsten mit liberalem Denken und echter Toleranz zu kollidieren.

Das Besondere an unserer Klasse war, daß sie zu mehr als der Hälfte aus Angehörigen jüdischer Familien bestand. Da wir in einer Zeit lebten, in der politische Leidenschaften und rassistische Ideologien die abartigsten Blüten trieben, lebten auch wir keineswegs auf einer fernen Insel. Vielmehr wurde in den Pausen zwischen den Unterrichtsstunden über die Tagesereignisse lebhaft diskutiert, und die vielfältigen politischen Meinungen prallten oft hart aufeinander. Man vertrat seine Meinung, als habe man der Weisheit letzte Erkenntnis für sich allein gepachtet. Doch kann ich mich nicht erinnern, daß jemals ein böses Wort gefallen wäre. Und undenkbar wäre es gewesen, daß irgend einer meiner Kameraden gar antisemitische Gedanken geäußert hätte. Er hätte sich aus der Klassengemeinschaft selbst ausgeschlossen.

Am Ende der Feierstunde erhob sich der Schulchor. Man wußte, welches Lied jetzt erklingen würde, denn Jahr für Jahr wurden die Abiturienten mit ihm entlassen. Wir liebten dieses Lied. Lebte doch jeder Gymnasiast dem Tage entgegen, an dem es einmal ihm selbst gelten würde. In diesem Jahre sollte es zum letzten Mal gesungen werden. Zwar stammte es von dem Dichter unserer Nationalhymne, Heinrich Hoffmann von Fallersleben, aber der Komponist dieses wunderschönen Chorliedes war Felix Mendelssohn-Bartholdy.

> Nun zu guter Letzt
> geben wir Dir jetzt
> auf die Wand'rung das Geleite.
> Wand're mutig fort,
> und an jedem Ort
> sei Dir Glück und Heil zur Seite.
> Wandern müssen wir auf Erden,
> unter Freuden und Beschwerden
> geht hinab, hinauf
> unser Lebenslauf;
> das ist unser Los auf Erden.

Fünfzig Jahre später trafen sie sich wieder in Berlin. Fast alle, die noch lebten, kamen. Die einen aus Süd-, die anderen aus Nordamerika, einige aus England, wenige aus Deutschland. Der einzige, der noch in Berlin lebte – oder genauer: wieder in Berlin lebte –, war ich selbst. Gemeinsam gingen wir durch die »Kolonie Grunewald«, die der erste deutsche Reichskanzler gegründet hatte, warfen einen Blick in das Klassenzimmer unseres Grunewald-Gymnasiums, das heute den Namen Walther Rathenaus trägt, der unweit von hier ermordet wurde. Und als wir auf dem Bahnhof Grunewald den Zug nach Wannsee erwarteten, wies einer von uns auf einen außen liegenden unbenutzten Bahnsteig, von dem aus in den düstersten Jahren der deutschen Geschichte nachts Menschen in Güterwagen verladen wurden, um niemals wiederzukehren.

In Wannsee nahmen wir den Dampfer, passierten die idyllische Pfaueninsel, einst Refugium preußischer Könige, und landeten am Schloß Glienicke. Im Rundgang durch den wiedererstandenen Park Lennés gab es einen edlen Wettstreit über Kunst und Humanismus in der Geschichte Preußens. Und siehe da, die »Engländer« und die »Amerikaner« wußten noch so viel darüber zu sagen, als hätten sie ihr Abitur im Grunewald-Gymnasium erst gestern bestanden. Wir diskutierten lange, bis sich jenseits der Havel die Sonne über der Silhouette von Potsdam neigte.

Dann kam der letzte Abend. In vertrauter Runde, fast so, als sei während der vergangenen fünfzig Jahre gar nichts Besonderes geschehen, begann einer nach dem anderen zu erzählen. Es wurde eine lange Nacht. Wir sprachen auch von denen, die nicht überlebt hatten.

Ich hatte darum gebeten, als letzter zu berichten. Aber als ich endlich an der Reihe war, fehlten Kraft und Zeit. Ich versprach, meine

Erlebnisse aufzuschreiben, denn in den Jahren zwischen 1932 und 1945 war ich einer von den vielen, die in das politische und militärische Geschehen mitten hineingezogen worden waren. Heute aber bin ich einer der wenigen, die noch unbeschwert berichten können.

Nun ist daraus dieses Buch geworden. Es richtet sich vor allem an die Jungen, denen es schwerfällt, die Zeit ihrer Väter zu verstehen. »Warum habt Ihr das nicht verhindert?« – »Warum seid Ihr diesem Psychopathen gefolgt?« Und jedesmal ringe ich um Antworten.

Mein Buch will kein Geschichtsbuch ersetzen. Derer gibt es inzwischen genug. Ich berichte, was ich selbst erlebt habe. Und ich gedenke, auch an unangenehmen Dingen nicht vorbeizuschreiben. Da es sich hier und dort herumgesprochen hat, daß ich an meinen Aufzeichnungen arbeite, hat es an Versuchen nicht gefehlt, mich zu beeinflussen: »Mußt Du das wieder aufwärmen? Kannst Du darüber nicht schweigen?« Ich habe stets einfach geantwortet: »Was mir um der geschichtlichen Tatsachen willen wichtig erscheint, werde ich nicht verschweigen.«

»Warum kommst Du mit Deinen Erinnerungen so spät an die Öffentlichkeit? Nachdem Du den Krieg überlebt hattest, wäre es doch besser gewesen, wenn Du Dich sofort an die Arbeit gemacht hättest.« Damals jedoch hatte ich nicht die Zeit zum Schreiben. Nachdem unsere Familie ihre Existenz verloren hatte, mußte gearbeitet werden.

Die Freunde aber gaben nicht Ruhe: »Du hast zu viel miterlebt, was nicht verlorengehen sollte. Du bist Menschen begegnet, die nicht vergessen werden dürfen. Du bist verpflichtet, es aufzuschreiben.« So reifte mein Entschluß, und als ich endlich Zeit hatte, begann ich.

DIE DREISSIGER JAHRE

FRIEDRICH-WILHELMS-UNIVERSITÄT BERLIN

»Mulus« war ich nun. Mulus nannte man in der Studentensprache den Abiturienten bis zum Beginn seines Studiums: nicht mehr Esel und noch nicht Pferd, sondern eine Kreuzung beider, ein Maulesel.

Mein Vater fragte mich, was ich werden wolle. Am liebsten Musiker, am allerliebsten Dirigent, hatte ich geantwortet. Zu stark hatten mich die ungezählten Konzerte Wilhelm Furtwänglers in der Berliner Philharmonie beeindruckt. Jahrelang hatte ich ihnen nicht mehr vom Parkett, sondern von der Podiumstreppe aus zugehört. Oft mit der Taschenpartitur auf dem Schoß.

Mein Vater schien auf meine Antwort vorbereitet. Zum ersten Mal eröffnete er mir, er wünsche, daß ich lieber früher als später in die Leitung seiner Stettiner Unternehmen einträte, die eines Tages meinem Bruder und mir gehören sollten. Er hoffe, sagte er, daß ich mich dieser mir zuwachsenden Aufgabe nicht entziehen werde.

Ich hatte das geahnt, wenn ich auch nie gewagt hätte, an meinen Vater in dieser Richtung Fragen zu stellen. Nun aber bat ich ihn um sein Einverständnis, vor meiner kaufmännischen Ausbildung noch ein paar Semester »Studium generale« zu absolvieren. Zu meiner Freude sagte er sofort zu.

Das Jahr 1932 war innenpolitisch von einer hektischen Dramatik gekennzeichnet. Die Amtszeit des Reichspräsidenten Paul von Hindenburg war nach sieben Jahren abgelaufen. Am 13. März war ein neuer Reichspräsident zu wählen, gemäß der Weimarer Verfassung vom ganzen deutschen Volk in direkter Wahl. Schillernd wie die politische Landschaft in der Endzeit der Weimarer Republik war der Kandidaten-Reigen, der zur Wahl stand: Hindenburg, der noch amtierende Präsident, getragen jedoch nicht mehr von den Parteien, die ihn vor sieben Jahren gewählt hatten, sondern von seinen damaligen Gegnern, der SPD, dem katholischen Zentrum, der Deutschen Volkspartei (DVP), der liberalen Deutschen Staatspartei und der Bayerischen

Volkspartei; Adolf Hitler (NSDAP), Hindenburgs am ernstesten zu nehmender Gegner; daneben der Kommunist Ernst Thälmann (KPD) und der Stahlhelm-Führer Theodor Duesterberg, Kandidat der konservativen Deutschnationalen Volkspartei (DNVP).

Nach einem mit wüsten Verunglimpfungen geführten Wahlkampf, bei dem weniger die Kandidaten als vielmehr das Amt des Staatsoberhauptes an Ansehen zu leiden hatte – es floß sogar viel Blut! –, gab es am Ende doch kein Ergebnis. Zwar erhielt Hindenburg mit mehr als 18 Millionen die meisten Stimmen, doch erreichte der alte Herr nur 49,6 Prozent und verfehlte knapp die notwendige absolute Mehrheit. Hitler erhielt 30,1 und Thälmann 13,2 Prozent.

Also war ein zweiter Wahlgang erforderlich. Am 10. April wurde Hindenburg mit 53 Prozent gewählt. Aber Hitler hatte sich auf 36,8 Prozent gesteigert!

Obwohl ich – damals neunzehn Jahre alt – noch nicht wahlberechtigt war, hatte ich mich doch für das politische Geschehen sehr engagiert. Ohne einer Partei oder sonstigen Gruppierung anzugehören, hätte ich im zweiten Wahlgang sicherlich Hindenburg gewählt.

Heinrich Brüning, ein Mann des katholischen Zentrums, war seit März 1930 Reichskanzler. Doch da seine Regierung keine Mehrheit im Reichstag besaß, regierte er mit Hilfe von Notverordnungen, die der Reichspräsident gemäß Artikel 48 der Reichsverfassung erließ.

Sofort nach der Wiederwahl Hindenburgs verbot die Reichsregierung am 13. April auf Grund einer Notverordnung die militärähnlichen Organisationen der Nationalsozialisten, SA und SS. Nun hoffte man auf innenpolitische Beruhigung.

So saß also der »mulus« in seinem dunkelblauen »Einsegnungsanzug« am Vormittag des 12. April 1932 zur Feier der Immatrikulation des neuen Semesters in der großen Aula der Friedrich-Wilhelms-Universität in der Straße Unter den Linden zu Berlin, um aus der Hand Seiner Magnifizenz, des Rektors Heinrich Lüders, die in lateinischer Sprache ausgefertigte Urkunde entgegenzunehmen: »Pomeranus Studiosus phil.« war ich nun.

Die Fächer, die ich belegte, konnte ich mir aussuchen. Im Grunewald-Gymnasium war ich in keiner Weise – außer in Musik – ein eifriger Schüler gewesen. Doch jetzt, in dem Augenblick, in dem ich frei und ungebunden selbst entscheiden konnte, hatte mich der Wissensdurst gepackt. Ich ging zu Martin Wolf, um Zivilrecht zu hören. Ihm konnte man nur mit äußerster Konzentration folgen, denn er sprach leise, doch frei und in kristallklarer Akzentuierung. Sein Hörsaal war stets überfüllt, und um vorne zu sitzen, mußte man beizeiten einen Platz belegen.

Bei Eduard Kohlrausch belegte ich Grundlagen des Strafrechts und war schon bei der ersten Vorlesung fasziniert von der realistischen Darstellung des Wertes und des Unwertes von Zeugenaussagen.

Zum Publizistikwissenschaftler Emil Dovifat ging ich, weil mich Zeitungen und der vielschichtige Prozeß ihres Entstehens faszinierten. Nun offenbarte sich mir, welch ein hohes Maß von Verantwortlichkeit hinter einer seriösen Zeitung zu stehen hatte.

Und schließlich hörte ich Romano Guardini, den katholischen Religionsphilosophen. Mich lockte nicht etwa der Katholizismus, sondern ich wollte einmal aus dem pietistischen Protestantismus meiner pommerschen Verwandtschaft ausbrechen. Von Guardinis philosophischen Gedankenwegen verstand ich wenig. Aber ich war beeindruckt von der Schönheit seiner Sprache und der Präzision seiner Gedanken. Nie zuvor hatte ich einen Theologen solchen Ranges gehört. – Welch ein hohes geistiges Niveau bot uns die Berliner Universität!

Welch ein Kontrast offenbarte sich aber in diesem Sommer 1932 außerhalb der Hörsäle, wenn man in den Pausen in die große Eingangshalle oder bei gutem Wetter in den Vorgarten an der Straße Unter den Linden zum »Steh-Convent« – kurz »Steh-Ce« genannt – ging. Korporierte Studenten trafen sich jeweils bei ihrem »Schwarzen Brett«, politische Gruppen hatten ihren Platz dort, wo es ihnen »taktisch«, ja sogar bisweilen »strategisch« günstig schien.

Kaum waren die politischen Kreise versammelt, pöbelten sie sich gegenseitig an, vor allem die Kommunisten und die Nationalsozialisten, meistens aus ganz nichtigen Gründen, oft aber ganz offensichtlich ohne den geringsten Anlaß. Oft genug wurde die Halle in wenigen Augenblicken zum Schauplatz wüster, meist blutiger Schlägereien. Im Rücken der vorne »Kämpfenden« entpuppten sich plötzlich deren »Hilfskräfte«, in der Regel Studentinnen, die ihren Aktentaschen alles das entnahmen, was zur Ausrüstung eines Sanitäters gehört. Bei den Kommunisten schien dies noch besser organisiert als bei den Nationalsozialisten.

Es gab auch eine deutschnationale, also konservative Gruppe, und nicht weit von dieser trafen sich die Mitglieder des Stahlhelm, einer ebenfalls rechts orientierten und damals in ganz Deutschland zahlenmäßig bedeutenden, fast paramilitärischen Vereinigung. Bei den Deutschnationalen wie auch dem Stahlhelm ließ ich meinen Namen und Adresse notieren, vorerst nur, um mit ihnen Verbindung zu halten, galt es doch damals als fast unvorstellbar, sich als Student nicht zu irgendeiner Studentenvereinigung zu bekennen. Doch kam es in meinen zwei Berliner Semestern nicht dazu, daß ich hier oder dort eine Mitgliedschaft erwarb. Als ein Jahr später auf Anweisung Hitlers der Stahlhelm in die SA überführt wurde, setzte ich mich noch an dem Tage, an dem ich dies erfuhr, hin, schrieb einen Brief und erklärte – »für den Fall, daß ich in den Listen des Stahlhelm ohne mein Wissen bereits als Mitglied geführt werde« – meinen Austritt. Eine Antwort oder Bestätigung habe ich nie erhalten.

Doch zurück zum Sommersemester 1932. Alles, was mit Politik zusammenhing, interessierte mich, und so ging ich gerne auch zu Massenversammlungen in den Sportpalast in der Potsdamer Straße, wo nicht nur alle bedeutenden Hallensportveranstaltungen Berlins stattfanden.

Jetzt standen dort die Veranstaltungen der Parteien im Vordergrund, die der Deutschnationalen in schrecklich mühseliger und spießig wirkender Verfassung, die der Deutschen Staatspartei, wie sich die Liberalen nannten, vor gähnend leerem Parkett, die des Stahlhelm in seinen grauen Windjacken mitten in einem Wald von Kriegsflaggen der Kaiserzeit und schließlich die der Nationalsozialisten in einem mich völlig fremd anmutenden Meer von braunen Hemden und roten Hakenkreuzfahnen. Eines jedoch hatten die Nazis allen anderen voraus: Ihre Massenkundgebungen waren blendend organisiert. Sie boten eine revuemäßige Schau. Der Höhepunkt war das Erscheinen des »Doktors«, womit Joseph Goebbels gemeint war. War Hitler selbst angekündigt, dann betrat er die Halle bei den Klängen des »Badenweiler Marsches«. Der war für ihn allein reserviert!

Goebbels hatte ich schon als Gymnasiast zusammen mit Hitler im Saalbau Neue Welt in der Hasenheide gehört. Damals hatte ich Goebbels mit einem aus etwa zwei Sätzen bestehenden Zwischenruf vom Parkett aus unterbrochen. Ich habe vergessen, was ich gerufen hatte. Sicherlich war es keine Freundlichkeit. Ich besinne mich aber, daß er mich ausreden ließ, um dann den von mir unterbrochenen Satz fortzusetzen. Später erst, gegen Ende seiner Rede, wandte er sich an mich: Der junge Mann, der es für richtig gehalten habe, ihn zu unterbrechen, dem wolle er nun doch noch eine Bemerkung widmen: Dieser Junge dort unten möge doch erst einmal darüber nachdenken, wie ungehörig es sei, den Leiter der größten Partei in Berlin zu unterbrechen. Mit dem Finger auf mich zeigend verpaßte er mir eine Replik über gutes Benehmen und Disziplin in der Öffentlichkeit. Und obwohl ich mit meinem Zwischenruf dieses Thema gewiß nicht angesprochen hatte, spendete der ganze Saal seinem »Doktor« begeistert Beifall.

Dann kündigte Goebbels mit laut schallender Stimme den Hauptredner des Abends an: Adolf Hitler.

Ich entsinne mich, daß Hitler frei sprach, daß er nicht hinter, sondern vor dem Podium stand. Auch weiß ich noch, daß er sehr leise begann. Trotzdem sprach er deutlich. Kein Wort ging verloren. Während die Tonlage seines Vorredners kaum gewechselt hatte, variierte Hitler sie ständig. Tonhöhe, Lautstärke, Lautfarbe, Tempo. Das verriet sorgfältige Planung der Rede. Meist ahnte der Zuhörer schon bei Beginn eines Satzes, ob der Redner am Ende Applaus wünschte. Es war beeindruckend zu beobachten, in welchem Maße er seine Zuhörer in den Griff nahm, weniger vom Inhalt des Satzes her, als mit den Mitteln seiner Rhetorik.

Im Mai 1932 bot mir mein Patenonkel Herbert von Bismarck an, mich zu einer Plenarsitzung in den Reichstag mitzunehmen. Er war Abgeordneter der Deutschnationalen Volkspartei (DNVP). Ich sagte sofort zu und traf ihn am 11. Mai 1932 vor dem Südportal, das den Parlamentariern vorbehalten war. Bis zum Beginn der Sitzung war noch Zeit, so daß mir mein Onkel das Innere des großen Hauses zeigen konnte.

Selbstverständlich imponierte mir die pompöse Inneneinrichtung mit den holzgetäfelten Wänden und den dunkelroten Fenstervorhängen und Teppichen. Gewiß konnte man sich über so viel Prachtentfaltung streiten. Doch es ließ sich nicht leugnen, daß sie das ausstrahlte, was man mit einem einzigen Wort kennzeichnen konnte: Würde.

In den Foyers und Wandelgängen wimmelte es von Abgeordneten, die miteinander diskutierten. Und mein Onkel bemerkte, er freue sich zu beobachten, wie viele Abgeordnete über ihre Parteigrenzen hinaus hier, außerhalb des Plenarsaales, noch wie vernünftige Menschen miteinander reden konnten. Ich solle einmal beobachten, wie das schlagartig beendet sein würde, wenn die Glocke zum Sitzungsbeginn rufe.

Dann wies er mir den Weg zur Zuschauertribüne und meinte, ich solle mir möglichst früh einen Platz dort oben suchen, denn es sei angekündigt worden, der Reichskanzler Dr. Brüning werde heute sprechen.

So erlebte ich, ohne es vorher gewußt zu haben, Brüning in einer historischen Stunde: Es sollte seine letzte Reichstagsrede sein. Er beschwor das Parlament, ihm Zeit zu lassen, man sei »dem Ziel nahe«.

Was mit dem Ziel gemeint war, lag auf der Hand: die Überwindung der kommunistischen ebenso wie der nationalsozialistischen Gefahr.

Brüning beeindruckte mich, und von der Sache her hätte ich ihm nur zustimmen können. Doch Brüning wirkte auf mich asketisch. Sein blasses Gelehrtengesicht verriet, in welchem Maße ihn die Last der Tagespolitik gezeichnet hatte. Doch besaß er nichts von dem, was ein von Leidenschaften aufgewühltes Volk, was den »Mann auf der Straße« hätte faszinieren können, auch nicht uns junge Studenten.

Nur wenige Wochen sollten noch verstreichen, bis Hindenburg am 30. Mai 1932 Reichskanzler Brüning fallen ließ. Brünings Parteifreund im preußischen Landtag, Franz von Papen, wurde Reichskanzler; als wichtigster Mann neben ihm übernahm General Kurt von Schleicher das Reichswehrministerium.

Papen war im Kriege Generalstabsoffizier gewesen und fand bald des alten Marschalls Sympathie. Er trat aus dem Zentrum aus, ehe man ihn dort wahrscheinlich wegen seines »Verrats« an Brüning ausgeschlossen hätte. Papen und Schleicher präsentierten dem Reichspräsidenten ein Kabinett, das vertrauenswürdig schien. Nur drei Minister waren parteilich (DNVP) gebunden, die anderen waren parteilose Fachleute. Die Nationalsozialisten (NSDAP) hoffte man zu beruhigen und zur Mitarbeit zu bewegen, indem man Hitler die Aufhebung des Verbots der SA und Neuwahlen zum Reichstag als Preis für die Tolerierung der neuen Regierung anbot.

Wirtschaftliche Not der Bevölkerung und geschickt verbrämte Propaganda brachten den radikalen Parteien – besonders NSDAP und KPD – viel Zulauf. Bei den Wahlen des Jahres 1932 zum Preußischen Landtag (24. April) und zum Reichstag (31. Juli und 6. November) gerieten die demokratischen Kräfte endgültig in die Defensive. Reichskanzler Papen regierte mittels Notverordnungen. Die sozialdemokratische preußische Regierung war nur noch geschäftsführend im Amt, bis ihre verfassungswidrige Absetzung durch Papen am 20. Juli (»Preußenschlag«) erfolgte. Die Maßnahmen trugen jedoch nicht zur Beruhigung der innenpolitischen Verhältnisse bei.

Eine Hochwildjagd

An einem der letzten Tage des Monats September 1932 erreichte mich telefonisch eine unerwartete Einladung. Mein Onkel Hans von Wedemeyer aus Paetzig in der Neumark bat mich zum 18. Oktober zu einer

Hochwildjagd. Nach Paetzig zur Jagd auf Rot- und Schwarzwild eingeladen zu werden, bedeutete für einen jungen Mann eine Auszeichnung. Doch schon folgte der Wermutstropfen: »Aber ohne Gewehr.« Ich fragte, ob ich denn mit den Treibern gehen sollte. Doch mein Onkel antwortete: »Nicht mit den Treibern, sondern mit meinem Freunde, dem Reichskanzler Franz von Papen.« Da gab es für mich kein Nachdenken. Ich sagte sofort zu. Auf meine Frage, wie er denn gerade auf mich gekommen sei, sagte Onkel Hans, erstens sei das für einen jungen Mann, der sich für Politik interessiere, eine gute Aufgabe; zweitens könne man doch einen Reichskanzler nicht allein im Walde herumlaufen lassen; und schließlich sei er auf mich gekommen, weil ich das Paetziger Jagdrevier gut kenne.

Als ich am frühen Morgen des Jagdtages mit dem kleinen Opel meiner Mutter in Paetzig eintraf, saß die große Jagdgesellschaft bereits an der langen Frühstückstafel und genoß die ländlichen Köstlichkeiten, die meine Tante für diesen Tag aus dem Keller hatte kommen lassen. Ich begrüßte Onkel und Tante. Dann geschah das erste für mich Unerwartete dieses Tages: Onkel Hans stellte mich seinem Freunde »Fränzchen«, dem Reichskanzler, vor. Soviel Vertraulichkeit hatte ich nicht erwartet. »Mein Neffe wird Dich heute begleiten und Dir zur Verfügung stehen.« Papen erhob sich und streckte mir die Hand entgegen. Wie unkonventionell, wie freundlich, wie sympathisch – das war mein erster Eindruck.

Ich machte die Runde um den langen Tisch. Eine bemerkenswerte Gesellschaft war hier zusammengekommen. Rechts von meiner Tante saß Prinz Wilhelm, der älteste Sohn des ehemaligen deutschen Kronprinzen, neben ihm mein Patenonkel Herbert von Bismarck, der mich so freundlich durch den Reichstag geführt hatte, dann meine Vettern Henning und Gerd von Treskow und schließlich auch der spätere Paetziger Schwiegersohn Klaus von Bismarck aus Kniephof. Das versprach, ein interessanter Jagdtag zu werden.

Er wurde tatsächlich interessant, allerdings nicht vom jagdlichen Geschehen her, denn die Jagd wurde das, was erfahrene Waidmänner eine »Quasseljagd« nennen. Es wurde mehr geredet als geschossen. Papen, dem ich nun für einen Tag lang nicht von der Seite zu weichen hatte, begann damit schon auf der Fahrt zum Walde. Mit Lebhaftigkeit schilderte er in allen Details die Reichstagssitzung vom 12. September. Zum ersten Mal war das Zusammengehen der Nationalsozialisten mit den Kommunisten offenbar geworden, so daß der Reichskanzler mit einer für diesen Fall vorbereiteten Verfügung des Reichspräsidenten von Hindenburg das Parlament aufgelöst hatte. Der ganze Jagdwagen hörte gebannt zu. Das unqualifizierte taktische Benehmen des Reichstagspräsidenten Hermann Göring hatte Papen weniger politisch als persönlich getroffen.

Im Sumpfgebiet des Mittelsees führte ich Papen über einen Pirschpfad zur »Alicen-Kanzel«. Bald saßen wir beide oben auf dem schmalen Sitzbrett und harrten der Dinge, die nun kommen sollten. Noch war das Treiben nicht angeblasen, als der hohe Herr rechts neben mir erneut zu reden begann. Es war gewiß nicht meine Aufgabe, den Herrn Reichskanzler zu jagdgemäßer Ruhe anzuhalten. So beantwortete ich ein paar viel zu laut gesprochene Worte über die Naturschönheit dieses Reviers in tonlosem Flüstern. Doch meine Tonlosigkeit blieb ohne jeden Erfolg, denn unvermittelt überfiel er mich mit einer hochpolitischen Frage: Es interessiere ihn zu hören, was ein junger Student wie ich von seiner Aktion gegen die preußische Staatsregierung hielte. Insbesondere wolle er von mir wissen, wie ich es beurteilen würde, wenn die Reichsregierung das zu erwartende Gerichtsverfahren des Landes Preußen gegen das Reich »verhindern« würde.

Ich besinne mich noch, wie sehr mich diese Frage des Reichskanzlers erschreckte. Es gehörte kein besonderes Wissen dazu, um die Ungeheuerlichkeit seiner Frage an einen jungen Studenten zu ermessen. Etwas verlegen bat ich ihn – wieder im Flüsterton – um Verständnis für mein Unvermögen, seine Frage so aus dem Stegreif zu beantworten. Dann erlösten mich endlich die Hornsignale zum Beginn des Treibens. Jetzt endlich wurde es auch auf der Alicen-Kanzel ruhig.

Nun hätte eigentlich um uns herum der dramatische Teil der Jagd beginnen müssen, war doch die Alicen-Kanzel im Mittelsee das Beste, was Onkel Hans in seinem an Wild überreichen Revier einem so prominenten Ehrengast bieten konnte. Indes, an diesem Tage kam hier einfach nichts. In weiter Ferne fielen wohl ein paar Schüsse, doch auch im zweiten Treiben des Tages blieb die Strecke mehr als dürftig. Da nun aber eine Jagd nach guter alter Sitte einen Jagdkönig haben muß, wurde einer der Gäste einfach zum Jagdkönig erklärt. Die Ehre fiel Vetter Henning von Tresckow zu. Der Adjutant im Potsdamer 9. (Preußischen) Infanterie-Regiment (I. R. 9) war es also, der abends beim Essen die Rede des Jagdkönigs halten würde. Das war gut so, denn Henning konnte brillante Tischreden halten.

Im übrigen wurde an diesem Jagdtag bei jeder sich bietenden Gelegenheit politisch diskutiert. Ich sehe sie noch vor mir: den Reichskanzler, meist umringt von einem Kreis ehrfürchtiger Bewunderer; unstreitig trug er von allen den schönsten Jagdanzug, maßgeschneidert in einem erstklassigen Atelier. In merkwürdigem Kontrast zu ihm die ländlichen Märker und Pommern in schäbigen Lodenmänteln (je älter und abgenutzter der Mantel, desto glaubwürdiger der Waidmann). Da waren noch Patenonkel Herbert von Bismarck, der Landrat a. D. des Kreises Regenwalde, nun als Reichstagsabgeordneter sich stets preußisch-korrekt gebend, meist im Gespräch mit Prinz Wilhelm von Preußen, Typ eines frisch-fröhlichen Haudegen; oder Franz-Just von Wedemeyer aus Schönrade, der ältere Bruder von Onkel Hans, jederzeit bereit, sich lustig zu machen über diejenigen, welche die Politik überflüssigerweise »viel zu ernst nahmen, um erfolgreich zu sein«; oder Vetter Henning, meist wie auf der Suche, zwanglos und unbefangen Kontakte zu alten Bekannten zu pflegen oder neue anzubahnen; ausgestattet mit einigen der schönsten Eigenschaften, die die Natur an einen Mann zu vergeben hat: mit Geist und Charme.

Zum Diner war Gala befohlen; ältere Herren hatten nicht versäumt, die »kleine« Ordenschnalle anzulegen. Nun kamen auch die Damen hinzu; Hennings Frau Erika – Eta, wie sie stets genannt wurde – bildete den Glanzpunkt der Gesellschaft. Nie wieder bin ich einem Ehepaar begegnet, das gemeinsam soviel Harmonie und Schönheit ausstrahlte wie Henning und Eta Tresckow. Die erste Tischrede galt der Ausrufung des Jagdkönigs durch den Jagdherrn. Onkel Hans tat das diplomatisch und in Reimen. Das miserable Jagdergebnis lastete er dem Regenwetter an; Petrus, der Jünger des Herrn, der Fischer sei an allem schuld, denn er habe vom Himmel herab zuviel des Wassers gespendet.

Die Erwiderung Henning Tresckows ist mir nicht erinnerlich. Dafür jedoch einige der Gedanken des Reichskanzlers: Er begann mit den üblichen Elogen, er habe den Tag auch ohne Jagdstrecke genossen, er fühle sich wohl unter preußischen Konservativen, und hingewendet zu dem ihm gegenübersitzenden deutschen Kronprätendenten schloß er mit einem temperamentvollen Bekenntnis zur – Monarchie.

Aber trotz so vieler schöner Worte endete der Abend mit einem argen Mißklang. Selbstverständlich hatte es gut und reichlich zu trinken gegeben. So entzündete sich Streit an einer Nichtigkeit. Einer der Gäste hatte sein Stahlhelm-Abzeichen über anstatt unter dem Kettchen mit den Kriegs- und Hausorden der Hohenzollern befestigt. Es bedurfte der Beschwichtigungen des Hausherrn, den Streit um den Rang des Stahlhelm-Abzeichens zu schlichten und die Ruhe wiederherzustellen. Der peinliche Zwischenfall machte mich betroffen. Ein

Stück meiner preußisch-konservativen Welt hatte einen Stoß bekommen.

WILHELMSTRASSE 74 AM 30. JANUAR 1933

Zum vierten Mal im Jahre 1932, im Lande Preußen sogar zum fünften Mal, gingen die deutschen Wähler am 6. November zur Wahl (zwei Wahlgänge zur Wahl des Reichspräsidenten, eine Wahl zum Preußischen Landtag und zwei Reichstagswahlen).

Als am Tage danach die Ergebnisse bekanntwurden, war die Sensation perfekt. Hitler und seine NSDAP hatten seit dem 31. Juli nicht weniger als zwei Millionen Stimmen verloren. War der Kulminationspunkt der Nationalsozialisten überschritten? Etwa die Hälfte der Abtrünnigen hatte offenbar kommunistisch gewählt, andere waren des ständigen Wählens einfach überdrüssig geworden und zu Hause geblieben, wieder andere waren zu den Konservativen zurückgekehrt. Doch noch immer verfügten KPD und NSDAP zusammen über die absolute Mehrheit im Reichstag. Das Parlament war also weiterhin nicht arbeitsfähig.

Reichskanzler von Papen konnte seine Vorstellungen von einer autoritären Regierung unter Ausschaltung des Reichstages im Kabinett und auch beim Reichspräsidenten nicht durchsetzen und mußte am 17. November zurücktreten. Zwei Wochen später, am 3. Dezember, ernannte Hindenburg den bisherigen Reichswehrminister General Kurt von Schleicher zum Kanzler. Papen ließ er wissen, das Kabinett Schleicher solle nur eine Übergangslösung sein. Er möge ihm weiter zur Verfügung stehen. Der Reichspräsident war des ständigen Feilschens um die Gunst der Parteien überdrüssig. Papen solle ein überparteiliches Kabinett der »nationalen Konzentration« unter Einschluß Hitlers zustande bringen.

So blieb der Reichskanzler a. D. zunächst in seiner Dienstwohnung in der oberen Etage des »Hinterhauses« in der Wilhelmstraße 74 wohnen. (Schleicher bezog keine Dienstwohnung.) Von der Wohnung Papens aus konnte man über eine Gartentreppe auf der Rückseite des Hauses den von einer Mauer umgebenen Garten und von diesem aus die Gärten aller Ministerien durch Seitenpforten von Garten zu Garten erreichen. Auf diese Weise konnte der Reichskanzler a. D. ungesehen von Straßenpassanten auch zu Hindenburg gelangen. Mit anderen Worten: Der amtierende Reichskanzler von Schleicher hatte ebenso wie sein Amtsvorgänger direkten Zugang zum Staatsoberhaupt. Vorausgesetzt, man besaß die Schlüssel für die Verbindungstüren. Papen hatte sie.

In diesen Wochen wurde viel über den inneren Zustand der NSDAP gerätselt. Nicht allein der Stimmenverlust vom 6. November gab dazu genügend Anlaß, sondern es sickerte durch, daß die Partei finanziell gefährdet sei. Einige ihrer mächtigen Geldgeber aus Industrie und Wirtschaft seien dabei, sich zurückzuziehen. Auch an der Person Hitlers wurde selbst in Kreisen seiner Anhänger Kritik geübt. Nicht Hitler, sondern sein Stellvertreter Gregor Strasser, den man einem »linken«, also gemäßigteren Flügel der Partei zurechnete, sei der kommende Mann. Jedenfalls blieb es in Berlin nicht verborgen, daß der neue Reichskanzler Schleicher um Kontakte zu Strasser bemüht war. Das deutete auf einen Versuch Schleichers hin, die NSDAP zu spalten.

Dies etwa war die innenpolitische Lage, als ein paar Tage vor Weihnachten bei uns in der Bismarckstraße das Telefon klingelte und mein Onkel Hans von Wedemeyer mich zu sprechen wünschte. Er sei jetzt bei seinem Freunde Papen, um ihn zu beraten und ihm zu helfen. Papen sei auch nach seiner Entlassung politisch tätig, entbehre dabei aber bis jetzt eines kleinen Arbeitsstabes. Man brauche noch einen jungen Mann im Sekretariat, und so fragte er mich im Einverständnis mit Papen, ob ich für einige Zeit bereit sei zu helfen.

Da gab es für mich kein langes Überlegen, und Onkel Hans bat mich, zu ihm zu kommen: Wilhelmstraße 74 – Hinterhaus – eine Treppe.

Sofort fuhr ich mit einem Omnibus bis zum Brandenburger Tor, und wenige Minuten später betrat ich zum erstenmal das mir bezeichnete Haus. Über einen kleinen Lichthof hinweg erreichte ich das Hinterhaus. Diese Bezeichnung offenbarte sich mir allerdings als reichlich untertrieben. Über eine breite Marmortreppe gelangte ich in die erste Etage; wie ich später erfuhr, war hier seit langen Jahren die Dienstwohnung des Reichsministers des Inneren.

Neben einer großen Glastür mit prachtvoller Jugendstildekoration drückte ich auf den Klingelknopf. Durch die großen Ornamente auf dem Glas konnte man schemenhaft in das Innere der Wohnung hineinschauen. Keine Spur von Sicherheitsvorkehrungen, so »offen« konnte damals noch ein hoher Politiker mit seiner Familie leben.

Ein liebenswürdiges junges Mädchen öffnete mir die Tür und sagte, sie sei eine der Töchter des Hauses. Dann erschien Onkel Hans und ging mit mir zur linken Seite in einen recht dunklen Büroraum. Das Zimmer lag zum Lichthof, und man mußte auch bei Tage das elektrische Licht einschalten.

Hier saß bereits eine Cousine von Onkel Hans, Maria Gräfin Bredow, am Schreibtisch. Ich war erstaunt, sie hier zu treffen. »Tante Manni«, wie sie in der Verwandtschaft genannt wurde, führte eigentlich in Pommern, in der Nähe von Stargard, ihrem Vater, einem pensionierten General, Haus und landwirtschaftlichen Betrieb. »Tante Manni« war in Hinterpommern bekannt und geachtet. Nicht umsonst galt ihr der Spitzname »der Dragoner«. Wir drei würden nun also »das Sekretariat des Reichskanzlers a. D. von Papen« darstellen.

Onkel Hans deutete an, daß es für uns drei in den nächsten Wochen viel zu tun geben werde, da Papen einen politischen Auftrag des Reichspräsidenten von Hindenburg habe. Für uns gelte das Gebot äußerster Verschwiegenheit. Mehr erfuhr ich vorerst nicht. Doch ich dachte mir mein Teil. Es lag ja fast auf der Hand, daß hier offenbar Papens Rückkehr an die Macht geplant wurde.

Auf meine Frage, was hier meine Aufgabe sein werde, sagte Onkel Hans, sie hätten mich als »Mädchen für alles« vorgesehen. Mir sollte das recht sein.

Dann gingen wir über den Flur hinüber in einen großen, mit Eleganz eingerichteten Salon. Papen begrüßte mich wie einen alten Bekannten und stellte mich seiner Frau vor, einer Dame mit großer Ausstrahlung und natürlicher Vornehmheit. Es wurde Tee serviert, und ich fühlte mich wie aufgenommen in diesen Kreis.

Bald erhielt ich meinen ersten Auftrag. Seit er nicht mehr im Amt sei, fehle ihm ein Presse-Attaché. Ich schlug ihm vor, an jedem Morgen im Lesesaal der Universitätsbibliothek alle wichtigen Zeitungen von links bis rechts durchzusehen und die, die er lesen sollte, dann an einem Kiosk Unter den Linden zu kaufen und für ihn übersichtlich lesefertig zu machen. Damit war er einverstanden. »Bitte nehmen Sie viel Rotstift und Schere, damit ich Zeit spare«, schloß er.

Dann galt es, den offen im Büro liegenden Terminkalender zu betreuen, das Telefon zu hüten, angemeldete Besucher zu empfangen (oder auch andere »abzuwimmeln«). Schließlich war die eingehende Post – täglich wahre Berge – zu sortieren.

Soweit ich in dieser Zeit Briefe an Papen zu lesen hatte, ist mir nicht erinnerlich, daß auch nur ein einziger Schreiber vorgeschlagen hätte, Papen möge sich politisch mit Hitler zusammentun. Wohl aber entsinne ich mich des Gegenteils. Wenn aus solchen Briefen ein Trend herauszulesen war, dann war es der Wunsch nach Abschaffung des Parteienstaates und Etablierung einer konstitutionellen Monarchie.

Nach der Weihnachtspause wurde es in Papens Wohnung lebendig. Er war am 4. Januar insgeheim im Hause des Bankiers Freiherrn Kurt von Schröder in Köln mit Hitler zusammengetroffen. Beide, Hitler wie Papen, wollten die Vertraulichkeit ihrer Unterredung wahren. Doch schon am 5. Januar meldete die »Tägliche Rundschau« an erster Stelle die Zusammenkunft in Köln: »im Hause eines Freundes der NSDAP«. Zu Recht geht man, wie ich meine, heute davon aus, daß diese Kölner Zusammenkunft die Weiche zum »Dritten Reich« gestellt hat. Jedenfalls haben sich in den Tagen danach die Ereignisse bis hin zum 30. Januar überstürzt, denn nun war die politische Öffentlichkeit hellwach geworden.

In der Wohnung Papens gab es ein ständiges Kommen und Gehen. Inzwischen mußte in dem kleinen Ländchen Lippe am 15. Januar 1933 ein neuer Landtag gewählt werden. Hitlers gesamte Parteiprominenz stürzte sich zehn Tage lang auf die nur hunderttausend Wahlberechtigten, denn die NSDAP wollte ein Ergebnis erzwingen, das der gesamten Öffentlichkeit in Deutschland zeigen sollte, daß der Niedergang bei der Reichstagswahl vom 6. November 1932 in das Gegenteil gewendet sei. Trotzdem gelang es Hitler nicht, wie beabsichtigt, in Lippe die absolute Mehrheit zu erreichen. Die NSDAP wurde zwar stärkste Partei, brachte es aber gegenüber der letzten Reichstagswahl nur auf ein Plus von dreieinhalb Prozent. Sofort nach dieser Wahl, die die Nationalsozialisten in ihren Zeitungen so gut sie konnten propagandistisch ausschlachteten, schien es manchmal so, als gäben sich die Politiker bei uns gegenseitig die Türklinke in die Hand. Viele kannte ich aus Zeitungen und Illustrierten.

Alfred Hugenberg, der Parteivorsitzende der Deutschnationalen (DNVP), sah wirklich nicht so aus, wie man sich einen Politiker solchen Ranges vorstellte. Vom Äußeren her hätte er der Oberbuchhalter eines Industriekonzerns sein können. Sein Berater und häufigster Begleiter Otto Schmidt-Hannover schien mir ein weit besseres Kaliber. Ihn kannte ich schon seit Jahren, weil ich mehrmals Gast in seinem Hause gewesen war. Daher wußte ich genau, daß dieser Mann ein weit klareres Urteil über Hitler besaß als sein Chef.

Wie so oft schien mir auch an der Spitze des Millionen Mitglieder zählenden Stahlhelms der zweite Mann besser als der erste. Dem zufolge, was ich am Rande dieser Konferenzen mitbekam, schien mir die Nummer eins in der Person von Franz Seldte ein völlig unbedeutender

Mann, während mir Theodor Duesterberg die politischen Machtverhältnisse weitaus nüchterner zu übersehen schien. Auch ihm bot Papen ein Ministeramt an. Aber Duesterberg ließ plötzlich wissen, er habe jüdisches Blut in seinen Adern. Allein deshalb komme er für die Regierung nicht in Frage. Dieser Vorgang zeigt im übrigen deutlich, daß man sich in diesen Besprechungen über die rassistisch-ideologischen Perspektiven einer Kanzlerschaft Hitlers sehr wohl klar war. Duesterberg schien sein Ablehnungsgrund sogar sehr willkommen. Desto freier argumentierte er gegen Hitler. Daß Papen sich so intensiv um eine Regierungsbeteiligung des Stahlhelm bemühte, der doch keinen Status einer Partei hatte, bewies, daß hier an einer Konstruktion gearbeitet wurde, die sich einem demokratisch und frei gewählten Parlament überhaupt nicht mehr stellen sollte, jedenfalls vorerst nicht.

Mehr und mehr wurde klar, daß Papen auf eine Veränderung der Staatsform hinarbeitete. Tatsächlich trauerten wir der Weimarer Republik auch nicht nach. Allzu schwach hatte sie sich erwiesen. Ich jedenfalls ahnte damals noch nicht, daß eine Demokratie sehr wohl stark sein kann.

Eines Tages öffnete sich die große Glastür zum Treppenhaus, und ich stand Hitler gegenüber. Hinter ihm waren noch ein paar andere Männer, ich vermag nicht mehr zu sagen, wer und wie viele. Mein erster Eindruck war Erstaunen, Erstaunen darüber, daß er mindestens einen halben Kopf kleiner war als ich. Seine Fotografen und Plakatmaler hatten ihn also stets von unten nach oben porträtiert, so daß er größer schien, als er tatsächlich war. Bevor er eintrat, blieb er einen Augenblick lang vor mir stehen und fixierte mich mit seinen auffällig blauen Augen.

Ich wußte es schon seit langem, daß Hitlers Blick »so unglaublich faszinierend« sei. Ich war also nicht unvorbereitet auf meine erste Begegnung mit ihm. Bei diesem ersten persönlichen Zusammentreffen mit ihm empfand ich aber sofort: Dieser Blick war nicht echt; das war Pose, nichts als Pose, vor dem Spiegel eingeübt.

Er streckte mir die Hand entgegen, entließ einige Leute seiner Begleitung und folgte mir in die Garderobe.

Bereitwillig ließ er sich von mir aus seinem Trenchcoat helfen. Als ich den Mantel in den Händen hatte, dachte ich einen Moment lang, daß er schwerer sei als üblicherweise ein Mantel dieser Sorte.

Dann brachte ich ihn zu Papen in den großen Salon. Es waren noch andere Herren anwesend, aber ich war von der Hauptperson und der

Bedeutung dieses Besuchs so in Anspruch genommen, daß ich heute nicht mehr sagen kann, wer noch anwesend war.

Als ich die Tür zum Salon hinter mir geschlossen hatte und auf dem Wege zum Büro die Garderobe passierte, begegnete mir eine der Töchter Papens. Sie hatte den Trenchcoat des berühmten Besuchers inspiziert und zog nun vor meinen Augen gleichzeitig mit beiden Händen aus beiden Manteltaschen zwei – Pistolen heraus: Fabrikat Walther, Sonderausführung hochglanzvernickelt, samt eingeführten Patronenmagazinen.

Am späten Nachmittag dieses Tages, als die Besucher das Haus bereits verlassen hatten, wurde ich zusammen mit Hans von Wedemeyer zum Tee gebeten. Verständlicherweise gab es nur ein Gesprächsthema: Man müsse das Experiment mit Hitler wagen, wiederholte Papen mehrfach. Mit nicht mehr als drei Nationalsozialisten in der Regierung »könne praktisch nichts schiefgehen«. Man könne sie doch leicht überstimmen und kontrollieren. Man müsse dem Vorsitzenden der stärksten Partei eine demokratische Chance geben. Er, Papen, sei überzeugt, daß Hitler sich, sobald er die Last der Regierungsverantwortung trage, »in wenigen Wochen selbst ad absurdum führen« werde. »Leider gibt es nun einmal keine Politik ohne Risiko«, fügte er hinzu.

An einem anderen dieser Tage – es dürfte der 25. Januar 1933 gewesen sein – öffnete ich wieder einmal die große Glastür der Papenschen Wohnung, und vor mir stand mein Onkel Ewald von Kleist aus Schmenzin in Pommern. Ohne mir einen Gruß zu sagen, fragte er mich, nicht gerade freundlich: »Was machst Du denn hier?« Ich fühlte mich wie ein Schüler, den sein Lehrer beim Abschreiben erwischt hat, und stammelte wohl so etwas wie »ich helfe hier im Büro«. Prompt kam seine Replik: »Ach sieh einmal an, Du hilfst also hier, damit der Hitler Reichskanzler wird?« Kein weiteres Wort, während ich ihm aus dem Mantel half. Dann, so kalt, wie nur Onkel Ewald sein konnte: »Dann melde mich mal bei Deinem Herrn Reichskanzler an.« (Papen ließ sich auch jetzt noch gerne mit »Herr Reichskanzler« anreden, obwohl er es nicht mehr war. Das hatte sich herumgesprochen.)

»Der Schmenziner« – so nannte man den Onkel Ewald in Pommern, weil es dort so viele Kleists gab – erschien jetzt täglich bei Papen, manchmal sogar zweimal am Tage. Bis zum 29. Januar ging er bei Papen sozusagen ein und aus. Wedemeyer hatte das initiiert. Der Schmenziner war gewissermaßen das schärfste Kaliber unter den konservativen Antipoden Hitlers, das man damals in den Kampf werfen konnte.

29

Dieser Erzkonservative gehörte keiner Partei an, auch nicht der Deutschnationalen. Hugenberg, ihr Vorsitzender, sei nicht mehr als »ein Männchen«, hatte ich ihn einmal sagen hören.

Der Schmenziner gehörte übrigens zu den ganz wenigen Menschen, die sich der Mühe unterzogen hatten, Hitlers »Mein Kampf« zu lesen, und zwar so gründlich und kritisch, daß er eines Tages den Entschluß gefaßt hatte, den Autor dieses Buches aufzusuchen, um eine Reihe von mehr oder weniger nur angedeuteten Partien in einem persönlichen Gespräch zu »klären«. Das Gespräch Kleists mit Hitler hatte eindeutige Ergebnisse gebracht, und der Schmenziner wurde nicht müde, dies allen denen, die es hören wollten, immer wieder bereitwillig zu interpretieren. Unser »Volk ohne Raum« – nach dem Titel eines Buches von Hans Grimm – werde nicht bestehen können, wenn es ihm nicht gelinge, nach Osten zu expandieren, bis zum Ural, bis zu den Häfen des Schwarzen Meeres... so hatte es Hitler ihm gesagt.

Nach seiner Begegnung mit Hitler 1932 veröffentlichte Kleist eine Broschüre mit dem Titel »Der Nationalsozialismus – eine Gefahr«, die Aufsehen erregte.

Kleist hatte noch einen anderen Pfeil in seinem Köcher, seine verwandtschaftliche Beziehung zum alten Hindenburg. Er hatte in diesen Tagen bei ihm eine Privataudienz erwirkt, um ihn vor Hitler zu warnen. Damit war des Schmenziners politisches Gewicht gegenüber Papen von erheblicher Bedeutung, denn Hindenburg hatte seinem Neffen Kleist versichert, er denke nicht im entferntesten daran, Hitler zum Reichskanzler zu machen.

So war es zweifellos mehr als nur Taktik, daß er Papen in diesen Tagen eine konkrete Alternative zu der geplanten Regierung Hitler – Papen abrang. Diese Alternative bestand in einem Kabinett Papen (Reichskanzler) mit Kleist-Schmenzin als Reichsinnenminister. Sie war als Übergangsregierung gedacht, bis eine Revision der Reichsverfassung von Weimar erarbeitet und beschlossen sein würde.

Wenn wir drei, Wedemeyer, Gräfin Bredow und ich, uns gemeinsam im Sekretariat zusammenfanden, wurde über die Perspektiven dieser Alternative viel und intensiv diskutiert. Wir waren uns darin einig, daß die von Kleist gedachte Übergangsregierung nur mit Hindenburg und der Reichswehr möglich sein werde. Sie würde ohne Gewaltanwendung gegen Hitlers SA nicht Bestand haben. Im Kreis dieser Überlegungen besann man sich auch wiederholt darauf, daß Hindenburg noch immer ein gewisses Schuldgefühl zu den Ereignissen des November 1918 empfand, als er dem Kaiser den letzten Anstoß zur Abdankung, zur Beendigung der monarchischen Staatsform gegeben hatte. Vielleicht verspürte der alte Herr jetzt Gelegenheit, etwas gutzumachen.

Aus diesen Tagen erinnere ich mich eines telefonischen Anrufs des Reichskanzlers Schleicher. Solch ein persönlicher und direkter Anruf war ganz ungewöhnlich. »Hier Schleicher, verbinden Sie mich mit Herrn von Papen!« klang es aus dem Hörer. Aus irgendeinem Grunde konnte ich nicht sofort verbinden. Ich sagte ihm das und bot an, so schnell als möglich zurückzurufen. Da wurde Schleicher zu meinem Erstaunen sofort laut, ja sogar ausfallend. Mir blieb nichts übrig, als schweigend zuzuhören. Um es ganz schlicht zu sagen: Der amtierende Reichskanzler am anderen Ende der Leitung tobte, um dann unvermittelt aufzulegen.

Nun suchte ich Papen in der großen Wohnung, fand ihn bald und berichtete über den Anruf. Als ich ihn fragte, ob ich eine Verbindung mit dem Reichskanzler schaffen solle, verneinte er.

Ich habe nie den Grund für das ungewöhnliche Verhalten Schleichers erfahren. Die an sich unbedeutende Episode kennzeichnet jedoch die nervöse Lage dieser Tage.

Am 27., es kann auch am 28. Januar gewesen sein, gab Papen uns im Sekretariat den Auftrag, darauf zu achten, daß Kleist-Schmenzin nicht mehr die Wohnung verließ, ohne einem von uns seine jeweilige Adresse und Telefonnummer zu hinterlassen. Sie sei auf einen Briefbogen zu schreiben und offen auf den ersten Schreibtisch im Sekretariat zu legen. Wir seien dafür verantwortlich, daß Kleist-Schmenzin jederzeit sofort erreichbar sei. Ich besinne mich, daß der Schmenziner häufig die Adresse einer Casino-Gesellschaft in der Bendlerstraße hinterließ.

Ein für uns neuer Name tauchte in diesen Tagen auf: General Werner von Blomberg, der sich in der deutschen Delegation beim Völkerbund in Genf befand, sollte Reichswehrminister werden. Ein »unpolitischer« General, so hieß es, also ganz das Gegenteil zu General von Schleicher.

Dann geisterten plötzlich Gerüchte durch die Wohnung, ich hörte davon zum erstenmal durch eine der Töchter von Papens. Reichskanzler von Schleicher und General Kurt von Hammerstein-Equord, der Chef der Heeresleitung, planten mit der Potsdamer Garnison einen Staatsstreich. Nun wäre es nicht das erste Mal in der Geschichte gewesen, daß Zweckgerüchte in die Welt lanciert wurden. Dann, am 28. Januar, kam die Nachricht vom Rücktritt Schleichers, und nun schien es, als überstürzten sich die Ereignisse. Dazu muß man wissen, daß die weitaus meisten Telefongespräche, die von der Wohnung Papens und hin zu ihr geführt wurden, Gesprächen mit Hindenburgs Staatssekretär Meißner oder Hindenburgs Sohn und Adjutanten Oberst Oskar von Hindenburg galten.

Als ich am 30. Januar, von der Universität kommend, mit den Zeitungen des Tages die Wohnung betrat, fand ich die Tür zum großen Salon hin offen. An der Glastür zur Gartentreppe stand Frau von Papen und rief, sich zu mir umwendend: »Kommen Sie, Herr Stahlberg, kommen Sie schnell und schauen Sie! Dort gehen sie!« Ich sah hinunter in den Garten, in dem noch eine dünne Schneedecke lag. Gerade verschwanden die letzten vier oder fünf in feierliches Schwarz gekleideten Herren durch die Tür zum linken Nachbargrundstück. Wahrhaftig durch die Hintertür, wie es später so oft gesagt worden ist. »Jetzt werden sie beim alten Hindenburg ihren Eid leisten«, sagte Frau von Papen. Ihre Stimme zitterte. Nach einer langen Pause – sie sah noch immer zu der Gartenpforte – sagte sie leise vor sich hin: »Oh mein Gott, oh mein Gott, ich habe Angst.«

In diesem Augenblick klingelte es an der Wohnungstür. Es war ein Telegraphenbote, er händigte mir ein durch seinen prall gefüllten Umschlag als ungewöhnlich lang erkennbares »dringendes« Telegramm an Papen »persönlich« aus. Ich gab es Frau von Papen, die den Umschlag öffnete. Sie las es durch und reichte es mir. Da mir der Name des Absenders unbekannt war, kann ich mich seiner nicht mehr erinnern. Wohl aber besinne ich mich, daß das Telegramm aus München kam. Auch sein Inhalt ist mir noch gegenwärtig: Der Absender, offenbar ein persönlicher Freund Papens, beschwor ihn, Hitlers Ernennung zum Reichskanzler zu verhindern, mindestens jedoch hinauszuschieben. Man verfüge in München über absolut zuverlässige Informationen, daß die NSDAP vor dem finanziellen Zusammenbruch stehe. Die mit dieser Partei zusammenarbeitenden Banken hätten weitere Kredite verweigert. Es sei nur noch eine Frage von Tagen, bis die Konten der Partei seitens der Banken geschlossen würden.

Ich blickte Frau von Papen an und fragte sie, ob ich laufen solle, um das Telegramm ihrem Mann nachzubringen. »Nein, es ist zu spät. Es würde auch nichts nützen. Mein Mann ist fest entschlossen«, antwortete sie. Dann wandte sie sich ab, und ich merkte, daß sie weinte.

Ich setzte mich in das leere Büro und begann, Posteingänge und Zeitungen zu ordnen. Vor mir lag noch das Blatt mit der Adresse und Telefonnummer von Ewald von Kleist. Etwas später betrat Frau von

Papen das Büro, um mir zu sagen, die neue Regierung sei soeben vereidigt worden. Ihr Mann habe es ihr am Telefon mitgeteilt.

Nun brauchte ich also nicht mehr abzuwarten, um für den Fall, daß der Reichspräsident in letzter Minute anderen Sinnes geworden sei, den Schmenziner zu alarmieren. Ich nahm Hut und Mantel, um in die Universität zu gehen und in der Mensa Mittag zu essen. Die Spannung der letzten Tage war gewichen. Die Würfel waren gefallen.

Während ich die Treppe hinunterging, faßte ich den reichlich kuriosen Plan, die ersten drei Menschen, denen ich in der Wilhelmstraße begegnen würde, anzusprechen und zu fragen, ob sie schon wüßten, daß Hitler Reichskanzler geworden sei, und zweitens mir zu sagen, was sie davon hielten.

Als ich die Straße betrat, sah ich, daß sich in südlicher Richtung bei der Reichskanzlei, vor Hindenburgs Dienstsitz (das Reichspräsidentenpalais wurde gerade renoviert), eine stattliche Menschenmenge angesammelt hatte. Ich ging aber in nördlicher Richtung und sprach auf der fast leeren Straße nacheinander drei Passanten an, den ersten noch vor dem Hause 74, den zweiten vor der englischen Botschaft und den dritten vor dem Modegeschäft Braun an der Adlonecke. Keiner von ihnen wußte von der Neuigkeit und keiner war mir gegenüber bereit, seine Meinung zu sagen, so oder so. So sehr die Regierungsbildung mich erregt hatte, so gleichgültig – oder vielleicht auch so unsicher – reagierten alle drei von mir Befragten.

Unzufrieden mit meinem so mageren Meinungsforschungsergebnis fragte ich Unter den Linden, etwa vor dem preußischen Kultusministerium, nochmal einen Passanten: »Wissen Sie schon, daß Hitler...« Diesmal gelang es mir gar nicht, bis zur zweiten Frage vorzustoßen. Ohne stehenzubleiben, erwiderte der Befragte: »Na und?« So gab ich meine Meinungsforschung auf.

Gleich nach dem Essen fand ich mich wieder in der Wilhelmstraße ein. Ich kam gerade rechtzeitig. Papen stand in der Mitte des Salons, von seiner Familie umringt. Er müsse seine Meinung über Hitler gründlich revidieren, sagte er. Es habe bereits eine erste Sitzung des neuen Kabinetts stattgefunden, und Herr Hitler habe diese ganz ausgezeichnet geleitet. Er, Papen, habe ihm das bisher nicht zugetraut.

Der neue Reichskanzler, fuhr er fort, habe für heute abend seine Parteiorganisationen zu einem großen Fackelzug durch das Brandenburger Tor und die Wilhelmstraße aufgerufen. Herr Seldte habe sofort angekündigt, der Stahlhelm werde sich anschließen, der Berliner Rundfunk habe bereits den Auftrag, die ganze Bevölkerung für heute abend zum Marsch in das Stadtzentrum aufzurufen. In sämtlichen deutschen Städten würden ebensolche Fackelzüge stattfinden. In Berlin werde es heute abend ein gewaltiges Ereignis sein. Es sei beeindruckend gewesen, sagte Papen, wie zielbewußt und souverän Hitler dies alles angeordnet und verkündet habe.

Dann bat mich Papen, zum Hotel Adlon zu gehen und für heute abend auf seinen Namen ein Zimmer mit Balkon in der ersten Etage zu bestellen und seine Töchter dorthin zu begleiten, damit auch sie den Fackelzug ansehen könnten. Er selbst und seine Frau würden dem Ereignis von der Reichskanzlei aus zuschauen.

Ich tat, wie mir geheißen, erfuhr dann aber im Adlon, daß die erste Etage für heute abend bereits ausgebucht sei. In der zweiten Etage aber bekam ich einen Raum.

Als ich die Damen abends dorthin führte und wir den Balkon des Zimmers betraten, erschien gerade die Spitze des Zuges mit Marschmusik in der mittleren Durchfahrt des Tores. Diese mittlere Durchfahrt des Brandenburger Tores war seit seinem Bau am Ende des 18. Jahrhunderts ausschließlich dem Staatsoberhaupt und dessen gleichrangigen Gästen vorbehalten gewesen. Darum traf es mich schmerzlich, daß nun die braun uniformierten Kolonnen hindurchmarschierten.

Wohl jeder Deutsche kennt heute die Fotografien vom Marsch der SA durch das Brandenburger Tor am Abend des 30. Januar 1933. Eindrucksvoll scheinen sie zu beweisen, in welch mustergültiger Ordnung und in welchen Massen die SA durch die drei mittleren Durchfahrten strömte.

Indes, ich muß die Leser dieser historischen Berichte enttäuschen. Sie alle sind noch heute Opfer der Propaganda des Herrn Goebbels, Hitlers Propaganda-Chef. Die heute bekannten Aufnahmen stammen nicht vom Abend dieses Tages, sondern wurden auf Order von Goebbels Jahre später zum Zwecke von Filmaufnahmen nachgestellt. Die perfekte Ausleuchtung der Plätze diesseits und jenseits des Tores beweist es.

Tatsächlich lag das Brandenburger Tor fast im Dunkeln. Die Straßen waren so gut wie schneefrei, die wenig lichtstarken Straßenlaternen mit den braunen Uniformen und den roten Hakenkreuzfahnen vermittelten eine düstere, eine unheimliche Atmosphäre. Ebenfalls konnte gar keine Rede davon sein, daß die Zuschauer beim Brandenburger Tor in Massen gejubelt hätten. »Gejubelt« wurde an diesem Abend nicht beim Brandenburger Tor, sondern im Umfeld der Reichskanzlei, in der Wilhelmstraße, wo sich Hindenburg an einem, Hitler an einem anderen Fenster zeigte.

Unter unserem Balkon im Adlon Hotel war der Bürgersteig allenfalls zu einem Viertel seiner Breite besetzt, und die Volksstimmung hielt sich in Grenzen.

Die Szene änderte sich plötzlich, denn auf dem Balkon unter dem unseren erschien eine fröhliche Gesellschaft, angeführt von dem berühmten Filmschauspieler Hans Albers. Laut und unbeschwert – »Hallo, jetzt komm' ich!« – tönte er vom Balkon herunter. Seine weinselige, mehr oder weniger dekolletierte Begleitung stimmte ausgelassen ein. Alle schwenkten Champagnergläser und prosteten den Menschen auf dem Bürgersteig zu. Hans Albers' Erfolg war überwältigend, denn die Menschen unter uns wandten nun den braunen Kolonnen den Rücken und jubelten dem so beliebten »blonden Hans« zu. Er zeigte sich dankbar: Eine seiner Schönen hatte plötzlich ein silbernes Tablett in ihrer Hand, bedeckt mit allerlei Schachteln von Zigaretten. Der große Filmstar griff zu und riß Schachtel um Schachtel mit großer Geste auf; der Inhalt regnete hinunter auf die Menschen. Die Szene gehörte nicht mehr der SA, sie gehörte eindeutig dem blonden Hans. Bis das silberne Tablett geleert war. Ebenso schnell, wie sie auf dem Balkon erschienen waren, verschwanden alle wieder im Zimmer unter uns, denn es war ein recht kalter Abend.

Nachdem die braunen Marschkolonnen mit ihrem Meer von Fackeln an uns vorbeimarschiert waren, erschien der Stahlhelm. Das triste Grau der Windjacken und die weit geringere Zahl an Fackeln dokumentierten bildhaft, daß man nun zum Anhängsel geworden war.

Als ich die mir anvertrauten jungen Damen in ihre Wohnung zurückgebracht hatte, gedachte ich, mir den südlichen Teil der Wilhelmstraße mit der Reichskanzlei anzuschauen. Ich kam jedoch nicht weit, denn hier war die Straße nun wirklich von der Menge verstopft, und obwohl die letzte der Marschkolonnen sich bereits aufgelöst hatte, schrien und winkten die Menschen noch immer zu dem Fenster, in dem Hitler sich in Abständen auch jetzt noch zeigte. Hindenburg schien sich bereits zurückgezogen zu haben.

Erst auf meinem Heimweg wich die Spannung des Tages, und ich begann nachzudenken, was nun wohl kommen würde. Vermutlich lag auf meinem Schreibtisch in der Wilhelmstraße 74 noch immer der Zettel mit der Telefonnummer von Ewald Kleist-Schmenzin. Er war – neben Hans Wedemeyer – der einzige gewesen, der bis zur letzten Stunde versucht hatte, Papen in den Arm zu fallen.

In Papens Memoiren »Der Wahrheit eine Gasse« (1952) sucht man den Namen Kleist-Schmenzin vergeblich. Ewald von Kleist-Schmenzin starb nur wenige Tage vor dem Ende des oftmals von ihm vorausgesagten Krieges, am 9. April 1945, in Berlin-Plötzensee unter der Guillotine.

Seit dem 30. Januar 1933 führte Papen die Dienstbezeichnung »Der Stellvertreter des Reichskanzlers und Reichskommissar in Preußen«. Sein Dienstsitz als Reichskommissar befand sich im preußischen Staatsministerium, den Diensträumen des Ministerpräsidenten Otto Braun bis zum 20. Juli 1932. Dort stand ihm nun wieder eine Pressestelle zur Verfügung. Ihr Leiter war der Oberregierungsrat Herbert von Bose. Damit war meine Tätigkeit als »Pressereferent« erledigt. Papen bat mich aber, ihm auch weiterhin zur Verfügung zu stehen. Im mindesten bestand meine Aufgabe darin, ihn bei öffentlichen Anlässen zu begleiten und für die Erledigung von Sonderaufträgen bereit zu sein.

Hat doch das Auftreten eines Politikers mehr Gewicht, wenn sich in seiner Begleitung mindestens ein Referent oder Adjutant, oder wie immer man solche Herren nennen will, befinden, ganz zu schweigen von dem Notizblock in der Tasche des Betreffenden, denn oftmals gilt es, Gesprächsfetzen oder Termine festzuhalten. Von einer Honorierung ist in meinem Fall weder vor noch nach dem 30. Januar jemals die Rede gewesen.

Als Stellvertreter des Reichskanzlers, also als Vizekanzler, verfügte Papen vorerst über keinerlei Diensträume. Sie entstanden erst auf Initiative meines Nachfolgers Fritz Günther von Tschirschky. Ihm verdankte Papen die Planung, personelle Besetzung und Etatisierung des Amtes und gegen Ende Mai den Einzug in die neuen Diensträume im Palais Borsig, an der Ecke Voßstraße und Wilhelmplatz, also unmittelbar neben der Reichskanzlei.

Hans von Wedemeyer und ich gingen vorerst in der Wohnung Wilhelmstraße 74 weiterhin ein und aus.

Der Reichstag brennt

Der Abend des 27. Februar 1933 begann für mich zu Hause mit einigem Ärger. Mein Rundfunkempfänger versagte wieder einmal seinen Dienst. Ich hatte das Gerät vor ein paar Jahren aus einem Baukasten selbst gebastelt. Aber bisweilen streikte es, und nichts war schwieriger, als den Fehler zu finden. So auch diesmal, als ich zwischen Rauschen und Pfeifen plötzlich die Meldung hörte, der Reichstag stehe in Flammen.

Ich sauste die Treppe hinunter und traf per Omnibus nach fünfzehn bis zwanzig Minuten vor dem Brandenburger Tor ein.

Das große Gebäude stand in voller Breite in Flammen, und auch aus der Kuppel züngelte das Feuer empor.

Die Brandstelle war in weitem Umkreis von Polizei abgesperrt, so daß ich – obwohl neugierig – nicht in die Nähe des Feuers gelangen konnte. Ich ging zur Siegesallee, um dort vielleicht ein Loch in der Absperrung zu finden, und kam, vorbei an den weißen Marmordenkmälern der brandenburgischen und preußischen Herrscher, zur Siegessäule, die damals noch vor der Front des Parlaments stand. Doch auch hier stieß ich auf die dichte Postenkette der Polizei. Dafür hatte ich jetzt die Hauptfront des Reichstages in voller Breite vor mir. Ein wahrhaft gespenstischer Anblick bot sich hier, und es gehörte nicht viel Phantasie dazu, um die politische Bedeutung dieses Feuers – sechs Tage vor der nächsten Reichstagswahl am 5. März – zu ermessen. Unzählige Feuerwehren waren noch mit dem Löschen beschäftigt.

Ich suchte mir unter den Polizeiposten einen älteren grauhaarigen Beamten und fragte ihn, wer das wohl angesteckt habe. Genauso unbefangen wie meine Frage kam seine Antwort: »Einer ist schon festgenommen.« Ich fragte weiter: »Nur einer?« »Ja«, sagte der Polizist, »nur einer.« Ich hakte nach, in der Dunkelheit der Nacht sprach sich so etwas leichter: »Wie lange hat denn der gebraucht, um dies Riesengebäude zum Brennen zu bringen?« »Zehn bis fünfzehn Minuten sollen es gewesen sein«, war seine Antwort. Seine Kameraden und er seien aber erst zusammen mit der Feuerwehr hier eingetroffen, und da habe das Haus schon aus der Kuppel gebrannt.

Durch unser so offenherzig geführtes Gespräch ermuntert, bat ich ihn nun, mich doch durch die Absperrung durchzulassen, denn ich sei Sekretär des Vizekanzlers von Papen. »Haben Sie einen Dienstausweis?« fragte er. »Nein, einen Dienstausweis habe ich nicht«, mußte ich ihm sagen. Es tue ihm leid, doch ich möge zum Brandenburger Tor gehen, dort sei ein Durchlaß für »Berechtigte«.

Leider tat ich das dann aber nicht mehr. Was hätte das auch für einen Sinn haben sollen. An Neugierigen war hier ohnehin kein Mangel.

Hätte ich gewußt oder mir klargemacht, daß Papen sich eben zu dieser Zeit mit Hitler, Goebbels, Göring und ihren Begleitern an der

Brandstelle befand, dann hätte ich doch noch manches aus der Nähe beobachten können, was des Nachdenkens wert gewesen wäre.

Am nächsten Tage, dem 28. Februar, schaute ich vor der Vorlesung in der Wilhelmstraße herein. Papen war jedoch nicht in der Wohnung, er sei in der Reichskanzlei, sagte seine Frau. So kam ich nachmittags ein zweites Mal, um nach Aufträgen zu fragen. Dieses Mal traf ich ihn an. Er bat mich, wie so oft, zu einer Tasse Tee.

Papen war erregt über die Ereignisse der letzten Stunden und sprach sofort über die »kommunistische« Brandstiftung. Er sei einer der ersten im brennenden Reichstag gewesen, denn er habe das Feuer vom Herrenclub in der Voßstraße aus sehr schnell gesehen. Im Reichstag habe er als einen der ersten Herrn Göring getroffen. Später seien noch Hitler und Goebbels erschienen. Göring sei immer von neuem – so wörtlich – »in Jubelrufe ausgebrochen«, Jubel darüber, daß die Kommunisten der Regierung die Freude bereitet hätten, nun endlich und rücksichtslos gegen ihre Partei vorgehen zu können. Göring habe sich auf die Schenkel gehauen!

Ich holte etwas Luft und sagte: »Herr Reichskanzler, ich habe heute nacht das Feuer gesehen. Ich kann mir einfach nicht vorstellen, daß ein einziger Mann in wenigen Minuten dieses große Gebäude in Brand gesetzt haben soll.« Papen erwiderte sofort: »Haben Sie oder irgendjemand einen Beweis, daß es weitere Brandstifter gab?« Ich sagte: »Nein. Aber den Verdacht.« Papen erwiderte, man könne sich nur an Beweise halten. Ein Brandstifter sei auf frischer Tat ertappt und festgenommen worden. »Das ist ein Beweis, und der paßt in das Konzept der Kommunisten.« Der Mann habe auch gestanden, das Feuer gelegt zu haben und Kommunist zu sein. Ich gab noch nicht nach und sagte, ich sei nicht so fest davon überzeugt, daß der Brand in das Konzept der KPD passe. Dann fragte ich ihn: »Herr Reichskanzler, wird der Reichstag wieder aufgebaut werden? Ich meine, daß der Reichstag trotz all der vielen Ärgernisse der zurückliegenden Jahre doch ein Symbol für das gesamte Deutsche Reich ist. Man darf doch nicht vergessen, daß es Bismarck gewesen ist, unter dessen Regierung der Bau entstand.« Papen sah mich etwas verblüfft an, schwieg einen Augenblick und bemerkte dann, daß über einen Wiederaufbau weder heute nacht noch heute vormittag in der Kabinettssitzung gesprochen worden sei. Hitler habe vielmehr seine Genugtuung darüber geäußert, daß »die Schwatzbude« nicht mehr existiere.

Ich empfand es als ungut, daß der Vizekanzler den Reichskanzler so kommentarlos zitierte. Doch was sollte ich junger Student dazu sagen?

Daß der Reichstagsbrand eine hochpolitische Sache war, wußten Hitler und Papen auch ohne mich. Während dieses Gespräches aber wußte ich noch nicht, daß man an diesem Tage gerade die Unterschrift des alten Hindenburg zur neuesten Notverordnung gemäß Artikel 48 der Reichsverfassung eingeholt hatte. Nicht nur die KPD war verboten worden – dies allein hätte mich persönlich gar nicht gestört –, sondern die Grundrechte der freihheitlichen Verfassung waren aufgehoben worden. – Ich erfuhr das erst abends aus meinem Rundfunkempfänger.

Als ich nach Hause kam, zeigte meine Mutter mir das neueste Heft der »Woche« mit Bildern aus den ersten deutschen Konzentrationslagern. Ich kannte das Heft schon aus dem Lesesaal der Universität. Ich nahm es am nächsten Morgen mit und legte es mit der geöffneten Seite von Oranienburg dem Vizekanzler auf seinen Schreibtisch.

Die Entstehung des Brandes im Reichstag ist auch heute, ein halbes Jahrhundert später, noch immer umstritten. Der Holländer Marinus van der Lubbe, den man an diesem Abend des 27. Februar auf frischer Tat ertappt hatte, dürfte mit Sicherheit Brandstifter gewesen sein. Er wurde in Leipzig vom Reichsgericht zum Tode verurteilt und hingerichtet. Doch die Gerüchte sind nie verstummt, Göring, der Reichstagspräsident und Innenminister Preußens, habe mit einer Gruppe von SA-Leuten durch den unterirdischen Gang zwischen seiner Dienstvilla und dem Parlamentsgebäude die Hand im Spiel gehabt.

Und es gab noch andere Vermutungen, so um die schillernde Figur des stadtbekannten »Hellsehers« Jan Hanussen, der hinter van der Lubbe die Fäden gesponnen haben sollte. Wenige Wochen nach dem Brand wurde Hanussen unweit Berlins ermordet aufgefunden. Schließlich sprach man in Berlin vom Oberbranddirektor Gempp, der die Löscharbeiten geleitet hatte. Gempp habe angeblich bedeutende Mengen von Brandmaterial in einem Raum des brennenden Gebäudes sammeln und einschließen lassen. Ihrer Menge nach hätten sie angeblich den Verdacht erhärtet, daß es mehrere Brandstifter gegeben habe. Gempp – so hieß es – sitze im Gefängnis. Später hörte man, Gempp sei in seiner Zelle erschossen aufgefunden worden.

Für mich ist der Verdacht gegen Göring und die Nationalsozialisten nicht ausgeräumt, denn sie allein zogen gezielt und wohlvorbereitet Vorteil aus der Situation.

Auf dem Brandenburger Tor

Am 5. März 1933 war Reichstagswahl. Ein Trommelfeuer von Propaganda und Versprechungen wie nie zuvor war auf die Deutschen niedergegangen. Die NSDAP, die noch im Januar vor dem Bankrott gestanden hatte, verfügte jetzt plötzlich als »Regierungspartei« offenbar über so viel Geld, wie sie wollte. Trotz massiven Straßenterrors und Druck auf die Wähler konnten die Nationalsozialisten ihr Ziel, die absolute Mehrheit, nicht erreichen. Heute sind sich Wissenschaftler darin einig, daß dieses Wahlergebnis noch korrekt ausgezählt worden ist. Deshalb ist das Ergebnis vom 5. März 1933 überaus aufschlußreich. Es erhielten:

	Mandate	Prozente der Stimmen
Nationalsozialisten (NSDAP)	288	43,9
Deutschnationale (DNVP)	52	8,0
Zentrum	73	11,2
Sozialdemokraten (SPD)	120	18,3
Kommunisten (KPD)	81	12,3
übrige Parteien	33	6,3
	647	100,0

NSDAP und DNVP hatten somit zusammen 340 Mandate, also (mit 51,9 Prozent) die absolute Mehrheit. Nach demokratischen Spielregeln hatten die Konservativen, für die sich nun auch der ehemalige Zentrumsabgeordnete und nunmehrige Vizekanzler Papen eingesetzt hatte, eine außerordentlich starke Position, bildeten sie doch das »Zünglein an der Waage«. Die nationalsozialistische Regierung indessen wandte einen üblen Trick an: Sie hatte dem deutschen Wähler einen Stimmzettel vorgelegt, auf dem die am 28. Februar, also vor fünf Tagen, wegen des Reichstagsbrandes verbotene KPD sich scheinbar noch zur Wahl stellte. Nun aber, nach der Wahl, erklärte die Regierung die kommunistischen Stimmen für »ungültig«. Ohne die 81 Abgeordneten der KPD bestand der jetzt neugewählte Reichstag nicht mehr aus 647, sondern nur noch aus 566 Abgeordneten, so daß die NSDAP nunmehr ohne Koalitionspartner über die Mehrheit im Parlament verfügte. Damit war der unbestreitbare Wahlerfolg der Nazis auf »legale Weise« zum Staatsstreich umgemünzt.

Als die Wahlergebnisse am Morgen nach der Wahl bekannt wurden, befand ich mich in der Universität. Wie üblich, traf man sich in der Mittagspause zum »Steh-Ce« im Vorgarten zur Straße Unter den Linden, als plötzlich, wie von unsichtbarer Hand gelenkt, an den Fahnenmasten der öffentlichen Gebäude ringsum Hakenkreuzflaggen gehißt wurden. Augenblicklich entstand unter den Hunderten von Studenten eine ungeheure Erregung. Die Nazis brachen in Heil-Rufe aus, demokratisch und konservativ organisierte Studenten ließen ein gellendes Pfeifkonzert ertönen. Die Universität war wieder einmal zum brodelnden Hexenkessel geworden. Ich eilte, um mich zu orientieren, durch das Gebäude hindurch zur Dorotheenstraße und sah, daß auch dort auf den Dächern und in den Fenstern Flaggen aufgezogen wurden, jedoch entgegen den Häusern auf der Hauptstraße weit mehr schwarz-weiß-rote als Hakenkreuzflaggen, denn dort lagen weniger Diensträume als Wohnungen und private Geschäftsräume. Während ich zurück zum Vorgarten lief, überlegte ich, was man tun könne. Der Gedanke, die Hakenkreuzflagge würde durch einen zweifellos wohlorganisierten Handstreich zur Flagge des Deutschen Reichs, war für mich unerträglich.

Im Vorhof stieß ich auf den mir gut bekannten Kommilitonen Ernst Wolf Mommsen. Er zeigte sich meinen Überlegungen um eine Nasenlänge voraus. Er wußte schon, daß die Nazis ihre SA aufgeboten hätten, die Hakenkreuzfahne zu einer ausgegebenen Uhrzeit handstreichartig auf allen öffentlichen Gebäuden zu hissen, nicht nur in Berlin, sondern in ganz Deutschland. Der Wahlsieg sollte zelebriert und die Hakenkreuzflagge zum neuen Staatssymbol erhoben werden.

Mommsen hatte bereits unter seinem Arm eine zusammengerollte schwarz-weiß-rote Flagge. Mit laut schallender Stimme rief er die ihn umstehenden Studenten auf, mit ihm zum Brandenburger Tor zu laufen, um seine Fahne am Siegesstab der Quadriga auf dem Tor zu hissen. Die symbolische Bedeutung des Brandenburger Tores könne über die Frage entscheiden, welches die neue Nationalflagge Deutschlands sein werde. »Wessen Fahne zuerst auf dem Tor weht, der hat gewonnen!« rief er.

Wir Jungen, aber auch viele Ältere, hatten zur Zeit der Weimarer Republik zu den Farben Schwarz-Rot-Gold keine innere Beziehung. Man konnte uns sagen, was man wollte, Schwarz-Rot-Gold waren die Farben der Niederlage im Krieg, der Anerkennung des »Diktats von Versailles«, der Not des Volkes durch Inflation, Arbeitslosigkeit und Reparationen. Schwarz-Rot-Gold war die schwächliche Weimarer Republik, war das Scheitern des Versuchs von 1848, ein gemeinsames Deutsches Reich zu schaffen.

Schwarz-Weiß-Rot aber war das Reich Bismarcks und der Aufstieg nach 1871. Der Wechsel der deutschen Nationalflagge 1919 war ein Fehler gewesen. Ein Fehler, ungeachtet der Tatsache, daß Schwarz-Rot-Gold die Farben des Heiligen Römischen Reiches Deutscher Nation gewesen waren. Daß aber jetzt eine Parteiflagge unsere Nationalflagge werden sollte, schien uns undenkbar. »Schwarz-Weiß-Rot muß auf das Brandenburger Tor«, rief Mommsen nochmal. »Wer macht mit?«

Selbstverständlich wollte ich mitmachen. Mommsen bekam Zustimmung ringsum. Also los! Fünfzig oder hundert schienen es zu sein, die mitkommen wollten. Doch als wir das eiserne Tor zur Straße Unter den Linden passiert hatten, waren es doch nicht mehr als allenfalls zwanzig, die zum 1000-Meter-Lauf starteten. Beim Denkmal Friedrichs des Großen schwenkten wir hinüber zur Mittelpromenade, damit wir das Brandenburger Tor möglichst frühzeitig zwischen den kahlen Bäumen sehen könnten. Als wir die Kreuzung Friedrichstraße hinter uns hatten, erschien das Tor vor uns. Keine Fahne an der Quadriga! Jetzt lief ich vorne neben Mommsen. Ich fragte ihn im Laufen, wie wir hinaufkommen würden. Er rief, wir müßten über den Pariser Platz schräg links zu dem nach Süden liegenden Säulenanbau. Dort drinnen sei das Wachlokal der Polizei, und von hier aus gebe es eine Treppe nach oben. Im Laufen gab ich zu bedenken: Im Grunde gehört auf das klassizistische Bauwerk überhaupt keine Flagge. Eine Flagge dort oben wäre ein Stilbruch. »Du hast recht«, sagte Mommsen. »Darauf kommt es heute aber nicht an.«

Keuchend erreichten wir den Pariser Platz. Noch zeigte sich nichts auf dem Tor. Mommsen war als erster an der Tür zum Polizeirevier. Wir prallten zurück. Wir standen vor einer Wand brauner Uniformen! Zu spät! Wahrscheinlich nur wenige Minuten zu spät.

Vorne an der Barriere schrien sich ein paar Leute an. Meine Körperlänge von 191,5 Zentimetern bewährte sich wieder einmal. Ich erkannte, daß Polizei und SA einander gegenüberstanden. Die Polizisten weigerten sich, die Schlüssel herauszugeben. Wer würde als erster Gewalt anwenden? Doch dann flankten zwei oder drei SA-Männer über die Barriere. Sie hatten den Schlüsselschrank rechts bei der Treppe mit dem Schild »Aufgang zum Tor« gesehen. Schon landeten sämtliche Schlüssel in einer SA-Mütze, die Polizisten resignierten. Mag auch sein, daß sie bereits Order bekommen hatten, nichts zu tun. Ein

Schlüssel nach dem anderen flog, soweit er nicht paßte, irgendwohin. Dann war die Tür plötzlich offen. Die SA-Leute entschwanden, einer nach dem anderen, im Aufgang. Als das letzte braune Hemd verschwunden war, war der Weg für uns, die »Zivilisten«, frei.

Als Mommsen und ich oben unsere Köpfe aus der geöffneten Luke hinaussteckten, hatte einer der Braunen sein Hakenkreuztuch gerade am oberen Ende des Siegeszeichens festgezurrt.

Nun warteten wir ab, bis »die Sieger« sich an uns vorbei wieder nach unten verzogen hatten, dann krochen wir – die meisten auf allen vieren, denn ich jedenfalls bin nicht schwindelfrei – bis hin zur Quadriga und befestigten die schwarz-weiß-rote Flagge an den beiden kupfernen Wagenrädern, so daß sie zur Stadtseite hin über den Fries des Tores herunterhing. Mommsen hatte sogar an reichlich Gardinenschnur gedacht.

Unten hatte sich derweil eine stattliche Menschenmenge angesammelt. Die beiden Ecken des Pariser Platzes sowie der Anfang der Mittelpromenade Unter den Linden waren dicht besetzt. Wir nahmen noch einen Blick die Linden hinunter. Welch eine majestätische Straße! Erst recht von hier oben!

Dann stiegen wir die schmale und dunkele Treppe wieder hinunter. Der Schlüssel zum »Aufgang zum Tor« steckte noch in der Tür. Wir schlossen ordnungsgemäß ab und gaben den Schlüssel den Polizisten zurück. So, wie es sich gehörte.

POTSDAM AM 21. MÄRZ 1933

Noch waren keine sechs Wochen verstrichen, als Hitler bei seiner Ernennung zum Reichskanzler dem Reichspräsidenten versprochen hatte, die Zusammensetzung der neuen Regierung nicht zu verändern. Doch jetzt gelang es ihm bereits, Hindenburg davon zu überzeugen, daß man unbedingt einen »Reichsminister für Volksaufklärung und Propaganda« benötige. Somit saß nun der Berliner Gauleiter der NSDAP, Joseph Goebbels, am 13. März mit am Kabinettstisch.

Ein paar Tage später erfuhr ich durch den Vizekanzler, die Eröffnung des neuen Reichstages solle in Form eines feierlichen Staatsakts in Potsdam zelebriert werden. Deutlich fühlte ich, daß Papen von der dynamischen Art Hitlers nachhaltig beeindruckt war. Wenn nun das neue Parlament auch noch zum Frühlingsanfang, in Potsdam, an den Särgen der preußischen Könige, seine Weihe empfangen sollte, dann schien das Papen und den übrigen parteilosen Ministern doch ein höchst begrüßenswerter Plan zu sein. Man war überrascht über Hitlers so offenkundige Hinwendung zum Preußentum.

Papen gab mir eine der begehrten Teilnehmerkarten für einen Platz unmittelbar neben der Potsdamer Garnisonkirche und bat mich, dort mit ihm in Augenverbindung zu bleiben, um ihm auf Handzeichen zur Verfügung zu stehen.

Im Grunde war Papen von der Idee dieser Veranstaltung begeistert. Sie stamme, sagte er, von Goebbels. Desto erstaunlicher sei es doch, daß ein aus Österreich stammender Reichskanzler und sein rheinländischer Propagandaminister in so überzeugender Weise sich zu Preußen bekennen wollten. Kein Wort des Zweifels fiel, daß das Ganze möglicherweise nichts anderes sein würde als eine Propaganda an die Adresse der konservativen Preußen.

Eingehend sei, so erfuhr ich in den nächsten Tagen, am Kabinettstisch über die »Kleiderfrage« für Potsdam gesprochen worden. Hitler habe als erstes bestimmt, es solle Paradeuniform mit großer Ordensschnalle getragen werden, das 9. (Preußische) Infanterie-Regiment (I.R. 9) solle einen Vorbeimarsch machen; auch Preußens Fahnen und alte Standarten sollten gezeigt werden, kurz, der Staatsakt müsse so »preußisch« wie nur irgend möglich aussehen. Papen sagte, er habe darauf aufmerksam gemacht, daß für Zivilisten dann schwarzer Cutaway mit Zylinderhut geboten sei. So entspreche es der protokollarischen Ordnung. Dem habe Hitler erst nach einigem Zögern zugestimmt. »Wir werden«, schloß Papen, »Herrn Hitler also zum ersten Mal in der Öffentlichkeit in ganz bürgerlicher Kleidung erleben. Ich rechne mir das als einen gewissen Erfolg an.«

Am 21. März fuhr ich sehr früh mit der Bahn nach Potsdam. An einem der beiden konfessionellen Gottesdienste in der Nikolaikirche und der katholischen Stadtkirche für die neuen Abgeordneten nahm ich nicht teil. Auf dem Wege vom Bahnhof zum Stadtschloß sah ich von der Langen Brücke aus auf dem Exerzierplatz beim Schloß das aufmarschierende I.R. 9 sowie die Verbände der SA und des Stahlhelm. Ich passierte die »Bittschriftenlinde«, die mich schon seit früher Kindheit beeindruckt hatte. Ein jahrhundertealter, niedriger Baum mit einem selten dicken Stamm. Die Linde hatte ihren Namen aus der Zeit Friedrichs des Großen. Die Bürger Potsdams hefteten ihre Wünsche und Petitionen so an den Baum, daß der alte Fritz sie lesen konnte, ohne vom Pferde absitzen zu müssen.

An diesem Morgen mußte ich, am Stadtschloß vorbei, einen Umweg durch die Innenstadt nehmen, um die Garnisonkirche an der Breiten Straße zu erreichen. Potsdam war in ein Meer von Flaggen getaucht. Hakenkreuzflaggen befanden sich in der Minderheit. Dafür sah ich viele alte preußische, schwarz-weiße Flaggen, einige mit dem preußischen Adler. Oft war das Weiß vom Alter vergilbt. Vom Turm der Garnisonkirche, deren Gruft die Särge Friedrichs des Großen und seines Vaters Friedrich Wilhelm I. beherbergte, erklang zur vollen Stunde das Glockenspiel mit der Melodie »Üb' immer Treu und Redlichkeit«. Unmittelbar neben der Kirche, auf ihrer Ostseite, waren drei Tribünen errichtet, die mittlere für die neue Reichsregierung, links und rechts von ihr für die geladenen Gäste. Ich fand meinen Platz auf der linken, hatte also die Kirche im Rücken. In der ersten Etage des Eckhauses mir gegenüber bemerkte ich auf dem Balkon Eta von Tresckow, Hennings Frau, mit ihren Kindern. Sie hatten die alte kaiserliche Reichskriegsflagge mit dem Adler und dem Eisernen Kreuz gesetzt.*

Zuerst erschienen zu Fuß die neugewählten Abgeordneten des Reichstages. Neben mir raunte man sich zu, daß die Abgeordneten der SPD fehlten. Später erfuhr ich, daß sie überhaupt nicht geladen worden waren. Im Augenblick fiel das aber nur wenigen auf. Dann hörte man aus der Ferne vom Stadtschloß her Heil-Rufe, und bald erschienen gemessenen Schrittes, als sei man auf dem Wege zu einer Beerdigung, Hitler und Papen, beide den Zylinderhut in der Hand tragend. Hinter ihnen dann die Reichsminister, diese jedoch nicht barhäuptig, sondern mit dem Zylinder auf dem Kopf, unter ihnen auch Göring und der kleine Goebbels.

Als sie in der Kirche Platz genommen hatten, fuhren die beiden Autos des Reichspräsidenten vor, die allen Berlinern wohlbekannten großen und hohen Mercedes-Sonderanfertigungen, so hoch gebaut, damit Hindenburg mit dem Pickelhelm der kaiserlichen Armee auf dem Kopf ungehindert ein- und aussteigen konnte. Ein wahrhaft lebendes Denkmal kaiserlicher Macht und Größe, den Marschallstab in der Rechten, so schritt er auf den Eingang der Kirche zu.

Ich konnte von meinem Platz aus die Reden Hitlers und Hindenburgs nicht verstehen; doch gewaltig klangen, da der Organist alle verfügbaren Orgelregister gezogen hatte, die drinnen gesungenen Lieder, das »Niederländische Dankgebet«: »Wir treten zum Beten vor Gott

---

* Jahre nach dem Kriege hat mir Hennings Sohn Rüdiger erzählt, es habe vorher in der Familie eine lange Diskussion um die Frage gegeben, welche Flagge man setzen wolle. Der Vater habe sich für die alte Reichskriegsflagge entschieden.

den Gerechten«, am Ende »Herr, mach uns frei!« sowie schließlich der Choral »Nun danket alle Gott«.

Während von dem hohen Turm der Kirche alle Glocken läuteten, erschien der alte Hindenburg als erster im Portal der Kirche, und jedermann nahm den Platz ein, den ihm die Regie zugewiesen hatte: Hindenburg in der Mitte vor den drei Ehrentribünen, hinter ihm, militärisch gestaffelt, sein Sohn und Adjutant Oskar sowie General Werner von Blomberg, der neue Reichswehrminister. In der ersten Reihe der mittleren Tribüne: die Reichsregierung, mitten unter ihr – von den Zuschauern besonders beachtet – der päpstliche Nuntius Monsignore Cesare Orsenigo.

Als die Kirchenglocken verstummten, begann im Lustgarten vor dem Stadtschloß der Salut aus den Kanonen des Potsdamer Artillerie-Regiments. Danach setzte in der Ferne das Musikkorps des 9. (Preußischen) Infanterie-Regiments ein. Während die Musiker vor den Ehrentribünen gegenüber dem Standort des Reichspräsidenten einschwenkten, erschien die Spitze des I.R. 9 im Paradenmarsch, angeführt von seinem Kommandeur, Oberst Ernst Busch (später Generalfeldmarschall), und dessen Adjutant, meinem Vetter Henning von Tresckow. Man muß den parademäßigen Vorbeimarsch dieses Regiments erlebt haben, um einen Begriff davon zu erhalten, wie das Traditionsregiment der früheren preußischen Garde-Regimenter sich zeigen konnte. Welch ein trauriger Haufen von SA und Stahlhelm folgte dann.

Als der Vorbeimarsch beendet war, erschien zuerst das gewaltige Auto des Reichspräsidenten, um ihn aufzunehmen, danach der offene schwarze 7 Liter Mercedes des Reichskanzlers. Während Hindenburg ohne Leibwache fuhr, blieb, wie üblich, in Hitlers Staatskarosse kein Fußbreit frei, um seine schwarz-uniformierte SS-Leibstandarte so zahlreich als nur denkbar im Wagen und auf seinen Trittbrettern aufzunehmen. Ich schätze, daß es zehn bis fünfzehn Wächter waren.

Im Gewühle der vielen Menschen, die ihre Tribünenplätze verließen, wurde ich von meiner Cousine Eta von Tresckow angesprochen. »Komm doch auf einen Teller Suppe zu uns. Und wenn Du willst, dann bringe auch Papen mit.« Schon war sie wieder in der Menge verschwunden, um sich ihre Gesellschaft je nach Neigung oder Zweckmäßigkeit zusammenzustellen. Die Tochter des Generalstabschefs im Weltkrieg, Erich von Falkenhayn, machte so etwas virtuos. Schließlich erreichte ich noch Papen, übermittelte ihm die Tresckowsche Einladung; deren Haus Breite Straße 8 lag nur ein paar Schritte von der

Garnisonkirche entfernt. Papen bat mich, ihn zu entschuldigen, er habe noch eine Reihe anderer Verpflichtungen, und entließ mich für diesen Tag. Gerne hätte ich ihn zu Tresckows mitgenommen, denn in Potsdam wußte ich kein interessanteres Haus als das von Henning und Eta.

Die Haustür des schönen alten Bürgerhauses stand gastlich weit offen, ebenso die Türen in der ersten Etage. Im großen Wohnzimmer drängten sich die Gäste. Ich gesellte mich zu einer Runde vor dem Kamin, denn dort wurde laut und temperamentvoll diskutiert. Ein einziges Thema beherrschte die Gespräche: Was bedeutet dieser Tag? Es gab einige, die meinten, Papens Politik der Integration des Nationalsozialismus in die »Nationale Konzentration« zeige ihre ersten Erfolge. Andere gingen noch weiter und sagten, es habe eine Entwicklung eingesetzt, die einmünden werde in eine konstitutionelle Monarchie unter einem der Hohenzollernprinzen. Es gab aber auch Stimmen, dieser Tag sei ein bedeutender Schachzug und großer Erfolg Hitlers, um die der Tradition und dem Geiste Preußens anhängenden Teile unseres Volkes sich selbst und seiner Partei dienstbar zu machen. Niemand vermochte sich der Faszination dieses Tages zu entziehen, auch nicht der Hausherr. Doch bleibt mir in deutlicher Erinnerung, daß Henning zu denen gehörte, die letzten Endes skeptisch waren. Mit verschmitztem Lächeln äußerte er, eines jedenfalls scheine ihm sicher: Kaum einer der Anwesenden werde in der Zukunft das Vergnügen haben, Herrn Hitler ein weiteres Mal in der Öffentlichkeit mit Cutaway und Zylinder zu erleben. Als er auf dem Wege zur Garnisonkirche an ihm vorbeigekommen sei, habe er doch eine höchst komische Figur abgegeben.

Wie auch immer die Urteile ausfielen, die Mehrheit der Deutschen war in diesen Tagen dabei, »mit fliegenden Fahnen« zu Hitler überzulaufen. Sie war eingefangen von der Illusion, am Horizont zeige sich eine große und strahlende Zukunft. Nur mein Patenonkel Herbert von Bismarck, seit kurzem Staatssekretär im preußischen Innenministerium, blieb bei seinem stillen Skeptizismus. Mit leiser Stimme deutete er seine Zweifel an.

GÖRINGS STAATSSEKRETÄR

An einem der nächsten Tage bat mich Herbert von Bismarck zu sich in sein Büro. Ich möge meinen Fotoapparat und genügend Filme mitbringen. Alles weitere werde er mir persönlich mitteilen.

Das Ministerium lag auf der Nordseite der Straße Unter den Linden. Man wies mich in die erste Etage, der Herr Staatssekretär sitze im ersten Zimmer links.

»Ich möchte Dich bitten, von mir hier am Schreibtisch ein paar Bilder zu machen, denn in wenigen Tagen werde ich diesen Platz geräumt haben.« Ich muß wohl ein sehr erstauntes Gesicht gemacht haben, denn mein Patenonkel war doch erst seit wenigen Monaten in dieser Stellung. Ich baute das Stativ auf, denn meine kleine Foto-Box war eigentlich nicht die geeignete Ausrüstung, um Portraitaufnahmen in Innenräumen zu machen. So dauerte es einige Zeit, bis ich den Film verbraucht hatte. Dann bot er mir einen Platz an und sagte, ich würde mich gewiß wundern, daß er mich anstelle eines professionellen Fotografen hierher gebeten habe. Er wolle mir das erklären.

»Ich habe meinen Abschied eingereicht«, begann er, »und ich werde Dir jetzt erzählen, wie es dazu gekommen ist. Du weißt, daß der mir vorgesetzte Innenminister seit kurzer Zeit Herr Göring ist. Ich kann es nicht verantworten, mit ihm zusammenzuarbeiten. Als er dies Haus zum erstenmal betrat, ließ er mich sofort zum Vortrag kommen. Das erste, was er zu mir sagte, waren die Worte: ›Bismarck, nun sagen Sie mir erstmal, was ich hier habe.‹ Ich antwortete: ›Herr Minister, ich kann Ihre Frage nicht verstehen.‹ Da fuhr er auf, als habe er einen Schüler vor sich, und rief erregt: ›Tun Sie doch nicht so, Bismarck, ich will von Ihnen wissen, was ich hier alles unter mir habe.‹

Ich sagte: ›Herr Minister, ich verstehe Ihre Frage immer noch nicht. Möchten Sie die hier im Ministerium tätigen Beamten und Angestellten sehen? Dann werde ich sie alle zu einer Versammlung kommen lassen.‹

Jetzt schrie er mich an: ›Bismarck, Sie scheinen mich für einen Dummkopf zu halten. Ich habe nicht die Zeit, um mich hier im Hause mit jedem einzelnen zu unterhalten. Dafür sind Sie als mein Staatssekretär da. Ich will von Ihnen wissen, was ich alles von diesem Hause aus regiere!‹ Darauf antwortete ich: ›Ich muß Sie enttäuschen, Herr Minister, von diesem Hause aus wird überhaupt nicht regiert‹, und fuhr fort, der Innenminister des Landes Preußen sei gewissermaßen Chef der Innenverwaltung. Von hier aus verwalte er die zwölf Provinzen des Landes, und ich zählte ihm diese Provinzen auf. Der Chef einer Provinzverwaltung habe die Dienstbezeichnung Oberpräsident, und ich begann, ihm die Namen der preußischen Oberpräsidenten und ihre Dienstsitze in den Provinzhauptstädten zu nennen. Nach wenigen Namen unterbrach er mich, das sei ihm zu langweilig, und er habe weder

Zeit noch die Absicht, sich diese Namen einzuprägen. Es genüge ihm, daß ich sie offenbar im Gedächtnis habe. So fuhr ich also fort, ihm vorzutragen, daß es in jeder Provinz mehrere Regierungsbezirke gebe, an deren Spitze jeweils ein Regierungspräsident stehe. Wieder unterbrach er mich und rief: ›Bismarck, Sie irren sich, Sie haben Oberpräsident und Regierungspräsident verwechselt. An der Spitze der Provinz steht der Regierungspräsident, und dem Regierungsbezirk steht der Oberpräsident vor.‹ Ich sagte, das sei nicht der Fall, und ich müsse ihn leider korrigieren. Ärgerlich erwiderte er, wenn das wirklich so sei – und er werde das nachprüfen lassen –, dann sei das grundfalsch, denn im Bewußtsein des einfachen Mannes sei ›Regierung‹ mehr als ›Ober‹. Dann lehnte sich Göring im Sessel zurück und sagte im Befehlston: ›Bismarck, notieren Sie, entwerfen Sie sofort eine Verordnung. Ich ordne hiermit an, daß die Dienstbezeichnungen Oberpräsident und Regierungspräsident mit sofortiger Wirkung getauscht werden!‹ Ich erklärte ihm, das sei so nicht möglich. Diese Dienstbezeichnungen seien viele Generationen alt, und sie seien im Bewußtsein der Innenverwaltung wie auch der Bevölkerung Preußens tief verwurzelt. Ihr Austausch würde ein gefährliches Chaos zur Folge haben. Ich selbst sei doch lange Jahre Landrat des Kreises Regenwalde in Pommern gewesen, ich könne das aus der Praxis beurteilen. Er entließ mich dann mit den Worten, daß das für heute genüge, und er werde später nochmal auf die Sache zurückkommen.«

Fast ungläubig hörte ich meinem Onkel zu. In seinen Worten klang Erregung wider. Dann fuhr er fort:

»Weißt Du, so etwas wäre ja zu ertragen gewesen. Allmählich hätte ich ihm den Aufbau der preußischen Verwaltung schon bewußt gemacht. Doch bei solchen Lächerlichkeiten blieb es nicht. Es wurde von Tag zu Tag schlimmer. Er rief mich nur noch selten zum Vortrag. Statt dessen wurden hier viele bewährte Beamte von heute auf morgen an die Luft gesetzt, und es zogen Leute ein, die nicht die geringste Qualifikation, geschweige denn Ausbildung zum Ministerialbeamten haben. Ob es für die neuen Leute Planstellen gibt oder nicht, interessiert den Minister überhaupt nicht. Hier bahnt sich ein heilloses Durcheinander an. Noch bin ich hier zwar Staatssekretär, aber ich bin hier praktisch kaltgestellt. Da aber eine ministerielle Verordnung erst rechtsgültig ist, wenn unter der Unterschrift des Ministers die Gegenzeichnung des Staatssekretärs steht, landen hier auf meinem Schreibtisch fast täglich Vorgänge, die ich vorher nie gesehen habe, die aber von Göring bereits unterzeichnet sind, aber noch meiner Unterzeichnung bedürfen.

Selbstverständlich lese und prüfe ich sie auf das genaueste. Und was ich Dir jetzt sage« – Onkel Herbert sah mich mit großen Augen an –, »das ist die reine Wahrheit: Eine zunehmend größer werdende Zahl von Verordnungen und Entscheidungen betrifft Dinge, auf die nach dem Reichsstrafgesetzbuch Gefängnis, Zuchthaus, ja sogar die Todesstrafe steht. Mein Name hat bisher unter keinem derartigen Dokument gestanden, und er wird es auch in der Zukunft nicht. Ich lasse solche Unterschriftsmappen einfach zum Minister zurückgehen mit dem Vermerk, daß ich um Vortrag bäte.

Anfänglich ist es mir einigemal gelungen, das Schlimmste zu verhüten. Doch jetzt erscheint der Minister immer seltener im Hause. Ich vermute, daß er sich die Dinge, die ich nicht sehen soll, in sein Palais bringen und ohne mich ausfertigen läßt. Kürzlich traf ich ihn doch einmal hier im Hause auf dem Korridor. Er nahm mich – übrigens in bester Laune – mit sich in sein Arbeitszimmer, bot mir auf das Freundlichste einen Platz und sagte, als wäre es das Harmloseste von der Welt: ›Bismarck, ich glaube, wir beide passen nicht zusammen.‹

Ich stimmte ihm sofort zu, und so erwarte ich nun meinen Abschied. Darum bat ich Dich um mein Erinnerungsfoto an meine Zeit als Staatssekretär.«

Sprachlos hatte ich den Worten meines Patenonkels zugehört. Dann sagte ich ganz spontan: »Onkel Herbert, wäre es nicht besser, Du würdest bleiben und versuchen, das Schlimmste zu verhindern?« Er winkte ab. »Du hast gehört, daß ich von Zuchthaus und Todesstrafe gesprochen habe. Du weißt also, worum es sich hier handelt. Ich habe auch den dringenden Tatverdacht, daß das Reichstagsgebäude nicht von dem Holländer van der Lubbe allein angesteckt worden ist. Ich bin in der Brandnacht selbst im unterirdischen Verbindungsgang zum Palais des Reichstagspräsidenten (Hermann Göring) gewesen. Aber wir haben keine Beweise. Erst vor wenigen Tagen hat mir Göring bei einem Zusammenstoß mit mir gesagt, er sei stolz darauf, nicht zu wissen, was Recht sei. Mit diesem Mann darf ich nicht weiter zusammenarbeiten. Ich würde mich mitschuldig machen. Darum ist es jetzt meine Pflicht, den Abschied zu nehmen.«

Bismarck verließ Berlin bald. Er gab seine Wohnung am Botanischen Garten auf und zog sich zurück auf sein kleines Landgut Lasbeck im Kreis Regenwalde in Hinterpommern, wo er einmal Landrat gewesen war.

Von Berlin nach Hamburg

In diesen Tagen besuchte ich meinen Vater. Er hatte eine wunderbare Wohnung in der Tiergartener Corneliusstraße 10 A am Landwehrkanal. Dort saßen wir meist im Wintergarten mit dem Blick auf das Nachbarhaus, das der Päpstliche Nuntius bewohnte. Ich hatte die Absicht gehabt, über den Tag von Potsdam und über den Besuch bei Onkel Herbert zu berichten. Doch inzwischen hatte am 23. März der Reichstag in der Kroll-Oper dem von Hitler vorgelegten Ermächtigungsgesetz zugestimmt. Als einzige hatte die SPD widersprochen und geschlossen dagegen gestimmt (soweit ihre Abgeordneten nicht bereits fliehen mußten beziehungsweise verhaftet waren). Hitler konnte jetzt jedes Gesetz, ja selbst ein verfassungswidriges Gesetz, in eigener Person beschließen und verkünden. Mein Vater befand sich im Zustand großer Erregung. Zu den bewegenden Nachrichten kam für ihn noch ein persönliches Erlebnis hinzu.

Er hatte sich bei seinem Zahnarzt in der Uhlandstraße einen Behandlungstermin geben lassen. Wie üblich hatte ihn die Sprechstundenhilfe in das Wartezimmer geführt. Dort hatte sie zuerst sorgfältig die Tür geschlossen und ihm dann gesagt, ihr Chef sei vor wenigen Tagen von zwei SA-Männern in brauner Uniform mit weißer Armbinde »Hilfspolizei« aus der Praxis abgeholt worden und seitdem verschwunden. Als der Chef auch am folgenden Tage nicht in seine Praxis kam, war die Sprechstundenhelferin zum Polizeirevier gelaufen, um eine Vermißtenanzeige zu erstatten. Man hatte ihre Anzeige jedoch abgewiesen, weil der Zahnarzt in das Konzentrationslager Oranienburg gebracht worden sei. Fürs erste werde er wohl einige Zeit dort bleiben müssen. Auf die entsetzte Frage, was man dem Herrn Doktor anlaste, erfuhr seine Mitarbeiterin, der Doktor sei von einem seiner Patienten angezeigt worden, da er sich während der Behandlung gegen die Regierung geäußert habe. Nun wollte die Arzthelferin erfahren, welcher Patient denn das gewesen sei. Doch das erfuhr sie selbstverständlich nicht.

Mein Vater war nun in großer Sorge, jemand könne behaupten, dieser Patient sei möglicherweise er selbst gewesen, denn tatsächlich – so erzählte mein Vater – habe er mit seinem Zahnarzt so gut wie bei jeder Behandlung, und zwar seit vielen Jahren, politische Gespräche geführt. Die beiden waren sich in ihrer Verehrung für den verstorbenen Reichsaußenminister Gustav Stresemann politisch nahegekommen.

Meine Frage, ob denn der Zahnarzt Jude sei, konnte Vater nicht beantworten. Es sei möglich, sagte er, es sei aber nicht sicher. Entscheidend sei gewesen, daß dieser Zahnarzt wohl der beste sei, den er je gehabt habe. Und schließlich habe sich die Sprechstundenhelferin noch entschuldigt, daß sie den Termin nicht telefonisch abgesagt hätte. Seit dem Verschwinden ihres Chefs telefoniere sie nun nicht mehr, weil es im Apparat ein verdächtiges Knacken gebe, sobald eine Verbindung hergestellt sei. Sie sei sicher, daß der Anschluß abgehört werde.

Ich bat meinen Vater, mir Namen und Adresse des Zahnarztes auf einen Zettel zu schreiben, und versprach, schon morgen die Sache dem Vizekanzler vorzutragen und um seine Hilfe zu bitten.

Nun endlich kam ich dazu, Vater über Potsdam zu berichten. Als früherer Rittmeister der Reserve bei den Pasewalker Kürassieren interessierte ihn das militärische Zeremoniell selbstverständlich besonders. Er fragte mich, wieviel Schwadronen des Potsdamer Reiter-Regiments defiliert seien. Als ich ihm sagte, daß Kavallerie überhaupt nicht dabei gewesen sei, bemerkte er nur trocken: »Aha.«

Nun erzählte ich ihm von meinem Besuch bei Herbert von Bismarck. Er hörte sich alles ganz ruhig an, ohne eine Zwischenfrage an mich zu stellen, dann blickte er eine Zeitlang nachdenklich nach draußen.

Plötzlich erhob er sich und schaute durch die Glasfenster, wie um etwas Besonderes zu suchen. Ich stand ebenfalls auf und folgte seinem Blick. Drüben im Nachbarhaus war der Päpstliche Nuntius Orsenigo sichtbar geworden, und mein Vater machte eine leichte Verbeugung, die ebenso erwidert wurde. »Du wunderst dich über dies merkwürdige Zeremoniell«, sagte mein Vater. »Es stammt aus der Zeit, als der Vorgänger des Monsignore, Eugenio Pacelli, dort wohnte. Wir begrüßten uns oft von Fenster zu Fenster, wenn wir unsere Rasiermesser, was bisweilen gleichzeitig geschah, am Fensterkreuz schliffen. Pacelli hatte mich eines Tages damit überrascht, daß er sein Rasiermesser vor mir, wie einen Degen, grüßend senkte. Sein Nachfolger Orsenigo hat das übernommen. Weiter reicht unsere Freundschaft nicht, doch wir haben beide unsere kleine Freude daran.«

Dann brachen wir zu einem Spaziergang im Tiergarten auf. Eine Zeitlang gingen wir beide schweigend in den großen Park hinein. Schließlich begann mein Vater zu sprechen.

Er habe an meiner Tätigkeit bei Herrn von Papen durch meine häufigen Berichte sehr lebhaften Anteil genommen, doch die ganze Sache habe ihm eigentlich von Anfang an nicht »geschmeckt«. Gewiß sei es einzigartig, als so junger Mensch plötzlich mitten in das politische Geschehen dieser Zeit hineingestellt zu sein, doch mein Bericht über den Besuch bei Herbert Bismarck habe das »Theater in Potsdam« an die Seite gedrängt. Er wundere sich, daß so wenig Menschen in unserem Lande zu erkennen bereit seien, wohin »die Reise gehe«. Er wünsche es jedenfalls nicht, daß sein Sohn sich in eine Entwicklung hineinmanövrieren lasse, aus der er womöglich eines Tages nicht mehr hinausfinde. Um es kurz zu sagen: Er rate mir, Herrn von Papen Lebewohl zu sagen und Berlin zu verlassen.

Im Grunde hatte ich dagegen nichts einzuwenden. Ich empfand vielmehr eine gewisse Erleichterung, daß er mir die Entscheidung fast abnahm. Papen hatte mich in der letzten Zeit so in Anspruch genommen, daß mein so mit Eifer begonnenes Studium generale ohnehin ins Hintertreffen geraten war.

Am folgenden Tage bat ich Papen um ein persönliches Gespräch. Er hatte gerade Besuch bekommen und machte mich mit Fritz Günther von Tschirschky bekannt. Er lud mich ein, mich zu ihnen zu setzen, und sagte, Tschirschky werde in Zukunft ebenfalls bei ihm mitarbeiten. Ich nutzte die Gelegenheit, ihm meine Absicht vorzubringen, Berlin zu verlassen, um in Hamburg eine kaufmännische Ausbildung im Außenhandel zu beginnen. So hatte ich es mit meinem Vater bereits abgesprochen.

Papen bedauerte meinen Weggang sehr und war freundlich genug, mir zu versichern, er werde mich später gerne wieder bei sich sehen. Dann ging er an seinen Schreibtisch und entnahm einer Schublade eines der dort bereitliegenden Portraitfotos. »Ich möchte Ihnen als Dank eine Widmung auf mein Bild schreiben. Haben Sie einen Wunsch, was ich Ihnen aufschreiben soll?« Ich sagte, er möge das doch nach eigenem Ermessen tun. Dann dachte er einen Augenblick nach, öffnete seinen Füllfederhalter und schrieb:

> Es gibt eine Politik aus dem Glauben!
> Mit Dank...
> Ihr...

Ich war etwas erschrocken über das, was er mir zum Abschied mit auf den Weg gab, und habe mich noch oft gefragt, warum er gerade mir diese Worte widmete. Vielleicht war es einer Regung des Katholiken an den Protestanten entsprungen. Oder hatte es gar keinen tieferen Grund?

Ich blieb noch etwa eine Stunde mit ihm und Tschirschky zusammen und war eigentlich ganz froh, daß ich nicht der dritte in diesem Bunde sein würde. Im ersten Kennenlernen war mir Tschirschky ganz einfach »zu laut«. Nachdem nun mein Ausscheiden beschlossen war, bemerkte Papen sehr liebenswürdig, nun sehe er erst, welch eine wertvolle Hilfe er in mir gehabt habe, denn Bose als Leiter seiner Presseabteilung habe die eine Hälfte meiner Arbeit übernommen, während Tschirschky ihn nun als »Adjutant« begleiten werde und somit für die andere Hälfte zuständig sei.

Noch ahnte ich nicht, daß mein Vater mit seinem Anstoß zu diesem Entschluß mein Schutzengel gewesen war. Er hatte einen Instinkt für nahende Gefahren.

Ehe ich mich verabschiedete, berichtete ich vom Verschwinden des Zahnarztes aus der Uhlandstraße. Papen hörte mir mit Betroffenheit zu. Tschirschky indessen platzte förmlich los: »Da haben wir es. Schon wieder ein solcher Fall!« Tschirschky erhielt den Zettel mit der Adresse. »Ihr erster Auftrag«, bemerkte Papen zu ihm.

Nach meiner Ankunft in Hamburg besorgte ich mir die Tageszeitung »Hamburger Fremdenblatt«, um mich im Anzeigenteil nach einem möblierten Zimmer umzusehen. In einem alten Haus in der Esplanade zeigte mir eine alte Dame derer gleich zwei, das eine für vierzig, das andere für zweiundvierzig Mark, weil darin ein altes Klavier stand. Zwei Mark monatlich für ein Klavier, ich griff sofort zu. Eine einzige Bedingung war an die Miete dieses so attraktiven Zimmers gestellt: keine Damenbesuche! Als ich Hamburg nach eineinhalb Jahren verließ, weinte die alte Dame bittere Tränen.

Dann trat ich meinen Dienst in der Firma Carlowitz & Co. im Molenhof an. Das bedeutende Außenhandelshaus hatte Niederlassungen in vielen großen Städten Ostasiens. Wir arbeiteten mit Handrechenmaschinen, wir kabelten mit Codes in alle Welt, damit die Konkurrenz nicht zu leicht spionieren konnte. Im Schreibzimmer standen die ersten elektrischen Maschinen, die einen ohrenbetäubenden Lärm machten. Mein Vater hatte gemeint, für seine Stettiner Ölfabrik komme es vor allem auf den »richtigsten« Einkauf des Rohmaterials an.

Dann setzte man mich in die Buchhaltung. Der Prokurist schlug die Hände über dem Kopf zusammen, als er meine Zahlen las. Er stellte mich an ein Stehpult und ließ mich mit der Hand die Zahlen von 1 bis 100 schreiben! Ich fühlte mich beleidigt, aber ich sah es ein, er hatte recht. Dann kam ich in die Devisenabteilung und mußte ein paar Wochen lang Valutaschecks hereinnehmen, umrechnen und in anderer

Valuta ausstellen. Das war wirklich nicht einfach! Eines Tages kam ein Scheck von irgendwoher aus Südamerika. Der Prokurist stutzte, ging mit dem Scheck zur Bank; die Bank, die den Scheck ausgestellt hatte, existierte überhaupt nicht! Mit viel Mühe und Kosten gelang es gerade noch, den Schaden zu verhindern.

Zum Mittagessen traf man sich mit Freunden im Vegetarischen Restaurant in den Alsterarkaden. Köstliche Gerichte kosteten dort nur Groschen.

Der Tag begann für mich früh am Morgen. Im Trainingsanzug lief ich die wenigen hundert Meter von der Esplanade zum Hamburger Ruderclub an der Außenalster. Man hatte mich sehr freundlich als Mitglied aufgenommen, weil mein Urgroßvater Heckscher* 1841 zu den Gründern des Clubs gehört hatte. Auf dem großen Bild der Gründungsmitglieder saß er als Schlagmann im »Sechser mit Steuermann«.

Wir ruderten, meist im Doppelvierer, manchmal im Achter hinüber zum Uhlenhorster Fährhaus und zurück. Dann ging es unter die Brause und zurück in die Esplanade, wo das Tablett mit warmem Kaffee und frischen Brötchen wartete. Auch dies gehörte zu den zweiundvierzig Mark monatlich. Eine herrliche Zeit für einen jungen Mann mit einem Monatswechsel von zweihundert Mark.

Vater hatte mir einen Empfehlungsbrief an seinen Regimentskameraden Burchard-Motz mitgegeben. Am ersten Sonnabend gab ich Brief und Visitenkarten in Klein-Flottbek an der Elbe ab und wurde mit offenen Armen aufgenommen. Zum ersten Mal sah ich hier vom Eßtisch aus die aus- und einlaufenden Ozeandampfer. Hamburg war eine faszinierende Stadt.

Ein anderes, ebenfalls sehr geselliges Haus führte Paul Stahl, ein Freund meines Vaters aus der Vorkriegszeit in Stettin. Stahl war in Stettin Direktor der Vulcan-Werft gewesen. Als die Kriegsschiffe, die dort gebaut wurden, größer wurden, hatte die Fahrrinne von Stettin bis zur Ostsee nicht mehr ausgereicht, und die Werft war nach Bremen übergesiedelt. Nun lebte der pensionierte Direktor in Hamburg. Diese Stadt gefiel ihm besser als das kleinere Bremen.

Bei Stahls einmal begrüßt, konnte man kommen und gehen, wann immer man wollte. Fast jedes Mal traf man dort interessante Menschen. Über Politik wurde bei Stahls kaum gesprochen. Wer dem Hausherrn politisch nicht paßte, wurde nicht wieder eingeladen.

---

* Johann Gustav Wilhelm Moritz Heckscher (1797–1865), 1848 Hamburgischer Delegierter in der Paulskirche zu Frankfurt, Reichsjustiz- und Reichsaußenminister.

In Hamburg gab es schon damals vorzüglichen Sport. Beim Spring-Derby galt meine Begeisterung der jungen Irmgard Georgius, die nicht nur wunderbar ritt, sondern dazu auch bildschön anzuschauen war. Pferd und Reiterin harmonierten vollendet.

An einem Sonntag bewegte ich mich auf der Horner Galopprennbahn unter den Tausenden, die zum Deutschen Derby gekommen waren. In einer Pause gab es plötzlich massenhaften Beifall, obwohl nirgendwo ein sportliches Geschehen zu entdecken war. Wie ich dann sah, war in einer der Logen in der Mitte der Haupttribüne Vizekanzler Papen erschienen. Ihm galten die anhaltenden Ovationen, die er mit strahlendem Lächeln entgegennahm.

Mit Erstaunen registrierte ich zum ersten Mal, welche Popularität Papen besaß – jedenfalls hier beim Publikum des ersten Platzes.

Dann geschah etwas Unwirkliches. Abrupt verstummte das Beifallklatschen der Tausenden, es folgten ein oder zwei Sekunden der Stille. In sie hinein ertönte ein schriller Pfiff, aus dem ein Pfeifkonzert entstand, wie ich es auf einer Pferderennbahn noch nicht erlebt hatte. Wem galt es?

Auf dem äußersten rechten Ende der Tribüne in der letzten Loge, in der bisher nur braune und schwarze Uniformen sichtbar gewesen waren, hatte in einem hellen Trenchcoat der neue Propagandaminister Goebbels Platz genommen.

Das Pfeifkonzert endete erst, als Papen sich in seiner etwa zwanzig Meter entfernten Loge erhob, nicht aber, um zu seinem Kabinettskollegen zu gehen, sondern um die Tribüne zu verlassen und sich im Führring bei den Pferden zu zeigen.

Da ich mich wegen meiner Körperlänge in einer Menge nun einmal schwerlich verstecken kann, entdeckte er mich bald, begrüßte mich freundlich, machte mich – etwas geistesabwesend – mit seinem Adjutanten Tschirschky bekannt – er hatte wohl im Augenblick vergessen, daß wir uns bei ihm bereits kennengelernt hatten – und hatte nun auf dem weiteren Weg durch die Menge sogar zwei »Adjutanten«.

Ich erlebte dann von Papens Loge aus das Hauptrennen des Tages mit dem Sieg des Graditzer Hengstes »Alchimist«, der, wenn ich mich recht entsinne, vom Start bis ins Ziel die Führung nicht abgegeben hatte. Jockey Grabsch in seinem schwarz-weiß gestreiften Dress des preußischen Staatsgestüts sorgte nach dem Rennen für einige Aufregung. Den Anlaß dazu gab allerdings nicht er, sondern – Goebbels, der seine Loge unmittelbar nach dem Rennen verließ, um nun ebenfalls ein »Bad in der Menge« zu nehmen. Man führte ihn – wir konnten es von oben gut beobachten – dorthin, wo alle Jockeys nach dem Rennen zurückgewogen werden mußten. Nach der Rennordnung ist das Kontrollieren des Gewichts nach dem Rennen eine unabdingbare Voraussetzung für die Gültigkeit des Sieges.

Doch bereits auf dem Wege zur Waage streckte der Minister dem noch auf seinem Pferde sitzenden Jockey die Hand zur Gratulation entgegen, und Grabsch, einer der erfahrensten deutschen Jockeys, der die Rennordnung sehr wohl kannte, schlug in des Propagandaministers Hand ein. Viele hatten es mitansehen können. Nach dem Reglement hätte der Hengst Alchimist disqualifiziert werden müssen. Diese Regel hatte doch ihren guten Grund. Während des Rennens möglicherweise »verlorengegangene Bleigewichte« hätten ja vor dem Zurückwiegen »per Händedruck« wieder aufgefüllt sein können. Schließlich ging es um großen sportlichen und züchterischen Ruhm und nicht zuletzt um sehr viel Geld. Doch niemand wagte, in diesem Fall die Konsequenzen zu ziehen.

Papen bot mir für die Rückfahrt zur Stadt einen Platz in seinem Wagen an. Tschirschky benutzte sie zu intensivem Vortrag. Aber er sprach so laut, daß sowohl der Fahrer als auch ich jedes Wort mithören konnten. Es ging um erneute Übergriffe von SA und SS, um das Verschwinden von Menschen, deren Angehörige sich hilfesuchend an die Vizekanzlei gewandt hatten. Tschirschky trug haarsträubende Dinge vor. Der Fahrer neben mir machte ein unbewegtes Gesicht.

Nach wie vor ließ Papen sich von seinem Adjutanten mit »Herr Reichskanzler« anreden. Was muß unser Fahrer gedacht haben? Oder war er ein Vertrauter des Vizekanzlers?

Vor dem Atlantik-Hotel endete die Fahrt. Papen lud mich ein, beim abendlichen Derby-Essen sein Gast zu sein. Der Chauffeur wurde mit einem Trinkgeld entlassen. Als der Wagen sich entfernte, sah ich eine Hamburger Zulassungsnummer. Es war also mit größter Wahrscheinlichkeit tatsächlich ein fremder Fahrer.

Nachdenklich wanderte ich über die Lombardsbrücke nach Hause, froh darüber, daß ich diesem Arbeitsstabe nicht mehr angehörte.

Über den Abend weiß ich nichts Bemerkenswertes zu berichten: Phantasielose Tischordnung, gutes Essen, Tischreden, Pflichttänze – alles bewegte sich im Rahmen plätschernder Konversation.

»Das Leben ist schön, aber es ist teuer. Man kann es auch billiger haben. Aber dann ist es nicht so schön!« Also schrieb ich einen Brief an meinen Vater, ob er meinen monatlichen Wechsel nicht etwas aufbessern könne. Die Antwort kam postwendend. Vom nächsten Monatsersten an würde er nicht mehr zweihundert, sondern zweihundertundzwanzig Mark überweisen lassen.

Der 30. Juni 1934

Dieses Datum hat in der Geschichte des Nationalsozialismus große Bedeutung, denn an diesem Tag, einem Sonntag, beseitigte die nationalsozialistische Führung in einer Mordaktion politische Gegner aus den eigenen Reihen und auch außenstehende. Das wurde uns aber erst später bewußt, als wir nach und nach erfuhren, was überhaupt geschehen war. Ich ahnte auch nicht, wie leicht dieser Tag für mich selbst hätte ein Schicksalstag werden können.

Etwa eine Woche zuvor hatte ich einen anonymen Brief bekommen. Es war ein nur noch schwer zu lesender maschinengeschriebener Durchschlag. »Auszug aus der Marburger Rede des Vizekanzlers Franz von Papen« lautete die Überschrift. Ich las eine brillant geschriebene Oppositionsrede gegen die amtierende Reichsregierung. Sie brachte alles das zum Ausdruck, was auch mich seit mehr als einem Jahr mit Sorge erfüllte. Ich las den Brief mehrere Male und entschloß mich, dem Beispiel dessen zu folgen, der mir diesen Brief gesandt hatte. Am nächsten Tage blieb ich über den Dienstschluß hinaus im Büro. Der Prokurist war damit einverstanden, daß ich zur Erledigung von privater Post über die Zeit hinaus im Büro blieb. Zweimal schrieb ich auf einer der neuen elektrischen Schreibmaschinen den Brief mit so vielen Kopien als möglich ab und adressierte die Briefe anonym an mir geeignet erscheinende Empfänger. Am Stephansplatz, möglichst weit entfernt von unserem Büro, landeten sie im Briefkasten. Diese Rede – so empfand ich es – lohnte die Arbeit.

Es mag am 2. oder am 3. Juli gewesen sein, als ich in der Firma wegen eines privaten Anrufs an das Telefon gerufen wurde. Meine Mutter meldete sich aus Berlin. Als sie meine Stimme hörte, rief sie: »Gott sei Dank, Du lebst!« »Was ist los?« fragte ich zurück. Das könne sie mir am Telefon nicht sagen, ich möchte doch möglichst schon am nächsten Wochenende nach Berlin kommen.

Als ich ihr in Berlin gegenübersaß, hatten inzwischen Zeitungen und Rundfunk gemeldet, was angeblich geschehen war:

Die SA sei drauf und dran gewesen, in Deutschland einen Putsch zu machen. Ernst Röhm, der Führer dieser angeblich mehr als drei Millionen zählenden nationalsozialistischen Partei-Truppe, habe sie in eine reguläre Wehrmacht verwandeln wollen. In sie als »ersten Waffenträger des Reiches« habe er das 100 000-Mann-Heer der Weimarer Republik einzugliedern beabsichtigt.

Hitler dagegen hatte den umgekehrten Weg eingeschlagen, denn die Reichswehr war seit Jahren so strukturiert gewesen, daß sie gewissermaßen von heute auf morgen den Kern für ein Heer stellen konnte, das der Größe des Deutschen Reichs und der Verteidigung seiner Grenzen gerecht werden konnte. Aus der Kontroverse zwischen diesem oder jenem Weg aber war unter anderem ein Machtkampf zwischen Hitler und Röhm entstanden. So hatte Hitler mit dem politischen Instinkt des Revolutionärs »präventiv« zugeschlagen.

In Sonderausgaben hatten die gleichgeschalteten Tageszeitungen gemeldet, »der Führer« habe in letzter Stunde eingegriffen und Deutschland »vor einem Umsturz gerettet«. Röhm und eine Anzahl weiterer SA-Führer seien am 30. Juni erschossen worden, der Putsch sei »durch das mutige persönliche Eingreifen des Reichskanzlers niedergeschlagen« worden. General von Blomberg, der Reichswehrminister, habe Hitler namens der Reichswehr »Dank und Treue« bekundet. Das alles hatte für mich in Hamburg allerdings abenteuerlich geklungen. Wie aber kam meine Mutter dazu, mich anzurufen und zu fragen, ob ich noch am Leben sei?

Am 4. Juli hatte die Presse eine Meldung über ein am Vortage erlassenes Reichsgesetz gebracht, die nur geeignet gewesen war, den unzähligen Gerüchten, die überall im Land von Mund zu Mund gingen, neue Nahrung zu geben. Wörtlich hieß es: »Die Reichsregierung hat beschlossen: Die zur Niederschlagung hoch- und landesverräterischer Angriffe am 30. Juni und am 1. und 2. Juli 1934 vollzogenen Maßnahmen sind als Staatsnotwehr rechtens.«

In Berlin gab es seit jeher unzählbare Beweise dafür, daß es kaum möglich ist, etwas geheimzuhalten. Der Berliner ist einfach zu intelligent und zu neugierig, wenn es darum geht, Neuigkeiten zu erfahren. Als meine Mutter mir erzählte, was sie in den zurückliegenden Tagen erfahren hatte, traute ich meinen Ohren nicht. Die »Leibstandarte Adolf Hitler« der SS hatte so etwas wie eine vollziehende Gewalt übernommen. Noch war nicht bekannt, wer das Kommando geführt hatte. Doch im Stadtteil Lichterfelde hatten in der ehemaligen Kaserne der preußischen Kadettenanstalt, in der jetzt die SS-Leibstandarte kaserniert war, drei Tage lang die Salven der Erschießungskommandos gekracht. Mit Schaudern hatten es die Anwohner gehört. Mutter hatte zwei Damen, die dort wohnten, zum Tee bei sich gehabt. Sie hatten das

Gehörte ausführlich geschildert. Und dann war es durchgesickert, daß die Aktion der SS nicht nur der angeblich putschenden SA galt, sondern daß Gruppen der SS unterwegs gewesen waren, um politische Gegner zu verhaften, zu entführen oder an Ort und Stelle sofort zu erschießen. So wußte Mutter bereits, daß in Babelsberg in seinem Hause Hitlers Vorgänger im Amt des Reichskanzlers, General Kurt von Schleicher, zusammen mit seiner Frau erschossen worden war. An anderer Stelle starb auf dieselbe Weise der Chef des Ministeramtes im Reichswehrministerium, General Ferdinand von Bredow.

Nun erfuhr ich auch, warum meine Mutter mich in Hamburg angerufen hatte. Sie war von Bekannten angerufen und gefragt worden, ob ich noch bei Papen tätig sei. So hatte sie erfahren, daß die Dienststelle Papens, die Vizekanzlei in der Voßstraße, von SS und Geheimer Staatspolizei (Gestapo) überfallen und besetzt worden sei. Der Presseattaché Herbert von Bose sei, an seinem Schreibtisch sitzend, erschossen worden. Sämtliche in der Vizekanzlei tätigen Personen seien verhaftet worden und verschwunden. Die Diensträume seien versiegelt und die Telefonleitungen gekappt worden. Auch Günther von Tschirschky, mein Nachfolger als Adjutant, sei verschwunden.

Jetzt wurde mir klar, in welcher Gefahr ich mich befunden hätte, wenn ich im vergangenen Jahr Papen und Berlin nicht verlassen hätte. Ein weiterer Mitarbeiter Papens, den ich nicht mehr kennengelernt hatte, der Rechtsanwalt und Schriftsteller Edgar Jung, sei ebenfalls erschossen worden. Im Konzentrationslager Oranienburg habe man ihn »liquidiert«, so hieß es.

Von diesem Wochenendbesuch in Berlin kehrte ich erschüttert nach Hamburg zurück. So hatte meine Mutter guten Grund gehabt, mich anzurufen.

Doch was war, so fragte ich mich, in diese Regierung gefahren? Eine innenpolitische Kontroverse um das Schema bei der Vergrößerung des bestehenden Heeres war vom Reichskanzler ergriffen worden, um sich seiner parteiinternen Opposition durch kalten Mord zu entledigen. Und die Gelegenheit hatte günstig geschienen, um eine weitere, damals noch nicht übersehbare Zahl von unliebsamen Personen aus dem Wege räumen zu lassen. Und was war aus Papen selbst geworden? Seine Dienststelle existiere nicht mehr, so hörte man. Es gab Gerüchte in Berlin, auch er sei von der Gestapo erschossen worden. Andere wollten wissen, Papen sei »nur« festgenommen worden.

Einige Tage später erfuhr die Öffentlichkeit durch die Presse, daß zum 13. Juli der Reichstag »zur Entgegennahme einer Erklärung des

Reichskanzlers« einberufen worden sei. Alle Betriebe, Dienststellen usw. wurden aufgefordert, gemeinsam die Rundfunkübertragung anzuhören. Auf Bahnhöfen, Straßen und Plätzen wurden Lautsprecher installiert. Es war wohl das erste Mal, daß alle Deutschen gemeinsam solch einer Proklamation Hitlers zuhören sollten. Es gab kaum eine Möglichkeit, sich dem zu entziehen.

In einer langen Rede übernahm Hitler die volle Verantwortung für die Geschehnisse der betreffenden Tage. Er stellte den Ablauf der Ereignisse so dar, daß der Mann auf der Straße Hitler als den Retter des Staates sehen mußte. Ihm und seinem persönlichen Mut sei es zu verdanken, daß Deutschland vor Chaos und Revolution bewahrt worden sei. Er habe das Notwehrrecht für sich in Anspruch genommen und entschlossen das getan, was Pflicht und Verantwortung für das Gemeinwesen ihm geboten hätten. Die Abgeordneten – das Parlament bestand nur noch aus einer einzigen Partei, der NSDAP – jubelten ihm zu. Eine parlamentarische Aussprache gab es nicht. Göring, der Reichstagspräsident, schloß die Veranstaltung mit Gelöbnissen, mit Jubel und mit »Treuekundgebungen zu dem großen, dem herrlichen Führer aller Deutschen«.

Wohl die politisch wichtigste aller Fragen, die in diesen Tagen unter Freunden diskutiert wurden, war die nach dem Verhalten der Reichswehr. Ihr Oberster Befehlshaber, der Reichspräsident, so erfuhr man, sei seit Anfang Juni nicht in Berlin, sondern auf seinem Gut Neudeck in Westpreußen. Der sechsundachtzigjährige Hindenburg aber befand sich in keinem guten gesundheitlichen Zustand. Es hieß, seine Kräfte seien im Schwinden. Sein Sohn, der seit langen Jahren bei ihm Adjutant war, und sein Staatssekretär Otto Meißner seien bei ihm. Sie informierten den alten Herrn über alle Ereignisse. Meißner hatte das Amt des Staatssekretärs schon bei Friedrich Ebert, dem sozialdemokratischen Reichspräsidenten, innegehabt. Wie mögen wohl der Sohn Oskar und Meißner den alten Herrn, der nur noch seine Ruhe haben wollte, über die unglaublichen Vorgänge unterrichtet haben? Man konnte es damals nur mutmaßen. Tatsache bleibt, daß in Berlin ein Telegramm des Reichspräsidenten aus Neudeck eingetroffen war, das sofort veröffentlicht wurde: Dank und Glückwunsch an die Adresse dessen, der die Mordtaten veranlaßt hatte. Generaloberst Werner von Blomberg, der Reichswehrminister, und General Walther von Reichenau, der Chef des Wehrmachtsamtes, hatten jedenfalls nichts dagegen unternommen. Vermutlich war es ihnen recht, daß Hitler die Führung der SA »ausschaltete«.

Noch vor Ende des Monats Juli reiste ich wieder nach Berlin. Ich hatte mir in Hamburg ein paar Tage Urlaub erbeten. Ich wollte hören, ob die Tage am und nach dem 30. Juni noch andere getroffen hatten, möglicherweise auch Verwandte und Freunde.

Das Wesentlichste erfuhr ich bald. Es bestätigten sich die Ermordungen des Generals von Schleicher und seiner Frau, des Generals von Bredow, des früheren Stellvertretenden Parteivorsitzenden der NSDAP Gregor Strasser, des Oberregierungsrats von Bose, des Schriftstellers Edgar Jung, der Papens »Marburger Rede« verfaßt hatte, sowie einer Anzahl von höheren SA-Führern. Papen, aus dessen Stab zwei seiner engsten Mitarbeiter ermordet worden waren, hatte »nur« ein paar Tage Hausarrest in seiner neuen Wohnung in der Lennéstraße erhalten. Er hatte Hitler als Zeichen seines Protests um seinen Abschied gebeten. Sein Adjutant Günther von Tschirschky blieb weiterhin verschwunden. Angeblich sollte er sich in einem Konzentrationslager befinden. Onkel Hans, Gräfin Bredow und ich waren ungeschoren geblieben (im wörtlichen Sinne, denn diejenigen, die im KZ landeten, wurden sogleich kahlgeschoren). Wir drei hatten zur rechten Zeit den »Rückzug« angetreten.

An einem der letzten Tage meines kurzen Urlaubs, noch vor Ende des Monats Juli, hatte ich mich zur Teezeit mit einer jungen Dame im Café Bristol, gegenüber dem Kurfürstendamm-Theater, verabredet. Wir plauderten dort; ich saß, mit meinem Rücken zum übrigen Publikum, ihr gegenüber, als ich plötzlich den freundschaftlichen Druck einer fremden Hand auf meiner Schulter fühlte. Ich blickte auf und sah in das Gesicht von Papen! Bereitwillig ließ er sich meiner Dame vorstellen, nahm aber mein Angebot, bei uns Platz zu nehmen, nicht an, da er mit anderen verabredet sei, die auf der gegenüberliegenden Seite des Raumes schon auf ihn warteten.

So stand ich nun neben Papen an unserem Tisch, und er begann sofort eine Unterhaltung mit mir. Das ganze Restaurant blickte interessiert zu uns hin. Ich hatte das Gefühl, daß Papen die Szene nutzte, um zu demonstrieren: Schaut alle her! Ich bin noch da!

Er freue sich, mich wiederzusehen, sagte er. Dann fragte er mich nach meiner Arbeit in Hamburg. Ich empfand es als peinlich, an diesem Ort, vor so viel Publikum und nach den Ereignissen der letzten Wochen solch eine nichtssagende Unterhaltung mit diesem Mann zu führen. Da er immer noch neben mir stand, suchte ich nach Worten, denn es war um uns herum mäuschenstill geworden. Jedermann kannte den ehemaligen Reichskanzler und Vizekanzler. So sagte ich, ich

hätte in den wenigen Tagen meines Besuchs in Berlin so schreckliche Dinge gehört, daß mir einfach die Worte fehlten. Er sah mich mit großen Augen an und sagte: »Ja, mein Lieber, ist das nicht schrecklich?«
Das war alles.
Dann verabschiedete er sich von mir und wünschte Lebewohl. So schnell als möglich verließen wir das Bristol. Ich habe Papen nie wiedergesehen.

LONDON

Ehe ich Berlin wieder verließ, besuchte ich meinen Vater. Jetzt wünschte er sich, daß ich für etwa ein Semester nach England ginge. Er nannte mehrere Gründe:

Erstens, wenn er in Deutschland politisch etwas zu bestimmten hätte, würde er dafür sorgen, daß jeder deutsche Student mindestens ein Semester in England oder in Frankreich studieren könne, am besten nacheinander in beiden Ländern.

Zweitens könne sich das, was sich in unserem Land in letzter Zeit politisch ereignet habe, wiederholen, denn nirgendwo sehe er auch nur die geringsten Anzeichen dafür, daß sich die Verhältnisse bei uns in absehbarer Zeit ändern könnten. In diesem Zusammenhang überraschte mein Vater mich mit der Nachricht, Papen habe sich bereit erklärt, als deutscher Gesandter nach Wien zu gehen. Dies zeige ein derartiges Maß an Charakterlosigkeit, daß er dankbar wäre, wenn ich jeden Verkehr mit Papen abbrechen würde.

Drittens würde er, mein Vater, sich freuen, wenn ich die Verbindung zu unseren englischen Verwandten wieder aufnähme. Er nannte mir zum ersten Mal den Namen seiner Cousine Antoinette Heckscher, die mit dem Viscount Esher verheiratet sei.

Viertens habe auch er nach den Ereignissen des 30. Juni um meine Person große Sorgen gehabt. Man müsse davon ausgehen, daß mein Name der Geheimen Staatspolizei in Verbindung mit dem Kreis um Herrn von Papen bekannt und verdächtig sei. Es sei deshalb gut, wenn ich vorerst eine Zeitlang im Ausland sei, bis über diese Affäre Gras gewachsen sei.

Ich konnte den Überlegungen meines Vaters nur zustimmen. Doch wie sollte man einen längeren Auslandsaufenthalt finanzieren? In unserem Lande galten äußerst strenge Devisenvorschriften. Man durfte bei Androhung schwerster Strafen nicht mehr als zehn Mark über die

Reichsgrenze mitnehmen. Mein Vater wich dieser Frage aus. Er werde mit seinem Prokuristen in Stettin darüber sprechen. Im übrigen könne ich gegebenenfalls auf unsere Verwandten in England verweisen. Warum sollten die ihren Neffen nicht eingeladen haben. Die verwandtschaftliche Verbindung zu den Eshers in England war mir neu. Meine Eltern hatten sich schon vor dem Weltkrieg getrennt, und unsere Mutter hatte zu uns Kindern nicht über die Familie unseres Vaters gesprochen. Wir waren in Pommern fast so aufgewachsen, als hießen wir nicht Stahlberg, sondern Kleist.

Die Nachricht, Papen werde als Hitlers Gesandter nach Österreich gehen, traf mich. Hatte er es wirklich nötig, sich erneut in den Dienst dessen zu begeben, der die Ermordung zweier seiner engsten Mitarbeiter veranlaßt – oder wenn nicht veranlaßt, so doch vor dem Reichstag für »rechtens« erklärt hatte? Er hätte sich auf das Gut seiner Frau nach Wallerfangen im Saargebiet zurückziehen können.

Am 2. August 1934 – ich war inzwischen wieder in Hamburg – starb Hindenburg auf seinem Gut Neudeck. Für Hitler war es nicht schwer gewesen, sämtliche ihm nützlich scheinenden Konsequenzen, die er aus dem Tod des Reichspräsidenten zu ziehen gedachte, vorzubereiten, denn der Gesundheitszustand des Sechsundachtzigjährigen ließ das kommende Ende seit geraumer Zeit voraussehbar sein.

Franz von Papen, der noch vor einem Jahr den Nationalsozialisten hätte gefährlich werden können, war politisch ausgespielt. General von Blomberg, der Reichswehrminister, der sich am 30. Juni vorzüglich im Interesse Hitlers bewährt hatte, war durch die Ereignisse des Sommers in Abhängigkeit von Hitler geraten. Also lief mit dem Tode Hindenburgs alles »nach Plan« und in Stundenschnelle. Noch am selben Tag übernahm Hitler das Amt des Reichspräsidenten als »Führer und Reichskanzler«. Er wurde damit Oberster Befehlshaber der Wehrmacht. Blomberg befahl sofort die Vereidigung aller Soldaten auf die Person Hitlers, nicht also wie bisher auf die Verfassung. Das alles geschah auf dem Wege der Verordnung. Ob das Ermächtigungsgesetz auch für eine so bedeutsame Änderung der Verfassung galt, blieb dahingestellt. Der schwachen Weimarer Verfassung weinte ohnehin kaum einer eine Träne nach.

Für den 19. August wurde eine »Volksbefragung« verordnet. Alle Wahlberechtigten wurden aufgefordert, abzustimmen, ob sie mit den Regelungen vom 2. August einverstanden seien. Ich war inzwischen einundzwanzig Jahre alt und nun nach damaligem Recht mündig und wahlberechtigt. Ich stimmte mit »nein«.

Bald danach beendete ich meine Hamburger Zeit.

Bis zu meiner Abreise nach England logierte ich bei meiner Mutter. Sie führte inzwischen einen ungewöhnlichen Drei-Damen-Haushalt: Neben einer Freundin meiner Mutter, Klara Ninow, lebte dort die Großfürstin Anastasia, jüngste Tochter des 1918 ermordeten Zaren Nikolaus II. Sie trug jetzt den Namen Anna Anderson. Der »Fall Anastasia« wurde seit Jahren in der Öffentlichkeit diskutiert und war sehr umstritten.

Bei Tisch wurde auf das lebhafteste politisiert. In aller Harmlosigkeit fragte ich meine Mutter und Klara Ninow, ob sie bei der Volksbefragung mit Ja oder Nein gestimmt hätten. Statt einer Antwort erntete ich Schweigen. Das hatte ich zu Hause noch nie erlebt, denn wir hatten die anderen Wahlen stets ganz offen diskutiert. Deshalb sagte ich in möglichst leichtem Tone, daß ich mit Nein gestimmt hätte.

Mein Satz war kaum heraus, als Klara Ninow aufsprang und ohne ein Wort das Eßzimmer verließ. Mutter bemerkte, ich hätte das nicht sagen sollen, denn ihre Freundin sei Mitglied der NSDAP geworden und eine begeisterte Verehrerin Hitlers. Ich fragte Mutter, ob Frau Ninow nun zu ihrer Ortsgruppenleitung gehen werde, um mich anzuzeigen. »Nein«, sagte Mutter, »das würde sie niemals tun. Aber Du hast sie an ihrer empfindlichsten Stelle getroffen.«

Mrs. Anderson war unserer Unterhaltung mit Aufmerksamkeit gefolgt. Als Staatenlose war sie nicht wahlberechtigt, nun aber meldete sie sich zu Worte. Ihr sei dieser Herr Hitler auch nicht sympathisch, doch darauf komme es in der Politik nicht an. Sie sei mit ihm zufrieden, weil er gegen die Bolschewisten sei. Doch sei sie noch nicht davon überzeugt, ob er in seiner Gegnerschaft zu den Bolschewisten nicht nur ein Mann der Worte, sondern auch ein Mann der Taten sei.

Interessiert fragte ich sie, wie sie das meine. Ihre Antwort kam sofort. Wenn das deutsche Heer erst stark genug sei, dann solle man nach Rußland marschieren und die bolschewistische Mörderbande zum Teufel jagen.

Mutter und ich sahen uns sprachlos an. Dann hob sie die Tafel auf.

Als Mutter und ich allein waren, fragte ich, warum denn ihre Freundin vorhin so empfindlich reagiert habe. Mutters Antwort wurde zum Plädoyer:

Zuerst müsse man daran denken, daß Klara Ninow aus Kolberg stamme. Den Bürgern dieser pommerschen Küstenstadt sei ein außerordentliches Maß an Stolz und Selbstbewußtsein anerzogen. Das habe vermutlich seine Wurzeln in der Zeit Napoleons I., als die Franzosen praktisch alle preußischen Städte erobert hatten; lediglich Kolberg hielt den feindlichen Truppen stand (1806/07). Seitdem fühlte sich ein Kolberger als etwas Besonderes. Anderwärts lachte man darüber. Doch so einfach könne man sich das nicht machen. Man müsse diesen Stolz, der mit viel Empfindlichkeit verbunden sei, einfach akzeptieren.

Nun sei Klara Ninow aus reinem Idealismus Mitglied der NSDAP geworden und ließe keine Kritik an ihrer Partei gelten. Vor allem glaube sie blindlings an die große Friedensliebe Hitlers. Jegliche Kritik an Hitlers fragwürdigen Maßnahmen halte sie für bösartige Verleumdung. Kürzlich sei sie frühmorgens zum Anhalter Bahnhof gefahren, um irgend jemand vom Münchener Nachtzug abzuholen, als unerwartet Hitler mit vielen Begleitern aus einem hinten angehängten Sonderwagen ausgestiegen sei. Geradewegs sei Hitler auf sie zugekommen, als wenn er sie gekannt hätte. Als er ganz nahe vor ihr gewesen sei, hätten sich ihrer beider Augen getroffen. Einen Augenblick lang habe sie ihm tief in die Augen gesehen. Als er sie passiert hätte, wäre noch nachträglich ihr Herz gejagt. Es sei ein unvorstellbares Erlebnis für sie gewesen. Nun sei sie mehr als je zuvor davon überzeugt, daß Hitler ein in tiefster Seele »guter Mensch« sei.

In den folgenden Tagen habe sie diese Begegnung mit Hitler auch mehrmals ihren Unterrichtsklassen in der Gewerbeschule geschildert, und schließlich habe sie sogar einen Vortrag darüber beim Zellen-Abend ihrer Partei gehalten.

Dann habe man sie damit ausgezeichnet, sie als Beisitzerin in das Wahlkomitee für die Volksabstimmung am 19. August zu berufen. Einige Zeit vor Öffnung sei sie in dem ihr zugewiesenen Wahllokal an der Ecke Brandenburgische und Xantener Straße erschienen. Der Wahlvorsteher habe alle Beisitzer in einem geschlossenen Raum versammelt und ein Dokument verlesen, das die Amtsträger zu strengster Geheimhaltung verpflichtete. Das Dokument habe die Runde gemacht, und jeder mußte den Inhalt mit seiner Unterschrift bestätigen.

Als am Abend das Wahllokal geschlossen wurde, habe der Wahlvorsteher die Beisitzer wieder in dem verschlossenen Zimmer versammelt. Dann habe er einen versiegelten Briefumschlag geöffnet und ein weiteres Dokument verlesen. Das Wahllokal an der Ecke Brandenburgische und Xantener Straße sei darin angewiesen worden, die Zahl der Zustimmungen mit achtundneunzigeinhalb Prozent zu melden. Die Stimmzettel seien überhaupt nicht gezählt und geprüft worden.

Tränenüberströmt sei Klara Ninow am Abend nach Hause gekommen. Selbstverständlich habe sie meiner Mutter alles sofort erzählt.

Ihr Glaube an die NSDAP sei im Wanken. Nun ringe sie nur noch mit dem Entschluß, einen persönlichen Brief an Hitler zu schreiben, denn sie sei überzeugt, daß Hitler von solchen Wahlbetrügereien nichts wisse. Es könnten nur untergeordnete Parteistellen sein, die sich mit solchen Zahlen hervortun wollten, um in der Partei Karriere zu machen.

Mutter war sehr viel nüchterner in ihrer Beurteilung dieser Geschichte. Nicht nur in Berlin machten ähnliche Berichte bereits hinter vorgehaltener Hand die Runde. Ihr Vetter Henning von Tresckow hatte ihr erzählt, in Wartenberg, dem Tresckowschen Dorf in der Neumark, sei das Abstimmungsergebnis in der Kreiszeitung mit hundert Prozent veröffentlicht worden. Daraufhin habe am folgenden Sonntag der evangelische Dorfgeistliche von der Kanzel herab verkündet, er selbst habe mit Nein gestimmt. In Berlin jedenfalls »pfiffen es die Spatzen von den Dächern«, daß das Abstimmungsergebnis, das amtlich mit vierundachtzig Prozent für Hitler verkündet worden war, gefälscht sein mußte.

Dann kam der Tag meiner Abreise nach London. Umgeben von vier Koffern, meinem Akkordeon und meiner Geige stand ich auf dem Bahnhof Zoologischer Garten und wartete auf den Zug nach Hoek van Holland. Meine Fahrkarte reichte über Harwich bis nach London, Liverpoolstreet. Meine Reisekasse betrug exakt zehn Mark, doch in der Tasche hatte ich eine vertrauenerweckende Adresse: Barclay's Bank. Piccadilly Street. Vater und Mutter waren gekommen, zum erstenmal in meinem Leben sah ich sie beide zusammen. Sie winkten mir nach, bis der Zug in der Kurve verschwand.

Die nächtliche Überfahrt – das hatte man mir vorausgesagt – war stürmisch, aber schließlich machte das Schiff so am Kai fest, daß ich nur ein paar Schritte bis in einen der Speisewagen des Zugs nach London zu gehen hatte. Ich besaß noch fünf Mark, die für ein Taxi bis Piccadilly reichen mußten, und zögerte. Doch ein freundlicher Bahnbeamter schien hellseherisch den Grund meiner Zweifel zu erkennen. Breakfast sei inklusive. Mein Gepäck verschwand ohne mein geringstes Zutun in einem Gepäckwagen, und schon fuhr der Zug an. Ein sympathischer Engländer saß mir gegenüber, der mir offenbar ansah, daß ich ein Deutscher war. Er sprach besser deutsch als ich englisch. Ihm war das finanzielle Dilemma der in England eintreffenden Deutschen geläufig. Kaum war der Zug angefahren, begann das Servieren des Frühstücks. Unaufgefordert folgte ein Gang dem anderen, ich fühlte mich wie im Schlaraffenland. Erst mit dem Eintreffen in London endete die Mahlzeit.

Doch die schwierigste meiner Sprachhürden stand mir noch bevor. Jetzt rächte es sich, daß ich in den letzten beiden Schuljahren nicht mehr als zwei Stunden »englisch fakultativ« je Woche genommen hatte. Denn nachdem endlich mein Gepäck in einem der originellen und so unvergleichlich praktischen Taxis verstaut war, eröffnete ich dem Fahrer, daß ich ihm zwar mein Fahrtziel in Hampstead nennen könne, daß ich aber kein Geld habe und deshalb vorerst die Bank aufsuchen müsse, deren Namen und Straße ich ihm mit meinem Zettel zeigte. Wenn ich jetzt darauf vorbereitet war, Zweifel oder gar böse Töne zu empfangen, so hatte ich mich geirrt. Von all dem, was er mir als Antwort sagte, verstand ich nur ein einziges Wort, denn er sprach ein vollendetes Cockney, dieses Wort kehrte ein paarmal wieder: »German«. Er meinte das dem Ton nach gar nicht unfreundlich. Es war eben seine Art von statement.

Alles, was jetzt folgte, ging so einfach und schnell, daß ich aus dem Staunen nicht herauskam. In der Piccadilly Street durfte man damals noch parken. Nach wenigen Minuten saß ich wieder in meinem Taxi. Gegen Vorlage meines Reisepasses hatte man mir einige vorbereitete Dokumente vorgelegt, ein paarmal hatte ich meinen Namen daruntergesetzt, und nun verfügte ich über ein Guthaben, das mein Vater für sechs Monate errechnet hatte. Er hatte sich großzügig gezeigt.

Die mir zu Hause empfohlene Pension in Hampstead erwies sich mir jedoch als langweilig. Ich wollte nicht nach London gekommen sein, um mich sechs Monate lang schon beim Frühstück ausschließlich mit alten Damen unterhalten zu müssen. Doch vorerst blieb ich einige Wochen. Für mein kümmerliches Englisch waren die alten Damen vielleicht geeigneter als jüngere.

Am nächsten Vormittag meldete ich mich in meiner neuen Firma, der United Baltic Corporation, einer Tochter der East Asiatic Company, von der wir für die Ölfabrik in Stettin seit langen Jahren Sojabohnen kauften. Aus gesetzlichen Gründen dürfe ich hier jedoch nicht »arbeiten«, sondern nur volontieren, sagte man mir. Ich könne alles mitansehen, mithören, mitlesen und helfen, wo ich wolle. Das war jedoch gar nicht so einfach, wie ich gedacht hatte, denn mehr als die Hälfte der Angestellten entpuppten sich als Dänen, die ein schreckliches Englisch sprachen. Doch bald verstand ich auch sie.

Am stärksten beeindruckte mich eine riesige alte Kopierpresse. Die gesamte Korrespondenz wurde mit kopierfähigem violetten Band geschrieben. Kohle- und Durchschlagpapier waren hier noch nicht im Gebrauch. War der Brief unterzeichnet, dann legte man ihn im Original angefeuchtet in das große Kopierbuch. Nun galt es, die gesamte Tageskorrespondenz in möglichst einem Arbeitsgang in das Kopierbuch zu pressen. Hierbei bewährten sich meine im Hamburger Ruderclub bestens trainierten Armmuskeln sehr.

Mein Boardinghouse in Hampstead war mir bald nicht nur zu »alt«, sondern auch zu weit entfernt von der City. Ich war nicht nach London gekommen, um meine Zeit in der Untergrundbahn zu verschwenden. So schlenderte ich ein paar Tage lang abends durch die Stadt und landete bald am Hyde Park, bei Marble Arch, wo sich abends Hunderte von Menschen zum Diskutieren und zum Singen zusammenfanden. Dort zuzuhören, war für mich jungen Deutschen aus dem Lande der »Sprachregelung«, der Zensur, der Kontrollen, der Verbote und der Angst vor Denunzianten ein einzigartiges Erlebnis. Hier konnte jeder seine Meinung nicht nur kundtun, sondern auf einer Trittleiter stehend in die Menge hineinrufen. Hier galt wirklich noch das freie Wort. Hier in der Nähe würde ich mir ein möbliertes Zimmer suchen und sooft ich wollte mithören und mitsingen. So würde Marble Arch für mich zu einer Art Sprachschule.

Das Zimmer war bald gefunden. No. 4, Hyde Park Place lautete jetzt meine Adresse.

Mein Vater hatte mir einen Empfehlungsbrief mitgegeben. Seine Cousine Viscountess Esher, geborene Heckscher, solle ich sobald als möglich besuchen. No. 21, Hill Street, W. 1. war nur wenige Schritte vom Hyde Park entfernt. Ein kaum fünfzehn Meter breites, dreistöckiges und unauffälliges Haus. Ich drückte auf den Klingelknopf, ein Butler öffnete und fragte mit gedämpfter Stimme nach meinem Begehr. Ich gab ihm Vaters Brief und meine Visitenkarte.

Es dauerte nur wenige Minuten, bis meine neue Tante erschien, einen Augenblick wie prüfend vor mir verhielt und mich mit spontaner Herzlichkeit wie einen lieben alten Bekannten begrüßte. Und es blieb so zwischen uns. Bis der Krieg die gewaltsame Trennung erzwang. Aber sie beide, Antoinette und Oliver, ihr Mann, waren 1945 die ersten, die uns ihre Hand wieder reichten, als wären die Jahre der Gewalt zwischen unseren Völkern nie gewesen. Unzählbar, was ich den beiden Eshers noch alles zu verdanken haben würde.

Noch einen zweiten Empfehlungsbrief trug ich bei mir. Großmutter Kleist hatte ihn mir in die Hand gedrückt, als ich sie zum Abschied besuchte. Er galt ihrem Neffen Wolfgang zu Putlitz, den ich noch nicht kannte. Er war Diplomat und leitete in der Deutschen Botschaft die Konsulatsabteilung. Das stattliche alte Gebäude war leicht zu finden.

Vom Piccadilly Circus ging man die Lower Regent Street hinunter, passierte den Waterloo Place und stand auf der rechten Seite vor der Repräsentanz des Deutschen Reichs.

Ich ließ mich bei Putlitz melden und lernte in ihm einen ungemein liebenswürdigen Mann von Welt kennen. Da gerade Mittagszeit war, lud er mich zum Lunch in eines der wundervollen Restaurants dieser Gegend ein. Voller Interesse hörte er mir zu, als ich ihm aus meiner Berliner Zeit bei Papen erzählte. Ein paarmal dämpfte er den Fluß meiner Worte und überraschte mich mit der Mahnung, ich dürfe über die innenpolitischen Verhältnisse in Deutschland auch in England nur noch mit größter Vorsicht und Zurückhaltung sprechen. Auch hier in London könne an jedem Nachbartisch ein V-Mann der Nationalsozialisten sitzen und aufmerksam lauschen. Ich wollte das kaum glauben und fragte ihn, seit wann man in dem »freiesten Land der Welt« seine Meinung nicht mehr äußern könne. »Darum geht es nicht«, sagte er, »ich teile Deine Ansicht über die Nazis voll und ganz. Du kannst sie unter vier Augen auch gegenüber unserem hiesigen Botschafter, Herrn von Hoesch, ohne jede Einschränkung äußern. Jedoch in der Öffentlichkeit mußt Du Dich hier jeder Kritik an Hitler und seiner Politik enthalten. Wir sind selbst in der Botschaft bereits mit Diplomaten durchsetzt, die diese Berufsbezeichnung nicht mehr verdienen, weil sie unmittelbar für die Gestapo arbeiten. Auch die sogenannte Auslandsorganisation der NSDAP hat hier ihre Spitzel, deren besondere Aufgabe es ist, die in England lebenden Deutschen zu überwachen. Du mußt davon ausgehen, daß auch Du hier beobachtet wirst. Zwar wird man Dir hier kein Haar krümmen, aber Du riskierst es, bei Deiner Rückkehr nach Deutschland bereits an der Grenze vereinnahmt zu werden und in irgendeinem Konzentrationslager zu verschwinden. Und glaube mir bitte: Als Leiter der Konsulatsabteilung weiß ich, wovon ich rede.«

Wolfgang Putlitz kümmerte sich in den folgenden Monaten sehr freundlich um mich. Er setzte meinen Namen auf die Adressenliste der Botschaft, so daß ich ihm auf manchem Empfang, den Botschafter Hoesch gab, begegnete. Trotzdem haben sich unsere Wege bald getrennt, als sich seine Gedanken zunehmend nach links entwickelten. Wir paßten einfach nicht zusammen. Als Leopold von Hoesch starb (1936) und Ribbentrop sein Nachfolger wurde, ließ sich Putlitz nach den Niederlanden versetzen. Bei Kriegsausbruch blieb er im Westen. Nach Ende des Krieges kam er im kommunistischen Herrschaftssystem Ost-Deutschlands unter. Zu gerne dekorierten sich die

Machthaber dort bereits damals mit einem Sproß aus uralter märkischer Ritterschaft.

Doch zurück nach London. Wie wohl fühlte ich mich, wenn ich in der Hill Street eingeladen war. Antoinette hatte mich gebeten, die Anrede »Tante« zu streichen. Es gelte in England als nicht besonders liebenswürdig, die ältere Verwandte mit dieser Titulierung ständig an ihr Alter zu erinnern. Wenn man miteinander verwandt sei, dann sei man Vetter und Cousine. Anfänglich fiel es mir gar nicht leicht, das zu lernen. 21 Hill Street war ein sehr geselliges Haus, seine Gesellschaftsräume schienen innen größer als die schmale Außenfassade vermuten ließ. Nach wenigen Tagen schon gab es ein Dinner, das die Eltern für meine »wirklichen« Cousinen gaben, höchst attraktive und charmante junge Damen, samt deren Freundinnen und Freunden. Und ich machte eine Entdeckung: Die in unserer Heimat als so »steif« verschrienen Engländer waren ganz das Gegenteil. Selten habe ich in Deutschland so fröhliche, ja so ausgelassene Feste erlebt wie in London.

Ein paar Tage später bat mich Antoinette zum Tee, jedoch mit Geige. »Fangen wir mit Mozart an«, sagte sie, während ich auspackte. Ich hatte ein paar Wochen nicht geübt und stellte fest, daß ihre Finger besser liefen als meine. Oh Schande! Dann schlug ich Beethovens Frühlingssonate vor, da lief es bei mir schon besser. Wie oft haben wir in diesem Winter zusammen Sonaten gespielt! Ich schrieb meiner Mutter, daß ich in London sogar schon eine »Begleiterin« gefunden habe. So erfuhr Mutter, daß es nicht nur in ihrer eigenen, sondern auch in der Familie ihres ehemaligen Mannes Musik gebe!

Antoinette sorgte für mich wie eine Vizemutter. Sie schenkte mir ein Kofferradio von wunderbarer Qualität, »damit ich abends in meinem möblierten Zimmer nicht Langeweile haben sollte«. Das Gerät hat mir bis 1945 treue Dienste geleistet, denn ich konnte nachts die halbe Welt abhören. Vor allem aber sorgte sie für meine Kenntnisse all dessen, was ein junger Mann aus Nazi-Deutschland lernen müsse. Von der Tribüne des House of Lords erlebte ich die Investitur neuer Lords. Demokratische Spielregeln lernte ich während einer wichtigen Debatte im Unterhaus kennen. Sorgfältig achtete sie darauf, daß ich die wichtigsten Museen besuchte.

Oliver Esher fand offensichtliches Vergnügen an der neuen Beschäftigung seiner Frau mit dem neuen German cousin. Oliver hatte eine Fülle von Ehrenämtern inne, so wie das für Seine Lordschaft in England selbstverständlich ist. Ich profitierte davon, sei es im Opernhaus, sei es bei der Royal Philharmonic Society.

Meine »kleinen Cousinen« sorgten derweil dafür, daß ich in die Häuser ihrer Freunde und auf viele große Bälle in den Hotels entlang der Park Lane eingeladen wurde. »Oh, you are a German, please tell me: are you a Nazi?« Wie oft mußte ich diese Frage damals beantworten!

Eines Tages besuchte ich das Tanz- und Show-Orchester Jack Hylton in einem der großen Varieté-Theater Londons. Ich hatte mir eine Karte in der ersten Reihe besorgt. Es lohnte sich von Beginn an, doch der Höhepunkt des Programms kam als letzte Nummer: »News of the world«. Sie begann mit Hitlers Lieblingsmarsch, dem »Badenweiler«, bald wurde er verjazzt gespielt, jeder Musiker bewies sein virtuoses Können, bis plötzlich das Licht verlöschte. Als es nach wenigen Sekunden wieder hell wurde, hatten alle Musiker braune und schwarze Nazi-Uniformen an. Einige trugen Masken mit den Gesichtszügen von Hitler mit riesengroß aufgerissener »Klappe«, Göring in einer Leibesfülle ohnegleichen (vorne und hinten mit Orden behängt), Goebbels als der »Leibhaftige«, Himmler als mittelalterlicher Großinquisitor und so fort. Das Publikum schrie vor Lachen, ich nicht minder.

Wieder wurde es dunkel, und nun erhob sich ein wildes und andauerndes Schießen aus Schreckschußpistolen, deren Mündungsfeuer ein chaotisches Inferno erkennen ließ. Dann endete die Schießerei, noch ein einzelner Schuß, aus – Licht! Ein unbeschreibliches Bild bot sich dar: Alle Kostümierten hatten sich gegenseitig totgeschossen! Deutschland am 30. Juni 1934 in englischer Sicht auf einer Varietébühne. Und das Haus mit vermutlich mehreren tausend Plätzen sei täglich zweimal ausverkauft! So hieß es in den Zeitungen.

Fast wie zum Abschied von England hatten Oliver und Antoinette mich auf ein Wohltätigkeitsfest im Londoner Westend mitgenommen. Während ich mich im Tanz von einer schönen und geistvollen jungen Dame beeindrucken ließ, zupfte mich jemand am Ärmel. Es war Antoinette. Gleich nach diesem Tanz möge ich einmal zu ihr kommen.

»Ich möchte Dich einer der charmantesten Damen unseres Landes vorstellen«, begann sie, hängte sich bei mir ein und kreuzte mit mir die leere Tanzfläche. Wer das denn sei, fragte ich. »Die Herzogin von York«, war ihre Antwort. Schon standen wir vor Herzog Albert* und seiner auf einem Sofa sitzenden Gemahlin Elizabeth. »My german

---

* Kurze Zeit später, am 11. Dezember 1936, bestieg der Herzog von York als Georg VI. den britischen Thron.

cousin« wurde ich vorgestellt und sehr liebenswürdig von beiden begrüßt. Ich durfte Platz nehmen und sollte von Deutschland berichten. Die Herzogin sprach ein ausgezeichnetes Deutsch, so daß ich ihr dazu mit Recht ein Kompliment machte. Es mache ihr Freude, wieder einmal deutsch zu sprechen, sagte sie. Sie habe als junges Mädchen eine Zeitlang eine deutsche Gouvernante gehabt. Mit ihr sei sie auch in Berlin gewesen und habe diese schöne Stadt sehr bewundert. Dann fragte sie mich, ob es wahr sei, daß man die Lindenbäume auf der Straße Unter den Linden weggenommen habe. Ja, die Bäume seien tatsächlich gefällt worden, weil dort eine neue Untergrundbahn gebaut werde. Doch sollten danach wieder Linden gepflanzt werden.

Nun fühlte ich mich an der Reihe und befolgte den Rat meiner in höfischen Regeln versierten Großmutter: Vergiß niemals, eine Mutter nach ihren Kindern zu fragen.

Also erzählte ich ihr, daß ich kürzlich in der Queens Hall ein Nachmittags-Symphonie-Konzert gehört hatte, und in geringer Entfernung von mir hätten ihre beiden Töchter Elizabeth* und Margret mit ihrer Hofdame gesessen. Obwohl das Konzert ein recht anspruchsvolles und wenig populäres Programm gehabt habe, hätten ihre beiden Kinder einfach mustergültig, aufmerksam und still zugehört. Ich für meine Person bezweifele, ob ich in deren Alter solch vorbildliches Verhalten hätte geben können. »Das freut mich sehr«, strahlte sie, »ich danke Ihnen, daß Sie mir das erzählt haben. Ich werde den Mädchen das Erlebnis berichten.«

Während sie mit mir sprach, spielte das Orchester einen Wiener Walzer. Plötzlich fragte sie mich, ob ich Walzer tanzen könne, aber – »schauen Sie« – nicht so wie die dort drüben, sondern wie die guten Tänzer auf dem Kontinent? Ich sagte, ich glaubte schon, daß ich das könne – nicht nur immer rechtsherum, sondern dann und wann auch linksherum gedreht. »Machen Sie mir die Freude und tanzen Sie mit mir einen Wiener Walzer!« Sie erhob sich, und ich stellte fest, daß sie vollendet Wiener Walzer tanzen konnte. Die übrigen Tänzer machten respektvoll Platz. Nach einer Runde führte ich sie auf ihren Platz zurück, und sie reichte mir die Hand zum Kuß. Ich ahnte nicht, daß ich mit der zukünftigen Königin von Großbritannien getanzt hatte.

Meine Zeit in England neigte sich dem Ende zu. In meiner Erinnerung trägt sie märchenhafte Züge. Wie gut, daß Märchen stets ein Ende haben. Eines Tages ging ich zum letzten Mal nach 21 Hill Street, um

---

* Elizabeth II., seit 1952 Königin von Großbritannien.

Abschied zu nehmen und ein vielfaches Danke zu sagen. Ich konnte nicht wissen, daß ich das so außerordentlich schöne und liebenswerte Haus niemals mehr betreten sollte. Oliver und Antoinette hatten zu einem Empfang gebeten, und auch ihr Freund, Botschafter Hoesch, war anwesend. Als die Gäste gegangen waren, bat man mich, noch ein wenig zu bleiben.

»Wenn Du nun wieder in Deutschland bist, wirst Du wohl erst einmal Soldat werden?« fragte Antoinette. Ich habe nicht die Absicht, war meine Antwort, jedenfalls wolle ich kein Berufsoffizier werden. »Ach, Ihr Deutschen seid doch so leidenschaftliche Soldaten«, meinte sie, »dem wirst Du Dich doch kaum entziehen können. Mein Sohn Lionel ist ein so überzeugter Pazifist, daß er niemals eine Uniform anziehen würde.« Leider war Lionel an diesem Abend nicht anwesend. Vielleicht wäre es dann zu einer Diskussion der beiden Vettern über die alte römische Weisheit »Si vis pacem, para bellum« (»Willst Du den Frieden, bereite den Krieg vor«) gekommen. Ich hätte das Thema nur zu gerne mit dem ehemaligen Eton-Boy erörtert.

Oliver und Antoinette indes – sie rechneten sich zu den Liberalen – waren über die politische Entwicklung in Deutschland ungewöhnlich gut informiert. Wie oft hatte ich sie, wie auch an diesem Abend, mit dem deutschen Botschafter im ernsten Gespräch beobachtet. Nun vertrat ich wieder mein Argument, daß unser Land ein Heer brauche, das der Verteidigungsfähigkeit seiner langen und offenen Grenzen gerecht werden könne. Selbstverständlich kannten sie dieses Argument und brachten ihm sogar viel Verständnis entgegen. Ihr Gegenargument bezog sich auf die Person Hitlers. Er war ihnen unheimlich. Ich teilte diese Meinung ohne Einschränkung. Neu für sie beide aber war der Gedanke, wir Deutsche brauchten ein starkes Heer, um unserem derzeitigen Staatsoberhaupt eine reale Kraft entgegensetzen zu können. Das klang für sie abenteuerlich. Ich mußte ihnen über den 30. Juni 1934 erzählen, aber zeitweise hatte ich das Empfinden, daß sie über die Hintergründe dieser makaberen Ereignisse in Deutschland besser informiert waren als ich.

Als wir uns nach dem Kriege zum erstenmal wiedersahen, erinnerte mich Oliver an meine Äußerung des Jahres 1935. Er habe in den hinter uns liegenden zehn Jahren oft über meine Worte nachgedacht und mit anderen diskutiert, sagte er.

Und was alles hatte sich in den schrecklichen Jahren der Gewalt verändert! 21 Hill Street war nicht mehr. Eine deutsche Bombe hatte das Haus vernichtet. Und die beiden Vettern, Lionel – der überzeugte

Pazifist – und ich hatten als Offiziere auf gegnerischen Seiten gekämpft. Jeder fühlte sich in der Pflicht zu seinem Vaterland. Der englische Pazifist ebenso wie der Deutsche, der kein Nationalsozialist war. Doch dann haben die beiden Eshers uns in Deutschland besucht. Antoinette übernahm bei uns eine Patenstelle, zwei meiner Töchter kamen dank Olivers Fürsprache auf die Cranborne Chase School, und eine der Enkeltöchter trägt den Namen Antoinette.

MITGLIED DER NSDAP?

Auf der Heimreise über Hamburg traf ich im Gang des D-Zugs nach Berlin einen meiner Freunde aus der Hamburger Zeit. Früher hatten wir kaum miteinander über Politik gesprochen. Für mich war er ein fröhlicher und unterhaltsamer Kumpel gewesen, kaum mehr. Nun erfuhr ich, daß er seinen Beruf als Kaufmann aufgegeben habe und auf dem Wege nach Berlin sei, weil seine Bewerbung zum Eintritt in die »SS-Leibstandarte Adolf Hitler« angenommen worden sei. Er wolle dort sogar »Offizier« werden. Nachdem er mir das mit leuchtenden Augen erzählt hatte, ließ er mich nicht mehr aus den Fingern, um mich zu überreden, ihm zu folgen. Ich sagte ihm, ich werde, wenn ich an der Reihe sei, Soldat, weil ich mich mehr zum Heere hingezogen fühle. Doch er gab nicht nach. Die SS sei »moderner«, und »so einer wie ich« passe besser zur SS als zum »altmodischen Heer«. Auch könne man bei der SS weit schneller aufsteigen als beim Heer. Es sei nur noch eine Frage der Zeit, bis die SS dem Heere gleichgestellt sein werde. In absehbarer Zeit werde die SS auch den gesellschaftlichen Rang besitzen, den früher die preußischen Garderegimenter gehabt hätten. Jetzt müsse man modern denken und mit der Zeit gehen. Es bedurfte einiger Mühe, den lebensfrohen Kumpel von damals loszuwerden.

Am 1. Mai 1935 trat ich in die Firma meines Vaters in Stettin ein. Die ersten Pflichten begannen jedoch nicht in Büro und Betrieb, sondern vor dem Haupteingang des Unternehmens, denn Hitler hatte den Tag der Arbeiterbewegung zum Staatsfeiertag erhoben. Die Betriebsangehörigen hießen jetzt »Gefolgschaft«, und an jedem 1. Mai hatten sie sich in Marschkolonnen zu formieren, um quer durch die Stadt zur Großkundgebung zu marschieren. Die Leiter der Nationalsozialistischen Betriebszellenorganisation liefen eilfertig die Reihen der Angetretenen entlang und hakten sie auf ihren alphabetischen Listen ab, auf daß auch niemand fehle.

Vor unserem ältesten Prokuristen und mir trug der Jüngste der Lehrlinge auf einer Stange das Schild mit der dreizeiligen Aufschrift »Paul-Julius Stahlberg, Ölfabrik, gegründet 1841«. Vor diesem Firmenschild marschierte sogar noch eine Musikkapelle der Freiwilligen Feuerwehr von Pommerensdorf-Süd, die mein Vater genehmigt hatte, »damit wir wenigstens im Takt nach der Musik marschieren könnten«. Aber kaum mehr als ein Drittel unserer Kolonne hörte die große Trommel noch; weiter hinten bewegte man sich zwanglos wie auf dem Wege zum Grabe eines teuren Toten.

So ging es quer durch Stettin bis zum Krekower Exerzierplatz. Dort wehten viele Hakenkreuzfahnen, und auf einer provisorisch errichteten Tribüne saßen die »Amtsträger von Partei und Staat«, fast alle in braunen Uniformen; man nannte sie in Deutschland die »Goldfasane«. Als wir den uns zugewiesenen Platz eingenommen hatten, begann ein Gewitter mit Schnee und Hagel. Ich hatte nicht mal einen Mantel angezogen. In Kürze war ich bis auf die Haut durchnäßt und fühlte mich moralisch berechtigt, den Rückzug anzutreten. Die Kolonne unserer Betriebe hatte sich, wie ich dabei feststellte, ohnehin bereits mehr als zur Hälfte »verdünnisiert«.

Ich war erst wenige Wochen in der Firma, als sich in meinem Büro der Ortsgruppenleiter der NSDAP Pommerensdorf-Süd melden ließ. Ein kleiner und recht korpulenter Mann in braunem Hemd mit roter Hakenkreuzarmbinde begrüßte mich mit einem schneidigen »Heil Hitler« und Zusammenschlagen seiner Hacken. Ich bot ihm einen Platz und fragte ihn, was ihn zu mir führe. »Wir haben erfahren«, begann er, »daß der Junior der Firma Stahlberg jetzt in Stettin ist, und ich bin gekommen, um Sie zu sehen.« Ich dankte ihm für seine Aufmerksamkeit und fragte, was ich für ihn tun könne. Ich bekam eine Antwort, auf die ich wirklich nicht vorbereitet war: »Ich bin beauftragt worden, zu sehen, ob Sie Jude sind. Nun sehe ich aber, daß Sie kein Jude sind, obwohl Sie einen jüdischen Namen tragen. Oder?« Ich bat ihn, mir doch bitte genauer zu erklären, wie er darauf gekommen sei, worauf er sagte: »Wissen Sie, Herr Stahlberg, da hat nämlich bei uns in der Ortsgruppe einer gesagt, alles was im Namen ›Metall und Berg‹ miteinander verbinde, sei jüdisch. Also wie Goldberg, Silberberg usw. Die werden jetzt alle überprüft, auch Eisenberg, Kupferberg usw. Aber Ihnen sieht man ja sofort an, daß Sie kein Jude sind.«

Dem korpulenten kleinen Funktionär war bei Ausführung seines Auftrages sichtlich nicht wohl. Aber er kam doch im höheren Auftrag, also bemühte ich mich, diesen unglaublichen Besuch mit Gelassenheit zu nehmen. Doch noch war ich den Mann nicht los. Deshalb erhob ich mich, um das Ende unserer Unterhaltung zu signalisieren. So stand dann dieser Unglücksmann vor mir, sah zu mir auf und stotterte so etwas wie, er müsse um Entschuldigung für seinen Irrtum bitten. Dann zog er aus einer Aktentasche zwei Formulare und reichte sie mir mit der Bitte, sie genau auszufüllen, er werde in der nächsten Woche wiederkommen, um sie abzuholen.

Als ich meinen Besucher los war, sah ich mir die Blätter an. Das erste galt der Ausstellung der gesetzlich vorgeschriebenen Mitgliedschaft in der Deutschen Arbeitsfront und der Einrichtung meines »Arbeitsbuches«. Das Arbeitsbuch mußte jeder arbeitende Deutsche besitzen, um jeden Arbeitsplatzwechsel darin einzutragen. Dieses Formular brauchte ich nicht mehr auszufüllen; der Betrieb hatte das routinemäßig für mich erledigt. Das andere aber war eine Bewerbung um die Mitgliedschaft in der NSDAP. Ich las es mit Interesse und ließ es in meiner Schublade verschwinden.

Wie angekündigt, erschien eine Woche später der für unseren Betrieb zuständige »Goldfasan« erneut, um die ausgefüllten Vordrucke abzuholen. Ich erklärte ihm, daß mein Arbeitsbuch bereits beantragt sei, und sagte ihm so freundlich ich konnte, daß ich nicht beabsichtige, Mitglied seiner Partei zu werden.

Er schien das nicht erwartet zu haben und schwieg einen Augenblick. Dann begann er: »Sie werden sich das bitte noch einmal überlegen, denn es gehört zu Ihren vaterländischen Pflichten als zukünftiger Betriebsführer, Mitglied der Partei zu sein. Es ist meine Pflicht, Sie zu warnen.« Die Partei werde es nicht hinnehmen, daß ein für Stettin und die deutsche Ernährungswirtschaft so wichtiger Betrieb wie dieser in seiner Geschäftsleitung nicht mit der Partei verbunden sei. Ein Betrieb müsse von einem zuverlässigen Mann geführt werden, und die NSDAP in Stettin werde darüber wachen, daß dieser Grundsatz auch hier eingehalten werde.

Ich erinnere mich genau, daß ich mit Bedacht und unmißverständlich geantwortet habe: »Ich möchte Sie bitten, zu bedenken, daß dieses Unternehmen im Jahre 1841 von meinem Urgroßvater gegründet worden ist. Was gibt Ihnen das Recht zu Ihrer Annahme, daß der Angehörige der vierten Generation der Gründerfamilie nicht über die erforderliche Zuverlässigkeit verfügt, diese Aufgabe fortzuführen?«

Vielleicht blieb meine Äußerung nicht ganz ohne Wirkung. Er meinte, er habe das nicht so persönlich gemeint. »Doch, das haben Sie«, rief ich. »Sie sind es gewesen, der von Zuverlässigkeit gesprochen hat.«

Wenn ich es so aufgefaßt habe, dann bäte er um Entschuldigung, sagte er. Doch in der Sache kamen wir nicht weiter. Er sei von der Ortsgruppe beauftragt worden, »dafür zu sorgen, daß ich in die Partei eintrete«. Dabei werde es bleiben. In einer Woche werde er wieder zu mir kommen.

Als er gegangen war, meldete ich mich für den nächsten Tag telefonisch bei meinem Vater in Berlin an.

Mein Vater erschrak, als er meinen Bericht hörte. »Laß uns in Ruhe nachdenken«, sagte er. Als wenn er sich einen Ruck zu einem schweren Entschluß geben müsse, begann er: »Jetzt ist es an der Zeit, daß Du erfährst, daß wir einen Vorfahren jüdischen Glaubens haben.« Ich antwortete, das sei für mich überhaupt nichts Neues. Ich wisse es seit Jahren. »Woher?« fragte er. »Nicht von unserer Mutter«, sagte ich, aber oft genug von anderen. Ja, es habe sogar einmal jemanden gegeben, der mich im Streit einen »Mischling« tituliert habe. »Welch eine Geschmacklosigkeit!« rief mein Vater. Jetzt möge ich ihm genau sagen, was ich über unsere jüdischen Vorfahren wisse.

Also trug ich ihm vor, was ich während meines ersten Semesters in Berlin in der Preußischen Staatsbibliothek über meinen Urgroßvater Heckscher aus Hamburg gefunden hätte: »Sohn eines jüdischen Bankiers in Hamburg, im Alter von elf Jahren evangelisch getauft [früher nannte man das ›stehend getauft‹], 1848 Delegierter Hamburgs im Vorparlament in der Paulskirche zu Frankfurt, Sprecher der Delegation, die dem Erzherzog Johann von Österreich die Würde des Reichsverwesers antrug, Reichsjustizminister, Reichsaußenminister.«

»Und was tun wir jetzt in Stettin und mit Dir?« fragte er. Keiner von uns beiden sprach das aus, was vielleicht im Raume schwebte: »pro forma« doch Mitglied der NSDAP zu werden? Ich hatte mir in den letzten vierundzwanzig Stunden meinen Plan gemacht: Nun kam ich damit heraus.

Irgendwann würde für mich der Tag kommen, an dem ich in meiner Post meinen Musterungsbefehl finden würde. Für »untauglich« würde ich nicht befunden werden. Ja, ich hätte dies auch als Makel empfunden. Ich strotzte sozusagen vor Gesundheit. Also wollte ich »vorhalten«, wie es der Jäger nennt. Ich wollte mich als Freiwilliger zum Heer melden. Ich wußte, daß ich als Soldat von der Liste der Aspiranten der NSDAP automatisch gestrichen würde. So, wie wir die Politik in Deutschland unter Hitler sahen, würde es irgendwann mit einem hohen Maß an Wahrscheinlichkeit zu einem Kriege kommen. Ich wollte deshalb sehen, daß ich möglichst bald Reserveoffizier wäre, ehe es zum Kriege käme. Als Freiwilliger würde ich mir außerdem ein Regiment meiner Wahl suchen können.

Mein Vater stimmte meinem Plan zu und fragte mich, ob ich schon ein Regiment im Auge hätte. Ich sagte, daß ich beabsichtige, zur Kavallerie nach Schwedt an der Oder zu gehen. Das gefiel ihm nun aber ganz und gar nicht, denn in Schwedt, so meinte er, stünden doch Dragoner. Ich möge doch lieber nach Pasewalk gehen, wo sein Regiment, die »Königin-Kürassiere«, gestanden hätte. In Pasewalk habe man zu später Stunde im Offizierskasino über Schwedt ganz schön hochmütig gelästert: »Dragoner sind halb Mensch halb Vieh – auf's Pferd gesetzte Infanterie!«

Als ich ihm aber sagte, daß heute in Pasewalk »nur noch« Nachrichtentruppen stünden, während in Schwedt das 6. (Preußische) Reiter-Regiment (R.R.6) stationiert sei, das in einer seiner Schwadronen sogar die Tradition der ehemaligen Pasewalker Kürassiere trüge, war er zufrieden. Dann fiel ihm aber plötzlich ein, daß er irgendwo gelesen hatte, in den Reiter-Regimentern gebe es heute auch je eine Radfahrer-Schwadron. Also versprach ich ihm, alles zu tun, nicht bei den Radfahrern zu landen. Nun war der ehemalige Rittmeister der Reserve zufrieden mit seinem Sprößling, und wir schieden in bestem Einvernehmen.

In der nächsten Woche erschien in meinem Büro auch wieder der Pommerensdorfer »Goldfasan«, diesmal mit der finstersten Miene, die ihm wohl parteidienstlich zur Verfügung stand. Nun müsse ich ihn erneut enttäuschen, so begrüßte ich ihn gleich, ich hätte mich als Freiwilliger zur Wehrmacht gemeldet. Er zog sein Notizbuch heraus, und mir schien, daß er einen Namen ausstrich.

Tatsächlich habe ich mit nationalsozialistischen Parteileuten nie wieder etwas zu tun gehabt. Ich war bei ihnen »abgeschrieben«.

Ich fühlte mich frei. Ja, ich wiederhole es: Ich fühlte mich frei, frei von der Last, diesem verhaßten braunen Haufen angehören zu sollen!

Soldat zu sein war im übrigen für mich eine Selbstverständlichkeit. »Si vis pacem, para bellum« hatten wir auf dem so liberalen Grunewald-Gymnasium gelernt. Alle meine Vorfahren, ob bürgerlich, ob adlig, waren Soldaten gewesen, um ihrem Lande, ihrem Vaterlande zu dienen. Für mich war die graue Uniform jetzt zum Refugium geworden.

Ich wohnte während dieses Sommers in Stettin wieder in einem möblierten Zimmer bei einem älteren Ehepaar mit Namen Wolf. Ein paar Wochen vor Beginn meiner Dienstzeit in Schwedt baten sie mich eines

Abends zu sich in ihr Wohnzimmer. Sie befänden sich in großer Sorge und wollten mich um meinen Rat bitten, sagten sie. Ich erfuhr zu meiner größten Überraschung, daß ich, ohne es zu ahnen, schon seit Monaten Untermieter eines jüdischen Ehepaars war. Ich sagte ihnen, daß ich keinerlei antisemitische Ressentiments hätte und daß ich gar nicht daran dächte, das Zimmer aufzugeben, weil ich nun wüßte, daß sie Juden seien.

Es gehe für sie um etwas ganz anderes, sagten die beiden Alten. Seitdem ich bei ihnen wohnte, hätten sie sich sicherer gefühlt. Würde ich aber jetzt von Stettin weggehen, dann würde ihre Angst vor dem Nazi-Blockwart unerträglich werden, dann würden seine Schikanen wieder beginnen, mit denen er sie so oft schon gequält habe, bevor ich bei ihnen eingezogen sei.

Was sollte ich den beiden raten? Ich fragte sie, ob sie Verwandte außerhalb Deutschlands hätten. Nein, sie stünden völlig allein. Oder vielleicht Freunde? – Nein. Sie waren ratlos wie ich, sie lebten in Angst um ihre Zukunft. Ich fragte sie, ob sie eine Reise in das Ausland würden bezahlen können. Ja, das könnten sie, denn sie hätten ihre Ersparnisse im Laufe der letzten Zeit nach und nach von der Bank abgehoben und als Bargeld zu Hause versteckt. Noch bezögen sie auch eine monatliche Rente, doch wovon würden sie im Ausland leben können? Sie wagten nicht, das Bargeld über die Grenze zu tragen, und die Rente werde mit Sicherheit nicht in das Ausland überwiesen werden. Ich riet ihnen, das Risiko zu wagen, ins Ausland zu gehen. Doch was war mein Rat wert? Es waren alte Leute, vor denen ich saß. Sie würden nicht mehr wieder von vorne anfangen können. Ich schämte mich als Deutscher. Dies war ein schrecklicher Abend, den ich nicht vergessen kann.

Nach mehr als einem Jahr, als meine Dienstzeit in Schwedt beendet war, wollte ich sie besuchen, nach ihnen sehen. An der Wohnungstür befand sich ein fremder Name. Ich klingelte. Ein fremdes Gesicht öffnete mir. Im Hintergrund des Halbdunkels stand das Vertiko der Wolfs. Ich fragte, ob man mir die neue Adresse von Herrn und Frau Wolf geben könne. Eine ordinäre Stimme antwortete: »Ach die Juden, die hier gewohnt haben? Keine Ahnung!« Ohne ein weiteres Wort schloß man die Tür und ließ mich stehen.

IM 6. (PREUSSISCHEN) REITER-REGIMENT

Inzwischen war es Sommer 1935 geworden. Im neu erbauten Kasernenbezirk des Schwedter 6. (Preußischen) Reiter-Regiments (R.R.6) traten die ersten Rekruten nach Wiedereinführung der allgemeinen Wehrpflicht (März 1935) vor ihren Schwadronsunterkünften in langer Reihe an. Je sechzig bis siebzig junge Leute waren einer jeden der sechs Schwadronen zugewiesen worden. Sie alle trugen noch ihr Zivil, neben jedem stand ein Karton für die Heimsendung seiner Kleidung.

Bei der 3. Schwadron schauten sich der Chef, Rittmeister von Lewinski, und seine drei Leutnants die neuen Gesichter an. Die Wehrbezirkskommandos hatten für die moderne Kavallerie kleingewachsene junge Männer ausgesucht. Doch in die 3. Schwadron hatte sich offenbar ein Außenseiter verirrt: 191,5 Zentimeter groß.

Der Rittmeister sprach ein paar Begrüßungsworte und erklärte, von heute an seien wir nicht mehr Herr so und so, sondern »Reiter«. Dann fing er bei dem Langen auf dem rechten Flügel an und ließ sich laut und deutlich den Namen sagen. Reiter Stahlberg begann also, der Hauptwachtmeister schrieb die Namen in sein dickes Buch, das er griffbereit zwischen dem zweiten und fünften Uniformknopf trug. Niemand außer ihm durfte einen Knopf offenlassen.

»Hand hoch, wer von Ihnen eine abgeschlossene Schulbildung hat, zuerst die Volksschüler, dann die Mittelschüler, zum Schluß die Abiturienten.« Ergebnis: einer – er trug übernormal dicke Brillengläser – hatte die Volksschule nicht bis zum Ende geschafft, kein Mittelschüler, ein Abiturient. Dann wurde das Lebensalter ermittelt: sämtliche Rekruten waren unter zwanzig Jahre alt, nur der Lange an der Ecke war fast dreiundzwanzig. Er wurde gefragt, wie er in diese Schwadron gekommen sei. »Weiß ich nicht, Herr Rittmeister!« – »Ach, Sie sind der Freiwillige?« – »Jawohl, Herr Rittmeister.« Der Hauptwachtmeister notierte. Dann fragte der Rittmeister: »Der Stahlberg hätte doch in die 5. Schwadron zu den anderen Freiwilligen gehört?« Antwort des Hauptwachtmeisters: »Das liegt wohl daran, daß er nicht adlig ist, Herr Rittmeister.« – Pause.

Nächstes Kommando: »Hand hoch, wer schon reiten kann!« Sechs Hände flogen hoch. »Vortreten die sechs. – Aufschreiben.«

Selbstverständlich konnte ich reiten; sonst hätte ich mich doch nicht zur Kavallerie gemeldet. Von Kind an hatte ich auf Pferden gesessen, in Kieckow, in Paetzig, war mit dem Onkel über die Felder geritten, auch zum Baden und zu Besuchen bei Tresckows in Wartenberg, bei

Onkel Ewald von Kleist in Schmenzin und nicht zuletzt sogar in Berlin, wenn einer der vielen Onkel zu Besuch kam und einen Ausritt vom Tattersall Beermann beim Bahnhof Zoo durch den Tiergarten bis zum Brandenburger Tor spendierte.

Dann wurde man auf die Stuben verteilt, je sechs. Einer mit dicken Brillengläsern kam in mein Zimmer. Im Dachgeschoß lag die »Kammer«. Dort empfing jeder die ersten Teile seiner Uniform: Unterwäsche, Fußlappen (statt Strümpfe), Reithose und -stiefel, Drillichzeug, eine grob gewebte Arbeitskleidung. Dann lernte der junge Soldat, seinen Bettsack mit frischem Stroh zu stopfen. Selbst das, was zu Hause Mutter besorgt hatte, mußte nun jeder Rekrut »nach Vorschrift« erlernen, bis hin zum Annähen eines Knopfes!

Die hundert Meter Weges vom Quartier bis zum Pferdestall wurden nicht gegangen, sondern marschiert, grundsätzlich mit Gesang. Der Lange mußte anstimmen, der schien von Musik etwas zu verstehen.

Nun wurden Gruppen eingeteilt, »Beritte«, und man bekam seinen »Ausbilder«, einen Unteroffizier und einen Obergefreiten, »Zwölfender« genannt, weil sie sich in der alten Reichswehr für zwölf Jahre dienstverpflichtet hatten.

Mehr als hundert Pferde zählte eine Schwadron. Ich erhielt den Fuchswallach »Heldensang«, weil er das größte Pferd der Schwadron war, ein elfjähriger Krippensetzer, hart im Maul, noch härter in den Ganaschen, wie es sich bald erweisen sollte, am härtesten aber im Trab. Aber er »deckte« mich, so daß meine Absätze in der Silhouette kaum sichtbar waren, ein wahres »Denkmal von Pferd«!

Man lernte Pferdeputzen und alles, was zum Wohlbefinden des Pferdes gehört. Selbst als Kind vom Lande hatte ich nicht geahnt, welches Maß von Pflege die preußische Kavallerie ihren Pferden angedeihen ließ. »Erst das Pferd, dann die Waffe und zuletzt der Mann!«

Am dritten Tage kam die erste Reitstunde. Das blanke Pferd, ohne Decke und Sattel, wurde an der Trense aus dem Stall geführt. Mehr als sechzig Rekruten standen mit ihren Pferden am Ende des Kasernengeländes, in einer Linie aufmarschiert, in der Mitte des Sprunggartens. Der älteste der Leutnants, der die Reitausbildung leitete, kommandierte: »Die sechs, die schon reiten können, drei Schritte vorziehen.« Dann kam der nächste Befehl: »Reiter Stahlberg, drei weitere Schritte vorziehen.« »Aufsitzen!« Das hatte ich in Kieckow als Kind gelernt. Ich sprang und saß oben. Nächstes Kommando des Leutnants: »Schere rückwärts.« Ein Unteroffizier trat zu meinem Pferd heran, um es notfalls zu halten. Doch Heldensang kannte das alles und stand wie angewurzelt. Nun saß ich also rückwärts, mit dem Gesicht zum Schweif auf dem blanken Rücken des Wallachs und wartete auf das nächste Kommando des Herrn Leutnants. Das lautete aber anders als erwartet: »Angaloppieren, eine Runde durch den Sprunggarten.« Verblüfft sah ich zu meinem Leutnant hinunter. »Haben Sie meinen Befehl nicht verstanden?«

Jetzt hörte ich den Unteroffizier flüstern: »Geht nich, laß dich im Sprung fallen, und locker bleiben.« Also gab ich Schenkel und klopfte meinem Heldensang mit der Hand auf die eine Hinterbacke. Der Unteroffizier lief noch ein paar Schritte, die Hand an der Trense, in Richtung auf das erste Hindernis mit, Heldensang sprang, und ich rollte in den Sand. Heldensang, der alte Routinier, blieb sofort nach dem Hindernis stehen und wartete, bis ich wieder oben war.

Den übrigen fünf, die wie ich »schon reiten konnten«, ging es wie mir. Niemand von uns verletzte sich ernsthaft, und doch empfand ich die Übung als makaberen Scherz. Vermutlich sollte es wohl eine Art von kavalleristischer Äquatortaufe sein.

Gewiß fordert die reiterliche Ausbildung zum Kavalleristen Härte. Um sein Pferd später einmal in jeder nur denkbaren Situation in der Hand zu haben, muß der Reiter zuerst einmal tief im Sattel sitzen. Der damalige Militärsattel aber war hart, und die Rekruten hatten den Sattel zu nehmen, den sie bekamen, auch den, der der Form und den Maßen des eigenen Körpers kaum gerecht war. Schon nach einigen Wochen saßen die jungen Soldaten so gut auf ihren Pferden, daß die Schwadron geschlossen in das Gelände gehen konnte, und die Ausbilder konnten mit den ersten leichten Dressuraufgaben beginnen.

Selbstverständlich wurden wir vereidigt. Auf die Person Adolf Hitlers, wie es seit dem Tode des Reichspräsidenten Hindenburg am 2. August des Vorjahres befohlen war. Die Offiziere hatten die Rekruten in mehreren Unterrichtsstunden vorzubereiten. Die Unterrichtsstunde vor der Vereidigung übernahm der Schwadrons-Chef selbst. Mit einiger Spannung sah ich ihr entgegen.

Heute werde er mit uns, begann Lewinski, den Wortlaut unseres Eides durchsprechen. Er sagte, daß der Eid im vergangenen Jahr geändert worden sei, die Reichswehr habe einen anderen Eid geschworen als den, welchen wir morgen schwören würden. Ich hob die Hand, um eine Frage zu stellen: Ob er uns zum Vergleich die alte Eidesformel sagen könne, damit wir den Unterschied zu der neuen erkennen könnten. Der Rittmeister sah mich etwas verdutzt an, dann sagte er: »Warum eigentlich nicht.« Er könne sie noch auswendig. Wir mögen gut zuhören:

»Ich schwöre bei Gott diesen heiligen Eid, daß ich meinem Volk und Vaterland allzeit treu und redlich dienen und als tapferer Soldat bereit sein will, jederzeit für diesen Eid mein Leben einzusetzen.«

Der neue Eid, den wir morgen schwören würden, lautete dagegen:

»Ich schwöre bei Gott diesen heiligen Eid, daß ich dem Führer des Deutschen Reiches und Volkes, Adolf Hitler, dem Obersten Befehlshaber der Wehrmacht, unbedingten Gehorsam leisten und als tapferer Soldat bereit sein will, jederzeit für diesen Eid mein Leben einzusetzen.«

Dann sagte der Chef, wir brauchten den Eid nicht auswendig zu lernen; er werde uns bei der morgigen Feier in Abschnitten laut vorgesagt und wir hätten ihn nur zu wiederholen. Damit war die Instruktionsstunde beendet.

Abends bei Dunkelwerden hörte man vom Kasernentor her täglich den Trompeter vom Dienst das Halali zum Zapfenstreich blasen. Dann ging der UvD, der Unteroffizier vom Dienst, durch die Stuben, um zu sehen, ob alle Rekruten in ihren Betten lagen, und um das Licht zu löschen. In die Dunkelheit hinein begann ich an diesem Abend eine Unterhaltung mit meinen fünf Stubenkameraden – sie stammten übrigens alle aus Schlesien. »Was haltet Ihr von dem Eid, den wir morgen schwören werden?« fragte ich. – Langes Schweigen. – »Schlaft Ihr schon?« fragte ich. Fast gleichzeitig antworteten alle fünf mit Nein. – Aber was solle man davon halten, sagte einer, Befehl sei Befehl. Dann hörte ich unseren Kleinen, den mit den dicken Brillengläsern: »Bei uns zu Hause gibt es etwas, was den Eid ungültig macht.«

So etwas hatte ich noch nie gehört und bat ihn, uns das zu erklären. »Also paßt mal auf«, begann er, »Du hebst Deine rechte Hand zum Schwur, und gleichzeitig machst Du mit der linken Hand eine Faust. So kannst Du schwören, was Du willst. Aber der Eid gilt nicht. Du mußt es nur – jedenfalls bei uns zu Hause – hinterher dem Herrn Pfarrer beichten.«

Ich fand das köstlich. Aber alle übrigen Stubenkameraden bestätigten mir, genau so sei es. Allerdings tue man gut, die Linke während dieser Prozedur in die Hosentasche zu stecken. »Nun schön«, begann ich von neuem, »ich würde Dir aber diese linke Faust morgen vormittag abraten. Wenn wir morgen in mehreren Reihen hintereinander stehen, könnte jemand hinter Dir das sehen und Dich später verpetzen. Dann kriegst Du viel Ärger.« »Du hast recht«, meinte er. »Dann balle ich meine Hand eben nur in Gedanken. Ich werde das später auch beichten, mein Pfarrer macht da bestimmt mit.« Ich sagte: »Du willst also nicht schwören?« Schwören wolle er schon, aber nicht auf den Adolf. Der alte Eid, von dem der Chef heute gesprochen habe, gefalle ihm besser. »Mir auch«, sagte ich, »trotzdem schwöre ich morgen auf den Adolf.« Nun kam es von allen Seiten: »Ach, Du bist also ein Nazi?« Jetzt wurde ich böse; ich tat jedenfalls so als ob: »Ich will Euch mal etwas sagen, ich bin kein Nazi, und ich mag den Adolf nicht, ich tue es aber für mein Vaterland.« Wieder gab es eine lange Pause. Dann hörte ich den Kleinen mit den dicken Brillengläsern: »Du, das finde ich gut. Aber man muß dann morgen viel nachdenken.« »Nein«, sagte ich, »Du brauchst nur ›Adolf Hitler‹ zu sagen und ›Vaterland‹ zu denken. Das ist nicht schwer, und im übrigen habt Ihr es morgen viel leichter als ich, denn Ihr seid vom Wehrbezirkskommando eingezogen worden, während ich mich als Freiwilliger gemeldet habe.«

Am nächsten Vormittag stand das ganze Reiter-Regiment auf dem großen Kasernenhof zu Fuß im Karree angetreten. Zum erstenmal hörte ich unser ausgezeichnetes Trompeterkorps. Zum erstenmal sah und hörte ich auch unseren Regimentskommandeur, Oberstleutnant Arno von Lenski. Er schritt unsere Front ab, so konnte ich ihn einen Augenblick lang von Auge zu Auge anschauen. Er trug ein Monokel; ich mochte ihn nicht. Dann hielt er eine schneidige Rede. Er sprach nicht vom »Führer Adolf Hitler«, sondern von »unserem geliebten Führer Adolf Hitler«. Kein Wunder, daß er bei so viel Liebesbeteuerungen später Beisitzer beim Volksgerichtshof geworden ist. Zu seinen höchsten militärischen Ehren stieg er jedoch erst nach Ende des Krieges auf. Er beendete seine Karriere als General der Nationalen Volksarmee in der DDR.

In der Regel stand wöchentlich einmal Offiziersunterricht auf dem Dienstplan. Eines Tages ging es um das Thema »Befehl und Gehorsam«. Frage: Welchen Befehl muß der Soldat ausführen? Antwort: Jeder Befehl ist auszuführen. Frage: Welcher Befehl ist vom Soldaten nicht auszuführen? – Pause. Angestrengtes Nachdenken der Rekruten. Antwort des Leutnants: Ein Befehl ist nicht auszuführen, wenn der Soldat erkennt, daß er mit der Ausführung des Befehls ein Verbrechen begehen würde. Frage: Was tut der Soldat, wenn er das erkennt? Antwort: Er weigert sich, diesen Befehl auszuführen. Nächste Frage: Sagen Sie Beispiele! Antwort: Mord, Totschlag, Plünderung, Vergewaltigung, Töten von Gefangenen.

In einer anderen Stunde wurde über die Haager Landkriegsordnung von 1899 unterrichtet, über die in diesen Verträgen festgelegten Regeln der Abgrenzung zwischen Zivilpersonen und Soldaten, über die Behandlung von Verwundeten und Gefangenen, Parlamentären, über die Achtung vor Person, Ehre und Eigentum der Bewohner fremder Länder im Kriegsfall. Diese Fragen wurden bei unserem Regiment mit großer Sorgfalt behandelt.

Ein andermal wurde über das Notwehrrecht gesprochen, denn wir jungen Soldaten waren jetzt Waffenträger geworden. Den betreffenden Paragraphen des Deutschen Reichsstrafgesetzes mußten wir sogar auswendig lernen. Er wurde eine Woche später im Unterricht abgefragt. Ich kann ihn noch heute:

»Eine strafbare Handlung ist nicht vorhanden, wenn die Handlung durch Notwehr geboten war. Notwehr ist diejenige Verteidigung, welche erforderlich ist, um einen gegenwärtigen, rechtswidrigen Angriff von sich oder einem anderen abzuwenden.«

Nachdem mehrere Rekruten den Paragraphen richtig und vollständig aufgesagt hatten, wurde für den Rest der Stunde jedes einzelne Wort mit Beispielen erläutert. Größter Wert wurde auf die Worte »rechtswidriger Angriff... auf einen anderen« gelegt.

Schwierig wurde die Sache mit der Notwehr, wenn man zum Beispiel zufällig Zeuge eines Verbrechens würde. Sollte man dann einfach besser wegschauen, um den unangenehmen Folgen zu entgehen, die beim Eingreifen auf einen zukommen würden? Oder sollte man handeln, um das offenbare Verbrechen noch rechtzeitig zu verhindern? Schließlich hieß es doch sogar: »... Verteidigung, welche erforderlich ist, ...«

»DU BIST MITVERANTWORTLICH«

Auf dem Dienstplan stand auch Infanterie-Ausbildung mit Maschinengewehrexerzieren. Dieser Teil der Grundausbildung verlangte von dem jungen Soldaten das Äußerste an körperlichem Einsatz. Wir waren jung und gesund. Es machte uns nichts aus, bis an die Grenzen des Möglichen gefordert zu werden. Ich selbst empfand das wie sportliches Hochleistungstraining.

Aber wir hatten in unserer Gruppe den Kleinen mit den dicken Brillengläsern. Zwar hatte er mich bisweilen mit ganz erstaunlich intelligenten Äußerungen überrascht, doch oft beobachtete ich, daß er gleich danach wie geistesabwesend vor sich hindämmerte. Jedenfalls war er der Reit- und Exerzierausbildung körperlich nicht gewachsen.

Er hatte einen gebückten Gang, es gelang ihm nicht, sich gerade aufzurichten. Als wir quer über den Kasernenhof einzeln in gerader Haltung marschieren sollten, verfiel er jedesmal in eine Art von »Paßgang«. Mit dem linken Bein schwang gleichzeitig auch seine linke Hand nach vorne, und ebenso rechts. Es schien mir unerfindlich, daß man ihn bei der Musterung überhaupt zur Truppe geschickt hatte. In meinen Augen war er ein Fall für den Arzt, vermutlich für den Psychiater.

Leider sahen unser Unteroffizier und der Obergefreite den Fall anders. Sie gefielen sich darin, ihn vom ersten Tage an zu hänseln und zu peinigen. Bekam er beim Gewehrexerzieren ein Kommando, dann mußte er erst nachdenken, ehe er es schlecht und recht ausführen konnte. So gefielen sich die beiden Ausbilder darin, aus diesem Unglücksmenschen bei jeder Gelegenheit einen unfreiwilligen Clown zu machen.

Heute nun war Maschinengewehr-Exerzieren an der Reihe. Gruppenweise in der Nähe eines Geräteschuppens, mit dem MG-13-Dreise in der Hand, folgten wir den Befehlen: Auf-marsch-marsch, – hinlegen, auf-marsch-marsch, – hinlegen, – dreimal, viermal, fünfmal, sechsmal und mehr. Plötzlich blieb unser Sorgenkind mit dem Gesicht zur Erde liegen. Ein kläglicher Versuch noch, dann war er – so schien es – besinnungslos. Schon standen unsere beiden Ausbilder neben ihm und schrien auf den Liegenden ein. Es nützte nichts, er lag noch immer mit dem Gesicht zur Erde.

Und dann geschah etwas Unfaßbares. Der Unteroffizier und der Obergefreite packten den Mann und stellten ihn auf seine Beine. Die trugen ihn zuerst nicht; doch dann stand er endlich. Nun rief unser Unteroffizier so laut, daß wir es hören sollten: »Aus Dir werden wir doch noch einen Soldaten machen.« Sie nahmen ihn an den Armen zwischen sich und verschwanden um die Ecke des Geräteschuppens.

Betroffen blieben wir zurück. Wenige Augenblicke nur und hinter dem Schuppen erklang lautes Geschrei. Ich erstarrte, doch dann hörte ich ganz deutlich: »Hilfe – Hilfe!« Ich lief hinter den Schuppen.

Tatsächlich, da lag, nun auf dem Rücken, unser Stubenkamerad. Neben ihm standen Unteroffizier und Obergefreiter und traten dem auf der Erde liegenden Mann in den Unterleib, noch einmal, noch einmal. Ich schrie, so laut ich konnte: »Herr Unteroffizier!« Die beiden fuhren herum, starrten mich an und kamen, als wäre nichts gewesen, auf mich zu. Zusammen gingen wir drei zum Rest unserer Gruppe. Der Unteroffizier gab zwei anderen den Befehl, den . . . auf unsere Stube zu bringen, weil es ihm nicht gut gehe. Sie nahmen den Weg zur

Kaserne nicht an uns vorbei, sondern gingen jenseits des Geräteschuppens. Sie stützten den Kameraden wie einen Verwundeten.

Zur Mittagszeit fanden wir ihn in unserer Stube auf seinem Bett liegend. Er meinte, es gehe ihm schon wieder besser. Er brauche sich auch nicht krank zu melden. Er werde den Nachmittagsdienst wieder mitmachen.

Mein Bericht von diesem Tage ist noch nicht zu Ende. Nachmittags wurde ich an das Telefon in der Schreibstube gerufen: Ein Offizier verlange mich zu sprechen... Wer konnte das sein? Noch nie hatte ich als Soldat einen Telefonanruf erhalten. »Hier ist Reiter Stahlberg«, meldete ich mich, »hier ist Henning«, kam es zurück. Es war wirklich Henning Tresckow. Er sei zum Abschluß einer Generalstabsreise in Schwedt, ich solle mir doch mal zwei Stunden Urlaub geben lassen, um ihn im Café Wieck an der Schloßfreiheit zu treffen.

Der Hauptwachtmeister, offenbar beeindruckt, daß einer seiner Rekruten einen Generalstabsoffizier zum Vetter habe, war einverstanden, verlangte aber, daß ich mich korrekt angezogen bei ihm abmeldete. Als ich umgezogen wieder bei ihm erschien, ließ er mich strammstehen und ging prüfend einmal um mich herum. So ging ich dann, den schweren Säbel an der Seite, eiligst in Richtung Stadt.

Vor dem Café Wieck standen viele Militärfahrzeuge, und ich betrat mit einiger Spannung das Haus. Frau Wieck, in Schwedt wohlbekannt als »Soldatenmutter«, fing mich jedoch im Eingang ihres Hauses ab. Hier könne ich nicht hinein, denn sie habe das Haus an eine geschlossene Gesellschaft vergeben. Um so mehr war sie erstaunt, als ich sagte, zu eben dieser Gesellschaft sei ich bestellt worden. »Aber dann hätten Sie sich doch wenigstens statt der Drillichjacke eine anständige Uniformjacke anziehen können!« meinte sie. »Die haben wir bis heute noch nicht von der Kammer empfangen«, entschuldigte ich mein Äußeres, aber der Hauptwachtmeister habe meinen Anzug gebilligt.

Als ich die Tür zur Gaststube öffnete, konnte ich nicht viel mehr erkennen, als daß der Raum unter einer Wolke von Tabaksqualm mit Offizieren angefüllt war und daß sie wohl alle rote Streifen an den Hosen trugen. Ich schloß die Tür hinter mir und nahm, wie ich es im Unterricht beim Thema »Verhalten in der Öffentlichkeit« gelernt hatte, Haltung an. So harrte ich der Dinge, die da kommen sollten.

Nach einem kurzen Augenblick stand Henning vor mir und schüttelte mir die Hand. Es war ganz still geworden im Raum, und ich fühlte alle Augen auf mich gerichtet. Mit lauter Stimme rief Henning: »Meine Herren! Ich möchte meinen Neffen Stahlberg vorstellen. Er dient hier als Freiwilliger, und ich habe ihn gebeten herzukommen, weil ich von ihm hören will, wie ihm der militärische Dienst gefällt.«

Ich hängte Säbel, Koppel und Mütze an den Garderobenständer, und schon saß ich, eingeklemmt von Generalstabsoffizieren, an einem der kleinen Caféhaustischchen. Ich war erleichtert, daß ich vorerst von niemandem ins Verhör genommen wurde, sondern mich ausschließlich mit dem mir von Henning spendierten Apfelkuchen mit Schlagsahne beschäftigen konnte. Nur einmal bemerkte Henning trocken: »Nun, wie fühlst Du Dich denn so mitten in der obersten Spitze des Deutschen Generalstabes?« Ich weiß nicht mehr, ob und wie ich diese Frage beantwortet habe, und erinnere mich nicht mehr, wer an späteren Berühmtheiten des Militärs um mich herum saß. Wohl erinnerlich aber ist mir, daß ich erstaunt war, wie ungezwungen und freimütig um mich herum diskutiert wurde.

Sobald mein Kuchenteller geleert war, erhob sich Henning, um mit mir einen kurzen Spaziergang auf der Schloßfreiheit zu machen. Ich konnte nicht ahnen, wie unzählbar viele »kurze Spaziergänge« er mit mir in der Zukunft noch machen würde.

Draußen vor der Tür war ich dann nicht mehr der Neffe, sondern der »Vetter«, und nun prasselten seine Fragen förmlich auf mich ein. Er wollte meine Eindrücke, meine Ansichten, meine Kritik über die Ausbildung des ersten Jahrganges der allgemeinen Wehrpflicht hören. Ich solle zu ihm ganz frei und ohne Rücksicht auf unser beider militärischen Rangunterschied sprechen.

Mein Urteil fiel überwiegend positiv aus. Doch schließlich berichtete ich ihm auch die schlimme Geschichte von heute vormittag, auch daß ich durch meinen Anruf an den Unteroffizier die sadistische Mißhandlung beendet hätte. Henning blieb stehen und sagte: »Du hast zweifellos richtig gehandelt. Doch das genügt nicht. Hier bist Du jetzt mitverantwortlich, dafür zu sorgen, daß sich so etwas in Deiner Schwadron nicht wiederholt!«

Ratlos fragte ich: »Wie soll ich das als Rekrut?« Henning sah mich mit ernstem Gesicht an und fuhr fort: »Wer ist Dein Schwadronschef?« Ich nannte den Namen Lewinskis. »Du gehst noch heute zu ihm hin und meldest ihm den Vorfall. Du wirst, so wie Du mir die Geschichte erzählt hast, voraussichtlich vor einem Kriegsgericht als Zeuge unter Eid aussagen müssen. Wirst Du das können? Mit anderen Worten: Wirst Du zu Deinen Worten stehen?« Ich holte Luft und sagte: »Ja.«

Dann gab er mir einen freundschaftlichen Klaps auf die Schulter, verabschiedete sich und sagte, ich solle den Rittmeister von Lewinski von ihm grüßen.

Das Folgende ist schnell erzählt. Als ich unserem Hauptwachtmeister nach dem Abendappell sagte, ich wünsche den Chef in einer persönlichen Angelegenheit zu sprechen, wollte er den Grund wissen. Ich antwortete, es sei eine persönliche Sache, ich wollte sie nur dem Herrn Rittmeister sagen. »Gut«, sagte er, »Sie können darauf bestehen, jeder Soldat hat das Recht, seinen Chef persönlich zu sprechen.«

Am nächsten Vormittag stand ich vor dem Rittmeister: »Ich habe eine Meldung zu machen, Herr Rittmeister«, begann ich, »doch bevor ich mit der Meldung beginne, liegt mir daran, zwei Dinge vorweg zu sagen. Erstens habe ich gestern zwei Stunden Urlaub gehabt, um meinen Vetter, Major im Generalstab von Tresckow, in der Stadt zu treffen. Er hat in meinem Leben seit vielen Jahren eine Art von Patenschaft inne, ohne mein Pate zu sein. Er hat mich gestern zu der Meldung veranlaßt, die ich dem Herrn Rittmeister zu erstatten habe. Er hat mich auch beauftragt, dem Herrn Rittmeister seine Grüße auszurichten.

Zweitens liegt mir daran, zu sagen, daß ich sehr gerne Angehöriger der 3. Schwadron bin und es bleiben möchte.«

Dann schilderte ich ihm die gestrige Geschichte in allen Einzelheiten.

Lewinski war kreidebleich, als ich endete. »Das ist in meiner Schwadron geschehen?« stammelte er. Dann fragte er, ob denn keiner seiner Offiziere beim MG-Exerzieren anwesend gewesen sei. Ich verneinte, und er entließ mich mit den Worten: »Ich danke Ihnen für Ihre Meldung.« Doch ich fühlte, daß er um seine Fassung rang.

Etwa zwei Wochen später stand ich als Zeuge vor einem Kriegsgericht, das in der Kaserne des Regimentsstabes zusammengetreten war. Meine Vernehmung war nur kurz, und ich brauchte keinen Eid zu leisten, da die Angeklagten gestanden hatten. Während der Verkündigung des Urteils befand ich mich schon wieder beim Stalldienst. Es sprach sich aber bald im ganzen Regiment herum, daß die beiden Angeklagten zu Haftstrafen auf Bewährung und zur Degradierung verurteilt worden seien. Gleichzeitig hatte man sie zu einem anderen Regiment versetzt. Unser Stubenkamerad mit den dicken Brillengläsern wurde ein paar Tage später als dienstuntauglich aus dem Heere entlassen.

Kein einziges Mal mehr habe ich beim Heere Übergriffe solcher Art erlebt. Der Dienst blieb hart, aber korrekt. Allerdings wurde ich von einigen Unteroffizieren monatelang »geschnitten« und eiskalt behandelt. Eine gewisse Solidarität innerhalb eines Unteroffizierskorps hat, wie ich meine, sogar viele gute Seiten. Es gab einige Unteroffiziere in der Schwadron, die sich »aus Kameradschaft zu dem Opfer des Rekruten Stahlberg« an mir »rächten«. Ich habe das mit Humor ertragen. Ich bin gerne ein Jahr lang Rekrut bei der Kavallerie gewesen. Man muß einmal in einer Schwadron mitgeritten sein, um die Faszination zu begreifen, die vom Pferde in der Masse ausgeht. Denn das Pferd ist eben von Natur aus ein Herdentier.

Rittmeister Lewinski sagte uns eines Tages, das Schwadronsexerzieren im geschlossenen Verband gehöre leider nicht mehr zum Ausbildungsplan der Kavallerie, obwohl es ein Prüfstein für reiterliches Können und Disziplin sei. Wenn die Kavallerie noch eine Zukunft habe, dann ausschließlich in der militärischen Aufklärung und Erkundung in kleinen Gruppen. Und doch zog er eines Tages seinen Säbel und erklärte der Schwadron die alten Kommandozeichen mit dieser Waffe. Und nun brauste die Schwadron über das Exerzierfeld hinweg. Der Boden unter den Hufen der Pferde dröhnte. Es war wie ein gewaltiges Naturereignis. Wie mußte das dereinst gewesen sein, wenn nicht nur eine Schwadron, sondern ein ganzes Regiment oder gar mehrere Brigaden am Horizont erschienen waren.

Auch das Trompeterkorps unseres Regiments übte zu Pferde. Hatte eine Schwadron eine besonders gute Leistung gezeigt, dann konnte sie damit belohnt werden, daß das Musikkorps sie vor der Stadt erwartete, um sich vor ihr an die Spitze zu setzen. Auf seinem prachtvollen großrahmigen Schimmel der Paukist mit seinem Kaiser-Wilhelm-Bart und den weißen Stulpenhandschuhen. Die mit gelben Schabracken dekorierten Kesselpauken an den Seiten. Sein Pferd lenkte er mit den Füßen, die Trensenzügel endeten in seinen Steigbügeln.

Beim ersten Haus der Stadt setzte die Musik ein, und es war so wie in dem alten Kinderlied: »Wenn die Soldaten durch die Stadt marschieren, öffnen die Mädchen die Fenster und die Türen...« Dann zog der vor seiner Schwadron reitende Rittmeister seinen Säbel, und auf sein Kommando »Säbel auf!« sausten hundert blanke »Plempen« in die Höhe, um exerziermäßig auf den rechten Oberschenkel aufgesetzt zu werden, so daß die in der Sonne blitzende Klinge an der Schulter lag.

So ging es quer durch die Stadt. Von vorne erklang »Des Großen Kurfürsten Reitermarsch« oder gar der »Hohenfriedberger«, unser Regimentsmarsch. Er war schon meines Vaters Regimentsmarsch gewesen.

Ganz unerwartet und nicht ohne Dramatik endete mein Dienstjahr als Soldat in Schwedt. Ich hatte mich nach Ende eines Nachmittagsdienstes mit meinem Freund Peter H. von der benachbarten Zweiten Schwadron verabredet, um mit ihm im Café Wieck an der Schloßfreiheit anstatt des grausam schmeckenden Kasernen-Kaffees einen »echten« Kaffee zu trinken. Peter war aber nicht in seiner Kaserne. Er sei krank, sagte man mir, er liege im Krankenrevier in der Stadt. Also ging ich statt zu Mutter Wieck in das Krankenrevier, um nach ihm zu sehen.

Wie erschrak ich aber, als ich ihn ohne Bewußtsein in seinem Bett liegend fand. Ich suchte das Haus nach einem Arzt ab, fand aber nur einen Sanitätsunteroffizier. Auf meine Frage erfuhr ich, der Arzt sei im Urlaub, ein älterer Kollege aus der Stadt habe die Vertretung übernommen. Der sei vor einer Stunde im Hause gewesen und habe auch meinen Freund angesehen. Doch er habe keine Diagnose gegeben, sondern gemeint, man wolle bis zum nächsten Tage abwarten, um dann zu sehen, was das wohl für eine Krankheit sei. Auf meine Frage an den Sanitäter, was er denn für eine Krankheit vermute, zuckte dieser die Achseln und sagte, er habe solche Krankheit noch nie erlebt. Etwa vor einer halben Stunde habe der Patient um ein Glas Wasser gebeten, doch als er den Kopf des Kranken anzuheben versucht habe, seien Kopf und Hals starr und unbeweglich gewesen.

Jetzt waren wir beide ratlos. Ich fragte nach der Privatadresse des Arztes oder nach der Adresse eines anderen Arztes in der Stadt. Doch der Sanitätsunteroffizier winkte ab, es gebe im Augenblick keinen Arzt in Schwedt, denn der Vertreter, der Peter nachmittags angesehen hatte, befände sich jetzt mit dem Auto zu Patientenbesuchen in den umliegenden Dörfern. Sprachlos über diesen Stand ärztlicher Versorgung in einer Stadt von annähernd zehntausend Einwohnern, überlegte ich, was ich jetzt tun sollte. Ich begegnete im Hause einem jungen Leutnant aus einer anderen Schwadron, der ebenfalls jemanden besuchen wollte. Ja, was sollte man mit Peter H. tun, der irgendeine schwere Krankheit hatte und ärztlich nicht versorgt war. So entschloß ich mich, den Kranken nach Stettin in das Städtische Krankenhaus zu bringen und zwar sofort. Der Leutnant meinte, er sei nicht berechtigt, mir dies zu erlauben, aber auch er halte das für richtig.

Der Sanitätsunteroffizier indessen war von meinem Plan begeistert und sagte, das sei zweifellos richtig, und im übrigen habe er in Stettin eine Freundin, die er auf diese Weise besuchen könne. Doch dann meinte er, woher wir denn so schnell ein Auto nehmen könnten? In der Hinsicht konnte ich ihn beruhigen, denn ich hatte in Schwedt ein Auto.

Es war allerdings am Stadtrand bei einem Tabakbauern auf der Tenne versteckt, denn es war einem Rekruten durch Regimentsbefehl verboten, im Standort einen Wagen zu haben. Ich lief also los, meinen Wagen zu holen. Es wurde auch schon dämmerig, so daß ich hoffte, unterwegs nicht mit dem Wagen erkannt zu werden.

Dann legten wir Peter H. auf eine Trage – sein Körper war völlig steif – und trugen ihn vor das Haus. Glücklicherweise hatte mein Wagen ein Verdeck, das wir öffneten, um den Kranken hineinzubekommen, und bald befanden wir uns auf der Chaussee nach Stettin. Im Krankenhaus Süd tat ein Assistenzarzt Dienst und blickte mich mit großen Augen an, als er den Kranken zu untersuchen begann. Bald kamen nicht weniger als drei weitere Ärzte hinzu, während ich auf eine Bank im Flur verwiesen wurde und das Haus vorerst nicht verlassen durfte. Mein Sanitätsunteroffizier war ohnehin bereits per Straßenbahn in Richtung Stadtzentrum verschwunden.

Nach etwa einer Stunde kam ein älterer Arzt zu mir, um mir mitzuteilen, der Patient, den wir da gebracht hätten, habe eine leider schon vorgeschrittene spinale Kinderlähmung. Er werde das Regiment in Schwedt telefonisch informieren.

Ich fuhr nun in die Stadt und setzte mich am Paradeplatz in das Café Ponath. Dort hatte ich mich für Mitternacht mit meinem Unteroffizier verabredet. Vorerst wartete ich aber vergeblich, und das Haus wurde bald geschlossen. Doch nach mehreren Stunden klopfte mein Unteroffizier an das Fenster meines Wagens. Er bat mich um Entschuldigung, er habe bei seiner Freundin die Zeit verschlafen. Er konnte sich das leisten, dachte ich, denn das Krankenrevier in Schwedt hatte keine Wache am Eingang. Ich aber mußte mich am Kasernentor melden!

So stand die Sonne schon am Himmel, als ich in die Kaserne zurückkehrte, und ich hörte den Gesang meiner Kameraden von der 3. Schwadron auf ihrem Marsch zum morgendlichen Stalldienst.

Ich meldete mich beim Hauptwachtmeister und stand bald danach vor meinem Schwadronschef. »Was haben Sie sich denn nun wieder geleistet, Stahlberg!« begrüßte er mich. Ich berichtete die ganze Geschichte. Dann sagte Lewinski: »Also fassen wir zusammen:

1. Sie haben entgegen dem Regimentsbefehl heimlich ein Auto in Schwedt.

2. Sie haben ohne Genehmigung eines Arztes einen Schwerkranken aus der Krankenanstalt herausgeholt.

3. Sie haben sich ohne Erlaubnis aus dem Standort, also von der Truppe entfernt.

4. Sie haben den Kranken ohne den Auftrag Ihres Regiments und ohne seine Zustimmung in ein ziviles Krankenhaus Ihrer Wahl eingeliefert, anstatt ihn, wenn überhaupt, in ein Militärlazarett zu bringen.
5. Sie haben einen Sanitätsunteroffizier dazu bewogen, das ihm anvertraute Krankenrevier zu verlassen, die dort liegenden Kranken sich selbst zu überlassen und den Standort zu verlassen.
6. Sie sind nicht rechtzeitig vor dem Zapfenstreich in die Kaserne zurückgekehrt. Sie sind also ›über den Zappen gewichst‹.«

Alle sechs Delikte bestätigte ich mit »Jawohl, Herr Rittmeister«. Es tue ihm leid, so schloß er, ich müsse mit einem Kriegsgerichtsverfahren rechnen. »Jawohl, Herr Rittmeister«, bestätigte ich, denn der Grad meiner Verfehlung entzog sich den Kompetenzen eines Schwadronchefs.

Dann – nach einer Pause – müsse er mir sagen, daß alles, was ich getan und verursacht habe, strafbar sei. Trotzdem sei es richtig gewesen – bis auf das Halten eines Privatautos im Standort. Ja, er müsse sagen, er hätte an meiner Stelle genauso gehandelt. Inzwischen sei das ganze Regiment unter Quarantäne gestellt worden. Ich selbst erhalte hiermit den Befehl, ohne irgend jemand auch nur die Hand zu geben, Kaserne und Standort unverzüglich zu verlassen. »Leben Sie wohl, Stahlberg«, schloß er.

Damit war ich entlassen, hinterließ in der Schreibstube die Adresse meiner Mutter in Berlin und verschwand aus Schwedt, ohne auch nur die privaten Sachen aus meinem Stubenschrank entnommen zu haben.

Um die Mittagszeit öffnete meine Mutter ihre Wohnungstür in der Wilmersdorfer Brandenburgischen Straße 28, und ich konnte es nicht verhindern, daß sie mich zur Begrüßung umarmte. Auch sie war von Schwedt aus bereits telefonisch über mich informiert worden. Mit meiner zufällig anwesenden Schwester, verheiratet mit dem ärztlichen Direktor des Schreiberhauer Krankenhauses (Kreis Hirschberg in Schlesien), hatte sie nach Erhalt der Hiobsbotschaft aus Schwedt bereits überlegt, was man mit mir jetzt machen solle. Der Schwager in Schreiberhau hatte am Telefon gesagt, bei der Firma Behring sei ein Serum von Pferden entwickelt worden, das allerdings noch nicht freigegeben sei. Das müsse man mir sofort geben. Dann hatten die beiden Damen mit mehreren Ärzten und auch mit Apotheken telefoniert, jedoch ohne Erfolg. Schließlich hatte es geheißen, es gebe in Berlin ein kleines Depot des Serums. Man möge beim Reichsinnenministerium nachfragen. Doch das hatte natürlich zu keinem Erfolg geführt. Vielmehr hatte ein Beamter meiner Mutter schlicht und einfach erklärt: »Hören Sie mal zu, liebe Frau. So wie sie die Sache schildern, gehört Ihr Sohn sofort in ein Krankenhaus.« Damit aber war er bei meiner Mutter an die falsche Adresse geraten, denn meine Mutter hatte zeitlebens ein tief eingewurzeltes Mißtrauen gegen Krankenhäuser. Ein Kranker, pflegte sie zu sagen, gehöre erst dann in ein Krankenhaus, wenn er operiert werden müsse. Krankenhäuser seien eher geeignet, Krankheiten zu verbreiten als zu heilen. Und in meinem Falle gehe es doch noch dazu um jemand, der nicht einmal krank sei, sondern nur, und das auch nur möglicherweise, mit dem Virus der Poliomyelitis infiziert sei. Der Beamte im Innenministerium habe dann ziemlich abrupt aufgelegt.

In dieser Lage wandte sich meine Mutter hilfesuchend an ihre Freundin Frau von Weizsäcker, die Frau des späteren Staatssekretärs im Auswärtigen Amt, Ernst von Weizsäcker. Mit der Familie Weizsäcker pflegten wir seit Jahren freundschaftliche Beziehungen. Wir waren oft bei ihnen im Hause gewesen, hatten dort Kammermusik gemacht und mit den ältesten drei Kindern, Carl-Friedrich, Adelheid und Heinrich Tanzstunden gehabt. Frau von Weizsäcker, bekannt dafür, zu helfen, wo immer es etwas zu helfen gab, nahm die Sache tatkräftig in die Hand. Während wir beisammen saßen und ratschlagten, was man noch tun könne, kam der Anruf mit der begehrten Adresse des Behringschen Serums. Meine Schwester schwang sich in den Wagen, kehrte bald mit dem rettenden Päckchen zurück und verpaßte mir eine gelbliche Flüssigkeit in den Oberschenkel. Schließlich war sie Arztfrau und wußte, wie man so etwas machte.

Dann erhob sich die Frage, was man jetzt tun solle. Ich schlug einen Kinobesuch vor, und bald landeten wir zur Abendvorstellung im Ufa-Palast am Zoo.

Es kam dann so, wie es wohl hatte kommen müssen. Irgendwann in der Mitte des Films schwanden mir die Sinne. Wie aus der Ferne hörte ich hilfsbereite Menschen dies und das sprechen. Ich merkte, daß man mich auf die Straße trug und in ein Taxi legte. Ich hörte die laute Stimme meiner Mutter, dies sei ihr Sohn, und der käme nicht in ein Krankenhaus, sondern zu ihr nach Hause. Unerfindlich bleibt mir, wie die beiden Damen es fertiggebracht haben, mich im Zustand völliger Gelähmtheit vom Taxi aus in das Haus und mit dem Lift in die vierte Etage zu bringen. Ein paar Tage nur hütete ich das Bett, denn allmählich schwand die Lähmung, und ich stand wieder auf meinen Beinen. Aber ich durfte noch nicht zu meinem Regiment zurück. Die Quarantäne in

Schwedt wurde sogar der Anlaß, daß alle Rekruten des Regiments ihr Dienstjahr um einige Tage verlängern mußten.

Später erst sagte man mir, daß ich mit dem Behringschen Serum, das noch nicht freigegeben war, zu einem höchst willkommenen »Versuchskaninchen« der Spezies Mensch geworden war.

Eines Tages kam ein Brief vom Regiment. Ich war zum Gefreiten befördert und zum Reserveoffiziersanwärter ernannt worden. Von einem Kriegsgerichtsverfahren war nicht die Rede. Peter H. hat die Krankheit, wenn auch sehr geschädigt, überlebt.

FRIEDENSJAHRE?

Die Jahre 1936 und 1937 waren in Deutschland gekennzeichnet von einer Kette außerordentlicher Erfolge. Diese wurden vom Propagandaministerium über die Technik der »Sprachregelung« von Presse und Rundfunk in geschickter Weise in die Öffentlichkeit gelenkt. Nachrichten, die den nationalsozialistischen Machthabern nicht genehm waren, wurden unterdrückt oder einfach verboten. So entstand in der Öffentlichkeit der Eindruck dauernder Erfolge. Der weitaus größte Teil der deutschen Bevölkerung war davon überzeugt, daß dieser Regierung einfach alles gelinge.

Natürlich konnte das auf die Dauer nur gutgehen, wenn unleugbare Tatsachen nachgewiesen wurden. Deren wichtigste war die sinkende Zahl der Arbeitslosen. Zwar konnte niemand die publizierten Zahlen prüfen, aber der Mann auf der Straße sah keine Arbeitslosen mehr. Vor 1933 standen sie an den Straßenecken der Städte herum. Jetzt sprossen Baustellen mit Tausenden von Arbeitsdienstmännern aus dem Boden, hier zur Melioration von Sumpfgebieten, dort zum Bau neuer Autobahnen. Mit Schippe und Schaufel wurde damals gearbeitet, noch gab es keine großen Baumaschinen. Ebenso sorgte die allgemeine Wehrpflicht seit März 1935 dafür, daß die Menge der Arbeitslosen schwand. Die jungen Soldaten zeigten sich gerne mit ihren neuen Uniformen in der Bevölkerung. An Festtagen marschierten die Regimenter mit klingendem Spiel durch die Garnisonsstädte hinaus zur Parade.

Das Betteln war verboten worden. Wer beim Betteln erwischt wurde, den nahm die Polizei fest. Kurzum, das Erscheinungsbild unseres Landes hatte sich von Grund auf gewandelt, und das Ausland begann, das »neue« Deutschland zu bewundern.

Industrie und Landwirtschaft wurden auf eine bisher nie dagewesene Weise gefördert. Welcher Unternehmer investiert nicht gerne, wenn er seine Investitionen binnen zweier Jahre voll von der Steuer absetzen kann. Wir in Stettin zum Beispiel gingen unserem größten Kostenposten, dem Bedarf an Elektrizität aus dem städtischen Stromnetz, zu Leibe und bauten ein eigenes Elektrizitätswerk. Nie zuvor hatten die Ölfabrik und die Seifenfabrik eine Investition auch nur annähernd gleichen Volumens riskiert. Die Bauwirtschaft begann zu blühen, nicht allein durch den Neubau von Kasernen und Flugplätzen, sondern durch staatlich geförderten Eigenheimbau. In Hamburg konnte zum Beispiel jedermann sehen, daß auf der unteren Elbe der »Schiffsfriedhof«, eine riesige Menge stillgelegter, rostender Ozeandampfer, verschwunden war. Ob sie wieder in Dienst genommen oder verschrottet worden waren, interessierte niemanden. Es genügte, daß man sie nicht mehr sah. Die Werften waren glücklich, mit Aufträgen bis an den Rand ihrer Kapazität versorgt zu sein, denn die deutsche Regierung hatte mit Großbritannien ein Flottenabkommen geschlossen: Die deutsche Kriegsmarine durfte nun bis zu fünfunddreißig Prozent der britischen Tonnage haben. Appeasement-Politik nannte man das in England.

Daß dieser atemraubende wirtschaftliche Aufstieg mit einem schlimmen und nicht zu verantwortenden Preis bezahlt wurde, das erkannten damals nur wenige. Hitler hatte verkündet, Deutschland sei groß und stark genug, um das alles selbst zu finanzieren, und das »beste und zuverlässigste« aller Wirtschaftssysteme sei die Autarkie, die Versorgung aus dem eigenen Lande.

Unsere Stettiner Fabrik mit ihren Endprodukten an vegetabilen Ölen, Futtermitteln, Seifen usw. existierte jedoch überwiegend von Rohstoffen aus dem Ausland. Jetzt übernahm das Reichswirtschaftsministerium den Einkauf unserer Rohstoffe, in der Hauptsache Sojabohnen, und teilte sie den Produzenten zu. Unser Kontingent betrug zehneinhalb Prozent des gesamten Volumens. Das Einkaufsrisiko am Weltmarkt waren wir los, und auf dem Papier verdienten wir gut. Doch drohend erhob sich im Hintergrund die Frage, wieviel das verdiente Geld noch wert war. Das war perfekte Planwirtschaft, wie heute noch in den sozialistischen Staaten. Wurde bei Vater Staat das Geld knapp, dann ließ er seine Notenpressen eben etwas schneller laufen. Mein Vater bemerkte trocken: Eine Zeitlang mag das gutgehen, aber eines Tages werde sich das Deutsche Reich die Rohstoffe von jenseits seiner Grenzen ohne Bezahlung holen müssen.

Im Jahre 1936 war es noch nicht soweit. Dies sollte ein »Jahr des Friedens« sein, hatte Hitler befohlen. Zwar hatte er im März Truppen über den Rhein marschieren lassen und die Entmilitarisierung der linksrheinischen deutschen Gebiete aufgehoben, die Welt protestierte, doch dabei blieb es. Man fand sich mit den vollzogenen Tatsachen ab, und wir alle waren zufrieden, daß dem unseligen »Diktat von Versailles von 1919« ein Zacken aus seiner Krone herausgebrochen worden war.

Im März auch waren die Deutschen erneut an die Wahlurnen gerufen worden. Das Volk sollte abstimmen, ob es mit dieser Politik einverstanden sei. Das Ergebnis war überwältigend: neunundneunzig Prozent hatten mit Ja gestimmt. Mutters Freundin Ninow hatte im Wahllokal als treue Parteigenossin wieder zum Wahlvorstand gehört. Wieder waren die Listen peinlich genau abgehakt worden. Doch die Auszählung unterblieb auch dieses Mal.

Den Höhepunkt der Friedens-Euphorie aber bildeten die Olympischen Spiele 1936. Es gehört gewiß nicht viel Phantasie dazu, die olympische Idee zur sichtbaren Dokumentation der Friedenssehnsucht zu machen. Mit Tausenden von weißen Tauben, mit der Uraufführung einer Hymne von Richard Strauss und mit der Idee, zum ersten Mal in der Geschichte der Olympischen Spiele ein olympisches Feuer im Staffellauf von der griechischen Peloponnes nach Berlin tragen zu lassen – mit alledem wurde eine Atmosphäre unglaublichen Friedensjubels geschaffen. Ihm unterlag sogar die große Delegation Frankreichs. Mit erhobenem rechten Arm defilierte sie vor dem Staatsoberhaupt des Deutschen Reiches. Hätte ich es selbst nicht gesehen, ich hätte es kaum geglaubt, denn die Anwendung des »Deutschen Grußes« oder seine Nichtanwendung kam damals in deutschen Familien einem Bekenntnis gleich.

Ich hatte mir nicht nur für die Eröffnungsfeier eine Karte im Stadion besorgt, sondern auch für die Entscheidungen in der Leichtathletik und für die reiterlichen Endkämpfe, wie auch für das Schaureiten des Siegers in der Dressur.

Ich sah Jesse Owens, als er nacheinander vier Goldmedaillen für die USA erlief. Ich erlebte aber auch die beispiellose Behandlung dieses einmaligen Athleten, als ihm die Zeichen seiner Siege, vor allem für den Weltrekord im 100-Meter-Lauf (10,2 sec), von einem der Herren des Internationalen Olympischen Komitees um den Hals gehängt wurden. Als deutsche Ehrengabe erhielt jeder Sieger zu seiner Medaille einen irdenen Topf mit einem kleinen Eichen-Sprößling, damit er ihn in seiner Heimat einpflanzen könnte. Jeder Gewinner einer goldenen

Medaille wurde anschließend auf die Ehrentribüne geleitet, um dort vor den Augen der Menge auch noch den persönlichen Glückwunsch des jeweils höchstgestellten deutschen Anwesenden entgegenzunehmen. War das deutsche Staatsoberhaupt anwesend, dann durfte der Sieger mit dem Händedruck Hitlers in seine Heimat zurückkehren.

Als Jesse Owens seinen damals sensationellen Weltrekord lief, war Hitler anwesend. Nun also würde der als Rassenfanatiker bekannte Führer und Reichskanzler des Deutschen Reichs einem Athleten dunkeler Hautfarbe die Hand zu geben haben.

Ich hatte einen Platz schräg gegenüber der Ehrentribüne und beobachtete durch mein Fernglas das Geschehen mit Spannung. Wie üblich wurde auch Jesse Owens, von zwei jungen Damen in weißen Kleidern eskortiert, die rechts neben der Ehrentribüne liegende Treppe hinaufgeführt. Doch als die drei den Vorbau unmittelbar unter der Tribüne erreichten, waren ganz plötzlich aus dem Dunkel etwa hundert schwarz-uniformierte SS-Männer hervorgetreten und versperrten den letzten Teil der Treppe. Jesse Owens stand nun fast in Tuchfühlung vor den SS-Männern. Würden sie den Weg freigeben? – Sie dachten nicht daran. Ganz offenbar waren sie dort nicht aus Sicherheitsgründen erschienen, sondern um dem schwarzen Athleten den Weg zu versperren.

Oben auf der Tribüne, also nur noch etwa fünf bis zehn Meter entfernt, gab es unter den Ehrengästen des Internationalen Olympischen Komitees Unruhe. Man sah einige der Offiziellen hin- und herlaufen. Dann aber, nur wenige Sekunden später, war Hitler nicht mehr sichtbar. Hatte er den Heimweg angetreten? Indes öffnete sich auch jetzt noch nicht die Sperre der SS. So wandte sich Jesse Owens schließlich um und schritt, von den weißgekleideten Mädchen geleitet, mit der Würde eines Königs die Treppe wieder herab. Ein mir unvergeßlicher Eindruck. Nun erst löste sich die Spannung im Stadion. Mir schien, daß der Beifall, der jetzt aufbrauste, alle bisherigen Dimensionen übertraf. Es war, als habe das Volk gesprochen.

Ich entsinne mich eines Tages, an dem ich meine Mutter besuchte. Sie hatte mehrere Damen zum Tee eingeladen. Ich begrüßte die Runde. Alle waren mir bekannt, und ich bat sie, die unterbrochene Unterhaltung doch fortzusetzen. Frau G. hatte eine höchst engagierte Lobeshymne auf »unseren Führer« gehalten und setzte sie nun fort. Es war schwer erträglich, stumm zu bleiben, denn wieder einmal war es die »Heilands-Gestalt«, der wir doch alle zusammen »zu so unaussprechlichem Danke verpflichtet seien«. Da platzte mir der Papierkragen, wie der Berliner das nennt, und ich warf ein: »Nur mit dem Wahrheitsgehalt hapert es bei ihm bisweilen.«

Betroffen schwieg die Runde. Meine Mutter sah mich vorwurfsvoll an. Frau G. jedoch erhob sich, ohne ein Wort zu sagen, und verließ Zimmer und Wohnung.

Meine Mutter bekam wenige Tage später einen Brief von Frau G.: Sie sei durch meine Äußerung in einen schweren Gewissenskonflikt geraten. Sie sei infolge ihrer Zugehörigkeit zur Partei verpflichtet, gegen mich Anzeige bei der Geheimen Staatspolizei zu erstatten. Allein die schon viele Jahre während Freundschaft zu meiner Mutter halte sie diesmal von ihrer Pflicht, mich anzuzeigen, ab. Sie bitte aber um Verständnis, daß sie ihren Fuß in Zukunft niemals wieder über die Schwelle der Wohnung meiner Mutter setzen werde.

Seitdem sind Jahrzehnte ins Land gegangen. Dann und wann treffe ich in Berlin im Theater oder im Konzert die noch immer sehr rüstige Frau G., und wir grüßen einander freundlich, bin ihr doch heute noch zu Dank verpflichtet, daß sie mich damals so pflichtvergessen nicht angezeigt hatte.

Im Oktober 1933 hatte Hitler den Austritt Deutschlands aus dem Völkerbund verkündet. Die mühsame und jahrelange Arbeit, für die sich der ehemalige Außenminister und Reichskanzler Gustav Stresemann verzehrt hatte, um unserem Lande in der Welt wieder Vertrauen zu schaffen, war mit einem Schlage dahin. Das Forum der Völker nicht mehr beschreiten zu wollen – welch eine Hybris offenbarte sich in diesem Entschluß.

Im Juli 1934 hatten auch die österreichischen Nationalsozialisten versucht, in ihrem Lande an die Macht zu kommen. Nicht auf »legale Weise« wie Hitler, sondern durch einen Putsch. Sie ermordeten den österreichischen Bundeskanzler Engelbert Dollfuß. Wer mochte dazu den Auftrag erteilt haben? Ich habe es nie erfahren. Aber mancher dachte sich sein Teil. Der Putsch schlug fehl, doch am Tage nach Dollfuß' Ermordung kam Hitler auf den Gedanken, ausgerechnet Herrn von Papen, seinen seit dem 30. Juni 1934 »beschäftigungslosen« ehemaligen Vizekanzler, als Sondergesandten nach Wien zu schicken, um die vergiftete Atmosphäre dort zu reinigen. Und Papen sagte zu! Welch schwacher Charakter offenbarte sich hier, so dachten wir. Papen brachte einen deutsch-österreichischen Freundschaftsvertrag zustande. Seiner Eloquenz und seinem Charme waren nun auch die Österreicher erlegen. »Keinerlei unmittelbare oder mittelbare Einwirkung auf

Österreichs innerpolitische Vorgänge«, hatte Papen im Namen Hitlers versprochen und im Juli 1936 den Vertrag unterzeichnet.

Es sollten dann keine zwei Jahre vergehen, bis Hitler den Befehl zum Einmarsch in Österreich gab (März 1938). Gewiß erfüllte er damit den alten Traum von einem großen Deutschen Reich, doch um welchen Preis: Mordverdacht, Vertragsbruch, Erpressung.

Noch war der Jubel und der Glanz der Berliner Olympischen Spiele in frischer Erinnerung, da verbündeten sich Deutschland und Italien im Oktober 1936 zu einer »Achse Berlin – Rom«.

Noch im November desselben Jahres wurde zwischen Deutschland und Japan unter großem Propagandaaufwand ein Antikominternpakt geschlossen. Er konnte sich nur gegen die Sowjetunion richten. Die hektischen Aktivitäten, die von unserem Land ausgingen, standen in keinem Verhältnis mehr zur Größe und Bedeutung des Deutschen Reiches. Hitler wurde nicht müde, in jeder seiner Reden immer von Neuem zu erklären, das alles diene nur dem Frieden. Dachte man aber darüber nach oder bemühte man sich um einen Blick auf Atlas oder Globus, dann konnte einem unheimlich werden.

DIETRICH BONHOEFFER

Im Jahre 1937 lernte ich in Stettin im Hause meiner Großmutter Ruth von Kleist-Retzow den Theologen Dietrich Bonhoeffer kennen. Er leitete in Finkenwalde, unweit der Stadt, das Predigerseminar der Bekennenden Kirche, eines freien Zusammenschlusses evangelischer Theologen und Gemeinden, die sich weigerten, die Verbrämung des Christentums mit neuen politischen Maximen mitzumachen. Natürlich war dieses Institut den Nationalsozialisten von Anbeginn an ein Ärgernis. Das Regime trachtete danach, die ganze evangelische Kirche unter ihre Kontrolle zu bringen. Ein nationalsozialistischer »Reichsbischof« war von ihr bereits inthronisiert worden. Das Predigerseminar in Finkenwalde war darum von der Geheimen Staatspolizei (Gestapo) bereits mehrmals auf Dokumente, die der Regierung verdächtig schienen, durchsucht worden.

Großmutter hatte in Stettin eine geräumige alte Wohnung in der Pölitzer Straße gemietet und dort ein Pensionat für ihre Enkelkinder eingerichtet. Da die Familien dieser Kinder alle auf dem Lande lebten, hätte man sie zur Vorbereitung auf ihr Abitur in ein Internat schicken müssen. Das aber wollten deren Eltern verhindern, denn die meisten

Internate in Deutschland standen schon unter dem Einfluß der Nationalsozialisten.

Da ich noch nicht über einen eigenen Haushalt verfügte, beteiligte ich mich gerne an Großmutters Mittagstisch mit den zahlreichen Vettern und Cousinen. Großmutter ließ sich beim Essen berichten, was die Lehrer in den Schulen gesagt hatten. Entdeckte sie auch nur andeutungsweise dabei nationalsozialistische Doktrinen, dann stellte sie diese sofort zur Diskussion und korrigierte, wo es ihr erforderlich schien, mit der ihr eigenen Souveränität.

Ich erinnere mich auch einer von ihr oft zitierten Familiengeschichte. Einer unserer gemeinsamen Ahnherren, der französische Hugenotte Vernezobre de Laurieux, war ohne sein Zutun zum unfreiwilligen Bauherrn eines großen Palais in Berlin, am südlichen Ende der Wilhelmstraße, geworden. Das Haus gehörte später dem preußischen Prinzen Albrecht und ist als »Palais des Prinzen Albrecht« in die Geschichte Preußen-Deutschlands eingegangen. Sein Entstehen umrankte eine makabre Episode, denn der französische Reformierte Vernezobre hatte erst mit der Übernahme der Verpflichtung zum Bau dieses aufwendigen Hauses das Ziel erreicht, um dessentwegen er in das tolerantere und freiheitlichere Brandenburg-Preußen emigriert war: nicht allein Glaubensfreiheit, sondern auch Freiheit der Person zu haben. Der Bau war der Preis dafür gewesen, daß seine Töchter, anstatt sich den Heiratswünschen des Landesherrn zu fügen, den Mann ihrer Wahl heiraten durften. So bot die Geschichte vom Entstehen dieses Palais eine Fülle lehrreichen Diskussionsstoffs. Und um so mehr fühlte sich Großmutter persönlich davon betroffen, seit das Palais Prinz Albrecht zur Zentrale des Schreckens in Deutschland geworden war: zum Hauptquartier der Geheimen Staatspolizei und zum Tatort für Folter und Mord.

Großmutters Tischrunde barg aber noch mehr. Ihr gehörte als häufiger Gast auch Dietrich Bonhoeffer an. Seine und Großmutters kirchliche und theologische Interessen hatten sie einander nähergebracht. Und so hatte er gerne bei den Kindern dieser Runde, die zur Einsegnung heranstanden, den Konfirmandenunterricht übernommen. In der Kieckower Dorfkirche fand dann mit ihm das Fest der Konfirmation statt.

Es war im Herbst 1937, als Dietrich Bonhoeffer mich an einem späten Nachmittag unvermutet in unserer Ölfabrik aufsuchte. Was konnte er so plötzlich von mir wollen? Ohne Umschweife begann er: »Ich wäre dankbar für Deine Hilfe, ich bitte Dich um Dein Einverständnis, daß ich Dir hiermit meinen Bechstein-Flügel schenke.« Er sagte das scheinbar ohne jede Bewegung und so sachlich, als sei er einer von denen, die in das Büro der Ölfabrik kamen, um eine Partie Öl zu bestellen. Mit wenigen Worten erklärte er mir den Hintergrund seines Wunsches. Selbstverständlich trennte er sich nur ungern von dem Instrument. Er hatte aber eine vertrauliche Information bekommen, daß die Gestapo am nächsten Tage wieder in Finkenwalde erscheinen und dieses Mal wahrscheinlich das Haus versiegeln werde. So handelte es sich also um nichts anderes, als den Flügel dem Zugriff der Gestapo rechtzeitig zu entziehen.

Ich nahm sofort den Telefonhörer und fand auch einen unserer Lastwagenfahrer, der noch in der Fabrik war. Es fanden sich auch noch einige Arbeiter, die gerne bereit waren, ein paar Überstunden zu machen. Also wurde sofort ein Lastwagen mit ein paar kräftigen Männern und vielen leeren Sojaschrotsäcken als Verpackungsmaterial auf den Weg nach Finkenwalde geschickt, und Dietrich Bonhoeffer telefonierte dorthin, um die Abholung des Flügels anzukündigen.

»Und nun«, sagte ich, »nehmen wir ein Blatt Papier, um dieses seltsame ›Geschäft‹ zwischen uns in kurzen Worten zu bestätigen. Es muß irgendwie festgehalten werden, daß der Bechstein in Wirklichkeit Dein Eigentum bleibt. Wir werden dieses Papier beide unterschreiben, und ich lege es in das hinterste Geheimfach unseres Panzerschranks.« Sofort erwiderte er: »Das werden wir bitte nicht tun. Es könnte uns beide nur belasten und niemandem etwas nützen. Und Du wirst mir bitte versprechen, daß auch Du allein nichts über diese Sache zu Papier bringst.«

Ich wollte noch weiter widersprechen, doch er schnitt meinen Satz bei den ersten Worten ab: »Wenn es sein sollte, daß Du und ich die Zeit, die vor uns liegt, überleben, dann wird es für mich eine Freude sein, wenn Du mir den Flügel eines Tages zurückschenkst. Heute bin ich Dir nur dankbar, daß Du mein Geschenk ohne jeden Vorbehalt annimmst.«

Er drängte zum Aufbruch, um dabeizusein, wenn sein Bechstein zum Transport vorbereitet würde. Noch am selben Abend stand das Instrument bei mir im Hause. Es war ein sehr guter schwarzer Konzertflügel. Ich habe viel auf ihm gespielt und viel Freude an ihm gehabt.

Das alte Haus in der Pommerensdorfer Straße ist mit allem, was darin war, 1945 geplündert und schließlich dem Erdboden gleichgemacht worden. Dietrich Bonhoeffer bin ich, obwohl seine Verbindung zu meiner Großmutter und zu den Vettern und Cousinen, denen er

Konfirmandenunterricht gegeben hatte, von Jahr zu Jahr enger wurde, nicht wiederbegegnet.

Als Großmutter aus gesundheitlichen Gründen ihre Stettiner Wohnung aufgeben mußte und wieder nach Klein-Krössin zurückging, war er dort häufig zu Gast. Gerne diskutierten sie theologische Fragen. Um den Originaltext, aus dem Martin Luther die Bibel übersetzt hatte, lesen und besser verstehen zu können, begann Großmutter, Griechisch zu lernen. Wenn ich sie in Klein-Krössin besuchte, bat sie mich oft, sie griechische Vokabeln abzufragen. Klein-Krössin und Kieckow sind durch Dietrich Bonhoeffer zu einem vielfachen Refugium von Verfolgten der Bekennenden Kirche geworden.

Während des Krieges verlobte sich Dietrich Bonhoeffer mit meiner Cousine Maria von Wedemeyer aus Paetzig.

Die Nationalsozialisten verhafteten ihn und sperrten ihn ohne Prozeß in das Zuchthaus Tegel. Maria besuchte ihn dort, sooft sie eine Sprecherlaubnis bekam. Das Ende des Krieges hat Dietrich Bonhoeffer nicht erlebt. Als sich die russischen Armeen Berlin näherten, brachte ihn die SS in das Konzentrationslager Flossenbürg in der Oberpfalz. Dort wurde er, zusammen mit Admiral Canaris, General Oster und Heeresrichter Sack, am Morgen des 9. April 1945 ermordet.

HAUSKONZERTE

So intensiv meine Großmutter sich ihr Leben lang am kirchlichen Geschehen beteiligte, so distanziert verhielt sich meine Mutter zu ihm. Zwar war auch sie als Angehörige einer pommerschen Pietistenfamilie eine sehr gläubige Christin, doch sie besaß eine tiefe Abneigung gegen Pastoren. Ich entsinne mich, daß sie bisweilen beim sonntäglichen Gottesdienst mit uns Kindern zusammen nach dem Ende der Liturgie aufstand und die Kirche verließ, um die Predigt nicht anhören zu müssen. Wieder unter freiem Himmel, pflegte sie dann ihrem Herzen Luft zu machen: Unerträglich, diese Salbaderei!

Mutters Gottesdienst war die Musik. Wir drei Geschwister haben in unserer Jugend unter ihrer Leitung und mit ihr an der Orgel an unzähligen Konzerten, mittelalterlichen Mysterien- und Passionsspielen mitgewirkt: in Berlin meist in der Deutschen Kirche am Gendarmenmarkt, auf Reisen in den Domen zu Brandenburg und Magdeburg, in berühmten Kirchen in Goslar, in Quedlinburg, im pommerschen Stargard und in Schlesien bis hin nach Breslau.

Eines Tages – etwa im Jahre 1925 – hatte sie meinem Bruder und mir eröffnet, sie werde mit ihrem Frauenchor und mit uns beiden Jungen ein Konzert in Berlins Frauengefängnis in der Barnimstraße geben. Unserer Tante »Kätzchen« – Katharina von Tresckow – unterstand dort die fürsorgerische Arbeit. Mein Bruder und ich, elf und dreizehn Jahre alt, hatten lauthals protestiert. Wir empfanden das als unzumutbar. Doch wir wurden gar nicht nach unserer Meinung gefragt. Solches sei Christenpflicht. Und damit basta!

Also waren wir mit Cello und Geige dorthin gefahren und hatten, nachdem wir die vielen eisernen Gittertore hinter uns gebracht hatten, unsere Instrumente mit möglichst viel Hingabe und noch mehr Vibrato nach Kräften traktiert, denn solch ein Auditorium hatte uns nun doch sehr bewegt. Wir hatten einen – sozusagen – Riesenerfolg gehabt. Das hatten wir Kinder in solchem Maße noch nicht erlebt. Jedenfalls hat es in der Folge der nächsten Jahre in Berlin wahrhaftig kein einziges Gefängnis mehr gegeben, dessen Inneres wir – mit Cello und Geige in der Hand – nicht kennengelernt haben. Einschließlich des Zuchthauses in Tegel, in dem unsere Zuhörer, mit Ketten aneinandergefesselt, im großen Saal erschienen und derart in kleine Kabinen eingeschlossen wurden, daß wir vom Podium aus nur noch ihre Köpfe sehen konnten. Das alles gehörte zu Mutters »praktischem Christentum«.

Jetzt aber schrieben wir das Jahr 1937, und die Zeiten hatten sich geändert. Mutter hatte ihr gesellschaftliches Leben schon immer in Form von Hauskonzerten gestaltet. Nun hatten sie ihre vielen Beziehungen zu Berlins Musikleben erkennen lassen, daß sich hier ein neues Problem von großer Bedeutung aufgetan hatte. Es gab Musiker, die nicht mehr Konzerte geben durften, und sogar solche, die nicht mehr Musikunterricht erteilen durften, weil die nationalsozialistischen Behörden ihnen aus politischen oder rassischen Gründen die Berufsausübung verboten hatten. Und es gab noch andere Musiker, die es ablehnten, jetzt noch ein Konzertpodium zu betreten, obwohl sie gar nicht »betroffen« waren. So entstanden unter Künstlern Fälle von schlimmer Existenznot.

Mutter lud nun nicht mehr nur zu Hauskonzerten, sondern zu »Wohltätigkeits-Hauskonzerten« ein.* Es traten bei ihr Künstler auf, die in Berlin wohlbekannt waren, die man aber in der Öffentlichkeit nicht mehr hören konnte. An erster Stelle mag hier der Geiger Karl Klingler, Professor an der Musikhochschule Berlin, genannt werden.

---

* Karla Höcker, Hauskonzerte in Berlin, Rembrandt-Verlag, Berlin 1970.

Ihn hatte man zwingen wollen, aus seinem seit Jahrzehnten international geachteten Streichquartett seinen Cellisten zu »entfernen«. Als eines Tages aus dem Foyer der Musikhochschule auch noch die Bronzebüste ihres Gründers, des großen Geigers Joseph Joachim, verschwunden war, betrat Klingler das Haus nicht mehr.

Jetzt spielte Klingler bei uns auf der berühmten Stradivari, die einmal Joseph Joachim gehört hatte, mit seiner Assistentin Beatrice Bentz Mozarts Concertante Symphonie für Violine, Viola und Orchester. Der junge Hans Chemin-Petit dirigierte.

Das Eßzimmer war groß genug, um ein Kammerorchester aufnehmen zu können. Die Wohnung war überfüllt. Unter Mutters Ehrengästen waren Max Planck und das Ehepaar von Weizsäcker. Die jüngeren Zuhörer saßen auf dem Fußboden, weil die Stühle nicht reichten.

Mit ihren Begrüßungsworten wandte sich Mutter an die Spendenfreudigkeit ihrer Gäste. In der Eingangsdiele stand eine große offene Schale. Unmißverständlich deutete Mutter den sozialen Zweck ihrer Veranstaltung an, ohne auch nur einen einzigen Namen der zu Unterstützenden zu nennen. Es kamen erstaunliche Geldbeträge zusammen.

Bei einem anderen dieser Konzerte spielten wir, wieder unter Leitung von Chemin-Petit, Bruckners Streichquintett, vierfach chorisch besetzt, ergänzt mit einem Kontrabaß. Linus Wilhelm, Solo-Kontrabassist der Berliner Philharmoniker, hatte ihn übernommen. Diesmal waren unter den Gästen Gertrud Bäumer, Tatjana Gsovsky, Ricarda Huch und das Ehepaar Jochen Klepper. Die Kleppers gingen nicht mehr in öffentliche Konzerte, weil Frau Klepper als Jüdin das Betreten eines Konzertsaales verboten war.

Wieder ein anderes Mal begleiteten wir Wilhelm Kempf in einem Mozart-Konzert. Unvergeßlich, wie der große Pianist, gewohnt, in den größten Konzertsälen zu spielen, Mutters Blüthner-Flügel akustisch den Räumen der Wohnung anzupassen wußte.

Noch eines anderen Konzerts entsinne ich mich. Wir spielten das Oktett von Felix Mendelssohn-Bartholdy. Die Musik dieses größten aller Berliner Komponisten durfte in der Öffentlichkeit nicht mehr gespielt werden. Mutters Konzerte waren aber nicht »öffentlich«. Man war lediglich gehalten, sich zumindest telefonisch vorher anzumelden, damit die belegten Brötchen reichten, die es am Ende gab. Allerdings erschienen stets mehr Zuhörer, als sich angemeldet hatten.

Niemals war im Zusammenhang mit Mutters Hauskonzerten von Honoraren die Rede. Die Berufsmusiker erhielten vor Beginn auf

»diskrete Art« einen verschlossenen Briefumschlag. Doch ich habe manchen von ihnen beobachtet, der von seinem Inhalt ebenso diskret einiges in Mutters große Schale in der Diele legte. Mutter verteilte die Einkünfte nach ihrem eigenen Ermessen. Sie hat manche Not lindern können.

KRISENJAHRE 1938 UND 1939

Das Jahr 1938 war von außerordentlichen politischen Aktivitäten Hitlers gekennzeichnet. Es hatte schon gegen Ende des vergangenen Jahres Nachrichten gegeben, die den kritisch eingestellten Leser hatten nachdenklich werden lassen. Im Februar nahm Hitler ein Revirement im Kabinett und in der Führungsspitze der Wehrmacht vor, das der Stärkung des nationalsozialistischen Regimes dienen sollte: Der Oberbefehlshaber der Wehrmacht und Reichskriegsminister, Werner von Blomberg, wurde ebenso seines Amtes enthoben wie der Oberbefehlshaber des Heeres, Werner von Fritsch. Hitler bildete ein Oberkommando der Wehrmacht als sein unmittelbares Befehlsinstrument. Reichsaußenminister Konstantin von Neurath, ein routinierter Berufsdiplomat, wurde durch den nationalsozialistischen Parteigenossen und ehemaligen Sekt-Vertreter, Joachim von Ribbentrop, ersetzt. Ribbentrop galt als völlig »Hitler-hörig«. Der nationalsozialistische Führerstaat hatte sich nun voll und ganz auch des militärischen Bereichs bemächtigt, ohne daß sich im Offizierskorps eine Opposition regte.

Erst nach dem Kriege erfuhr man das Ausmaß an Intrigen und haltlosen Anschuldigungen, deren sich die nationalsozialistischen Machthaber für ihre Ziele bedient hatten. Doch jetzt schon konnte jedermann die Tatsachen sehen und noch etwas anderes: In aller Öffentlichkeit wurden die drei Wehrmachtsteile, Heer, Marine und Luftwaffe in geradezu rasantem Tempo verstärkt. Sollte dies alles nichts anderes als Friedenspolitik sein, wie es die Propaganda unablässig verkündete?

Als ich am 12. März in Stettin mein erstes neues Autoradio einschaltete und die Sondermeldung hörte, daß am heutigen Tage Truppen des Heeres die deutsche Grenze nach Österreich überschritten hätten, setzte ich meinen Wagen zuerst einmal an die Seite der Straße, um Atem zu holen. »Hitler im Triumphzug mit den Soldaten des Heeres auf dem Wege nach Wien!« – Das österreichische Volk im Freudentaumel auf den Straßen des Landes. – In Wien Hunderttausende auf dem Heldenplatz.

Der jahrhundertealte Traum der Deutschen, die Vereinigung aller Bürger deutscher Sprache in einem einzigen Deutschen Reich, die Wiedergeburt des alten römisch-deutschen Kaiserreiches und die Hoffnung des gesamtdeutschen demokratischen Parlaments von 1848 in der Paulskirche zu Frankfurt auf »die großdeutsche Lösung«, für die sich mein eigener Urgroßvater Heckscher vergeblich aufgeopfert hatte, schien in greifbare Nähe gerückt zu sein.

Und Goebbels, Hitlers Propagandaminister, trommelte bereits den neuen Slogan: »Ein Volk, ein Reich, ein Führer!«

Diese Tage wurden für die weitaus meisten Deutschen zu einem rauschhaften Erlebnis. Wer konnte sich dem entziehen?

Die Zeitungen brachten Bilder der neuen deutschen Grenzen. Mit einem einzigen Blick zeigte es sich: Die 1919 entstandene Tschechoslowakische Republik befand sich in der Zange des Deutschen Reichs. Und Bismarcks »Europäisches Gleichgewicht« gehörte der Vergangenheit an. Gleichwohl fanden sich Frankreich und Großbritannien »um des lieben Friedens willen« mit den gegebenen Tatsachen ab. Hitler hatte hoch gepokert, doch er hatte das Spiel gewonnen.

Jetzt könnte sich erweisen, wie es in Wahrheit bestellt sein würde um die staatsmännischen Qualitäten des deutschen Führers. Besaß er das Maß an Klugheit, sich mit der Konsolidierung seines unglaublichen Erfolges zufrieden zu geben? Das organische Zusammenwachsen der jetzt vereinigten beiden deutschen Länder könnte seine Generationsaufgabe sein. In diesen Märztagen schienen alle diejenigen recht zu bekommen, die in Hitler den groß angelegten Politiker zu sehen meinten. Mehr als je zuvor sahen sie in ihrem Führer einen der größten Deutschen, einen Triumphator über alle Kleingläubigen und Skeptiker.

Im Rahmen eines Familienfestes traf ich Ewald von Kleist-Schmenzin in Kieckow, dem Gut der Familie meiner Mutter: »Lies es nach in Hitlers Buch ›Mein Kampf‹«, sagte er zu mir. »Erst dann weißt Du das Ziel seiner Politik.« Oft hatte ich ihn so sprechen gehört, doch wer las schon diesen Wälzer!

Jetzt fügte er hinzu: »Wir stehen vor einem zweiten Weltkrieg. Du wirst es erleben.«

Ein oder zwei Monate nach dem deutschen Einmarsch in Österreich drang ein Gerücht zu mir. Es betraf Franz von Papen, dessen Verwendung als deutscher Botschafter in Wien mit dem Anschluß Österreichs hätte erledigt sein müssen. Mit den einmarschierenden deutschen Truppen sei auch die Gestapo in Wien erschienen. Sie habe sich sofort der NSDAP nicht genehmer Personen bemächtigt. Wieder einmal, wie schon am 30. Juni 1934 in Berlin, sei auch in Wien die Dienststelle Papens eines ihrer ersten Ziele gewesen. Papens Adjutant Günther von Tschirschky habe sich durch rechtzeitige Flucht der Festnahme entziehen können. Doch Papens Legationsrat Wilhelm von Ketteler sei entführt und ermordet worden. Seine Leiche sei einige Tage später unterhalb von Wien aus der Donau geborgen worden.

In den folgenden Tagen bestätigte sich das Gerücht von Mund zu Mund. Wenig später las man in den Tageszeitungen, der ehemalige deutsche Botschafter in Wien, Franz von Papen, werde nunmehr als Deutscher Botschafter nach Ankara in der Türkei gehen.

Mich berührte die Nachricht persönlich; und ich fragte mich erneut, was wohl im Innersten dieses Menschen vor sich ging. Um seine ehrgeizigen politischen Ambitionen zu befriedigen, schienen ihn die Ermordungen seiner nächsten Mitarbeiter kaltzulassen. Tief verpackt in einer Kiste lag bei mir zu Hause noch sein Bild mit der Widmung vom März 1933: »Es gibt eine Politik aus dem Glauben!«

Im Mai und Juni häuften sich in den deutschen Blättern in auffälliger Weise die Nachrichten über Zwischenfälle in den von Deutschen bewohnten Grenzgebieten der Tschechoslowakei. Mit Recht vermutete mancher die Wiederholung der Taktik vor Einmarsch der deutschen Truppen in Österreich. Auch in Österreich hatten die dortigen Nationalsozialisten Monate vor dem März 1938 Überfälle, Straßenkämpfe und politische Morde begangen. Bis sich Hitler ultimativ eingeschaltet hatte. Das war seine Politik gewesen.

Sollte nun die Tschechoslowakische Republik sturmreif gemacht werden?

Etwa im Juli kam der Einberufungsbefehl zu meiner ersten Übung bei der Panzer-Abwehr-Abteilung 2 im Verband der 2. Infanterie-Division (mot.) in Stettin. Am 1. September 1938 meldete ich mich, nun nicht mehr Wachtmeister bei der Kavallerie, sondern »Feldwebel der Reserve und Reserveoffiziersanwärter«, beim Adjutanten der Abteilung, Oberleutnant Heinrich Graf Yorck von Wartenburg.

Gewissermaßen zur Umschulung wurde ich dem Stabe zugewiesen. Es gab für mich eine Menge Neues zu lernen. Alle Führerscheine, vom Motorrad bis zum Lastwagen und zum Kettenfahrzeug und schließlich auch noch den Fahrlehrerschein besaß ich bald, und ich lernte, mit dem kleinen 3,7 cm-Geschütz umzugehen. Mit dieser Waffe würde man sogar den Turm eines modernen Panzers durchschlagen können, sagte man dem staunenden Neuling.

Zum vierten Male in vier Jahren war ich nun wieder Soldat und von dem Wechsel zu der für mich neuen Waffe so in Anspruch genommen, daß ich kaum aufnahm, was an Nachrichten vom politischen Geschehen dieser Wochen in die Öffentlichkeit gelangte. Dafür gewann ich zwei neue Freunde, denen ich bis zu ihrem Tode verbunden bleiben sollte: Heinrich Yorck und Achim Oster. Yorck, der Adjutant, hatte mir schon bei meinem Dienstantritt gesagt, es stünden in wenigen Wochen »bedeutende Manöver« bevor, und ein paar Tage später sagte er mir, ich sei für diese Manöver dem Stabe zugeteilt. Also würde ich ihm direkt unterstellt sein.

Mitte August gab es eine Nachricht, die uns auf das höchste erregte: Der Chef des Generalstabs des Heeres, General Ludwig Beck, war zurückgetreten. Yorck kannte ihn persönlich und hatte diese Beziehung gemeinsam mit seinem Freunde, dem Oberleutnant Achim Oster (Adjutant unseres Stettiner Artillerie-Regiments 2) auf das engste gepflegt. Als Angehörigem des Unteroffizierstandes eröffnete sich mir etwas bisher ganz Neuartiges: Zwei junge Offiziere fuhren bei jeder Gelegenheit, die ihnen dienstlich zur Verfügung stand, mit dem Wagen nach Berlin, um sich dort für Neuigkeiten zu interessieren. Achims Vater, Hans Oster, war Chef der Zentralabteilung und Chef des Stabes im Amt Ausland-Abwehr.

Über ihn war das Band zu General Beck und zu General Erwin von Witzleben, dem Kommandierenden General in Berlin, geknüpft. Und sicherlich hatte Vater Oster diese Beziehung der beiden Oberleutnants gefördert aus der Erfahrung heraus, daß es auch für Generäle an der Spitze nur nützlich sein konnte, solch enge Verbindung zu zwei jungen und intelligenten Offizieren wie diesen beiden außerhalb des Dienstweges zu haben.

Yorck und Oster bezogen mich in ihre Freundschaft ein. Wir trafen uns außerhalb des Dienstes und diskutierten die Ereignisse. Die Rücktritte an der Spitze des Heeres konnten keinen Routinecharakter haben. Es mußte sich um grundsätzliche Kontroversen an höchster Stelle gehandelt haben.

Ich kaufte mir einen großen Rundfunkempfänger, der eigentlich meine finanziellen Verhältnisse überstieg. Doch er war mir das Geld wert, denn ich konnte mit ihm, namentlich über Kurzwelle, die besten ausländischen Sender hören. Wer sich mit dem neuen »Volksempfänger« für fünfunddreißig Mark begnügte – oder begnügen mußte –, hörte kaum mehr als den »Reichsrundfunk«. Er brachte nur das, was Zensur und Sprachregelung gefiltert hatten. Wir drei jedoch, Yorck, Oster und ich, hatten nun so vorzügliche Informationsquellen, daß wir manchmal abends bei mir zu Hause analysierten und diskutierten, als wären wir nicht junge Leute bei der Truppe, sondern Organe in hoher Verantwortlichkeit. Ein – wie ich meine – gutes Recht der Jugend.

Mit der zweiten Hälfte des Monats September kamen die Marschbefehle. »Also tatsächlich!« so meinten wir Jungen. Wußten wir doch auch, daß nicht nur Platzpatronen für diese »Manöver« geladen wurden, sondern scharfe Munition.

Wir verließen Stettin in westlicher Richtung, rollten also nördlich an der Reichshauptstadt vorbei. Mit Ausnahme eines Teils unserer Infanterie. Einige ihrer Kompanien hatten einen höchst ungewöhnlichen und unmilitärischen Auftrag auszuführen: Sie fuhren geradewegs nach Berlin hinein und defilierten an der Reichskanzlei vorbei. Sie erzählten uns ein paar Tage später, der Führer habe sich sogar einen Augenblick am Fenster sehen lassen, doch die Straßen seien fast menschenleer gewesen. Die Berliner hatten »eine Nase« dafür, was diese Demonstration bedeutete. Sie schmeckte ihnen nicht.

Ich saß im Wagen des Abteilungskommandeurs. Major Heinrich Becker, ein reaktivierter ehemaliger Teilnehmer am Schützengrabenkrieg des Weltkriegs, hörte bewundernd allem zu, worüber Yorck gleich einem Militärhistoriker dozierte. Was wir Deutsche jetzt offenbar planten, sei ein höchst riskantes Unternehmen, bemerkte Yorck.

Über den Rundfunk hörten wir von den Verhandlungen Hitlers mit dem britischen Premierminister Arthur Neville Chamberlain, erst auf Hitlers Berghof bei Berchtesgaden, dann im Hotel Dreesen in Godesberg und schließlich in München. Hitler war der Fordernde: Übergabe der deutschsprachigen Grenzgebiete der Tschechoslowakei, oder...? Benito Mussolini, der faschistische Führer Italiens, hatte sich eingeschaltet, um das Schlimmste zu verhindern. Derweilen rollten und marschierten die Verbände des deutschen Heeres feldmarschmäßig, also kriegsbereit ausgerüstet, durch das Land.

Wir passierten Magdeburg, wir erreichten Bad Kissingen, wir fragten uns, ob wir nach Westen in Richtung auf die französische Grenze oder nach Osten gegen die Tschechoslowakei einschwenken würden. Erst in Kissingen zeigte sich unser Marschziel, die CSSR. Die Gefahr, daß die Franzosen Deutschland angreifen würden, wenn die Deutschen die Tschechoslowakei überfallen würden, schien vorüber. Wir spekulierten, daß unsere 2. Infanterie-Division (mot.), einer der schnellsten und auf das modernste ausgerüsteten Truppenteile, nach dem Westen geworfen worden wäre, wenn ein Zweifrontenkrieg gedroht hätte. Frankreichs Armee war mit Sicherheit stärker als die der Tschechen.

Als wir durch Kissingen hindurchfuhren, saßen die Kurgäste vor den Hotels in ihren Korbsesseln und erhoben sich nicht einmal, um die Truppen aus der Nähe zu betrachten, geschweige denn den Soldaten zuzuwinken. Wie anders war das gewesen, wenn das Schwedter Reiter-Regiment durch eine Stadt geritten war. Jetzt schien es uns, als würden wir von der Bevölkerung abgelehnt.

Ostwärts von Bayreuth erreichten wir das Grenzgebirge und nahmen Quartiere in den Bergdörfern.

Obwohl die erste Ausstattung scharfer Munition an die Kompanien bereits ausgegeben worden war, rechneten wir in diesen letzten Tagen des September merkwürdigerweise doch nicht mit einem richtigen »Schießkriege«. Wir meinten, dieser Nervenkrieg werde nochmal so ausgehen wie sieben Monate zuvor gegen Österreich. Jenseits der Grenze wohnten schließlich auch Deutsche.

Als es dann tatsächlich am 29. September durch die Vermittlung Mussolinis zur Konferenz von München kam, sahen wir Heinrich Yorcks Prognose bestätigt: Chamberlain, Daladier und Mussolini hatten für ihre Länder, für Großbritannien, Frankreich sowie Italien und, wie sie meinten, für Europa den Frieden gerettet. War das nun nicht wieder ein unglaubliches »Meisterstück« Hitlerscher Politik? Wir würden also in die sudetendeutschen Randgebiete der CSSR einrücken, ohne einen Schuß abgegeben zu haben. Und Hitler – so erfuhr es nun die ganze Welt – hatte im Rahmen des Münchner Abkommens feierlich erklärt, mit der Übergabe der sudetendeutschen Gebiete sei Deutschlands letzter Gebietsanspruch erfüllt; er habe nun keine weiteren Gebietsforderungen mehr.

Die Welt atmete auf, und Premierminister Chamberlain verkündete bei seiner Rückkehr nach London und danach im Unterhaus »Peace in our time!«

Am 1. Oktober rollten wir bei Eger über die tschechische Grenze. Ich saß wieder im Kübelwagen des Kommandeurs, neben mir Heinrich Yorck und vor uns, neben dem Fahrer, Major Becker. Im Schrittempo ging es voran, weil die vor uns marschierende Aufklärungs-Abteilung bereits im ersten Dorf von der Bevölkerung aufgehalten, enthusiastisch umjubelt und mit Blumen überschüttet wurde. So schilderte es uns ein Kradmelder. Nicht zu Unrecht erhielt dieser Einmarsch in die Tschechoslowakei den Namen »Blumenkrieg«. Es erschien uns kaum glaublich, woher die Menschen am Straßenrand so viele Blumen hergeholt hatten. Wir hatten während des langsamen Vorrückens Gelegenheit, uns vom Wagen aus das Befestigungssystem zu beiden Seiten der Straße anzuschauen, ein schachbrettförmig angelegtes Bunkerfeld. Schußfeld und Schußschneisen waren frisch ausgeholzt und freigeschnitten. Hätten wir sie niederkämpfen müssen, dann hätten wir schwere Verluste gehabt.

Dann tauchte vor uns das erste Dorf auf. Von wohl allen Häusern wehten Hakenkreuzfahnen. Woher hatte man sie beschafft? Manchen Fahnen sah man an, daß sie an der Nähmaschine der Hausfrau entstanden waren. Immer noch standen die Menschen dichtgedrängt am Straßenrand. Immer noch wurden nun auch wir mit Blumen überschüttet.

Gegen Abend bezogen wir Bürgerquartiere. Mir war das Haus einer älteren Witwe zugewiesen worden. Die Stuben waren mit selbstgewebtem, grobem weißem Leinen ausgelegt. Ich wagte kaum aufzutreten. Die alte Frau sprach fließendes Deutsch.

Nach wenigen Tagen begann bereits der Rückmarsch nach Stettin. Zum ersten Mal sah ich Karlsbad, einst einer der schönsten und begehrtesten Kurorte der Großen unserer Welt. Nach Überqueren der Grenze wurden unsere Kettenfahrzeuge auf die Bahn verladen. Es hatte sich gezeigt, daß viele unserer Neukonstruktionen weiten Entfernungen nicht gewachsen waren – noch nicht.

Vor Stettin sammelte sich die Division. Es sollte einen feierlichen Einmarsch geben, ein Siegesfest, ein Volksfest. Wieder gab es Blumen über Blumen. Jetzt waren nicht Hunderte wie in den Egerländer Dörfern, sondern Hunderttausende auf den Beinen, um ihre Stettiner Soldaten zu begrüßen. »Peace in our time.« – Frieden in unserer Zeit. – Diese Begrüßung war echt. Das deutsche Volk wollte eben keinen Krieg, es wollte Frieden.

Nun saß ich wieder in unserer Ölfabrik am Schreibtisch und ärgerte mich über den traurigen Zustand, in dem ich mein »zu den Herbst-Manövern eingezogen« gewesenes neues BMW-Cabriolet zurückbekommen hatte: mit Tarnfarbe überspritzt und mit Karosserieschäden übersät. Dann lud ich die Freunde Heinrich Yorck und Achim Oster zum Abendessen ein. Sie waren bereits wieder in Berlin gewesen und angefüllt mit ungeheuerlich klingenden Informationen. Deutschland hatte sich in den beiden zurückliegenden Wochen tatsächlich in höchster Kriegsgefahr befunden. Rund hundert französische Divisionen hatten angriffsbereit an Frankreichs Ostgrenze gestanden, ihnen gegenüber nicht mehr als fünf deutsche.

Ein Zweifrontenkrieg – im Osten gegen die CSSR, im Westen gegen

Frankreich – wäre für Deutschland hoffnungslos verlaufen. Infolgedessen waren im Kreis um den Nachfolger des Generalobersten Beck, den neuen Chef des Generalstabes General Franz Halder, Vorbereitungen getroffen worden, Hitler und seine Regierung im Kriegsfall sofort mit militärischen Mitteln auszuschalten. Ein Staatsstreich zur Erhaltung des Friedens war vorbereitet. Allein das Münchner Abkommen und das Nachgeben der britischen und der französischen Politiker hatten Hitler gerettet.

Nur angesichts von Hitlers unerwartetem Erfolg in München war die Aktion gegen ihn abgeblasen worden. Chamberlain und Daladier hatten sich von Hitler überlisten lassen. Jetzt blieb nur noch die Frage, ob sich der deutsche Führer an sein vor der ganzen Welt gegebenes Versprechen, dies sei Deutschlands letzte Gebietsforderung, halten würde.

Nach dem Essen legten wir eine Zeitung mit der Abbildung der neuesten Grenzen Deutschlands vor uns auf den Tisch. Wir sahen einander fragend an. Wenn es jemals eine unnatürliche Grenze zwischen zwei Völkern gegeben hatte, die einander nicht einmal sprachlich verstanden, dann war es die zur Rest-Tschechoslowakei. Wie lange würde es währen, bis Chamberlain und Daladier erkannten, daß Hitler geblufft, daß er sie genasführt hatte? Oder würde Hitler nun endlich Ruhe geben?

Mir ist dieser Abend unvergeßlich, denn schon wenige Monate später stand unser Diskussionsthema mit harter Realität wieder vor uns. Erinnerungen, die in der Folge häufig von neuen Ereignissen genährt werden, bleiben lebendig.

Und doch kannten wir trotz unserer so außergewöhnlich guten Informationen ein Ereignis von großer Bedeutung der letzten Wochen nicht. Ich erfuhr erst nach dem Kriege davon:

Es war – wieder einmal – mein Onkel Ewald von Kleist-Schmenzin, der sich politisch engagierte, obwohl ihn das politische Geschehen »von Amts wegen« eigentlich nichts anging. Er hatte in Schmenzin seine Landwirtschaft und seinen Wald, die ihn ausfüllten. Doch das Landleben genügte ihm nicht, denn aus dem Besitz von Grund und Boden empfand er eine persönliche Verantwortung für das Gemeinwesen. In seinem Vetter Hans-Jürgen von Kleist-Retzow, dem ältesten Bruder meiner Mutter, hatte er einen gleichgesinnten Gesprächspartner. Von Schmenzin bis nach Kieckow war es kein weiter Weg. Das Telefon benutzten die beiden kaum, weil es schon seit langem abgehört wurde. Doch sie trafen sich beide, sobald es politische Nachrichten zu diskutieren gab. Das steckte den beiden preußischen »Junkern« im Blut.

Nachdem sich der Schmenziner und der Kieckower im Sommer 1938 darin einig waren, daß Hitler drauf und dran war, Deutschland geradewegs in einen Krieg hineinzusteuern, hatte Ewald Kleist die Initiative ergriffen – genauso, wie im Januar 1933, als er versucht hatte, Papen daran zu hindern, Hitler zum Reichskanzler zu machen. Er war nach Berlin gefahren und hatte dort zuerst mit dem jungen Rechtsanwalt Fabian von Schlabrendorff gesprochen. Nachdem der der Beurteilung der politischen Lage durch die beiden pommerschen Junker zugestimmt hatte, war der Schmenziner zu Admiral Wilhelm Canaris und dessen erstem Mitarbeiter Oberst Oster gegangen. Auch dort teilte man seine Sorgen. Canaris und Oster arrangierten einen Besuch Kleists bei General Beck, dem Chef des Generalstabes. Auch hier lief er offene Türen ein. So bot sich Kleist an, nach London zu fliegen, um den Versuch zu wagen, die britische Regierung zu einer entschlossenen Politik gegen Hitler zu bewegen. Die Worte Becks sind durch Schlabrendorff überliefert: »Bringen Sie mir den sicheren Beweis, daß England kämpfen wird, wenn die Tschechoslowakei angegriffen wird, und ich will diesem Regime ein Ende machen.«

Kleist-Schmenzin weilte vom 18. bis 24. August 1938 in London. Canaris und Oster hatten die Tarnung der waghalsigen Reise übernommen. Der Schmenziner sprach in London mit wichtigen politischen Persönlichkeiten, unter ihnen mit dem Staatssekretär im Foreign Office, Robert G. Vansittart, mit David Lloyd George, dem Vorsitzenden des British Council, und mit Winston Churchill, damals konservativer Unterhaus-Abgeordneter und Gegner der Regierungspolitik. Doch Kleists Friedensmission ging ins Leere. Nicht seine Gesprächspartner, sondern Premierminister Chamberlain, der sich über Kleists Mission mündlich und schriftlich unterrichten ließ, bestimmte die Richtlinien der britischen Politik, die schließlich zur Konferenz von München führte.

Oberflächlich betrachtet konnte es nun scheinen, als seien nach den erregenden Ereignissen des Jahres 1938 endlich friedliche Zeiten angebrochen. Österreich und die sudetendeutschen Gebiete der Tschechoslowakei gehörten nun zum Deutschen Reich – es hieß nun »Großdeutschland«, vermutlich in Assoziation zu »Great Britain« –, Großbritannien und Frankreich hatten die neuen deutschen Grenzen anerkannt und für »unverletzlich« erklärt. Auch das englische Unterhaus hatte trotz der Warnungen Churchills dem Premierminister Chamberlain mit überwältigender Mehrheit für seine so erfolgreiche Friedenspolitik gedankt.

Doch noch war das Jahr 1938 nicht beendet. Am Morgen des 10. November befand ich mich in Stettin auf dem Wege zu unserer Fabrik, als ich auf der gegenüberliegenden Seite des breiten »Paradeplatzes« Scharen von Menschen sah. Früh am Morgen schon so viele Leute unterwegs? Als ich am Ende des Platzes in die zur Oder hinunterführende Grüne Schanze einbog, traute ich kaum meinen Augen: Die links in der Häuserzeile liegende jüdische Synagoge war über Nacht ausgebrannt. Ich setzte den Wagen in eine Seitenstraße und ging zurück zur Brandstelle. Ein paar Polizisten und uniformierte SA-Männer standen herum und forderten die Fußgänger auf, weiterzugehen. Ich kreuzte die Grüne Schanze und stand jetzt gegenüber der noch schwelenden Ruine. Wortlos standen hier die Menschen und schauten hinüber. Ich fragte jemanden, wie dieser Brand entstanden sei. Die Antwort des Angesprochenen bestand aus einem einzigen Wort: »Brandstiftung«. Ich fragte, ob man die Brandstifter gefaßt habe. Statt einer Antwort zuckte der Mann die Schultern, wandte sich von mir ab und verschwand in der Menge.

Dann ertönte hinter mir wieder die laute Stimme eines Polizisten: »Weitergehen bitte. Bitte gehen Sie weiter!« SA-Leute auf der anderen Seite vor den Resten der Synagoge taten sehr geschäftig. Allmählich wurde mir klar, wer hier die Hand im Spiel gehabt hatte.

Ich ging weiter zurück auf den Paradeplatz. Scharen von Menschen standen wie Trauben vor einigen Läden. Deren Schaufenster waren zertrümmert. Wie Wachtposten standen SA-Männer davor. Offensichtlich waren die zerstörten Geschäfte geplündert, das Mobiliar zerstört. An den Hauswänden neben den Läden mit grobem Pinsel das eine Wort mit weißer Ölfarbe geschmiert: Jude.

Polizisten schlenderten die Straße hinab. Sie brauchten nicht für Ordnung zu sorgen. Es war doch alles ruhig. Also war alles in Ordnung. Ich schämte mich meiner Vaterstadt.

Wieder im Wagen schaltete ich den Rundfunkempfänger ein. Jetzt erfuhr ich, was gewesen war. Im ganzen Deutschen Reich habe das deutsche Volk heute nacht spontan Vergeltung geübt für die Ermordung eines deutschen Diplomaten in Paris. Ein Jude sei der Täter gewesen. Das Volk habe gehandelt. Offenbar waren in ganz Deutschland keine Synagoge und kein Laden in jüdischem Besitz der Vernichtung entgangen. Für diese Aktion konnte nur ein einziger verantwortlich gewesen sein. Mochte der deutsche Diplomat in Paris von einem Juden ermordet worden sein oder nicht, die Zerstörung sämtlicher deutscher Synagogen und die Vernichtung der Existenz jüdischer Mitbürger waren ein unerhörtes Verbrechen. Eine der großartigsten Errungenschaften der Aufklärung im 18. Jahrhundert war dahin. »In meinem Lande kann jeder nach seiner Façon selig werden!« hatte Friedrich der Große verkündet. Wohin waren wir jetzt gekommen?

Wenige Tage vor Weihnachten erhielt ich mit der Post einen gewichtigen Brief. Ich öffnete ihn und hatte meine Beförderung zum Leutnant der Reserve in der Hand, »im Namen des Führers und Obersten Befehlshabers der Wehrmacht«.

Am 14. März 1939 befand ich mich mit dem Wagen auf dem Wege nach Breslau. Ich hatte mich mit unseren Handelsvertretern in Schlesien verabredet. Zwischen Liegnitz und Breslau begann es zu schneien, als plötzlich vor mir das Ende einer haltenden Militär-Kolonne auftauchte. Im Schrittempo fuhr ich weiter. Die Soldaten hatten ihre Fahrzeuge verlassen und schienen auf ihren Befehl zum Weitermarsch zu warten. Die Schlange der Fahrzeuge schien kein Ende zu nehmen. Ich suchte mir eine Lücke zum Halten, stieg aus und sprach eine Gruppe junger Offiziere an, stellte mich ihnen vor, sagte meine Zugehörigkeit als Reserve-Offizier zur Stettiner Division und begann eine Unterhaltung, um zu erfahren, was dies wohl für ein merkwürdiges Wintermanöver sei; normalerweise fanden Manöver im Herbst statt.

Dies sei kein Manöver, erfuhr ich nun, dies sei die Bereitstellung zum Übergang über das Riesengebirge, und morgen mittag würden sie Prag besetzt haben. Die jungen Offiziere sagten das in einer Harmlosigkeit, als sei es überhaupt nichts Besonderes. Mein Gott, durchfuhr es mich. War denn Hitler ein Wahnsinniger? Vor wenig mehr als fünf Monaten hatte er in München auf jede weiteren Gebietsansprüche für Deutschland feierlich verzichtet, und nun brach er ohne erkennbaren Grund einen Vertrag mit Großbritannien, Frankreich und Italien, um den Rest der Tschechoslowakei zu besetzen, ein fremdes Land zu erobern, ein Land, dessen Bewohner nicht einmal Deutsche waren.

Wie benommen fuhr ich weiter. Nun beggneten mir auf der Autobahn auch Truppen in entgegengesetzter Richtung. Andere militärische Verbände kreuzten die Autobahn in westlicher Richtung. Ganz deutlich zeigte es sich: hier war eine ganze Armee unterwegs. Würde es nun Krieg geben? Da war noch der »Polnische Korridor«, der Ostpreußen vom übrigen Reich trennte. Da waren noch die deutschen Minderheiten in der ehemaligen preußischen Provinz Posen. Da war noch der

Landstreifen jenseits der Memel, den die Alliierten Litauen zugeschlagen hatten. Da waren noch die Deutschen im rumänischen Siebenbürgen. Da waren noch die ehemaligen deutschen Kolonien in Westafrika, in Ostafrika, im Pazifischen Ozean. Über alles würde sich verhandeln lassen. Jetzt aber überfielen wir ein fremdes Land. An diesem 14. März waren für mich die letzten Zweifel beseitigt. Wir steuerten geradewegs zum Kriege. Mein Schmenziner Onkel hatte stets recht gehabt: Hitler bedeutet Krieg.

Und wieder einmal, nur wenige Tage nach dem Einzug Hitlers in Prag, brachten die Zeitungen nunmehr ein Bild der allerneuesten Grenzen Groß-Deutschlands. Im »Völkischen Beobachter«, Hitlers offizieller Parteizeitung, waren einige Gebiete sogar besonders schraffiert worden: der Freistaat Danzig, die Provinz Posen-Westpreußen und das Memel-Gebiet. Inland und Ausland sollten voraussehen, was nach Prag kommen werde. Und tatsächlich verstrich nach der Inbesitznahme der Rest-Tschechei kaum eine Woche, bis die Regierung der Republik Litauen von der Reichsregierung genötigt wurde, das Memel-Gebiet zu räumen (22. März). Um der deutschen Forderung den nötigen Nachdruck zu verleihen, schiffte sich Hitler am 23. März auf dem Panzerschiff »Deutschland« ein und erschien mit mehr als der Hälfte der deutschen Kriegsflotte vor dem Ostseehafen Memel. So schnell – und wieder ohne einen Schuß Pulver – gehörte das Memel-Gebiet zum Deutschen Reich. Weder vor der Besetzung Prags noch vor der des Memel-Gebietes hatte es Deutschlands Führer und Reichskanzler für erforderlich gehalten, die jeweiligen Vertragsstaaten vorher zu einer Konferenz einzuladen. Nun galt das Deutsche Reich in der ganzen Welt nicht mehr als vertragsfähig.

Ein besonderes militärisches Schauspiel ließ ich mir nicht entgehen, die Parade zu Hitlers fünfzigstem Geburtstag am 20. April 1939. Der Tag war, wie einst »Kaisers Geburtstag«, längst zum Feiertag erhoben. Gegenüber der Technischen Hochschule Berlins war eine riesige Zuschauertribüne montiert worden. Die prachtvolle Straße zwischen Brandenburger Tor und Charlottenburger Knie war auf Befehl Hitlers verbreitert worden. Eine Triumphstraße Hitlers sollte breiter sein als diejenige, auf der einstmals Napoleon I. auf seinem Marsch nach Moskau durch Berlin gezogen war und auf der die siegreichen preußischen Truppen 1871 aus Paris heimgekehrt waren. Nicht allein viele Bäume des Tiergarten waren dafür gefällt worden, sondern Hitler hatte auch befohlen, das aus zwei Baukörpern bestehende »Charlottenburger

Tor« auf der Brücke über den Landwehrkanal abzureißen und, um einige Meter weiter auseinandergerückt, wieder aufzubauen. Zwar waren durch diesen Eingriff die Proportionen und der organische Zusammenhang der beiden Gruppen zerstört worden – dafür aber konnten jetzt bei Paraden die Kompanien in voller Zugbreite defilieren. In der Hauptstadt des Großdeutschen Reiches sollte nun alles größer und prachtvoller werden als in der alten preußischen Residenz. Die Geburtstagsparade sollte die größte Parade in der Geschichte Berlins werden. Deutschland und die Deutschen wurden gelehrt, nur noch in Superlativen zu denken. Dieses Spektakel wollte ich mir nicht entgehen lassen. Aber wie sollte ich daran teilnehmen können?

Ich brachte in Erfahrung, daß die Tausende von Platzkarten ausschließlich an Partei und Prominenz ausgegeben würden. Also zog ich mir (wozu ich keine Erlaubnis besaß) meine neue maßgeschneiderte Paradeuniform an, hängte mir (wozu ich eine Sondererlaubnis hatte) den Stichdegen der Pasewalker Küraßiere, den mir mein Vater zur Beförderung zum Leutnant geschenkt hatte, an die Seite und ging zum Knie. Dort folgte ich nur noch den Hinweis-Schildern, die die Wege zu den einzelnen Platzgruppen der Tribüne wiesen. CD – Corps Diplomatique – schien mir am chancenreichsten; und ehe ich mich's versah, befand ich mich mitten im Glanz und Gloria der ausländischen Militärattachés. Im damaligen Deutschland mußte man halt eine Uniform tragen. Mit ihrer Hilfe konnte man sogar hochstapeln.

Dann kam der große Augenblick, in dem das Geburtstagskind, in seinem großen schwarzen 7-Liter-Mercedes stehend, vorfuhr. Die gute Gesellschaft, in die ich mich so erfolgreich eingeschlichen hatte, erhob sich, wie es sich eben bei Erscheinen eines Staatsoberhauptes gehört, und salutierte schweigend (ich auch). Wahrhaftig, ich hatte einen wunderbaren Platz, nur wenige Meter entfernt von dem hohen Herrn in der braunen Uniform mit der roten Hakenkreuzarmbinde und den schlecht sitzenden Stiefeln. Das Wetter war prachtvoll, ein richtiges »Führerwetter«.

Was dann dort Stunde auf Stunde an uns vorbeimarschierte, vorbeirollte oder von der Siegessäule her über uns im Tiefflug hinwegbrauste (und von dieser Tribüne aus fleißig fotografiert wurde), konnte schon überwältigen. Die Militärattachés um mich herum waren beeindruckt. Bezeichnend für die Politik Deutschlands war allerdings die Maßlosigkeit dieses Schauspiels. Das Quantum sollte imponieren. Es wurde nicht nur ermüdend, sondern ganz und gar »unpreußisch«, denn weniger wäre mehr gewesen.

Insgesamt glich die politische Atmosphäre dieses Frühjahrs einer Landschaft kurz vor Ausbruch eines Gewitters. Die deutsche Presse – um eine militärische Vokabel zu nehmen – schoß sich propagandistisch auf das nächste Opfer ein: Polen. Wir kannten diese Technik aus dem vergangenen Jahr.

Nun endlich hatte Großbritanniens Premierminister Chamberlain seine von uns im Vorjahr als töricht empfundene Appeasement-Politik aufgegeben. Am 31. März hatte er vor dem Unterhaus, zugleich im Namen Frankreichs, eine Garantieerklärung für die Souveränität und die Unverletzlichkeit der Grenzen Polens abgegeben. Unter guten Freunden hatten wir aufgeatmet, als wir das lasen.

Eine Woche danach hatte Italien, ermuntert durch Hitlers territoriale Erwerbungen, auch seinen Appetit gestillt. Mussolini hatte überfallartig das jenseits der Adria liegende Albanien besetzt. Jetzt, Mitte April, meldete sich der amerikanische Präsident Franklin D. Roosevelt zu Worte. Er forderte Deutschland und Italien auf, sich in Zukunft jeder weiteren Überfälle auf andere Länder zu enthalten. Er lud zu einer gemeinsamen Konferenz ein. Doch Hitler war nun »in Fahrt«, er lehnte ab. Dann hatte Großbritannien die allgemeine Wehrpflicht eingeführt. Das alles mußte Wirkung haben, meinten wir. Doch wir sollten uns irren.

Hitler reagierte am 28. April mit einer Rede vor dem Reichstag, der freilich nur noch aus braun und schwarz uniformierten nationalsozialistischen Gefolgsleuten bestand. In ganz Deutschland mußten die Fabriken und Gewerbebetriebe ihre Arbeit unterbrechen, und die stundenlange, wüste Hetze wurde über Lautsprecher in ihre Betriebsversammlungen übertragen. Ich hörte sie in unserer größten Fabrikhalle mit an. Eine Achtstundenschicht lang stand die Fabrik still. Die Arbeiter der Schicht davor und danach waren gehalten, ebenfalls anwesend zu sein. Die Produktion eines ganzen Tages fiel also aus. Hitler richtete sich vor allem gegen Präsident Roosevelt. Ihn bezeichnete er als »den Drahtzieher einer Einkreisungspolitik gegen Deutschland«. Dann kam die unmißverständliche Drohung, Deutschland sei heute militärisch stärker als 1914 vor Ausbruch des Weltkrieges. Wie beiläufig erklärte Hitler, daß er den deutsch-polnischen Nichtangriffspakt als nicht mehr gültig betrachte, weil es Polen sei, das sich nicht mehr an ihn halte. Anschließend wandte er sich an die Adresse Frankreichs und erklärte, der deutsche »Westwall« (die seit einigen Jahren im Bau befindliche Befestigung der deutschen Westgrenze) sei »von keiner Macht der Welt mehr zu durchbrechen«. Und unter Bezugnahme auf die Rede Chamberlains vom 31. März verkündete er »hiermit der englischen Regierung, daß Deutschland sich nun nicht mehr an das Münchner Abkommen gebunden betrachte« und »daraus die Konsequenzen ziehen werde«. Obendrein forderte er Großbritannien zur Rückgabe aller ehemals deutschen Kolonien aus der Zeit vor 1914 auf. Auch das genügte ihm noch nicht: Er kündigte »hiermit« das von seiner eigenen Regierung mit Großbritannien im Jahre 1935 geschlossene Flottenabkommen. Und da der Appetit stets mit dem Essen zu kommen pflegt, forderte er auch noch Handlungsfreiheit gegenüber dem Freistaat Danzig.

Diese Rede war nicht mehr und nicht weniger als die Vorankündigung einer Kriegserklärung. Aber Hitler hatte seine Worte so geschickt und demagogisch formuliert, daß unsere politisch so ungeschulten Arbeiter derartig begeistert, ja hingerissen waren, daß der größte Teil der Zuhörer vor den Lautsprechern lauten Applaus zollte. »Jetzt hat der Adolf es denen aber richtig gegeben!« Doch gab es auch eine beachtliche Anzahl von Menschen, die nachdenklich und stumm blieben.

Abschied vom Frieden

In diesen dramatischen Wochen erreichte mich die Einladung zur Hochzeit meiner Cousine Luitgarde von Bismarck mit dem Berliner Rechtsanwalt Fabian von Schlabrendorff. Sie sollte am 2. Juni 1939 in Lasbeck in Hinterpommern stattfinden.

Mit Luitgarde verband mich nicht nur unsere nahe Verwandtschaft – unsere Mütter waren Schwestern –, sondern zwischen uns bestand »vom Sandkasten an« echte Freundschaft.

Nur mit ihrer Wahl konnten wir uns anfänglich schwer befreunden. Zwar kannten wir Fabian – er war fünf Jahre älter als ich – schon seit geraumer Zeit, aber einen besonderen Kontakt hatte ich bisher zu ihm nicht gefunden.

In der Wohnung meiner Mutter in der Brandenburgischen Straße war er im Jahre 1935 des öfteren erschienen, um mit der bei uns wohnenden russischen Großfürstin Anastasia (Anna Anderson) zu sprechen. Zusammen mit den Anwälten Paul Leverkuehn und Erich Vermehren bemühte er sich, die gerichtliche Anerkennung der im Jahre 1920 in London für tot erklärten Zarentochter zu erreichen. Ohne Erfolg, weil die schwer hirngeschädigte Hauptperson nicht bereit war, sich einem Richter vorzustellen oder auch nur die geringste schriftliche Erklärung abzugeben. »Ich habe nie etwas Böses getan, infolgedessen sehe ich keinen Grund, zu einem Gericht zu gehen, und ich brauche keine Bescheinigung, wer ich bin. Ich weiß das selbst.« So pflegte sie zu sagen.

Bei meinem Patenonkel Herbert von Bismarck, dem Vater Luitgardes, war Fabian ein- und ausgegangen, um ihm während der Zeit seiner politischen Tätigkeit in Berlin, und besonders während der Zeit, als er Staatssekretär im preußischen Innenministerium war, zu beraten. Mit Ewald von Kleist-Schmenzin befand er sich seit 1932 in engem Kontakt, als jener verhindern wollte, daß mit Hitler eine Reichsregierung gebildet würde.

So war Fabian bisher für mich Jüngeren nicht mehr als eine flüchtige Bekanntschaft gewesen. Doch änderte sich das eines Tages, als der junge Anwalt den Mut bewies, freiwillig die Strafverteidigung des von den Nationalsozialisten in Haft genommenen Schauspielers und Kabarettisten Werner Finck zu übernehmen. Was war geschehen?

Werner Finck, damals schon wegen seiner kühnen Kritisierung des Regimes sehr populär, war auf der Bühne des »Kabaretts der Komiker« am Kurfürstendamm aufgetreten, als sofort nach seinem Erscheinen das Licht erlosch. Mit der völligen Dunkelheit war auch der Begrüßungsapplaus des Publikums abrupt verstummt. In Stille und Finsternis wartete das Publikum eine Zeitlang auf das Wiedereinschalten des Lichts. Auch von der Bühne her nahm niemand das Wort. Das Publikum wurde unsicher, ob Werner Finck sich überhaupt noch vor dem Vorhang befand.

Schließlich meldete sich dann doch die Stimme des Kabarettisten: »Meine Damen und Herren, ich bin ganz sicher, es kann nur an der Leitung liegen.«

Schallende Lachsalve, anhaltender Beifall, Licht – das Berliner Publikum hatte verstanden.

Diktaturen sind humorlos. Humor ist ihnen verdächtig. Humor könnte ihre Schwächen aufzeigen. Diktaturen sind fast immer so schwach, wie sie stark erscheinen möchten. Vermutlich hatte Werner Finck noch andere Aperçus »auf dem Kerbholz«, doch die Worte aus der Dunkelheit des »Ka-De-Ko« seien entscheidend gewesen, so daß er eines Tages einen mutigen Strafverteidiger brauchte, um ihn vor Gericht »herauszupauken«. Es gab nicht mehr viele Juristen, die solch einen Fall anpackten. Und tatsächlich rettete Fabian den bissigen Kabarettisten vor schlimmerem Ungemach. Das hatte mir imponiert.

Eines Tages bat ich meinen künftigen »Vetter«, mir ein wenig über seine Familie mit dem so merkwürdigen Namen zu erzählen, hat es sich doch immer als tunlich erwiesen, sich rechtzeitig vor einer Hochzeit in der Verwandtschaft nach der neuen »Gegenfamilie« zu erkundigen. Seine Antwort ist mir unvergeßlich: »Aus Deiner Frage erkenne ich, daß Du Dir das Denkmal Friedrichs des Großen Unter den Linden noch nie angesehen hast.« Leicht verlegen meldete ich meinen Protest an. Doch mit Schmunzeln fuhr er fort: »Den Sockel dieses prachtvollen Denkmals zieren, wie Du weißt, viele bedeutende Generäle des großen Königs. Nur wenige Zivilisten sind für würdig befunden worden, hier verewigt zu werden. Unter ihnen befindet sich der Minister von Schlesien meines Namens.* Und ich bin dem Schöpfer dieses Denkmals, Christian Daniel Rauch, dankbar, daß er diesen bedeutenden Juristen so postiert hat, daß ihm die königlichen Pferdeäpfel exakt auf sein Haupt fallen. Ein engagierter Jurist muß lernen, solches mit Würde zu ertragen.«

Nun meldete ich zum zweiten Mal Protest an, denn ich fühlte mich als ehemaliger Kavallerist getroffen. Ich hielt ein Plädoyer über die Nützlichkeit der Pferdeäpfel: »Du scheinst nicht zu wissen, daß ein frisch produzierter warmer Pferdeapfel das probateste Reinigungsmittel für verschmutzte Hände ist.« »Nein, das wußte ich wirklich nicht«, rief Fabian aus, »aber ich werde es mir merken. Es ist gut – und vielleicht einmal sehr nützlich –, das zu wissen!« So waren wir uns beide ein gutes Stück nähergekommen.

Das kleine und bescheidene Gutshaus in Lasbeck reichte nicht aus, um am 2. Juni 1939 die zahlreichen Hochzeitsgäste aufzunehmen. In früheren Generationen war es Verwalterhaus gewesen. In Hinterpommern gab es manch ein bescheidenes und wenig herrschaftliches Gutshaus. Onkel Herbert hatte deshalb für die Hochzeit seiner ältesten Tochter unmittelbar gegenüber dem Haus auf einem Rasenplatz, der von einer Schafherde »kurz gehalten wurde«, einen Holzschuppen errichten lassen. Der konnte später an eine andere Stelle versetzt werden, um betrieblichen Zwecken zu dienen. Das Hochzeitsessen würde also im Holzschuppen stattfinden. Für Musik und Tanz nach dem Essen würde dann das ehemalige Verwalterhaus ausreichen müssen.

Zur standesamtlichen Trauung hatte das Brautpaar die Kartoffel-Brennerei aufsuchen müssen, denn der Brennmeister war der von Amts wegen bestellte Standesbeamte, und selbstverständlich war die-

---

* Ernst Wilhelm Freiherr von Schlabrendorff (1719–1766)

ser auch der allen Standesbeamten des Deutschen Reiches verordneten Pflicht nachgekommen, dem Brautpaar am Ende des Zeremoniells das literarische Vermächtnis Adolf Hitlers, das Buch »Mein Kampf«, zu überreichen. Wahrlich ein passender Buchtitel für den Start in eine junge Ehe! – Ganz zu schweigen davon, daß der Autor für jedes Exemplar von Staats wegen Buch-Tantiemen bezog.

Eine kleine Merkwürdigkeit über Lasbeck sollte nicht unerwähnt bleiben. Während die Eingänge preußischer Gutshäuser in der Regel mit dem Familienwappen oder den Initialen des Erbauers dekoriert waren, hatte Lasbeck über der Eingangstür ein Oberlicht-Fenster, das der Diele ein wenig Licht brachte. Dieses Fenster war mit einer holzgeschnitzten Jahreszahl verziert: »1848«. Vermutlich war es nicht mehr als das Baujahr. Doch hat kein Bismarck und – soweit wir wissen – bis heute kein Pole sich veranlaßt gefühlt, Deutschlands so eminent wichtige und umstritten gewesene Jahreszahl zu entfernen. Die Beseitigung wäre eine Sache weniger Minuten gewesen.

Unter der symbolhaften »1848« hindurch schritt man also nach dem Hochzeitsdiner zum Hochzeitstanz. Vater und Tochter eröffneten ihn mit einem Walzer; alle Anwesenden klatschten in die Hände. Dann setzte die Musik zum zweiten Tanz ein, und jedermann erwartete nun den Tanz des Brautpaares. Fabian aber machte nicht die geringsten Anstalten, seine Braut aufzufordern. Ich trat zu ihm heran, um ihn an diese »Pflicht« zu erinnern. Ganz sachlich erwiderte er, er tanze nicht. Er bat uns Vettern, ihn beim Brauttanz zu vertreten. Luitgarde war fröhlich; gelassen bemerkte sie, das sei alles so mit ihrem Mann abgesprochen.

Und wie das so auf Hochzeiten zu sein pflegt, so stand, wer nicht tanzte, mit anderen irgendwo herum und bemühte sich um gute Kontakte zu der »neuen Familie«.

So fragte ich den jungen Ehemann, wo denn die Hochzeitsreise hingehen solle. Erstaunt hörte ich, »nach England«. Spontan entfuhr es mir: »Fabian, Du bist närrisch. Du kannst doch nicht mit einem Devisenfreibetrag von zehn Mark pro Person eine Hochzeitsreise finanzieren. Oder entpuppst Du Dich etwa als Finanzgenie?« Ungerührt, aber doch schmunzelnd, erwiderte er, er brauche nicht mehr als zwanzig Mark, denn er habe in England Freunde, die ihn und seine Frau eingeladen hätten. Es seien Nachkommen von Freunden des Barons von Stockmar, der lange Jahre hindurch Berater der Queen Victoria gewesen sei. Mit diesem Stockmar sei er verwandt.

Einen wirklich ungewöhnlichen Vetter hatten wir da in unsere Verwandtschaft bekommen, der sich von englischen Freunden zu seiner Hochzeitsreise einladen ließ. Die Sonne stand noch am Himmel, als wir das Brautpaar verabschiedeten. Sie wollten noch vor Abend Berlin erreichen. Ich hatte mein Akkordeon genommen, und wir sangen »Muß i denn, muß i denn zum Städtele hinaus«. Wenn es schon eine Seereise werden sollte, wenn auch nur über den Ärmelkanal, es war doch kaum anzunehmen, daß das Fährschiff von Hoek van Holland dies schöne Abschiedslied erklingen lassen würde. Also sangen wir es für die beiden England-Reisenden.

Erst nach dem Ende des Krieges habe ich von Fabian und Luitgarde erfahren, daß sie mit ihrer Hochzeitsreise eine bedeutende politische Mission getarnt hatten. Fabian hatte in Berlin in der Casino-Gesellschaft, einem liberal-konservativen Club in der Bendlerstraße, in dem er sich auch mit Ewald von Kleist-Schmenzin traf, den englischen Journalisten Jan Colvin kennengelernt. Diese drei waren sich Anfang der dreißiger Jahre nahegekommen. Colvin war es gewesen, der 1938 für Kleist-Schmenzin dessen Friedensmission nach London in Abstimmung mit dem englischen Botschafter in Berlin, Nevile M. Henderson, vorbereitet hatte, denn er verfügte in London über erstrangige politische Kontakte. Kleists damalige Reise verlief fruchtlos. Jetzt aber mußte die englische Politik Hitlers wirklichen Charakter erkannt haben. Jetzt war die Kriegsgefahr weit größer als 1938. Der Erfolg von München hatte in Wahrheit Hitler bestärkt, mit seiner Expansionspolitik fortzufahren.

Meine Stettiner Freunde Yorck und Oster sowie ich selbst ahnten damals das Kommen des Krieges, Fabian aber wußte, daß der Krieg bevorstand. Er besaß Kenntnisse über den »Fall Weiß«. Unter diesem Decknamen hatte Hitler bereits im April, also bald nach der Besetzung des Restes der Tschechei, die Weisung an die Wehrmacht gegeben, den Angriff auf den Freistaat Danzig und auf Polen zum Stichtag des 1. September 1939 vorzubereiten.

Jan Colvin war es wieder, der erneut die Initiative ergriff und Kleist-Schmenzin vorschlug, Fabian von Schlabrendorff zu dieser weit gefährlicheren Friedensmission nach England zu entsenden. Zweimal konnte man Kleist nicht schicken. Ein anderer – vielleicht ein Mann mit mehr Überzeugungskraft? – mußte es jetzt versuchen. Die Tarnung dieser Reise mit einer Hochzeitsreise war genial. Mit einer Hochzeitsreise konnte man wahrlich jede Spur von Mißtrauen im Keim ersticken. Und der in England so angesehen gewesene Urgroßvater des jungen Bräutigams könnte sogar heute noch dem Nachkommen manche Tür öffnen!

Am Abend ihres Hochzeitstages nahmen die beiden Jungvermählten aus Lasbeck in Berlins Hotel Esplanade, unweit des Potsdamer Platzes, Quartier. Wie ein Fatum mutet es heute an, daß nur wenige hundert Meter vom Esplanade entfernt, in den Kellern der Gestapo-Zentrale in der Prinz-Albrecht-Straße, Fabian fünf Jahre später unter den Foltergeräten der SS nahezu zu Tode gequält werden sollte. Unheimlich erscheint es nachträglich auch, daß nur wenige Meter rechts vom Esplanade Fabian eines Tages vor Hitlers Blutrichter des Volksgerichtshofes, Roland Freisler, stehen würde, als eine englische Fliegerbombe diese personifizierte Perversion eines Richters ins Jenseits beförderte, während der Angeklagte am Leben blieb.

In London trafen die beiden Hochzeitsreisenden zuerst den britischen Ex-Premier und führenden liberalen Politiker Lloyd George. Nach dem Kriege haben sie es mir anschaulich geschildert.* Lloyd George habe ein klares Urteil über Hitler und seine Kriegspläne gehabt. Doch von dem britischen Premierminister Chamberlain sprach er nur abfällig. Von ihm sei nichts zu erwarten, was Hitler noch beeindrucken könnte.

Es gelang den Jungvermählten jedoch, eine Einladung von Winston Churchill in sein Landhaus in Westerham zu bekommen. Churchill war konservativer Abgeordneter im Unterhaus und ein heftiger Kritiker der Regierungspolitik. Lloyd George hatte ihnen schon gesagt, Churchill sei, wenn es wirklich zum Kriege mit Deutschland käme, der Mann, der Großbritannien führen werde.

Als die Besucher in Westerham eintrafen, habe Churchill mit Maurerkelle und Schürze vor seinem Haus gestanden und an einer Mauer gearbeitet. Im Hause habe er, nachdem er sich umgezogen habe, mit ihnen den Tee genommen. Dabei habe er sich vorzugsweise mit Luitgarde unterhalten, denn er hatte erfahren, daß sie aus der Familie Bismarck stammte. Aus dem Nachlaß seines Vaters habe er eine Fotografie des Reichskanzlers gezeigt, die Bismarck unterzeichnet hatte.

Dann hätten sich die beiden Männer zurückgezogen und eine lange Diskussion geführt. In der Beurteilung Hitlers seien auch sie sich sofort einig gewesen. Als Churchill gefragt hätte, wie man denn den

---

* Siehe auch: Fabian von Schlabrendorff, Begegnungen in fünf Jahrzehnten, Hamburg 1975, Seite 138–141.

deutschen Führer noch bremsen könne, habe Fabian ihm gesagt, die einzige Sprache, die Hitler noch beeindrucken könne, sei das Aufkreuzen der englischen Flotte in den internationalen Gewässern vor der Insel Helgoland. Doch Churchill habe abgewinkt. Das sei nicht die Politik des amtierenden Premierministers Chamberlain. Der glaube noch immer an die Kraft der Friedenssehnsucht.

Heute – Jahrzehnte später – scheint es mir unwirklich, mit welchem Fatalismus wir im Sommer 1939 die letzten Friedens-Wochen erlebten. Zwar war es nicht die erste Krise, die wir mitmachten, und ohne Zweifel empfand die Mehrheit der Deutschen die Situation als kaum ungewöhnlich. Man hatte sich daran gewöhnt, daß es immer wieder gutgegangen war. Warum sollte es dieses Mal anders sein? Und wenn es wirklich kein »Blumenkrieg«, sondern ein »Schießkrieg« würde, mit Polen würde man gewiß schnell fertigwerden. Die Mehrheit unseres Volkes war damals so »unpolitisch« und sah die Gefahr eines weit über Polen hinausreichenden Konfliktes überhaupt nicht.

Bei der Arbeit an diesem Buch habe ich manche Archive und historischen Institute aufgesucht, um mich selbst zu überprüfen. Mein Gedächtnis ist glücklicherweise noch frisch genug, um die mir wichtigsten Erlebnisse aufzeichnen zu können. Trotzdem war ich erschrocken, als ich nach fast einem halben Jahrhundert im Institut für Publizistik der Freien Universität Berlin eines Tages die Ausgabe des »Völkischen Beobachters« vom 11. Juni 1939 in der Hand hielt. Mir war während der Nazizeit die Lektüre dieser offiziellen Parteizeitung ein Greuel gewesen, ich las sie nicht. Jetzt lag die Nummer dieses Tages zum ersten Mal vor mir. Auf der Titelseite befindet sich eine »Europäische Zwischenbilanz«: Europa ist in Gruppen eingeteilt, an erster Stelle steht die deutsche Allianz, die »Achse«. Zu ihr gehören: Deutschland, Italien, Albanien und Libyen (beide von Italien besetzt).

Es folgen die »befreundeten Länder«: Spanien, Jugoslawien, Ungarn und die Slowakei.

Nun werden die »Neutralen« aufgeführt: Belgien, Niederlande, Dänemark, Norwegen, Schweden, Finnland, Estland, Lettland, Litauen, Bulgarien und die Schweiz.

Jetzt folgt die »britische Einkreisungsfront«: Frankreich, Großbritannien und Polen.

Dann die »von London garantierten Länder«: Griechenland und Rumänien.

Aus dieser »Europäischen Zwischenbilanz« vom 11. Juni 1939 wird

Hitlers unglaubliche Arroganz und sein beispielloser Zynismus deutlich.

In diesen Wochen erhob sich für meinen Bruder und mich die Frage, ob sich einer von uns beiden für den Fall eines Krieges als »unabkömmlich« einstufen lassen sollte. Die Ölfabrik gehörte zu den »kriegswichtigen« Betrieben. Im Rahmen der Ernährungswirtschaft war die Kontinuität ihrer Geschäftsführung unerläßlich. Wir sprachen mit unserem Vater und waren uns einig, daß weder mein Bruder noch ich einen Antrag auf »UK-Stellung« einreichen sollten. Zwar gehörten wir alle drei zu denen, die Hitlers Kriegstreiberei verachteten. Doch wir hätten es als Makel empfunden, uns der Pflicht zum Dienst für unser Land zu entziehen. Niemand von uns wünschte einen Krieg. Sollte er aber ohne unser Zutun über uns kommen, dann würde dies unser Schicksal sein. Und wenn unsere Arbeiter und Angestellten in den Krieg gehen müßten, dann wollten und konnten wir uns dem gleichen nicht entziehen. Das war in unseren Familien seit vielen Generationen selbstverständlich gewesen. Mochte Hitler aus dieser Einstellung heraus seine Vorteile ziehen. Für die Geschäftsleitung unserer Ölfabrik wurden nun rechtzeitig die personellen Konsequenzen gezogen. Es gab genügend Leute, die sich nur zu gerne UK-stellen ließen. Mein Bruder und ich waren keine Nationalsozialisten. Hätte es eine Art von demokratischer Opposition gegeben, wir hätten beide zu ihr gehört. Sollte aus anderen, nicht voraussehbaren Gründen einmal an uns appelliert werden, dann bestand – jedenfalls für mich – nicht der geringste Zweifel darüber, wo ich hingehören würde. Auch dies war für mich ein entscheidender Grund, mich jetzt nicht zu »drücken«.

An einem der ersten Tage im Juli sagte mir mein Freund Heinrich Yorck, ich solle damit rechnen, zum 1. August zum Militär einberufen zu werden, und ich sei im Rahmen des Mobilmachungsplanes als Ordonnanzoffizier der Panzerabwehr-Abteilung 2 vorgesehen. Ich freute mich darüber, denn ich würde nicht mit einer Reservetruppe ins Feld ziehen, sondern mit der alten aktiven Stettiner Division. Ich hatte dort Bekannte und Freunde. Wenn es schon zum Kriege kommen würde, konnte das nur gut sein.

Noch einmal brachte mir die Post die Einladung zu einer Hochzeit im Familienkreise. Am 15. Juli würde Klaus von Bismarck aus Kniephof unsere Cousine Ruth-Alice von Wedemeyer in Paetzig in der Neumark heiraten. In diesem Sommer wurde überhaupt viel geheiratet. Zweifellos hing das mit der Unsicherheit über die Zukunft zusammen.

Hans von Wedemeyer und seine Frau Ruth, die jüngste Schwester meiner Mutter, wollten für ihre älteste Tochter ein Fest geben, von dem man in späteren Generationen noch sprechen sollte. Eine »märchenhafte« Hochzeit sollte es werden. Und sie wurde es.

Die Dorfkirche, eine aus dem Mittelalter stammende Feldsteinkirche, war aber für die Zahl der zu erwartenden Gäste bei weitem zu klein. Nicht allein die Gäste sollte sie fassen können, sondern auch die Familien der Landarbeiter. So war – noch gerade rechtzeitig – aus Hamburg ein berühmter Kirchen-Architekt gebeten worden, den östlichen Giebel wegzunehmen und aus dem gleichen Material, aus Feldsteinen, über die ganze Breite des Kirchenschiffs eine halbrunde Apsis anzubauen. Ohne den Charakter der jahrhundertealten Wehrkirche zu verändern, war ein wesentlich geräumigerer und sehr schöner Kirchenraum entstanden.

Eine große Schar von Gästen war für drei Tage geladen worden. Das einfache, typisch märkische Gutshaus war solcher Menge nicht gewachsen. Zwar besaß es bereits elektrisches Licht, nicht aber fließendes Wasser. Der pietistisch frommen Familie war die Finanzierung des Kirchen-Anbaus vorgegangen. In den Garderoben und Gästezimmern des Gutshauses standen immer noch die Porzellan-Waschschüsseln und -Kannen auf den Marmorplatten. In den Garderoben gab es auch jetzt noch Kabinette, in denen gewisse Sitzmöbel einmal täglich in aller Herrgottsfrühe – mit Marschrichtung zur Jauchegrube beim Kuhstall – geleert wurden. Dies alles waren für Paetzig Dinge von untergeordneter Bedeutung.

Mehr als hundertfünfzig Verwandte und Freunde beider Familien kamen. Auch unsere beiden »Englandreisenden«, Fabian und Luitgarde Schlabrendorff, waren unter ihnen. Großmütter, Tanten und Onkel logierten in den wenigen Gästezimmern des Gutshauses, die »weniger nah« Verwandten in Gasthöfen und Gutshäusern der benachbarten Dörfer, und für die Jugend waren Strohlager in den Etagen des Kornspeichers vorbereitet worden.

Beide Brautleute kamen aus Häusern, die für ihre Gastlichkeit in Pommern und in der Neumark berühmt waren.

Wenn diese Hochzeit schon märchenhaft werden sollte, dann mußte natürlich auch ein Märchen als Theaterstück aufgeführt werden. Meine in Phantasie und Vers so versierte Schwester hatte die Aufgabe übernommen, den »Froschkönig« der Brüder Grimm zu dramatisieren. Ausgerechnet mich, einen Banausen in Sachen Schauspielkunst, hatte die Familie für die Rolle des Frosch-Prinzen bestellt: Mit dieser Fehlbesetzung konnte das Ganze nur schiefgehen. Es ging schon bei der ersten Probe schief. Ich blieb nicht nur einmal, sondern mehrfach stecken, verpaßte die Stichworte, weil mir meiner Schwester Dichtung zu sprunghaft, um nicht zu sagen, zu »modern« erschien. Unter der unförmigen Pappmaske eines Krötenkopfes aus dem Berliner Kostümverleih Verch kam ich mir ohnehin vor wie unter einer Tauchermaske und schwitzte sozusagen Blut und Wasser. Es sollte aber noch schlimmer kommen.

Meine Partnerin, Cousine Maria, die jüngere Schwester der Braut, hatte die Prinzessin darzustellen. Im Gegensatz zu mir hatte sie ihre Rolle zwar perfekt gelernt, aber als es zum Höhepunkt des dramatischen Geschehens kam, als die Prinzessin den Frosch durch einen Kuß zum Prinzen zurückverzaubern sollte, weigerte sich unser liebes Cousinchen, solches zu tun. Es hagelte Regieanweisungen, es kamen Kompromißangebote, es folgten Zusprüche (»nur Mut, nur Mut!«), irgend jemand rief gar: »Nun hab Dich nicht so!«; allein, unsere liebe Maria zeigte Charakter, und am Ende gab es Tränen. Nicht aber einen Kuß.

Also ging unser Theaterstück am nächsten Tage ohne Pointe über die Bühne, anders ausgedrückt: ohne Kuß, auch nicht auf die Pappmaske!

Mir schien aber, daß das zahlreiche Publikum über das Ausbleiben des Kusses mehr amüsiert war, als wenn die Regieanweisung befolgt worden wäre. Unfreiwillige Komik ist bisweilen ein Komparativ von Komik.

Im Paetziger Park gab es eine herrliche breite Kastanienallee. Die schönen Bäume waren seit Generationen so geschnitten worden, daß aus der Allee ein geschlossener, Schatten spendender Raum geworden war, eine zauberhafte, gewachsene Festhalle. In ihre Mitte hatten Zimmerleute eine Tanzfläche gesetzt, daneben ein Podium für die Musik, ringsum Tische und Bänke.

Drei Abende lang tanzten wir hindurch, dazwischen gab es Veranstaltungen, als befände man sich auf einem Kulturfest. Im Gutshaus stand der Steinway-Konzertflügel meiner Mutter (für ihre Berliner Wohnung war er zu groß). Mutter spielte mit ihren beiden Söhnen das Klavier-Trio H-Dur von Brahms.

Klaus Bismarck war, wie manche anderen Vettern und wir Brüder, Reserveoffizier. Nach altem preußischen Reglement trug der Soldat am Tage seiner Hochzeit Uniform, auch der Reserveoffizier, an diesem Tage sogar Paradeuniform. So erschien Klaus, als wir uns zum Zug in die Kirche formierten, mit seiner Braut am Arm, mit Stahlhelm, Säbel, Paraderock, Fangschnur und in Reitstiefeln.

Es gab einen festlichen Brautzug durch den Park bis hin zur Kirche, die an diesem Tag eingeweiht wurde, mit Blumenkindern, Brautjungfern und Brautführern im Gefolge – und mit meiner Mutter an der Orgel, die alle Register gezogen hatte, damit wir sie schon in der Kastanienallee hören würden.

Es folgte eine schöne Feier. Fast zu schön, so wollte es mir scheinen. Doch wohl gerade darum steht das Bild und das Zeremoniell in der halbkreisförmigen neuen Apsis nach so vielen Jahren noch heute so deutlich vor meinen Augen.

Der große Tag blieb märchenhaft bis an sein Ende. Wir feierten, wir tanzten nach Herzenslust. Wir waren ganz einfach fröhlich, denn wir hatten uns vorgenommen, nichts als fröhlich zu sein. Diese Hochzeit am 15. Juli 1939 – alle wußten es, aber niemand sprach es aus – war ein Abschiedsfest, denn viele von uns hatten ihren Einberufungsbefehl zum 1. August bereits erhalten. Wie anders sollte man denn eine Hochzeit feiern, wenn man wußte, daß der Krieg bevorstand. Wenn man wissen mußte, daß der Tod hineinfahren würde in unsere fröhliche Schar. Ja, ganz bewußt feierten wir unseren Abschied vom Frieden.

BEGINN DES ZWEITEN WELTKRIEGES

Nach Polen

Am Morgen nach der Paetziger Hochzeit nahm ich nach Stettin den Umweg über Berlin, um meine Mutter nach Hause zu bringen. In ihrer Wohnung hatte ich in einem Kleiderschrank immer einen Anzug hängen für den Fall, daß ich von Stettin aus in Eile die Garderobe wechseln wollte. An diesem Tage aber fehlte das gute Stück. Meine Mutter war etwas verlegen, sie habe ihn verborgt, sagte sie, sie rechne aber damit, daß er in Kürze wieder hier sein werde. Auf meine Frage, wer denn der Glückliche sei, der jetzt meinen besten maßgeschneiderten Anzug trage, erfuhr ich, es sei kein »Glücklicher«, sondern es sei ihr Vetter Achim von Rohr aus Demmin in Vorpommern, und der befinde sich auf der Flucht vor der Gestapo. Von der Vorderseite des Demminer Gutshauses habe die Gestapo sein Haus betreten, während er noch gerade rechtzeitig zur Gartenseite hin habe entweichen können. Wie er von Demmin nach Berlin gekommen sei, wisse sie nicht, doch habe er gesagt, er müsse davon ausgehen, daß die Polizei ihn in Berlin vermute. Sie habe ihn deshalb mit meinem Anzug ausgerüstet, ebenso auch mit Hut und Mantel von mir, so daß er nach Einbruch der Dunkelheit in meinen Sachen das Haus verlassen, seine Flucht fortsetzen und seine Spur verwischen könnte.

Ich fragte, was denn die Nationalsozialisten Onkel Achim vorwürfen. »Danach habe ich ihn gar nicht gefragt«, sagte Mutter. »Er ist eben kein Nazi, ja er haßt sie und denkt gar nicht daran, die Befehle der Parteibonzen in Demmin auszuführen. Das genügt denen, um ihn zu schikanieren oder ihn – wie schon mehrmals – einzusperren. Also helfe ich ihm, wenn er mich um Hilfe bittet. Im übrigen hast Du in Stettin sicher genug zum Anziehen, und da Du ja in Kürze wohl nur noch Uniform tragen wirst, könntest Du mir bei nächster Gelegenheit noch mehr von Deiner Garderobe herbringen. Man kann nicht wissen, wem man damit noch wird helfen müssen.«

Vom 1. August an war ich nun wieder Soldat. Kurze Urlaube wurden großzügig bewilligt, und so kam ich zu einigen Abschiedsbesuchen auch nach Berlin. Ich fuhr auch in die Fasanenstraße und klingelte im Erdgeschoß des Hauses Nr. 68. Mein Besuch galt weniger der verehrten Ballettmeisterin der Staatsoper Unter den Linden, Tatjana Gsovsky, die dort ihre Ballettschule hatte, als ihrer Assistentin in der Meisterklasse, Inge Schweitzer, mit der mich enge Freundschaft verband. Ich traf nicht nur die beiden Damen an, sondern hatte auch das Vergnügen, der am Klavier sitzenden Pianistin Maria Kalamkarian zuzuhören, die ich einst als Begleiterin von Fjodor Schaljapin kennengelernt hatte. Tatjana Gsovsky beendete – für mich allzu früh – die Unterrichtsstunde und bat uns zum Tee in ihre Wohnung. Dort dampfte bereits der Samowar, und es war ein Genuß zuzuschauen, mit welcher Grazie die Hausfrau den Tee zubereitete.

Kaum waren die Tassen gefüllt, brach es fast explosiv aus ihr heraus: »Seid Ihr eigentlich wahnsinnig geworden, Krieg zu machen?« rief sie. »Woher wissen Sie, daß wir Krieg machen werden?« fragte ich. »Alle Spatzen pfeifen es von den Dächern!« rief sie, »oder stimmt es nicht?« Ich sagte ihr, daß es stimme, daß ich aber noch niemand gesprochen hätte, der einen Krieg wünsche. »Warum trägst Du dann eine Uniform?« Ich versuchte, ihr das zu erklären. Ich sprach von dem berühmten Wort der »verdammten Pflicht« gegenüber unserem Vaterland. Sie unterbrach mich: »Höre bitte auf. Es klingt wie in meiner Kindheit in Petersburg. Die Offiziere sprachen auch nur von Pflicht und Gehorsam, und dann kam die Revolution, und man war froh, wenn man sein Leben gerettet hatte. – Ihr Offiziere solltet Euch jetzt zusammentun und den Krieg mit Gewalt verhindern! Das wäre jetzt Eure Pflicht!«

»Also«, sagte ich, »halten Sie es doch nicht für falsch, daß ich Offizier bin?« »Selbstverständlich nicht!« rief sie.

Wie einfach, wie ursprünglich klang das aus dem Munde der großen Künstlerin. Mir prägte sich ein unvergeßliches Bild ein: diese schöne und leidenschaftliche junge Russin aus der Familie der Fürsten Galizin.

Dann schlug sie plötzlich eine ganz andere Tonart an: »Du wirst jetzt hier vor mir niederknien«, sagte sie ganz ruhig und ernst, »und meinen Segen empfangen.« Etwas peinlich berührt erwiderte ich: »Verehrte Tatjana, das ist reizend von Ihnen. Doch mir ist das zu theatralisch.« Als wenn sie meinen Einwand überhört habe, wiederholte sie: »Du kniest jetzt hier vor mir nieder.« Ich gab mir einen Ruck, ich wollte kein Spielverderber sein. Sie meinte es ernst. Also erhob ich mich und beugte ein Knie vor ihr. Sie schlug drei Kreuze über mir, dann küßte sie mich, wie es in Petersburg üblich gewesen war, und befahl mir, aufzustehen. »Du wirst gesund und unbeschädigt aus dem Kriege heimkehren. Und nun wollen wir Tee trinken.«

Auf dem Rückweg nach Stettin nahm ich den Weg durch das Brandenburger Tor. Ich liebte es, durch dieses schöne Bauwerk hindurchzufahren. Es war eine Art von persönlicher Sentimentalität, besonders seitdem ich es am 6. März 1933 erstiegen hatte. Als ich mich, vom Großen Stern kommend, ihm näherte, erblickte ich ein riesiges weißes Transparent. Es reichte quer über die volle Breite des Tores. Und als ich näher kam, las ich die Aufschrift in großen schwarzen Buchstaben: »Führer befiehl – wir folgen«. Was hatte doch dieses Tor in seiner kaum hundertfünfzigjährigen Geschichte schon alles erlebt. Und was würde es noch in der Zukunft erleben!

Eines Abends rollten wir über die Oderbrücke bei der Altstadt von Stettin nach Hinterpommern. Die Bevölkerung merkte es kaum, daß »ihre Regimenter« die Stadt verlassen hatten. Keine Aufbruchstimmung wie im August 1914, kein Jubel, keine Blumen. Bei Dunkelheit schlichen wir uns davon.

Es ging quer durch mein geliebtes Hinterpommern. In den Dörfern standen die Leute vor ihren Häusern und winkten. In der Gegend von Schlochau, unweit der polnischen Grenze, bezogen wir Quartiere und harrten der Ereignisse.

Es kamen aufregende Nachrichten. Am 24. August erfuhren wir, daß Reichsaußenminister Ribbentrop in Moskau mit Josef Stalin, dem Todfeinde Hitlers, einen deutsch-russischen Nichtangriffspakt geschlossen habe. Wir saßen in einem Gutshaus beim abendlichen Poker; als wir die Nachricht erfuhren, legten wir die Spielkarten beiseite und diskutierten stundenlang. Es mußte hinter dieser Nachricht noch mehr stecken. Hitler und Stalin mußten weit höher gespielt haben als nur um den Preis Polens.

Es war schwer, wenn nicht gar unmöglich für uns, sich aus den verwirrenden Nachrichten, die zu uns gelangten, ein Bild zu machen. Einmal hatten wir am Abend bei Dunkelheit schon den Marsch- und Angriffsbefehl erhalten. Dann waren plötzlich Melder auf ihren Motorrädern an den wartenden Kolonnen aufgetaucht, denn es war Funkstille befohlen. Das Ganze halt, zurück in die Quartiere. Das zerrte an den Nerven. Am nächsten Abend saßen wir wieder am Pokertisch. Die Hausfrau wurde eingeladen, mitzuspielen, ihr Mann stand als Kompanieführer bei einer anderen Division. Sie finanzierte ihren Einsatz mit ihrer Hühnerstall-Kasse. Wir setzten das Einsatzlimit herab. Wir spielten mit kleinen Münzen, Geldscheine waren tabu. Es ging uns nur darum, die Wartezeit totzuschlagen. Ein paar gute Weine aus dem Gutskeller taten das ihre. Als unser »Hofnarr« entpuppte sich der Zahlmeister. Wenn nicht genug gereizt wurde, animierte er mit makabrem Humor: »Wer nicht wagt, der nicht gewinnt! Wer nicht heiratet, kriegt kein Kind!« – Unsere Gastgeberin verdoppelte an diesem Abend ihr Betriebskapital aus dem Hühnerstall.

Bei alledem stellte ich nur beglückt fest, daß unser kleines Offizierskorps so zusammengestellt war, daß wir frei miteinander reden konnten. Kein fanatischer Nationalsozialist war dabei. Man spürte die Handschrift von Heinrich Yorck. Mitten im fröhlichsten Poker kam dann eines Abends der Angriffsbefehl. Es war der 31. August 1939.

Zum zweiten Mal innerhalb weniger Tage rollten die Kompanien mit ausgeschalteten Lichtern in tiefer Dunkelheit der Grenze entgegen. Da in unserem Abschnitt von der Aufklärung keine polnischen Panzer gemeldet waren, zogen wir abseits der Straße in einen dichten Wald. Ich ließ mir von unserem Kommandeur, Major Becker, den Auftrag geben, zusammen mit einem kleinen Funktrupp nach vorne zu fahren, um nach Aufhebung der Funkstille nach rückwärts melden zu können. Angestrengt verfolgte ich in der Dunkelheit unseren Weg, bis ich meinte, hier müsse die Grenze vor uns liegen. Ich ließ halten und ging zu Fuß weiter. Nach ein paar Schritten tauchten aus der Dunkelheit vor mir drei Soldaten auf. Die Grenze sei etwa zehn Meter vor uns, flüsterte mir ein Feldwebel unserer Infanterie zu. Um besser hören zu können, hatten die Soldaten ihren Helm abgenommen. Nichts regte sich. Es war still wie auf einem Friedhof. Nur einen Hund hörte man in der Ferne heulen.

Im Osten begann es langsam zu dämmern. Jetzt sahen wir die deutschen und die polnischen Grenzpfähle, und dahinter breitete sich eine große Wiese aus und – wohl einen Kilometer entfernt – die ersten Bäume; dazwischen lugten Dächer eines Dorfes hervor. Intensiv suchte ich mit dem Fernglas das Gelände ab. Mein Herz klopfte so stark, daß ich Mühe hatte, durch das Glas zu sehen. Nichts deutete darauf hin, daß man drüben mit unserem Angriff rechnete.

4.45 Uhr war die Zeit, mit der der Krieg gegen Polen beginnen sollte. Unsere Uhren waren nochmal nachgestellt worden.

Ich starrte auf meine Armbanduhr. Noch war die Sonne am Horizont nicht sichtbar. Dann stand der große Zeiger schließlich auf der befohlenen Zeit.

Schlagartig setzte rechts von uns in einer Entfernung von vielleicht zehn Kilometern schweres Artilleriefeuer ein, Salve auf Salve. Vor uns auf der Wiese und in dem Dorfe blieb alles ruhig, nichts regte sich drüben.

Dann kamen von hinten her an mir vorbei unsere Infanteristen. Sie trugen ihr Gewehr wie bei der Jagd unter dem Arm. Bei den Grenzpfählen schwärmten sie nach links und rechts aus. Kein Schuß fiel. Plötzlich erschien neben mir einer unserer Bataillonskommandeure vom 5. Infanterie-Regiment. »Guten Morgen, Stahlberg«, rief er und »was sagen Sie nun?« »Gar nichts, Herr Major«, rief ich zurück. Was hätte ich sagen sollen? Wir kannten uns beide gut. »Da haben Sie völlig recht!« rief er, wandte sich nochmal um und winkte mir zu. Ich sah ihm nach, während er in die Wiese hineinging. Ein paarmal schüttelte er wie nachdenkend seinen Kopf.

Gegenüber bei dem Dorf verschwanden unsere Infanteristen unter den Bäumen. Noch immer war bei uns kein Schuß gefallen. Nur in der Ferne hörte man das Rollen unserer Artillerie.

Jetzt wurde der Feldweg, an dem ich noch immer stand, zur Fahrstraße. Kolonne auf Kolonne rollte an mir vorbei, wohl mehr als eine Stunde lang. Ich sah in die Gesichter der Soldaten. Ich sah und hörte keinen Jubel, keine Hurrastimmung; die Mienen blieben stumm, meist ausdruckslos. »Morituri te salutant, Imperator«,* fuhr es mir durch den Kopf. Nach einiger Zeit erschien die Spitze meiner Abteilung. Polnische Panzer waren nicht gemeldet, so blieben wir ohne Auftrag. Vormittags hörten wir die Übertragung der Rede Hitlers aus dem Deutschen Reichstag in der Kroll-Oper: »Seit 5.45 Uhr wird jetzt zurückgeschossen!« schrie er. Major Becker, Heinrich Yorck und ich sahen einander an.

Wir rollten von Dorf zu Dorf, als befänden wir uns im Manöver. Hier und dort standen Leute vor ihren Haustüren. Für uns kam es zu keinem Zwischenfall. Nur einmal näherte sich uns mit lautem Geknatter ein altmodischer Doppeldecker. Solche Flugzeuge hatte ich zuletzt als kleiner Junge bei Flugtagen in Berlin-Staaken gesehen. Deutlich erkannten wir das rot-weiße polnische Nationalitätszeichen und die Silhouetten der Köpfe von zwei hintereinander sitzenden Fliegern. Und schon erschien hinter dem Polen ein deutsches Jagdflugzeug und gab einen einzigen Feuerstoß auf den Gegner ab. Der alte Doppeldecker

---

* Im alten Rom grüßten die Gladiatoren beim Einmarsch in die Arena den Kaiser mit diesen Worten: »Die Todgeweihten grüßen Dich, Kaiser.«

fing sofort Feuer und stürzte dem Boden zu. In der Ferne sahen wir die Rauchwolke, die noch eine Zeitlang aus dem Walde aufstieg.

Am zweiten Tage befand ich mich mit dem Motorrad auf dem Wege zum Divisionsstab. In der Mitte eines Dorfes standen eine Menge deutscher Soldaten, die stumm in die gleiche Richtung sahen. Ich hielt an und fragte jemand, was es hier gebe. »Eine Exekution«, lautete die Antwort. Bei der Besetzung des Dorfes seien aus einer Dachluke heraus Schüsse gefallen. Es habe Verluste gegeben. Das Haus sei gestürmt worden, auf dem Dachboden habe man zwei Schützen gefunden. Sie hätten Zivil getragen, keine Abzeichen oder Armbinden gehabt. Ihre Waffen und leere Patronenhülsen seien gefunden worden. Jagdflinten, Hülsen von Schrotpatronen. Das widersprach eindeutig den internationalen Regeln der Haager Landkriegsordnung. Das Standgericht der Division habe getagt, die beiden Polen hätten gestanden, jetzt werde das Urteil vollstreckt. Ich sah über die Köpfe der Schaulustigen hinweg. In diesem Augenblick krachte die Salve des Exekutionskommandos. Es waren die ersten Toten dieses Krieges, die ich sah.

Am dritten Tage – es war der 3. September – brachte Heinrich Yorck vom Divisionsstab die Nachricht mit, Großbritannien und Frankreich hätten Deutschland den Krieg erklärt. Großbritannien – das bedeutete auch das Empire, das bedeutete auch Australien, Indien, Neuseeland. Das bedeutete wahrscheinlich auch Kanada, Südafrika. Das bedeutete den Weltkrieg Nummer zwei! Würde das auch die Vereinigten Staaten von Amerika bedeuten? Wir sahen uns stumm an.

Heinrich Yorck hatte noch andere Nachrichten, denn er hatte auch Achim Oster, den Adjutanten unseres Artillerie-Regiments 2, gesprochen, und Achim hatte mit seinem Vater telefoniert. Hitler habe bei Eintreffen der Hiobsbotschaften einen schweren Schock erlitten. Kein Wunder, denn nun hatte er den Krieg, den er in seinem Buch und in Tausenden von Parteiversammlungen als »das große Verbrechen der deutschen Politik am deutschen Volke« im Weltkrieg bezeichnet hatte: den Zweifrontenkrieg.

Noch eine weitere Nachricht brachte Yorck mit: Heinrich von Weizsäcker, der zweite Sohn des Staatssekretärs im Außenministerium, war gefallen, in der Division, die neben uns stand. Für Yorck, Oster und mich barg Heinrich von Weizsäckers Tod symbolhafte Tragik, denn sein Vater war einer der wenigen hohen Beamten des Deutschen Reiches, die in ihrem Wirkungsbereich alles nur Denkbare getan hatten, um diesen Krieg zu verhindern. Natürlich wußten das nur die, die ihm selbst oder seiner Familie nahestanden. Die Nachricht vom Tode Heinrich von Weizsäckers war die erste, die auch meinen Bruder und mich persönlich berührte. Wir hatten in fröhlichem und vertrautem Freundeskreis mit Carl-Friedrich, Adelheid und Heinrich von Weizsäcker zusammen Tanzstunden gehabt. Der viel jüngere Bruder Richard hatte die Aufgabe gehabt, für uns das Grammophon aufzuziehen. Wir kannten Heinrich als den Strahlenden, den musikalisch Begabten – er hatte mit meinem Bruder zusammen den Cellisten Richard Klemm als Lehrer gehabt. Der erste aus dem Kreise unserer Freunde war tot.

An einem der nächsten Tage – wir rollten noch immer, ohne einen Schuß abgegeben zu haben – kam über Funk der Befehl: »Nach rechts herunter von der Straße, Halten, Warten.« Das bedeutete, daß ein vorne dringend benötigter Truppenteil vorzulassen sei. Wir kannten das. Tatsächlich erschien von hinten in hoher Geschwindigkeit ein Panzerspähwagen, wie ihn auch unsere Aufklärungsabteilung besaß. Doch er führte nicht unser Divisionszeichen. Aus dem Turm ragte die Gestalt eines Generals heraus, eine Staubbrille machte ihn unkenntlich, doch am Halse erkannten wir den höchsten preußischen Kriegsorden, den Pour le mérite. Als sich die Staubwolke verzogen hatte, hörte man das Nahen weiterer Wagen, und in ebenso hoher Geschwindigkeit nahte ein unförmig großer offener Mercedes, ein Modell, wie wir es bisher noch nicht gesehen hatten, ein drei-achsiger Geländewagen. Vorne rechts saß Hitler, in grauer Uniform. Auch das war für uns neu. Es folgten noch einige weitere Wagen, in Anbetracht der Staubwolke des ersten Wagens dichtauf in halsbrecherischer Geschwindigkeit. »Auch das noch«, bemerkte Yorck trocken, »als Lützows wilde verwegene Jagd.« Wer wohl der General im vorfahrenden Panzerspähwagen gewesen sei, wollte ich wissen. Das würden wir gleich herausbekommen, meinte Yorck und ging zu dem uns folgenden Funkwagen. Nach kurzem kehrte er mit der Neuigkeit zurück, dies sei ein Generalmajor namens Rommel. Den habe sich der Führer als Kommandant seines Hauptquartiers ausgesucht. »Vermutlich wegen seines preußischen Ordens«, fügte er hinzu.

An einem der nächsten Tage gab es für mich ein kleines Abenteuer. Im vergangenen Jahrhundert hätte man das noch eine »Feuertaufe« genannt.

Wir befanden uns in der Tucheler Heide, einem großen Waldgebiet. Unsere Abteilung hatte noch immer keine Feindberührung gehabt.

Aus irgendeinem Anlaß, den ich vergessen habe, gab es für mich einen Grund, eine unserer weiter entfernt marschierenden Kompanien aufzusuchen. Wir in unserer Abteilung waren schon drauf und dran, diesen Krieg kaum mehr ernst zu nehmen, sonst hätte ich mir nicht ohne eine Begleitung mein liebstes Fortbewegungsmittel, ein neues Zwei-Zylinder-BMW-Motorrad, genommen. Es zwischen den Knien zu haben und laufen zu lassen, war für mich faszinierend. Ich zog mir also meinen Ledermantel an, setzte den Stahlhelm auf und fuhr los. Bald erschien vor mir ein schnurgerades Stück Weg durch den Wald, und ich »ließ laufen«.

Plötzlich hörte ich einen fremden Ton. Mein erster Gedanke war, meine Maschine habe einen Kolbenschaden. Es klang hell und metallisch. Das nächste habe ich nur noch undeutlich in Erinnerung. Die Maschine knickte vorne ein, und ich muß mich wohl mit ihr überschlagen haben.

Als ich wieder einigermaßen beisammen war, fand ich mich mit schmerzenden Gliedern in einem Chausseegraben. Ich kroch die Grabenböschung hinauf, bis ich die Chausseedecke gerade übersehen konnte. In einiger Entfernung lag meine schöne Maschine. Reifen und Felge des Vorderrades waren offenbar zerschossen. Was sollte ich tun? Ich mußte damit rechnen, daß das Maschinengewehr, das meine Maschine so ausgezeichnet getroffen hatte, noch irgendwo schußbereit stand. Ich entschloß mich also zu warten und legte meine Pistole schußbereit neben mich. Irgendwann würde schon ein Fahrzeug von uns erscheinen, denn die Tucheler Heide war auf unserer Lagekarte als ganz von den deutschen Truppen besetzt bezeichnet gewesen. Ich gestehe aber, daß mir nicht sehr wohl war. Wenn hier, hinter der deutschen Front, noch auf Deutsche geschossen wurde, dann konnten die mutigen Schützen ja auch plötzlich leibhaftig vor mir auftauchen.

Ich hatte indes Glück. Zwar hörte ich mein Herz klopfen, als ich in der Ferne Motorengeräusch wahrnahm. Doch dann sah ich aus eben der Richtung, aus der ich gekommen war, den Kühler eines unserer Kübelwagen. Schon beim Anblick des auf der Straße liegenden Motorrades hatte der Fahrer das Tempo verlangsamt. Nun hielt er neben mir, und in Windeseile lag meine BMW hinten auf dem Wagen. Die Soldaten – sie gehörten zu unserer Division – erzählten, auch sie seien, etwa einen Kilometer zurück, von einem MG beschossen, aber nicht getroffen worden.

Innerhalb weniger Tage hatte ich erneut erlebt, wie Polen in aussichtsloser Lage noch gegen uns kämpften. Am Abend biwakierten wir

139

in einem Dorf. Ich fand einen alten polnischen Schuhmacher, der mir meinen Ledermantel reparierte. Quer über den Rücken hatte es einen langen Riß gegeben. Der Mantel war mir bis zum Ende des Krieges eine Art von Talisman.

Es mag etwa der zehnte oder zwölfte Kriegstag gewesen sein, als wir den Befehl erhielten, umzudrehen und in nördlicher Richtung, also nach Ostpreußen zu fahren. Wir erreichten die Gegend von Rastenburg, und mit Erstaunen merkten wir während des Marsches, daß die deutsche Bevölkerung von uns so gut wie überhaupt keine Notiz nahm. Dieser Krieg war trotz der militärischen Erfolge unserer Armeen noch immer nicht populär.

Dann schwenkten wir nach Süden, überquerten wieder die polnische Grenze und durchfuhren bei Dunkelheit die polnische Stadt Lomza. Doch in welchem Zustand befand sie sich! Lomza war ein menschenleeres Ruinenfeld. Verwesungsgeruch hing in der Luft.

Im nächsten Biwak erfuhren wir, Lomza habe sich heldenhaft verteidigt. Bis die neuen deutschen Sturzkampfbomber, Stukas genannt, eingesetzt worden seien. Major Becker bemerkte, so wie hier habe er 1917 in Frankreich Reste von Ortschaften gesehen. Die aber seien zuvor wochen- oder monatelang umkämpft gewesen, während unsere neuen Waffen so etwas offenbar in wenigen Stunden bewirkt hätten.

Am nächsten Vormittag erhielten wir unseren ersten Einsatzbefehl. Die Panzer-Abwehr-Abteilung 2 habe unverzüglich ein wenige Stunden entferntes Dorf zu erreichen. Dort befinde sich ein Gefangenenlager, das von einer Formation der SS angelegt worden sei und von dieser bewacht werde. Dieses Lager hätten wir noch heute, und so schnell als möglich, zu übernehmen.

Unser Kommandeur verständigte die Kompaniechefs und fuhr mit Yorck und mir sowie mit dem Funkwagen und ein paar Meldern voraus. Als wir das uns bezeichnete Dorf erreichten, bot sich uns ein grauenhaftes Bild. Auf einer neben dem Dorf in einer Senke liegenden feuchten Wiese hatte man mit einem Pflug ein quadratisches Feld mit einer Seitenlänge von etwa hundert Metern markiert. In dieses Quadrat hatte man eine nach Tausenden zu schätzende Menschenmenge zusammengetrieben, meist polnische Soldaten, aber auch Zivilisten, alte Männer, Frauen und Kinder. Sie saßen und lagen so dicht gedrängt, daß vom Grün der Wiese kaum etwas zu sehen war. Im Abstand von etwa dreißig Metern war außen herum mit dem Pflug eine zweite Furche gezogen worden. Auf den Ecken des äußeren Quadrats standen auf hohem Dreibein Maschinengewehre. Die hatten, als wir eintrafen, schon reiche Ernte gemacht. Offenbar war dies der Grund, warum man uns so sehr zur Eile angetrieben hatte.

Auf den Schneisen rund um das Lager lagen Tote, nach meiner Erinnerung mindestens an die fünfzig. Ein SS-Mann sagte uns, die Männer an den Maschinengewehren hätten Befehl, sofort zu schießen, wenn einer der Gefangenen die innere Linie überschritte. Anders sei es nicht möglich, der Tausenden »Herr zu werden«.

Ein ohrenbetäubender Lärm schallte uns aus dem Lager entgegen. Wir standen noch etwa hundert Meter entfernt auf erhöhter Stelle am Dorfrand. Es klang, als wenn Tausende gleichzeitig um Hilfe riefen. Inzwischen traten SS-Leute in grauen Uniformen zu uns – es war für mich das erste Mal, daß ich grau-uniformierte SS sah – und fragten, ob wir die erwartete Ablösung seien. Wir vereinbarten, so schnell als möglich das Lager zu übernehmen. Wir verlangten, daß die Maschinengewehre keinen einzigen Schuß mehr abgeben dürften. »Auf Ihre Verantwortung!« sagte uns einer von ihnen.

Major Becker setzte sich in unseren Funkwagen, um unseren Kompanien und dem Divisionsstab die Situation zu schildern und um das für die Versorgung der Tausenden Notwendigste – Lebensmittel, Ärzte und Sanitäter – anzufordern.

Yorck und ich gingen hinunter an den äußeren Rand des Lagers. Zuerst mußten die Gefangenen erfahren, daß Hilfe unterwegs sei. Als wir die äußere Furche erreichten, schwoll der Lärm an. Jetzt hörten wir immer wieder das deutsche Wort Hunger. Sie skandierten es in Sprechchören. Wir hoben unsere Hände – es sollte nicht aussehen wie ein Nazi-Gruß. Augenblicklich trat Ruhe ein. Yorck nahm das Wort. Mit seiner hellen, metallischen Stimme, ganz langsam Silbe für Silbe setzend, damit ihn möglichst viele verstünden, sagte er der Menge, wir seien Offiziere des Heeres und wir würden das Lager in wenigen Stunden übernehmen, es seien Wagen mit Lebensmitteln unterwegs, wir hätten auch Ärzte und Sanitäter angefordert, wir wollten alles in unserer Macht stehende tun, um ihnen zu helfen. Wir wollten auch versuchen, dafür zu sorgen, daß die Kriegsgefangenen möglichst schon morgen in ein ordentliches Lager abtransportiert würden. Wir wüßten noch nicht, woher wir zuerst sauberes Wasser holen könnten. Um dies und alles Notwendige mit ihnen zu besprechen, bäten wir darum, uns möglichst innerhalb von zehn Minuten drei deutschsprechende Bevollmächtigte hierher zu schicken. Wir hätten von den bisherigen Bewachern das Versprechen, daß die Maschinengewehre auf den Ecken keinen Schuß mehr abgeben würden. Und wer seine Notdurft verrichten wolle, der möge nun auf den Streifen um das Lager gehen. Wir müßten uns aber darauf verlassen können, daß sie unsere Bitte erfüllten, denn noch hätten wir die Verantwortung nicht übernommen.

Dann gingen wir hinüber an den Dorfrand. Wir fanden Major Bekker von SS-Leuten umringt. Aus seinem versteinerten Gesicht sprach Fassungslosigkeit und Verachtung. Wir erlösten ihn aus seiner Umgebung und berichteten ihm bei unseren Fahrzeugen von unserem Versuch, mit den Gefangenen in ein sachliches Gespräch zu kommen.

Als die vereinbarten zehn Minuten vorüber waren, gingen Yorck und ich zurück zu den Gefangenen und blieben wieder an der äußeren Pflugfurche stehen. Gegenüber winkten uns einige Polen zu, aber sie wagten nicht, den Todesstreifen zwischen uns zu betreten. So winkten Yorck und ich denn mit unseren weißen Taschentüchern den links und rechts stehenden MG-Schützen der SS zu und gingen bis in die Mitte des Streifens. Nun kamen drei ältere Männer in Zivil auf uns zu, auch sie winkten mit weißen Tüchern. Wir gingen mit ihnen zusammen den Hang hinauf, blieben mit ihnen aber so stehen, daß die Menge in der Wiese uns gut sehen konnte.

Vom Dorfrand her kam nun unser Kommandeur mit einigen Meldern zu uns. Von der SS hatte er niemand aufgefordert, ihn zu begleiten. Die Gefangenen sollten sehen, daß wir uns von denen distanzierten.

Nun erfuhren wir von den Polen, daß das Lager seit vier Tagen bestehe. Man hatte ihnen in diesen vier Tagen nichts zu essen und nichts zu trinken gebracht. Die Gefangenen hätten mit den Händen Löcher in den Wiesenboden gekratzt und ihren Durst mit dem Grundwasser gelöscht. Sie hätten schon sehr viele Kranke im Lager, auch mehrere Tote. Zwar seien auch Ärzte unter ihnen, doch die hätten keine Medikamente und kein medizinisches Gerät bei sich. Die meisten von den Toten, die auf den Außenstreifen lägen, seien solche, die versucht hätten, ihre Notdurft außerhalb des Lagers zu verrichten. Einige von ihnen seien aber auch bei dem Versuch zu fliehen erschossen worden, die meisten bei Nacht, dann stünden neben den Maschinengewehren Kraftfahrzeuge, die mit den Scheinwerfern die Todesstreifen beleuchteten.

Unsere Frage, wie viele Menschen in ihrem Lager seien, konnten die drei Polen nicht beantworten. Aber sicher seien es mehrere tausend, sagten sie. Da wir in dem Dorf hinter uns noch nicht gewesen waren, erfuhren wir erst von ihnen, das Dorf sei menschenleer. Die meisten Einwohner befänden sich mit ihnen im Lager auf der Wiese. Nur wenige hätten rechtzeitig fliehen können. Offenbar benutzten die Wachmannschaften das leere Dorf als ihre Unterkunft.

Wir sagten den drei Alten, daß wir Hilfe vorbereitet hätten. Wir wiederholten, daß wir nicht zu der SS gehörten, wir wollten ihnen erklären, wie man die SS-Leute erkennen könne, doch sie kannten den Unterschied bereits: »Adler auf Brust gut, Adler auf Arm schlecht.«

Major Becker sagte ihnen, die erste unserer Kompanien werde bald eintreffen, dann würden wir sofort die Bewachung übernehmen und zuerst alle alten Männer, Frauen und Kinder freilassen. »Bitte aber erst SS weg!« baten uns die Leute. Wir versprachen es ihnen.

Die Alten sahen uns dankbar an und versuchten, uns die Hände zu küssen. Sie wagten aber nicht, allein in das Lager zurückzugehen. Ich begleitete sie bis an den inneren Rand.

Das Restliche dieses Tages ist schnell erzählt. Nachdem wir das Lager übernommen hatten und die SS abgezogen war, haben unsere Soldaten gearbeitet, als gelte es ihr eigenes Leben. Die Freigelassenen zogen in das leere Dorf, Wasserwagen pendelten zwischen dem Dorf und dem Lager ohne Pause, auch während der Nacht. Die gesamten Lebensmittelreserven unserer vier Kompanien wurden am Dorfrand entladen, die Lastwagen traten sofort den Rückweg zum Wiederauffüllen der Bestände an. Unser Truppenarzt ging mit seinen Sanitätern unbehelligt mitten in das Lager und half, wo er konnte. Bald kam er zu uns zurück, um seinen medizinischen Bestand aufzufüllen. Er gab unbeschreibliche Berichte über Kranke, Verwundete, Sterbende und Tote. Wir baten die Polen, mehrere Bestattungskommandos zu bilden und die Leichen auf dem Dorffriedhof zu beerdigen. In der Dorfschule und in der Dorfkirche wurden provisorische Lazarette eingerichtet, die Division schickte uns eine ganze Sanitätseinheit. Zwar standen einige unserer Zugmaschinen und Maschinengewehre bei Nacht noch am Lager. Doch es fiel kein Schuß, man hatte Vertrauen zu uns gefaßt. Noch vor Mitternacht konnten wir verkünden, es seien Kolonnen unterwegs, um bereits morgen die Kriegsgefangenen abzuholen, in etwa zwölf Stunden werde das Lager aufgelöst sein.

Übernächtigt und benommen rollten wir weiter nach Süden und versuchten, unsere Gedanken zu ordnen. Sollten etwa in diesem Kriege die Grundregeln der Haager Landkriegsordnung nicht mehr gelten? Die Behandlung von Zivilisten, Kranken und Verwundeten war doch international geregelt? Das Deutsche Reich gehörte doch zu den Mächten, die dem Abkommen schon im Jahre 1899 beigetreten waren.

Heinrich Yorck schrieb während der Fahrt in seinen Meldeblock den

Entwurf für einen Tatbericht* gegen die SS. Blatt für Blatt gab er mir zum Lesen. Ich hatte Mühe, seine Handschrift zu entziffern. An einigen Stellen bedurfte ich seiner Hilfe. Das gab uns Gelegenheit, über einige Formulierungen zu diskutieren. In der Sache waren wir uns einig, ich versuchte nur, ein paar Emotionen abzuschwächen. Im nächsten Biwak schrieb der Stabsunteroffizier den Tatbericht auf der Maschine ins Reine. Major Becker unterschrieb, ohne etwas abzuändern. Ich bekam den Auftrag, das Dokument am kommenden Morgen zur Division zu bringen.

Ich meldete mich beim 1. Generalstabsoffizier, dem »Ia«. Er las das Schreiben in meiner Gegenwart. Dann sah er zu mir auf und sagte, man habe bei der Division schon von der Sache gehört, und er habe den Tatbericht erwartet. Doch die Gruppe der SS sei keine Kampfeinheit und der Division infolgedessen nicht unterstellt. Sie unterstehe vermutlich überhaupt keiner militärischen Stelle, geschweige denn der Gerichtsbarkeit des Heeres. Selbstverständlich werde er den Tatbericht dem Divisionskommandeur vorlegen. Der Fortgang der Sache sei aber vorauszusehen. Die Akte werde auf dem Dienstweg »nach oben« weitergehen, das hieß also, an das Korps, an das Armee-Oberkommando, an die Heeresgruppe, an das Oberkommando des Heeres und schließlich zuständigkeitshalber an das Oberkommando der Wehrmacht. Und dann? – Welches Gericht werde gegen eine Einheit der SS zu ermitteln bereit sein?

Es kam so, wie wir es erwartet hatten. Niemand von uns wurde jemals als Zeuge vernommen. Unsere Anzeige wegen dieser ungeheuerlichen Verbrechen ist unseres Wissens niemals vor ein Gericht gelangt. Nach dem Feldzug gegen Polen soll Hitler meines Wissens sogar eine Amnestie für alle Übergriffe verfügt haben.

Über den Status dieser SS-Einheit wurden wir uns damals nicht klar. Wahrscheinlich handelte es sich um eine der ersten »Einsatzgruppen« des Sicherheitsdienstes (SD). Was sich hinter dieser nichtssagenden Bezeichnung verbarg, sollten wir erst später erfahren.

Weiter ging der Marsch, jetzt in südöstlicher Richtung, ohne auch nur auf den geringsten Widerstand zu stoßen. Wir näherten uns der Stadt Brest-Litowsk. Den dürftigen Nachrichten, die uns erreichten, zufolge wurde weit westlich von uns noch um Warschau gekämpft. Bei Brest-Litowsk würde sich die Zange der von Ostpreußen und von Oberschlesien aus operierenden deutschen Verbände schließen.

---

* Tatbericht = Strafanzeige beim Militär wegen eines kriminellen Vergehens.

Am 16. September rasteten wir, als befänden wir uns nicht im Kriege, sondern im Manöver, auf dem Gut eines Fürsten Bielski, unweit von Brest. Wir fühlten uns hier fast wie auf einem hinterpommerschen Landgut. Der Stil war nach unseren Begriffen gar nicht »fürstlich«, sondern schlicht und einfach. Der Gutsherr bot die Gästezimmer seines Hauses an. Die Offiziere wurden zum Abendessen an den Tisch der Familie gebeten. Die Unterhaltung wurde in deutscher und französischer Sprache geführt.

Während des Essens wurde Yorck von einer Ordonnanz ans Telefon gerufen. Nach wenigen Minuten kam er mit ernstem Gesicht zurück und bat den Kommandeur in ein Nebenzimmer. Wir übrigen blieben an der Tafel sitzen, bis die beiden zurückkamen. Yorck setzte die Unterhaltung fort, als wäre nichts geschehen. Fürst Bielski erzählte von seinen Erinnerungen an die Friedensverhandlungen von Brest-Litowsk zwischen Deutschland und Rußland am Ende des Ersten Weltkrieges. Bald aber bat Yorck die Fürstin, die Tafel vorzeitig aufzuheben, denn es seien wichtige Nachrichten gekommen.

Major Becker bat die Offiziere in den Nebenraum und teilte dort mit, daß morgen früh weitermarschiert werde, jedoch nicht nach Osten, sondern nach Deutschland. Im Bahntransport würde die 2. Infanterie-Division (mot.) sofort in die Gegend von Frankfurt am Main verlegt.

Zweifrontenkrieg also! Sollten die Franzosen schon angegriffen haben?

Dann erfuhren wir das andere: Morgen früh werde die russische Armee ihre Westgrenze nach Polen überschreiten. Die zukünftige deutsch-russische Grenze werde hier verlaufen; der Ort, in dem wir uns befänden, werde russisch.

Das war eine ungeheuerliche Nachricht. Also hatten Hitler und Stalin sich darauf geeinigt, Polen zwischen Deutschland und Rußland aufzuteilen. Die vierte polnische Teilung in der Geschichte dieses leidgeprüften Volkes. Die beiden Diktatoren verfügten über fremde Länder, als befänden wir uns im Mittelalter. Und was würde aus der westlichen Hälfte Polens werden? Offenbar sollte es zwischen Deutschland und Rußland keine »Pufferstaaten« mehr geben. Würde Hitler den Rest Polens von der Landkarte verschwinden lassen? Fragen über Fragen. Fragen von höchstem historischen Rang bewegten uns.

Jetzt aber, an diesem Abend, blieb nicht mehr Zeit zum Nachdenken und zum Diskutieren. Da klopfte es an die Tür. Es war der Gutsherr. Er habe aus dem Dorf von Gerüchten gehört. Becker entließ außer

Yorck und mir die Offiziere, wir setzten uns. Wir bestätigten dem Fürsten, daß wir morgen früh abrücken würden, zurück nach Deutschland . . . »Ich ahnte es«, sagte er, »ich dachte es mir.« Dann folgte eine Pause, niemand sprach ein Wort. Jedem war klar, welche Gedanken im Raume waren. Dann begann der Fürst: »Können Sie mir sagen, wo die Grenze zwischen den Deutschen und den Russen verlaufen soll?« Genau konnten wir es ihm nicht sagen. »Bei Brest-Litowsk«, hatte es geheißen, nicht mehr. Wieder nach einer langen Pause nahm Yorck das Wort: »Haben Sie Verwandte oder Freunde in Deutschland?« Fürst Bielski schien dankbar, daß nicht er, sondern einer von uns dieses Thema angesprochen hatte. »Ja«, sagte der Fürst, »eine ganze Menge sogar.«

Vor dem Jahre 1917 habe er ebenso viele Verwandte in Rußland gehabt, doch die seien während der Revolution nach dem Westen geflohen, und alle diejenigen, welche nicht hätten fliehen wollen oder können, seien von den Bolschewisten ermordet worden.

Nun sei er entschlossen, mit seiner Familie zu fliehen. Wagen und Pferde seien natürlich vorhanden, doch könne er nicht beurteilen, welchen Weg er nehmen solle, denn er kenne die militärische Lage nicht. Und vor allem bewege ihn die Frage, ob die deutschen Kontrollen ihn passieren lassen würden.

Yorck, der das Gespräch von unserer Seite nahezu allein führte, riet, sofort mit dem Packen der Koffer zu beginnen. Wir würden inzwischen über die Lösung der offenen Fragen nachdenken. Er möge aber bitte davon ausgehen, daß nicht mehr Personen samt Gepäck fahren würden, als auf einem Lastwagen unterzubringen seien.

Als wir allein waren, begann unser Kommandeur, halb unwillig, halb ängstlich zu Yorck zu sprechen, das scheine ihm reichlich abenteuerlich, was Yorck da offenbar plane, und außerdem sei so etwas keine Sache eines Adjutanten, sondern die des Kommandeurs. Und er werde sich das zuerst einmal vom Divisionskommandeur genehmigen lassen. Yorck überfuhr ihn mit der Antwort. Einen Divisionskommandeur dürfe man »mit solch kleinen Dingen« nicht belasten, so etwas müsse ein selbständiger Abteilungskommandeur allein verantworten. »Ja, aber wie stellen Sie sich das denn ganz konkret vor, Yorck?« Major Becker war ratlos, er war überfordert.

Sein Adjutant hatte indessen bereits einen Plan fertig: »Wir machen einen Lastwagen frei und schicken ihn über Ostpreußen nach Stuttgart zu Mercedes. Der Fahrer erhält den Befehl, dort dringend benötigte Ersatzteile zu holen, vor allem Laufketten für unsere Zugmaschinen.«

Der Kommandeur gab noch nicht nach: »Sind Sie denn sicher, Yorck, daß bei unserer Werkstattkompanie keine Ersatzketten mehr vorrätig sind, und wissen Sie denn, ob gerade bei Mercedes die Ketten liegen, die wir brauchen?« Yorck parierte sofort: »Und wenn nicht, Herr Major, dann desto besser, dann muß unser Fahrer von Stuttgart aus mit Hilfe von Mercedes so lange suchen, bis er die passenden Ketten gefunden hat. Und wenn wir jetzt vielleicht von Frankfurt aus bis an den Atlantischen Ozean marschieren müssen – bei unserem Führer muß man doch auch damit rechnen –, dann stehen wir besser da als mancher andere Truppenteil, denn wir haben keine Sorgen mehr mit den Laufketten!«

»Yorck, Sie sind einfach großartig!« rief Becker aus. Doch dann kamen ihm schon wieder neue Bedenken. »Überlegen Sie doch mal, Yorck, in welche Unannehmlichkeiten wir geraten, wenn der ganze Schwindel herauskommt. Die Sache scheint mir einfach zu gefährlich, sowohl für den Fürsten als auch für uns. Bedenken Sie doch mal: ein Fürst und dazu ein polnischer Fürst!« Nun aber kam Heinrich Yorck erst richtig in Fahrt: »Also, Herr Major, ob Fürst oder nicht Fürst, ist mir völlig egal. Er hat uns gastlich aufgenommen, als niemand von uns wußte, was uns morgen bevorsteht. Er ist ein gebildeter, vornehmer alter Herr. Seine beiden Töchter sind wohlerzogene junge Mädchen, seine Frau ist eine hochgebildete Dame, sein einziger Sohn – er hat es mir ›heimlich‹ gesagt – steht als polnischer Offizier an der Front, die Familie ist ohne Nachricht von ihm, weiß nicht einmal, ob er noch lebt. Wenn die Russen bis in dieses Dorf kommen sollten, werden sie die ganze Familie ›an die Wand stellen‹. Sollten aber die Russen wider Erwarten nicht bis hierher kommen, dann wird es die SS sein, die hier eines Tages das Regiment übernimmt. Nach den Erfahrungen, die wir erst vor ein paar Tagen mit der SS gemacht haben, bin ich in Sorge, was unsere Freunde von der SS mit der Familie eines polnischen Fürsten machen werden. Ich bitte um die Erlaubnis, Herr Major, daß ich mit dem Briefkopf der Panzer-Abwehr-Abteilung 2 die Dokumente für die Fahrt nach Stuttgart als Adjutant unterzeichnen darf.«

Becker hatte seinem Adjutanten zum Schluß mit leuchtenden Augen zugehört. Er war stolz, einen so ideenreichen und tatkräftigen Adjutanten zu haben. Er war mit allem einverstanden. Eine einzige Bedingung stellte er nur noch: Die Sache sollte nicht der Adjutant, sondern der Kommandeur unterschreiben.

Inzwischen war Bewegung in das Gutshaus gekommen. In fliegender Eile stellte die Familie ihr Fluchtgepäck zusammen. Ich traf den Fürsten, als er aus dem Dorf zurückkam. Er hatte seinen Arbeitern alles gesagt. Dann hatte er seinen Leuten angeboten, sich aus dem Gutsstall je Familie zwei Pferde zu nehmen, dazu einen Wagen nach eigener Wahl. Seine Leute hätten untereinander beraten, was sie tun wollten. Sie hatten jedoch beschlossen zu bleiben. Sie wollten es mit den Russen versuchen.

Er selbst, sagte Fürst Bielski, werde mit den Seinen nur wenig Gepäck haben, nicht mehr als sie notfalls in der Hand tragen könnten. Nun bleibe nur noch ein Problem, das er selbst nicht lösen könne. Er bat mich, einen unserer Soldaten zu beauftragen, seine fünf Hunde an einer Stelle, die er mir im Park zeigen werde, zu erschießen und einzugraben. Er selbst bringe das nicht übers Herz.

Ich schlug ihm eine andere Lösung vor. Ich könnte unter meinen Kameraden herumfragen, wer bereit sei, einen Hund treuhänderisch mitzunehmen. Damit war der Fürst zufrieden, und ich hatte in kurzer Zeit für vier Hunde vorübergehende Besitzer gefunden, denn es waren sehr schöne Tiere, zwei Rauhaardackel und zwei deutsche Drahthaar. Nur die Dogge, ein prachtvoller Riese von Hund, blieb übrig. Obwohl ich zu Doggen überhaupt keine Beziehung hatte, übernahm ich sie nun. »Rex« reiste mit mir nach Stettin, und mein Hausmeister in der Pommerensdorfer Straße war glücklich, für das Gelände um die Ölfabrik einen guten Wachhund zu bekommen.

In tiefer Dunkelheit winkten wir der scheidenden Familie Bielski zum Abschied nach. Den Blick in den hinten offenen Planwagen mit der dort kauernden Familie kann ich nicht vergessen. Es war die erste Flüchtlingsfamilie, die ich sah.

Ein paar Stunden später rollten auch wir nach Westen. Über Funk erfuhren wir unser Reiseziel, einige Dörfer zwischen Hanau und Fulda. Zur Schonung der Laufketten unserer Zugmaschinen, unserem ständigen technischen Sorgenkind, solle die Division auf die Eisenbahn verladen werden, ein Vorkommando solle mit dem Wagen vorausfahren. Yorck und ich übernahmen das. Wir fuhren zuerst nach Stettin und lösten uns ohne Pause am Steuer ab. Trotzdem konnte keiner von uns ein Auge zutun. Zwar hatte unsere Abteilung in Polen nicht einen einzigen Schuß abgeben müssen, doch was hatten wir alles erlebt! Nach einem im Stellungskrieg erstarrten Ersten Weltkrieg, in dem sich die Gegner gegenseitig ausgeblutet hatten, waren wir zurückgekehrt zum Bewegungskrieg nach klassischem Vorbild. Wer wohl mochte der geistige Kopf dieses Feldzuges gewesen sein? Hitler, der ewige Gefreite des ersten Krieges, konnte es nicht gewesen sein. Dies war die Schule eines Clausewitz und eines Moltke. Darin waren wir uns einig. Doch konnte dieser Sieg über Polen nur ein Vorspiel gewesen sein.

Und was würde aus Polen werden? Polen war geschlagen, aber es blieb vorhanden, es würde weiter existieren. Mehr als zwanzig Millionen Polen hatten einen Anspruch darauf, zusammen zu bleiben, zu leben.

Tief nachdenklich hatte uns unser schreckliches Erlebnis mit der SS gemacht. Hatte es sich um den Ausrutscher einer einzelnen Einheit gehandelt, oder war das ein politisches Wetterzeichen gewesen? Ein tiefes Mißtrauen blieb uns.

Über einsam und friedlich liegende hinterpommersche Straßen erreichten wir am nächsten Tage Stettin. Nach ein paar Stunden Schlaf übergab ich Rex seinem neuen Herrn. Als wir uns verabschiedeten, sprang mich der Hund an, so daß seine Vordertatzen auf meinen Schultern lagen, und versuchte, mein Gesicht zu lecken. Was ist doch alles im Instinkt eines Hundes verborgen.

Fürst Bielski und seine Familie haben Westdeutschland erreicht, doch ich habe später nichts wieder von ihnen gehört. Ich weiß nicht, ob sie überlebt haben.

FELDZUG IN FRANKREICH

Von Brest-Litowsk aus hatte man uns mit allen Anzeichen großer Eile nach dem Westen Deutschlands verlegt. Offenbar war man sich an höchster Stelle unsicher, ob die militärischen Kräfte diesseits und jenseits des Rheines ausreichen würden, um einen Angriff Frankreichs zu verhindern. Nun befanden wir uns in hessischen Bauerndörfern und bemühten uns, die Zeit »totzuschlagen«, in Hüttengesäß beim Metzger, in Langendiebach beim Apotheker. Der fuhr oft nach Frankfurt hinein und kehrte erfolgreich zurück. Seine Ersparnisse wechselte er um in Teppiche, in Silber und in Porzellan, solange in den Läden noch Qualität zu kaufen sein würde.

Im November machte ein Gerücht die Runde; es ging von Dorf zu Dorf: Hitler habe mit seinem Sonderzug in Hanau gehalten. Er habe den Aufenthalt benutzt, um sich die Beine zu vertreten. Er habe den Lokomotivführer angesprochen, und der habe sich ein Herz gefaßt und den hohen Herrn gefragt: »Mein Führer, wann ist der Krieg zu

Ende? Wann sind wir wieder zu Hause?« Und Hitler habe ihm geantwortet: »Zu Weihnachten.«

Dem Herbst in Hessen folgten winterliche Wochen in der Eifel. Yorck und ich fuhren hinunter nach Bad Bertrich und ließen uns im Thermalbad von den Badefrauen den Rücken bürsten. Die Kurgäste fehlten. Man war darauf vorbereitet, Lazarett zu werden.

Im neuen Jahr gab es wieder eine Verlegung, zurück hinter den Rhein, in den Taunus zu den Quellen des Selterswassers. Waren diese Verschiebungen der Truppen strategische Irreführungen an die Adresse der Alliierten?

Inzwischen gab es erschreckende Nachrichten. Hitlers Bündnispartner Stalin hatte beim Verspeisen der Hälfte Polens Appetit bekommen, denn Deutschland würde auf absehbare Zeit im Westen Europas gebunden sein. Das nutzte er aus. Die Rote Armee griff am letzten Novembertag 1939 das friedliche kleine Finnland an. Die Finnen lieferten den Russen einen Winter lang einen heldenhaften Abwehrkrieg. Die ganze Welt horchte auf. Der finnische David trotzte dem russischen Goliath, bis die beiden im März 1940 einen für die Sowjetunion günstigen Kompromiß schlossen.

Im April 1940 meldete der tägliche Wehrmachtbericht das Auslaufen der deutschen Kriegsflotte nach Norden. Dänemark wurde besetzt und leistete keinen Widerstand. Die Norweger aber verteidigten ihr Land mutig. Unsere Truppen waren den Engländern zuvorgekommen, es ging nicht allein um die deutsche Nordflanke, sondern um den Stahl der Schweden, der über Narvik exportiert wurde. Ohne Stahl kann man keinen modernen Krieg führen. Von Oslo bis nach Narvik war Norwegen schließlich in deutscher Hand. Nun hatte der von Hitler entfachte Krieg europäische Dimensionen bekommen.

Dann löste sich auch für uns die Spannung. In der Nacht vom 9. zum 10. Mai 1940 kam der Angriffsbefehl, nicht nur gegen Frankreich, sondern auch gegen die neutralen Staaten Luxemburg, Belgien und die Niederlande. War das die Wiederholung des »Schlieffen-Planes« vom August 1914, mit starkem rechten Flügel über das neutrale Belgien von Norden das Herz Frankreichs, Paris, zu umfassen? Oder würden wir auch die französische Maginotlinie, die modernste Befestigungslinie der Welt, »entlang« der deutsch-französischen Grenze frontal anzugreifen haben? Die Linie, die als unüberwindlich galt?

Nichts von alledem. Wir lasen vielmehr – in Auszügen, soweit es unsere Division betraf – einen kühnen Operationsplan. Die deutschen Armeen würden in Luxemburg, Belgien und den Niederlanden eindringen, also im ersten Stadium der Offensive den Schlieffen-Plan vortäuschen, und so die Hauptkräfte der Alliierten nach Norden locken. Erst dann würde der Hauptstoß der Deutschen bei Sedan die Maas zu überwinden haben, um mit massierten Panzerkräften bis an die Mündung der Somme den Ärmelkanal zu erreichen, so die Hauptkräfte der Alliierten nördlich der Somme einschließen und an das Meer drängen. Unsere Division würde zu der »Panzergruppe Kleist« (General Ewald von Kleist) gehören, die den Durchbruch nach Westen zu führen habe. Wir, die 2. Infanterie-Division (mot), würden am linken Flügel dieser Panzer-Gruppe hinter den vorstürmenden Panzer-Divisionen deren linken Flügel mit Front nach Süden abzuschirmen haben. Wahrhaftig ein faszinierender Plan.

Major Becker, Yorck und ich standen vor den Karten – der Abmarschbefehl war noch nicht gekommen – und griffen die Entfernungen ab. Vom Taunus aus rund zweihundertfünfzig Kilometer Luftlinie bis Sedan, bis zum Ärmelkanal vierhundertfünfzig. Wer mochte diesen Plan entworfen haben? Wohl einer der kühnsten Operationspläne der Kriegsgeschichte, Bewegungskrieg nach klassischem Vorbild, jetzt aber mit Motorenkraft, mit Panzern, mit Funk und mit Flugzeugen. Wir gehörten zu der Armeegruppe, die wahrscheinlich diesen Feldzug entscheiden sollte. Doch standen wir noch im Taunus, mehr als zweihundert Kilometer von der französischen Grenze entfernt, während zu dieser Stunde der Angriff bereits lief.

Der Plan barg Risiken. Würde es der Panzerspitze gelingen, die Maas unterhalb von Sedan zu überwinden? Würde der Nachschub der Panzergruppe – vor allem Benzin und Munition – ausreichend und schnell genug durch die engen Ardennen zu bringen sein? Und würden die Flanken der Angriffsspitze, vor allem die südliche, gegen Entlastungsangriffe der Franzosen und der Engländer zu halten sein?

Während wir auf das Eintreffen der Kompaniechefs zur Befehlsausgabe warteten, diskutierten wir noch ein anderes Thema. Wir hatten es in den zurückliegenden Monaten schon oft angesprochen, jetzt aber hatte es unmittelbare Aktualität bekommen. In unserem Befehlsbereich mußten wir das Äußerste tun, um in einem Feldzug gegen unsere westlichen Nachbarn die internationalen Regeln der Fairneß und der Menschlichkeit zu beachten.

Der hohe Kulturstandard unserer Nachbarn, seine Denkmäler und seine Kunstschätze mußten geschont und geschützt werden. Uns war nicht wohl bei dem Gedanken, gegen Franzosen und Engländer kämpfen zu müssen, stand doch Yorck den Franzosen und ich den Engländern besonders nah. Gewiß waren sie es, die uns den Krieg erklärt hatten, doch wir empfanden das weniger als eine Kriegserklärung an uns Deutsche als vielmehr eine Kriegserklärung an das nationalsozialistische Regime.

Gegen Mittag kam der Marschbefehl. Wir erhielten handflächengroße Schablonen, die an die Kompanien auszugeben waren. Alle Fahrzeuge ohne Ausnahme waren sofort an Front- und Heckseite mit einem weißen »K« zu bezeichnen. K für Panzergruppe Kleist. Alle Fahrzeuge mit dem K waren vorfahrtberechtigt. Viele Tausende von Fahrzeugen würden das K haben.

In bewunderungswürdiger Disziplin fädelten sich die Kompanien auf den Straßen ein. Nie zuvor hatte ich eine so gut funktionierende militärische Operation erlebt. Es lief so, als sei es unzählige Male geprobt worden.

Bei Neuwied überquerten wir den Rhein. Ein riesenhaftes motorisiertes Heer bewegte sich nach Westen. Dann und wann waren Straßen von Truppenteilen, die zu Fuß oder mit Pferden marschierten, für uns freigemacht. Sie hielten oder lagerten auf freiem Feld oder in Wäldern, bis die Kolonnen mit dem weißen K vorüber waren. Wir erwarteten gegnerische Fliegerangriffe auf eine so starke Massierung unserer Verbände, aber es sollten noch Tage vergehen, bis wir die ersten französischen oder englischen Maschinen über uns sahen. Bisher brausten nur deutsche Kampfflugzeuge über uns hinweg.

Sehr langsam bewegten wir uns vorwärts. Oft gab es stundenlange Aufenthalte. Noch waren wir im Bereich der Eifel, als wir erfuhren, unsere Angriffsspitzen hätten bei Sedan bereits den Übergang über die Maas erkämpft. Wir passierten die luxemburgische, die belgische und die französische Grenze. Als wir in das Maas-Tal hinunterrollten, sahen wir die ersten Kampfspuren. Hier mußte hart gekämpft worden sein. Auf einer deutschen Pontonbrücke überquerten wir den Fluß. Weiter nach Westen, vorwärts, vorwärts. Und erst jetzt zeigte sich unsere Vormarschstraße links und rechts gesäumt von den Trümmern einer geschlagenen französischen Armee. Zerschossene Fahrzeuge, durchlöcherte und ausgebrannte Panzer, verlassene Kanonen, eine unendliche Kette der Vernichtung. Gab es einen Stau, sprangen wir herunter von unseren Wagen und prüften fachmännisch Konstruktion, Maße und Stärke des französischen Materials. Unser Urteil lautete: veraltet, zu schwach, offenbar zu langsam. Uns gegenüber technisch hoffnungslos unterlegen. Frankreich mußte militärtechnisch geschlafen haben.

Noch immer nicht hatte es für uns Kämpfe gegeben. Nur über uns, am strahlend blauen Himmel dieser Tage, gab es erbitterte Luftkämpfe zwischen deutschen und alliierten Fliegern. Mit dem Fernglas verfolgten wir sie und bewunderten den Mut, mit dem sich die Gegner aufeinanderstürzten, gleich ob Alliierte oder Deutsche. Dann sahen wir zum ersten Mal in der Ferne die Angriffe unserer neuen Sturzkampfbomber. Mit Sirenengeheul stürzten sie sich gleich Raubvögeln auf ihre Ziele am Boden, um die Maschine im letzten Augenblick mit der Auslösung ihrer Bomben abzufangen. Alles, was wir am Boden und in der Luft sahen, schien insgesamt auf große Überlegenheit der Unseren hinzudeuten. Immer weiter rollten wir nach Westen.

An einem dieser Vormarschtage – es dürfte um den 17. Mai gewesen sein – bekamen wir den Befehl, nach Süden hin aufzuklären. Das entsprach im Grunde nicht dem Wesen einer Panzerabwehr-Abteilung. Doch gewiß hatte man bei den höheren Kommandostellen seine Gründe, marschierten wir doch immer noch wie bei einer Marschübung im Frieden ohne seitliche Sicherung. Ich schlug unserem Kommandeur vor, den Auftrag selbst zu übernehmen. Mein Kavalleristen-Herz hatte sich gemeldet. Ich stellte mir einen kleinen Spähtrupp zusammen: Zwei Motorräder mit Beiwagen, je drei Mann Besatzung, Bewaffnung nur Maschinenpistolen, ein kleines Tornisterfunkgerät. Meinen fünf Begleitern schärfte ich ein: viel sehen, nur im Notfall verteidigen.

Es wurde eine merkwürdige Fahrt. Wir fuhren durch ein entvölkertes Land. Die französische Führung hatte die Zivilbevölkerung nach Süden evakuiert, die Dörfer waren leer. Hier und dort sahen wir Kriegsspuren, jedoch nicht frische Kriegsspuren, sondern grün überwachsene – wir befanden uns in einem der Kampfgebiete des Ersten Weltkrieges.

Ich hatte vorzügliche deutsche Landkarten in der Tasche. Auf sie konnte man sich verlassen. Nun erschien vor uns der Somme-Aisne-Kanal. Auch hier weit und breit Menschenleere. Nicht weit entfernt war auf meiner Karte eine Brücke eingezeichnet, wir fanden sie bald. Jetzt versteckten wir unsere beiden Motorräder ein paar hundert Meter zurück in einem Gebüsch. Die zwei Fahrer blieben bei ihnen, nun hatte ich noch drei Mann, mit denen ich zu Fuß über den Kanal gehen wollte. Nur mit Fernglas, Kartentasche und Pistole, vor allem ohne den lästigen Stahlhelm, machten wir uns auf den Weg. Ehe wir die freiliegende Brücke betraten, suchten wir mit dem Glas die Gegend ab. Nichts zeigte sich.

Südlich des Kanals wurden wir noch vorsichtiger, denn auf meiner

Karte war in einiger Entfernung parallel zum Kanal eine Chaussee verzeichnet. Wir benahmen uns jetzt wie Jäger beim Anpirschen des Wildes und erreichten eine kleine Anhöhe, deren Kuppe mit Büschen bewachsen war. Aus ihnen heraus hatten wir schließlich einen freien Blick weit in das Land hinaus nach Süden. Und nun traute ich meinen Augen nicht: In wohl fünfhundert Meter Entfernung marschierte von rechts nach links eine Militärkolonne, nein, nicht nur eine Kolonne, sondern ein »Heerwurm« von Truppen: Infanterie, leichte Artillerie, Pioniere, schwere Artillerie mit Pferden bespannt usw. War es denn wirklich denkbar, einen solchen Verband ohne jegliche Seitensicherung im Operationsgebiet marschieren zu lassen? Machten die Franzosen den gleichen Fehler, den auch wir beinahe gemacht hatten?

Wir vier Deutsche lagen in unserem Busch, schauten durch unsere Gläser, zählten die Züge, die Kompanien, die leichten, die schweren Geschütze, das Pioniergerät, und mein Meldeblock füllte sich Seite auf Seite. Auf unserer Landkarte zeigte sich das vermutliche Marschziel des gegnerischen Verbandes, eine weitere Kanalbrücke und nördlich von ihr ein Wald. Dort konnte die Bildung eines Brückenkopfes nördlich des Somme-Aisne-Kanals beabsichtigt sein. Der Wald würde sich als nächtliches Biwak anbieten.

Nun kam es für uns nur noch darauf an, unseren Rückweg zu bewältigen. Würde die Brücke, über die wir gekommen waren, noch unbesetzt sein? Würden wir anderenfalls durch den Kanal schwimmen müssen? Würden wir in der Dunkelheit unsere beiden Motorräder wiederfinden?

Bei Dunkelheit brachen wir auf. Und siehe da, das Glück blieb uns treu. Die Brücke, über die wir gekommen waren, war noch frei, auch fanden wir unsere beiden Kameraden leicht. Dann ging es, so schnell es die Dunkelheit zuließ, zurück und sofort zum Divisionsgefechtsstand. Dort zeigte man sich, wie zu erwarten, überrascht und zufrieden mit den Ergebnissen unseres Ausflugs und sparte nicht mit Lob und Anerkennung für solch präzises Aufklärungsmaterial. Ein Bataillon des Stettiner Infanterie-Regiments unter dem Befehl des Oberstleutnants von der Linde (er war im Ersten Weltkrieg 1914 als Leutnant mit dem Orden Pour le mérite ausgezeichnet worden, weil er im Handstreich ein Fort genommen hatte) erhielt den Befehl zu einer nächtlichen Überrumpelung der Franzosen in ihrem vermutlichen Waldbiwak. Es gab, soweit wir erfuhren, nur geringe Verluste auf beiden Seiten, doch viele Gefangene.

Becker und Yorck amüsierten sich, als ich ihnen zu später Nachtstunde unser kleines Abenteuer berichtete. Ich selbst war vor allem darüber glücklich, daß meine fünf Kameraden und ich keinen Schuß hatten abgeben müssen.

Erst lange Jahre nach dem Ende des Krieges habe ich aus der Literatur erfahren, daß das Vorgehen des von uns beobachteten französischen Verbandes Teil eines Versuches gewesen war, in die tiefe Flanke der Panzergruppe Kleist zu stoßen. Er war von einem jungen General geführt worden. Sein Name war Charles de Gaulle.

Die Kathedrale von Amiens

Am 20. Mai 1940 erreichten Kleists Panzer-Divisionen bei Abbeville den Ärmelkanal. Damit befanden sich die Alliierten nördlich der Somme in der Falle, und die Deutschen hatten ihr erstes Operationsziel erreicht.

Am 21. und 22. Mai wurden nun auch wir, die wir weiter die Südflanke zu decken hatten, in Kämpfe verwickelt. Die Engländer versuchten, aus der Gegend von Arras nach Süden anzugreifen, ihnen gegenüber, in unserer Nähe, gleichzeitig die Franzosen nach Norden. Es gelang ihnen jedoch nicht, eine Verbindung herzustellen, ihre Operation scheiterte. Am 22. Mai schwenkten unsere Panzer-Divisionen entlang der Küste des Ärmelkanals nach Norden ein. Ihre Ziele waren nun Boulogne, Calais, Dünkirchen. Unsere Division hatte die Verteidigung der Front an der unteren Somme, mit Brückenköpfen nach Süden an den Stadträndern von Amiens und Abbeville, zu übernehmen.

Die letzten Kilometer vor Amiens führten über baumlose Flächen. Der Gedanke, es könnten plötzlich feindliche Flieger auftauchen und unsere ungetarnt marschierenden Kolonnen unter Feuer nehmen, war nicht sehr angenehm. Doch die Sorge war unbegründet. Offenbar war die deutsche Luftwaffe zu sehr überlegen.

Dann öffnete sich vor uns das Somme-Tal. Wie von einem Feldherrnhügel sahen wir hinunter nach Amiens. In der Mitte der Stadt alles überragend die gotische Kathedrale aus dem 13. Jahrhundert. Wir waren überwältigt von diesem ehrwürdigen Panorama.

Über den südlichen Boulevard rollten wir hinein in die Stadt, die Handwaffen schußbereit. Aber es gab keinen Widerstand, kein Mensch regte sich in Amiens. Bis auf ein paar streunende Hunde und Katzen war die Stadt wie leergefegt. Eine gespenstische Atmosphäre. Amiens – hatte man uns gesagt – habe mehr als achtzigtausend Einwohner. Aber wo waren sie? Über Funk fragten wir die Divisionen. Alle Einwohner nördlich der Somme seien nach dem Süden Frankreichs evakuiert worden, auch die der Städte. Offenbar rechneten die Franzosen damit, daß sich das Kriegsgebiet dorthin verlagern werde, wo es sich von 1914 bis 1918 befunden hatte.

Als unsere Kompanien abmarschiert waren, um südlich von Amiens und Abbeville ihre Verteidigungsstellungen zu beziehen, blieb die Frage, wo wir mit unserem Stab unser Quartier nehmen würden. Yorck löste diese Frage ganz einfach: Amiens war die Hauptstadt des Départements Somme, also müsse es hier irgendwo eine Préfecture geben. Das schöne alte Gebäude war schnell gefunden. Unsere Funkstellen fuhren in den hinter dem Gebäude liegenden Park. Major Becker, stolz über seine zusätzliche Würde als Stadtkommandant von Amiens, bezog das Schlafzimmer des Präfekten, Yorck jubelte über die unerreichte Qualität des Bettes eines anderen Schlafzimmers, und ich selbst bevorzugte, in Anbetracht des wunderschönen, hochsommerlichen Wetters, den Park und plazierte Luftmatratze und Schlafsack unter einen Baum, unmittelbar neben einem von den Franzosen ausgehobenen Luftschutzgraben. Man konnte ja nicht wissen, was geschehen würde. Nun hatten wir alles, was wir im Augenblick für unser Wohlbefinden brauchten. Mit Ausnahme von Elektrizität und Wasser. Die gab es nicht.

Nachdem alles eingerichtet und unsere Funkverbindungen bestätigt waren, machten Yorck und ich eine Stadtrundfahrt. Vor allem die Kathedrale zu sehen, konnten wir kaum erwarten.

Vor ihrer berühmten Westfassade verließen wir den Wagen und setzten uns auf die Treppenstufen eines der gegenüberstehenden Häuser. Jeder von uns hatte einmal auf seinem Gymnasium im Kunstgeschichtsunterricht die Bilder von den fünf bedeutendsten französischen Kathedralen betrachtet. Es mußte aber für uns wohl erst ein Krieg kommen, um die unglaubliche Schönheit und Majestät dieser Fassade zu erleben.

Die Nacht blieb nicht ruhig. Motorengeräusch aus nordwestlicher Richtung anfliegender Flugzeuge weckte mich aus dem Schlaf. Gespannt horchte ich, ob es ratsam werden könne, in den Luftschutzgraben neben mir überzusiedeln. Dann krachte es. Ich zählte die Bombendetonationen, sechs, acht, zehn, es mögen auch einige mehr gewesen sein. Dann nahm das Motorengeräusch ab. Die Flugzeuge hatten offenbar abgedreht und schienen sich nach Nordwesten zu entfernen. Es konnte sich nur um englische Maschinen gehandelt haben. Es gab keinen Grund, daß unsere Luftwaffe eine von den Franzosen evakuierte und von den Deutschen besetzte Stadt angreifen würde. Ich schlief wieder ein, bis das erste Tageslicht mich weckte.

Das erste, was ich in der morgendlichen Kühle empfand, war Brandgeruch. Ich weckte meinen Fahrer, informierte die Wache und machte mich auf den Weg, zur Kathedrale. Hier hatte sich der Brandgeruch wesentlich verstärkt. Wir verließen beide den geschlossenen Wagen. Nun sahen wir über uns eine mächtige Rauchwolke. Sie zog von Nordwesten her genau über uns und die Kirche hinweg. Eine böse Ahnung packte mich, und wir fuhren in die Richtung, aus der die Brandwolke kam.

Wir brauchten nicht weit zu fahren, bis wir vor den ersten brennenden Häusern standen. Mit Entsetzen wurde uns klar, daß der Nordwestwind das Feuer vor sich hertrieb. Es war bereits über mehrere Straßen gesprungen, es würde auch über die Somme springen, denn die meisten Häuser waren alt und brannten wie Zunder. An der Nordseite der Kathedrale stand eine Zahl mehrgeschossiger alter Fachwerkhäuser. Wenn diese Häuser Feuer fangen würden, würde es um die Kathedrale geschehen sein. Der Wind würde die Spitzen der Flammen und den Funkenflug unter die Dachtraufe der Kirche schlagen lassen. Dann mußte der Dachstuhl der Kathedrale Feuer fangen. Der Gedanke, daß die größte gotische Kathedrale Frankreichs, und eine der schönsten dazu, zerstört würde, während wir Deutsche für Amiens die Verantwortung hatten, war unerträglich. Was konnte ich tun, das zu verhindern?

Ich fuhr in höchster Eile zur Préfecture und berichtete unserem Kommandeur, was ich gesehen hatte. Ich meinte, man müsse die Häuserzeile entlang der Nordseite der Kirche wegnehmen. Aber wie? An eine Sprengung war nicht zu denken. Wir hätten die Kathedrale schwer beschädigt, die Fenster, die Skulpturen. – Oder sollten wir nichts tun und zum lieben Gott beten, daß es nochmal gut gehen möchte?

Ich schlug dem Major vor, mich zum Divisionsstab zu schicken, dem General die Situation zu schildern und zu fragen, ob sich in einem unserer Regimenter Fachleute befänden, Ingenieure, Feuerwehrleute, Sprengmeister, Brandmeister, die beraten und helfen könnten. Major Becker war mit allem einverstanden, und ich fuhr sofort los. Bei der Division bekam ich alle Unterstützung. Man würde mir unverzüglich eine der Kompanien unseres Pionier-Bataillons 2 schicken. Die sei im Augenblick unbeschäftigt, und in ihren Reihen seien zahlreiche Fachleute, wie wir sie brauchen würden.

Auf der Rückfahrt nach Amiens überlegte ich, was man noch tun könne, um die Zeit bis zum Eintreffen der Pionierkompanie zu nutzen. Immer wieder sah ich hin zu der Rauchwolke über der Stadt. Sie schien sich zu vergrößern. Sollte ich in der Stadt nach dem Feuerwehr-Depot suchen lassen? Doch was sollten uns die Wagen der städtischen Feuerwehr nützen, gab es doch aus Amiens Hydranten keinen Tropfen Wasser. Oder sollte man nach Pumpen suchen lassen, um das Wasser der Somme zu nutzen? Ich verwarf diese Überlegungen sofort, denn es ging um Stunden, innerhalb derer etwas geschehen mußte. Die Zeit würde nicht reichen.

Dann hatte ich einen absurd scheinenden Gedanken: Wir sollten Handfeuerlöscher suchen. Nicht um mit so nichtigem Handwerkszeug gegen den sich der Kirche nähernden Großbrand anzugehen, sondern um für den Fall, daß sich die Pioniere wirklich entschließen würden, die Häuser auf der Nordseite anzustecken, unsere Soldaten als vorsorglichen Brandschutz im Innern des Dachstuhls der Kathedrale zu postieren. Vielleicht würden wir sie im Kaufhaus der Stadt finden.

Zurück in Amiens fuhr ich zuerst zum Feuer. Es hatte inzwischen eine weitere Straße übersprungen, es bewegte sich weiter auf die Kathedrale zu. In der Préfecture stellte ich mir einen Trupp von Soldaten zusammen, mit denen man ein Kaufhaus gewaltsam öffnen könnte. Das Warenhaus war schnell gefunden. Wenn ich mich recht erinnere, hieß es »Nouvelles Galeries«. Wie aber sollten wir da hineingelangen? Auf der Rückseite des Kaufhauses fanden wir einen Eingang für Personal und Lieferanten, mit einem eisernen Scherengitter verschlossen. Das konnte man mit gutem Werkzeug öffnen und danach wieder verschließen. Ein paar meiner Soldaten machten sich an die Arbeit. Ich hatte kein gutes Gefühl. Es war widerlich, in ein fremdes Haus einzubrechen.

Endlich waren wir drinnen. Ein Lastwagen aus unserem Stabe war schon zur Stelle, die beiden Fahrer blieben als Wache vor dem aufgebrochenen Tor. »Nichts wird angerührt«, befahl ich, »wir suchen die Treppenhäuser und alle Verkaufsetagen nach Feuerlöschern ab und laden sie auf unseren Lastwagen. Im übrigen wird nichts angerührt!« wiederholte ich, denn in den Schaufenstern hatte ich manches gesehen, was in Deutschland nirgendwo mehr zu kaufen war.

Im Hause zog ich meine Pistole. Es konnten Wachen vorhanden sein. Ich war sehr aufgeregt, ich wußte nicht, warum. Plötzlich stand ich vor einer Frau; sie sah mich mit großen Augen schweigend an. Ich fuhr zusammen. Es war eine menschengroße Puppe, im weißen Brautkleid, mit weißem Schleier. Ich sah hinunter zu der Pistole in meiner rechten Hand und empfand plötzlich die Lächerlichkeit meiner Aufregung. Ich steckte die Waffe zurück in die Ledertasche an meinem Koppel. Meine Nerven waren überreizt. Ich fühlte mich ungeeignet als Warenhausdieb.

Überall im Hause fanden wir Feuerlöscher. Mit reicher Beute an Handfeuerlöschern kehrten wir zur Kathedrale zurück. Wir legten sie in Reih und Glied an der Nordseite der Kirche neben eine kleine Pforte, die wir im Notfall aufbrechen würden. Eines der großen Portale der Westfassade sollte auf keinen Fall beschädigt werden. Dazu hätten wir auch das starke Eisengitter, das zum Schutze dieses großen Kunstwerks vor der Kirche stand, aufbrechen müssen.

Dann kamen endlich die Pioniere, eine ganze Kompanie samt ihrem technischen Gerät. Endlich hatten wir nun die Fachleute bei uns, ohne die ich nichts zu tun gewagt hatte. Diplomingenieure, Architekten, Baumeister, Feuerwehrleute. Der Divisionsstab hatte noch über Funk bei anderen Truppeneinheiten nach Fachleuten suchen lassen, die hier nützlich sein könnten. Mir fiel ein Stein vom Herzen, die Verantwortung würde nun nicht mehr allein auf meinen Schultern lasten.

Ein Hauptmann, der Kompanie-Chef, stand neben mir und sah die Westfassade empor. Sein Blick blieb an der großen Rosette haften, er sprach kein Wort, fast mußte ich ihn zurückholen in die Wirklichkeit des Augenblicks. »Es ist höchste Zeit«, sagte er, als er sich umwandte und die über uns hinwegziehende Rauchwolke betrachtete. »Höchste Zeit«, wiederholte er.

Alle waren sich einig, daß die Häuser neben der Nordseite weggenommen werden mußten. Und das, obwohl es schöne Fachwerkhäuser aus dem Mittelalter waren, den Vorrang hatte die Kathedrale. Einige Minuten lang wurde heftig diskutiert. Jeder der Sachverständigen kam zu Wort. Dann fragte der Hauptmann in die große Runde hinein, ob noch jemand eine andere Idee als die schon zu Wort gekommenen habe. Als das nicht der Fall war, entschied er: »Die Häuser auf der Nordseite kommen weg. Es wird nicht gesprengt. Wir bereiten ein möglichst schnelles Abbrennen der Häuser vor, aber wir warten ab. Wir brauchen soviel Benzin, daß alle Häuser auf meinen Befehl, aber erst dann, von Innen her mit Benzin übergossen werden können. Die Häuser werden jetzt sofort geöffnet und sorgfältig durchsucht, ob sich wider Erwarten noch Menschen darin befinden. Für jedes Haus sind zwei Kanister (also zusammen vierzig Liter) bereitzustellen. Alle Türen und Fenster sind zu öffnen.«

Wir standen auf dem Platz vor der Westfassade und beobachteten die Vorbereitungsarbeiten der Soldaten. Der Pionierhauptmann murmelte, so daß nur ich es hören sollte:»Wenn man schon in einem Land wie Frankreich Krieg führen will, dann sollte man auch Feuerwehren mitführen. Ein paar Meter entfernt haben wir das Wasser der Somme, genug, um diese Häuser mit guten Pumpen in Wasser zu tauchen. Es ist eine Schande, was wir hier riskieren müssen.«

Dann hing sein Blick wieder an der Fassade. Immer noch zog über uns die Rauchfahne hinweg, aber jetzt streifte sie die Oberkante der beiden Türme. Das Feuer kam immer noch näher auf uns zu. Im übrigen hatten wir strahlend blauen Himmel. Einen starken Regen, ein rettendes Gewitter hätten wir gebraucht. Nichts dergleichen zeigte sich.

Inzwischen entluden die Pioniere einen Kraftstoffwagen und trugen die Kanister zu den Häusern. Einer der Unteroffiziere kam herüber zu uns und äußerte, er halte es für wirksamer und sicherer, die Benzinmenge zu verdoppeln. Der Hauptmann war einverstanden – da stand plötzlich, wie aus dem Boden aufgetaucht, ein Mönch in dunkler Kutte vor uns.

Er streckte uns die gefalteten Hände entgegen und rief, mehrmals sich wiederholend: »Pas la cathédrale, s'il vous plaît, pas la cathédrale!«

So gab es in Amiens also doch noch einen lebenden Menschen! Offenbar hatte man ihn als Wächter der Kirche zurückgelassen. Er mußte uns wohl schon seit längerem beobachtet haben. Nun hatte er sein Versteck verlassen in der Annahme, wir schafften das viele Benzin heran, um die Kathedrale anzustecken. Da der Mönch kein Deutsch verstand, war es schwierig, ihn davon zu überzeugen, daß wir das Bauwerk nicht in Flammen setzen, sondern vor dem Feuer retten wollten. Doch schließlich gelang es mir wohl, mit meinem mangelhaften Französisch sein Vertrauen zu gewinnen. »Nous voulons sauver la cathédrale«, wiederholte ich ein paarmal. Dann fiel mir ein, der Mönch könnte mir möglicherweise die Schlüssel zu den Kirchentüren bringen, damit wir den Dachstuhl erreichten. »Il faut que nous avons les clefs de l'église«, sagte ich. Er schien mir zu glauben und lief in die schräg gegenüber liegende Straße und verschwand dort. Er kehrte aber nicht zurück; wir blieben ohne die Schlüssel.

Plötzlich erschien in schneller Fahrt Heinrich Yorck. Er sprang aus seinem Wagen, ehe er hielt, und rief uns zu: »Was werdet Ihr tun? Es ist höchste Zeit!« Ich sagte ihm, wir hätten alles vorbereitet, um die Häuser abzubrennen. Doch noch wagten wir es nicht wegen des Windes. Statt einer Antwort drehte Yorck sich um, streckte wie ein Jäger vor der Pirsch seinen rechten Zeigefinger in die Höhe und sagte ganz ruhig: »Ich meine, der Wind hat gedreht.« – Tatsächlich, eine deutliche Brise, wie sie bisher aus Nordwest geweht hatte, kam jetzt aus Südwest.

Damit war unser Entschluß gefaßt. Nun mußte schnell gehandelt werden, ehe der Wind wieder in die alte Richtung drehen würde. Die Pioniere hatten ihre Leute genau auf die Häuser eingeteilt. Jetzt lief alles so ab, als wäre es schon oft geprobt worden. Je zwei Mann mit je zwei Kanistern stürmten gleichzeitig in jedes der Häuser. Alle meldeten sich aus den obersten Fenstern. Dann hörte man einen schrillen Pfiff, der verabredet war, und im Herunterlaufen entleerten die Soldaten das Benzin in die Treppenhäuser. Als sie alle zurück und wieder auf der Straße waren, kommandierte einer der Leutnants laut »Feuer«, Unteroffiziere warfen gleichzeitig je eine brennende Streichholzschachtel in jede der Haustüren, und wirklich mit einem Schlage stand die gesamte Häuserreihe von der Haustür bis zum Dach in hellen Flammen.

Mit größter Spannung beobachteten wir das weitere. Yorck und ich gingen in die Gasse zwischen der Kirche und den brennenden Häusern. Wir fühlten uns einfach zu sehr verantwortlich für das, was wir hier veranlaßt hatten. Wir konnten dem Geschehen gar nicht nah genug sein. Erleichtert beobachteten wir, daß die Richtung der Flammen wegstrebte von der Kirche. Es wurde fast unerträglich heiß, und wir stellten uns mit dem Rücken an die Wand der Kathedrale. Nach einigen Minuten begann es, von oben zu tropfen. Zuerst hielten wir es für Wasser und überlegten, woher es kommen könne. Wir ließen uns unsere Stahlhelme bringen. Die würden uns schützen. Doch dann spürte ich auf einem meiner Handrücken einen brennenden Schmerz, ein winziger Bleitropfen war dort gelandet. So dicht beim Feuer zu stehen war sinnlos. Das Blei stammte wohl von einer der Abdeckungen dort in der Höhe. Die Strebepfeiler, denen die Abdeckungen dienten, würden nicht Feuer fangen. Erst hinter ihnen, bei der Dachtraufe, lag die Gefahr. Wir zogen uns zurück auf den Platz vor der Westfassade.

Die Pioniere hatten ihre Leute in weitem Umkreis um die Kathedrale zur Beobachtung des Kirchendaches verteilt. Auch hatten sie längst eine der kleinen Türen in das Innere vorsorglich geöffnet. Unsere Handfeuerlöscher lagen dort bereit, um beim ersten Anzeichen von Rauch beim Dachstuhl eingesetzt zu werden. Doch das wurde nicht nötig.

Erstaunlich schnell waren die Fachwerkhäuser in sich zusammengestürzt. Der Südwestwind blieb uns treu, auch der gefährliche Funkenflug bewegte sich weg von der Kirche. Unser waghalsiges Vorhaben war gelungen. Gott sei Dank!

Jahre später habe ich Amiens wiedergesehen. Mit der Kathedrale verbindet mich ein fast zärtliches Verhältnis. Die von uns beseitigten Häuser sind nicht rekonstruiert worden. Das Eisengitter vor der Westfassade hat man glücklicherweise weggenommen. Heute kann man dieses unvergleichliche Bauwerk nicht nur aus der Geraden, sondern auch aus der Diagonalen von Nordwest betrachten. So fühle ich mich, ebenso wie für meinen im Kriege gebliebenen Freund Heinrich Yorck, auch vom Standpunkt des Kunsthistorikers der Stadt Amiens gerechtfertigt. Möge Amiens Kathedrale niemals wieder einer Gefahr wie damals ausgesetzt sein.

Eine französische Dame

Bei Dünkirchen vollendete sich das Schicksal der eingeschlossenen französischen und britischen Armeen. In einer bewunderungswürdigen Aktion gelang es den Engländern, Hunderttausende ihrer Soldaten mit großen, kleinen und kleinsten Schiffen über den Kanal zu holen. Zum Gelingen hatte entscheidend ein Ereignis beigetragen, das sich bei uns in der Truppe sehr schnell herumgesprochen hatte, denn wir warteten bereits auf den Befehl zum Angriff über die Somme nach Süden. Kein anderer als Hitler selbst hatte zum erstenmal in seiner Eigenschaft als Oberster Befehlshaber in die Operationen eingegriffen. In der Meinung, die britische Führung werde angesichts ihrer katastrophalen Niederlage um einen Waffenstillstand bitten, hatte er den Angriff auf das eingeschlossene Dünkirchen ausgesetzt. Zwei Tage lang hatten die deutschen Verbände gehalten und gewartet. Diese zwei Tage wurden für die Eingeschlossenen zu einem Geschenk des Himmels. Hitler hatte die Engländer unterschätzt. Wir sollten in den folgenden Jahren noch oft an das Anhalten vor Dünkirchen zu denken haben. Die Fehleinschätzung des Gegners sollte diesen Krieg entscheiden. Hier war sie zum ersten Mal offenbar geworden. Und jetzt war nicht mehr Chamberlain Premierminister, sondern Winston Churchill. Der war aus anderem Holz als sein Vorgänger.

Am 4. Juni 1940 kapitulierten bei Dünkirchen die Reste der Alliierten, schon am 5. Juni griffen wir über die Somme nach Süden an. Nun standen hier den Verbündeten zwei überlegene und sich siegessicher fühlende deutsche Heeresgruppen gegenüber.

Ähnlich wie am 1. September 1939 an der deutsch-polnischen Grenze bezog ich wieder vor Morgengrauen einen Beobachtungsposten, diesmal an der Somme, etwa halbwegs zwischen Amiens und Abbeville. Aus den beiden Brückenköpfen sollten unsere Panzer-Divisionen vorstoßen. Angriffsziel war die Überwindung der Seine zwischen Paris und Rouen.

Der Tag begann mit schwerer und andauernder deutscher Artillerievorbereitung. Erstmals erlebte ich das pausenlose Heulen der über uns nach Süden hinwegfliegenden Granaten. Major Becker erschien plötzlich neben uns.»Das klingt wie 1917 in Verdun«, sagte er und bemängelte, daß ich mich mit meinem Funktrupp nicht tiefer eingegraben hätte. Man müsse, sagte der Frontkämpfer des Ersten Weltkrieges, bei den Franzosen damit rechnen, daß deren Artillerie abwarte, bis wir uns »verschossen« hätten. Die Franzosen seien ausgezeichnete Artilleristen.

Als Becker weitergefahren war, begannen wir uns zu langweilen. Zwar hörten wir in der Ferne links wie rechts von uns anhaltenden Schlachtenlärm, doch bei uns tat sich nichts. Unser Funkgerät blieb auf Empfang gestellt, wir konnten also nicht herumhorchen, was es in anderen Abschnitten gäbe. So ließ ich mir aus unserem hinten abgestellten Wagen mein eigenes Kofferradio holen. Es war jenes vorzügliche Gerät, das mir Antoinette Esher in London geschenkt hatte. Wir hörten deutsche Tagesnachrichten, überschwenglich triumphierend, unerträglich in Überheblichkeit und Arroganz. Ich drehte weiter, und plötzlich hatte ich Musik im Lautsprecher, Richard Strauss' »Don Juan«. So intensiv hatte ich kaum jemals in meinem Leben Musik gehört. Ich genoß, ich vergaß fast alles um mich herum. Bis sich der Sprecher meldete:»Sie hörten Wilhelm Furtwängler und die Berliner Philharmoniker.« »Mein« Orchester.

Es folgten ein paar harte Tage. Zum ersten Mal stand unsere Panzer-Abwehr-Abteilung feindlichen Panzern gegenüber; nicht französische, die hatten wir bisher nur an Straßenrändern liegen gesehen, zerschossen und ausgebrannt, sondern englische Panzer standen vor uns. Sie kämpften erbittert, obwohl es nur noch ein Rest des englischen Expeditionskorps war; ihre Moral war ungebrochen. Wir hatten Verluste. Unsere Geschütze erwiesen sich als zu schwach. Ich erlebte – und überlebte – den Kampf gegen eine Gruppe englischer Panzer. Nie werde ich ihren letzten vergessen. Unsere Kanoniere an den kleinen Geschützen schossen, was die Rohre hergeben konnten. Doch unsere Munition war dem englischen Panzerstahl nicht gewachsen. An den schrägen Flächen prallten die Geschosse ab. Den Drehkranz des Turmes galt es zu treffen und die schweren Laufketten; sie waren verwundbar. War ein Drehkranz getroffen, dann blockierte der Turm. War eine Laufkette zerstört, dann drehte sich der Panzer nur noch um sich selbst. Dann pflegte sich meistens die obere Luke des Turms zu öffnen. Bei uns galt ein ungeschriebenes Gesetz, daß auf Soldaten, die aus ihrem bewegungsunfähigen Panzer herauskamen, kein Schuß abgegeben wurde. Als aus diesem letzten, kampfunfähig geschossenen Panzer die Besatzung herauskam, erlebten wir einen jungen Offizier, der zusammen mit seinen Kameraden die Maschinenpistolen im Kreise sprechen ließ; sie warfen ihre Waffen erst weg, als die Patronenmagazine leer waren. Ich war dankbar, daß diese drei schließlich unversehrt in unsere Hände gefallen waren.

Nach wenigen Tagen erlahmte der Widerstand auf der anderen Seite. Aber es blieb Vorsicht geboten, denn sollte Frankreich bereits geschlagen sein? Aus solcher Art von Unsicherheit erklärte sich wohl ein unglücklicher Zwischenfall, der bei uns geschah. Leider habe ich den Namen des Schlosses vergessen, das wir eines Tages vor uns liegen sahen. Wir hatten einen großen und schönen Wald passiert, und nun lag – inmitten einer Rasenfläche – ein prachtvolles altes Gebäude vor uns. Wer es erreichen wollte, mußte den Wald verlassen und an die hundert Meter über den grünen Rasen gehen. Wir waren unsicher, ob das Schloß bewohnt und möglicherweise sogar mit Verteidigern besetzt war. Also warteten wir und die mit uns marschierende Infanteriekompanie erst einmal ab, ob sich dort drüben hinter den Fenstern oder oben auf den Zinnen etwas bewegen würde.

Während wir noch mit unseren Ferngläsern die Front des Gebäudes absuchten, ließ die neben uns haltende Infanteriekompanie bereits einen Trupp von Soldaten hinüberlaufen. Wie es die Soldaten gelernt hatten, schlichen sie nun unterhalb der Fenstersimse am Gebäude entlang, als – wir konnten es durch das Fernglas beobachten – von innen plötzlich eine Gardine bewegt wurde. Einer der Soldaten reagierte unbedacht, übernervös und schleuderte eine Handgranate durch das Fensterglas. Der Explosionsknall drang bis zu uns in den Wald. Und nun hörten wir das verzweifelte Schreien weiblicher Stimmen. Wir liefen hinüber, fanden die Haustür sogar unverschlossen und standen bald vor zwei Frauen. Die eine lag, erheblich verletzt, auf dem Fußboden, die andere bemühte sich um sie.

Sofort erschien unser Truppenarzt mit einigen Sanitätern. Man trug die Verletzte in die obere Etage. Es dauerte Stunden, bis unser Arzt wieder bei uns erschien. Er berichtete, es sei die Schloßherrin selbst, die von unzähligen Splittern verletzt sei. Er habe einige entfernen können, die Patientin habe die unvermeidbaren Schmerzen bewunderungswürdig ertragen, man müsse sie aber in ein Lazarett bringen. Sie wünsche, einen unserer Offiziere zu sprechen. Yorck ging mit mir zusammen nach oben, wo uns die andere der beiden Damen erwartete und uns in ein großes Schlafzimmer führte. Auf einem prachtvollen Bett lag die Verwundete, den Oberkörper mit Kissen aufgerichtet empfing sie uns mit einer leichten Handbewegung. Wir blieben bei der Tür stehen, und Yorck brachte unser tiefstes Bedauern zu diesem unglückseligen Vorgang zum Ausdruck und fragte, ob wir sie mit einem unserer Sanitätskraftwagen in eines unserer Feldlazarette bringen dürften. Mit ruhiger Stimme dankte sie uns und sagte, sie beabsichtige, hier abzuwarten, bis ein französischer Arzt die weitere Behandlung übernehmen könne. Wir fragten, ob wir etwas tun könnten, um Angehörige oder Freunde des Hauses zu benachrichtigen. Auch das verneinte sie, ihr Mann stehe selbst als Offizier an der Front und befinde sich ihres Wissens an der Maginotlinie. Er sei also sicher nicht erreichbar.

Gerade wollten Yorck und ich zurück zur Tür gehen, als sie uns bat, wir möchten doch einen Augenblick ein paar Schritte näher an ihr Bett herantreten. Sie musterte uns beide von oben bis unten. Dann entließ sie uns mit einer Bemerkung, die mir so unvergeßlich ist, daß ich sie noch heute zitieren kann:

»Meine Herren, man sagt hier in meinem Lande, daß das Tuch, aus dem die Uniformen der deutschen Offiziere gefertigt sind, von miserabeler Qualität sei. Wie ich sehe, trifft das zu. Meine Herren, ich danke Ihnen für Ihren Besuch.«

NACH BREST UND BORDEAUX

Ostwärts von Rouen näherten wir uns der Seine. In der Ferne stieg über der Stadt eine tiefschwarze Rauchwolke senkrecht in den strahlendblauen Sommerhimmel. Schwarzer Rauch konnte nur aus brennendem Öl kommen. Wir entsannen uns, auch Rouen hatte eine gotische Kathedrale. Aber Öllager pflegten kaum in der Nachbarschaft von Kirchen und Kunstschätzen angelegt zu sein. Gerne hätten Yorck und ich Kathedrale und Marktplatz angesehen, auf dem einstmals Johanna von Orléans auf dem Scheiterhaufen verbrannt worden war. Doch jetzt galt es, so schnell als möglich die Seine zu überwinden. Unweit von Les Andélys setzten wir am 11. Juni auf einer Pontonbrücke über den Strom. Im Rundfunk hörten wir eine neue Wahnsinns-Nachricht: Italien hatte Frankreich den Krieg erklärt. Mussolini wollte von dem französischen Kuchen auch etwas abbekommen. Das erschien uns wie Leichenfledderei, denn Frankreich war doch geschlagen.

Über Rennes wandten wir uns jetzt nach Westen. Unser neues Ziel war Brest, der Kriegshafen am Atlantischen Ozean. Jetzt waren die Städte und Dörfer wieder bewohnt. Die Menschen standen an den Straßenrändern und schauten sich wortlos die fremden Truppen an.

Am 19. Juni wurde vor Brest angehalten, als sei nur vorne ein Verkehrsstau abzuwarten. Soldaten der Nachrichten-Abteilung schnallten sich Kletterisen unter die Stiefel und erklommen die Telegrafenmasten. Aufs Geratewohl klemmten sie ihre Kabel solange an einen Draht nach dem anderen, bis sie tatsächlich eine Sprechverbindung mit dem Rathaus hatten. Man erwarte uns bereits, riefen sie von oben. Wir könnten kommen.

Zur Erkundung und aus Neugier ordnete ich mich mit meinem Wagen in die Spitze unserer Aufklärungspanzerwagen ein. Eine Schranke öffnete sich vor uns. Links und rechts hatten die französischen Soldaten ihre Betonbunker verlassen. Mit dem Gewehr unter dem Arm sahen sie sich an, was da heranrollte.

Ich trennte mich von den Fahrzeugen der Aufklärungs-Abteilung. Ich wollte zuerst den Hafen sehen, die Schlachtschiffe, die Kreuzer, die Zerstörer. Oder war ich leichtsinnig, so allein mit nur drei Soldaten und einem kleinen Funkgerät durch die Stadt Brest zu fahren? Noch befanden wir uns mit Frankreich im Kriegszustand.

Dann lag die Hafenbucht vor uns. Die See war glatt und einsam. Von verschiedenen Stellen aus suchte ich mit dem Glas die Kais und Buchten ab. Nichts. Absolut nichts. Noch nie zuvor hatte ich einen großen Hafen ohne ein einziges Schiff gesehen. Über Funk schilderte ich, was ich sah, eher, was ich nicht sah.

Währenddessen sank die Sonne am Horizont. In ihrem letzten Licht sah ich plötzlich eine tiefschwarze Wolke aufsteigen. Wir fuhren in ihre Richtung. Bald hatten wir den Brandherd vor uns, das Öllager des

Kriegshafens. Die Tanks waren geöffnet worden. Das brennende Öl floß vor unseren Augen die Hänge hinunter und breitete sich über das Wasser aus. Ein schaurig-schönes Bild.

Noch einmal meldete ich mich mit dem Funkgerät bei meiner Abteilung und bat um neue Order. Man sagte mir die Nummern der Chausseen, über die wir jetzt marschieren würden: Nantes – La Rochelle – Bordeaux.

Wir rollten bei Tage wie bei Nacht. Wer müde wurde, schlief während der Fahrt im Wagen. Die Fahrer lösten sich gegenseitig ab.

Das war eine neue Form des Krieges: Kämpfen, wo sich eine Chance zeigte, marschieren, wo es möglich schien, aus der Bewegung heraus einen Vorteil erringen, das Gesetz des Handelns bewahren, einen Bewegungskrieg nach klassischen Vorbildern der Weltgeschichte führen.

Am 22. Juni kapitulierte Frankreich. Am 25. Juni trat Waffenruhe ein. Gleich danach rollten wir zurück nach Deutschland.

Wieder in Pommern

In Stettin hatte die Frau des Hausmeisters den Eingang des Hauses in der Pommerensdorfer Straße mit einer Girlande geschmückt. Ihre erste Frage war, ob es nun Frieden geben würde. Rex, die Dogge des polnischen Fürsten Bielski, sprang an mir hoch und begrüßte mich mit Freudengeheul. Von Rex' polnischem Herrn war keine Nachricht gekommen. Merkwürdig, ich hatte ihm doch meine Stettiner Adresse gegeben. Rex sei ein vorzüglicher Wachhund geworden, in unserer benachbarten Ölfabrik seien die Diebstähle deutlich zurückgegangen, erzählte der Hausmeister.

Seit Beginn des Krieges waren alle wichtigen Lebensmittel rationiert worden. Wir produzierten Speiseöl. Der Bürger bekam es grammweise auf Marken. Die Ölfabrik war ein »kriegswichtiger« Betrieb.

Ich machte einen Rundgang durch die Hallen. Überall die Frage, ob es nun bald Frieden geben werde. Unser wichtigstes Rohmaterial, die Sojabohnen aus der Mandschurei, die früher über See nach Stettin gekommen waren, erhielten wir jetzt mit der Eisenbahn durch die Sowjetunion. Mit ihr hatte Deutschland ja 1939 einen Freundschaftsvertrag geschlossen.

Auf einem der Fabrikhöfe lagen die Betriebswerkstätten, gab es Elektriker, Schlosser, Klempner, Zimmerleute, wie sie jedes Industrieunternehmen braucht, um in eigener Regie warten und reparieren zu können. Hier sah ich neue Gesichter. Hier hatten staatliche Stellen eingegriffen. Hier wurden Dinge gebaut, die mit Öl, mit Futtermitteln, mit Seifen nicht das Geringste zu tun hatten. Wer mit Holz umgehen konnte, arbeitete in einer Gruppe, die Skelette für Rümpfe und Tragflächen von Messerschmitt Jagdflugzeugen herstellte; wer Metall schneiden und schweißen konnte, baute Pontons von einer Größe, die ich bei unseren Pionieren noch nicht gesehen hatte. Die seien für den Ärmelkanal berechnet, flüsterte mir ein Ingenieur zu. Das sei streng geheim, und er dürfe es mir eigentlich nicht einmal sagen. Die Schwimmkörper sah ich mir genauer an. Unser kleines Panzer-Abwehr-Kaliber hätte mit seinen 3,7 cm leichte Beute machen können. Ich fragte den Ingenieur, bis zu welcher Windstärke wohl ein vollbesetztes Boot den Ärmelkanal überqueren könne. Das wußte er nicht.

Achim Oster, Heinrich Yorck und ich konnten uns vor Abendeinladungen kaum retten. Wir hatten verabredet, daß derjenige, der von uns eine Abendeinladung bekam, nicht nur für sich selbst, sondern für uns alle drei zusagte. Ein System, das sich ausgezeichnet bewährte.

Eines Abends besuchten wir drei und andere Freunde ein jüngeres Ehepaar. Als »in vorgerückter Stimmung« Achim Oster das Wohnzimmer verließ, ertönte plötzlich aus dem dunklen Eßzimmer »per Volksempfänger« und »über alle deutschen Sender« die Stimme Goebbels'. Nach einigen rundfunktypischen Störgeräuschen und Rückkopplungspfiffen meldete sich »aus welthistorischem Anlaß« der Reichspropagandaminister »persönlich«, um »die größte politische Rede aller Zeiten« anzukündigen: »Wir schalten jetzt um nach London. Es spricht aus London zu uns unser geliebter Führer Adolf Hitler!«

Zuerst erstarrten wir, dann konnten wir uns nicht mehr halten vor Lachen. Nach wiederum einigem Gekratze und Gepfeife meldete sich nun tatsächlich der Angekündigte. Mit tief orgelnder Stimme teilte er der Welt mit, daß er nach der siegreichen Eroberung der britischen Inseln soeben den Buckingham Palast (er sprach den Namen deutsch aus) betreten habe und vom Balkon aus zu allen Völkern dieser Erde spreche. Die deutschen Soldaten seien auch diesmal wieder von Sieg zu Sieg geeilt, denn den deutschen Soldaten sei nichts unmöglich. Die Engländer hätten kapituliert, die meisten von ihnen seien ohnehin schon bei der ersten Landung unserer Sturmboote zu uns übergelaufen. Herr Schurschill, der alte Whisky-Säufer, sei nicht etwa mit einem der letzten, sondern mit einem der ersten amerikanischen Flugzeuge nach Kanada geflohen.

Wir lachten nicht mehr, wir schrien, wir bogen uns. Achim Oster entpuppte sich als großartiger Schauspieler und Kabarettist. »Weiter, Achim«, riefen wir, »weiter.«

In diesem Augenblick schrillte die Glocke an der Wohnungstür – betroffenes Schweigen.

Die Gastgeberin, etwas blaß, verließ das Zimmer. Bei der Wohnungstür hörten wir Stimmen. Es dauerte, bis die mutige Hausfrau zurückkam. Es sei nichts Besonderes, sagte sie. Es sei nur das Ehepaar aus der Etage über ihnen. Die hätten nur gefragt, auf welcher Welle die Führer-Rede zu hören sei. Auf ihrem Volksempfänger sei der Sender nicht zu finden.

In Berlin besuchte ich meine Mutter. Jetzt gab es keine Hauskonzerte mehr bei ihr. Irgend jemand hatte bei der Partei des Bezirks auf Mutters »fragwürdige Veranstaltungen« hingewiesen. Die hatte ihr sagen lassen, solche Zusammenkünfte gehörten nicht in Kriegszeiten. Mutter hatte sich eine andere Aufgabe gesucht: Sie übernahm die Leitung der evangelischen Volksküche in einer Baracke in der Eisenzahnstraße. Alte und einsame Menschen bekamen dort ein warmes Mittagessen. Diese Arbeit überstieg bald ihre Kräfte. Gertrud Oster, Achims Mutter, hatte sich angeboten zu helfen. Nun teilten sich beide diese Arbeit.

In Hinterpommern besuchte ich meine Großmutter. Acht ihrer Enkelsöhne standen jetzt als Offiziere beim Heer. Einer, Hans-Otto von Bismarck aus Lasbeck, war in Frankreich gefallen. Der erste aus unserem Kreis, und der Fröhlichste. Heinrich von Weizsäcker, Hans-Otto – warum waren es die Fröhlichsten, die es zuerst traf?

Großmutter las mir aus dem letzten Brief ihres jüngsten Sohnes Konstantin vor. 1917 war er als Flieger über Verdun abgeschossen worden. Konstantin gehörte auch zu den Fröhlichen, sagte sie. Ein Absatz in seinem Brief ist mir noch fast wörtlich in Erinnerung: »Seit kurzem ist jetzt Hermann Göring in unserer Staffel. Seitdem er den Pour le mérite hat, ist er nicht mehr zu brauchen. Der Kommandeur läßt ihn nur noch ›Queue‹ fliegen. Nur im Casino ist er noch immer der Größte.«

Dann mußte ich ihr von Frankreich erzählen. Plötzlich unterbrach sie mich und wollte von mir wissen, ob die Geheime Staatspolizei auch schon in Frankreich am Werk sei. Ich sagte, ich wisse es nicht, und fragte, wie sie darauf komme. Sie habe hier im Belgarder Kreis ein paarmal polnische Flüchtlinge gehabt, Adelige auf der Flucht vor der Gestapo. Sie kämen während der Nacht, blieben einen Tag und zögen in der nächsten Nacht weiter von Wald zu Wald. In Polen würden der

SD und die SS Jagd auf die Intelligenz machen. Wenn das das Kriegsziel sei, fuhr sie fort, müsse ich das wissen, denn ihr scheine es, als sei die Rolle der Wehrmacht zwielichtig. Allein der deutsche Befehlshaber in Polen, ein Generaloberst Blaskowitz, habe bisher protestiert, die niederen Offizier-Chargen besäßen offenbar keinen Schneid mehr. Blaskowitz sei bisher offenbar der einzige General, der Hitler gegenüber Charakter bewiesen habe. Inzwischen sei er – wohl darum – seines Postens enthoben worden. So hörte ich erstmals etwas über offenbar organisierte deutsche Greuel in Polen.

Zurück in Stettin sprach ich mit Oster und Yorck über das, was ich in Hinterpommern erfahren hatte. Sie waren beide inzwischen in Berlin gewesen und hatten kompetentere Informationen als ich. Es war noch weit schlimmer als das, was meine Großmutter erfahren hatte. Uns standen plötzlich die Ereignisse des 30. Juni 1934 vor Augen, die Morde an Schleicher, Bredow, Bose, Jung und vielen anderen, die mit dem Titel »Röhm-Putsch« getarnt worden waren. Waren wir denn in der Hand eines Verbrecher-Staates? Für dieses Regime trugen wir unsere Haut zu Markte?

Der vorsätzlich provozierte Angriff gegen Polen im vergangenen Herbst war gewiß eine Sache unverantwortlichen Leichtsinns und völkerrechtswidrig. Die deutsch-polnischen Grenzprobleme hätte man auch ohne kriegerische Maßnahmen erörtern können, wenn man nur ehrlich gewollt hätte. Unser Angriff im Westen folgte logisch der Kriegseröffnung gegen Polen, ebenso die Besetzung Dänemarks und Norwegens. Jetzt aber zeigte sich am Beispiel Polen die Vermessenheit Hitlers, Volksgruppen, die ihm nicht paßten, einfach auslöschen zu wollen. Das hatte nichts mehr mit Kriegführung zu tun.

Es gab in dieser Zeit in unserem Lande auch andere Menschen, die ebenso wie wir nachzudenken versuchten, die jedoch ganz andere Schlüsse zogen als wir. Das alles, meinten sie, sei »große Politik«, um die Welt neu zu ordnen und zu verbessern. Es zeuge von kleinem Geiste, dies nicht zu sehen.

Jeder von uns hatte solche Gespräche erlebt. So mancher Deutsche war angesichts der vielen Erfolge unsicher geworden. Unsicher an sich selbst, ob sie wohl an der Zeit, in der sie lebten – vorbeilebten? Also machten sie eben mit. Wenn das alles gutgehen würde – es konnte ja sein, daß es gutgehen würde –, dann wollten sie doch nicht abseits gestanden haben. Erfolgreich zu sein oder zumindest am Erfolg teilzuhaben – war das nicht eine feine Sache, für die man schon ein Auge zudrücken konnte?

ANGRIFF AUF DIE SOWJETUNION

Am Vorabend

Fast zwölf Monate vergingen nach dem Ende des Feldzuges in Frankreich, während derer wir praktisch unbeschäftigt waren. Bald nach unserer Rückkehr nach Stettin hatte man uns wieder in Marsch gesetzt. Nun lagen wir den Winter 1940/41 über im Ost-Sudetenland in der Gegend von Troppau. Im Frühjahr ging es dann in die ehemalige preußische Provinz Posen. Das »roch« für uns strategisch nach östlicher Richtung. Der Truppe gegenüber begründete man die Verschiebungen damit, daß man unsere Stettiner Kasernen für die Aufstellung neuer Verbände brauche.

Eines Tages waren wir nicht mehr die 2. Infanterie-Division (mot.), sondern die 12. Panzer-Division. Ein völlig neu aufgestelltes Panzer-Regiment 29 gehörte nun zu uns. Anfänglich empfanden wir es als Fremdkörper, denn niemand kannte dort auch nur einen Mann, geschweige denn Offizier.

Unsere Panzer-Abwehr-Abteilung 2 (P2) bekam jetzt auch einen neuen Namen, sie hieß fortan Panzer-Jäger-Abteilung 2, ohne daß sich an ihrer Struktur etwas verändert hätte. Mit Ausnahme eines neuen Geschützes, das größer und schwerer war und wirksamer sein sollte.

Die nächste Veränderung betraf mich persönlich. Als ich von ein paar Urlaubstagen zurückkehrte, fehlte mein Freund Heinrich Yorck. Er war zur Kriegsakademie versetzt worden, und unser Kommandeur teilte mir mit, nun sei ich Yorcks Nachfolger, also sein Adjutant.

Daß Yorck eines Tages Generalstabsoffizier werden würde, war voraussehbar gewesen. Ihm waren die karmesinroten Streifen an den Hosen wie »in die Wiege gelegt«.

Wir wechselten noch ein paar Briefe und träumten vom Frieden, obwohl keiner von uns beiden glaubte, einen Frieden zu erleben, solange Hitler an der Spitze des Deutschen Reiches stünde. In seinem letzten Brief lud Yorck mich »trotzdem« zu einem Friedensfest nach Klein-Öls in Schlesien ein. Das Schönste in seinem Elternhaus sei die

Bibliothek, ich solle nur kommen und länger bleiben, schrieb er. Seit Yorck die Abteilung verlassen hatte, fehlte mir etwas Wichtiges. Wenn schon Soldat und noch dazu Soldat im Kriege, so hatte wenigstens das geistige Spannungsfeld unserer Freundschaft und Gleichgesinnung einen Ausgleich geboten. Wann würde ich das wieder haben?

Wir haben uns beide nie wiedergesehen. Heinrich Yorck fiel als Hauptmann im Generalstab in Rußland. Wäre er nicht an der Front gefallen, – ich bin sicher – er hätte, wie sein ältester Bruder Peter Yorck, kaum überlebt. Die Schergen Hitlers hätten einen Mann wie Heinrich Yorck nicht übersehen.

Noch während wir Anfang August 1940 in Stettin lagen, verleibte sich Stalin einen fetten Bissen ein. Nicht einen, sondern gleich drei souveräne Staaten schluckte die Sowjetunion: Litauen, Lettland und Estland. Hitler und Stalin hatten das, wie wir erfuhren, schon 1939 miteinander »ausgehandelt«. Und Hitler hatte noch einen weit fetteren Bissen als die baltischen Staaten im Auge: Großbritannien. An der französischen und belgischen Kanalküste standen bereits zwei deutsche Heeresgruppen mit sechsundzwanzig Divisionen sprungbereit. Gebirgsdivisionen probten an geeigneten Küstenabschnitten des Kontinents das Erklimmen der Kreidefelsen bei Dover. Es hatte sich aber bei uns herumgesprochen, daß unsere Kriegsmarine dieses Abenteuer scheute. Eine Offensive zu starten ist leichter, als sie zu »nähren«. In diesem Stadium bot sich Göring mit seiner Luftwaffe an. Mit ihr allein könne man die Engländer in die Knie zwingen. Das Ergebnis ließ nicht lange auf sich warten. Die Luftwaffe hat sich von diesem Fehlschlag nie wieder erholt. Was Gajus Julius Caesar, was Kaiser Napoleon I. nicht gelungen war, sollte auch Adolf Hitler nicht glücken. Doch mit Sorge beobachteten wir die wachsende Maßlosigkeit des deutschen Diktators. Auf seine Initiative hin schlossen nun im September 1940 Deutschland, Italien und Japan einen »Dreimächtepakt«. Wir fragten uns, was wohl mit dieser Ausweitung des Krieges bis in den fernen Osten bezweckt sein könnte. Noch hielten wir es nicht für denkbar, daß Hitlers Phantasie sich bereits mit der Bedrohung der USA von beiden Ozeanen her befaßte. Erst ein Jahr später sollten wir das bestätigt bekommen.

Im Oktober gab es eine weitere folgenschwere Neuigkeit. Die Italiener hatten von dem bereits von ihnen besetzten Albanien aus Griechenland angegriffen. Unsere Bundesgenossen hatten sich aber blutige Köpfe geholt. Ihre Offensive blieb stecken.

Ein paar Tage später, am 12. und 13. November, besuchte der sowjetische Außenminister Wjatscheslaw Molotow Hitler in der Berliner Reichskanzlei. Was mochten beide wohl miteinander aushecken, fragten wir uns. »Kleine Fische« würden es angesichts dieser Weltlage gewiß nicht sein. Überall in Europa schienen Flammen zu züngeln. Keinen der Brandherde, die seit 1939 gelegt worden waren, hatte man bisher gelöscht. Man hatte den Eindruck, daß die Mächte des Dreier-Paktes sich vielmehr geradezu bemühten, sie zu schüren und weitere zu legen.

Mit Jahresbeginn 1941 hatten die Engländer in Nord-Afrika von Ägypten aus die in Libyen stehenden Italiener angegriffen und offenbar nach Westen hin vor sich hergetrieben. Hitler war nichts übriggeblieben, als seinem Freund Mussolini ein deutsches Panzer-Korps zu Hilfe zu schicken. General Rommel führte es. In Polen hatte ich ihn als Kommandant des Führerhauptquartiers im Panzerspähwagen an mir vorbeibrausen gesehen. Als wir in Frankreich, von der Somme aus, der Seine zustrebten, hatte Rommel rechts neben uns eine Panzer-Division geführt. Soldaten unserer Division, die ihn gesehen hatten, wußten Aufregendes über ihn zu erzählen. Er sei stets bei der Angriffsspitze gewesen (wo ein Divisionskommandeur im Prinzip nichts zu suchen hat, denn einen Panzerverband kann man nicht von der kämpfenden Spitze aus führen), seiner Division hatte er den Namen »Geisterdivision« gegeben, weil sie immer dort auftauchen sollte, wo der Gegner sie noch nicht vermutete. Rommel schien so etwas wie der erste »Haudegen« unseres Krieges zu sein. Jedenfalls sorgte er dafür, daß er in aller Munde kam.

Im April brauchten unsere italienischen Freunde nun auch auf dem Balkan dringend Hilfe. Unversehens standen nun starke deutsche Truppenverbände auch in Jugoslawien und Griechenland. Im Mai ließ Hitler die Insel Kreta durch Fallschirmjäger besetzen. Er tat alles, um nun nicht mehr einen Zweifrontenkrieg, sondern einen Vielfrontenkrieg zu führen. Die Wehrmacht stürzte sich siegessicher und mit Heldenmut auf die ihr befohlenen Ziele. Wie lange konnte das gutgehen?

Im Juni kam ein Befehl, der uns deutlich machte, was uns bevorstand. Alle Soldaten, vom einfachen Mann bis zum Kommandeur, hatten das kyrillische Alphabet zu lernen. Jeder sollte in der Lage sein, russische Wegweiser und russische Landkarten zu lesen. Das sagte uns einiges. Aber hatten Hitler und Stalin nicht erst vor weniger als zwei Jahren einen feierlichen Nichtangriffspakt miteinander geschlossen? Hatte Hitler nicht erst im November des vergangenen Jahres Molotow empfangen, um mit ihm – es war inzwischen durchgesickert – die Aufteilung des britischen Weltreiches zu diskutieren?

Dann wurden Broschüren im Taschenformat an die Truppen verteilt, aus denen wir – nach Art eines Ferienreiseführers – die nötigsten Fragen und Antworten zwischen Deutschen und Russen lernen sollten. Also zum Beispiel an Stelle der Bitte an einen ausländischen Restaurantkellner: »Bringen Sie mir bitte die Speisekarte« die russische Aufforderung: »Halt! Hände hoch!« Also würden wir die Sowjetunion angreifen.

Wenige Tage später kam der Marschbefehl, und die 12. Panzer-Division, die im übrigen als Panzer-Division noch niemals ein einziges Übungsmanöver gemacht hatte, rollte nach Ostpreußen. Unser Bereitstellungsraum waren die Wälder bei Suwalki. Ein Blick auf die Karte deutete schon an, wozu wir bestimmt waren, denn der »Suwalki-Zipfel« glich einer vorspringenden Nase. Die 12. Panzer-Division würde zur Angriffsspitze gehören.

Je mehr wir uns der russischen Grenze näherten, desto dichter drängten sich die Regimenter. Was sich jetzt an Truppen versammelte, übertraf alles, was wir bisher gesehen hatten.

Wie vor Beginn jeder Offensive war Funkstille befohlen, damit die Aufklärung des Gegners nichts von uns bemerkte. Doch es gab schließlich noch andere Arten von Aufklärung, wie etwa Beobachtung aus der Luft oder Spionage. Unser Aufmarsch konnte den Russen nicht verborgen geblieben sein. Oder sie schliefen.

Ich entsinne mich einer Straßenkreuzung auf offenem Feld. Der Aufmarschplan hatte über diese Kreuzung aus unerfindlichem Grunde zwei Verbände einander kreuzen lassen. Deshalb hatten Pioniere aus frisch gefälltem Holz eine Brücke gebaut. Das soeben gesägte Holz leuchtete in der Sonne!

Am 21. Juni durchfuhren wir ein Dorf. Ich sah im Vorbeifahren neben dem Eingangstor zu einem Gutshof ein Schild mit dem Symbol des Oberkommandos einer Heeresgruppe. Das konnte nur das Hauptquartier der Heeresgruppe Mitte sein, der wir angehörten. Während wir das Dorf schon verlassen hatten, fiel mir ein, hier sei doch eine Gelegenheit, dort hineinzuschauen, ob Vetter Henning von Tresckow anwesend sei; Henning war inzwischen Ia, 1. Generalstabsoffizier der Heeresgruppe Mitte, geworden, die unter dem Oberbefehl Generalfeldmarschalls Fedor von Bock stand.

Oberstleutnant Becker, mein Kommandeur, war einverstanden und entließ mich mit den Worten, ich möge viele Neuigkeiten mitbringen.

Ich nahm mir eines unserer neuen BMW-Motorräder und fuhr an der Kolonne zurück.

In der ersten Etage des Gutshauses fand ich schnell die Tür mit dem Ia und klopfte an. Henning empfing mich in seiner wie immer ungemein liebenswürdigen Art wie einen alten Freund: »Sieh einmal an«, rief er, nachdem ich meine Meldung gemacht hatte, »ein Reserve-Offizier als Adjutant eines aktiven Truppenteils. Ich gratuliere. Entsinnst Du Dich noch, als Du im Drillichanzug in Schwedt auf der Schloßfreiheit vor mir standest?« Diesen Tag würde ich nie vergessen, sagte ich. Dann wollte er wissen, wie ich zu der Stellung des Abteilungsadjutanten gekommen sei. Ich sagte, ich verdanke das ohne Zweifel Heinrich Yorck, meinem Vorgänger. »Ja, auf Yorck habe ich schon ein Auge geworfen«, antwortete er. »In ihm hast Du ein gutes Vorbild.«

Dann wechselte er das Thema: »Und was sagst Du nun zu dem, was wir hier machen?« Ja, was sollte ich schon dazu sagen, eröffneten wir doch einen neuen Krieg, ohne auch nur auf einem einzigen der bisher von uns angezettelten Kriegsschauplätze politische Ordnung geschaffen zu haben. Ich fragte ihn, ob er es für möglich halte, daß die Russen unseren Aufmarsch nicht erkannt hätten. Statt einer Antwort führte er mich an die große Lagekarte der Heeresgruppe. Eine solche Karte mit ihren Armeen, ihren Korps und Divisionen sah ich zum ersten Mal. Jenseits der Grenze waren auch die feindlichen Verbände eingezeichnet. Ich staunte, in welch großer Zahl Verbände der Russen dort eingetragen waren. Auch die Sowjets hatten also uns gegenüber starke Kräfte versammelt. Doch aus ihrer Stellung ließ sich nicht ablesen, daß die Rote Armee über unseren morgen früh bevorstehenden Angriff informiert wäre. Henning erklärte mir das genau.

Ich fragte nach dem Kräfteverhältnis, und Henning meinte, quantitativ seien uns die Russen wohl überlegen, qualitativ jedoch mit Gewißheit nicht. Mit dem, was wir bisher erkannt hätten, würden wir wohl bald fertig werden.

Auf meine Frage, wie er unsere Chancen in diesem Feldzug insgesamt beurteile, sagte er, er sehe eine Möglichkeit für uns, auch Rußland zu schlagen, allerdings unter der Voraussetzung, daß die Heeresgruppe Mitte vor Einbruch des Winters die Schlacht um Moskau gewinne und die Stadt eingenommen habe. Wenn es uns gelinge, die Zentrale der sowjetischen Regierung, der Verwaltung, der wirtschaftlichen Lenkung, das Zentrum der Verkehrs- und Nachrichtenwege zu zerschlagen, dann könne man mit dem Zusammenbruch Rußlands rechnen. Sollte das aber bis zum Beginn des Winters nicht gelingen, dann sehe es nach seiner Überzeugung für uns düster aus. Es hänge deshalb alles vom schnellen und durchgreifenden Erfolg der Heeresgruppe Mitte ab.

Ich fragte, warum wir dann erst jetzt, im Juni, angriffen. Warum nicht schon im April oder Mai? Er erwiderte: »Da mußt Du bitte den hohen Herrn in Berlin selbst fragen. Wir fürchten, daß in dem späten Angriffstermin ein nicht wieder gutzumachender Fehler liegt. Aber man hat uns an höchster Stelle vorgerechnet, daß dieser Feldzug in vier Monaten beendet sein könne. Man orientiert sich dabei an unseren in Frankreich gemachten Erfahrungen.«

Wir standen noch immer an der großen Lagekarte. Ich wollte wissen, welche Aufgaben die benachbarten Heeresgruppen Nord und Süd hätten. Die Heeresgruppe Nord solle Leningrad nehmen und die Verbindung zu den Finnen herstellen. Im Süden solle die Ukraine erobert werden, wegen der großen landwirtschaftlichen Flächen, wegen der Bodenschätze und wegen des Öls. Da die drei Heeresgruppen infolgedessen geographisch auseinanderstrebten, würden wir in Rußland de facto drei voneinander unabhängige Kriegsschauplätze haben. Die Anlage dieses Feldzuges widerspreche also allen Regeln der Kriegskunst. Wenn wir deshalb trotzdem eine Chance hätten, diesen Feldzug zu gewinnen, dann nur, wenn es uns gelänge, das »Herz« der Sowjetunion, Moskau, zu treffen. Und die 12. Panzer-Division würde einer der Verbände sein, denen dabei eine entscheidende Aufgabe zufalle.

Henning Tresckows Lagebeurteilung war für mich persönlich die erste dieses Maßstabes, die ich anhörte. Darum blieb sie unvergeßlich im Gedächtnis. Wir würden später noch oft an sie zu denken haben. Ich stellte weitere Fragen, vor allem, was von russischen Reserven in der Tiefe des Hinterlandes bekannt sei. »Weitgehend terra incognita«, war seine Antwort. Doch man müsse annehmen, daß die Russen an ihrer Ostgrenze ebenfalls erhebliche Kräfte konzentriert hätten, die zur Westfront herangeholt werden könnten.

Dann fragte Henning ganz unvermittelt, ob wir schon über die Behandlung der sowjetischen politischen Kommissare informiert seien? Ich bekundete mein Unwissen. Er fuhr fort: »Seit kurzem gibt es einen Befehl, sämtliche Kommissare der Roten Armee, also die sogenannten Politruks, bei der Gefangennahme zu erschießen.« Entsetzt sagte ich, das wäre doch Mord. »Genau das ist dieser Befehl«, antwortete er. »Wir dürfen ihn deshalb nicht schriftlich an die Truppe geben. Aber Ihr werdet ihn noch vor Angriffsbeginn mündlich erhalten, und Ihr müßt ihn bis zu den Kompanien mündlich weitergeben.« Immer noch halb ungläubig ob dieser Ungeheuerlichkeit, fragte ich, von wem dieser Befehl komme, und er antwortete – mir unvergeßlich – »von demjenigen, auf den Du Deinen Eid geleistet hast. – Und ich auch«, fügte er hinzu und sah mich durchdringend an.

Dann mußte er das Gespräch abbrechen, denn er wurde zu Feldmarschall Bock gerufen.

Aufgewühlt von diesem Gespräch bestieg ich meine BMW und fuhr meiner Truppe nach. Ich fand die Abteilung in einem wunderschönen alten Wald. Der Oberstleutnant sei zur Kommandeurbesprechung bei der Division, sagte man mir. Becker kehrte erst bei Dunkelheit zurück, und trotz des spärlichen Lichts seiner Kartenleselampe sah ich, daß in seinem Gesicht etwas vorging, was ich an ihm noch nicht erlebt hatte. Ich wußte den Grund.

Er ließ alle Offiziere kommen und forderte uns auf, uns eng um ihn geschart auf den Boden zu setzen.

Dann begann er: Morgen früh, am 21. Juni um 3.15 Uhr, werde angegriffen. In der Tiefe der russischen Kräfte seien von der Aufklärung auch Panzerkräfte erkannt. Dieses Mal werde es schwerer werden als in Frankreich. Dann bestimmte er für die einzelnen Kompanien ihre Zuordnung zu den verschiedenen Bataillonen der Infanterie-Regimenter.

Nach einer Pause teilte er uns den »Kommissarbefehl« mit. Als er geendet hatte, war es in unserem Kreis totenstill. Dann fragte einer der Kompanie-Chefs, auf welche Weise man einen Kommissar erkennen könne. Auf diese Frage schien Oberstleutnant Becker gewartet zu haben. Mit schneidender Schärfe sagte er, er wisse das nicht, und er wolle es auch gar nicht wissen. Er habe vom Divisionskommandeur zusammen mit allen anderen Kommandeuren den Befehl bekommen, diesen Befehl an alle Offiziere – jedoch nur an die Offiziere – weiterzugeben. Der Befehl komme von höchster Stelle. Hiermit habe er, Becker, diesen Befehl ausgeführt.

Wieder nach einer Pause sagte er: »Meine Herren, die Offizierbesprechung ist noch nicht beendet. Es besteht Anlaß, an die Haager Landkriegsordnung zu erinnern. Ich spreche jetzt von der Behandlung von Gefangenen und Verwundeten. Wer sich an Gefangenen und Verwundeten vergreift, den werde ich vor ein Kriegsgericht stellen lassen. – Meine Herren, haben Sie mich verstanden?«

Jawohl, wir hatten unseren Kommandeur verstanden. Wir gingen zu unseren Fahrzeugen und versuchten, noch ein paar Stunden zu schlafen.

Nach Moskau

In tiefer Dunkelheit saßen wir auf unseren Fahrzeugen. Manche hatten sich einfach auf den Boden des Waldes gelegt. Ich fand keinen Schlaf. Das Gespräch mit Henning kreiste in meinem Kopf. In wenigen Stunden würden mehr als drei Millionen deutsche Soldaten von der Ostsee bis zu den Karpaten die Grenzen der Sowjetunion überschreiten. Wie auch immer dieser Feldzug enden würde, der Tag, der 22. Juni 1941, hatte weltgeschichtlichen Rang. Wer von uns würde das, was uns bevorstand, überleben?

Wieder würden wir Deutsche vertragsbrüchig werden. Unser Freundschafts- und Nichtangriffsvertrag mit Rußland war noch nicht einmal zwei Jahre alt. Sollten in der Zukunft Verträge wirklich nicht mehr als »ein Fetzen Papier« sein? »Pacta sunt servanda« – »Verträge müssen gehalten werden«, dieses Kernstück des Rechts seit der Antike, sollte es nicht mehr gelten? Sollte nur noch nackte Gewalt herrschen?

Über die Problematik des Friedensvertrages von Versailles 1919 hatte man diskutieren können, weil er dem unterlegenen Vertragspartner von den Siegern aufgezwungen worden war. Doch der Moskauer Vertrag war zwischen freien Partnern vereinbart worden.

Heute würden wir eine ganze Anzahl von Völkerschaften angreifen, um sie uns untertan zu machen. Ein einziger hatte das befohlen. Und wir würden seine Helfer sein.

Oder würde es ganz anders sein? Würden die Russen zu uns überlaufen? Würden sie uns als ihre Befreier von der Tyrannei des Kommunismus empfangen? Hatte es in der Geschichte Rußlands jemals etwas anderes gegeben als Tyrannei, sei es unter den Zaren, sei es unter den kommunistischen Diktatoren? Wie würde es sein, wenn sie uns jetzt als ihre Befreier begrüßen könnten? So gingen die Gedanken durch meinen Kopf.

Plötzlich stand mein Kommandeur neben meinem Wagen. »Sie können auch nicht schlafen, Stahlberg. Kommen Sie herüber zu mir. Dort können wir ungestört sprechen«, sagte er. Als wir in seinem geschlossenen Befehlswagen an dem kleinen Kartentisch einander gegenübersaßen, goß er einen Cognac ein. Ich berichtete nun von meinem Gespräch mit Henning Tresckow. Dann fragte er mich, ob ich wüßte, in welchem Monat Napoleon I. 1812 nach Rußland gezogen sei. Ich hatte Caulaincourt gelesen, die Memoiren des Adjutanten Napoleons in seinem Rußland-Feldzug, und entsann mich: im Juni; Moskau besetzt im

September; Brand Moskaus und Beginn des Rückzugs der Grande Armée im Oktober. Wir diskutierten weiter: Panzer- und motorisierte Divisionen waren weit schneller als Fußtruppen des Jahres 1812. Doch auch uns mußte Infanterie folgen. Letzten Endes diktierten auch 1941 noch die zu Fuß marschierenden Truppen das Tempo. Moskau lag rund tausend Kilometer entfernt. So ging unser Gespräch hin und her.

Ich fragte Becker, ob er jemals in seinem Soldatenleben den Krieg gewünscht habe? »Um Gottes willen, nein!« rief er erschrocken. Er sei allerdings gerne Soldat, doch »kriegslüstern« sei er nie gewesen. Er liebe den Frieden über alles. Deshalb sei er Soldat. Ich meinte, es sei aber doch merkwürdig, daß so viele Menschen in aller Welt Kriege als selbstverständlich, ja sogar als notwendig betrachteten. Und ich glaubte auch, daß es Menschen gebe, die den Krieg liebten. Ich zitierte das mir stets unbegreiflich erschienene Wort vom »Krieg als dem Vater aller Dinge«. Becker erzählte, er habe erst vor wenigen Stunden solch einen Menschen erlebt. In der Kommandeurbesprechung habe General Harpe gefragt, ob noch jemand etwas zu sagen wünsche. Da sei der Kommandeur unseres neuen Panzer-Regiments 29 aufgestanden und habe eine flammende Rede gehalten. Er habe sich zu pathetischen Sprüchen gesteigert, so daß man hätte denken können, man befinde sich in einer Kundgebung der Partei im Berliner Sportpalast. Von Deutschlands Zukunft im Morgenrot des Ostens, von dem »auserwählten Volk«, das jetzt wir seien, von der Vision, auf den Höhen des Ural zu stehen und weiter nach Osten in die Zukunft Deutschlands zu schauen, habe er »getönt«. Es sei unerträglich gewesen; es sei unbegreiflich, daß man solchem Fanatiker unser Panzer-Regiment anvertraut habe. Dieser Regimentskommandeur sei ganz ohne Zweifel ein »Kriegslüsterner«. Ob er das in einer Woche auch noch sein werde, bezweifele er allerdings.

Der Angriff gegen Rußland begann fast geräuschlos. Gegen drei Uhr gingen die Unteroffiziere von einem Fahrzeug zum andern und weckten die Soldaten. Die Fahrer drückten auf die Anlasser, und langsam schoben sich die Kolonnen aus den Wäldern heraus. Es war, als wenn sich nach Ende einer Sportveranstaltung ein Parkplatz Schritt für Schritt leerte. Ein imponierender Verband war diese neue 12. Panzer-Division, wenn man bei Überqueren freien Feldes die vierzehntausend Soldaten auf ihren Fahrzeugen übersah.

Kampflos kreuzten wir die Grenze zur Sowjetunion. Seitlich von uns hörte man in der Ferne Gefechtslärm, doch bei uns schienen die Russen überrascht worden zu sein.

Dann gab es die ersten Gefechte. Doch es wurde immer deutlicher, daß wir die russischen Verbände, welche uns gegenüber als nächste versammelt gewesen waren, wirklich überrumpelt hatten. Kleinere russische Einheiten erschienen bisweilen vor uns, zogen sich aber bald zurück. Wir machten die ersten Gefangenen und bekamen die ersten Überläufer.

Ohne besondere Schwierigkeiten erreichten wir die Memel, und unsere Pioniere begannen sofort mit dem Bau einer Brücke. Ich fuhr dort hin, um mir das Gelände anzusehen und der Arbeit der Brückenbauer zuzuschauen. In unglaublicher Geschwindigkeit wurden Pontons und Balken miteinander verbunden. Jeder Handgriff saß. Als ein erstes Stück der Brücke bereits fertig war, ging ich hinauf. Vielleicht könnte man etwas lernen. Ich lehnte mich an ein bereits fertiges Geländer, als ein Feldwebel der Pioniere sich an mich wandte: »Herr Oberleutnant stehen hier für uns im Wege, ich wäre dankbar, wenn Herr Oberleutnant zurück an das Ufer gehen würden.« Selbstverständlich folgte ich seiner Bitte.

In diesem Augenblick gab es ein ohrenbetäubendes Krachen, und die halbfertige Brücke verschwand in einem Chaos von Wasserfontänen, splitterndem Holz und in die Luft geschleuderten Menschen. Sofort antwortete nun auch unsere eigene Artillerie und schickte ihre Granaten, vermutlich ohne genaues Ziel, nach drüben. Ich drückte mich flach auf den Erdboden. Was konnte ich anderes tun? Es war ein grausiges Schauspiel, denn die Russen ließen noch ein paar Salven folgen, so daß von unserer Brücke nach wenigen Minuten nichts Brauchbares mehr vorhanden war, eine artilleristische Meisterleistung, wie wir sie unseren Gegnern nicht zugetraut hätten. Dann trat Ruhe ein, und ich half beim Bergen einiger Verwundeter. Wir fanden auch den Feldwebel, der mich gebeten hatte, den Platz am Brückengeländer freizugeben. Er lebte nicht mehr.

Eine andere Pionierkompanie erschien mit ihren Fahrzeugen und ging an die Arbeit. Ein paar Stunden später rollten unsere ersten Panzer über die Brücke. Bald folgten auch wir.

Auf unseren Karten war die ehemalige polnisch-russische Grenze eingezeichnet. Seit September 1939, als Hitler und Stalin sich Polen geteilt hatten, existierte sie nicht mehr. Doch die Bunkerlinie, die die Sowjets einmal zur Verteidigung ihres Landes gebaut hatten, bestand noch. Nun würde sie ihre Funktion als Verteidigungsanlage gegen westliche Angriffe zu erfüllen haben. Die 12. Panzer-Division erhielt den Befehl, dieses Bunkersystem zu durchstoßen.

Russische Panzer hatten wir bis jetzt noch nicht vor die Rohre unserer neuen 5 cm-Geschütze bekommen. Nun würden wir gegen Betonbunker eingesetzt werden. Das hieß mit anderen Worten: Frontal hinein in das schachbrettförmig angelegte Verteidigungssystem zum Beschuß der Schießscharten. Die dicken Betonwände würden unserem Kaliber standhalten. Hier würde nur der präzise Treffer auf die Schießscharte Wirkung zeigen.

Nachdem unseren Kompanien ihre Abschnitte zugewiesen worden waren, fuhr ich auf einer Chaussee so weit nach vorne, als ich Deckung hatte. Dann verließ ich zusammen mit einem Funker, der sein kleines Gerät wie einen Tornister auf dem Rücken trug, das Fahrzeug. Zusammen krochen wir im Chausseegraben Meter für Meter weiter, bis wir in einer Entfernung von drei- oder vierhundert Metern die ersten Bunker vor uns hatten. Unsere Straße führte fast rechtwinklig in das Abwehrsystem hinein. Erstaunlicherweise waren die hellgrauen Betonbunker völlig »nackt«. Die Russen hatten auf ihrem Rückzug offenbar keine Zeit gehabt, sie zu tarnen. Daß sie aber besetzt waren, sah man mit dem Fernglas. Die Waffen starrten regungslos aus den Scharten.

Während ich meine Beobachtungen über Funk nach hinten gab, begannen unsere Geschütze zu feuern. Auch die Infanteristen suchten sich mit den leichten Waffen ihre Ziele, und nun meldeten sich auch die Gegner aus den Bunkern. Es pfiff und heulte in beiden Richtungen über uns hinweg.

Tief in das Gras des Grabens gedrückt, versuchte ich unter meinem mit Unkraut getarnten Helm, mit dem Glas über den Grabenrand blickend die Wirkung unseres Feuers zu verfolgen, um vielleicht erkennen zu können, ob aus diesem oder jenem Bunker etwa nicht mehr zurückgeschossen würde. Doch mein Herz klopfte so stark, daß ich das Glas nicht ruhig führen konnte. Ich beschloß deshalb, noch ein paar Meter weiterzukriechen. Dort stand, unmittelbar am Grabenrand, ein Holzmast einer elektrischen Leitung. An ihn würde ich mein Fernglas anlehnen können.

Tatsächlich erwies sich das als ausgezeichnete Hilfe. Sie währte allerdings nur wenige Augenblicke. Über mir gab es eine ohrenbetäubende Explosion, und unmittelbar danach erhielt ich einen Schlag auf meinen Helm, der mir fast die Sinne nahm. Instinktiv ließ ich mich in den Graben zurücksinken und befand mich nun in Tuchfühlung mit meinem Funker. Ihm war nichts geschehen, doch was war mit mir los? Der Funker sagte etwas, aber ich hörte ihn nicht, ich sah nur, daß er zu mir sprach. Er zeigte mit der Hand nach oben: Ein Geschoß hatte über uns den Holzmast durchschlagen, dergestalt, daß sein langer oberer Teil, vom unteren getrennt, nun wie eine Schaukel an den Drähten hing und fröhlich hin und her schwang. Er war es, der mich am Kopf getroffen hatte.

Wesentlich schneller, als wir hergekrochen waren, robbten wir wieder zurück. Ich fühlte mich reichlich blamiert. Gab es doch, so sagte ich mir, für einen Kanonier im gegnerischen Bunker kein dankbareres Ziel, als einen Telegrafenmast mit der Vertikale seines Fadenkreuzes zu koordinieren. Niemals wieder habe ich mich im Felde neben einem Mast oder einzelnen Baum länger als nötig aufgehalten.

Dieser Tag aber brachte selbst nach Stunden des gegenseitigen Beschießens kein Ergebnis. Weil ich so gut wie nichts mehr hören konnte, übernahm nun mein Funker die Gespräche nach hinten, und ich bedeutete dem Jungen mit Bleistift und Papier, was zu sagen und zu fragen war. Oberstleutnant Becker ließ mir sagen, ich möge zu ihm zurückkommen. Er hatte nun zwar einen so gut wie tauben Adjutanten, doch unser Arzt beruhigte mich. Das werde in ein paar Tagen vergessen sein.

Dann erschien bei uns ein Melder und brachte die Nachricht, Infanterie und Pioniere würden in Kürze zum Sturm auf die Bunkerlinie antreten. Und nun erlebte ich bei meinem Kommandeur etwas, was für mich neu war. Vermutlich erwachte in ihm der Infanterie-Unteroffizier des Ersten Weltkrieges. Wie oft hatten wir ihn mit leuchtenden Augen von den Sturmangriffen des Grabenkrieges 1917 in Frankreich erzählen hören. Ohne Zweifel war er damals wegen seines Mutes Leutnant geworden.

Er verkündete, er werde bei Beginn des Angriffs der Infanterie ebenfalls »nach vorne« fahren. »Mit welchem Wagen?« fragte ich und sah etwas Fieberhaftes in seinen Augen. Seine Lippen zitterten vor Aufregung. »Mit dem Kübelwagen«, rief er. Wir stiegen in den ungepanzerten Wagen mit der Standarte des Kommandeurs, Becker vorne neben dem Fahrer, ich hinten neben dem Stabsfeldwebel Knoke, und ab ging die Post. »Vollgas, Vollgas!« schrie der Kommandeur, und schon rasten wir auf der offenen Chaussee in hoher Geschwindigkeit geradewegs auf die feindlichen Bunker zu. Ein wildes Schießen von beiden Seiten setzte ein. Die Russen schossen vermutlich auf uns; unsere deutschen Geschütze und Infanteriewaffen gaben uns Feuerschutz. Unsere Windschutzscheibe platzte, Becker versuchte, die Glasreste mit seinem Ellenbogen zu beseitigen. Es gab jetzt kein Zurück für uns. Unser Fahrer fuhr wir ein Teufel. Mehrmals ließ er den

Wagen nach links oder rechts schleudern, um, wie er mir später sagte, den Eindruck zu erwecken, wir seien bereits getroffen. Becker stand aufrecht und hielt sich am Rahmen der Windschutzscheibe fest. Knoke und ich, weniger todesmutig, duckten uns hinten. Wie sollte diese Wahnsinnsfahrt enden? Jetzt war der erste Betonbunker vor uns höchstens noch fünfzig Meter entfernt. In diesem Augenblick tat unser Fahrer etwas, was ihm niemand befohlen hatte. Er hatte links vor sich eine Überfahrt über den Graben gesehen und riß das Fahrzeug, ohne zu bremsen, nach links hinüber und landete mit einem Luftsprung in einer etwa zwei bis drei Meter tiefen Sandgrube.

Fürs erste waren wir wohl gerettet. Wie aber sollten wir hier wieder hinauskommen? Solange der Kampf um die Bunker nicht entschieden war, schien das kaum möglich.

Intelligenterweise hatten wir uns jedenfalls fürs erste einmal »außer Gefecht gesetzt«.

Wir richteten uns deshalb vorerst auf unsere Selbstverteidigung ein. Unsere Bewaffnung bestand immerhin aus zwei Maschinenpistolen und zwei Pistolen des Modells Walther PP. Ein Funkgerät, deren wir so viele in der Abteilung zur Verfügung hatten, war nicht mitgenommen worden. Uns blieb nichts anderes übrig, als abzuwarten und mit größter Vorsicht über den Rand unserer Grube zuzusehen, was sich um uns weiter tun würde.

Es tat sich Erstaunliches. Selbst für mich »Schwerhörigen« war erkennbar, daß unsere Division eine »Feuerglocke« über uns hinwegschießen ließ, die mehr als eindrucksvoll war. Bald hörten wir deutsche Kommandos. Die Stettiner Infanteristen und Pioniere stürmten todesmutig vorwärts auf die Bunker zu. Es war wie auf dem Exerzierplatz: Hinlegen, auf Marsch-Marsch, Hinlegen, auf Marsch-Marsch. Nach kurzer Zeit war der Durchbruch durch die alte russische Befestigungslinie gelungen. Wir hatten insgesamt geringe Verluste erlitten. Die meisten Bunkerbesatzungen hatten sich angesichts des guten Ausbildungsstandes und des persönlichen Mutes unserer pommerschen Infanteristen und Pioniere bald ergeben. Viele russische Gefangene schienen froh, daß der Krieg für sie so schnell beendet war.

Als Oberstleutnant Becker mit uns zur Abteilung zurückkam, gab es großes Hallo. In unserem Abschnitt hatte es doch geheißen, der Kommandeur der Panzer-Jäger-Abteilung sei zusammen mit seinem Adjutanten, seinem Stabsfeldwebel und seinem Fahrer gefallen. Man wollte es genau gesehen haben.

Ich fand die Sache auch nachträglich alles andere als gut. Es kann nicht die Aufgabe eines Kommandeurs sein, sich weit vor seinen in Stellung befindlichen Geschützen, nur mit seiner Pistole in der Hand, in die feindlichen Linien zu stürzen. Becker war gewiß ein mutiger Soldat und ein anständiger Mann, doch dann und wann drehte der Soldat in ihm durch. Solche alten »Haudegen« soll es aber nicht nur in Preußen-Deutschland gegeben haben.

Täglich sprachen wir darüber: Unser Ziel ist Moskau, unser Eintreffen in der sowjetischen Hauptstadt findet spätestens am 31. Oktober statt, unsere Zwischenstation heißt Minsk, dort soll sich der Umfassungsring um die sowjetischen Armeen schließen, von Minsk aus wird es eine »Rollbahn« geben, so etwas wie eine zweispurige Autobahn, dann wird es noch schneller gehen, von Minsk bis nach Moskau bleiben noch etwa sechshundert Kilometer. Bisher lief also alles programmgemäß.

Würden die Laufketten unserer Zugmaschinen das schaffen? Ja, es schien so. Ihr Verschleiß war in der Sowjetunion weitaus geringer als in Polen und in Frankreich. Das lag daran, daß wir im »Paradies der Arbeiter und Bauern« nur ganz selten eine befestigte Straße vorgefunden hatten. In der Regel bewegten wir uns durch tiefe Sandwege. So gesehen war man fast versucht zu meinen, dieses Land wäre für ein Sommermanöver moderner Truppen ein geeignetes Exerzierfeld.

Aus den Tagen des Vormarsches auf Minsk erzähle ich zwei Episoden, die gewiß nicht von Bedeutung waren, die jedoch für die ersten Wochen des Feldzuges charakteristisch sind.

Vor uns marschierte eine Kompanie unseres Panzer-Regiments, als es weiter vorne eine Stockung gab, so daß auch wir halten mußten. Wir befanden uns in einem Gelände, das nur wenig Deckung bot. Links von uns hatten wir eine leichte Anhöhe, die unregelmäßig mit jungen Fichten bewachsen war. Es blieb also im Augenblick nichts anderes übrig, als sich neben dem Sandweg ins Grüne zu legen und abzuwarten.

Da schoß links von uns plötzlich ein Maschinengewehr, und einer unserer Betriebsstoff-Lastwagen vor uns geriet in Brand. Zwar bot der Brand ein bisher noch nicht erlebtes Schauspiel, denn die Zwanzig-Liter-Kanister flogen wie Feuerwerkskörper explodierend in alle Richtungen, aber niemand wußte, aus welcher Richtung das MG geschossen hatte. So griff sich jeder aus den Halterungen der Fahrzeuge ein Gewehr und schoß ziellos nach links wie nach rechts.

Ein paar Minuten lang meldete sich das MG nicht mehr. Es schien, als sei es abgezogen. Doch dann kamen erneut Feuerstöße; einen Augenblick lang hatte ich das Gefühl, als habe ich das Mündungsfeuer gesehen; links auf der Anhöhe, zweihundert bis dreihundert Meter entfernt, aus einer Gruppe junger Fichten. Ich rief den mir zunächst stehenden Soldaten zu, daß ich glaubte, das MG erkannt zu haben, und fragte, wer Lust hätte, zusammen mit mir das Nest »hinten herum« auszunehmen. Sofort meldeten sich ein Unteroffizier und zwei junge Soldaten, die mitmachen wollten. Wir rüsteten uns mit Maschinenpistolen aus, um schnell und beweglich zu sein, und drückten uns im Schutz unserer Fahrzeugkolonne ein paar hundert Meter zurück, um von dort in die Schonung hineinzugehen. Jetzt warteten wir in Ruhe ab, ob sich das MG wieder melden würde. Wirklich gab es bald wieder einen kurzen Feuerstoß ab, so daß wir ziemlich genau die Richtung bestimmen konnten, in der es sich befinden mußte.

Was wir dann taten, war weniger kriegs- als manövermäßig. Mit dem einzigen Unterschied, daß wir nicht mit Platzpatronen, sondern mit scharfer Munition ausgerüstet waren. Ich fühlte mich eigentlich in das Übungsgelände meiner Rekrutenzeit in Schwedt zurückversetzt. Ich sagte meinen drei Begleitern, daß wir versuchen wollten, das MG weit ausholend von hinten zu finden, daß wir jeweils nur dann vorwärts laufen wollten, wenn das MG gerade schoß, und daß wir versuchen wollten, nicht zu schießen, sondern Gefangene zu machen. Wir vier waren uns darin einig, daß wir nur einen einzigen MG-Trupp vor uns hatten. Andernfalls hätten auch andere Waffen auf uns geschossen. Vor allem aber folgerten wir aus der Kürze der Feuerstöße, daß denen dort oben die Munition knapp geworden sei. Es könne sich eigentlich nur um einen kleinen Trupp versprengter Russen handeln.

Das nun Folgende verlief schnell und programmgemäß. Ein paarmal schoß das MG noch, und wir nutzten den Lärm, um dichter heranzukommen. Unsere eigenen Leute unten auf dem Sandweg erwiderten das Feuer nicht mehr, für uns ein Zeichen, daß sie damit rechneten, daß wir uns bereits auf der Anhöhe befinden mußten. So kam dann für uns vier bald der Augenblick, in dem wir die Russen nach unserer Einschätzung dicht vor uns haben mußten. Wir stürmten die wenigen Meter, die uns wahrscheinlich noch von ihnen trennten, den Hang hinunter und erhoben dabei ein Geschrei, so laut wir konnten. Tatsächlich hatten wir drei Russen vor uns, auf dem Bauch liegend, in Schußrichtung auf unsere Wagenkolonne. Erschrocken wandten sie sich um. Ich ließ aus meiner Maschinenpistole einen Feuerstoß in den Himmel gehen – »nur zur Sicherheit« –, sie hoben ihre Hände und ergaben sich. Mein Unteroffizier stellte fest, daß die drei ihre Munition nahezu verbraucht hatten. Dann trieben wir sie vor uns den Hügel hinunter, unseren eigenen Leuten buchstäblich in die Arme. Unsere drei Gefangenen schienen glücklich, daß wir sie nicht erschossen.

So unbeschwert führten wir damals noch Krieg.

An einem anderen Tage meldete eine unserer Kompanien, daß ein russischer Panzer des Typs T 34 unversehrt in ihre Hände gefallen sei. Er sei auf einem Waldwege auf zwei unserer Geschütze zugekommen, habe bei Erkennen unserer Kanonen aus der Turmluke ein weißes Tuch geschwenkt und sich ergeben. Vermutlich war es ein Überläufer.

Da sich der Vorfall nicht weit entfernt von uns abgespielt hatte, fuhr ich hin, um mir den Panzer anzusehen. Es war der erste, den wir unbeschädigt bekommen hatten.

Zusammen mit dem Kompanie-Chef überlegte ich, was wir mit der Beute tun sollten; ihn einfach stehen lassen, damit ihn möglicherweise ein paar im Walde versprengte Russen wieder besetzen würden? Nein. Ihn sprengen oder anstecken? Nein. Es war doch gut möglich, daß es sich um den ersten intakten T 34 handelte und daß man ihn in der Heimat zu Studienzwecken und Erprobungen lebhaft begrüßen würde. Ich kletterte zuerst einmal hinein, setzte mich auf den Fahrersitz und drückte auf den Anlasser. Der Motor kam sofort; er lief rauh und laut, viel zu laut. Ich suchte mir die Bedienungshebel und fuhr eine Proberunde. Das Vehikel – anders konnte man das Ding nicht bezeichnen – tat alles, was es sollte. Es war so primitiv, daß sozusagen der Dümmste mit ihm fertigwerden konnte. Gegenüber unseren deutschen Kettenfahrzeugen war dies eine vorsintflutliche Kiste. Doch das konnte für ein Kriegswerkzeug auch seine Vorteile haben.

Wir wollten ihn also vorerst bis zum Abend dieses Tages mitnehmen, und wir vereinbarten über Funk mit unserem Kommandeur das Erforderliche. Vor allem mußte in der ganzen Division bekannt werden, daß sich in ihrem Bereich ein olivgrüner T 34 bewegte, der nicht zu beschießen sei.

Sehr schnell erhielten wir über Funk die Bestätigung, alle Teile der Division waren informiert; jedoch müsse der T 34 vorne und hinten mit je einer Hakenkreuzfahne dekoriert werden. Alle kämpfenden Truppenteile waren seit Beginn des Rußlandfeldzuges mit Hakenkreuzfahnen ausgerüstet worden. Mit ihnen sollten die vorderen Linien gekennzeichnet werden, damit unsere Flugzeuge sie aus der Luft erkennen könnten. (Ein blödsinniger Befehl war das. Von wessen grünem Tisch kam der wohl?)

So saß ich zum ersten Mal in meinem Leben in einem Fahrzeug dekoriert mit der Parteifahne der NSDAP (übrigens auch zum letzten Mal). Bald bereute ich meine Initiative. Die hölzernen Griffe an den Hebeln der Kettenbremsen, mit denen ein Kettenfahrzeug damals noch gesteuert wurde, erwiesen sich als so kräftezehrend und rauh, daß ihnen die Innenflächen meiner Hände nicht gewachsen waren. Zudem stieg die Temperatur im Innern des Kampfwagens durch die Sonne von oben und die Hitze des Motors von innen so an, daß ich in Kürze schweißgebadet war. Kurz, es war ein Martyrium, auf das ich mich hier eingelassen hatte. Handschuhe hatte ich nicht bei mir, befanden wir uns doch im Sommer. So fühlte ich mich erlöst, als ich das Fahrzeug bei unserer Werkstatt ablieferte und unser Arzt meine blutenden Hände versorgte. Er meinte nur lakonisch: »Verwundet durch Feindeinwirkung?« (Was ein Verwundeten-Abzeichen »eingebracht« hätte.) Wir lachten.

Am 22. Juni waren wir in Ostpreußen angetreten, am 29. Juni, dem achten Tage unserer Offensive, schloß sich bereits der Kessel unserer beiden Angriffsspitzen westlich von Minsk, und am 9. Juli, also am achtzehnten Tage, ergaben sich die letzten Teile der eingeschlossenen russischen Truppen. Mehr als dreihunderttausend Gefangene, so hieß es, seien in deutsche Hände gefallen.

Von Norden kommend, sahen wir Minsk vor uns. Da meiner Abteilung offenbar aus dem polnischen Feldzug her der Ruf vorausging, mit den Problemen gefangener gegnerischer Soldaten gut fertigzuwerden, erhielten wir den Befehl, ein Camp für Gefangene anzulegen. Wir wählten eine große Wiese nördlich von Minsk. Sie war vor allem trocken, und auf ihrer Westseite floß im Halbkreise um sie herum ein mehrere Meter breiter kleiner Fluß. Die Nachbarschaft sauberen, schnell fließenden Wassers bewährte sich sehr. Viele Tausende russischer Soldaten marschierten in Kolonnen heran. Verständlicherweise stürzten sie sich als erstes an und in das Wasser. Die Versorgung klappte vom ersten Tage an. Unsere rechtzeitige und klare Organisation bewährte sich.

Sehr schnell wurde unsere Offensive nach Osten fortgesetzt. Jetzt fuhren wir sogar zeitweise auf einer in den Karten als Autobahn eingezeichneten Straße. Es stellte sich allerdings heraus, daß hier eine Autobahn zwar geplant und die Trasse sogar teilweise fertiggestellt war, jedoch hatte es zu einer Betondecke bisher nicht gereicht. Ich jedenfalls habe kein einziges Mal eine Betondecke gesehen.

Wir trafen jetzt auf keinen nennenswerten Widerstand mehr. Es mehrten sich aber die Dörfer, in denen wir bei der Einfahrt von kleinen

Empfangskomitees begrüßt wurden. Dorfälteste, von jungen Mädchen in weißen Kleidern begleitet, überreichten uns Blumen und übergaben uns Brot und Salz, das uralte Symbol für Glück und Willkommen.

Wir hatten einen neuen Ordonnanzoffizier, Baron Helmuth Engelhardt. Er stammte aus Estland und sprach auch Russisch. Engelhardt sagte uns, daß die Bevölkerung von uns Deutschen ein politisches Signal erwarte. Es sei ein Leichtes, die Menschen in Weißrußland für eine Gemeinschaft der westlichen Völker zu gewinnen.

Nördlich vorbei an der Stadt Smolensk ging es weiter nach Osten. Smolensk hatte am 5. August kapituliert, wir zählten die Kilometer, wir zählten die Tage – wann würden wir Moskau vor uns haben? Da erreichte uns ein Befehl, den ich nicht verstand. Die Heeresgruppe Mitte hatte von höchster Stelle den Befehl bekommen, anzuhalten und zur Verteidigung überzugehen. Ostwärts von Smolensk wurde eine von Norden nach Süden verlaufende Linie gebildet. Die 12. Panzer-Division, einer der zu Durchbrüchen und Umfassungen geschaffenen schnellen Verbände, war von heute auf morgen zur Infanterie-Division degradiert. Kaum mehr als dreihundert Kilometer vor Moskau blieben wir stehen, unsere Infanterie begann, sich einzugraben.

Unsere Panzerabwehr-Kompanien bezogen hinter den Linien der Infanterie Bereitstellungsräume, um für den Fall feindlicher Panzerangriffe hier oder dort eingesetzt zu werden. Doch es kam nicht zu russischen Panzervorstößen. Ein typischer Stellungskrieg mit kleineren Vorstößen von beiden Seiten entwickelte sich.

Endlich erreichte uns auch seit langem Post aus der Heimat. Ich nutzte die Gelegenheit, den Inhalt des prall gefüllten Postsacks mit der Feldpostnummer meiner Stabskompanie selbst zu verteilen. Das bot gute Möglichkeiten zu einem persönlichen Wort. Dann und wann hielt ich einen Brief in der Hand, dessen Rückseite deutliche Zeichen aufwies, daß er schon einmal von jemandem geöffnet und wieder zugeklebt worden war. Ich machte den Empfänger in aller Offenheit vor den übrigen Soldaten darauf aufmerksam. Vielleicht konnte das dazu beitragen, die Leute zur Vorsicht und Zurückhaltung in der Korrespondenz mit der Heimat anzuhalten. Ich empfand die Zensur privater Briefe der an der Front kämpfenden Soldaten als unwürdig.

Meine Großmutter schrieb mir oft. Sie sorgte dafür, daß das Band innerhalb ihrer großen Enkelschar nicht zerriß. Gerade erst kürzlich, schrieb sie, seien zwei meiner Kieckower Vettern, Jürgen-Christoph und Hans-Friedrich von Kleist, in meine Division als Leutnants versetzt worden. Sie nehme an, daß wir uns viel sehen könnten. Tatsächlich hatte ich keinen der beiden bisher erkannt. Bei einer Divisionsstärke von vierzehntausend Soldaten war das kein Wunder. Wenn ich einen von den beiden wiedersehe, möchte ich ihm sagen, daß ihr Vater einmal wieder in Köslin sei.»In Köslin«, das bedeutete: im Gefängnis; »einmal wieder« bedeutete mit großer Wahrscheinlichkeit: weil er den ihm für die Landwirtschaft zugewiesenen Kriegsgefangenen zu reichlich zu essen hatte geben lassen.

Am Nachmittag eines der folgenden Tage erreichte mich über das Feldtelefon der Anruf des Regimentsadjutanten unseres Infanterie-Regiments 5. Mein Vetter Jürgen-Christoph sei von einem Angriff seiner Kompanie ins Vorfeld nicht zurückgekommen. Mit Sicherheit sei er schwer verwundet. Doch bei Tageslicht sei es nicht möglich, bis zu der Stelle zu gelangen, wo er sich zuletzt befand.

Mein Kommandeur war damit einverstanden, daß ich hinfuhr; Feldwebel Knoke, der mit mir schon so manches Abenteuer geteilt hatte, weigerte sich, mich alleine fahren zu lassen. Noch bei Helligkeit trafen wir bei der Kompanie ein. Als es völlig dunkel war, machten wir uns mit zwei Unteroffizieren auf den Weg. Langsam krochen wir vier, einen Meter nach dem anderen, durch das vor uns liegende mannshohe Buschgelände. Niemand von uns wußte, wo sich die russische Linie jetzt befand. Wir machten daher viele Pausen, blieben eng beieinander und horchten in die Nacht hinein. Nichts regte sich. Schließlich erreichten wir, etwa nach einer Stunde, die wie eine Ewigkeit dünkte, eine Stelle, bei der die Unteroffiziere mit Handzeichen bedeuteten, hier etwa könne der Leutnant liegen. Es war aber so dunkel, daß wir den Erdboden suchend abtasten mußten. Endlich fanden wir ihn. Er war tot. Eine Kugel hatte von vorne seinen Helm durchschlagen. Wir zogen ihn auf eine Zeltbahn, die wir mitgebracht hatten, und schleppten ihn zurück in die Stellung seiner Kompanie.

Ich fragte den Kompaniechef, ob man den jüngeren Bruder Hans-Friedrich, der ebenfalls diesem Regiment als Leutnant angehörte, benachrichtigen könne, um Jürgen-Christoph am nächsten Tage gemeinsam zu beerdigen. Es stellte sich aber heraus, daß der Bruder kilometerweit entfernt in einer Stellung lag, aus der er »nicht abkömmlich« sei. Das Infanterie-Regiment 5 war auf eine viel zu breite Verteidigungslinie auseinandergezogen worden und hatte hinter der vorderen Linie keine Reserven. Wenn die Russen das erst herausbekommen würden, würde es ihnen ein Leichtes sein, hier durchzustoßen. Jeder einzelne Soldat wurde gebraucht.

So legten wir Jürgen-Christoph hinten auf meinen Wagen und nahmen ihn mit. Am nächsten Morgen haben Knoke und ich ihn an einer Wegekreuzung bei unserem Gefechtsstand in der Zeltbahn, mit der wir ihn geborgen hatten, beerdigt und ein kleines Birkenkreuz auf sein Grab gestellt. Es war mir nicht gelungen, einen unserer beiden Divisions-Geistlichen, weder den evangelischen noch den katholischen, zur Beerdigung zu bitten. Auch sie waren beide an diesem Tag »unabkömmlich«, denn die Verluste der so weit auseinandergezogenen Division häuften sich. So sprach ich selbst über dem Grabe zusammen mit meinem Stabsfeldwebel ein Vaterunser.

Dann besorgten wir die Heimsendung von Jürgen-Christophs Gepäck. Es bestand aus dem für Leutnants üblichen Feldsack. Ich adressierte ihn an die Mutter, weil ich annehmen mußte, daß der Vater noch im Gefängnis, »in Köslin«, saß.

Wenige Wochen nach Jürgen-Christoph fiel auch sein jüngerer Bruder Hans-Friedrich. Seinen Tod erfuhr ich erst viel später. Ebenfalls später erfuhr ich, daß der Vater auch zum Zeitpunkt des Todes seines jüngeren Sohnes im Gefängnis gesessen hatte. Dieses Mal aber nicht mehr in Köslin, sondern nun, wegen eines anderen »Delikts«, in Berlin-Moabit. Man beschuldigte ihn nicht etwa einer Verschwörung, sondern einer Handlung ganz anderer Art: Die ihm als Landarbeiter zugewiesenen russischen Kriegsgefangenen hatten eine Delegation zu ihm geschickt, um ihn in seiner Eigenschaft als Patron der Kieckower Gemeinde um die Erlaubnis zu bitten, einen verstorbenen Kameraden auf dem Dorffriedhof zu beerdigen. Da der für das Dorf »zuständige« Pfarrer aus einem der Nachbardörfer es aber nicht wagte, einen russischen Gefangenen christlich zu beerdigen, tat dies Onkel Hans-Jürgen selbst. Auf Bitte der Russen sprach er über dem Grabe ein Vaterunser. Am Tage danach war die Polizei erneut in Kieckow erschienen, um ihn zu verhaften.

Nicht Moskau, sondern Leningrad

Der Befehl, nicht weiter in Richtung nach Moskau anzugreifen, sondern zur Verteidigung überzugehen, hatte auf uns wie ein Schock gewirkt. Welche Strategie steckte dahinter? Daß er von höchster Stelle, also von Hitler gekommen war, hatte sich sofort herumgesprochen.

Nach ein paar Tagen löste sich für uns das Rätsel. Die 12. Panzer-Division schied aus der Heeresgruppe Mitte aus, um der benachbarten

Heeresgruppe Nord unterstellt zu werden. Nicht Moskau habe jetzt Vorrang, sondern zuerst sei Leningrad zu erobern.

Mit einem Schlage war nun alles klar. Die oberste Führung hatte den gesamten Operationsplan, kaum war er angelaufen, umgeworfen.

Schon erschienen die aus der Heimat im Fußmarsch nachgezogenen Truppen, Verbände mit hohen Nummern, Reserve-Divisionen also. Die 12. Panzer-Division wurde abgelöst und rollte hinter der deutschen Abwehrfront nach Norden.

Während des tagelangen Marsches dachten wir über das nach, was uns in der Gegend von Leningrad bevorstünde. Eine Panzer-Division braucht für die Erfüllung ihrer Aufgaben Bewegungsspielraum. Die Weite des russischen Raumes zwischen Smolensk und Moskau schien diese Voraussetzungen zu erfüllen. Was aber erwartete uns in der Enge zwischen Finnischem Meerbusen, Ladogasee und Ilmensee?

Unser Ordonnanzoffizier Baron Engelhardt, der doch aus Estland stammte, kannte die Gegend: Wir würden in ein Gebiet kommen, in dem es viele Sümpfe gebe. – Eine Panzer-Division wurde in ein Sumpfgebiet geschickt? Wer hatte das befohlen?

Noch über ein weiteres machten wir uns Gedanken: Man hatte neue Landkarten vom Norden Rußlands an uns ausgegeben. Es waren Nachdrucke sowjetischer Karten. Nach unseren Begriffen verdienten sie es nicht, Landkarten genannt zu werden, geschweige denn Generalstabskarten. Es waren schludrig gepinselte Wegekarten, ohne jede präzise Einzeichnung. Wir fanden es verantwortungslos, solch ein Material einer hochmodernen Panzer-Division in die Hand zu geben. Völlig zu Recht bemerkte einer unserer Kompaniechefs, dieses Material sei nur als Klopapier zu benutzen.

Nur Engelhardt freute sich über unsere Verlegung nach Norden. Der »baltische Baron« würde seine Heimat wiedersehen, die Heimat seiner Familie seit vielen Generationen. Wer freut sich nicht, als Vertriebener seine alte Heimat wiederzusehen.

Noch aber ging es nicht nach Estland. Vielmehr rollten wir westlich des Ilmensees vorbei an Nowgorod, der einst berühmten Gewerbe- und Handelsmetropole mit den engen Beziehungen zur deutschen Hanse.

An der alten Landstraße von Moskau nach Leningrad, dem ehemaligen Sankt Petersburg, begannen für uns erneut die Kämpfe. Die Russen zogen sich, hinhaltend Widerstand leistend, auf Leningrad zurück. Unsere Panzer-Abwehr-Kanonen begleiteten die zu Fuß vorgehende Infanterie. Es erschienen jedoch keine feindlichen Panzer.

So erreichten wir den Ort Tschudowo, etwa hundert Kilometer vor Leningrad, einen für unsere Begriffe kümmerlichen Flecken. Engelhardt aber wußte, daß Tschudowo einmal als Pferdewechselstation berühmt gewesen sei.

Nun lag die Straße zu der alten Hauptstadt des Zarenreiches in gerader Linie, wie mit dem Lineal gezogen, vor uns. »Breit wie die Pariser Champs-Élysées«, bemerkte Engelhardt.

In der Mitte einer viel zu breit angelegten Schneise durch alte Wälder verlief ein einsamer Damm, geschottert zwar, doch übersät von Schlaglöchern.

Langsam ging es weiter vorwärts, viel zu langsam, schien es uns. Unsere zu Fuß vorrückenden Infanteristen bestimmten das Tempo. Was war denn nur in unsere militärische Führung gefahren? Uns schien es, als könnten wir, wenn wir nur dürften, in etwa zwei bis drei Tagen in Leningrad sein. Schließlich hatten wir doch Erfahrungen. Der ganze Schwung einer gutgeführten Panzerangriffsoperation schien plötzlich wie vergessen.

Wir näherten uns Tosno, auf der Landkarte der letzte größere Ort vor Leningrad, als wir über uns eine Waffe hörten, wie wir sie bisher niemals erlebt hatten. Aus der Gegend westlich von Leningrad her erhob sich ein immer stärker werdendes tiefes Brausen, etwa einem der tiefsten Töne einer Orgel vergleichbar. Schon war es über uns hinweg, und weit rückwärts hinter uns erfolgte eine gewaltige Explosion. Die Wälder um uns herum gaben das Echo zurück.

Später traf ich einen Artillerie-Offizier. Er meinte, es könne sich nur um die Artillerie eines russischen Schlachtschiffes gehandelt haben, das sich vermutlich im Hafen von Kronstadt befinde. In den nächsten zwei Tagen schickten uns die Russen noch einige dieser »Orgeltöne«. Die Wirkung blieb auf das moralische Moment beschränkt. Die Russen schossen schlecht.

An einem anderen Tage sahen wir in der Ferne auf der geraden Straße ein Fahrzeug in hoher Geschwindigkeit auf uns zukommen. Zuerst war es ein kleiner Punkt, dann wurde es deutlich erkennbar ein olivgrüner, also ein russischer Lastwagen. Er fuhr mit Vollgas geradewegs auf uns zu, eine große Staubwolke hinter sich aufwirbelnd. Ich hatte den Wagen deutlich in meinem Fernglas und meinte, es könne sich nur um Überläufer handeln. So laut ich konnte, rief ich: »Laßt ihn kommen, nicht schießen, laßt ihn kommen!« Als Adjutant entsprach das zwar nicht meiner Befehlsbefugnis, doch ich war nicht sicher, ob in diesem Augenblick andere Offiziere in der Nähe waren.

Der russische Lastwagen war schon fast auf unserer Höhe, als sein Fahrer offenbar seine Lage erkannte und voll auf die Bremse ging. In dem Augenblick, in dem er stand, öffnete sich die Tür, und ein Soldat mit einer Pistole in der Hand sprang heraus, richtete die Waffe an seine Schläfe und erschoß sich. Sofort nach dem Schuß sprangen zwei weitere Soldaten aus dem Wagen und hoben ihre Hände. Wir sahen uns den toten Rotarmisten an und erkannten mit Betroffenheit die Rangabzeichen eines »Politruks«, eines Partei-Kommissars.

Dieser Russe vor Leningrad war der erste Kommissar, den ich als solchen identifizieren konnte, hatten wir doch inzwischen kleine, spielkartengroße Abbildungen mit den russischen Rangabzeichen erhalten. Für mich war es auch der letzte Kommissar gewesen, den ich in der Sowjetunion gesehen habe.

Nicht Leningrad, sondern Tichwin

Wie »mit angezogener Handbremse« bewegten wir uns auf Leningrad zu, anstatt so schnell vorwärts zu kommen, als es die Lage erlaubte. Trotzdem erreichten Teile unserer Division in den ersten Tagen des Monats September das Ufer der Newa, am 8. September wurde Schlüsselburg eingenommen. Nun war Leningrad im Süden von den Deutschen und im Norden von unseren finnischen Bundesgenossen eingeschlossen. Nur nach Osten gab es für die Drei-Millionen-Stadt noch eine Verbindung zum russischen Mutterland über den Ladogasee. Wir standen bereit zum Angriff auf die Stadt.

Oberstleutnant Becker machte zusammen mit mir eine Besichtigungsfahrt entlang der Einschließungsfront. Wir kamen zu einer Anhöhe, von der aus wir weite Teile von Leningrad überblicken konnten. Wir fanden eine Beobachtungsstelle unserer Artillerie. Hier überließ man uns ein Scherenfernrohr. Wir sahen eine Fabrik, deren Schornsteine rauchten. Wir sahen Menschen auf den Straßen. Ja wir sahen eine andere Fabrik, deren Tore sich plötzlich öffneten, und heraus rollte ein Panzerkampfwagen, frisch aus der Produktion. Offensichtlich hatte man dort drüben noch nicht einmal an eine Tarnung gedacht.

Wir gaben sofort das Scherenfernrohr frei, und unsere Artillerie schoß dorthin. Wir waren darauf eingestellt, morgen in der Frühe Leningrad anzugreifen.

Als wir zu unserem Gefechtsstand zurückkamen, lag dort ein neuer Divisionsbefehl vor: Leningrad wird nicht angegriffen, die Stadt bleibt eingeschlossen und wird von unserer Artillerie beschossen und von unserer Luftwaffe bombardiert, bis sie sich ergibt.

An diesem Abend saß ich mit Becker in seinem Befehlswagen. Jetzt nagten die Zweifel an uns. Gewiß fehlte uns der Einblick in die große Lage, wir waren nur ein winziges Steinchen im vieltausendfachen Mosaik, aber wir spürten, daß es im Räderwerk der militärischen Führung knirschte.

Gut zwanzig Kilometer südlich von Schlüsselburg gab es einen Ort mit dem schwer auszusprechenden Namen Mga. Seine strategische Bedeutung lag darin, daß sich hier zwei Eisenbahnlinien aus dem Süden und Osten Rußlands vereinigten, über die Leningrad versorgt wurde. Bei Mga begannen die Russen, frische Kräfte aus dem Osten heranzubringen, um die eingeschlossene Millionenstadt zu entsetzen. Mga wurde zu einem Schlachtfeld, vergleichbar dem von Verdun 1917. Gewiß hätte unser Angriff in das Zentrum von Leningrad viel Blut gekostet. Doch es währte nur noch wenige Wochen oder Monate, bis bewiesen war, daß Mga uns weit mehr kostete, als Leningrad uns gekostet hätte. In diesem Operationsgebiet waren wir völlig in die »Hinterhand« geraten. Das Gesetz des Handelns war uns entglitten.

An uns, der Panzer-Jäger-Abteilung 2, gingen diese Kämpfe vorerst noch vorüber, denn die Russen zeigten noch keine Panzer. Später erst sollten wir erkennen, daß die Russen ihre Panzer solange zurückhielten, bis Flüsse, Seen und Moore so tief gefroren waren, daß das Eis sie trug.

Dann erhielt die 12. Panzer-Division einen neuen Befehl. Wir sollten weiter südlich von Wolchow den Verbindungsfluß vom Ilmensee zum Ladogasee überschreiten, tief nach Osten vorstoßen und die Stadt Tichwin nehmen.

Wir suchten Tichwin auf der russischen Landkarte und fanden es etwa hundert Kilometer ostwärts des Wolchow. Über Tichwin lief auch eine Eisenbahnlinie. Sie führte über Mga nach Leningrad. Zwar war sie von uns bei Mga unterbrochen, aber über Tichwin liefen noch Züge immerhin so weit, daß das Transportgut am Südufer des Ladogasees in Schiffe umgeladen werden konnte, um nach Leningrad zu gelangen. Wer also Tichwin hatte, beherrschte die Linie zum Ladogasee. So jedenfalls ergab es sich aus der russischen Karte.

Der Tichwin-Befehl verkündete noch anderes: Gleichzeitig mit unserem Übergang über den Wolchow würden unsere finnischen Verbündeten ostwärts des Ladogasees nach Süden angreifen. In Tichwin würden wir uns mit den Finnen die Hand reichen. Das klang wunderschön.

Zwar erfuhren wir nicht, wo die Finnen zur Zeit standen, doch schien uns das ein vernünftiger und vermutlich bedeutsamer Auftrag.

Der Tichwin-Befehl beinhaltete noch einen weiteren und offenbar höchst gewichtigen Grund für unsere Offensive: Bei Tichwin befänden sich, so lasen wir, bedeutende Bauxitvorkommen. Die blaue Bauxiterde, die im Übertagebau gewonnen werde, sei der Rohstoff für die Herstellung von Aluminium. Da Bauxit in Deutschland so gut wie nicht vorkomme, sei der Besitz der Bauxitgruben bei Tichwin von kriegsentscheidender Bedeutung. Das klang ebenfalls gut, obwohl wir uns nur schwer vorstellen konnten, wie die 12. Panzer-Division das Bauxit von Tichwin im Operationsgebiet abbauen oder den Abbau schützen und den Transport des Bauxits in die Heimat besorgen sollte. Handelte es sich doch, wie man uns bei der Division sagte, um einen Operationsbefehl »von höchster Stelle«. Wir waren froh, daß die Division nun endlich wieder einen Auftrag bekommen hatte, sich wenigstens zu bewegen.

Am 19. Oktober 1941 begann der Angriff. Eine viele Kilometer lange Kolonne überquerte bei Tschudowo die von unseren Pionieren gebaute Holzbrücke. In diesen Stunden begann es zu schneien. Becker wandte sich im Wagen zu mir um und sah mich mit ernstem Gesicht an. Engelhardt, unser »Ortskundiger«, meinte, in der Regel komme »hier oben« der erste Schnee Anfang November. Würde dies nun ein früher Winter werden? Oder gar ein besonders strenger? Keiner unserer Soldaten besaß Winterkleidung.

Aus den ersten Schneeflocken wurde dichtes Schneetreiben. Unsere Fahrer konnten den Vordermann nur noch aus nächster Entfernung sehen. Sehr langsam ging es vorwärts. Wer sich aufwärmen wollte, sprang ab und ging neben seinem Fahrzeug. So hatte er wenigstens warme Füße.

Immer wieder stand die Kolonne. Die Fahrer hatten Befehl, beim Halten sofort den Motor abzustellen, um Benzin zu sparen. Hielten wir, dann horchte man angestrengt in die weiße Landschaft hinein. Ganz vorne gab es Gefechtslärm. Wir marschierten in einem »gemischten Verband«. Solange sich die Truppe nicht in die Breite entwickeln konnte, sondern auf einem schmalen Weg fuhr, sollte die unendlich lange Kolonne nicht nur an der Spitze, sondern möglichst überall so stark sein, daß sie sich auch nach den Seiten hin sofort verteidigen konnte.

Und nun erkannten wir, daß wir nicht auf einem Waldweg, sondern – fast nur noch – auf einem Damm fuhren. Links und rechts von uns verbarg sich unter der noch dünnen Schneedecke ein gefährliches Moor. Kam uns ein Sanitätswagen entgegen, um Verwundete zurückzubringen, dann galt es, hart rechts heranzufahren und zu halten. An vielen Stellen war der Damm so schmal, daß an einen fließenden Gegenverkehr nicht zu denken war.

Wir hatten Motorräder mit Beiwagen erhalten, ein neues Fabrikat, bei dem auch das Beiwagenrad angetrieben wurde. Von einem solchen Gespann ließ ich mich nach vorne fahren, um einen Eindruck von der Lage zu bekommen. Die Spitze bildete eine Kompanie unserer Aufklärungsabteilung mit leichten Panzerspähwagen. Ihr folgten Panzerkampfwagen und Panzerschützenwagen. Doch diese Gruppe diktierte nicht das Tempo unseres Vormarsches, denn die Russen hatten den Damm vermint. Die erste Schneedecke hatte die Minen gut getarnt. Das Tempo unseres Vormarsches diktierten unsere Pioniere mit ihren Minensuchgeräten. Schritt für Schritt tasteten sie sich vor. Kämpfe hatte es bis jetzt nur hier vorne gegeben.

Von hinten kamen ein paar unserer Panzerkampfwagen, um andere vorne abzulösen. Ich beobachtete das Manöver aus einiger Entfernung. Einer der Panzer wendete, aber sein Fahrer hatte offenbar beim Zurücksetzen die Breite des Dammes überschätzt. Zum Entsetzen aller, die es mit ansahen, rutschte der schwere Koloß plötzlich rückwärts die kleine Böschung des Dammes hinunter und verschwand vor unser aller Augen im Sumpf.

Die Pioniere schlugen sofort ein paar armdicke Birken und versuchten, die Lage des verschwundenen Panzers zu ergründen. Eine schwere Zugmaschine kam heran und ließ sofort ein Stahlseil von der Rolle laufen; alle Versuche, den Versunkenen an den Haken zu bekommen, scheiterten.

Einem sterbenden Kameraden konnte man manchmal noch helfen – jeder von uns hatte das erlebt –, aber hier oben auf dem Damm zu stehen, während dort unten Kameraden einen langsamen Tod starben, ohne daß man eine Hand rühren konnte, das war grauenhaft.

Ich wollte gerade den Rückweg antreten, als es vorne eine ungeheure Detonation gab, so stark, wie ich sie noch nie gehört hatte. Ich reihte mich nun doch nochmal in die Kolonne ein, denn ich wollte sehen, welche Waffe, welches Kaliber das soeben gewesen war. Vermutlich handelte es sich um eine Panzerabwehrmine, und deren Wirkung mußten wir kennenlernen.

Es dauerte nicht lange, bis ich an die Stelle kam. In weitem Umkreis war der Schnee wie mit dem Besen weggefegt. Schwarze Erde starrte mich an. Ich erfuhr, es müsse eine in dieser Größe bisher nicht bekannte Mine gewesen sein. Ich fragte, ob es Opfer gegeben habe. Der Unteroffizier, den ich angesprochen hatte, deutete mit der Hand einen großen Kreis um sich herum an. »Dort überall«, sagte er. »Eine Beiwagenmaschine mit drei Mann.« Was ich sah, waren nur noch Splitter, Stücke, Reste, Fetzen. Wenn ich hier schon sterben müßte, dann wünschte ich es so.

Diese Tage wurden noch schwerer. Durch das Feuer aus den Flanken – fast immer konnten wir die Schützen nicht erkennen – hatten wir Verluste. Schlimme Verluste, obwohl uns gegenüber keine Panzer erschienen. Was auch hätten hier Panzer ausgerichtet. Die Sümpfe waren für uns schwerere Hindernisse als sowjetische Panzer. Sicherlich wußten die Russen, wo die Moorinseln lagen, von denen aus sie auf uns schießen konnten. Auf uns, die wir uns auf dem Damm von Tschudowo nach Tichwin vorkamen wie Zielscheiben beim jagdlichen Laufsau-Schießen.

Irgendwann erreichten wir Tichwin. Aus Archiven habe ich erfahren, es sei am 8. November 1941 gewesen. In der Stadt selbst hatte es nur geringen Widerstand gegeben. Wozu auch! Befanden wir uns doch in Tichwin wie Ratten in der Falle. Die kleine Stadt war evakuiert. Kein Mensch zeigte sich. In aller Ruhe richteten sich die Truppenteile zur Verteidigung von Tichwin ein. Eine unheimliche Stille lag über dem jetzt tief verschneiten Marktflecken. Die Infanteristen gruben sich ein, unsere Geschütze verschwanden in Deckungen, die Panzerwagen tarnten sich in Schuppen und Viehställen. Für ihre Kanonenrohre wurden Öffnungen in die Wände gebrochen. Tichwin war nun eine »Festung«, und die 12. Panzer-Division, für den Bewegungskrieg gedacht, befand sich nun im Stellungskrieg. Wer wohl hatte das befohlen?

Den uns erteilten Befehl, Tichwin zu nehmen, hatten wir ausgeführt. Die Eisenbahnlinie hatten wir unterbrochen. Doch nach wenigen Tagen erfuhren wir, die Aufklärung habe gemeldet, daß die Russen mit Tausenden von Soldaten und Zivilkräften weit nördlich von Tichwin eine neue Straße bauten. Außerhalb der Reichweite unserer Artillerie.

Dann wurden die Bauxitgruben erkundet. Spähtrupps hatten sie erreicht. Sie hatten sogar Bodenproben mitgebracht. Das war alles, und dabei blieb es.

Und wie stand es mit unseren finnischen Verbündeten, die uns in Tichwin, von Norden kommend, die Hand reichen sollten?

Die Finnen hatten überhaupt nicht daran gedacht, aus ihrer etwa zweihundert Kilometer breiten Enge zwischen Ladogasee und Onegasee herauszukommen. Mit ihrer Stellung hatten sie dort nach verlustreichen Kämpfen ihre alte Grenze zurückerobert. Sie waren klug genug, sich von Hitler nicht zu einem Abenteuer in der Weite des russischen Nordens verführen zu lassen.

Der deutschen Führung war es also nicht gelungen, um Leningrad herum einen zweiten, einen »äußeren Ring« zu schließen. Die 12. Panzer-Division war umsonst über den Wolchow gegangen. Die Einnahme von Tichwin hatte außer Verlusten nichts eingebracht. Im Gegenteil: Die Division saß in der Falle.

Inzwischen hatten die Russen aber, wie zu erwarten, einen Ring um Tichwin gelegt. Bald entwickelte sich rings um diese so sinnlose »Festung« ein lebhaftes Scheibenschießen zwischen den Fronten.

Weit gefährlicher stand es um die Aufrechterhaltung unseres Verbindungsweges zum Wolchow. Unser Nachschub konnte nur noch mit Waffengewalt geschützt oder freigekämpft werden. Am schlimmsten stand es um den Rücktransport unserer Verwundeten, denn die Russen dachten gar nicht daran, das große Zeichen des Roten Kreuzes auf unseren Sanitätswagen zu respektieren.

Die Russen uns gegenüber hatten ihre Chance längst erkannt. Zwar schossen sie fleißig auf unsere eingebauten Waffen, griffen uns aber klugerweise nicht an. Vorerst belagerten die Deutschen Leningrad und die Russen Tichwin. So warteten wir täglich auf den Befehl zum Rückzug hinter den Wolchow. Doch vorerst vergeblich. Vielleicht verhandelte unser »Oberster Kriegsherr« noch mit Marschall Carl Gustav von Mannerheim, dem Staatspräsidenten Finnlands?

In solcherlei Gedanken versunken, saßen wir in einem Blockhäuschen und vertrieben uns die Zeit mit der Jagd auf Wanzen, als ich durch das Fenster unseren baltischen Baron Engelhardt durch tiefen Schnee stapfen sah. Seine äußere Erscheinung hatte gewiß niemals besonderen Anspruch auf Einhaltung »preußischer« Kleiderordnung gelegt. Wie er sich uns aber jetzt zeigte, verschlug uns die Sprache. Sein Kopf versank unter einer riesigen Pelzmütze, und statt in vorgeschriebenen Lederstiefeln steckten seine Füße und Beine in grauen Filzstiefeln, die nicht einmal eine Sohle hatten.

»Engelhardt, wo in aller Welt haben Sie sich diese unmögliche Ausrüstung besorgt?« rief ihm Oberstleutnant Becker entgegen. Und in rollendem Baltendeutsch erwiderte unser Ordonnanzoffizier: »Aus der Stadt, Herr Oberstleutnant. Und ich habe in meinem Wagen noch sehr viel mehr davon.« Der wintererfahrene Balte hatte zusammen mit einigen Soldaten der Stabskompanie eine ganze Häuserzeile auf Wintergarderobe »durchforstet«. Dieser Winter werde hart und kalt werden, wußte Engelhardt vorauszusagen. Ohne Pelz und Filzstiefel sei man dem Winter hier im Norden Rußlands nicht gewachsen.

Tatsächlich trugen wir noch alle, gleich ob Offizier oder Mann, die Kleidung und Ausrüstung, in der wir am 22. Juni über die russische Grenze gegangen waren. Zu dieser Zeit war bei uns noch nicht ein einziges Stück Winterbekleidung eingetroffen. Die wachhabenden Soldaten mußten in immer kürzeren Intervallen abgelöst werden, tags ebenso wie erst recht bei Nacht. Das Thermometer hatte schon minus zwanzig Grad angezeigt, und Engelhardt sagte, es werde in Kürze noch weit kälter werden. Was in Tichwins Häusern an Winterbekleidung zu finden war, wurde also requiriert.

Als Engelhardt seinen mit solchen Kleidungsstücken prall gefüllten Wagen geleert hatte, kam er noch mit einer »Überraschung für unseren Adjutanten«, von dem er doch wisse, daß er ein besonderer Liebhaber schöner Antiquitäten sei. Einen Mörser aus bester Bronze, so groß und gewichtig, wie ich ihn nur selten bewundert hatte, samt dazugehörendem Stößel schleppte er in das Haus und stellte seine Beute mit Stolz auf den Tisch.

Becker erstarrte und fuhr unseren Baron in einem Ton an, der unmißverständlich seine Herkunft aus dem preußischen Unteroffiziersstand dokumentierte: »Engelhardt, woher haben Sie den Mörser?« Der so unfreundlich und lautstark Angesprochene reagierte so, wie wohl nur ein Balte in solcher Situation reagieren kann, ungerührt, freundlich und »baltisch«: »Aus der Apotheke am Marktplatz, Herr Oberstleutnant. Es ist der Größte und Schönste von denen, die dort standen.« Becker blieb eiskalt. Mit schneidender Schärfe fuhr er seinen Ordonnanzoffizier an: »Engelhardt, Sie werden den Mörser sofort dorthin zurückbringen, wo er gestanden hat. Andernfalls zwingen Sie mich, gegen Sie einen Tatbericht wegen Plünderung zu erstatten.« Engelhardt gab nicht auf. In liebenswürdigem Baltisch sagte er: »Das wäre doch ein Jammer, einen so schönen Mörser in Tichwin zurückzulassen, denn wir werden doch mit Sicherheit nicht in Tichwin überwintern, Herr Oberstleutnant. Und wer sagt uns denn, Herr Oberstleutnant, was für Leute das sein werden, die nach uns in dieses leere Städtchen kommen werden. Deshalb, meine ich, sollte man diesen so selten schönen Mörser vor seiner Vernichtung retten.«

Damit war er bei unserem rechtschaffenen Kommandeur erst recht an den Falschen geraten: »Engelhardt, Sie werden jetzt sofort und mitsamt dem Mörser zur Division fahren und in meinem Auftrag dem General Harpe den Mörser vorstellen. Sie werden ihn in meinem Auftrag um eine Entscheidung bitten.«

Wortlos nahm Engelhardt Haltung, ergriff das schwere Corpus delicti mit beiden Armen, stieg in seinen Wagen und entschwand unseren Blicken. Becker murmelte einiges vor sich hin, wie, es sei wirklich ein selten schöner Mörser, aber so, wie der Engelhardt sich das denke, gehe es nun einmal nicht

Es dauert wohl eine Stunde, bis Engelhardt zurückkehrte. Mit dem strahlenden Gesicht des Siegers sah ich ihn wieder durch den Schnee auf unser Haus zukommen, den Mörser in den Armen. Zum zweiten Mal setzte er das »geplünderte Gut« vor uns auf den Tisch, daneben auf einem Meldeblock, von seiner eigenen Handschrift, mit der Unterschrift des Divisionskommandeurs Harpe, folgende Verfügung: »Hiermit erteile ich dem Oberleutnant Stahlberg die Genehmigung, als Andenken an die Stadt Tichwin aus der dortigen Apotheke einen Mörser mit nach Hause zu nehmen.«

Der Mörser hat mehr als drei Jahre in unserem Haus in Stettin als »Andenken« gestanden, und die »Verfügung« des Generals Harpe besitze ich noch heute.

Bitter kalt wurde dieser Winter. Das Thermometer sank bis unter dreißig Grad, die Schneedecke wurde von Tag zu Tag höher. Immer noch hatten wir keine Winterbekleidung erhalten. Unser Nachschub drang nur noch kämpfend zu uns nach Tichwin durch.

Um unsere Fahrzeuge zu tarnen, ließen wir sie in den Schnee eingraben. Die Motoren waren zur Heizung geworden; die Fahrer ließen sie Tag und Nacht laufen. Dann wurde das Benzin knapp. Also mußte man mit dieser »Heizung« sparsam umgehen. Blieb ein Motor aber zu lange abgestellt, war es schwierig, ihn wieder zu starten. Um die Batterien zu schonen, wurden die Motoren vor dem Starten angewärmt. Dazu stellte man mit Dieselöl gefüllte Blechgefäße unter die Fahrzeuge und zündete Feuer an. Aber jeder Fahrer hortete soviel Kraftstoff für sein Fahrzeug, daß es für den voraussehbaren Rückzug reichen würde.

Täglich mehrten sich die Erfrierungen. Füße, Hände, Ohren, Nasen. Die größte aller Erfrierungsgefahren drohte den Verwundeten. Wenn Frost in eine offene Wunde eindrang, war der Mann kaum noch zu retten. Lieber wollte man tot sein als verwundet. In uns allen, vom einfachen Mann bis zum Kommandeur, begannen die Zweifel zu nagen. Aber schließlich, so meinten wir, müßten »die da oben« doch die Fehler, die die Führung gemacht hatte, erkannt haben, um sie in Zukunft zu vermeiden. Also galt es, die Zähne zusammenzubeißen und die Hoffnung nicht zu verlieren.

Auch die Munition wurde knapp. »Schießt nicht ins Blaue!« sagten wir den Soldaten. »Denkt daran, daß wir für den Rückzug wahrscheinlich mehr Munition brauchen werden als für die Verteidigung von Tichwin.«

Dann mußten wir die Lebensmittel rationieren. Wir hatten kein Vieh vorgefunden, das man hätte schlachten können, nicht einmal Pferde.

Hart traf es den, dessen Fahrzeug oder gar dessen Panzer nicht mehr zu brauchen war, weil ein wichtiges Ersatzteil plötzlich fehlte. Manchmal war es bewunderungswürdig, welche Improvisationstalente, ja welcher Erfindergeist in einem einfachen Techniker zu Tage traten. Motorreparaturen unter freiem Himmel bei einer Kälte von mehr als dreißig Grad, oft im Schneegestöber, nicht selten unter feindlichem Beschuß, unter Lebensgefahr und in Zeitnot!

Schon glaubten wir kaum mehr an einen Rückzugsbefehl. Noch nie waren wir in diesem Kriege zurückgegangen. So würde Tichwin wahrscheinlich unser Ende sein. Und dann kam der Befehl eines Tages doch: Am 6. oder 7. Dezember 1941, ich weiß das Datum nicht mehr genau. Viel zu spät kam er zwar, aber wenigstens kam er, bevor die Russen über uns herfallen würden.

Ich kann mich an den Rückzug kaum mehr erinnern. Nur ein paar Augenblicksmomente sind noch gegenwärtig. Ich hatte plötzlich hohes Fieber bekommen. Aber ich habe weder damals noch später erfahren, was für eine Krankheit mich gepackt hatte. Ich entsinne mich nur, daß man mich in Decken gewickelt hatte und daß ich auf einer kettengetriebenen Zugmaschine saß oder lag – tagelang. Manchmal wurde gefahren, manchmal gab es Stillstand. Ich hatte jedes Zeitgefühl verloren. Ich entsinne mich, daß oft geschossen wurde. Ich hörte Befehle, hörte Schmerzensschreie, ich hörte, daß nach Sanitätern gerufen wurde. Ich dämmerte unter meinen Decken dahin. Nichts interessierte mich mehr.

Irgendwann – dessen entsinne ich mich mit schrecklicher Deutlichkeit – hatte ich einmal die Decke über meinem Kopf beiseitegeschoben. Da sah ich um mich herum Körper an Körper, Verwundete, Kranke. Sie saßen, lagen, hockten; und auf dem Heck unserer Zugmaschine lagen Tote. Nein –, sie lagen nicht, sie waren gestapelt, mit Stricken festgezurrt. Unsere Soldaten ließen einen toten Kameraden nicht im Schnee liegen. Solange es irgend möglich war, luden sie ihn auf. Der Stapel hinter uns wurde von Tag zu Tag höher. Wahrscheinlich trug der Stapel entscheidend dazu bei, daß ich noch lebte, denn wenn die Russen hinter uns her schossen, waren unsere Toten ein Kugelfang, ein Schutzschild.

Irgendwann, wahrscheinlich war es in den letzten Tagen des Jahres, setzte mein Erinnerungsvermögen wieder ein. Ich lag in einem viel zu kurzen Bett. Unser Arzt saß neben mir und sagte, daß ich es geschafft hätte. Ich wollte wissen, wo wir seien. Er beruhigte mich, den Wolchow hätten wir hinter uns. Wir seien in einem Dort südwestlich von Leningrad, und es komme jetzt vor allem darauf an, daß die Front am Wolchow gegen die Russen gehalten werde.

Und was aus unserer Abteilung, aus unserer Division geworden sei, wollte ich wissen. Der Arzt beruhigte mich. Man habe noch keinen rechten Überblick. Ich fragte ihn, ob er mich in ein Lazarett schicken werde. Er sagte, das sei jetzt nicht mehr nötig.

Inzwischen war es also Weihnachten gewesen, ich hatte einige Mühe, mein Zeitgefühl wieder in Ordnung zu bringen. Man ließ mich noch ein paar Tage im Bett, und ich hatte Zeit zum Nachdenken. Nicht über das, was gewesen war. Instinkthaft sträubte ich mich, an das zu denken, was an Schrecklichem hinter mir lag. Was jetzt werden sollte, das beschäftigte mich. Kameraden besuchten mich. Dann ließ ich mir doch von ihnen erzählen, was in den vergangenen Tagen an mir vorübergegangen war.

Im Dezember 1941 trat der Oberbefehlshaber des Heeres, Generalfeldmarschall Walther von Brauchitsch, zurück. Ein Sündenbock mußte eben gefunden werden. Hitler setzte sich selbst an die Stelle als Oberbefehlshaber.

Eine andere, schier unglaubliche Nachricht beunruhigte uns mehr: Einige Kameraden hatten im Rundfunk gehört, daß Hitler am 11. Dezember während einer Sitzung des »Großdeutschen Reichstags« in der Berliner Krolloper vor begeistert jubelnden »Volksvertretern« verkündet hatte, daß er hiermit den Vereinigten Staaten von Amerika den Krieg erklärte. Wir waren nun also endgültig in der Hand eines Wahnsinnigen.

Und trotzdem gab es selbst bei uns in der Truppe ernstzunehmende Leute, die die uralte Erkenntnis der Nähe von Wahnsinn und Genialität zitierten, wenn über Hitler gesprochen wurde. Noch immer zog man hier und dort Vergleiche zwischen Hitler und Napoleon I.

Um die Jahreswende wurden die Reste der 12. Panzer-Division nach Estland verlegt. Es gab einen fulminanten Divisionsbefehl über unsere Ruhmestaten, und der Divisionskommandeur wurde »vom Führer mit dem Eichenlaub zum Ritterkreuz ausgezeichnet«. Ich selbst machte die Fahrt nach Estland zusammen mit anderen Rekonvaleszenten auf einer Zugmaschine mit. Ein großer Teil unserer Reiseroute führte über neue Knüppeldämme, durch unwegsame Sumpfgebiete. Engelhardt sagte, wir sollten gut Ausschau halten; hier gäbe es noch Bären. So sehr wir uns anstrengten, es gelang uns nicht, einen Bären zu sehen.

Das Tagebuch von 1942

Ein kleines Büchlein, nur zwölf Zentimeter hoch, abgenutzt und zerschlissen, liegt vor mir, eines der wenigen Dokumente, die ich noch aus der Kriegszeit besitze. Was ich damals hineinschrieb, ist wortkarg. Meist sind es nur Ortsnamen. Wir waren stumpf geworden.

Gegen Ende des Büchleins sind Adressen verzeichnet, ohne alphabetisches Register, nur so, wie sie gerade kamen. Einige von den Namen und Adressen sind mit der Schere herausgeschnitten, doch erstaunlicherweise ist Henning Tresckow hierbei von mir übersehen worden. So, als ob es nicht sein dürfe, daß er vergessen würde: Potsdam, Burggrafenstraße 32, Telefon 2689.

Gegen Ende sind die Kennzeichen von dreißig deutschen Panzer-Divisionen vermerkt, fein säuberlich und deutlich, damit man unterwegs schnell erkennen konnte, wer einem etwa auf der Straße entgegenkam.

Die letzten Seiten zeigen eine farbige Karte des europäischen Kontinents. Das Großdeutsche Reich erstreckt sich im Westen bis nach Luxemburg und Metz, im Osten bis nach Brest-Litowsk. Die Karte von 1942 war also längst überholt. Im Osten waren wir doch schon weit über Brest-Litowsk hinaus! Bei Jahresbeginn 1942 befanden sich die Reste der 12. Panzer-Division »zur Auffrischung« in Estland. In Wirklichkeit war die alte Stettiner Division zerschlagen worden.

Estland zeigte sich als ein wunderschönes Land. Die Menschen waren sympathisch. Ortsnamen wie Dorpat, Fellin, Wesenberg waren leicht auszusprechen oder klangen sogar deutsch. Erst als wir Quartiere bezogen, merkten wir, daß in Estland die Männer fehlten. Estland offenbarte sich uns als ein Frauen-Land. »Wo sind Eure Männer?« fragten wir und bekamen eine grausige Antwort: »1939, nach Abschluß des Freundschaftsvertrages zwischen Hitler und Stalin, kamen die sowjetischen Soldaten. Sie haben alle Männer, auch die Knaben, verhaftet, verladen, und nach Osten abtransportiert. Wir wissen nichts von ihnen.«

Unsere »Auffrischung« währte nur wenige Wochen. Am Wolchow tobten neue Kämpfe. Auf der Seite der Gegner waren jetzt sibirische Regimenter erschienen. Die Sibirier seien unempfindlich gegen die Kälte, hieß es. Zudem seien sie in gepolsterte weiße Überjacken gekleidet. Im Schnee seien sie nur auszumachen, solange sie sich bewegten.

Dann kam ein neuer Befehl: zurück an die Front! Mit etwa hundert Soldaten aus den Resten unserer Kompanien rollten wir zurück nach Osten, über Narwa nach Rußland. In Tossno, unweit von Leningrad, hatte ich mich bei einem Bau-Bataillon Keppel zu melden. Das Bataillon unter dem Pionier-Major Keppel bestand fast nur aus älteren Leuten. Ursprünglich hatte man sie nach dem Norden Rußlands geschickt, damit sie für uns dort Wege und Knüppeldämme bauten. Jetzt wurde das Bau-Bataillon Keppel zusammen mit unseren Panzerjägern »umgegliedert«. Vor allem bekam es einen neuen Namen. Es hieß nun Kampf-Bataillon Keppel. Diese »Umgliederung« sei eine persönliche Idee des »Führers« gewesen!

Mit einem bunten Gemisch von Lastwagen und Zugmaschinen ging es weiter nach Tschudowo. Seit mehr als einem Vierteljahr kamen wir immer wieder von Neuem durch dieses trostlose Nest. Dann bekam das neue Kampf-Bataillon seinen Kampfauftrag: Ablösung des 3. Bataillons eines Infanterie-Regiments mit der beeindruckenden hohen Nummer 390 an der Wolchow-Front. Dort war seit einigen Tagen Ruhe. Von den Soldaten des 390. Infanterie-Regiments waren nur noch einzelne Trupps vorhanden. Sie hatten Gräben und Unterstände gebaut. Nun wurden Soldaten der 12. Panzer-Division zu Infanteristen im Stellungskrieg. Wir hatten noch keine Erfahrungen im Bau von Schützengräben. Unser Kommandeur gab uns Ratschläge. Hatte er doch 1917 vor Verdun gelegen.

Das Kampfbataillon Keppel glich einem Räuberhaufen, denn jeder sah zu, daß er vor allem warme Sachen fand. Um uns herum lagen tote Soldaten, Deutsche und Russen. Hier hatten Nahkämpfe gewütet. Die Russen hatten wattierte Jacken, Pelzmützen, Filzstiefel, über der Uniform Schneehemden. Nun galt unsere Sorge, wir könnten deutsche und sowjetische Soldaten verwechseln. Mir selbst war es in Estland gelungen, eine Schneiderin zu finden, die mir aus einem zerschlissenen deutschen Uniformmantel und Kaninchenfell eine Pelzmütze anfertigte. Mit der Mütze war ich zwar als Deutscher, nicht aber mehr als Offizier zu erkennen. Was tat das!

In den ersten Tagen des Februar wurde ich zurück nach Estland gerufen. Aus Kolberg in Pommern hatten wir frisch ausgebildete junge Soldaten bekommen. Je nach ihrer Verwendungsmöglichkeit waren sie auf die Reste unserer Kompanien aufzuteilen. Da es an schweren Waffen mangelte, entstanden infanterieähnliche Kompanien. Wir fanden uns damit ab, denn Panzerabwehrwaffen wurden gar nicht mehr gebraucht. Bisher griff doch die Rote Armee nur mit Infanterie an.

Wenige Tage blieb ich in Estland. Dann kamen Alarmmeldungen von der Wolchow-Front. Die ganze Verteidigungslinie sei in höchster Gefahr: Einbrüche in unsere Abwehrstellungen, einmal hier, einmal dort, Nahkämpfe Mann gegen Mann, jeder verfügbare Soldat sofort an die Front, ohne Ansehen von Dienstrang und Dienststellung.

Am 8. Februar 1942 war ich wieder in Tschudowo. Diesmal ging es nicht mehr um den Einsatz von Bataillonen oder auch nur Kompanien, jetzt wurden nur noch Gruppen zusammengestellt: zwanzig Mann hierhin, zehn Mann dorthin, sechs Mann in die MG-Stellung – »dort, in dieser Richtung werdet Ihr sie finden. Doch nicht bei Tageslicht. Das schafft Ihr nicht. Die da vorne müssen so lange standhalten, bis Ihr kommt!«

Als es dunkel war, fand ich das MG-Nest. Fünf Mann hatte ich, unter ihnen zwei Unteroffiziere, die unbedingt in meiner Gruppe sein wollten, denn ich galt als Glücksvogel. Die drei Leute, die wir in der Stellung vorfanden, fielen uns um den Hals, als seien wir ihre Retter. »Nachts habt Ihr hier meistens Ruhe, aber bei Mondschein oder beim ersten Hellwerden müßt Ihr höllisch aufpassen. Vor uns, ein paar hundert Meter entfernt, liegen Sibirier im Schnee. Sie stehen dann plötzlich auf und versuchen, durch den tiefen Schnee vorwärts zu kommen. Ihre Offiziere gehen nicht vor, sondern hinter ihren Soldaten. Seht zu, daß Ihr zuerst die Hintengehenden totschießt. Dann habt Ihr Ruhe.«

Dann verschwanden unsere drei abgelösten Soldaten im Laufgraben nach hinten. Wir richteten uns so gut wie möglich in dem Unterstand ein. Ein erhöhter Liegeplatz reichte für drei Schläfer, allerdings in Tuchfühlung. Ich übernahm eine Wache am MG und versuchte, die Dunkelheit zu durchdringen und die Geräusche des Geländes kennenzulernen. Eine Totenstille lag über dem Flußgebiet des Wolchow. Ich schickte zwei meiner Soldaten los, um Birkenholz zu suchen. »Bis Mitternacht müßt Ihr zurück sein«, schärfte ich ihnen ein, denn in meinem

205

Kalender stand, daß der Mond nach vierundzwanzig Uhr aufgehe. Birkenholz mußten wir vorrätig haben, denn Birke war das einzige Holz, das wir zum Heizen nehmen konnten; es erzeugt so gut wie keinen Rauch.

In der Ferne hinter den russischen Linien hörten wir ein Flugzeug. Man spürte das Knattern jedes einzelnen Zylinders; es handelte sich um eine alte Kiste. Wir kannten sie, obwohl sie bisher niemand gesehen hatte. Sie kam nur bei Dunkelheit, weil sie sehr langsam flog. Die ganze Wolchow-Front nannte sie den »Eisernen Gustav« – nach dem berühmten Berliner Droschkenkutscher –, weil sie regelmäßig und so langsam kam. War der Eiserne Gustav ungefähr über der deutschen Linie, dann schossen unsere Soldaten mit dem Gewehr in seine Richtung. Es hätte doch einmal sein können, daß eine Kugel ihn treffen würde! Über den Eisernen Gustav wurde viel gelacht. Das tat wohl.

Die zwei Soldaten schleppten so viel Birkenstämmchen heran, als sie tragen konnten. Sofort begannen sie mit dem Sägen. Nun waren wir wieder sechs Mann; ich schickte die beiden Unteroffiziere los, um Verbindung zu unseren beiden Nachbarposten zu finden. Da das Telefon in unserem Loch tot war, sollten sie auch versuchen, über einen anderen Apparat eine neue Fernsprechleitung zu uns zu erbitten. Wir hatten kein Funkgerät.

Die Unteroffiziere kamen bald zurück. Die Stellung links von uns sei etwa fünfzig Meter entfernt; doch rechts von uns sei die benachbarte Stellung nicht besetzt. Erst im übernächsten Nest sei ein MG eingesetzt. Jetzt aber reichte die Zeit nicht, um noch weitere Erkundungen durchzuführen, denn nach meinem Taschenkalender würde in wenigen Minuten der Mond aufgehen.

Als das fahle Licht die Landschaft um uns herum erhellte, offenbarte sich uns ein Bild des Schreckens: Wir befanden uns mitten in einem Leichenfeld. Rings um uns herum lagen Tote, Deutsche wie Russen. Hier war ein Helm, aus dem Schnee heraus erkennbar, dort nur ein vom Wind freigewehter Arm, hier ein ganzer Körper, dort nur – unsagbar.

Voller Entsetzen starrten wir auf das Feld um uns herum. Dann pfiff plötzlich eine Kugel dicht über unsere Köpfe hin und zwang uns zurück in die Deckung.

Gemeinsam sprachen wir durch, wie wir uns verhalten würden, wenn die Russen angreifen sollten oder wenn sie Artilleriefeuer auf unsere Stellungen legen würden. Im Unterstand fanden wir einen Topf mit weißer Farbe. Nun konnten wir wenigstens unsere Helme weißen.

Dies war die erste Grabenstellung, die ich erlebte. Wir blieben drei Wochen. Am schwersten waren die ersten Tage, obwohl wir nicht angegriffen wurden. Das Leben inmitten von Leichen war unmenschlich. Täglich überlegten wir, wie man sie bestatten könnte. Aber es gab keine Möglichkeit. Alle vierundzwanzig Stunden kamen nachts zwei Soldaten mit Essenträgern. Trinkwasser gewannen wir aus dem Schnee. Jeder von uns konnte heute oder morgen von einer feindlichen Kugel getroffen werden. Dann würden die Kameraden den Toten über die Grabenkante hinauswerfen. Ein Transport nach hinten lohnte nicht. Nur nicht verwundet werden, lieber sofort tot, sagten wir uns. Die Essenträger berichteten, das Thermometer habe nachts schon vierzig Grad erreicht. Wir vegetierten nur noch.

Meine fünf Kameraden litten schrecklich unter Läusen. Die Jagd auf Läuse war ihre einzige Freizeitbeschäftigung. Doch mehr als drei Mann gleichzeitig durften sich dieser Tätigkeit nicht widmen, denn zur Jagd auf Läuse mußte man sich nackend ausziehen. Die übrigen mußten alarmbereit bleiben. Ich selbst blieb von Läusen verschont. Selbst dann, wenn ich nachts in Tuchfühlung mit anderen schlafen mußte. Die Läuse waren so freundlich, mich zu meiden. Desto mehr litt ich unter Wanzen. Die aber gab es nicht in Erdlöchern, sondern nur in Häusern. Ich war eben doch ein Glücksvogel.

Immerhin hatten wir eine Latrine. Man konnte sie nur nachts erreichen. Bei Mondlicht entdeckte ich ein Brett, auf das ein Spaßvogel mit liebevollen Verzierungen einen Vers gepinselt hatte. Bald konnte ich ihn auswendig:

> Scheiß, daß die Balken krachen!
> Scheiß der Welt ins Angesicht!
> Scheiß dem Teufel in den Rachen!
> Nur – den Rand bescheiße nicht!

Nach drei Wochen wurden wir endlich abgelöst. Verdreckt und mit Ekel vor uns selbst ging es zurück nach Estland in die Quartiere. Saubere Badestuben, frische Wäsche, der widerliche Drei-Wochen-Bart fiel. Seit dieser Zeit hasse ich es, unrasiert zu sein. In Narwa gab es sogar einen deutschen Feld-Zahnarzt. Er war kein Künstler seines Fachs, doch die Gerechtigkeit gebietet es zu bemerken, daß er seinen Handbohrer wie ein Radfahrer mit den Füßen antreiben mußte.

Da ich meinen kleinen Taschenkalender noch habe, lese ich, daß wir nach einer Woche erneut an die Front fuhren. Diesmal wurden es vier

Wochen, bis wir wieder abgelöst werden konnten. Und so ging es weiter hin und her zwischen Estland und den Fronten im Süden von Leningrad, einmal wieder am Wolchow, dann an der Newa, dann bei Mga, das wir »die Knochenmühle« nannten. Wir fühlten uns wie Feuerwehrleute, denn wir rollten dorthin, wo es brannte, oder wie Kesselflicker, um Löcher zu stopfen.

Jedes Mal gab es Verluste, manchmal »geringe«, ein andermal »schwere«. Dann trafen »neue«, junge Soldaten aus Kolberg ein, notdürftig ausgebildete, blutjunge Burschen, ahnungslos, was ihrer harrte. Eines Tages stellte ich fest, daß mein Kommandeur, Oberstleutnant Becker, und ich, sein Adjutant, der kaum mehr Adjutantendienste verrichtete, die einzigen Offiziere der alten Stettiner Panzer-Jäger-Abteilung 2 waren, die am 22. Juni 1941, dem Tage des Angriffs auf die Sowjetunion, schon bei ihr gestanden hatten. Und man möge nicht denken, Oberstleutnant Becker hätte während der monatelangen Kämpfe irgendwo »hinten« gesessen. Oft genug griff er sich einen provisorisch zusammengestellten Zug, um mit zwanzig oder dreißig Mann vorne einzugreifen und zu retten.*

Einmal im April, dann wieder im Mai gab es »Lichtblicke«: Wir erhielten neue Panzerabwehrwaffen, Ersatz für die vielen verlorenen und zerschossenen Geschütze. Sie waren sogar auf Selbstfahrlafetten montiert, teils neuer deutscher, teils alter tschechischer Herkunft. Das ließ allerhand Rückschlüsse zu. In der Heimat schien es mit der Rüstungsindustrie im argen zu liegen. Die Kanoniere auf den Selbstfahrlafetten konnten nun zwar eine gewaltige Feuerkraft entwickeln, doch wehe ihnen, wenn sie mangels Munition nur noch ein rollendes Zwei-Etagen-Haus waren. Und wehe ihnen, wenn sie im Frühjahr im Schlamm zu versinken drohten, denn ihre Laufketten waren zu schmal.

Mehr und mehr spürten wir die Hand unseres neuen Oberbefehlshabers des Heeres. Oft lasen wir Einsatzbefehle, denen man die Handschrift des ehemaligen Gefreiten ansah. An unserer Front regierte die Passivität. Initiativen kamen fast nur noch von der Gegenseite. Unsere Führung schien gelähmt.

---

* Aus dem Kriegstagebuch der 12. Panzer-Division (Original im Bundesarchiv/Militärarchiv in Freiburg): Gefechtsstärken der 12. Panzer-Division:

	Offiziere	Beamte	Unteroff.	Mann	Zusammen
Dezember 41	295	107	2268	11297	13967
Februar 42	116	59	1052	4802	6029
Juli 42	71	48	621	2550	3290

In dieser Zeit begegnete man zwischen Ladoga- und Ilmensee spanischen Soldaten in deutschen Uniformen. Der spanische Staatschef Franco hatte Hitler eine Division Freiwilliger geschickt, offenbar eine Gegenleistung Spaniens für die deutsche Legion Condor, die Hitler 1936 nach Spanien entsendet hatte. Auch diese spanische Blaue Division war, ebenso wie wir, für einen Winterkrieg in Rußland nicht gerüstet. Die jungen spanischen Freiwilligen litten noch mehr unter der Kälte als wir. Was verbarg sich hinter solcher Mißachtung von Fürsorgepflicht? War es Hitlers Indolenz, war es Zynismus? Oder war es gar seine Rache dafür, daß Franco sich geweigert hatte, an unserem Krieg teilzunehmen? Mit nur einem Rest von Fairneß hätte Hitler die Blaue Division sehr gut auch auf einem klimatisch geeigneteren Kriegsschauplatz einsetzen können. Es hätte da eine ganze Reihe wärmerer Möglichkeiten gegeben.

Angehörige der Blauen Division rächten sich dafür auf ihre Weise. Da sie von deutscher Seite mit modernsten Waffen ausgerüstet waren, nicht selten mit solchen, die bei uns zur Mangelware gehörten, hatte es sich zwischen Ladoga- und Ilmensee bald herumgesprochen: »Tausche Waffen gegen...« Niemand nahm das den Kameraden von der Iberischen Halbinsel übel.

Monat für Monat verging an unserer nördlichen Front, ohne daß sich Wesentliches änderte. Seit Hitler den Oberbefehl über das Heer selbst übernommen hatte, wurde nur noch verteidigt. Aber grausamer wurde der Krieg jetzt. Vielfach hatten die Kämpfe mit Kriegführung überhaupt nichts mehr zu tun.

Bei Mga war eine Gruppe sowjetischer Panzer einmal wieder durch unsere dünnen Linien durchgebrochen, bis sie einen unserer Verwundeten-Sammelplätze erreichte. Die Panzer überrollten das große Zelt, in dem die Ärzte an primitiven Operationstischen arbeiteten. Sie fuhren kreuz und quer, hin und her, bis das letzte Leben erloschen war.

HEIMATURLAUB

Am Abend des 12. Juni 1942 läutete ich an der Wohnungstür meiner Mutter in der Brandenburgischen Straße in Berlin. »Mein Gott«, rief sie, als sie mich in ihre Arme schloß. »Mein Gott, wie siehst Du aus!«

Gestern abend noch war ich in Estland gewesen. Unsere Panzer-Jäger-Abteilung 2 wurde seit ein paar Tagen wieder einmal »aufgefrischt«. Gestern nachmittag hatte mein Kommandeur plötzlich gesagt, ich könne zwei Wochen Heimaturlaub haben. Noch bei Nacht hatte ich mich von meinem Fahrer zum Flugplatz nach Reval fahren lassen. Vielleicht würde es mir gelingen, in einer Transportmaschine der Luftwaffe einen freien Platz zu ergattern. Den Urlauberzug mied ich, denn ich würde mehrere Tage lang bis Berlin verschwenden, und meine Reiseunterhaltung auf den harten Holzbänken würde sich auf die Jagd nach Wanzen beschränken. Unser Zahlmeister hatte mich mit einem guten Vorrat an Lebensmittelkarten ausgestattet. Karten waren zu Hause mehr wert als Geld; bei der Truppe waren sie wertlos.

Ich hatte Glück. Bis Riga saß ich in einer Ju 52. Sie war langsam, aber wir fühlten uns in ihr unsagbar sicher. Wir hatten Maschinen dieses Typs gesehen, die selbst mit Serien von Kugeleinschlägen noch sicher zurückgekehrt waren. Als ich in Riga landete, stand dort eine Ju 86, als warte sie auf mich. Nach sieben Stunden Flugreise landete ich auf dem Flughafen Berlin-Tempelhof.

Am nächsten Morgen brachte Mutter mir ein fürstlich anmutendes Frühstück an mein Bett. Doch es gab keinen Gedanken an Essen und Trinken. Stattdessen erschien ein Arzt und diagnostizierte Hepatitis. »Wieder einer vom Wolchow«, bemerkte er trocken. »Nun werden Sie Geduld haben müssen.« Es sollte ein Vierteljahr dauern, bis mich der Berliner Standortarzt wieder »kriegsverwendungsfähig« erklärte.

Man wollte mich in ein Lazarett außerhalb Berlins verlegen; doch Mutter protestierte. Sie selbst werde meine Pflege übernehmen. Gegenüber meiner Mutter gab es selbst für einen Militärarzt keinen Widerspruch, erst recht nicht, seitdem auch sie Uniform trug, als Stabsführerin beim Deutschen Roten Kreuz. Das gab zusätzliche Autorität. Sie telefonierte mit dem Präsidium des DRK in Berlin, das Präsidium telefonierte mit dem DRK in Paris, wo Mutter die Oberaufsicht über die deutschen Soldatenheime hatte. Ihr Urlaub wurde verlängert.

Mutter saß nun viel an meinem Bett, ließ sich von mir berichten, wie das heutzutage so in Rußland sei, und erzählte mir von ihrer Arbeit in der französischen Hauptstadt. Sie liebte Paris.

Sie hatte sich vorgenommen, alles zu tun, um in den Heimen auf Ordnung und Sitte zu halten. Wahrhaftig, die Tochter aus pommersch-pietistisch-preußischer Familie war in ihrem Element.

Ich fragte, was sie denn in ihrer Freizeit tue. »Ab und zu gehe ich« – ihre Augen leuchteten – »auf den Montmartre. Ich habe dort sogar ein Stammlokal, es heißt ›au Lapin Agil‹, ein kleines altes Haus, winkelig und etwas schmuddelig, doch mit einer einzigartigen Atmosphäre.« Mutter war jetzt vierundfünfzig Jahre alt und immer noch eine attraktive Erscheinung – sie gehörte zu den Glücklichen, die mit dem Alter immer schöner werden. Ich fragte sie, ob sie so abenteuerliche Besuche doch hoffentlich nicht ohne Begleitung und Schutz unternehme. »Ganz im Gegenteil!« rief sie. »In Begleitung würde ich mich im Lapin Agil nicht wohlfühlen.« Zwar gebe es dort überhaupt nichts zu essen, man sitze an langen Tischen auf rohen Bänken, es gebe nur ein einziges Getränk, eine Schale Cognac mit einer Kirsche, und die Dekoration des einzigen Raumes bestehe aus einem lebensgroßen Kruzifix an der Wand. Aber das Beste an diesem Etablissement sei, daß jedermann, der dazu Lust verspüre, sich produzieren dürfe, wann immer und wie er wolle. Die einen deklamierten Gedichte, andere zeigten Taschenspielerkünste, jeder Abend bringe eine Kette von Überraschungen. Sie habe sich gleich am ersten Abend an das alte Klavier – »leider kein Flügel« – gesetzt und Beethovens Mondscheinsonate gespielt. »Aber doch nicht die ganze Sonate?« fragte ich. »Am ersten Abend nur den ersten Satz«, sagte sie, »aber später mehrmals die ganze Sonate!«

Ich wollte wissen, ob sie dort in Uniform aufgetreten sei. Mit einem Unterton von Entrüstung erwiderte sie: »Aber selbstverständlich in Uniform! Oder ist das etwa nicht im Sinne des Roten Kreuzes? Und mit ›Auftreten‹ hat das übrigens überhaupt nichts zu tun.«

Ich fragte, ob sie nach Beethoven noch etwas anderes gespielt habe. »Am ersten Abend kam nach dem ersten Satz der Mondscheinsonate eine alte Dame zu mir, bedankte sich und fragte, ob ich auch Ravel oder Debussy spielen könnte. Da mußte ich passen, Du weißt ja, daß ich mir aus diesen beiden Komponisten nichts mache. Stattdessen habe ich zwei Lieder von Brahms gesungen.« »Gesungen?« fragte ich entsetzt, »Du hast doch keine ausgebildete Stimme.« »Mag sein«, meinte sie, »doch wenn man sich selbst begleitet, kann man manches zudekken.«

Schließlich wollte ich wissen, was man denn in Paris nach Brahms noch spielen könne, denn Brahms sei doch wohl für französische Ohren kein »Konzertschluß«. »Mal dies, mal das«, sagte sie, »nach Möglichkeit das, was man mich zu spielen bittet. Am Ende aber immer Bach, einen seiner Choräle, am liebsten die Schlußchoräle aus der Matthäus- oder der Johannes-Passion. Denn man darf doch nicht vergessen, daß wir uns im Kriege befinden.«

Jetzt neckte ich sie. »Bist Du denn in Paris schon in die Résistance aufgenommen worden?« Woher um Gottes Willen ich denn etwas von der Résistance wisse, fragte sie. »Vielleicht aus dem Londoner Rundfunk, nach Mitternacht«, erwiderte ich. Nun wollte sie wissen, ob wir denn in Rußland den Londoner Rundfunk abhörten. Ich sagte, daß ich im Felde weder Zeit noch Gelegenheit dazu hätte. Aber ich sei sicher, daß unsere Funker es nachts täten, mit dem Kopfhörer selbstverständlich, damit niemand sonst es hörte, und stets mit einer Hand an der Abstimmung, damit die Londoner Welle gegebenenfalls sofort verstellt werden könnte. Natürlich wußten wir, daß auf das Abhören und Weitererzählen von Nachrichten des Londoner Rundfunks in unserem Lande die Todesstrafe stand. Man erzählte das auch nicht weiter, was man aus dem Londoner Rundfunk erfahren hatte. Aber in der Unterhaltung mit einem guten Freund war man halt »gut informiert«. Mutter erzählte, daß das in Paris genauso sei.

Seit meiner frühen Kindheit hatte ich nicht mehr Gelegenheit gehabt, mit meiner Mutter so ungestörte und vertraute Gespräche zu führen. Meine Mutter war eigentlich immer ein »unruhiger Geist« gewesen. Immer mußte etwas Neues bevorstehen, immer hatte sie Pläne gehabt, immer wieder war sie »neuen« Menschen begegnet. Beim Roten Kreuz war es Frieda Cleve, die Leiterin der Frauenarbeit im Präsidium, die sich redlich bemühte um die »Balance« zwischen den innenpolitischen Einflüssen, denen das Deutsche Rote Kreuz unterworfen war. Hatte man doch zum Präsidenten eine Fürstlichkeit aus dem Hause Sachsen-Coburg und Gotha erkoren, sei es wegen des hohen Dienstranges, den er in der Parteihierarchie innehatte, sei es wegen der engen verwandtschaftlichen Beziehungen zum britischen Königshaus. Im nationalsozialistischen Deutschland wurde das Wort Opportunismus doch so häufig größer als groß geschrieben. Ging es aber andererseits darum, eine Persönlichkeit, die die Nazis so abgrundtief haßte wie Elisabeth von Thadden, die Leiterin des Mädchen-Internats Wieblingen bei Heidelberg, vor den Häschern der Geheimen Staatspolizei zu verstecken, dann war Frieda Cleve sofort bereit, ihr zur Tarnung in einem Pariser Soldatenheim eine Beschäftigung zu verschaffen.

Aus dieser Quelle erfuhr ich etwas Ungeheuerliches: Hitler hatte das Deutsche Rote Kreuz angewiesen, die Briefpost deutscher Soldaten, die in russische Gefangenschaft geraten waren, nach ihrem Eintreffen aus dem neutralen Schweden vernichten zu lassen. Postsack auf Postsack wurde verbrannt.

Einen Monat mußte ich liegen, ehe der Arzt mich aufstehen ließ. Oberstleutnant Becker schrieb mir, immer noch würden die Soldaten der 12. Panzer-Division bei Leningrad als Infanteristen eingesetzt, immer noch als »Feuerwehrleute«. Nichts habe sich, seit er mich in Urlaub geschickt habe, geändert. Im nächsten Brief schrieb er, ich solle

»O I« (1. Ordonnanzoffizier) der 12. Panzer-Division werden. Ich wußte, seit er mir in Estland Lebewohl gesagt hatte, daß er mich zur Ausbildung als Generalstabsoffizier vorgeschlagen hatte. Waren wir wirklich schon so weit, daß das Heer für den Nachwuchs des Generalstabes auf Reserve-Offiziere zurückgreifen mußte?

Gegen Ende des Monats Juli war ich so weit, daß ich daran denken konnte, einen Urlaubsplan zu machen. Der Arzt verlangte aber vorher noch ein paar Wochen Rekonvaleszenz. So fuhr ich nach Bansin an der Ostsee. Dort kannte ich an der Promenade eine Pension, in der mein Bruder und ich von Stettin aus in den letzten Friedensjahren so manches schöne Wochenende verbracht hatten. Die Besitzerin des »Seeschloß«, Frau Karow, ließ ihre Küche für mich Diät kochen. In erstaunlicher Kürze machte sie aus mir wieder einen normalen Menschen.

Dann setzte ich mich eines Tages auf die Bahn, um meine Großmutter in Klein-Krössin zu besuchen. Ihr Sohn Hans-Jürgen Kleist-Retzow hatte ihr dort in einem gemütlichen Fachwerkhaus eine »Altenteil«-Bleibe eingerichtet.

Großmutter war mit mir unzufrieden, weil ich sie in Zivilkleidung begrüßte. Ich tat ihr die Freude, ging zurück in das Gastzimmer und zog mir die Uniform an. Als ich wieder vor ihr erschien, monierte sie erneut. Meine Uniform sei nicht vollständig, denn ich sei doch Adjutant. Meinen Einwand, die Adjutantenschnur werde nur im Dienst angelegt, tat sie beiseite. Sie sei stolz darauf, daß ihr ältester Enkel in der Stettiner Division Adjutant sei, und sie habe den Wunsch, mich ein einziges Mal als Adjutant zu sehen.

Also begab ich mich ein zweites Mal in das Gästezimmer, nahm die silberne Schnur aus dem Koffer und hängte sie mir um. Jetzt endlich schien Großmutter zufrieden. Sie goß Tee ein und erklärte, sie habe noch einen weiteren Grund gehabt, mich in voller Montur zu sehen, denn sie wolle mir nun sagen, was sie von »unserem« Kriege halte. Sie richtete sich ein wenig in ihrem Sessel auf und wurde feierlich. Dann begann sie:

»Ich bin nicht gegen einen Krieg als letztes Mittel der Politik. Doch dieser Krieg ist ein verbrecherischer Krieg, und seine Verursacher sind Verbrecher. Es könnte unserem deutschen Vaterlande nichts schlimmeres geschehen, als daß wir diesen Krieg gewinnen würden.«

Ich war stumm. So hart hatte ich es noch nicht gehört. Ich sagte nichts, denn im Grunde sprach sie mir aus dem Herzen. Dann sagte sie: »Und nun bitte ich Dich, uns eine gute Flasche Rotwein zu holen. Du weißt ja, wo meine französischen Weine liegen. Von mir aus kannst Du den besten nehmen.«

Am nächsten Tag fuhr ich hinüber nach Kieckow, wenig mehr als drei Kilometer entfernt.

Onkel Hans-Jürgen Kleist und Tante Maria gingen mit mir die alte Dorfstraße hinauf bis zu ihrer Kirche. Es gab einiges, was sich dort verändert hatte. Die Gruft unter der Kirche war ausgeräumt worden, denn die Särge begannen einzustürzen. Auf dem Dorffriedhof deutete der Onkel auf frische Gräber, die sorgfältig geschmückt, jedoch ohne Kreuz geblieben waren. »Meine russischen Arbeiter hatten orthodoxe Kreuze aufgestellt. Doch der Ortsgruppenleiter hat sie wegnehmen lassen, und ich mußte deshalb für ein paar Wochen ›nach Köslin‹.«

Auf dem Familienfriedhof war ein Massengrab angelegt worden. Dort hinein hatte Onkel Hans-Jürgen alle Särge aus der Gruft samt Inhalt legen lassen. Alle Namen, Daten, Dienstränge und Auszeichnungen sollten gemeinsam auf eine nach dem Kriege zu schaffende Granittafel geschlagen werden. Das mußte in Ruhe durchdacht werden, denn es sollte ein Stück preußischer und deutscher Geschichte übersichtlich machen. Schließlich war Kieckow doch seit mehr als siebenhundert Jahren im Besitz der Familie.

Neben dem Massengrab standen zwei frische Eichenkreuze für die Vettern, die bei uns in der Division gefallen waren.

Zum Abendessen saßen am hinteren Ende des lang ausgezogenen Tisches einige Menschen, die ich nicht kannte. Merkwürdigerweise erfuhr ich nicht einmal ihre Namen. Sie nahmen auch nicht an der Tischunterhaltung teil. Tante Maria flüsterte mir zu, es seien Gäste von Dietrich Bonhoeffer aus Berlin. Kieckow war ein Refugium der Bekennenden Kirche geworden.

Noch einmal nach Leningrad?

Am 24. August 1942 meldete ich mich wieder bei dem Berliner Standortarzt. Endlich schrieb er mich »kv.«, kriegsverwendungsfähig.

Endlich? – Ja, so empfand ich das. Ich hatte nicht nur von meinem Kommandeur, sondern auch von anderen Kameraden Briefe bekommen. »Herr Oberleutnant fehlen uns«, hatte ich gelesen. Wir hatten nun einmal Krieg. Das war unser Schicksal. Also gehörte man, sobald man wieder gesund war, an seinen Platz – so bald wie möglich –, endlich.

Am folgenden Tag, früh am Morgen, stand ich auf dem Flugplatz Tempelhof und fragte nach einer Gelegenheit, möglichst schnell nach Estland zu kommen.

Bald saß ich in einer Kuriermaschine, die über Danzig und Königsberg nach Riga fliegen sollte. Ich fragte den Piloten, ob ich auf dem Sitz des Copiloten sitzen dürfe. Er war einverstanden. Ich sagte ihm, Pommern sei meine Heimat. Ich bat ihn, so niedrig als möglich zu fliegen. Er tat es, obwohl es verboten war. Es machte ihm Spaß, sich von mir so viele Namen von Kleinstädten, Dörfern, Gutshöfen sagen zu lassen. Und dann hatten wir Freude daran, Landarbeiter bei der Erntearbeit zu sehen. Einige winkten uns zu, weil wir so niedrig flogen, unter ihnen Leute mit olivgrünen Hemden, Kriegsgefangene. Hinterpommern in der Erntezeit, was war das für ein schönes Land.

In Riga mußte ich eine neue Maschine suchen. In wenigen Stunden saß ich in einer Ju 52, vollgeladen mit Ersatzteilen für Panzer und Zugmaschinen.

Viel schwieriger als von Berlin nach Reval war es, von Reval nach Wesenberg zu gelangen, obwohl das Landstädtchen kaum mehr als hundert Kilometer entfernt liegt. Das gelang erst am nächsten Tage mit der Bahn. Da ich mich von Reval aus telefonisch angesagt hatte, stand wirklich mein Bursche auf dem Bahnsteig, grüßte militärisch, verlor dann aber doch ein wenig die Fassung und fiel mir – ganz unmilitärisch – um den Hals! »Herr Oberleutnant kommen gerade noch rechtzeitig, wir gehen morgen abend an die Front.« Ich fragte, wohin. »Diesmal wieder an die Newa.« Der Frontverlauf sei so gut wie unverändert, nur unsere Panzer-Jäger-Abteilung 2 habe sich sehr verändert. Ich würde auf überwiegend neue Gesichter stoßen. Aber der Herr Oberstleutnant sei noch da. Doch heiße es, er werde wohl bald zum Oberst befördert werden und im Süden Rußlands ein Panzer-Regiment übernehmen.

Das Wiedersehen mit meiner alten Abteilung war teils herzlich, teils verwirrend. Ich kannte nur noch wenige Offiziere. Ich hatte doch gemeint, endlich wieder zu »meiner« Abteilung zurückzukehren, nun aber kam ich mir fast wie ein Fremder vor.

Am nächsten Abend, dem 27. August, verließen wir Wesenberg und rollten über Narwa nach Rußland. Nun hörten wir große Neuigkeiten: Leningrad sollte angegriffen und erobert werden.

Vor einem Jahr wären wir, so wie wir es damals sahen, ganz einfach hineingefahren in die große Stadt. Jetzt, ein Jahr später, würde es gewiß ein harter Kampf werden, denn die Russen hatten ein ganzes Jahr

Zeit gehabt, sich sorgfältig auf den deutschen Angriff vorzubereiten. Ein neuer Armee-Oberbefehlshaber würde die Sache in die Hand nehmen. Der Eroberer der Halbinsel Krim mit der legendären Festung Sewastopol sei es, der nun die Zwei-Millionen-Stadt Leningrad packen werde: Generalfeldmarschall von Manstein sei bereits eingetroffen. Um der Operation den nötigen Nachdruck zu verleihen, habe der Führer einige der neuesten Panzerkampfwagen, die ersten des Typs Tiger, frisch aus der Fabrik, an unsere Front geschickt. Vier nagelneue Tiger-Panzer, denen die Sowjets nichts Gleichwertiges entgegenzusetzen hätten. Und weitere sollten folgen.

Das waren erregende Nachrichten. Sollte man sich an oberster Stelle wirklich aufgerafft haben, die seit einem Jahr so gut wie erstarrte Front wieder in Bewegung zu bringen? Der Name Manstein sprach dafür, mit ihm verbanden sich Hoffnungen. Dazu kam also der angeblich unbesiegbare neuartige schwere Tiger-Panzer. Mit vier solchen Ungetümen also hinein nach Leningrad. Das war was.

Unsere Kompanien bezogen ihre Stellungen an der Newa. Wir warteten.

Inzwischen zeigte mein kleiner Taschenkalender den 1. September. »Beginn des 4. Kriegsjahres« hatte ich notiert. – Vier Jahre hatte der Erste Weltkrieg gedauert – und wie lange noch der Zweite?

Am 2. September ließ der 1. Generalstabsoffizier, Major im Generalstab Bergengruen, ein Vetter des Schriftstellers Werner Bergengruen, mich zu sich kommen. Demnächst sollte ich ja bei ihm erster Ordonnanzoffizier (OI beim Ia) werden. Ich ergriff die Gelegenheit, ihn zu fragen, ob und wo ich die neuen Tiger-Panzer sehen könne. Schließlich sollte man sie wenigstens äußerlich kennen, wenn mit ihnen zusammen Leningrad erobert werden sollte. Doch er winkte ab. Eines der neuen Wundertiere habe einen technischen Schaden und sei nicht einsatzbereit. Die übrigen drei hätten sich angesichts der Knüppeldämme und Brücken im russischen Norden als zu schwer erwiesen. Bergengruen hatte ein unbewegtes Gesicht, als er mir das erzählte.

Der Rest dessen, was wir der persönlichen strategischen Initiative unseres Obersten Kriegsherrn in bezug auf die endgültige Eroberung Leningrads zu verdanken hatten, ist schnell erzählt. Ehe wir zum Angriff auf Leningrad antraten, griffen die Russen uns an. Wieder kamen sie über den Wolchow, und es gelang ihnen ein tiefer Einbruch in unsere Abwehrfront. Ohne Zweifel war es der Führungskunst des Feldmarschalls Manstein und der Tapferkeit unserer Soldaten zu verdanken, daß – wieder einmal – in der Gegend des so berüchtigten Dorfes Mga die Sowjets in erbitterten Kämpfen geschlagen wurden (Kesselschlacht am Ladogasee). Doch kostete es auf beiden Seiten sehr viel Blut, bis die Fronten bei Beginn des Monats Oktober wieder dort zum Stehen kamen, wo sie nun schon seit einem Jahr verliefen. Keine der gegnerischen Seiten hatte hier bis jetzt einen Erfolg errungen.

Dann traf die Nachricht von der erwarteten Beförderung und Versetzung meines alten Kommandeurs Becker ein. In seinem Gepäck hatte er noch eine Flasche französischen Rotwein; gemeinsam ließen wir noch einmal Revue passieren, was wir, die beiden letzten der »alten« Offiziere erlebt hatten: 1938 den »Blumenkrieg« im Sudetenland, 1939 den Kriegsbeginn mit den riesengroßen Heeres-Reserven gegenüber einem hoffnungslos unterlegenen Polen, dabei unsere ersten Zweifel an der Sauberkeit der deutschen Kriegführung, 1940 in Frankreich das Gefühl der Sicherheit, Organ einer militärischen Operation im Range klassischer Kriegskunst zu sein, nun, seit Juni 1941, der Wahnsinnsakt eines mutwillig vom Zaun gebrochenen Zweifrontenkrieges und die Kriegserklärung an die USA; wir Soldaten wurden mißbraucht, die ganze Welt in Blut und Schrecken zu stürzen. Wir stellten uns immer wieder die für uns bedeutendste aller Fragen, warum Hitler die Sowjetunion erst am 22. Juni hatte angreifen lassen, statt schon im April.

Dies sollte mein letztes Gespräch mit diesem einfachen und charakterlich so makellosen Mann gewesen sein. Bald schon erreichte uns die Nachricht seines Todes auf dem Schlachtfeld. Beim ersten Angriff an der Spitze seines Panzer-Regiments war er gefallen. Ich dachte zurück an die gemeinsame tollkühne Fahrt in die russische Bunkerlinie im Juni des vergangenen Jahres. So ähnlich, hörten wir, sei es auch dieses Mal gewesen.

Nun war ich in der Panzer-Jäger-Abteilung 2 wirklich »der letzte der Alten«. Und ich kannte unter den Offizieren niemand mehr, mit dem ich hätte ein freies Wort sprechen können.

Dann kam ein neuer Kommandeur aus der Heimat, ein netter und freundlicher alter Herr, doch vom Pech verfolgt. Als uns spätabends ein soeben bezogenes altes Blockhaus beim Anheizen unseres Öfchens abbrannte und wir im letzten Augenblick aus dem lichterloh brennenden Holzhaus heraussprangen, brach er sich ein Bein.

Inzwischen war das, was von der 12. Panzer-Division noch übriggeblieben war, aus der Front herausgelöst worden. Mit vielen jungen Soldaten aus der Heimat sowie mit vielen wiedergenesenen älteren waren die Kompanien aufgefüllt worden. Nur mangelte es an Material. Die

Division hatte jetzt Pferde als Zugtiere erhalten. So sparte die Panzer-Division Benzin.

Eines Tages rollte der ganze, so bunt und unübersichtlich gewordene Verband, meist per Bahn, nach Süden. Ade Wolchow, ade Leningrad, ade Estland! In der Gegend von Newel sammelte man sich. Jetzt gehörten wir wieder zur Heeresgruppe Mitte. Endlich hatten »die da oben« eingesehen, daß die Sümpfe zwischen Leningrad, Ladogasee und Ilmensee kein für eine Panzer-Division geeignetes Gelände waren. Welch unglaubliche Mengen von Blut hatte diese Erkenntnis gekostet.

Nun hatten wir keinen neuen Kommandeur, und die Verantwortung für die Abteilung war nun meine Sache. Ich lag mit meiner Stabskompanie in einem von Wäldern umgebenen Dorf. Nur ein paar Frauen mit ihren Kindern lebten in den Häusern. Die Beziehungen zu ihnen gestalteten sich vertrauensvoll und korrekt. Wie selbstverständlich übernahmen die Frauen das Besorgen der Wäsche und halfen bei der Feldküche. Es gab keine Schwierigkeiten. Anfänglich gelang es uns nicht, herauszubekommen, wo sich die Männer des Dorfes befanden. Bis unsere Nachtwachen eines Tages meldeten, daß einige Frauen nachts von ihren Männern besucht würden. In den Wäldern rings um uns herum war mehr Leben, als wir vermutet hatten.

In der zweiten Novemberwoche waren die Leute in den Wäldern offenbar so weit, daß sie in wohlorganisierten und gut ausgestatteten Gruppen uns zu bekämpfen begannen. In wenigen Tagen hatten wir in der ganzen Gegend einen schauderhaften Kleinkrieg, wie es ihn vermutlich seit der Zeit, als die Truppen Kaiser Napoleons I. sich südlich der Pyrenäen mit den spanischen Guerillas herumschlugen, in Europa nicht mehr gegeben hatte.

Langsam, Stück für Stück, bekamen wir neue Waffen und neue Fahrzeuge. Mit den jungen Soldaten versuchten wir, planvolle Ausbildung zu betreiben. Doch ehe das richtig anlaufen konnte, waren unsere Kompanien schon wieder im Einsatz, jetzt nicht an der Front, sondern im sogenannten Hinterland. Die dienstliche Bezeichnung dieser neuen Art von Kriegführung lautete auf höchsten Befehl »Bekämpfung des Bandenwesens«. Bald stellte sich heraus, daß manche Gruppen aus Dörfern stammten, die die deutschen Truppen im Sommer vergangenen Jahres noch mit Ehrenabordnungen, mit Brot und Salz als Befreier begrüßt hatten. Es hätte eine Welle der Sympathie für Deutschland werden können. Sie hätte weltgeschichtliche Dimensionen annehmen können. Doch die von kommunistischer Zwangsherrschaft befreiten Menschen hatten inzwischen erfahren, was ihnen die deutsche Politik hinter der kämpfenden Front in Wirklichkeit gebracht hatte: nicht Befreiung, sondern neue, teilweise schlimmere Unterdrückung. Die einfachen Menschen in Rußland hatten bald gespürt, wie nahe verwandt der Kommunismus mit dem Nationalsozialismus war.

In diesen Tagen traf ein neuer Kommandeur ein, ein liebenswürdiger und freundlicher österreichischer Major. Als K. u. K.-Leutnant hatte er schon am Ersten Weltkrieg teilgenommen. Nur von einer Panzer-Division hatte er nicht die geringste Ahnung. Mit ihm würde ich es nicht schwer haben. Er machte auch kein Hehl daraus, daß er die alte K. u. K.-Uniform sehr viel lieber getragen habe als die deutsche. Seine frühere Uniform sei, selbst im Kriege, immer noch »todschick« gewesen.

Er ließ die Kompanien ohne Waffen und Fahrzeuge antreten und stellte sich unseren meist aus Pommern stammenden Soldaten mit einem Übermaß an Liebenswürdigkeit vor. Fortan hatte er den Spitznamen »der Moser«. Die Bezeichnung traf den Nagel auf den Kopf. Ich hatte den großartigen Wiener Schauspieler Hans Moser einmal einen Abend lang persönlich erlebt.

Mit dem neuen Kommandeur war ich nur wenige Tage zusammen. Der erste Schnee bedeckte bereits wieder die Weiten des russischen Landes, doch mit einer gewissen Erleichterung stellten wir fest, daß unser zweiter Winter in Rußland offenbar nicht so kalt zu werden drohte wie der erste. Gerade kehrten wir – es war Sonntag, der 15. November – von einer Nachtübung zurück, als ich an den Feldfernsprecher gerufen wurde. Ich hörte die Stimme meines Vetters Henning von Tresckow: »Es gibt Dich also wirklich noch!« rief er. Er wünsche, mich so bald wie möglich zu sprechen.

Seit dem denkwürdigen 21. Juni 1941, dem Vorabend des Angriffs gegen Rußland, hatte ich Henning nicht gesehen. »So schnell kann ich hier nicht weg«, erwiderte ich, »denn wir haben gerade einen neuen Kommandeur bekommen.« Er wolle mich nicht privat sprechen, es sei dienstlich und es eile sehr. Es sei ein Befehl der Heeresgruppe.

Unser »Moser« nahm die Sache gelassen. Aber Major im Generalstab Bergengruen, bei dem ich doch in Kürze als Ordonnanzoffizier anfangen sollte, reagierte ungehalten: »Ist das nun Ihr Vetter, oder ist es der I a der Heeresgruppe, der Sie sprechen will?« »Beides«, anwortete ich. Was sollte ich auch anderes sagen. Ich möge also dem Oberst von Tresckow einen Gruß bestellen und ihm ausrichten, die Heeresgruppe möchte mehr dafür tun, daß die 12. Panzer-Division nun endlich wieder eine Panzer-Division werde. Und auf dem Rückweg vom Oberkommando der Heeresgruppe möge ich mich zuerst bei ihm melden und Bericht erstatten.

Früh am nächsten Morgen um sieben Uhr, also noch bei Dunkelheit, startete ich mit einem Kübelwagen, begleitet von meinem Burschen und von zwei weiteren Soldaten; wir waren sozusagen bis an die Zähne bewaffnet mit Maschinenpistolen und Handgranaten. Über Newel nach Witebsk mußten wir etwa hundertzwanzig Kilometer sogenanntes Partisanengebiet durchqueren. Ein paarmal wurden wir von deutschen Militärposten angehalten und mußten warten, bis sich eine Art von Geleitzug angesammelt hatte. Gegen Abend erreichten wir Witebsk. Bis zum Oberkommando der Heeresgruppe Mitte in Smolensk blieben noch etwa hundertsechzig Kilometer.

Beim Ortskommandanten von Witebsk sagte man mir, es sei unmöglich, die Straße nach Smolensk bei Nacht zu nehmen. Man erwarte aber um halb drei Uhr nachts einen aus Deutschland zurückkehrenden Urlauberzug, der planmäßig Smolensk um neun Uhr erreichen solle und ausreichend bewaffnet sei. Meinen treuen Burschen und die Begleiter ließ ich zurück und bestieg den erstaunlich pünktlich einlaufenden Zug. Wieder einmal hatte ich Glück, denn wir erreichten Smolensk ungeschoren und – hundertsechzig Kilometer in sechseinhalb Stunden – mit einer für Kriegsverhältnisse in Rußland beachtlichen Reisegeschwindigkeit. Mein kleines Tagebuch von 1942 verzeichnet es genau.

Tresckow und Schlabrendorff

Das Oberkommando der Heeresgruppe Mitte in Smolensk befand sich in einem größeren villenartigen alten Gebäude. In der ersten Etage betrat ich am 17. November 1942 das Vorzimmer des Ia, des ersten Generalstabsoffiziers. Am Schreibtisch saß ein mir fremder Oberstleutnant im Generalstab, der mich auf das freundlichste begrüßte. Er schien mich erwartet zu haben. Es war Berndt von Kleist, 2. Generalstabsoffizier der Heeresgruppe (HGr).

Er begann mit mir eine Unterhaltung, so zwanglos, so natürlich, wie ich sie bei der Truppe zwischen älteren und jüngeren Dienstgraden noch nicht erlebt hatte. Bald stellten wir fest, auf welchen Umwegen wir miteinander verwandt waren. Im Zimmer nebenan hörte ich Henning von Tresckows helle Stimme. Es schien, als werde dort heftig diskutiert.

In der Mitte des Vorzimmers stand auf einem kleinen Tisch ein Schachbrett. Ich sah mir die unterbrochene Partie an und wunderte mich, daß keine Stühle am Schachtisch standen.

Während ich noch mit dem Stand des Spiels beschäftigt war, öffnete sich die Tür zum Nebenzimmer, und mehrere Offiziere, als letzter Henning, erschienen.

»Schön, daß Du da bist«, begrüßte er mich. »Hoffentlich hast Du unterwegs keinen Ärger mit Partisanen gehabt. – Du wunderst Dich, daß wir hier Schach spielen, anstatt zu arbeiten?« Ich fragte, wessen Spiel dies sei und warum keine Stühle am Schachtisch stünden. Er erklärte mir, daß sie hier in der Führungsabteilung der Heeresgruppe gemeinsam in zwei Gruppen gegeneinander spielten, im Gespräch, im Vorbeigehen, im Diskutieren. Eine Partie dauerte auf diese Weise meist einen ganzen Tag, bisweilen auch mehrere Tage.

Im Sperrbezirk des Oberkommandos gab es ein kleines Gästehaus, ein Blockhaus, freistehend und isoliert von den anderen Gebäuden. Dorthin ließ Henning mich durch einen Obergefreiten bringen, und dort würden wir heute abend zusammen mit Fabian von Schlabrendorff, der sein Ordonnanzoffizier war, essen.

Der Obergefreite ergriff meinen Koffer und brachte mich dorthin. Er zeigte mir mein Schlafzimmer, daneben sogar eine Badestube. Zuallererst plazierten wir meinen Koffer über der Badewanne, ließen ein wenig Wasser ein, zogen vorsichtig Stück für Stück des Kofferinhalts heraus und schüttelten es über dem Wasser aus. Unser Tun galt den Wanzen, meinen Quälgeistern in Rußland vom ersten Tage an. Hatte ich doch die Nacht zuvor in einem der verwanzten deutschen Urlauberzüge verbracht. Wir waren recht erfolgreich, und unsere Jagdstrecke konnte sich sehen lassen. Bald lag ich im frisch bezogenen Bett und schlief fest.

Zur vereinbarten Zeit trafen Henning, Fabian und ich uns im Wohnzimmer. Vor dem Kamin war ein Tisch für drei Personen gedeckt; links von mir saß Henning, rechts Fabian, gegenüber prasselte ein Kaminfeuer. Ich fühlte mich ein wenig wie auf dem Prüfstand, doch mein Gastgeber überspielte das mit Unterhaltung, und der Obergefreite entpuppte sich als Meister der Küche und des Service. Jedem wurde ein gebratenes Steak gereicht, und ein guter Burgunder stand vor uns.

Kaum waren Messer und Gabel in Bewegung, als Henning begann: Nun wolle er von mir wissen, was ich jetzt vom Kriege halte. Statt einer

Antwort sah ich ihn fragend an. Er verstand sofort und sagte, ich könne hier ganz offen sprechen; der Obergefreite – leider habe ich seinen Namen vergessen – sei verschwiegen wie ein Grab. Das war für mich etwas ganz Außergewöhnliches, denn seit Beginn der Herrschaft Hitlers hatte man gelernt, grundsätzliche Diskussionen zu unterbrechen, sobald Bedienungspersonal anwesend war. Uns war das in Fleisch und Blut übergegangen.

Ich begann also und bezog mich auf unser letztes Gespräch am Tage vor Beginn der Offensive gegen die Sowjetunion, am 21. Juni 1941 in Ostpreußen. Damals hatte er gesagt, die Heeresgruppe Mitte habe den Auftrag, nach der Einnahme von Minsk nach Osten durchzustoßen und Moskau zu nehmen, bevor der Winter da sei; und es sei denkbar, daß das gelinge und daß Rußland zusammenbrechen könnte, wenn die Hauptstadt mit ihren zahlreichen zentralen Funktionen ausfalle. Sollte dies aber vor Einbruch des Winters nicht gelingen, dann sehe er schwarz.

Ich sagte weiter, die Erinnerung an seine, Tresckows, damaligen Worte seien besonders während der ersten Monate des Feldzuges für mich sehr lebendig geblieben. Desto erschrockener sei ich gewesen, als man uns im Sommer 1941 bei Smolensk angehalten und der 12. Panzer-Division den Befehl gegeben habe, zur Heeresgruppe Nord zu marschieren und zunächst Leningrad einzunehmen. Ich fragte ihn, wer diesen Befehl gegeben habe.

Statt einer Antwort lachte er und sagte, ich dürfe raten. Wer schon sollte einen Befehl von solcher Tragweite gegeben haben. Das war allerdings eine deutliche Antwort. Ich erzählte ihm, daß wir damals auf dem Marsch nach Norden heftig hierüber diskutiert hätten. Uns hätten sich Parallelen an den Marne-Rückzug im Jahre 1914 in Frankreich aufgedrängt. So hätten sie hier bei der Heeresgruppe auch gedacht, bemerkte Henning.

Dann erzählte ich von meinen Eindrücken vor Leningrad, von Tichwin und von der Zerschlagung meiner Division. Die Winterkämpfe 1941/42 hätten uns erkennen lassen, daß alle uns in den Armeebefehlen aufgegebenen Operationsziele nicht erreicht worden seien, obwohl die 12. Panzer-Division sich aufgeopfert hätte. Ich fragte ihn, wie es möglich sei, daß man von oberster Stelle eine Panzer-Division in das Gelände zwischen Wolchow und Tichwin schicke, ohne zu wissen, daß dies ein riesiges Sumpfgebiet sei.

Mehrmals hätten wir uns am Rande des Zusammenbruchs der ganzen Front befunden. Um so bewunderungswürdiger sei es, daß unsere

Soldaten so todesmutig in den Kampf gingen. Das Denkvermögen des einfachen Soldaten an der Front beginne aber in Stumpfheit überzugehen. Nach meiner Beurteilung sei eine Situation entstanden, in der der Krieg gegen Rußland nur noch am seidenen Faden hänge. Ich selbst zum Beispiel sei in meiner Abteilung jetzt der letzte der Offiziere, die einmal mit dieser Truppe in den Krieg gezogen seien. Ich sei nur noch dankbar für jeden Tag, an dem ich die Sonne noch aufgehen sehe.

Henning hatte, solange ich sprach, nur dann und wann kurze Zwischenfragen gestellt. Fabian hatte schweigend zugehört. Nun aber unterbrach Henning und wollte wissen, ob in meiner Division der Kommissar-Befehl ausgeführt werde. Ich sagte, daß in meiner Abteilung meines Wissens bisher kein Kommissar erschossen worden sei. Bei der strategischen Lage denke der Soldat ohnehin über nichts anderes mehr nach, als zu schießen und wenn möglich zu überleben.

Auf die mir so pauschal gestellte Frage, was ich vom Kriege halte, empfand ich meinen Bericht als kümmerlich. Andererseits hatte ich ein Stück Verantwortung für meine Kameraden hierher mitgebracht. Morgen oder übermorgen würde ich wieder bei meiner Division und bei meiner Abteilung sein, und man würde mich dort auspressen wie eine Zitrone. Es war doch bekannt, daß ich zum Oberkommando der Heeresgruppe befohlen worden war.

So bemühte ich mich um eine Schlußbemerkung: Bei den vielen, immer wieder aufkeimenden Zweifeln um Sinn und Zukunft dieses Krieges bleibe mir die Hoffnung, daß wir doch noch einen Generalstab hätten. Mein Vertrauen in den deutschen Generalstab sei unerschüttert.

Hier griff Henning ein. Er müsse mir etwas Entscheidendes sagen. Unser Generalstab verdiene diesen Namen nicht mehr. Nur noch die Kragenspiegel und die karmesinroten Streifen an den Hosen ließen ihn noch als solchen erscheinen. Clausewitz und der alte Moltke seien nicht mehr gefragt. Hitler habe – mit seinen eigenen Worten – gefordert, der Generalstabsoffizier müsse sein wie ein »Bluthund, der gierig an der Leine zerre, um, losgelassen, sich auf den Feind zu stürzen und ihn zu zerfleischen«. Eine Beleidigung des Generalstabs seien diese Worte des Führers gewesen. Hitler wolle nur noch »subalterne Erfüllungsgehilfen« im Generalstab haben. »Erfüllungsgehilfen im Dienste eines Kapitalverbrechers«, rief er. Und er wiederholte die Worte.

Ich muß ihn wohl sprachlos angesehen haben, als dieser Ausbruch kam. So leidenschaftlich hatte ich Henning noch nie erlebt. Im Gesicht von Fabian regte sich kein Muskel. Nach einer Pause begann Henning ganz ruhig und sachlich, fast geschäftsmäßig: Er teile meine Ansicht, daß die Kriegsentscheidung am seidenen Faden hänge, nicht. Der Krieg sei bereits entschieden. Er sei verloren, endgültig und unweigerlich verloren. Die letzten Würfel seien mit Hitlers wahnsinniger Kriegserklärung an die Vereinigten Staaten von Amerika gefallen. Es möge sein, daß wir noch einige Schlachten gewinnen könnten. Am Ende aber sei der Krieg entschieden. So beurteile er die Lage.

Nach einer Pause fragte ich ihn, was an den Gerüchten von Übergriffen der SS gegen die Zivilbevölkerung in den rückwärtigen Gebieten sei. Diese Gerüchte träfen zu, antwortete er, allerdings mit der Ergänzung, daß es sich nicht um einzelne Übergriffe handele, sondern um planmäßige Ausrottungen von Menschen. Man habe bei der Heeresgruppe zuverlässige Informationen, daß der SD und die SS Spezialeinheiten gebildet hätten, die das sorgfältig organisiert betrieben, und zwar in einem Umfang, der jede Phantasie übersteige. Während wir, die Soldaten an der Front, uns vorne totschießen lassen dürften, betreibe die SS in unserem Rücken ein grauenvolles Geschäft. Er, Henning, sehe darin eine Schändung der Opferbereitschaft des Soldaten an der Front.

Fassungslos hatte ich ihm zugehört. Es war ungeheuerlich, was er gesagt hatte. Dann sprach er davon, daß er auf den Tag hinarbeite, an dem dies alles zu Ende sei. Niemand könne heute sagen, wann dieser Tag komme, aber kommen werde er mit Sicherheit, und er werde schrecklich sein.

Jetzt wechselte er das Thema und erklärte mir, warum er mich hierher habe kommen lassen. Er habe eine Aufgabe für mich. Er habe ein Gespräch mit dem Feldmarschall Erich von Manstein, dem Oberbefehlshaber der 11. Armee, gehabt. Manstein sei der Heeresgruppe unterstellt. Der Feldmarschall habe ihn gefragt, ob er ihm einen jungen Offizier als Persönlichen Ordonnanzoffizier vorschlagen könne. Er habe mich vorgeschlagen.

Mir schwindelte. Ich brauchte Zeit, um zu antworten. Ich meinte, daß ich meine Abteilung jetzt nicht verlassen könne, denn ich habe gerade einen neuen Kommandeur bekommen, der von Tuten und Blasen keine Ahnung habe. Das machte auf Henning keinen Eindruck. Es sei Sache der Division, für mich einen Ersatz zu finden. Dann wandte ich ein, ich könne mir nicht vorstellen, daß ein Oberleutnant der Reserve Ordonnanzoffizier eines Generalfeldmarschalls sein könne. Ich sei zwar meines Wissens demnächst zur Ausbildung als Generalstabs-Offizier vorgesehen, aber noch sei ich das nicht. Henning überging alle

Auf dem Grunewald-Gymnasium in Berlin hatte ich für die musikalische Umrahmung der überkonfessionellen Morgenandachten zu sorgen (siehe Seite 11). Porträt des Autors, ca. 1927. Zeichnung von Heinrich Boese, Professor an der Akademie der Künste, Berlin.

Mein Vater Walter Stahlberg
(1873–1953). Aquarell, ca. 1948.

Meine Mutter, Spes Stahlberg geb.
von Kleist-Retzow, 1942 als Stabsführerin des Deutschen Roten Kreuzes.

Das Haus meiner Großmutter in Klein-Krössin bei Kieckow (Pommern) wurde während des Krieges zum Refugium vieler verfolgter Theologen der Bekennenden Kirche.

Bibelarbeit im Park von Kieckow 1939.
Von links: meine Großmutter Ruth von Kleist-Retzow, Dietrich Bonhoeffer und mein Vetter Konstantin von Kleist-Retzow (siehe Seite 213).

Mein Patenonkel Herbert von Bismarck, Staatssekretär im Preußischen Innenministerium, an seinem Schreibtisch, März 1933. Wenige Tage später trat er zurück, weil sein Dienstvorgesetzter Hermann Göring ihn zwingen wollte, seine Unterschrift unter Verordnungen zu setzen, deren Inhalt kriminell war (siehe Seite 47).

»Tag von Potsdam«, 21. März 1933. Auf der dicht besetzten Ehrentribüne neben der Garnisonkirche nach dem Staatsakt erkennt man von links: von Neurath, Hugenberg, den päpstlichen Nuntius Monsignore Orsenigo, Frick, von Papen, Hitler, Göring, Meißner (siehe Seite 43).

Als mein Vater mich fragte, was ich werden wolle, hatte ich geantwortet: am liebsten Musiker, am allerliebsten Dirigent. So stark hatten mich die ungezählten Konzerte Wilhelm Furtwänglers in der Philharmonie beeindruckt. Foto des Autors, aufgenommen während eines Konzerts am 27. Februar 1933 zum 100. Geburtstag von Johannes Brahms (siehe Seite 15).

Oben: Um nicht die verhaßte braune Uniform der NSDAP tragen zu müssen, wurde ich 1935 Soldat in der 3. Schwadron des 6. (Preußischen) Reiter-Regiments in Schwedt/Oder (siehe Seite 80).

15. Juli 1939. Hochzeit meiner Cousine Ruth-Alice von Wedemeyer mit Klaus von Bismarck in Paetzig/Neumark. Im 1. Brautführerpaar meine Cousine Maria, später die Braut von Dietrich Bonhoeffer. Im 3. Brautführerpaar der Autor (siehe Seite 128).

Oben links: Meine Cousine Viscountess Antoinette Esher, geb. Heckscher (siehe Seite 69).

Oben rechts: Inge Schweitzer, Assistentin an der Ballettschule von Tatjana Gsovsky, wurde »arisiert«. Falsche eidesstattliche Erklärungen retteten ihr das Leben, während ihre Schwester in Auschwitz starb (siehe Seite 350).

Henning von Tresckow (1901–1944), der mehrmals entscheidenden Einfluß auf meine Entwicklung nahm. Das Bild zeigt ihn wenige Tage bevor er seinem Leben am 21. Juli 1944 ein Ende setzte.

Fabian von Schlabrendorff, Ordonnanz-Offizier bei Henning von Tresckow, Sommer 1944.

Claus Graf Schenk von Stauffenberg. Ein Bild aus seiner Jugend, das mir seine Witwe schenkte. Zuletzt begegnete ich ihm am 11. Juli 1944 in Berchtesgaden, als er zum zweitenmal unverrichteter Dinge mit der Bombe in der Aktentasche von Hitler zurückkam (siehe Seite 387).

Heinrich Graf Yorck von Wartenburg stellte sich schon 1938 dem Kommandierenden General in Berlin von Witzleben für den Staatsstreich zur Verfügung. Er fiel 1941 als Generalstabsoffizier in Rußland. Sein älterer Bruder Peter wurde am 8. August 1944 in Berlin-Plötzensee hingerichtet.

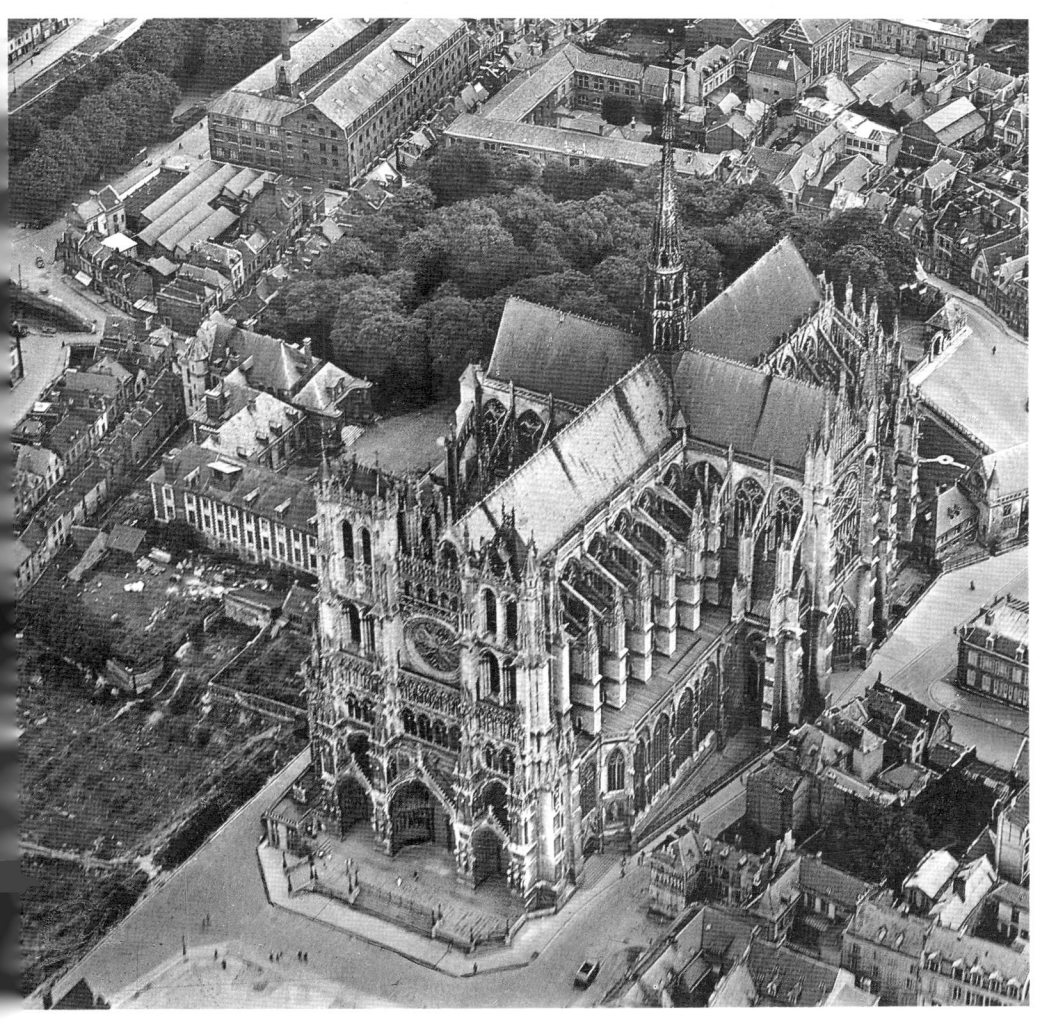

Luftaufnahme der Kathedrale von Amiens nach 1945. Durch Beseitigung der benachbarten Häuser, deren Fundamente am linken Bildrand sichtbar sind, gelang es Graf Yorck und mir Ende Mai 1940, die Kathedrale vor der Brandzerstörung zu bewahren (siehe Seite 157 ff.).

Mai 1943. Mit Feldmarschall von Manstein (vorne) bei einer Besichtigung der vorderen Verteidigungsstellungen am Donez südlich von Belgorod; hinten im Bild der Autor.

Am 18. November 1942 wurde ich Persönlicher Ordonnanz-Offizier des Generalfeldmarschalls von Manstein. Auf die Frage nach meinen Aufgaben antwortete er: »Sie werden mein ständiger Begleiter sein, jedem Gespräch, das ich führe, beiwohnen, alle Telefongespräche mithören, für mich schreiben und meine Akten führen.«

Feldflugplatz Saporoshje am Dnjepr, 19. Februar 1943. Hitler verabschiedet sich von Feldmarschall von Manstein (siehe Seite 306).

Lagebesprechung vor Beginn der Offensive »Zitadelle« Anfang Juli 1943 im ehemaligen Salonwagen der Königin von Jugoslawien, der als rollendes Hauptquartier der Heeresgruppe diente. Von links: Oberst i. G. Schulze-Büttger, der Autor, Feldmarschall von Manstein (siehe Seite 333).

Britische Luftaufnahme der bei einem Bombenangriff zerstörten Speiseöl-Fabrik Paul Julius Stahlberg in Stettin. (Aus einer Londoner Tageszeitung aus dem Jahre 1943.) Bildunterschrift: »Praktisch alle Gebäude sind zerstört oder schwer beschädigt, und noch zwei Tage nach dem Angriff sind die Brände nicht gelöscht.« (Siehe Seite 348).

Generaloberst Guderian während der Offensive »Zitadelle« im Juli 1943, rechts sein Adjutant, links der Autor. Da Guderian als Inspekteur der Panzertruppen in der Schlacht keinerlei Befehlskompetenzen hatte, empfand Manstein den Besuch als überflüssig, wenn nicht gar lästig (siehe Seite 335).

S STAHLBERG OEL FABRIK, covering about ?^ acres. destroyed or seriously damaged, and fires are still two days after the attack

Winniza (Ukraine), Juli 1943. Noch wenige Monate zuvor war hier Hitlers Führerhauptquartier gewesen, hatte er von hier aus den Angriff auf Stalingrad geführt. Nun bezogen Feldmarschall von Manstein und ich Hitlers ehemaliges Wohnhaus (siehe Seite 340).

Oben links: In Hitlers ehemaligem Schlafzimmer in Winniza hing dieses Porträt, der Nachdruck einer Rötelzeichnung (siehe Seite 341).

Feldmarschall von Manstein am Schreibtisch in Hitlers ehemaligem Arbeitszimmer in Winniza, Juli 1943.

Eine Lagebesprechung, wie ich sie in den Jahren 1943 und 1944 als Ordonnanz-Offizier Mansteins viele Male miterlebte. Von links: Feldmarschall von Manstein, Generaloberst Ruoff, Hitler, General Zeitzler, Chef des Generalstabs des Heeres, und Feldmarschall von Kleist.

Oben: Winniza im Juli 1943. Feldmarschall von Manstein mit seinem Langhaardackel »Knirps«, der mit der rechten Pfote auf Kommando »Heil Hitler« machen konnte. Der große BMW, ein Prototyp aus dem Jahre 1939, trägt auf dem rechten vorderen Kotflügel das Zeichen des »Krim-Schildes« (siehe Seite 341).

PASS.

The two occupants of this car:-

    Hauptman STAHLBERG, and

    Graf PLATEN

have taken a personal message from Field Marshal
MANSTEIN to Field Marshall MONTGOMERY.

    They are now returning and will be granted
passage.

BLA

                                    Lt-Col.
                                    GS.
                                    53 (W) Div.

[Stempel: HEADQUARTERS 6 - MAY 1945 53rd DIVISION]

Passierschein, den Feldmarschall Montgomery dem Autor am 6. Mai 1945 in Lüneburg ausstellen ließ (siehe Seite 441).

Kapitulation der deutschen Wehrmacht in Holland, Nordwestdeutschland, Dänemark und Norwegen am 4. 5. 1945 in Lüneburg. General Kinzel unterzeichnet in Gegenwart von Feldmarschall Montgomery für das deutsche Heer.

Einwände. Die für mich vorgesehene Stelle sei keine Generalstabsstelle, sondern eine ganz persönliche Attachierung als nächster Gehilfe und Begleiter des Feldmarschalls.

Vorausgesetzt, Manstein werde mich nehmen, wachse mir eine äußerst wichtige Aufgabe zu, denn er, Tresckow, der viel unter Manstein gearbeitet habe, halte diesen – nach Generaloberst Beck – für den fähigsten Kopf der deutschen Generalität. Es komme jetzt darauf an, auf diesen Feldmarschall Einfluß zu gewinnen, mit dem Ziel, daß er am Ende der nationalsozialistischen Herrschaft bei denen stehe, die bereit seien, an höchsten Stellen Verantwortung zu übernehmen. Ich müsse versuchen, zu Manstein engen Kontakt zu bekommen. Dazu müsse ich uneingeschränkt zu ihm halten. Er meine, daß er mich lange und gut genug kenne, um sich vorstellen zu können, daß wir einander mögen würden. Er habe dem Feldmarschall bereits erzählt, daß er und der künftige Ordonnanzoffizier zueinander über seine Frau verwandtschaftliche Beziehungen hätten. Ich müsse allerdings wissen, daß Frau von Manstein engagiertes Mitglied der NSDAP sei. Der Feldmarschall werde mich also sicher auf die verwandtschaftlichen Beziehungen zu seiner Frau ansprechen. Jedenfalls sei also die Basis für mein Gespräch vorbereitet. Ich sei für den morgigen Nachmittag zur Meldung bei Manstein angesagt. Im übrigen habe er über meinen Kopf hinweg veranlaßt, daß der Rest meines Gepäcks von meiner Abteilung zum Oberkommando der 11. Armee gebracht werde.

Ich hatte also gar keine Wahl. Sollte dem Feldmarschall aber morgen meine Nase nicht gefallen, dann würde ich samt Gepäck bald wieder bei meiner Division sein. So einfach war das.

Gegen Ende dieses Abends wurde Henning Tresckow nochmal sehr ernst und eindringlich. Alles Gedachte und Gesagte sei erledigt, wenn ich nicht aus eigener Einsicht und ganzer Überzeugung an meine Aufgabe herangönge. Schließlich berichtete er von der militärischen Lage im Süden der Ostfront. Dort scheine sich eine bedeutende Offensive der Russen vorzubereiten. Beiderseits von Stalingrad an der Wolga seien die Fronten in Bewegung gekommen. Hitler habe Manstein befohlen, mit seinem Armee-Oberkommando dorthin zu gehen, um als neugeschaffenes Heeresgruppen-Oberkommando mit Namen »Don« eingeschoben zu werden. Ich würde also wahrscheinlich schon bald Zeuge einer bedeutenden militärischen Entwicklung werden.

Ich hatte noch manche Frage, denn ich besaß nicht die geringste Vorstellung von der inneren Struktur eines Oberkommandos. Je mehr ich Fragen stellte, desto mehr schaltete sich nun auch Fabian in die

Unterhaltung ein. Irgendwann fragte ich Henning, was für eine Aufgabe Fabian eigentlich bei ihm habe. Henning schmunzelte, ehe er antwortete: Fabian sei »der Wächter über sein politisches Gewissen«. Das Wort sprach wohl Bände. Indes tat Fabian so, als habe er es nicht gehört.

Später am Abend sagte Henning, er wolle mir zwei Namen sagen. Nur zwei, doch die müsse ich mir gut merken, sie aber auf keinen Fall aufschreiben. Die Träger dieser beiden Namen würden bald bei Manstein zum Vortrag erscheinen, und dann werde es meine Aufgabe sein, dafür zu sorgen, daß beide »zuverlässig abgeschirmt« mit dem Feldmarschall sprechen könnten, denn der Persönliche Ordonnanzoffizier pflege bei Manstein stets im Vorzimmer zu sitzen.

Der erste sei General Erich Fellgiebel. Ihn kannte ich zwar nicht persönlich. Aber der Chef des Heeresnachrichtenwesens war bei der kämpfenden Truppe schon seit langem ein Begriff geworden. Während manche neue Waffe ihre Kinderkrankheiten gehabt hatte, funktionierte das neue Nachrichtenwesen stets zuverlässig. Fellgiebels Namen brauchte ich also nicht zu memorieren.

Den Namen des Zweiten aber hörte ich zum ersten Mal: Stauffenberg. Ich konnte nur sagen, ich hätte den Namen noch nie gehört. Das tue nichts, meinte Henning, das sei sogar gut. Major im Generalstab Claus Graf Stauffenberg sitze in der Organisationsabteilung im Oberkommando des Heeres. Stauffenbergs Namen zu behalten, sei im übrigen für mich höchst einfach, denn seine drei ersten wie auch drei letzten Buchstaben seien identisch mit denen meines eigenen Namens. Dieses System der Gedächtnishilfe amüsierte mich.

Beim Abschiednehmen, schon im Stehen, fragte ich Henning, wie er denn auf die Idee gekommen sei, dem Feldmarschall Manstein gerade mich vorzuschlagen. Seine Antwort kam sehr direkt: Weil er zu wissen glaube, daß ich nicht zu denen gehöre, die »Angst vor großen Tieren« hätten.

Er halte mich also für hoffentlich nicht ungeeignet. In der Regel seien die sogenannten großen Tiere recht einsame Menschen, die für ein gesprochenes Wort nur dankbar seien. Im übrigen habe unser gemeinsamer Vorfahre Zedlitz* (den ich nicht mehr gekannt hatte) einmal zu ihm gesagt: Wenn es eine wichtige Sache erfordere, dann sei man ihretwegen verpflichtet, jeden Menschen, auch einen bisher un-

---

* Robert Graf von Zedlitz und Trützschler (1837–1914), Oberpräsident in Schlesien, Posen und Hessen sowie Preußischer Kultusminister.

bekannten, anzusprechen, um der Sache nützlich zu sein. Und das ohne Ansehen von Namen und Rang. So sei es im Lande Preußen seit vielen Generationen üblich gewesen.

GENERALFELDMARSCHALL VON MANSTEIN

Meine neue Aufgabe

Mit einem Wagen des Oberkommandos erreichte ich am folgenden Tage, dem 18. November 1942, kurz vor Einbruch der Dunkelheit Witebsk und dort das Hauptquartier der 11. Armee. Mit einiger Spannung ließ ich mich beim Oberbefehlshaber melden. Als ich Mansteins Arbeitszimmer betrat, erhob er sich aus seinem Sessel, legte ein Buch, in dem er gelesen hatte, beiseite, tippte die Asche von einer dicken Zigarre und nahm meine Meldung entgegen. Dann streckte er mir die Hand entgegen und bat mich, ihm gegenüber Platz zu nehmen.

Er trug eine weiß-leinene Uniformjacke, wie wir sie als Offiziere im Frieden außerhalb des Dienstes gerne getragen hatten. Zum ersten Mal in meinem Leben sah ich die goldenen Schulterstücke mit den gekreuzten Marschallstäben so nah vor mir.

Sehr freundlich, nicht ohne Charme, begann er die Unterhaltung. Tresckow habe ihm einiges über mich erzählt, auch, daß sein im Polenfeldzug gefallener Schwager Conrad von Loesch, Bruder seiner Frau, mit einer Cousine von mir verheiratet gewesen sei. Da gäbe es ja genügend Gesprächsstoff für uns.

Dann sollte ich von mir selbst erzählen, vor allem über meinen militärischen Werdegang. Ich begann damit, daß ich mich 1935 als Freiwilliger zum 6. (Preußischen) Reiter-Regiment gemeldet hätte, weil die NSDAP in Stettin mich hatte zwingen wollen, Parteimitglied zu werden. Er ging darauf nicht ein. Mit ausgesprochener Freude bemerkte er aber, dann sei ich ja Regiments-Kamerad seines bisherigen Ordonnanzoffiziers Specht gewesen. So erfuhr ich nun, daß »Pepo«, wie wir ihn in Schwedt genannt hatten, gefallen war. Ob ich ihn näher gekannt habe, wollte er wissen. Das mußte ich verneinen, denn ich war älter als Specht. Während einer Reserve-Übung als Unteroffizier hatte ich den Fahnenjunkern ein paarmal Reitunterricht zu geben gehabt. Specht war dadurch aufgefallen, daß er vom ersten Tag an vorbildlich auf dem Pferde saß und alle reiterlichen Aufgaben besser beherrschte als manch altgedienter Kavallerist – erst recht besser als ich selbst. Dem Feldmarschall machte es Freude, mit mir über Specht zu sprechen, und ich merkte, wie tief ihn Spechts Tod getroffen hatte.

Ich sprach ihn auch auf den Tod seines ältesten Sohnes Gero an – Tresckow hatte mir das erzählt –, und er erzählte mir von ihm. Dann griff er plötzlich hinter sich auf seinen Schreibtisch und gab mir einen Brief, den ich lesen solle. Absender war die Schriftleitung des »Völkischen Beobachters«, der offiziellen Parteizeitung der NSDAP. Mit gesucht höflichen Worten teilte man dem Feldmarschall mit, daß man die ihnen zugegangene Todesanzeige für seinen Sohn Gero nur dann zu drucken bereit sei, wenn der am Kopf der Anzeige gewünschte Hinweis auf den Bibeltext (Apostelgeschichte 8, 39) entfalle. Der Vers endete mit den Worten: »...er zog aber seine Straße fröhlich.« Mit diesem – zweifellos höchst unverfänglichen – Text hätten seine Frau und er zweierlei ausdrücken wollen, sagte er: Erstens, daß seine Familie und er Christen seien, und zweitens, daß Gero ein besonders fröhlicher Mensch gewesen sei. Er werde deshalb gegenüber dem »Völkischen Beobachter« darauf bestehen, die Anzeige unverändert und mit dem Bibeltext zu bringen. Schließlich habe er ja die Anzeige mit seinem Dienstgrad unterzeichnet. Dabei sah er mich fragend an.

Nach einer Pause fragte ich: »Herr Feldmarschall, muß es denn gerade der ›Völkische Beobachter‹ sein? Für diese Anzeige scheint mir die ›Deutsche Allgemeine Zeitung‹ besser geeignet zu sein. Letztere ist zwar auch gleichgeschaltet, doch ich habe immer beobachtet, daß ›unsere Familien‹ dieses Blatt bevorzugen.« Er antwortete schnell: Die »Deutsche Allgemeine« habe die Anzeige mit gleicher Post wie der »Völkische Beobachter« erhalten und sich nicht geweigert, sie zu drucken. Darum werde er darauf bestehen, daß auch der »Völkische Beobachter« sie ungekürzt bringe.

Zu diesem Zeitpunkt wußte Manstein offensichtlich noch nicht, daß die »Deutsche Allgemeine« die Todesanzeige bereits am 7. November gebracht hatte, und zwar unter Streichung des Bibeltextes und ohne vorher bei der Familie nachzufragen. Die Zeitung hatte eigenmächtig so gehandelt, wie es das Propaganda-Ministerium für Todesanzeigen Gefallener diktierte, während die Parteizeitung immerhin noch geschrieben hatte. Beim Schreiben dieses Berichts habe ich im Institut für Publizistik der Freien Universität Berlin im »Völkischen Beobachter« nach der Anzeige vom Tode Gero Mansteins gesucht. Sie ist am 22. November 1942 ohne den Bibeltext veröffentlicht worden. So also ging die NSDAP selbst mit einem Feldmarschall um.

Das alles ist nun seit Jahrzehnten Vergangenheit. Doch es charakterisiert die nationalsozialistische Propagandapolitik und ihre seltsamen Nuancen. Und es kennzeichnet die Unmenschlichkeit und Unerbittlichkeit, mit der das System den Menschen vereinnahmte. Dieses erste Gespräch mit Manstein bewegte sich noch um andere Themen. Mir war ganz klar, daß ich mich auf dem Prüfstand befand. Er ließ sich eingehend von den Kämpfen bei Tichwin und vor allem von der Schlacht südlich des Ladogasees berichten, in der er uns geführt hatte. Ganz unvermittelt unterbrach er mich und sagte: »Ich mache Ihnen einen Vorschlag. Wenn Sie Lust dazu haben, dann wollen wir es miteinander versuchen.« Ich sagte sofort zu, denn ich war beeindruckt von seiner Persönlichkeit und seiner Art, mit dem so viel Jüngeren umzugehen. Ich konnte mir vorstellen, daß ich gut für ihn würde arbeiten können.

Dann umriß er meine Aufgaben, von denen ich nur ungenaue Vorstellungen hatte; Manstein faßte kurz zusammen: »Sie werden mein ständiger Begleiter sein. Sie werden jedem Gespräch, das ich führe, beiwohnen. Sie werden das, was wir erleben, kurz protokollieren, soweit es sich um wichtige Dinge handelt. Sie werden meine Telefongespräche mithören. Sie werden für mich schreiben und meine Akten führen, sowohl die militärischen als auch einen Teil der privaten.«

Ich warf ein, mir sei nicht klar, wie umfassend ein Leutnant am dienstlichen und übrigen Leben eines Feldmarschalls teilhaben könne. Vor allem könne ich mir nicht vorstellen, daß es für einen Feldmarschall nicht Dinge gebe, die nur unter vier Augen zu erledigen seien. Dem widersprach er sofort und nachdrücklich; im Kriege gelte das nicht, jedenfalls nicht für ihn. Ich ließ nicht locker und sagte, es könne doch sein, daß er zum Beispiel mit dem Führer zu sprechen habe. »Dann werden Sie dabeisein, es sei denn, daß Begleitoffiziere auf seinen Befehl hin ausgeschlossen werden.« Dann wandte ich ein, daß ich zwar einigermaßen Maschinenschreiben könne, aber nicht Stenographie gelernt hätte. »Das ist sogar gut«, antwortete er. »Ich halte für die Arbeit im Generalstab nichts von Stenographie, denn der Stenograph schreibt alles auf, was er hört, also auch das Unwichtige, das Belanglose. Von Ihnen erwarte ich, daß Sie erkennen, was unwichtig und nicht unwichtig ist. Je kürzer Sie schreiben, desto besser. Ich werde Ihnen«, fuhr er fort, »hoffentlich bald diktieren können. Und ich erwarte – nicht heute oder morgen –, daß Sie bald so aufnehmen können, daß Sie den Sinn meines Diktats aus Ihren Notizen zuverlässig zu Papier bringen können.«

Fast schwindelte mir vor dem, was da auf mich zukam. Nach einer Pause, während der er vermutlich meine Reaktion beobachtete, begann er nochmal und betonte, dies sei ihm äußerst wichtig: Er habe schon im Ersten Weltkrieg im Generalstab gearbeitet, kenne also die Hierarchie beim Militär gut genug, um zu wissen, daß für einen hohen Offizier mit jeder Beförderung die Gefahr der Isolierung wachse. Auf dem sogenannten Dienstweg sei notwendigerweise jede Stufe nach oben eine Art zusätzlicher Filter. Zu meinen Aufgaben gehöre es deshalb, dafür zu sorgen, daß er wichtige Dinge, die man ihm vorenthalten zu müssen glaube, von mir erfahre. Wohlverstanden, er erwarte nicht, daß ich ihn mit Klatschgeschichten belaste. Aber er lege größten Wert darauf, daß er das erfahre, was er meines Erachtens erfahren müsse. Mit wenigen Worten möchte er sagen: »Das, was Sie wissen, muß ich, wenn Sie es für nötig halten, auch wissen!«

Ich war begeistert. Das war ein Vorgesetzter nach meinem Geschmack. Ich war Mitarbeiter eines großrahmigen, eines bedeutenden Mannes geworden. Ich war mit dem Angebot größten Vertrauens ausgezeichnet worden.

Nach dem Gespräch erfuhr ich, daß der gesamte Führungsstab der 11. Armee (das neue Heeresgruppen-Oberkommando Don) noch am selben Abend in den bereitstehenden Befehlszug übersiedeln werde, um quer durch Rußland in südlicher Richtung die Gegend von Stalingrad zu erreichen, wo die Rote Armee seit einigen Tagen eine Großoffensive begonnen hatte und versuchte, die gesamte Südfront der Deutschen samt den ihnen verbündeten Italienern, Ungarn und Rumänen in höchste Gefahr zu bringen. Manstein war von Hitler mit dem Oberbefehl über diesen weit entfernt liegenden Raum betraut worden, um dort, wie es der Generalstäbler nennt, »die Lage wiederherzustellen«, auf gut deutsch, zu retten, was zu retten ist.

In den Stunden, die noch bis zur Abfahrt des Zuges blieben, machte ich meine wichtigsten Antrittsbesuche im Oberkommando, genau in der Reihenfolge der Ancienität, wie es sich gehörte.

General Friedrich Schulz war Chef des Stabes der Armee, seit dem Feldzug Mansteins auf der Krim sein engster Mitarbeiter. Er empfing mich mit großer Herzlichkeit. Er hatte sich im Stabe schon herumgesprochen, daß es Tresckow gewesen sei, der mich hierher empfohlen hatte. Ich spürte deutlich, welcher Ruf meinem Vetter vorausging. Nicht nur an diesem Abend, sondern ungezählte Male in den folgenden Jahren sprach man mich auf Henning an. Mir wurde klar, welche Verantwortung ich als »Tresckows Mann« trug.

Zu General Schulz faßte ich sogleich Vertrauen und Sympathie, zu seinem Ordonnanzoffizier, Leutnant d. R. Otto Feil, der das Kriegstagebuch der Armee führte, nicht minder. Feil gehörte bald zu meinen besten Freunden in dem großen Stab.

Ganz anders erlebte ich den I a, den 1. Generalstabsoffizier, Oberst i. G. Theodor Busse. Als ich sein Zimmer betrat, bot er mir einen Stuhl ihm gegenüber an und richtete den Lichtkegel einer Stehlampe auf mich, um mich auszufragen nach allem, was ihn interessierte, ohne daß ich sein Gesicht sehen konnte. So stand zwischen ihm und mir vom ersten Augenblick an eine Wand.

Das Oberkommando verfügte als beweglicher Gefechtsstand über einen Sonderzug der Eisenbahn mit etwa zehn D-Zug-Wagen. Er war mit allem ausgerüstet, was eine Operationsabteilung im Kriege brauchte, mit Funk- und Fernschreibtechnik ebenso wie mit eigener Bewaffnung. Der Feldmarschall bezog einen ehemaligen Salonwagen, der einmal bessere Tage gesehen hatte. Aus dem Salon war ein Arbeits- und Besprechungsraum geworden, daneben gab es zwei große Schlafabteile für ihn und mich, den Ordonnanzoffizier, sowie Abteile für die Burschen. Es war ein wunderschöner alter Wagen, wie ich ihn so elegant nie zuvor gesehen hatte. Es hieß, er sei einmal der Wagen der Königin von Jugoslawien gewesen. Kostbare Jugendstil-Intarsien schmückten die holzgetäfelten Wände, und schwere seidene Vorhänge standen in einem merkwürdigen Kontrast zu seiner jetzigen Verwendung.

Während der nächsten zwei Tage besuchten wir zwei dem Feldmarschall noch unterstellte Korps, als am 20. November der seit Tagen erwartete Befehl vom Oberkommando des Heeres (OKH) eintraf, demzufolge aus dem Oberkommando der 11. Armee ein Oberkommando einer neuen Heeresgruppe (HGr) mit der Bezeichnung HGr Don gebildet wurde, das den Auftrag bekam, sich unverzüglich in den Süden Rußlands zu begeben, um dort die in Stalingrad von der Einschließung bedrohte 6. Armee zu entsetzen und die bisherige Verteidigungsfront auf beiden Seiten dieser Stadt »wiederherzustellen«.

An diesem 20. November erlebte ich eine strategische Erörterung von bedeutender Dimension. Zu dieser Besprechung war nur eine sehr lückenhafte Lagekarte vom Süden Rußlands vorhanden. Trotzdem genügten die spärlichen Einzeichnungen, um Manstein und seine Generalstabsoffiziere zu dem Schluß kommen zu lassen, daß von einer »Wiederherstellung des bisherigen Frontverlaufs« überhaupt nicht die Rede sein konnte.

Hier wurde mir klar, wie »die oberste Führung« – sprich: Hitler – »führte«, nicht beweglich, geschweige denn dynamisch, sondern phantasielos und einfallslos, und vor allem: statisch. Der Schlüssel zu meinen eigenen schrecklichen Erlebnissen und der Zerschlagung der 12. Panzer-Division in mehr als einjährigen Kämpfen zwischen Leningrad und dem Wolchow lag nun auf meiner Hand.

Am Abend des 21. November 1942 verließ der Zug Witebsk in Richtung Smolensk. Doch wir kamen nicht weit. Plötzlich hörten wir aus unserer Fahrtrichtung eine schwere Explosion, und der Zug machte eine Notbremsung. Partisanen hatten gute Arbeit geleistet, und wir rollten durch die Dunkelheit zurück nach Witebsk. Um acht Uhr in der Frühe fuhr der Zug erneut ab. Die deutschen Eisenbahnpioniere hatten inzwischen ganze Arbeit geleistet.

In Smolensk stand der Oberbefehlshaber der Heeresgruppe Mitte, Generalfeldmarschall Hans Günther von Kluge, auf dem Bahnsteig. Der »kluge Hans«, wie ihn seine Offiziere scherzhaft nannten, stieg zu uns in den Wagen. General Otto Wöhler, sein Generalstabs-Chef, ein früherer Mitarbeiter Mansteins, wurde besonders herzlich von Manstein begrüßt. Er hatte die neueste Lagekarte vom russischen Süden mit den letzten Einzeichnungen mitgebracht. Was Wöhler den Feldmarschällen vortrug, klang schlimm. Die 6. Armee in Stalingrad war so gut wie umzingelt und hatte von Hitler offenbar den Befehl erhalten, stehenzubleiben. Wieder dachte ich an Tichwin im vergangenen Winter. So also sah der Krieg, von »oben« betrachtet, aus.

Die Aussprache währte nicht lange, denn nun war Eile geboten, um möglichst schnell die Gegend vor Stalingrad zu erreichen.

Eine Bemerkung des Feldmarschalls Kluge ist mir in lebhafter Erinnerung, denn er kam mehrmals auf sie zurück: Er wolle Manstein einen wichtigen Rat geben, denn er selbst sei dem Führer ja bereits seit geraumer Zeit unmittelbar unterstellt und habe einige Erfahrungen. Hitler neige dazu, sich weit mehr für Details zu interessieren als für grundlegende operative Gedanken. Vielfach greife Hitler bis hinunter zum Bataillon in das militärische Geschehen ein. Er, Kluge, rate deshalb dringend, solche Eingriffe in die Befehlsstruktur der Heeresgruppe vom ersten Tage an »abzublocken«. Andernfalls werde er als Oberbefehlshaber bald nichts mehr durchsetzen können. »Seien Sie auch darauf vorbereitet«, fuhr Kluge fort, »daß der Führer das Überleben des Ost-Heeres während der großen Krise im vergangenen Winter nicht der Moral unserer Soldaten und unser aller Einsatz zuschreibt, sondern ausschließlich seinen eigenen Fähigkeiten.«

Ich beobachtete Manstein während dieser Worte. Ein paarmal zuckte es in seinem Gesicht. Doch er schwieg.

Fünf Tage waren wir mit unserem Sonderzug unterwegs, und ich hatte vielerlei Gelegenheit, meinen neuen Vorgesetzten eingehend kennenzulernen – und ebenso er mich. Ich hatte bald herausgefunden, daß er dankbar war, wenn ein Anlaß gegeben war, fröhlich zu sein. Wir spielten Schach, und ich war zufrieden, daß er besser spielte als ich. Er spielte immer offensiv und genoß es, mich schon bei vollem Brett matt zu setzen. In den fast drei Jahren an seiner Seite hat er ungezählte Partien mit mir gespielt, wahrscheinlich mehr als tausend. Mindestens neunzig Prozent von ihnen gewann er. Ich hatte gegen ihn nur dann eine Chance, wenn es mir gelang, ihn – meist viel zu offen – von Beginn an frech anzugreifen. Dann konnte es geschehen, daß er, aus Ärger über sich selbst, zu schnell zog und irreparable Fehler machte.

Er liebte es, mit mir über Musik zu sprechen. Mozart war sein Favorit. Er hatte einen mechanischen Plattenspieler und ein paar gute Platten in seinem Gepäck. Mußte unser Zug aus irgendeinem Grunde halten und warten, dann legte ich eine seiner liebsten Platten auf, an erster Stelle Mozarts Klavier-Konzert G-Dur, Köchelverzeichnis 453, in einer wunderschönen Aufnahme mit Edwin Fischer, oder Ausschnitte aus »Figaros Hochzeit«.

Gerne erzählte er aus seinem Leben, von seinen Adoptiveltern, aus seiner Kindheit in Straßburg, seiner Zeit auf den Kadettenanstalten Plön und Lichterfelde, aus seinen Erinnerungen als Page bei Festlichkeiten am Kaiserlichen Hof in Berlin. Er zeigte mir ein prachtvolles massiv-goldenes Zigarettenetui, das ihm Kronprinz Wilhelm von Preußen als Gratulation zur Einnahme von Sewastopol auf der Krim geschenkt hatte. Ich fragte ihn, wie denn gerade der Kronprinz dazu komme, ihm ein so gewichtiges Geschenk zu machen. Das wisse er selbst nicht, sagte er und forderte mich auf, das Etui zu öffnen. Im Deckel war die Lagekarte der Krim eingraviert. Ich fragte ihn, ob er Generalfeldmarschall Hindenburg gekannt habe. Ja, er sei sogar ein angeheirateter Onkel von ihm gewesen. Dann fragte ich leichthin, welcher von den jungen Feldmarschällen dieses Krieges seiner Meinung nach im Falle einer totalen Niederlage »Retter des Vaterlandes« sein könnte. Seine Antwort kam blitzartig: »Ich jedenfalls nicht.« Im übrigen komme es überhaupt nicht in Frage, daß wir den Krieg verlören. Ich ließ nicht locker und fragte nach seiner Meinung über Generalfeldmarschall Gerd von Rundstedt. »Der ist von uns der Dienstälteste«, sagte er trocken. »Und was halten Herr Feldmarschall von dem

Reichsmarschall Hermann Göring?« fragte ich. »Der ist eine Operettenfigur. Der zählt nicht.« Damit schien mir dieses Thema fürs erste erschöpft.

So rollten wir mit einer Spitzengeschwindigkeit von zwanzig bis dreißig Stundenkilometer durch Rußland.

Abends wurde im Speisewagen an mehreren Tischen Bridge gespielt, und ich erhielt eine erste Rüge: »Was? Sie können nicht Bridge spielen? Was haben Sie denn in Ihrer Jugend neben der Schule gelernt?« – »Geige, Herr Feldmarschall«, gab ich zurück. »Na, wenigstens etwas!« Dann zitierte er drei seiner jüngeren Generalstabsoffiziere, mir unverzüglich einen Schnellkursus im Bridge zu verpassen. Und zwar so, daß ich noch auf dieser Bahnfahrt ein brauchbarer Bridge-Partner werde, einschließlich der Kenntnisse, ein gutes »Null-Spiel« spielen zu können. Ob sie ihn verstanden hätten? – Grinsend bestätigten die drei den Auftrag.

An einem anderen Tage ließ er mich von meinen Erinnerungen an die Monate Januar bis März 1933 erzählen, als ich im Sekretariat Franz von Papens geholfen hatte. Interessiert hörte er zu, als ich von meinen Begegnungen mit Hitler, Göring, Seldte, Hugenberg und anderen erzählte. Ausführlich schilderte ich ihm meinen Onkel Kleist-Schmenzin. Der habe mich von all den hohen Herren am nachhaltigsten beeindruckt. »Ach, die haben Sie alle kennengelernt?« warf er ein. Ich sagte, kennengelernt sei zu viel, miterlebt und beobachtet treffe eher zu. »Und was halten Sie von Papen?« wollte er wissen. »Nichts«, antwortete ich. »Warum?« fragte er. »Weil er es hingenommen hat, daß die SS drei seiner engsten Mitarbeiter ermordet und sämtliche Mitarbeiter der Vizekanzlei in das Gestapo-Hauptquartier in der Prinz-Albrecht-Straße oder in das Konzentrationslager Oranienburg gebracht hat.« Von den Ermordungen Boses und Jungs in Berlin und Kettelers in Wien wußte der Feldmarschall. Der große Umfang so vieler Verhaftungen am 30. Juni 1934 schien ihm neu. Wie überhaupt die üblen Vorgänge im Juni 1934 ihm damals »undurchsichtig« gewesen seien. Im Oberkommando des Heeres sei man von den Ereignissen dieser Tage einfach überrollt worden. Er habe sie damals nicht rechtzeitig durchschaut; er sei auch heute noch nicht in der Lage, sie zu analysieren.

Am frühen Morgen des 24. November versammelten sich alle Offiziere während der Fahrt im Salon unseres Wagens, um dem Feldmarschall zu seinem 55. Geburtstag zu gratulieren. General Schulz hielt eine kurze Rede, und Manstein dankte mit ein paar freundlichen Worten. Mit Erstaunen registrierte ich, daß er eigentlich kein guter Redner war. Vor dem größeren Kreis gab er sich nicht frei. Seine Wirkung, ja seine Faszination fand er in kleiner, vertrauter Runde, am wirkungsvollsten im Zwiegespräch.

Gegen neun Uhr hielt der Zug in Starobielsk, einer kleinen Stadt ostwärts von Charkow. Hier lag das Oberkommando der Heeresgruppe B mit Generaloberst Maximilian von Weichs an der Spitze. Am Zuge standen Wagen, um uns zum Hauptquartier zu bringen. Nun endlich sah Manstein die Lagekarte, die den letzten Stand der Informationen im Raume um Stalingrad zeigte. Sie ergab ein katastrophales Bild.

Die 6. Armee und Teile der 4. Panzer-Armee waren von den Russen umzingelt. Zur Eroberung der Stadt mit dem Namen des sowjetischen Diktators waren auf deutscher Seite die besten Verbände der Südfront angetreten. An ihren Flanken hatten die mit uns verbündeten Ungarn, Rumänen und Italiener gestanden, die hier begreiflicherweise nur mit halbem Herzen kämpften. So gehörte für die Russen nicht viel Ideenreichtum dazu, ihre Truppen zu einer großen Zange anzusetzen.

Hinzu kam, daß die im Süden Rußlands stehenden deutschen Verbände getrennte Ziele zu verfolgen hatten, anstatt zusammengefaßt zu werden: Während am Knie der Wolga das Prestige-Ziel Stalingrad angesteuert wurde, sollte die südlich der Heeresgruppe B stehende Heeresgruppe A unter Feldmarschall Kleist den Kaukasus erreichen. Die Lage bewies, daß man die Kräfte der Sowjets bei weitem unterschätzt hatte und bestrebt gewesen war, zwei Ziele gleichzeitig zu erreichen. Die Einkesselung der 6. Armee erwies sich als ein schwerer Führungsfehler Hitlers. In Starobielsk erfuhr Manstein von Weichs den Wortlaut von Hitlers Befehl an die 6. Armee: »Einigeln und Entsatz von außen abwarten!«

Es kann nicht die Aufgabe des Persönlichen Ordonnanzoffiziers des Feldmarschalls Manstein sein, das militärische Geschehen der nun folgenden Wochen und Monate darzustellen. Hierüber gibt es eine Fülle von Literatur aus kompetenter Feder. Darum kann ich mich darauf beschränken, einige mir noch heute lebendige Erlebnisse zu schildern.

Der Tenor der Aussprache zwischen Manstein und Weichs am 24. November in Starobielsk war auf seiten des Generaloberst Weichs von Skepsis geprägt, während Manstein sich erstaunlich optimistisch gab. Darin bestärkte ihn vor allem Oberst Busse. »Eine böse Sache ist das, Herr Feldmarschall, aber wir werden das schon irgendwie hinkriegen!« sagte er. Noch war die neue Heeresgruppe nicht eingesetzt, und es schmeckte Manstein überhaupt nicht, daß Hitler ihr den Namen »HGr Don« befohlen hatte. Darin zeigte sich einmal mehr Hitlers

»strategisches« Denken. »Don« sollte die Heeresgruppe auf dieses Gebiet moralisch festnageln; Mansteins strategisches Denken hingegen war in der Beweglichkeit der Verbände begründet. Während unserer tagelangen Eisenbahnfahrt hatte er mich in vielen Gesprächen fast in die Schule genommen. In der Weite Rußlands müsse der Feldherr operieren wie der Admiral in der Weite des Ozeans. Wenn »die oberste Führung« ihn aber festzunageln trachte an einen Punkt auf der Landkarte, dann sei das ebenso unsinnig, als wenn ein Admiral den Befehl bekomme, die gegnerische Flotte nirgendwo anders als exakt auf dem Schnittpunkt dieses und jenes Breiten- und Längengrades zu schlagen.

Fast noch größere Sorge als die um die 6. Armee und die Stadt Stalingrad bereitete die militärische Lage westlich und südlich der eingeschlossenen Stadt. Auf beiden Seiten gab es keinen zusammenhängenden Frontverlauf. Während sich die Armeen unserer Verbündeten mehr oder weniger in Auflösung und auf der Flucht befanden, operierte beispielsweise im Süden die 16. motorisierte deutsche Division in der Kalmückensteppe auf einer Breite von dreihundert bis vierhundert Kilometern. Bis hin zu der Stadt Astrachan am Kaspischen Meere, berühmt wegen ihres guten Kaviars.

Und schließlich operierte noch viel weiter im Süden die Heeresgruppe A unter Kleist, in dessen Panzergruppe ich 1940 den Feldzug gegen Frankreich mitgemacht hatte. Kleists Divisionen strebten den Pässen des Kaukasus und den Grenzen nach Persien und der Türkei zu. Daraus mochte jeder seine Schlüsse ziehen. Würde es jetzt den Sowjets gelingen, die 6. Armee in Stalingrad zu vernichten und weiter nach Westen vorzudringen, um die Mündung des Don bei der Stadt Rostow zu erreichen, dann wäre die Heeresgruppe A im Kaukasus von ihrer Basis und ihrem Nachschub abgeschnitten. Sie müßte sich dann über die Meeresenge von Kertsch versorgen bzw. über das Asowsche Meer zurückziehen. Um es ganz schlicht zu sagen: Die Lage, die der Feldmarschall Manstein am 24. November in Starobielsk vorfand, barg die akute Gefahr, den Krieg gegen die Sowjetunion zu verlieren und zwar in Kürze.

Ehe wir nachmittags das Hauptquartier der Heeresgruppe B wieder verließen, um weiter südlich den Raum vor Stalingrad zu erreichen, nahm ich Gelegenheit, einen der jüngeren Generalstabsoffiziere nach meinem Onkel Hans von Wedemeyer zu fragen. Während meines Sommerurlaubs in Pommern hatte ich erfahren, daß er jetzt im Stabe Weichs' sei. Man führte mich aus dem Kreis der Versammelten heraus in ein Nebenzimmer. Major von Wedemeyer sei mein Onkel? – Ja, der habe das, was er hier im Oberkommando der Heeresgruppe an deutscher Kriegführung miterlebt habe, einfach nicht ertragen können. Im August schon, also vor einem Vierteljahr, habe er sich in heller Verzweiflung darüber freiwillig vom Oberkommando weg zur Fronttruppe gemeldet und sei am 22. August beim Angriff auf Stalingrad als Kommandeur gefallen. Er habe das wohl so gewollt.

Die Nachricht traf mich schwer. Onkel Hans war es doch gewesen, der mich im Winter 1932/33 in das Sekretariat seines Freundes Papen als Gehilfen geholt hatte. Er hatte im Januar 1933 zu Papens engsten Beratern gehört, als es um die Frage ging, ob man es riskieren könne, Hitler zum Reichskanzler zu machen. Er war es gewesen, der Ewald von Kleist-Schmenzin zu Hilfe geholt hatte, um Papen mit allen erdenklichen Argumenten von seinem ehrgeizigen und abenteuerlichen Plan abzuhalten. Nachdem dies den beiden nicht gelungen war und Papen nun unter Hitler Vizekanzler geworden war, hatte Onkel Hans eine Zeitlang die Leitung der Vizekanzlei übernommen. Ein paar Wochen lang hatte er, dicht neben der Zentrale des politischen Geschehens, das Eindringen der Nationalsozialisten in die Legislative und die Exekutive des Deutschen Reiches miterlebt. Ich wußte, wie schwer er darunter litt, daß er im Januar 1933 nicht eine andere Lösung als Hitler hatte durchsetzen können.

Nun hatte er als Reserveoffizier in der Abteilung I c der Heeresgruppe die strategischen Entscheidungen Hitlers miterlebt. Dann hatte er, als er erkannte, wohin »sowohl die politische als auch die militärische Reise ging«, die Konsequenz gezogen, die seinem Charakter entsprach, eine noble, eine tragische Entscheidung.

STALINGRAD

Am 26. November erreichten wir Rostow an der Mündung des Don und ein paar Stunden später Nowotscherkask.

Der Feldmarschall bezog mit mir und unseren Ordonnanzen eine Villa aus der Zarenzeit. Ihr Mobiliar entsprach allerdings nicht mehr der Außenfassade. Vermutlich war der Inhalt der Villa seit der Revolution nicht einmal, sondern wiederholte Male »in das Eigentum des Volkes übergegangen«. Primitiver konnte man sich die Einrichtung nicht vorstellen.

Um wenigstens äußerlich und vor der Bevölkerung der Stadt dem Gebäude den Anschein eines militärisch gesicherten Hauptquartiers zu geben, standen links und rechts der Eingangstreppe zwei Soldaten, wie ich sie noch nie gesehen hatte. Kleingewachsen, freundliche Kosaken unter großen russischen Pelzmützen, aber in deutschen Uniformen. Betraten oder verließen wir das Haus, dann warfen sie sich in die Brust, nahmen Haltung an, als gelte es, Seine Majestät den Zaren zu ehren.

Unsere Operationsabteilung lag in einem anderen Haus, das allerdings von einer deutschen Wachkompanie sorgfältig beschützt wurde.

Ich machte, ohne Begleitung, einen Spaziergang durch das Stadtinnere, um etwas Orientierung zu gewinnen. Die Bevölkerung ging ihrem Tagewerk nach, als befänden wir uns im tiefsten Frieden. An einer Ecke eines Boulevards kaufte ich mir eine Tüte Sonnenblumenkerne, wie sie dort jeder Russe in der Tasche hatte, um stets einen der Kerne zwischen seinen Zähnen zu bewegen.

Ein seltsamer Krieg war das. Ganz anders als bei Leningrad. In Nowotscherkask sorgten Russen für unsere Sicherheit, und keine zweihundert Kilometer entfernt tobte die Schlacht um Stalingrad. Und der Oberbefehlshaber der deutschen Heeresgruppe stand sogar buchstäblich unter dem Schutz einer freiwilligen Kosakenabteilung.

Mit dem Eintreffen in Nowotscherkask begann für mich die tägliche Arbeit im Vorzimmer Mansteins. Die Verbindungstür zu ihm blieb grundsätzlich offen. Von seinem Schreibtisch aus rief er mir seine Wünsche einfach zu. Das ging schneller, als von einem Zimmer zum anderen ein Telefon zu benutzen. So entsprach es dem Arbeitstempo des Feldmarschalls.

Auf meinem Schreibtisch standen links stets mehrere Telefone, davon immer eines, das mit dem des Feldmarschalls parallel geschaltet war. Er hatte mir den ausdrücklichen Auftrag gegeben, jedes Gespräch, das er führte, mitzuhören. Oft unterbrach er seine Erörterungen mit dem Gesprächspartner: »Stahlberg, haben Sie gehört? Bitte veranlassen Sie das sofort.« Niemals gebrauchte er mir gegenüber das Wörtchen »Befehl« oder »befehlen«. Seine Befehle an mich lauteten: »Bitte sorgen Sie dafür...«, »Ich wäre Ihnen dankbar, wenn Sie veranlassen würden...« oder »Verbinden Sie mich bitte sofort mit dem...«. Eine echte Autorität setzte Gehorsam und gegenseitiges Vertrauen als Selbstverständlichkeit voraus. Manstein war ein Herr.

Rechts auf meinem Schreibtisch lagen immer zwei Notizblöcke, einer für seine Aufträge; ihn nahm ich mit, wenn er mich bat, zu ihm zu kommen; der andere blieb liegen, um der Dokumentation zu dienen.

Die Lagekarte 1:300000 lag in seinem Zimmer auf einer großen

Tischplatte, die ich von meinem Schreibtisch aus im Auge hatte. Kam aus der Abteilung I a einer der Zeichner, um neueste Meldungen einzureichen, ging ich hinüber und sah ihm zu. Von seinem Schreibtisch aus pflegte dann der Feldmarschall kurz zu fragen: »Neues?« In der Regel genügten ihm ein paar Stichworte von mir, um sitzen zu bleiben und seine Arbeit fortzusetzen; manchmal trat er auch an die Karte. Nach meinem Hinweis auf den Ort des Geschehens wünschte er meine Information. Schnell mußte das gehen. Andernfalls konnte er unangenehm werden.

Ebenso wie unsere Arbeitszimmer lagen auch unsere beiden Schlafzimmer nebeneinander. Die Telefonanschlüsse dort waren in gleicher Weise geschaltet. Die Lagekarte des Tages stand, auf eine Stange gerollt, neben meinem Bett.

Dann gab es noch eine Holzkiste, etwa sechzig Zentimeter breit, mit einem Vorhängeschloß. Sie begleitete uns tags und nachts zwischen Arbeits- und Schlafzimmern, den Schlüssel trug ich an einer Kette bei mir. Sie barg die wichtigsten Dokumente, vor allem die Kopien, die ich für den Feldmarschall zu seinen Akten nahm, »Geheime Kommandosache« – »Chefsache« – »Nur durch Offizier«, die höchste Geheimhaltungsstufe der Wehrmacht.

Alles, was er mir diktierte oder in handschriftlicher Kladde gab, schrieb ich auf der Maschine ins Reine, mit den üblichen Durchschriften. Jedes Exemplar wurde numeriert – und das Kohlepapier vernichtet. Eine extra Schreibmaschine mit größeren Lettern, ein wahres Ungetüm, war der Korrespondenz mit Hitler vorbehalten.

Der hohe Herr wünschte, solche Schreiben ohne Zuhilfenahme seiner Brille lesen zu können (vor allem, wenn andere Personen anwesend waren; ein »großer« Mann war mit Brille undenkbar). Mit dieser Maschine konnte man sogar die beiden Runenzeichen der SS mittels einer Taste tippen. So habe ich bis zum Ende des Krieges fast alles geschrieben, was Manstein zu Papier brachte, sogar eine Menge Privatkorrespondenz, soweit sie sich mehr oder weniger in konventionellem Rahmen bewegte. Schwierig war es im Anfang, dem Diktat des Feldmarschalls ohne stenographische Kenntnisse zu folgen, doch mit der Zeit bekam ich eine gewisse Routine darin. Fasziniert war ich stets, wenn er mir aus dem Kopf eine seiner Denkschriften diktierte. Sie waren generalstabsüblich in Abschnitte gegliedert und numeriert nach Buchstaben und Zahlen. Oft geschah es, daß beim Diktat einer der ersten Abschnitte Bezug nahm auf einen der letzten Teile, und zwar unter Angabe der weit späteren Bezifferungen. Die Disposition des gesamten Schriftstücks stand in seinen Gedanken bildhaft vor ihm. Selten unterlief ihm dabei ein Irrtum. Kam es aber doch einmal vor, dann konnte er ungehalten werden, wenn er beim nachträglichen Durchlesen des Dokuments feststellte, daß ich seinen Irrtum beim Schreiben nicht selbständig korrigiert hatte.

Noch schwieriger wurde die Arbeit, als er mir – nach einigen Wochen der Einarbeit – handschriftliche Notizen in die Hand drückte und mir beispielsweise zurief: »Sehr eilig, sofort schreiben, Original über Fernschreiber an OKH, Durchschläge bei uns an alle Abteilungen, die es angeht. Sehr eilig!« Dann konnte es geschehen, daß ich ein paar Zimmer weiter zu Otto Feil, dem Ordonnanzoffizier des Generalstabschefs, lief und um Hilfe bat. Denn Mansteins Handschrift, mit breiter Montblancfeder geschrieben, war nicht leicht zu lesen. Bisweilen waren Worte in der Eile nicht ausgeschrieben. Wir mußten also dem Sinne nach kombinieren, oder wir standen vor des Feldmarschalls Lagekarte, um russische Ortsnamen zu finden oder gar zu korrigieren. Zu Anfang geschah es bisweilen, daß ich Manstein um Hilfe bat, einen Namen zu identifizieren. Die Verantwortung schien mir zu groß. Das quittierte er jedoch mit einer bissigen Antwort wie: »Ich denke, Sie sind intelligent genug, um meine Schreibfehler korrigieren zu können«, oder »Sehen Sie doch auf die Karte, ob ich mich geirrt habe.«

Nach einigen Monaten der Zusammenarbeit hatte ich manches Dokument von hoher Wichtigkeit zum Fernschreiber zu bringen, das in seinem Namen nur von mir getippt, jedoch nicht mehr von ihm nachgelesen oder paraphiert war. Legte ich es ihm zur Genehmigung vor, dann konnte es geschehen, daß er, anstatt es zu lesen, mich ansah und fragte: »Ist alles klar? – Gut, also weg damit.«

Zu den ersten Offizieren, die ich in Nowotscherkask beim Feldmarschall anzumelden hatte, gehörte Oberst im Generalstab Eberhard Finckh. Als ich ihn kennenlernte, begrüßte er mich, als wären wir alte Bekannte. Hatte jemand ihn auf mich vorbereitet? Finckh war der Oberquartiermeister der Heeresgruppe, das heißt, er war verantwortlich für alles, was zum Nachschub und zum Ersatz gehörte. Er war also so etwas wie ein Verkehrs- oder Versorgungsminister. Hier nun ging es sowohl um die Versorgung der 6. Armee in Stalingrad als auch die der übrigen Armeen.

Gleich bei Finckhs erstem Vortrag ging es um die zentrale Frage nach der Personalstärke der Soldaten in der eingeschlossenen Stadt Stalingrad. Diese Zahl war schwer zu ermitteln gewesen, denn die Divisionen, Korps und Heerestruppen, Deutsche und Rumänen, waren vielfältig zusammengesetzt. In den turbulenten Rückzugskämpfen waren sie anfänglich wenig überschaubar gewesen. Mir ist indessen Finckhs Zahl deutlich in Erinnerung, denn es war erschreckend, sie sich vorzustellen. Finckh hat die Zahl vielfach wiederholt: zum Zeitpunkt der Einschließung dreihundertviertausend Mann. Er vertrat diese Zahl mit Vehemenz, denn es gab schon damals abweichende Schätzungen, vor allem von interessierter Seite, aus dem Führerhauptquartier, also niedrigere.

Reichsmarschall Göring, der Chef der deutschen Luftwaffe, hatte Hitler verkündet, er werde die Armee mit allem, was sie brauche, durch die Luft versorgen. Das war genau das, was Hitler hören wollte, denn er hatte schon im Sommer im Berliner Sportpalast seinen jubelnden Parteigenossen zugerufen, er brauche die Stadt Stalingrad gar nicht mehr, »denn wir haben sie schon«. Jetzt aber war es für uns, die wir hörten und lasen, was aus dem Kessel zu uns gelangte, grauenhaft, sich das Geschehen dort vorzustellen. Für mich persönlich lag es nahe, Stalingrad mit Tichwin vor einem Jahr zu vergleichen. Gewiß war Tichwin gegenüber Stalingrad nur eine Generalprobe im Kleinen gewesen. Im Prinzip aber war Stalingrad das gleiche: ein unverantwortlicher, ein sträflicher Führungsfehler, ein sinnloses Opfer.

Einige Telefongespräche, die Manstein mit Generaloberst Friedrich Paulus, dem Oberbefehlshaber der 6. Armee, führte, hörte ich mit. Weder Paulus noch Manstein waren bereit, gegen Hitlers Befehl zu verstoßen, solange die Armee noch hätte ausbrechen können. Als Manstein sich später entschloß, den Ausbruch vorbereiten zu lassen, war es zu spät. Eine Mitschuld trägt auch sein Erster Generalstabsoffizier (I a), Oberst Busse, mit seinen mehrfach wiederholten Worten: »Wir werden das schon hinkriegen, Herr Feldmarschall!«

Am 27. November war das Oberkommando der Heeresgruppe mit seinen zahlreichen Befehls- und Verwaltungsorganen soweit vollständig, daß die Übernahme des Befehls über die eingeschlossene 6. Armee und die Trümmer der Verbände auf ihren beiden Flanken an das Oberkommando des Heeres gemeldet werden konnte. Ich bekam früh am Morgen vom Feldmarschall den Auftrag, den Oberbefehlshaber der Luftflotte 4, Generaloberst Wolfram von Richthofen, von unserem Feldflugplatz abzuholen, um ihn so schnell als irgend möglich in unser neues Hauptquartier, das er noch nicht kennen konnte, zu bringen. Schweigend saß Richthofen neben mir im Wagen. Er hatte die wahrlich nicht beneidenswerte Aufgabe erhalten, mit seinen Flugzeugen die Armee in Stalingrad aus der Luft zu versorgen. Ich fühlte, wie es in ihm arbeitete. Ab und zu murmelte er Bruchstücke unzusammenhängender Sätze: unmöglich . . . stellt man sich so einfach vor.

Die Lagebesprechung mit Richthofen dauerte nicht lange. Längst hatte man ausgerechnet, daß es nicht möglich sein werde, Stalingrad mit den vorhandenen Flugzeugen den Winter hindurch zu versorgen.

Am 28. November schrieb Manstein eine große Lagebeurteilung an die Adresse des Oberkommandos des Heeres, also an Hitler, den Oberbefehlshaber. Für mich war es das erste bedeutende Dokument*, das ich niederschrieb: Ziffer 1: Feindlage, Ziffer 2: eigene Lage, Ziffer 3: eigene Absichten. Der letzte Abschnitt enthielt die Alternativen:

a) . . . nach Versammlung der bisher zugesagten Kräfte zum Gegenangriff anzutreten . . . Vorbedingung hierfür ist, daß taktische und Versorgungslage der 6. Armee ein so langes Warten (bis mindestens 9. 12.) gestatten und daß durch weiteres Nachführen von Kräften . . . das Durchschlagen der Entscheidung unter Deckung der Ost- und Nordflanke ermöglicht wird.

b) Läßt die Entwicklung ein so langes Warten nicht zu, . . . so muß die HGr zum frühestmöglichen Termin . . . (etwa am 3. 12.) antreten, um zumindest vorübergehend die Auffüllung der Versorgungslage der 6. Armee zu erzwingen. . . .

c) Die Aussichten auf einen Erfolg . . . beruhen wesentlich darauf, daß der Gegner seine Panzerkräfte, die den Hauptwert seiner Schlagkraft darstellen, im Angriff auf die 6. Armee verbraucht. Hierin liegt die Notwendigkeit ausreichender Versorgung der 6. Armee insbesondere mit panzerbrechender Munition und Betriebsstoff. . . .

d) Angesichts der Lage, des Zustandes und der Schwierigkeiten der 6. Armee, die zur Lösung b) zwingen können, sowie des Gesamtverhältnisses muß die HGr damit rechnen, daß eine durchschlagende Entscheidung nicht erzwungen werden kann, sondern daß es nur gelingt, eine schmale Verbindung zur 6. Armee, vielleicht nur für begrenzte Zeit, herzustellen. . . . Darüber hinaus ist aber entscheidend, daß es nicht möglich sein wird, . . . die deutschen Truppen in einer Art Keil auf engstem Raum vom Gegner gebunden zu halten, während der Feind auf der übrigen, Hunderte von Kilometern langen Front . . . (zu den benachbarten Heeresgruppen) . . . operative Handlungsfreiheit

---

* Das Schriftstück liegt im Bundesarchiv/Militärarchiv in Freiburg. Siehe auch: Manfred Kehrig, Stalingrad, Stuttgart 1975, Seite 573 ff.

während des ganzen Winters behält. Ich halte dieses völlige Abhängigwerden vom Gegner für eine lange Zeitperiode nicht für tragbar.

Sollte daher das Erzwingen einer Entscheidung nicht möglich sein, sondern sich nur die Möglichkeit einer räumlich begrenzten Verbindung zur 6. Armee ergeben, so halte ich es für notwendig, diese zum planmäßigen Herausführen der Armee aus ihrer Einschließung auszunutzen mit dem Ziel, in der allgemeinen Linie Jaschkul – Kotelnikowo – Don – Tschir – Usimko zu einer operationsfähigen Kräftegliederung zu kommen.

Die hiermit verbundene Aufgabe von Stalingrad bedeutet zweifellos ein schweres moralisches Opfer. Es wird jedoch erleichtert dadurch, daß im Winter die Wolga als Transportweg ohnehin ausfällt und dafür das Entscheidende gewonnen werden kann, die Erhaltung der Kampfkraft einer Armee und damit die Initiative gegenüber dem Gegner. Der Druck des Winters wird dabei im Gegensatz zu den Verhältnissen im Norden nicht stärker sein als beim Ausharren in der deckungslosen Steppe um Stalingrad.

gez. von Manstein
Generalfeldmarschall

Mit dem letzten Satz sprach Manstein an die Adresse Hitlers die Krise im Winter 1941/42 an.

Ich habe diese militärische Lagebeurteilung (gekürzt) wiedergegeben, weil ich denke, daß sie eine Schlüsselbedeutung sowohl für das Schicksal der 6. Armee als auch für den Verlauf des Krieges bis hin zur Eroberung Berlins hat.

Als Beilage wurde dieser Denkschrift eine detaillierte Aufstellung der russischen Verbände beigefügt, die zu diesem Zeitpunkt der eingeschlossenen 6. Armee gegenüber lagen. Nach den Erkenntnissen der Heeresgruppe Don waren dies sieben Armeen mit einundsiebzig Divisionen und Brigaden sowie in Reserve dahinter weitere sechsundzwanzig Divisionen und Brigaden.

Gewiß war die Mannschaftsstärke der russischen Verbände geringer als die der deutschen, doch insgesamt blieb eine erschreckende, vielfache Überlegenheit der Russen.

Aus den Tagen der Einschließung Stalingrads sollte an einen Offizier erinnert werden, der deutscher Verbindungsoffizier bei der rumänischen Armee war. Ich meine den Oberst im Generalstab Walther Wenck. Die Rumänen hatten den Angriffen der Russen nicht standgehalten und befanden sich in panischer Flucht nach Westen. Wie konnte man die Fliehenden auffangen, sammeln und zu neuem Widerstand gegen die Flut der Sowjets einsetzen?

Wenck ließ eine Abteilung deutscher Feldjäger im Hinterland Hinweisschilder aufstellen wie »Zur Tankstelle«, »Zur Betriebsstoff-Ausgabestelle« usw., in deutscher und vor allem rumänischer Sprache. Er ließ die Schilder so aufstellen, daß die Fliehenden in Waldstücke oder Talmulden gelenkt wurden, wo man sie sammeln und zu neuen Einheiten zusammenfassen konnte. Mit solchen und noch anderen Improvisationen gelang es Manstein mit Mühe, diesseits von Stalingrad eine neue Verteidigungsfront aufzubauen.

So mag es, um der Geschichte vorzugreifen, nicht verwunderlich sein, daß sich Jahre später in den letzten Kriegstagen, im Bunker der Berliner Reichskanzlei, an den Namen Wencks die letzten Hoffnungen dessen klammerten, dem das Wasser nun endgültig am Halse stand.

ZUM ERSTEN MAL: HITLER AM TELEFON

Ich vermute, daß es die Nacht vom 29. zum 30. November 1942, möglicherweise aber auch die folgende war. Ich kann es verantworten, Teile des Gesprächs in direkter Rede wiederzugeben, denn ich verbürge mich für den Sinn. Der Inhalt dieses Gesprächs wurde für mich zum Schlüsselerlebnis. So etwas vergißt man sein Lebtag nicht.

Das Telefon auf dem Stuhl neben meinem Bett weckte mich aus tiefem Schlaf. Ich machte Licht und sah auf die Armbanduhr, es war lange nach Mitternacht. Am anderen Ende meldete sich General Rudolf Schmundt, der Chefadjutant des Führers: »Der Führer wünscht, den Feldmarschall von Manstein zu sprechen.« Ich erwiderte, der Feldmarschall schlafe. »Dann wecken Sie ihn und rufen Sie zurück.«

Ich brauchte einen Augenblick, um meine Gedanken zu ordnen, dann stand ich auf und zog mir Trainingsanzug und Turnschuhe an. Es war klar, daß das Gespräch der Erörterung der Lagebeurteilung Mansteins wegen Stalingrad gelten werde. Also ließ ich mir zuerst einmal Zeit, um die für das Gespräch erforderlichen Unterlagen vorzubereiten.

Ich entrollte die neben meinem Bett stehende Lagekarte der Heeresgruppe. Sie reichte – im Maßstab 1:300 000 – von der links neben uns kämpfenden Heeresgruppe B über Stalingrad bis zur Heeresgruppe A am Kaukasus. Ein Kartentisch stand nicht zur Verfügung. Man mußte also den Dielenfußboden als Unterlage nehmen.

Eine Glühbirne unter der Zimmerdecke und meine Nachttischlampe am oberen Rand der Karte erhellten die Szene ausreichend. Die Enden der Karte beschwerte ich mit meinen Stiefeln.

Das Zimmer war ungeheizt. Also breitete ich meine Bettdecke und mein Kopfkissen am unteren Rand der Karte aus. Zwei parallel geschaltete Fensprecher, Schreibzeug und Leselupe bekamen ihren Platz. Nun konnte es also losgehen.

Ich ging nach nebenan, um den Feldmarschall zu wecken. Mehrere Male mußte ich ihn an der Schulter fassen, bis er erwachte. Als ich ihm sagte, was bevorstehe, reagierte er, wie ich es erwartet hatte. Wütend richtete er sich auf: »Ist der verrückt?« entglitt ihm. Dann wurde er etwas milder: »Eine Rücksichtslosigkeit! Mich – wieviel Uhr ist es? – zwischen Mitternacht und Morgen aus dem Bett zu holen! Was will der denn jetzt von mir? – Ich brauche meinen Schlaf.«

Ich reichte ihm seinen Trainingsanzug und seine Turnschuhe. Dann gingen wir nach nebenan, und er legte sich wie selbstverständlich auf meine Bettdecke; ich holte noch die seine, um ihn wenigstens zuzudecken. Wer konnte denn wissen, wie lange das Gespräch dauern würde.

So lagen wir nun beide bäuchlings auf dem Fußboden, ich rechts neben ihm im Winkel von neunzig Grad, damit ich besser assistieren konnte. Dann griffen wir zu den Hörern.

Ich brauchte die Kurbel nur anzutippen, unsere Zentrale meldete sich sofort. Kein Wunder. Wer konnte wissen, wieviel Nachrichtensoldaten uns jetzt wohl zuhören würden. Nur zu verständlich, daß sich die Nachrichtendienste auf diese Weise wachhielten. Ich gab also durch: »Führungsblitz« – die höchste und schnellste Verbindungsstufe – »Führerhauptquartier – der Führer persönlich – für Generalfeldmarschall von Manstein.«

Nach wenigen Sekunden meldete sich General Schmundt, ich sagte ihm, der Feldmarschall sei am Telefon und sprechbereit. Die Verbindung war ausgezeichnet. Schmundt antwortete, er übergebe das Gespräch an den Führer. Dann trat Stille ein.

Niemand meldete sich, weder hier noch dort. Ich fand das recht spannend, denn noch nie hatte ich Hitler am Telefon gehört. Wie würde er sich melden? Hier Hitler oder hier Adolf Hitler? Vielleicht auch: Hier spricht der Führer? Statt dessen kam nichts, niemand meldete sich, weder dort noch hier. Auf seiten Mansteins fand ich das recht verständlich, denn er befand sich im Zustand übelster Laune.

Deshalb begann ich nun selbst in meinen Hörer zu sprechen, nannte meinen Dienstgrad und Namen und wiederholte, so als wenn am anderen Ende noch General Schmundt wäre, der Herr Feldmarschall sei gesprächsbereit. Ich blickte dabei von der Seite den Feldmarschall an; er schien nun endlich sogar etwas amüsiert zu sein ob meiner Respektlosigkeit. Aber er schwieg weiterhin.

Dann endlich geschah doch etwas: Eine tiefe Baßstimme, jedem Deutschen nur zu gut bekannt, orgelte: »Hallo?« Sofort antwortete Manstein mit seiner hohen Tenorstimme: »Hallo?« Zum zweiten Mal erklang vom anderen Ende in tiefem Baß das »Hallo?«.

Erst nach der dritten Wiederholung beendete Manstein dieses kuriose Hin und Her: »Hier ist Feldmarschall von Manstein.« Jetzt kam auch die Antwort: »Heil! Herr Feldmarschall! Ich habe Ihre Lagebeurteilung gelesen, Herr Feldmarschall, und möchte mit Ihnen darüber sprechen.«

Diese Eröffnung des Gesprächs barg für mich die erste Überraschung: Hitler redete seine Untergebenen mit ihrem Dienstgrad an. Das war gewiß »österreichisch«, ich meine sogar, es war »K.u.K.«. In Preußen-Deutschland hätte das Staatsoberhaupt einen Feldmarschall kaum anders als mit dem Namen angeredet.

Dann ging Hitler sofort zur Sache über. »Ich kann Ihren Vorschlägen nicht zustimmen. Die 6. Armee bleibt in Stalingrad. Sie hat sich auf meinen Befehl eingeigelt und wird diese Festung verteidigen!« Manstein fragte, wie es denn dann anders weitergehen solle.

»Ich möchte von Ihnen andere Vorschläge hören, Herr Feldmarschall«, sagte Hitler. Manstein, der auf die Ablehnung von General Zeitzler, dem Chef des Generalstabs des Heeres, telefonisch bereits vorbereitet war, reagierte sofort: »Mein Führer, unterstellen Sie mir die Heeresgruppe A und geben Sie mir für beide Heeresgruppen Operationsfreiheit.«

Hitlers Antwort kam ebenso schnell: »Das ist nicht möglich, Herr Feldmarschall!«

Damit begann ein gegenseitiges Ringen. Manstein feilschte wie ein Kaufmann. Wenigstens die 1. Panzer-Armee, eine der beiden Armeen der Heeresgruppe A. Wenn die Heeresgruppe A die bis jetzt erreichten Ziele im Kaukasus unbedingt halten solle, dann könne sie das mit einer ihrer beiden Armeen tun, in diesem Fall also mit der 17. Armee. Doch Hitler blieb unnachgiebig. Ich beobachtete auf dem Gesicht Mansteins deutliche Anzeichen von Unwillen. Ich kannte das bei ihm. Würde es jetzt zu einer Entladung kommen?

Indessen fing er sich, schüttelte nur kurz den Kopf, so als wenn er Mühe habe, sich zu beherrschen, befand er sich doch vor einem militärischen Vorgesetzten. Schließlich kam es von seiten Mansteins zu einer entscheidenden Frage: »Mein Führer, bitte sagen Sie mir, was die Heeresgruppe A im Kaukasus überhaupt soll.« Nun hörte ich eine Antwort, die mich entsetzte: »Es geht um den Besitz von Baku*, Herr Feldmarschall. Wenn wir das Öl bei Baku nicht kriegen, ist der Krieg verloren.«

Als wir diese Worte hörten, sah ich dem Feldmarschall ins Gesicht. Er machte mit der freien rechten Hand eine Bewegung zu mir, als wolle er etwas »vom Tisch fegen«.

Hitler wiederholte sich mehrmals. Es war, als wolle er dem Feldmarschall eine Unterrichtsstunde über die Bedeutung des Öls im modernen Krieg halten. Es sprudelte nur so aus ihm heraus, man möge bedenken, wieviel Kraftstoff ein Flugzeug, ein Panzer usw. verbrauche. »Wenn ich Ihnen, Herr Feldmarschall, nicht mehr das Öl für Ihre Operationen beschaffen kann, dann können Sie nichts mehr machen.« Hitler war einige Minuten nicht zu bremsen. Er beschwor immer wieder die ausschlaggebende Bedeutung des Öls für den Kriegsverlauf.

Endlich fand Manstein eine Atempause seines Gesprächspartners und sagte, er wolle die Bedeutung des Öls bei Baku überhaupt nicht in Frage stellen. Doch hier gehe es jetzt und zuerst um die 6. Armee in Stalingrad und dann um das Öl von Baku. Man solle sich zunächst nur über die Prioritäten einigen. Schließlich – es sah so aus, als wenn der Feldmarschall Luft holte – sagte er: »Mein Führer, ich möchte nochmal auf meinen ersten Vorschlag zurückkommen. Ich möchte ihn abwandeln. Unterstellen Sie mir die ganze Heeresgruppe A und geben Sie mir Operationsfreiheit, dann werde ich Ihnen im Süden Rußlands eine Entscheidungsschlacht schlagen, an deren Ende Sie sich das Öl holen können, wo Sie wollen!«

Das war – bei Gott – ein kühnes Wort. Ich suchte Mansteins Blick, aber er sah nicht auf. Jetzt feilschte er bereits wieder. »Wenigstens die 1. Panzer-Armee«, wiederholte er mehrmals. Doch das Gespräch kam nicht mehr voran. Zu weit auseinander lagen beider Ansichten.

Dann schaltete Manstein auf eine andere Argumentation um, auf die Feindkräfte im Raum Stalingrad, auf die zahlenmäßige Überlegenheit der Russen, auf die seines Erachtens deutlich erkennbaren Anzeichen, »daß die Russen im Süden ihres Landes bereits die Kriegsentscheidung suchten«. »Mein Führer, die Russen haben von

---

* Baku, am Kaspischen Meer, ein Zentrum der sowjetischen Erdölindustrie.

uns gelernt. Sie führen ihren Krieg nicht mehr stur geradeaus, sondern sie versuchen, zu operieren. Sie beginnen, sich sicher zu fühlen!«

Aber Hitler schien das zu überhören, er reagierte nicht mehr. Er wollte einfach nicht lernen von einem Strategen, den er selbst zum Feldmarschall erhoben hatte. Ich weiß nicht mehr, wie lange das Gespräch schon andauerte. Ich besinne mich aber, daß es mir endlos schien, weil es in keiner Richtung voranging. Plötzlich gab es doch noch ein neues Thema. Jedenfalls hörte ich zum ersten Mal davon.

»Herr Feldmarschall«, sagte Hitler, »ich muß Sie an das erinnern, was ich Ihnen schon wiederholt gesagt habe. Wir werden im kommenden Frühjahr über den Kaukasus marschieren. Und ich gehe mit dem Gedanken um, Ihnen die Führung der Frühjahrsoffensive zu übergeben. Sie werden sich dann in Palästina mit der Armee des Feldmarschalls Rommel vereinigen, der Ihnen aus Ägypten entgegenkommen wird. Dann werden wir mit versammelten Kräften nach Indien marschieren und dort den Krieg gegen England endgültig siegreich entscheiden.«

Dann wünschte unser Oberster Kriegsherr plötzlich »Gute Nacht, Heil, Herr Feldmarschall«. – »Heil, mein Führer!« Das Gespräch war beendet.

Mühsam und steif in den Gliedern erhoben wir uns vom Fußboden. Ich fror. Wortlos ging der Feldmarschall auf sein Zimmer zu. Er vergaß, seine Decke mitzunehmen. Ich brachte sie ihm nach.

UM DAS SCHICKSAL DER 6. ARMEE

Am 3. Dezember 1942 kam per Fernschreiben des Oberkommandos des Heeres Hitlers Antwort auf die Denkschrift vom 28. November. Nun hatte Manstein es schriftlich: »Eine Zurücknahme... kommt nicht in Frage.« So einfach stand es schwarz auf weiß zu lesen. Der Durchbruch vom Süden aus nach Stalingrad wurde befohlen. Dann folgte ein Satz, von Zynismus triefend: »Schon jetzt muß sichergestellt werden, daß unmittelbar hinter den angreifenden Divisionen ein starker, mit allen nötigen Versorgungsgütern beladener Transportraum folgt, der sofort in Form eines bewaffneten Geleitzuges der 6. Armee zugeführt wird, sobald die Verbindung hergestellt ist.« Als ob das die Heeresgruppe nicht selbst wüßte! Das war die »Handschrift« des Obersten Befehlshabers der Deutschen Wehrmacht, der es im Weltkriege nur bis zum Gefreiten gebracht hatte.

Am 12. Dezember trat die 4. Panzer-Armee unter Generaloberst Hermann Hoth mit allem, was man ihr noch in letzter Eile an Kräften hatte zuführen können, von Süden nach Norden in Richtung Stalingrad an. Die Entfernung bis Stalingrad lag bei hundertzwanzig Kilometern. In den ersten beiden Tagen kam sie gut voran. Doch dann warfen ihr die Russen entgegen, was sie zur Verfügung hatten. Am 23. Dezember waren Hoths Spitzen nur noch vierzig bis fünfzig Kilometer von dem Einschließungsring um die Stadt entfernt. Bei Nacht sahen die Soldaten in Stalingrad das Aufblitzen der Artillerie ihrer Befreier.

In einem Nebenzimmer der Telefonzentrale hatte ich das entscheidende Gespräch Mansteins mit General Paulus mitgehört: »Herr Feldmarschall, ich bitte Sie um den Befehl zum Ausbruch!« Trotz der schlechten Sprechverbindung – seit dem 12. Dezember gab es eine neuartige Dezimeter-Linie über Funk, die zur Tarnung mit einem Zerhackersystem ausgestattet war – hörte ich deutlich den flehenden Ton in Paulus' Stimme. Dann kam die harte Antwort Mansteins: »Paulus, ich kann Ihnen diesen Befehl nicht geben. Wenn Sie den Entschluß aber selbständig fassen, werde ich alles tun, was in meinen Kräften steht, um Ihnen zu helfen.«

Mein Herz krampfte sich zusammen. Keiner von beiden war bereit, gegen den obersten Befehl zu handeln.

Bei der 4. Panzer-Armee waren die Kräfte, der Betriebsstoff und die Munition so weit erschöpft, daß Hoth nicht mehr vorankam. Dann kam der 24. Dezember, der Weihnachtstag. Die deutschen Soldaten hatten es schon zu Weihnachten des Vorjahres in Rußland erlebt: Man mußte die Deutschen am Heiligabend angreifen, denn an diesem Abend waren die Gedanken der Soldaten nicht an der Front, sondern zu Hause bei den Ihren. Wenigstens am Heiligabend ein paar Stunden lang nicht an den Krieg denken, sondern an Frieden auf Erden. Für die Rote Armee gab es keinen geeigneteren Angriffstag als den Weihnachtsabend.

Jetzt griffen die Russen an, und damit begann das Ende der 6. Armee.

In den nächsten Tagen befand sich die Heeresgruppe Manstein in vollem Rückzug. Jetzt kam es nur noch darauf an, bei Rostow einen Korridor offenzuhalten, ohne den die südlich benachbarte Heeresgruppe A (Kleist) im Kaukasus von ihren rückwärtigen Verbindungen abgeschnitten sein würde. Und vor allem mußte Manstein eine neue Verteidigungsfront aufbauen. Wenn das nicht gelänge, würden die

Russen die große Chance haben, von ihrer Südfront aus den Krieg in ihrem Lande endgültig zu gewinnen.

Zweimal täglich pflegte Manstein mit dem Chef des Generalstabs des Heeres, General Zeitzler, am Telefon die Lage durchzusprechen. Auf dem Höhepunkt der Entsatzoffensive hatte der Feldmarschall mehrmals dem General Zeitzler nahegelegt, er möge Hitler vorschlagen, zu uns nach Nowotscherkask zu kommen und sich an Ort und Stelle selbst ein Bild zu machen. Zeitzler nahm diese Anregung ganz positiv auf, doch er ließ durchblicken, daß daran kaum zu denken sei. Im Gegenteil: Hitler habe sich auf das Halten von Stalingrad so eingeschworen, daß er gerade deshalb einen Frontbesuch nicht in Erwägung ziehe. Es könne ja sein, daß er an Ort und Stelle das Desaster seiner militärischen Führung nicht mehr widerlegen könnte. So jedenfalls deutete Zeitzler es unmißverständlich an. Oder sollte Hitler etwa Furcht haben, sich mit seiner nicht sehr schnell fliegenden viermotorigen Condor von Focke-Wulf in das Operationsgebiet zu begeben? – Ich richtete diese Frage unter vier Augen an Manstein, bekam aber von ihm keine Antwort. Keine Antwort war auch eine Antwort.

Mit allen Argumenten kämpfte Manstein für die Belange der 6. Armee. Er hatte in Zeitzler einen mutigen und entschlossenen Anwalt und Verbündeten. Wir alle im Oberkommando der Heeresgruppe waren uns darin einig, daß der Feldmarschall, wenn Hitler ihm die Heeresgruppe A unterstellt und ihm Operationsfreiheit gegeben hätte, die 6. Armee gerettet und im Süden Rußlands das Gesetz des Handelns den Sowjets entwunden hätte. So wurde es für uns von Tag zu Tag klarer, daß es für die Katastrophe in Stalingrad letzten Endes nur einen Schuldigen gab: Hitler.

Der einzige der Generäle, der noch vor dem Scheitern der Entsatzoffensive der 4. Panzer-Armee die Lage im Kessel so beurteilt hatte, wie sie die Ereignisse bis zum Untergang bald schon bestätigen sollten, war der General der Artillerie, Walther von Seydlitz-Kurzbach. Er trug den Namen eines der berühmtesten Generäle Friedrichs des Großen. Er war von Hitler mit der Führung der eingeschlossenen Divisionen im Nordabschnitt des Kessels beauftragt worden. Wir hatten den Eindruck, daß es der in der Geschichte Preußens legendäre Name Seydlitz war, von dem sich Hitler jetzt besondere Wirkung versprach. Aber gerade der Träger dieses Namens war es, der den Mut besaß, seine Meinung angesichts des »Fürstenthrones« frei zu äußern: Er verfaßte am 25. November zusammen mit seinem Generalstabschef, Oberst im Generalstab Clausius, eine Denkschrift, in der er die Hoffnungslosigkeit der 6. Armee deutlich aussprach: »Hebt das Oberkommando des Heeres«, so schrieb er, »den Befehl zum Ausharren in der Igelstellung nicht unverzüglich auf, so ergibt sich vor dem eigenen Gewissen, gegenüber der Armee und dem deutschen Volk die gebieterische Pflicht, sich durch den bisherigen Befehl verhinderte Handlungsfreiheit selbst zu nehmen und von der heute noch vorhandenen Möglichkeit, die Katastrophe durch eigenen Angriff zu vermeiden, Gebrauch zu machen.« – Ein großes Wort – ein preußisches Wort. Es erinnert an den Satz Friedrichs des Großen an seine Offiziere: »Meine Herren, ich habe Sie nicht nur zu Offizieren gemacht, damit Sie wissen, wann Sie zu gehorchen haben, sondern damit Sie auch wissen, wann Sie nicht zu gehorchen haben!«

Seydlitz hatte seine Denkschrift in Stalingrad geschrieben, obwohl es nicht in der Kompetenz eines Kommandierenden Generals lag, sich in die Belange der ihm übergeordneten Armee einzumischen. Er hatte von seinem Vorgesetzten, Generaloberst Paulus, Konsequenzen verlangt. Und zwar wenn nicht mit Hitler, dann eben ohne ihn, ja sogar, wenn nötig, gegen ihn. So »simpel« hatte er es zwar nicht formuliert, doch wer zwischen den Zeilen las, der hatte verstanden.

Paulus, so hieß es, habe ihm gesagt, er, Seydlitz, solle sich nicht Paulus' Kopf zerbrechen. Dann hatte Paulus das Papier aber doch an Feldmarschall Manstein weitergeschickt.

Manstein hatte Seydlitz' Denkschrift nicht über meinen Schreibtisch erhalten, sondern brachte sie wohl selbst von einer Besprechung mit seinem Generalstabschef Schulz mit. Ich erlebte es aus meinem Vorzimmer durch die wie üblich offene Tür, daß er plötzlich laut zu schimpfen begann. Ich ging zu ihm in sein Zimmer und fragte ihn, ob ich irgend etwas für ihn tun solle. Er sah zu mir auf und sagte in großer Erregung: »Da hat der General von Seydlitz eine Denkschrift geschrieben, die ich nicht billige. Es ist unglaublich, in welche Dinge sich der Seydlitz da einmischt.«

Ich ging wieder zurück in mein Zimmer. Nach ein paar Minuten kam einer der Zeichner der Abteilung Ia, um auf der Lagekarte des Feldmarschall neue Meldungen einzuzeichnen. Wie üblich ging ich mit hinein, um gegebenenfalls die Neuigkeiten melden zu können. Als der Zeichner fertig war und den Raum verlassen hatte, machte ich meine Meldung. Dabei sah ich, daß die Denkschrift von Seydlitz zur Seite gelegt war. Ich fragte, ob ich die Denkschrift des Generals von Seydlitz lesen dürfe. Manstein, noch immer ungewöhnlich erregt, antwortete mit einem einzigen Wort: »Nein!« Es war das erste Mal, daß der Feldmarschall mir ein Dokument, das über seinen Schreibtisch ging, entzog. Ich habe die Denkschrift erst nach dem Kriege aus der Literatur kennengelernt.

Am 2. Januar 1943 – einem frostklirrenden Sonnentag – stand plötzlich mein Vetter Gottfried von Bismarck, der jüngste der vier Brüder aus Kniephof in Pommern, vor meinem Schreibtisch. Er war Leutnant in der 76. Infanterie-Division und hatte Heimaturlaub gemacht. Inzwischen gehörte seine Division zu denen, die in Stalingrad umzingelt worden waren. Aber der tägliche »Bericht des Oberkommandos der Wehrmacht«, der dem deutschen Volk während des ganzen Krieges um die Mittagsstunde über den Rundfunk alles Neue mitteilte, hatte die Einschließung der 6. Armee seit dem 20. November des Vorjahres unterschlagen. So hatte Gottfried erst nach dem Eintreffen seines Urlauberzuges in Rostow von dem Schicksal seiner Division gehört. Bei der Ortskommandantur in Rostow hatte man ihm gesagt, er möge weiterreisen nach Nowotscherkask. Dort befinde sich das Oberkommando der Heeresgruppe Don, dem die 6. Armee jetzt unterstehe. Bei seinem Eintreffen in Nowotscherkask hatte er sich dann weiter durchgefragt, um zu erfahren, auf welchem Wege er jetzt seine Division erreichen könne. Dabei hatte er ganz zufällig eine Stellenbesetzungsliste des Oberkommandos der Heeresgruppe zu Gesicht bekommen und auf ihr meinen Namen entdeckt. So war es selbstverständlich, daß er mir Guten Tag sagte.

Während er mir seine Geschichte erzählte, trat der Feldmarschall in mein Zimmer, und Gottfried erstattete Meldung: »Leutnant von Bismarck vom Infanterie-Regiment 178 in der 76. Infanterie-Division auf dem Rückweg vom Heimaturlaub zu seinem Truppenteil.« »Potsdam?« fragte Manstein und zog ihn sofort in ein persönliches Gespräch. Ein junger Infanterie-Leutnant aus Potsdam, das war er doch selbst einmal gewesen, 1907 Leutnant im 3. Garde-Regiment zu Fuß, mit Patent vom Jahre 1905. Nun stand ein ebenso blutjunger Potsdamer Leutnant aus der nächsten Generation vor ihm.

Das Gespräch vor meinem Schreibtisch wurde jedoch nach wenigen Minuten unterbrochen durch den täglichen Mittagsanruf des Chefs des Generalstabs des Heeres, General Zeitzler. Der Feldmarschall bat Gottfried, zu bleiben, und ging in sein Zimmer an das Telefon. Die Tür blieb wie üblich offen. Gottfried konnte also die Worte des Feldmarschalls mithören. Vielleicht war das sogar Mansteins Absicht.

Der Feldmarschall betonte, Zeitzler möge in der Lagebesprechung bei Hitler nicht nachlassen, immer von neuem schildern, daß die Belastung unserer Soldaten im Kessel unvorstellbare Formen erreicht habe. Er, Manstein, habe doch im Weltkrieg in Frankreich ebenso als Infanterist an der Front gestanden wie auch Hitler. Er müsse es deshalb in solcher Deutlichkeit aussprechen: Das, was die Soldaten jetzt in Stalingrad zu ertragen hätten, sei mit Verdun im Jahre 1917 nicht vergleichbar; es übersteige das damalige Leiden bei weitem.

Man muß in diesem Zusammenhang bedenken, daß es am 2. Januar sicherlich keine Chance mehr gab, die 6. Armee geschlossen nach Westen ausbrechen zu lassen. Aber es wurde in diesen Tagen immer von neuem die Frage erwogen, ob man den Soldaten in Stalingrad erlauben sollte, sich in kleinen Gruppen, notfalls zu Fuß, unter Zurücklassen der schweren Waffen und der bewegungsunfähigen Fahrzeuge, nach Westen durchzuschlagen. Sicher war, daß viele das nicht mehr schaffen würden. Doch ebenso sicher war es, daß die Hunderttausenden in Stalingrad alle zusammen verloren waren, wenn Hitlers Befehl befolgt wurde.

Nach dem Gespräch mit Zeitzler kam der Feldmarschall zurück in mein Zimmer und setzte das unterbrochene Gespräch mit uns fort. Ich beobachtete, welchen nachhaltigen Eindruck Gottfrieds unbeschwerte und fröhliche Natur auf den Älteren machte. Ich spürte im Zuhören, daß die Erinnerungen Mansteins an seinen erst vor wenigen Wochen gefallenen Sohn Gero und an Pepo Specht, meinen Vorgänger, im Raume standen. Das Gespräch ging nach Potsdam, es ging nach Pommern, und es ging nach Kolberg, dem schönen Garnisonsstädtchen an der Ostsee. Hier war der Feldmarschall Anfang der dreißiger Jahre Bataillonskommandeur im 4. (Preußischen) Infanterie-Regiment gewesen. Wie gerne dachte er an diese glücklichen Friedenszeiten zurück. Nun erfuhr er, daß Gottfrieds ältester Bruder Klaus Bataillonskommandeur in eben diesem Regiment sei und im Norden Rußlands stehe. – Es gab viel Gesprächsstoff.

Gottfried wurde zum Abendessen an den runden Tisch des Feldmarschalls eingeladen, eine seltene Auszeichnung für den wohl jüngsten Besucher, den ich im Oberkommando der Heeresgruppe an diesem Tisch erlebt habe, er bot Platz für höchstens acht Personen. Hier wurde frei und offen diskutiert, so frei und offen, wie wir erst nach dem Kriege wieder miteinander in Deutschland sprechen konnten. Das freie Wort an Mansteins Tafelrunde war eine im tiefsten Grunde »preußische Institution«. Das freie Wort galt auch an diesem Abend, und vielleicht gerade, weil einer der jüngsten Leutnants des Heeres mit am Tisch saß, der morgen früh versuchen würde, mit einer der wenigen

Transportmaschinen, die Stalingrad noch erreichten, in den Kessel einzufliegen, um sich aus dem Urlaub zurückzumelden.

Gewiß wurde über alles Mögliche gesprochen, nicht aber über das, was man heute etwas leichtfertig als das »Nächstliegende« bezeichnen könnte: Mit keinem Wort wurde darüber gesprochen, ob es noch sinnvoll sei, daß der Leutnant von Bismarck am 3. Januar 1943 in den Kessel von Stalingrad einfliegen solle. Es gab auch keinen direkten oder indirekten Versuch, geschweige denn eine Andeutung des Betroffenen, ob es denn nicht eine andere oder gar eine nützlichere Verwendung für ihn gebe als ausgerechnet bei dem Todeskommando 6. Armee. Gottfried hatte den Befehl, sich aus dem Urlaub bei seinem Regiment zurückzumelden, und diesen Befehl führte er aus. Nicht für Hitler – Gottfried, seine Geschwister und ich kannten uns zu gut –, sondern »weil es das Gesetz so befahl«. Seit vielen Generationen: Die verdammte Pflicht.

Gottfried von Bismarck gehört zu den Überlebenden der 6. Armee. Von den 304000 Soldaten in Stalingrad – ich bleibe bei der vielfach errechneten Zahl des Oberquartiermeisters der Heeresgruppe, Oberst im Generalstab Finckh – sind nach den dokumentarischen Ermittlungen des Bundesarchivs/Militärarchivs in Freiburg etwa 25000 Verwundete ausgeflogen worden. Am 3. Februar – nach der Kapitulation des Restes – gingen rund 96000 in russische Gefangenschaft. Von diesen 96000 starben in den ersten Wochen des Februar rund 50000, meist an Fleckfieber. Etwa 6500 Offiziere und Soldaten waren im Jahre 1955 in russischen Lagern noch am Leben, als es Bundeskanzler Konrad Adenauer gelang, sie in zähen Verhandlungen im Kreml frei zu bekommen. Am 9. Oktober 1955 – mehr als zwölf Jahre später – standen wir in Friedland, als aus der Menge grauer Gesichter das des ehemaligen Leutnants von Bismarck auftauchte.

Die Mission des Hauptmanns Behr

Ich habe der Entwicklung vorgegriffen. Bevor in Stalingrad am 2. Februar 1943 die Waffen schwiegen, gab es noch ein wochenlanges Sterben. Die Sowjets sahen nicht nur ihren Sieg in Stalingrad, sondern sie erkannten jetzt ihre große Chance, die Heeresgruppe Manstein zu vernichten und der Heeresgruppe A im Kaukasus den Rückweg zu verlegen. Jetzt konnten sie zu Recht daran glauben, den Krieg gegen Deutschland siegreich zu beenden. Nun trat das ein, was Manstein bei

Übernahme der Heeresgruppe Don Hitler warnend vorausgesagt hatte. Schon begannen die Russen, die ersten Verbände vom Stalingrad-Kessel abzuziehen, und deutlich zeichnete sich ihr Versuch ab, die Mündung des Don bei Rostow zu erreichen, ehe Manstein den rechten Flügel seiner Heeresgruppe, die 4. Panzer-Armee, nach Westen zurückgenommen hatte. Jetzt erst, mehr als einen Monat zu spät, genehmigte Hitler den Rückzug.

Auch auf dem linken Flügel der Heeresgruppe griffen die Russen Mansteins deutsche, rumänische und italienischen Armeen an, und bald klaffte dort eine Lücke von mehr als dreihundert Kilometer Breite. Anfang Januar begannen Mansteins Rückzugsoperationen, die ihm – nach dem genialen Operationsplan im Sommer 1940 gegen Frankreich, Belgien, die Niederlande und die englische Expeditionsarmee – erneut den Ruf eines großen Strategen begründeten. Es gelang ihm, die 4. Panzer-Armee und nun endlich – viel zu spät – auch die 1. Panzer-Armee aus dem Kaukasus nach Norden über den Don zu retten. Die 4. Panzer-Armee begann hinter der deutschen Abwehrfront eine große Rochade. Manstein ließ sie, entgegen den schwersten Bedenken ihres Oberbefehlshabers Generaloberst Hoth, nach den uralten Regeln des Schachspiels marschieren. Diese Operationen – trotz der zahlenmäßigen Unterlegenheit Mansteins gegenüber den sowjetischen Angreifern im Verhältnis von etwa eins zu sieben – gehören zu den bedeutendsten dieses Krieges. Und darüber hinaus im Urteil der Fachleute und Historiker mit Recht zu den genialsten Ereignissen der Kriegskunst. Endlich durften die deutschen Armeen wieder das einsetzen, was ihnen in diesem Kriege einmal die großen, von der ganzen Welt mit Staunen beobachteten Erfolge gebracht hatte: die Bewegung.

Während sich diese Operationen entwickelten, wurden am 7. Januar nicht weit von Nowotscherkask, wo wir uns noch immer mit dem Oberkommando befanden, russische Panzerkräfte gemeldet. Ihre Spitze strebte in zügiger Fahrt unserem Standort zu. Ob die Russen ahnten, welche Beute ihnen hier – in zwanzig Kilometer Entfernung – winkte?

Der Aufbruch des Oberkommandos wurde zum Abenteuer. Einer unserer jungen Ordonnanzoffiziere stellte sich aus einer unserer Reparaturwerkstätten eine Gruppe von Reparatur-Panzern zusammen und fuhr den Sowjets entgegen. Er tat das so schneidig, daß die Russen umdrehten, so daß die Führungsabteilung noch gerade im Schutz der hereinbrechenden Nacht entkommen konnte.

Am folgenden Tage, dem 8. Januar, befanden wir uns in Taganrog, an der Küste des Asowschen Meeres.

Gerne hätte ich während der Tage, die wir hier waren, einen Blick auf das Meer geworfen. Gerne auch hätte ich das Kloster angesehen, in dem Zar Alexander I. starb. Doch es blieb keine Zeit für solche Besichtigungen.

Nowotscherkask war von Stalingrad etwa hundertsechzig Kilometer entfernt; von Taganrog bis nach Stalingrad betrug die Luftlinie mehr als dreihundertfünfzig Kilometer. Die Sowjets hatten Generaloberst Paulus die Kapitulation der 6. Armee angeboten. Paulus hatte das Angebot sowohl an Manstein wie an Hitler gemeldet. Hitler hatte jedoch entschieden, in Stalingrad zu bleiben und zu kämpfen. In den Meldungen aus dem Kessel lasen wir, daß unsere Infanteristen zum Teil bereits mangels Munition mit der blanken Waffe kämpften.

Am 12. Januar, gegen Abend, erschien beim Oberkommando der Heeresgruppe der 1. Ordonnanzoffizier der 6. Armee, Hauptmann Winrich Behr. Er kam auf persönlichen Befehl von Paulus. Behr hatte drei Aufträge: Erstens galt es, das Kriegstagebuch der 6. Armee in Sicherheit zu bringen, zweitens sollte er einen persönlichen Brief des Generaloberst Paulus an Manstein übergeben und drittens ein ungeschminktes und realistisches Bild aus Stalingrad übermitteln.

Behr präsentierte sich als das, was man eine brillante Erscheinung nennen könnte. Mittelgroß, schlank und sportlich, in schwarzer Panzer-Uniform, mit dem Ritterkreuz dekoriert. Ohne jede Hemmung schilderte er seine Erlebnisse. In den Vordergrund stellte er das menschliche Elend der immer noch kämpfenden Soldaten. Er berichtete von der Hungersnot im Kessel, er schilderte die Lage der Zehntausenden von Verwundeten, die bei Minustemperaturen unversorgt unter freiem Himmel auf dem Flugfeld lagen, von dem aus er mit großer Mühe gestartet war.

Behr sprach sachlich, so frei, daß das ganze Grauen der dort noch Lebenden deutlich wurde. Er nannte auch Zahlen, Personalstärken von Divisionen, von Regimentern, von Kompanien, die er sich eingeprägt hatte. Die ganze Sinnlosigkeit von Hitlers Durchhaltebefehl stand vor uns.

Am Ende des Berichts meldete er die ihm von Generaloberst Paulus aufgetragene Bitte, ihm Handlungsfreiheit zu geben. Was unter Handlungsfreiheit zu verstehen war, war klar: Genehmigung zur Kapitulation. Jetzt gehe es, so Behr, nur noch um den Versuch, Menschenleben zu retten, denn ein militärischer Wert der 6. Armee sei nicht mehr vorhanden.

Manstein erwiderte, er würde es begrüßen, wenn Behr morgen früh in das Führerhauptquartier fliegen würde, um dort in der Lagebesprechung den ihm soeben vorgetragenen Bericht vor dem Führer mit denselben Worten zu wiederholen, mit denen er ihn hier erstattet habe. Er, Manstein, werde Generalstabschef Zeitzler telefonisch um Hilfe bitten, damit Behr zum Führer vorgelassen werde.

Behr erwiderte, daß Generaloberst Paulus ihm diesen Auftrag ebenfalls gegeben habe. Im übrigen sehe er, Behr, eine Chance, vor Hitler sprechen zu können, weil der Luftwaffen-Adjutant des Führers, Major Nikolaus von Below, sein Schwager sei. Er habe mit Below bereits telefoniert.

In der Tat hatte Paulus in der Person Behrs den geeignetsten Offizier seines Stabes ausgewählt, um für die 6. Armee nach diesem »letzten Strohhalm« zu greifen.

Hauptmann Behr wurde zur Abendtafel am runden Tisch eingeladen. Unser Verbindungs-Offizier zur Luftwaffe erhielt inzwischen den Auftrag, für den kommenden Morgen in aller Frühe eine HE 111, eine der schnellsten Maschinen der Luftwaffe, bereitstellen zu lassen.

Behr verabschiedete sich an diesem Abend des 12. Januar von uns, erfüllt von der Aufgabe, seiner Armee vielleicht in letzter Minute wenn auch nicht mehr die ganze Rettung vor dem Untergang, so doch einer großen Zahl seiner Kameraden eine kleine Überlebenschance schaffen zu können. Als wir uns in unsere Schlafzimmer begaben, bemerkte der Feldmarschall zu mir: »Der Behr ist wild entschlossen. Vielleicht erreicht er, was mir nicht gelungen ist.«

Als Behr sich ein paar Tage später nach seinem Besuch bei Hitler zurückmeldete, berichtete er ausführlich. Es hat aber bisher von Behr keinen schriftlichen Bericht darüber gegeben. So traf ich mich mit ihm im Juni 1984, um von ihm genaue Einzelheiten zu erfahren. Er sagte mir, daß er auch weiterhin nicht die Absicht habe, seine Erinnerungen aufzuschreiben. Zu meiner Genugtuung hat er diese Absicht nun im Jahre 1987 durch einen ausführlichen Brief an mich doch revidiert und damit eine, wie mir scheint, wichtige Lücke in der Stalingrad-Dokumentation geschlossen. Ich habe dieses Dokument dem Bundesarchiv (Militärarchiv) in Freiburg i. Br. übergeben.

Behr schildert jetzt, wie er am Abend des 13. Januar 1943 in einem Vorraum gewartet habe, bis Hitler von der Lagebesprechung zu ihm hereingekommen sei, ihn mit Handschlag und »Heil, Herr Hauptmann« begrüßt und zum benachbarten großen Lagetisch mitgenommen habe. Etwa zwanzig Personen seien dort gewesen. Hitler habe mit langen Ausführungen über die Lage Stalingrads und über die zur Rettung der Armee getroffenen Maßnahmen begonnen. Dabei habe er Fragen über die Versorgungslage, die Zahl der Einflüge und den Aufmarsch von Reserven gestellt. Bei einigen Punkten habe er, zu ihm gewandt, gesagt: »Melden Sie das Ihrem Oberbefehlshaber, Hauptmann Behr!«

Nach etwa eineinhalb Stunden habe er, Behr, den Eindruck gehabt, als wolle Hitler ihn verabschieden, ohne daß er zu Wort gekommen sei. Es sei ihm aber bekannt gewesen, daß Hitler dieses »Verfahren« gern anwandte, um unangenehmen Berichten auszuweichen. Deshalb habe er um das Wort gebeten mit der Begründung, daß Paulus ihm den Befehl gegeben habe, vor dem Führer zu berichten. So habe Hitler ihn dann tatsächlich angehört, ohne ihn zu unterbrechen, selbst dann nicht, als er von sich häufenden Desertionen deutscher Soldaten berichtete.

Einige Teilnehmer, besonders Feldmarschall Keitel, hätten dagegen alles getan, um seinen Bericht zu bagatellisieren und zu unterbrechen. Es habe sich dann eine längere Diskussion angeschlossen, die schließlich nach Ablauf von etwa drei (!) Stunden auf die »Mittagslage« am folgenden Tage, dem 14. Januar, verschoben worden sei. Er, Behr, sei dazubefohlen worden.

Behr schreibt weiter, er habe schon damals den Eindruck gehabt, daß von den hochrangigen Persönlichkeiten mit wenigen Ausnahmen keiner mehr an eine Rettung der 6. Armee glaubte. Heute, so schreibt er, vermute er, daß Hitler an jenem Tage Stalingrad innerlich schon abgeschrieben hatte und lediglich auf ein »Helden-Epos« der 6. Armee hoffte. Nach seinen Ausführungen zu schließen, sei es Hitler damals im wesentlichen nur noch um zwei Dinge gegangen: um die Heranführung eines SS-Panzer-Korps aus dem Westen in den Raum Charkow, also rund 600 Kilometer westlich von Stalingrad, wo es bereits beim Ausladen aus der Eisenbahn von sowjetischen Panzern beschossen worden sei; zweitens um die Luftversorgung Stalingrads durch Zuführung einer »großen Zahl« von Transportmaschinen aus Afrika und Italien (sic!). Zudem sei ihm, Behr, ganz unfaßbar gewesen, mit welcher »Kriegs-Fremdheit« Hitler auf der Lagekarte mit Verbänden operierte, ohne daran zu denken, daß diese oftmals nur noch aus einem Bruchteil ihrer normalen Stärke bestanden und völlig erschöpft waren.

Soweit (auszugsweise) der Bericht von Winrich Behr im Oktober 1987. Ich selbst erinnere mich aber, daß Behr, als er im Januar 1943 vor Manstein stand, einen deutlich irritierten, ja einen ratlosen Eindruck auf mich machte, denn Hitler hatte ihm ein höchst optimistisches Bild suggeriert. Die 6. Armee müsse in Stalingrad stehenbleiben, weil ihre Stellung dort im kommenden Frühjahr von kriegsentscheidender Bedeutung sein werde. Dann werde unter dem Oberbefehl des Feldmarschalls von Manstein angetreten »zur größten Umfassungsschlacht der Weltgeschichte«. Mit der Heeresgruppe Don und der Heeresgruppe A werde, im Verein mit der wiederhergestellten und aufgerichteten 6. Armee, von Stalingrad aus eine riesenhafte Offensive beginnen, an deren Ende die gesamten im Süden Rußlands stehenden sowjetischen Hauptkräfte vernichtet würden. Und dann werde das siegreiche Ende des Krieges nahe sein.

Manstein hörte den Bericht Behrs mit Fassungslosigkeit an. »Behr, glauben Sie das alles?« fragte er. Und Behr erwiderte: »Herr Feldmarschall, ich muß doch das glauben, was mir der Oberste Befehlshaber der Wehrmacht sagt. Wem sonst kann ich noch glauben, wenn nicht dem Obersten Befehlshaber?«

»Und was werden Sie jetzt tun?« fragte Manstein. Behr fuhr fort, er habe von Hitler den Befehl erhalten, direkt nach Stalingrad zurückzufliegen und in seinem, Hitlers, persönlichem Auftrag alles, was er ihm gesagt habe, Generaloberst Paulus und rundherum im ganzen Kessel den Generälen und Truppenkommandeuren zu berichten. Er, Behr, sei dafür verantwortlich, daß dieser Befehl umgehend ausgeführt werde.

Der Pilot der HE 111 habe ihn jedoch nicht nach Stalingrad zurückgeflogen, weil er gar nicht wisse, ob man Stalingrad überhaupt noch anfliegen könne. Und wenn das für eine HE 111 noch möglich sein sollte, was er nach seinen letzten Informationen bezweifele, dann müsse er trotzdem in Taganrog zwischenlanden, um aufzutanken, denn in Stalingrad gebe es schon seit langem keinen Tropfen Flugbenzin mehr.

Behr erhielt den Befehl, nicht mehr nach Stalingrad zurückzufliegen, zumal dort kaum noch eine Landemöglichkeit bestand. Er wurde Hitlers »Sonderbeauftragtem für Stalingrad«, dem Luftwaffen-Feldmarschall Milch, zugeteilt, der den Versorgungsverkehr nach Stalingrad »koordinieren« sollte. Doch da gab es jetzt nicht mehr viel zu koordinieren. Man schrieb bereits den 16. Januar, siebzehn Tage, bevor die Reste der Armee die Waffen streckten. Die Mission Behrs scheint mir nicht nur für die Geschichte vom Untergang der tapferen 6. Armee von Bedeutung, sondern sie wirft, wie ich meine, ein bezeichnendes Licht auf Hitlers Charakter und seine gewissenlose Methode, mit Menschen umzugehen und über Leben und Sterben, selbst der ihm blind ergebenen Soldaten, zu verfügen.

Es gab für mich schon 1943, wie auch noch heute, überhaupt keinen Zweifel, daß Behr seine damalige Mission mit äußerster Entschlossenheit angegangen war. Der Eindruck auf mich war so tief und nachhaltig, daß ich mich noch heute mancher Einzelheiten seiner Berichterstattung erinnere. So zum Beispiel der Schilderung der Schwierigkeiten, am Morgen des 13. Januar mit der für ihn bereitgestellten HE 111 überhaupt von Taganrog starten zu können. Es habe eisige Kälte geherrscht, und es sei dem Piloten nicht gelungen, den Motor des Flugzeugs zum Anspringen zu bringen. Schließlich habe er versucht, den Propeller mit der Hand anzuwerfen. Vergebens. Dann sei er zurückgekommen in die Baracke, in der Behr wartete. Er habe diesen gebeten, ihm die Handschuhe von den steifgefrorenen Fingern zu ziehen. Behr habe es mit aller Kraft getan, bis er mit Entsetzen gesehen habe, daß er dem Piloten die Haut von den Fingern abgezogen hatte.

Daraufhin habe man mehrere Stunden warten müssen, bis ein anderer Pilot, der eine HE 111 fliegen konnte, aus Stalingrad zurückgekehrt sei. Und so sei es dazu gekommen, daß Behr nicht zur »Mittagslage«, sondern erst abends vor Hitler gestanden habe.

Ich entsinne mich auch, wie Behr die Probleme beschrieb, sich vor Hitler und im Kreise der hohen Generalität als »kleiner« Hauptmann durchzusetzen. Wie die hinter Hitlers Rücken stehenden Herren Feldmarschall Keitel und General Schmundt gedroht hätten, als Behr von der Hungersnot der deutschen Soldaten, von den auf dem Feldflugplatz unter freiem Himmel unversorgt liegenden Verwundeten oder von dem mit dem Ritterkreuz dekorierten, zu den Sowjets übergelaufenen Kommandeur gesprochen habe. Feldmarschall Keitel habe, immer noch hinter Hitler stehend, mit wütendem Gesichtsausdruck die geballte Faust gehoben.

Auch erinnere ich mich, wie Behr schilderte, daß Hitler, nachdem er am nächsten Tage wieder lang und breit über den angeblichen Sinn und Zweck seines Durchhaltebefehls geredet hatte, seinen Befehl erneuerte, wieder nach Stalingrad hineinzufliegen. Und das, obwohl er eine

Nacht lang Zeit gehabt hatte, über den Wahnsinn dieses Befehls in Ruhe nachzudenken.

Ich besinne mich, daß Feldmarschall von Manstein den Hauptmann Behr an diesem 16. Januar schließlich an die Lagekarte führte. Sie zeigte alle deutschen und, soweit erkannt, alle feindlichen Verbände, die zerrissenen Frontabschnitte der Heeresgruppe und – nun schon in weiter Ferne – den Kessel der sterbenden 6. Armee. Deren Schicksal war besiegelt. Jetzt ging es schon nicht mehr um die Soldaten in Stalingrad. Jetzt ging es um das Schicksal der gesamten deutschen Südfront. Von den angeblich im Anrollen befindlichen Reserven war nichts zu sehen. Hitler hatte den 1. Ordonnanz-Offizier der 6. Armee skrupellos belogen.

STAUFFENBERG BEI MANSTEIN

Im Kriegstagebuch der Heeresgruppe Don* liest man für den 26. Januar 1943 – acht Tage vor der Kapitulation der 6. Armee in Stalingrad – unter anderem folgende Eintragung:

»15.30–17.50 Uhr Generalmajor Schmundt, Chef-Adjutant des Führers, beim Oberbefehlshaber.
18.15 Uhr General der Nachrichtengruppen Fellgiebel beim O.B.
18.25–19.10 Uhr Major i.G. Graf Stauffenberg, OKH Org.Abt., beim Oberbefehlshaber.«

Zweimal täglich pflegte der Chef des Generalstabs des Heeres, General Zeitzler, den Feldmarschall anzurufen. Das erste Gespräch kam gewöhnlich gegen Mittag, das zweite am frühen Abend. Zeitzler bereitete sich auf diese Weise auf die ebenfalls zweimal täglich stattfindenden Lagebesprechungen bei Hitler vor.

Am Ende des Abendgesprächs am 25. Januar sagte Zeitzler: »Herr Feldmarschall, ich habe noch eine Bitte. Ich habe meinen 1. Generalstabsoffizier in der Organisationsabteilung, Major Graf Stauffenberg, beauftragt, morgen zum Oberkommando der Heeresgruppe zu fliegen, um dort Vortrag zu halten über weitere Aufstellung und Gliederung russischer Freiwilligenverbände. Ich wäre dankbar, wenn Herr Feldmarschall Stauffenberg persönlich empfangen würde. Deshalb möchte ich fragen, ob der Termin paßt?« Manstein bejahte, und Zeitzler fuhr fort: »Ich verbinde mit meiner Bitte einen persönlichen

---

* Das Original befindet sich im Bundesarchiv/Militärarchiv in Freiburg.

Wunsch: Ich halte Stauffenberg unter den jüngeren Generalstabsoffizieren des Heeres für einen der Begabtesten, wenn nicht den Begabtesten überhaupt. Da ich beabsichtige, Stauffenberg besonders zu fördern, liegt mir sehr an einer Beurteilung seiner Persönlichkeit durch Herrn Feldmarschall. Kennen Herr Feldmarschall den Stauffenberg?« Manstein verneinte. Er habe ihn bisher nie gesehen. »Desto besser«, meinte Zeitzler. »Ich wäre sehr dankbar, wenn die Möglichkeit bestünde, sich morgen etwas Zeit zu nehmen, um sich mit Stauffenberg zu beschäftigen.« Manstein war einverstanden.

Als ich an meinem parallel geschalteten Apparat den Namen Stauffenberg hörte, horchte ich auf. Hinter dem morgigen Besuch stand Henning Tresckow. Er hatte mir aufgetragen, wenn Fellgiebel und Stauffenberg zu Manstein kämen, hätte ich dafür zu sorgen, daß jeder der beiden ungestört mit dem Feldmarschall sprechen könne.

Auf dem Wege zum Abendessen sagte Manstein zu mir: »Morgen nachmittag kommt zu mir zum Vortrag ein Major Graf Stauffenberg aus dem Oberkommando des Heeres. Ich brauche für seinen Besuch einige Zeit. Bitte sorgen Sie dafür, daß ich dann nicht gestört werde. – Kennen Sie Stauffenberg?« Ich antwortete: »Ich habe das Gespräch mit General Zeitzler mitgehört. Stauffenberg kenne ich nicht.« »Ich auch nicht«, sagte er. Damit waren wir im Speisezimmer.

Später am Abend gab es – während der Bridge-Runde – noch einige weitere Telefongespräche. Manstein mußte das Spiel mehrfach unterbrechen. Doch hier stand kein parallel geschalteter zweiter Apparat, so daß ich nicht mithörte. Erst vor dem Schlafengehen bemerkte der Feldmarschall, es würden morgen außer Stauffenberg auch General Schmundt und General Fellgiebel kommen.

So befand ich mich am nächsten Tage, dem 26. Januar, verständlicherweise im Zustand höchster Spannung. Als erster Besucher erschien General Schmundt. Er begrüßte mich freundlich; wir hatten bisher nur miteinander telefoniert. Erstaunt war ich, als er mich sofort auf Henning Tresckow ansprach, seinen »alten Regimentskameraden«. Er wußte, daß ich mit Henning verwandt war, und er bat mich, ihm diese Verwandtschaft zu erläutern. Ich meldete Schmundt beim Feldmarschall an. Dieses Mal wurde die Verbindungstür geschlossen, einer der seltenen Fälle, seitdem ich in Mansteins Vorzimmer saß.

Erst aus dem Kriegstagebuch der Heeresgruppe ersehe ich beim Niederschreiben dieser Erinnerungen, daß Schmundt an diesem Tage mehr als zwei Stunden lang mit Manstein gesprochen hat. Eine so lange Unterredung mit Manstein war ganz ungewöhnlich. Über den Inhalt habe ich nichts erfahren.

Ganz anders steht es um das Gespräch des Feldmarschalls mit dem nächsten Besucher: General Fellgiebel. Zwar blieb auch während dieses Besuchs die Verbindungstür geschlossen. Die Tatsache jedoch, daß das Gespräch höchstens zehn Minuten gedauert hat, sagt einiges aus: Manstein und Fellgiebel waren Freunde. Ich sollte sie im Lauf der späteren Zeit noch oft zusammen erleben. Begegneten sie einander im kleinsten Kreis, dann duzten sie sich. Sie beide waren nahezu gleichaltrig. So ist es aufschlußreich, in der Offiziers-Rangliste der Reichswehr des Jahres 1928 zu lesen, wie nahe sich in vielen Truppenteilen in der Zeit der Weimarer Republik manche Offiziere, die später höchste und verantwortungsvolle Stellungen innehatten, persönlich gestanden haben dürften. Dort heißt es zum Beispiel:

> 4. Division, Standort Dresden, 1928:
> Chef des Stabes   Oberst Beck
> Divisionsstab   Major Fellgiebel
> Divisionsstab   Hauptmann Zeitzler
> Stab des Infanterieführers IV, Dresden:
> Major von Manstein

Daß Fellgiebel nur wenige Minuten vor Stauffenberg bei Manstein war, läßt Rückschlüsse zu. Doch ich will mich nicht in Spekulationen ergehen, sondern Tatsachen berichten.

Ich saß an meinem Schreibtisch, der so stand, daß ich durch die meist offene Verbindungstür den Tisch mit der großen Lagekarte der Heeresgruppe in seiner vollen Breite übersehen konnte. Den Schreibtisch des Feldmarschalls, der links von unserer Verbindungstür stand, konnte ich nicht sehen. Eine Schreibtischlampe auf meinem Tisch war in meinem Zimmer die einzige Lichtquelle.

Ganz still war es im Hause, als plötzlich jemand, ohne anzuklopfen, die Tür öffnete. Der dritte erwartete Besucher – nur er konnte es sein – stand in der offenen Tür, sah sich kurz im Raume um und kam mit wenigen schnellen Schritten auf mich zu, streckte mir die Hand entgegen und sagte: »Stauffenberg, – und Sie sind Stahlberg?« Das geschah so schnell, daß ich gar keine Zeit fand, mich als der Jüngere dem Älteren gegenüber zuerst zu melden. Es folgten ein paar konventionelle Worte, wie der Flug gewesen sei und was es Neues gebe. Ich sagte, die letzten Meldungen aus Stalingrad seien schrecklich. Er sah mich an, ohne eine Antwort zu geben. Ich stand einer faszinierenden Persönlichkeit gegenüber. Nach einer kurzen Pause sagte er: »Nun, dann melden Sie mich an.« Doch ehe ich zum Feldmarschall hineinging, sagte ich, damit es sowohl Stauffenberg wie auch Manstein mithörten, zu dem noch anwesenden Läufer, er könne jetzt gehen, ich würde ihn im Aufenthaltszimmer abrufen, wenn ich ihn brauchte.

Manstein begrüßte Stauffenberg und bat ihn, gegenüber am Schreibtisch Platz zu nehmen. Ich ging zurück in mein Zimmer, ließ aber, wie üblich, die Verbindungstür halb offen. Das war nicht ungewöhnlich, hatte ich doch den grundsätzlichen Auftrag, mitzuhören und zu notieren, was mir wichtig schien.

Noch ehe ich mich auf das Gespräch nebenan konzentrieren konnte, wurde ich mir bewußt, was ich soeben erlebt hatte: Stauffenberg hatte mich mit meinem Namen angesprochen, bevor ich selbst meinen Namen hatte sagen können. Irgend jemand hatte ihm also gesagt, er möge sich vor dem Gespräch mit Manstein überzeugen, ob Stahlberg im Vorzimmer sei. Das konnte nur Henning gewesen sein.

Nun widmete ich meine ganze Aufmerksamkeit dem Gespräch nebenan. Stauffenbergs Vortrag betraf die Aufstellung neuer Freiwilligenverbände, die aus Kosaken und Turkmenen gebildet werden sollten. Mein erster Eindruck war: Ein Glück – er trägt schnell vor, sehr schnell sogar. Wie viele Offiziere aller Dienstgrade hatte ich in den wenigen Wochen bei Manstein erlebt, die, weil sie besonders gründlich sein wollten, langatmig redeten, die sich wiederholten, um eindringlich zu sein, die unpräzis waren, um »großrahmig« zu wirken. Diese Unglücklichen, sie wurden, ob Stabsoffiziere, ob Generale, mitunter nicht besonders freundlich abgefertigt, ja in einigen Fällen sogar auf höchst elegante Weise in mein Vorzimmer zurückkomplimentiert.

Stauffenberg sprach auch konzentriert. Bald fühlte ich, ohne die beiden sehen zu können, daß der Feldmarschall an dem Vortrag Stauffenbergs Gefallen fand. Einmal hörte ich: »Ausgezeichnet, mein Lieber!«

Ein paarmal klingelte eines meiner Telefone. Man fragte, wann der Oberbefehlshaber zu sprechen sei; ich ließ die Gespräche dann umlegen zum Chef unseres Generalstabes, General Schulz, mit dem ich das abgesprochen hatte. Ein paarmal öffnete sich die Tür zum Flur, und ein Läufer lieferte Meldungen ab. Ich konnte dem Gespräch nebenan also nur mit Unterbrechungen folgen. War es aber eine schriftliche Meldung über Veränderungen in Stalingrad oder an der Front der anderen Armeen, dann ging ich hinein zu Manstein, um die Neuigkeit selbst auf der Lagekarte einzuzeichnen. Der Feldmarschall ließ mich schon seit einigen Wochen solche Zwischenmeldungen selbst einzeichnen. Einmal war ich an der Karte tätig, als Stauffenberg noch an Mansteins Schreibtisch saß. Als ich zu zeichnen begann, sahen beide zu mir herüber, und da ich weit ostwärts von der Front der Heeresgruppe, also am Rand der Karte, einen soeben gemeldeten Angriff der Russen bei Stalingrad einzeichnete, standen beide auf und sahen mir zu. Manstein warf einen Blick auf die vor mir liegende Meldung und gab sie Stauffenberg. Niemand sprach ein Wort. Ich zog mich in mein Zimmer zurück. Nun sah ich die beiden an der Karte stehen.

Jetzt drehte sich das Gesprächsthema nicht mehr um Kosaken und Turkmenen, sondern jetzt war es die Lage im gesamten Bereich der Heeresgruppe Don mit der in Stalingrad eingeschlossenen 6. Armee und der Blick auf die im Süden benachbarte Heeresgruppe A des Feldmarschalls Kleist, auch sie nun auf dem viel zu spät von Hitler genehmigten Rückzug. Beide Heeresgruppen befanden sich dank Hitlers Halte-Befehlen in höchster Gefahr. Ich fühlte, der junge Major im Generalstab hatte jetzt sein Thema: »Herr Feldmarschall, wie konnte man nur die deutschen Kräfte im Süden Rußlands so zersplittern? Gleichzeitig Stalingrad und den Kaukasus erobern zu wollen.«

Für diese Lage, erwiderte Manstein, sei er nicht verantwortlich. Er habe hier die Verantwortung übernommen, als »das Kind bereits in den Brunnen gefallen war«. Was denn Stalingrad überhaupt solle, was es denn für uns wert sei, fragte Stauffenberg. Und weiter: Man habe im Oberkommando des Heeres die Offensive auf Stalingrad und den Kaukasus von Anfang an mit Bestürzung verfolgt. Wenn man schon meinte, Stalingrad erobern zu müssen, dann hätte man doch nicht eine unserer besten Armeen frontal auf die Stadt ansetzen und den Schutz der Flanken den Rumänen, Ungarn und Italienern überlassen dürfen.

Manstein stimmte wiederholt zu. Und Stauffenberg fragte weiter: Was denn die Heeresgruppe Kleist im Kaukasus überhaupt solle? Darauf Manstein: Sie solle Baku erobern, damit wir die Ölquellen für uns nutzen könnten. Er habe dem Führer gesagt, daß es jetzt zuerst um die 6. Armee in Stalingrad gehen müsse, ehe wir uns mit Baku und dem Öl befaßten. Doch das sei abgelehnt worden. Der Führer habe anders entschieden. Er habe den Führer gebeten, ihm die Heeresgruppe A (Kleist), oder zumindest Teile von ihr, zu geben, denn unsere Kräfte seien nicht ausreichend gewesen, um die Verbindung nach Stalingrad herzustellen. Hätte man ihm Operationsfreiheit gegeben, dann hätte er die 6. Armee retten können.

Nun zitierte Manstein aus jenem Telefongespräch mit Hitler Anfang Dezember: »Der Führer will im Frühjahr über den Kaukasus nach Süden angreifen. Er will, daß wir uns in Palästina mit Rommel vereinigen.« Ich hatte jetzt den Eindruck, daß der Feldmarschall auf das Ende dieses Gesprächs zusteuerte. Ich konnte Stauffenberg jetzt genau sehen, denn Manstein wandte mir seinen Rücken zu. Mit großen Augen blickte er den Feldmarschall an und sagte, auch er habe davon gehört. Das habe sich im Oberkommando des Heeres herumgesprochen. Aber man wolle das einfach nicht glauben. »Meinen Sie etwa, ich hätte mir das ausgedacht?« rief Manstein. »Doch nun genug davon, Stauffenberg!«

Jetzt richtete sich Stauffenberg auf – beide standen noch immer an der Karte –, mit Nachdruck sagte er: »Herr Feldmarschall, ich bitte gehorsamst darum, das Gespräch mit mir jetzt nicht zu beenden.«

»Gut, mein Lieber«, erwiderte Manstein, »was haben Sie denn noch auf dem Herzen?«

Stauffenberg begann, er könne sich nicht damit abfinden, daß die 6. Armee ein Opfer von nichts anderem als von Führungsfehlern sein solle.

Stalingrad sei ja nicht der erste Führungsfehler. In seinen Augen bestehe der Rußland-Feldzug aus einer Kette von Führungsfehlern. Dem stimmte Manstein sofort zu. Er teilte jedenfalls die Ansicht, daß die Offensive gegen Rußland von Anbegin an verfehlt gewesen sei. Wäre er aufgefordert worden, vor Beginn des Angriffs gegen Rußland einen Operationsplan zu entwerfen, dann hätte dieser von Grund auf anders ausgesehen. Es sei aber jetzt nicht der Augenblick, darüber zu sprechen, wie ein von ihm selbst entworfener Plan für einen Ostfeldzug ausgesehen hätte. Auf jeden Fall hätte es aber nicht diese ständige Zersplitterung der eigenen Kräfte gegeben. Im übrigen habe er, Manstein, nach Beendigung des Westfeldzuges andere Sorgen gehabt, denn er habe damals ein Armeekorps geführt, das zur Landung an der Küste Englands bestimmt gewesen war.

»Man muß lernen, Stauffenberg, sich mit gegebenen Tatsachen abzufinden, so auch jetzt mit der Tatsache, daß die 6. Armee in Stalingrad verloren ist.«

Stauffenberg entgegnete: »Herr Feldmarschall, ich bin nicht imstande, mich ohne weiteres mit Stalingrad abzufinden. Das Opfer von Hunderttausenden deutscher Soldaten steht in keinem Verhältnis zu Sinn und Nutzen dieser Schlacht.«

Das Gespräch trat deutlich in eine brisante Phase; es wurde leidenschaftlich. Manstein erklärte seinem Gesprächspartner, es gehöre im Kriege auch zu den Pflichten eines Offiziers, sich mit dem Verlust einer

Schlacht abzufinden. »Sagen Sie mir aus der Kriegsgeschichte einen siegreich beendeten Krieg, in dessen Verlauf nicht mindestens eine der Schlachten verloren wurde.«

»Das überzeugt mich nicht«, wandte Stauffenberg ein. »Wir waren uns doch soeben, Herr Feldmarschall, darin einig, daß dieser Rußland-Feldzug, wenn er schon überhaupt geführt werden mußte, auf unserer Seite eine Kette von Fehlern in sich birgt. Wer garantiert uns, daß sich diese Kette in Zukunft nicht fortsetzt? Seit dem Scheitern unserer Herbstoffensive 1941 geraten wir von einer Krise in die andere; viele Male haben unsere Armeen am Rande des Zusammenbruchs gestanden. Jetzt ist es im Süden Rußlands allein, wie ich meine, dem überragenden Können eines Feldmarschalls von Manstein zu verdanken, daß hier die Front nicht bereits völlig zusammengebrochen ist.«

Während dieses Teils der Diskussion mußte ich das heftig gewordene Gespräch unterbrechen, da wieder Meldungen eingetroffen waren. Meine Gesprächsunterbrechungen schienen den beiden auch nicht unwillkommen zu sein, denn sie gaben Raum zum Nachdenken. Ich zeichnete die Neuigkeiten in die Lagekarte ein. Manstein und Stauffenberg sahen mir wieder zu.

Dann zog ich mich zurück, ließ nun aber die Verbindungstür nicht mehr weit offen, sondern nur noch einen Spalt. Ich hatte das Gefühl, das Gespräch könnte jetzt so dramatisch werden, daß mein Zuschauen stören würde. Die Tür blieb in dieser Stellung bis zum Ende. Ich konnte also weiter zuhören, mit Ausnahme einiger dienstlicher Unterbrechungen.

Er möchte nochmal zurückkommen, so begann Stauffenberg, auf das vorhin behandelte Problem des Verlustes einer Schlacht. Er könne die Ansicht des Herrn Feldmarschall nicht teilen, daß Stalingrad nur eine verlorene Schlacht sei. In seinen Augen könne Stalingrad der Anfang vom Ende eines verlorenen Krieges werden, es sei denn, man überdenke die Ursache aller Fehler. Er sehe die Ursache erstens in der verfehlten Spitzengliederung. »Und zweitens?« fragte Manstein. »Bei der Obersten Führung«, antwortete der junge Major.

Diesem kühnen Vorstoß folgte eine mich erstaunende Antwort Mansteins: Hierin stimme er ihm zu. Eine Umbesetzung in der militärischen Spitze, mindestens des Heeres, nach Möglichkeit des gesamten Oberkommandos der Wehrmacht, halte auch er für notwendig. Zumindest brauchten wir für den Bereich der Ostfront einen qualifizierten militärischen Oberbefehlshaber. Er werde alles, was in seinen Kräften stehe, tun, um in dieser Richtung zu wirken.

Stauffenberg genügte diese Antwort nicht. Er halte es, sagte er, für ganz unwahrscheinlich, daß der Führer den militärischen Oberbefehl aus der Hand geben werde. Und dann lenkte er das Gespräch in eine noch kühnere Richtung: »Herr Feldmarschall sind derjenige, der nach Können und Rang prädestiniert ist, den militärischen Oberbefehl zu übernehmen.«

Dieser Vorstoß Stauffenbergs war klug, denn er traf mitten hinein in das Zentrum von Mansteins eigenem Denken und Trachten. So zeigte sich der Feldmarschall wohl geschmeichelt. Jedenfalls widersprach er nicht.

Nun ließ Stauffenberg nicht locker: Man müsse diesen Weg irgendwie erzwingen. Doch hier war die Schwelle erreicht, die zu überschreiten der Feldmarschall sich weigerte. Er sei willens, sagte er, bei der ersten sich bietenden Gelegenheit mit dem Führer offen über die Frage der »Spitzengliederung« zu sprechen, aber er sei nicht bereit, sich in irgendeiner Form, direkt oder indirekt, an ungesetzlichen Aktivitäten zu beteiligen.

Stauffenberg begann von neuem: Wenn sich niemand finde, der die Initiative ergreife, dann werde alles so bleiben wie bisher, und das bedeute, wir würden schließlich in eine große Katastrophe einmünden.

Manstein bestritt dies auf das Heftigste: Das seien nicht seine, sondern Stauffenbergs Gedanken, die auch in eine Katastrophe führen würden. Die von Stauffenberg geäußerten Gedanken würden zu einem Zusammenbruch der Fronten und zum Bürgerkrieg führen. Ein Krieg sei solange nicht verloren, wie man ihn nicht verloren gebe. Es möge sein, daß wir unsere größte militärische Krise sogar noch vor uns hätten. Sollte das so sein, dann werde der Führer selbst erkennen, daß er jemand brauche, der ihm die Sache wieder in Ordnung bringe. Man müsse die Kraft haben, dies abzuwarten.

Dann hörte ich aus dem Zimmer des Feldmarschalls ein Wort, das mich erstarren ließ. Stauffenberg hatte es gesagt: »Tauroggen«.* Es folgte eine Pause. Dann kam Mansteins Stimme, in großer Erregung: Tauroggen habe mit der augenblicklichen Lage nicht das Geringste zu tun. Stauffenberg möge sich mit solchen Gedanken gefälligst zurückhalten. Der aber parierte geschickt: Der Herr Feldmarschall habe ihn offenbar mißverstanden; mit Tauroggen habe er nicht im Entferntesten sagen wollen, daß man einen Fühler zu den Russen ausstrecken

---

* Die eigenmächtig vom preußischen General Johann David Ludwig von Yorck am 30. Dezember 1812 geschlossene Konvention von Tauroggen gab das Signal für Preußens Abfall von Napoleon und für die Befreiungskriege.

solle. Im Gegenteil, davon könne überhaupt keine Rede sein. Was er mit Tauroggen sagen wolle, sei die Überlegung, ob man nicht auf irgendeine Weise vollendete Tatsachen schaffen solle. Und wörtlich: »Auch Tauroggen barg höchste Loyalität.«

Das Gespräch wurde leidenschaftlich; es wurde auch lauter. Ein paarmal wurde ich durch meine Telefone unterbrochen. Ich mußte diese Anrufe annehmen, um zu verhindern, daß in diesen Augenblicken irgend jemand auf eine der direkten Leitungen zum Feldmarschall schalten ließ.

Das Gespräch, so erinnere ich mich genau, endete unvermittelt. Auch hatte mich der Chef des Generalstabs der Heeresgruppe, Schulz, inzwischen angerufen und gefragt, wann der Oberbefehlshaber wieder zu sprechen sei. Deshalb meldete ich jetzt dem Feldmarschall, daß General Schulz um einen Termin gebeten habe. Die beiden Gesprächspartner standen noch immer am Kartentisch, und ich hörte, wie Manstein sagte, es habe ihm Freude gemacht, so offen zu diskutieren. Wörtlich fügte er den Satz hinzu, den ich wiederholt von ihm gehört hatte: »Wozu brauchen wir einen Generalstab, wenn man unter Generalstabsoffizieren nicht mehr frei sprechen kann.« Stauffenberg wahrte die Form und bedankte sich höflich. Aber in seiner Stimme glaubte ich etwas von Resignation zu spüren. Wahrscheinlich empfand das auch der Feldmarschall, denn, scheinbar unvermittelt, zitierte er einen Satz, den ich noch nicht gehört hatte: »Kritik ist das Salz des Gehorsams.« Er fragte Stauffenberg, ob er wisse, von wem das Wort stamme. Der dachte einen Augenblick nach, dann sagte er: »Clausewitz? – oder etwa von dem alten Moltke?« Manstein lächelte und erwiderte, er wisse es selbst nicht.

Konnte es wohl sein, daß es ganz spontan aus ihm selbst gekommen war?

Mit Stauffenberg zusammen verließ ich das Zimmer Mansteins. Er drückte mir die Hand und sagte ein einziges Wort: »Danke.« Sein Gesicht war erregt und doch unbeweglich.

Zum Abendessen bot der Feldmarschall Stauffenberg den Platz neben sich an. Ich saß, wie üblich an dem runden Tisch, gegenüber. Es kam aber – ich erinnere mich noch genau – keine rechte Unterhaltung mehr zustande. Für mich war die Atmosphäre quälend. In Stalingrad ging es zum Letzten. Manstein hob die Tafel früher auf als gewöhnlich, und Stauffenberg verabschiedete sich sofort. Ich nahm mir fest vor, diesen Tag nicht zu vergessen.

Am nächsten Tage, dem 27. Januar 1943, folgte ich dem üblichen

Telefongespräch mit Zeitzler besonders gespannt. Nachdem die Lage an der Front und im Stalingrad-Kessel erörtert war, fragte Zeitzler, fast beiläufig, ob Stauffenberg gestern dort gewesen sei und welchen Eindruck der Feldmarschall von ihm gewonnen habe. Manstein sagte, er stimme der Beurteilung Zeitzlers zu. Auch er halte Stauffenberg für eine »außerordentliche Persönlichkeit«. Ohne Zweifel erfülle Stauffenberg alle Voraussetzungen für eine bedeutende militärische Laufbahn, jedoch sei ihm ganz deutlich geworden, daß Stauffenberg offenbar schon viel zu lange Zeit im Oberkommando des Heeres sitze, denn er neige dazu, sich mit Dingen zu beschäftigen, die ihn nichts angingen. Deshalb halte er es für an der Zeit, ihn für eine Weile an die Front zu versetzen. Da Zeitzler ihn um seine Beurteilung gebeten habe, sei dies sein Rat.

Es folgte eine Pause, ehe Zeitzler antwortete: »Jawohl, Herr Feldmarschall, ich werde darüber nachdenken.« Ich entsinne mich, daß ich während dieses Gesprächs das Gefühl hatte, als wisse General Zeitzler über den Major Graf Stauffenberg mehr, als der Chef des Generalstabs des Heeres von Amts wegen wissen durfte.

Ich ging zu unserem Kriegstagebuchführer, dem Leutnant Otto Feil. Uns verband absolutes gegenseitiges Vertrauen. Ich berichtete ihm von dem Inhalt des gestrigen Gesprächs, und wir überlegten zusammen, ob und was man im Kriegstagebuch der Heeresgruppe darüber berichten könne. Uns beiden war klar, daß ein Offizier vom Schlage Stauffenbergs in der Zukunft noch von sich reden machen würde. Über den Inhalt des Gesprächs durften wir kein Wort festhalten, wohl aber über die Tatsache dieses Zusammentreffens. Feil und ich beschlossen eine Form, die geeignet sein sollte, dereinst die Historiker gewissermaßen mit der Nase darauf zu stoßen, daß am 26. Januar 1943 in Taganrog genau fünfundvierzig Minuten lang ein bedeutendes Gespräch stattgefunden hatte. Und so hat meine Notiz über den 26. Januar 1943 in das Kriegstagebuch Eingang gefunden.

Bald hörten wir, daß Stauffenberg sich nicht mehr im Oberkommando des Heeres befand. Er war nach Afrika zur Armee Rommel versetzt worden. Die zeitweise Kommandierung eines jungen Generalstabsoffiziers an die Front war an sich eine ganz normale Sache, und es mag auch sein, daß sie für Stauffenberg über kurz oder lang ohnehin bevorstand. Trotzdem sollte festgehalten bleiben, daß Manstein am 27. Januar 1943 dem Chef des Generalstabs des Heeres eine Versetzung Stauffenbergs vorgeschlagen hatte.

Am 7. Februar 1943 wurde Stauffenberg 1. Generalstabsoffizier (Ia) der in Afrika stehenden 10. Panzer-Division. Der Zufall wollte es, daß dort sein erster Gehilfe (O I) einer meiner nächsten Freunde in Pommern, Hauptmann der Reserve Horst von Oppenfeld, wurde. Und es mag bemerkenswert sein, daß Oppenfeld – er stammte aus der Bankierfamilie von Oppenheim – jüdischer Abstammung war. Auch für ihn war schon 1934 die Meldung als Freiwilliger und Reserveoffiziersanwärter eine Flucht vor den zu erwartenden Pressionen der Nationalsozialisten gewesen. Über seine Zusammenarbeit mit Stauffenberg erzählte mir Oppenfeld nach dem Kriege: »Der beste Vorgesetzte, den ich beim Militär wie im Berufsleben je gehabt habe.«

Über meinen Bruder, der als Schwerkriegsbeschädigter in der Organisationsabteilung, Stauffenbergs ehemaliger Dienststelle im Oberkommando des Heeres, arbeitete, erfuhr ich später, daß Stauffenberg am 7. April 1943 in Afrika schwer verwundet worden war.

Wenige Tage nachdem Stauffenberg in Taganrog vor Manstein gestanden hatte, vollendete sich in Stalingrad das Schicksal der 6. Armee. Der von Hitler fast in letzter Stunde noch zum Generalfeldmarschall beförderte Oberbefehlshaber Paulus ging am 31. Januar in russische Gefangenschaft. Hitler, so hieß es, habe vor Wut geschäumt, als er die Nachricht erhielt. Er hatte einen »an der Front gefallenen Feldmarschall« haben wollen. Am 1. Februar erloschen die Kämpfe. Die Heeresgruppe Don hatte bereits am 29. Januar ihr Hauptquartier nach Stalino (heute Donezk) zurückverlegen müssen.

Zum ersten Mal: Im Führerhauptquartier

Feldmarschall Manstein wurde zum 6. Februar 1943 zur Berichterstattung ins Führerhauptquartier Wolfsschanze bei Rastenburg in Ostpreußen bestellt. Hitler schickte an diesem Tag sein Privatflugzeug zur Abholung, eine viermotorige Focke-Wulf Condor. Dieser größte Flugzeugtyp der Deutschen Luftwaffe war usprünglich als Fernaufklärer mit einer Reichweite bis nach Amerika konstruiert worden. In einer anderen Version sollte er als Fernbomber über dem Atlantischen Ozean Schiffe der Alliierten versenken können. Aber bald hatte es sich herausgestellt, daß die Condor für solche Aufgaben zu langsam flog. Sie wurde eine leichte Beute der englischen Jagdflugzeuge.

Wenn Hitler die Condor über dem europäischen Kontinent benutzte, wurde sie von einer großen Zahl deutscher Jagdflugzeuge begleitet. Vor einem Jahr hatten wir das vom Boden aus über Estland beobachten können. Man hatte uns gesagt, daß Hitler den finnischen Marschall Mannerheim besuchen würde. Unsere Division hatte den Befehl bekommen, mit ihren zur Luftabwehr geeigneten Waffen »ein Auge am Himmel zu haben«. Die deutschen Jagdflugzeuge hatten die Condor wie Mücken umschwärmt. Die vielen starken Motoren hatten einen gewaltigen Lärm zur Erde gesandt.

Nun stand die Condor vor uns auf dem Rollfeld von Stalino, dem heutigen Donezk, selbstverständlich ohne Begleitschutz, denn an diesem Tage ging es ja »nur« um den Transport eines Feldmarschalls. Manstein wäre auch niemals auf die Idee gekommen, die Luftwaffe für sich selbst um Begleitschutz zu bitten. Wie viele Flüge sollte ich zusammen mit ihm noch vor mir haben! Niemals würden wir in der Luft auch nur ein einziges feindliches Flugzeug zu sehen bekommen.

Das Innere der Condor Hitlers glich einem Herrensalon. Die Wände waren holzgetäfelt und die Möbel mit Leder gepolstert. Eine Gruppe von Stewards bediente aufmerksam mit Speisen und Getränken nach Wunsch. Porzellan und massivsilberne Bestecke waren mit dem Symbol der NSDAP gezeichnet. Doch der Höhepunkt der Inneneinrichtung war ein riesiger Ohrenbackensessel im vorderen rechten Teil der Kabine. In seine Geheimnisse wurde der Feldmarschall, bevor die Maschine zum Start rollte, durch den Chefsteward eingewiesen. Das Polster des Sitzkissens enthielt nämlich einen Fallschirm, und rechts unter dem Fenster befand sich ein starker, signalroter Handhebel, der mit einer Bleiplombe gesichert war. Der Sessel sei von unten, von hinten und von den Seiten unter dem Lederbezug gepanzert. Wer in diesem Sessel sitze, sei also gegen in der Regel von hinten angreifende feindliche Jagdflugzeuge auf das Beste geschützt. Sodann wurde das Anlegen des Fallschirms demonstriert und die Funktion des roten Hebels erklärt: Er sei nur im Falle höchster Not zu ziehen und keinesfalls bevor der Fallschirm am Körper befestigt sei. Der rote Hebel bewirke, daß sich der gesamte Sessel zusammen mit einem Stück des Fußbodens aus seinen Halterungen löse und der Erde zustrebe. Es müsse besonders darauf geachtet werden, daß der Fallschirm erst dann mittels des Auslösemechanismus geöffnet werden dürfe, nachdem sich der Insasse und sein Panzersessel genügend voneinander entfernt hätten.

Manstein amüsierte sich ob dieser Einweisung auf das Köstlichste. Ich konnte es mir nicht verkneifen, in aller Unschuld die Frage zu stellen, wo denn ich selbst in einem solchen Notfall meinen Fallschirm finden könne. Man sagte mir aber, diese Sicherheitsvorrichtung sei in der Maschine nur einmal vorhanden.

Die Condor war wirklich eine interessante Maschine, und neugierig, wie ich seit jeher bin, begab ich mich, als wir uns in der Luft befanden, ins Cockpit. Flugkapitän Hans Baur, der Hitler schon in den Jahren vor seiner Machtergreifung als Privatpilot geflogen hatte, erwies sich als ein einfacher und freundlicher Mann. Wir nannten solche unkomplizierten Flieger »Luftkutscher«. Baur reichte mir Kehlkopfmikrophon und Kopfhörer und lud mich ein, an Stelle des Copiloten auf dessen Sitz Platz zu nehmen. Wie ein Fluglehrer erklärte er mir die Technik und die Instrumente der Condor. Nach ein paar Minuten griff er mit seiner Rechten in ein neben seinem Sitz befestigtes Lederfutteral und zog eine Flasche Schnaps hervor. Er setzte sie zu einem guten Schluck an, um sie danach mir zu reichen. Als ich dankend ablehnte, wollte er wissen, warum. Ich sagte ihm, daß ich wahrscheinlich in wenigen Stunden vor dem Führer stehen würde und daß eine schwankende Gestalt und eine Alkoholfahne dafür wohl nicht ganz das Richtige seien. Dazu schüttelte er nur den Kopf und fuhr fort, mir die Condor zu erklären. Von besonderer Wichtigkeit sei, daß die vier Motoren in absolut gleicher Tourenzahl liefen. Jeder Motor hatte in der Mitte des Cockpits einen eigenen Gashebel, aber die vier Gashebel lagen so dicht nebeneinander, daß man auch alle vier mit einer Hand greifen konnte. Das Ablesen der vier Tourenzähler sei nicht so wichtig, meinte Baur, als vielmehr das Gefühl für Geräusche und Vibration der Maschine. Solche Dinge müsse man nicht ablesen, sondern fühlen, damit der Vogel ruhig in der Luft liege. Heutzutage seien die Drehzahlmesser leider nicht mehr so präzis »wie früher«. Dann erklärte er mir Kompaß, Kurskompaß, Künstlichen Horizont usw., und schließlich forderte er mich auf, meinen Sitz auf meine Körpermaße einzustellen und alle Bedienungselemente an Händen und Füßen, die mit den seinen parallel geschaltet waren, an seinen eigenen Bewegungen »mitzufühlen«. Ab und zu griff er dazwischen zu seiner Flasche und nahm einen Zug. Dann stellte er mir kleine und harmlose Aufgaben, wie zum Beispiel diese oder jene Wolke anzufliegen und dabei immer ein Auge bei der eingestellten Kompaßzahl zu behalten.

Wir hatten gutes Wetter, und der Flug machte mir Spaß. Nach etwa einer Viertelstunde fühlte ich mich schon ein wenig sicher, als ich plötzlich in meinem Kopfhörer auf eine Frage keine Antwort bekam. Etwas erschrocken blickte ich zu meinem Fluglehrer und sah zu meinem nicht geringen Erstaunen, daß Flugkapitän Baur schlief. Sein Kopf war nach vorne gesunken, und nun hörte ich in meinem Kopfhörer auch sein Schnarchen. Ich überlegte einen Augenblick, ob ich ihn wecken sollte, und wandte mich um zu dem Funker, der hinter mir an seinen Geräten saß. Der aber grinste nur, winkte ab und bedeutete mit einem Finger vor seinem Mund, den Kapitän schlafen zu lassen.

Nach einigen Minuten wachte Baur von selbst auf, warf einen Blick auf die Instrumente und danach zu mir, drehte sich zur linken Seite, und schon schlief er wieder.

Als wir uns Ostpreußen näherten, beendete er seine Siesta und entließ mich, damit sein Copilot wieder Platz nehmen konnte. Über Kopfhörer sagte er zu mir: »Du sagst aber niemand, daß ich Dich habe fliegen lassen.«

Vom Flugplatz Rastenburg brachte uns ein Wagen in das Gästehaus des Oberkommandos des Heeres im Mauerwald, ein schönes und stattliches Holzhaus. Es hatte Feldmarschall von Brauchitsch, dem Oberbefehlshaber des Heeres, bis zu seiner Entlassung im Dezember 1941 als Residenz gedient. Von hier aus waren es nach meiner Erinnerung noch etwa fünfzehn Kilometer bis zum Führerhauptquartier »Wolfsschanze«.

Die sogenannte Abendlage bei Hitler begann meist zwischen einundzwanzig und zweiundzwanzig Uhr. In tiefer Dunkelheit bestieg man einen aus ein oder zwei Wagen bestehenden Eisenbahnzug, der neben dem Gästehaus wartete, um uns in etwa zehn bis fünfzehn Minuten direkt in die innerste Sperrzone des Hauptquartiers Wolfsschanze zu bringen. General Zeitzler und Oberst im Generalstab Adolf Heusinger, sein Ia, stiegen zu uns in den abgedunkelten Waggon, und schon rollten wir ab in die Dunkelheit. Die Fahrt hatte etwas Gespenstisches. Wie überhaupt dieser erste Abend im Führerhauptquartier auf mich gespenstisch wirkte.

Als der Zug hielt, stiegen wir vorsichtig aus, denn auch hier war es stockdunkel. Dann meldete sich General Schmundt. Hitlers Chefadjutant stand vor uns, um uns zu begrüßen. Nach wenigen Schritten gelangten wir unversehens in den Besprechungsbunker Hitlers. Die Anwesenden gruppierten sich stehend um den hell beleuchteten Kartentisch. Hitlers Platz in der Mitte der Breitseite war noch frei. Eine goldumrandete Brille lag dort für ihn bereit.

General Schmundt erschien in der Tür und verkündete laut: »Meine Herren – der Führer.« Die Gespräche der Wartenden verstummten, und Hitler grüßte wortlos mit angewinkeltem Arm. Er blickte einmal in die Runde, um dann nur Feldmarschall Manstein mit Handschlag zu begrüßen. Eine lähmende Stille war im Raum.

Mit großer Spannung hatte ich dieser Besprechung entgegengesehen, nicht nur weil sie die erste war, die ich miterlebte, mehr noch weil ich neugierig war, wie er wohl – vier Tage nach der Kapitulation in Stalingrad – den Oberbefehlshaber der Heeresgruppe, dem die 6. Armee unterstanden hatte, ansprechen würde.

Was ich jetzt miterlebte, war ein Meisterstreich Hitlerscher Psychologie: »Meine Herren«, begann er, »vorweg möchte ich ein Wort zu Stalingrad sagen. Für Stalingrad trage allein ich die Verantwortung. Und nun«, zu General Zeitzler gewandt, »bitte die heutige Lage im Osten.«

Ich entsinne mich noch heute genau dieses Augenblicks, denn ich hatte manches aus Hitlers Mund erwartet, nur nicht dies. Ich hatte doch in den zurückliegenden zwei Monaten mitgehört und mitgelesen, was zwischen Stalingrad und dem Oberkommando der Heeresgruppe, ebenso wie zwischen der Heeresgruppe und dem Oberkommando des Heeres beziehungsweise dem Führerhauptquartier hin- und hergelaufen war. Und das hatte ganz anders geklungen. Der Wirkung dieser fast wie ein Schuldbekenntnis klingenden Worte Hitlers folgte dann auch einen kurzen Augenblick betretenes Schweigen. Offenbar war Manstein, ebenso wie Zeitzler, überrascht.

Als wir nach Ende der Lagebesprechung im Gästehaus am Mauersee bei einem Glase Wein saßen, äußerte der Feldmarschall sich immer noch beeindruckt von Hitlers Stalingrad-Bekenntnis. So viel Bekennermut habe er von Hitler nicht erwartet. Auch in seinen eigenen Memoiren beschreibt Manstein diese Szene und nennt Hitlers Worte zu Stalingrad »soldatisch«. Ich hatte sie anders empfunden, und auch heute empfinde ich sie als signifikantes Beispiel für Hitlers Fähigkeit, sich kalt planend auf ein bevorstehendes Gespräch einstellen zu können. Hier zeigte sich nicht das »Soldatische« Hitlers, sondern hier sprach der Politiker, der weiß, daß er am erfolgreichsten agiert, wenn er seinem Hörer das sagt, was dieser insgeheim hören möchte. In der Diskussion des späteren Abends im Gästehaus äußerte ich mich – mit gebotener Zurückhaltung – in diesem Sinne und war dann wiederum erstaunt, daß Manstein mir bis zu einem gewissen Grade zustimmte. Auf den abendlichen Gesprächskreis im Gästehaus werde ich noch zurückkommen.

Die Besprechung dieses Abends im Führerhauptquartier begann mit der gefährlichen Lage der Heeresgruppe Don (Manstein). Beflügelt durch den Sieg in Stalingrad griffen die Sowjets jetzt auf einer Frontbreite von mehr als siebenhundert Kilometern nach Westen an, und deutlich zeichnete sich ihr Bestreben ab, die Heeresgruppe zu umfassen und mit dem Rücken gegen das Asowsche Meer zu drängen. Mansteins Armeen befanden sich in tödlicher Gefahr. Doch die Rochade, die er hinter der Front von Süden nach Norden eingeleitet hatte, lief bereits. Mit siebenfacher Überlegenheit fluteten die Russen in Richtung Charkow nach Westen. Jetzt hieß es für Manstein, die Nerven zu behalten, um dem Gegner in die tiefe Flanke zu fahren. Doch soweit war es am 6. Februar noch nicht.

Deutlich steht vor meinen Augen noch das verständnislose Gesicht Hitlers, wenn Manstein das Wort hatte. Gab es doch auch mancherlei Vokabeln, die Manstein zu gebrauchen liebte, die aber Hitler einfach nicht verstand. Manstein versuchte, Hitler klarzumachen, daß unsere Erfolgschancen gegenüber den russischen Angreifern in dem Maße wachsen würden, in dem er die Russen Raum gewinnen ließ. Das hatte eine gewisse Ähnlichkeit mit dem Manstein-Plan vom Mai 1940, als man die französischen und englischen Kräfte über die Somme nach Norden laufen ließ, wo sie schließlich bei Dünkirchen in der Falle saßen.

Hitler fand das »riskant«. Sicherlich stand ihm vor Augen, was er selbst im Weltkrieg in Frankreich erlebt hatte: frontaler Widerstand und Halten bis zur letzten Patrone, bis zum letzten Mann. Für ihn gab es eben nichts anderes als Angreifen oder Verteidigen. Damit war sein strategisches Denken offenbar erschöpft. Immer von neuem kam er auf die Bodenschätze in der Ukraine und die Schwerindustrie bei Stalino zu sprechen, die für Deutschland kriegsentscheidend seien. Die beiden redeten völlig aneinander vorbei. Manstein ging es um den Sieg in der Schlacht zwischen Don und Dnjepr, während Hitlers Gedanken um Erz, Kohle, Mangan und Rüstungsproduktion kreisten. Ein paarmal machte Manstein Ansätze, von Hitler zu erfahren, wie er sich weiterhin in großem Rahmen die Kriegsführung vorstelle. Doch diese Fragen gingen ins Leere. Geschickt wich Hitler ihnen aus. Meist blickte er mit sturem Ausdruck vor sich auf die Lagekarte, scheinbar ohne zu reagieren.

Manstein sprach mit einer mich erstaunenden Unbekümmertheit. Fast so, als stehe er nicht vor seinem militärischen Vorgesetzten, sondern vor einem Seminar auszubildender junger Generalstabsoffiziere. Doch ich entsinne mich, daß die Atmosphäre frostig war. Ich hatte den Eindruck, daß Hitler mit Mißtrauen zuhörte. Jedenfalls beobachtete ich in Hitlers Gesicht etwas, das ich später bei anderen Lagebesprechungen noch öfter sehen sollte: Hitler, seinen Blick immer noch stur auf die Lagekarte fixiert, ließ die Muskeln seiner Backenknochen spielen. Ich bin mir an diesem Abend nicht darüber klargeworden, ob das Schauspielerei oder Emotion war. Aus der Distanz des nur Beobachtenden neigte ich zu dem ersteren.

Merkwürdig war für mich, daß Manstein, der an der Lagekarte stets neben Hitler stand – ich selbst hielt mich auf der gegenüberliegenden Seite des Tisches auf –, Hitlers Gesichtsspiel überhaupt nicht zu bemerken schien.

Ich habe den Feldmarschall später, nach einer anderen Zusammenkunft mit Hitler, einmal gefragt, ob auch er solche Beobachtungen gemacht hätte. Er war ganz erstaunt über meine Frage. Er habe nichts davon bemerkt, sagte er und fügte hinzu: »Was Sie immer alles beobachten.« Jedenfalls ließ Manstein sich während der Gespräche von Hitler überhaupt nicht beeindrucken. Dagegen habe ich später bei anderen Lagebesprechungen hohe – und höchste – Offiziere erlebt, die beim Vortrag Hitler gegenüber unsicher wurden und an die Grenze des Stotterns gerieten.

Für mich selbst wurde die Teilnahme an den häufigen Lagebesprechungen im Führerhauptquartier schon bald eine ganz normale Sache, denn ich wußte, daß ich kaum angesprochen werden würde. Zwar hatte ich in der Regel die Aktentasche mit Notizblock und Dokumenten zur Lage bei mir, aber ich bin niemals aufgefordert worden, irgend etwas aus ihr vorzulegen. Manstein hatte das, was er zu sagen hatte, im Kopf. Ich entsinne mich aber einer späteren Lagebesprechung, bei der General Zeitzler mit den Worten begann, er müsse, bevor er mit der Lage des Tages beginne, melden, daß während der letzten vierundzwanzig Stunden nicht weniger als drei Generale des Heeres an der Front gefallen seien. Hitler, dessen Blick wie üblich auf die Karte gerichtet war, reagierte nicht. In dem kurzen Augenblick der Stille, die dieser erschütternden Meldung folgte, hörte ich nur seine Worte: »und weiter?« Weder fragte er nach den Namen der Gefallenen, noch widmete der Oberste Befehlshaber ihnen auch nur ein einziges Wort des Gedenkens. Und das in Anbetracht der Tatsache, daß in einem modernen Kriege der Platz eines Generals normalerweise nicht dort ist, wo gekämpft, sondern dort, wo geführt wird. Auch das würdigte er nicht.

Am Abend des 6. Februar gelang es Manstein, fast unvermittelt, das brisanteste aller Themen anzusprechen, das des »einheitlichen Oberbefehls«. Hinter diesem Stichwort verbarg sich der von Hitler geschaffene Dualismus zwischen Oberkommando der Wehrmacht und Oberkommando des Heeres. Tatsächlich gab es »OKW-Kriegsschauplätze«, wie zum Beispiel die Armee Rommel in Afrika, und den »OKH-

Kriegsschauplatz«, nämlich die Ostfront. Ganz zu schweigen davon, daß neben der Wehrmacht noch ein besonderes Machtinstrument etabliert worden war: Die sich ständig vergrößernde Waffen-SS, deren Korps und Divisionen von Fall zu Fall einmal hier, einmal dort den Oberkommandos der Heeresgruppen zugeteilt und über kurz oder lang wieder abgezogen wurden. Es gehört nicht viel Phantasie dazu, sich auszumalen, welch eine Kette von Problemen dieses Führungssystem erzeugte. Probleme, die der Sache, um die es ging, nichts als Schaden brachten.

Hitler jedoch ließ dieses Thema ins Leere laufen. Zwar widersprach er nicht, aber er tat so, als habe er die Frage überhört. In der Sache bewegte sich an diesem Abend nun überhaupt nichts mehr. Zwar wahrten beide Gesprächspartner die Höflichkeit, doch schien mir, daß Manstein deutlich kühl und distanziert entlassen wurde.

Auch später habe ich nie erlebt, daß Hitler zu den oft kontroversen Möglichkeiten der weiteren Strategie in Anwesenheit des Feldmarschalls eine Entscheidung fällte. In der Regel verabschiedete er ihn mit den Worten: »Ich wünsche Ihnen einen guten Rückflug. Meine Entscheidung werden Sie bei Ihrer Rückkehr vorfinden.«

Erst im Gästehaus des Oberkommandos des Heeres am Mauersee löste sich die Spannung. In bequemen Sesseln bildete sich eine kleine Runde, und endlich konnten sich die älteren Herren auch ihrer geliebten Zigarre hingeben. Bei Hitler war weder etwas zu trinken noch zu rauchen angeboten worden. Hitlers Adjutanten hatten sogar Order, jegliches Rauchen in seinen Räumen zu unterbinden. Hier fand sich nun auch Mansteins alter Freund, General Fellgiebel, ein. Ich befand mich erstmals im Kreis der beiden alten Freunde.

Die Ordonnanzen – ältere Soldaten des Heeres – servierten einen Imbiß und sorgten dafür, daß die Burgundergläser nicht leer wurden. Die Stimmung stieg, und die Zungen lösten sich. Fellgiebel forcierte die Unterhaltung. Ich spürte, wie schnell der Wein bei ihm seine Wirkung tat. Er fühlte sich offenbar wie im Offizierscasino in den guten alten Reichswehr-Zeiten. Er trommelte förmlich auf seinen alten Freund Manstein ein, als gebe es keinen Grund zur Zurückhaltung. Mehrmals stellte er in aller Offenheit fest, daß sein Wissensstand sowohl über die Dinge des inneren Geschehens in Deutschland als auch an den Fronten dem des Feldmarschalls weit überlegen war. Er machte auch keinen Hehl aus seiner abgrundtiefen Verachtung Hitlers. Offenbar war der Chef des Heeresnachrichtenwesens eine der am besten informierten Persönlichkeiten im Reich.

Mit Sorge hörte ich den Gesprächen zu. Wer wohl konnte sich unter den uns bedienenden Ordonnanzen befinden, wie dachten sie? Eine Zeitlang bemühte sich der Feldmarschall, den Freund zu bremsen. Fellgiebel aber steigerte sich dadurch nur noch mehr. Wie sollte das enden, fragte ich mich. Es endete schnell und auf höchst natürliche Weise. Plötzlich erhob sich der Nachrichten-General und strebte der Tür zum Flur zu. Kaum hatte sich diese hinter ihm geschlossen, da hörten wir vom Korridor her lautes Schimpfen. Ich sprang auf und lief ihm nach. Als ich den Flur erreichte, sah ich ihn gerade in der Toilette verschwinden. Drinnen, in dem großen gekachelten Raum aber steigerte sich der Ausbruch. Noch heute höre ich seinen Wutausbruch: »Dieser Lügner! Dieses Schwein! Dieser Zerstörer unseres Vaterlandes! Dieser Mörder! Dieser Schuft! . . .«

Schnell sprang ich ihn von hinten an und hielt mit beiden Händen und aller Kraft seinen Mund zu. Und ich fühlte, daß er hemmungslos weinte.

Allmählich wich die Spannung aus seinem Körper, und er wurde ganz ruhig. Er bat mich um Entschuldigung und dankte mir: »Ach, Stahlberg, wenn Sie wüßten, was wir Nachrichtenoffiziere hier erfahren, Sie würden es mir nicht glauben. Es ist grauenhaft!«

Zusammen gingen wir zurück zu dem großen Wohnzimmer. Als ich die Tür öffnete, war das Zimmer leer und das Licht gelöscht. Während unserer Abwesenheit hatte man die Schlafzimmer aufgesucht. Ich half Fellgiebel in den Mantel und begleitete ihn vor die Haustür. Die kalte Luft tat gut. Seit diesem Abend empfand ich eine tiefe Verbundenheit mit ihm.

OBERST SCHULZE-BÜTTGER

Mit Verwunderung hatte ich, seit ich im Oberkommando der Heeresgruppe Dienst tat, gesehen, daß die deutschen Heeresgruppen, die von Leningrad bis zum Kaukasus kämpften, auf dieser gewaltigen Frontbreite von weit mehr als zweitausend Kilometern in der Luftlinie nur eine unvollkommene Verbindung zueinander hatten. Ohne Zweifel verbarg sich von Seiten Hitlers darin ein System. Auch hier zeigte sich Hitlers Mißtrauen gegen den Generalstab. Offenbar hatte auch sein Generalstabs-Chef Zeitzler die Order, es bei dieser Art von Separierung zu belassen.

Nach meinen Beobachtungen blieb es den jeweiligen Generalstabs-

Chefs der Heeresgruppen überlassen, wie oft und wie detailliert sie ihre eigene militärische Lage mit ihren Nachbarn abstimmten.

Zweifellos war dies einer der Gründe, warum Henning Tresckow, der Ia der Heeresgruppe Mitte, mit uns so häufig telefonierte. Hennings Anrufe kamen meist im Laufe des Abends, wenn bei uns Bridge gespielt wurde. So hörte ich, da ich als Jüngster die Anrufe zuerst entgegennahm, oft seine Stimme.

Gelegentlich eines solchen Gesprächs mit ihm bemerkte ich beiläufig, daß sich bei uns in der Führungsabteilung personelle Veränderungen anbahnten. Für General Schulz, unseren Chef des Stabes, stand die Versetzung in ein höheres Truppenkommando bevor, und ich rechnete damit, daß der bisherige 1. Generalstabsoffizier (Ia), Oberst Busse, Nachfolger von Schulz würde.

Schon am nächsten Tage erschien Henning von Smolensk aus mit dem Flugzeug bei uns. Er führte ein langes Gespräch mit Manstein. Vorher hatte er mich wissen lassen, daß er versuchen würde, die Stelle des Generalstabschefs bei Manstein selbst zu bekommen. Eigentlich lag nichts näher als dies, hatten doch Manstein und Tresckow schon im Winter 1939/40 bei der Heeresgruppe Rundstedt in Koblenz eng zusammengearbeitet, Manstein als Chef und Tresckow als sein Ia. Ihr gemeinsames Arbeitsergebnis war der Operationsplan für den Westfeldzug gewesen. Sogar mir gegenüber hatte Manstein oft davon gesprochen, wie vorzüglich seine Zusammenarbeit mit meinem Vetter gewesen sei. So bot es sich eigentlich an, diese Verbindung zu erneuern.

Mir war schon seit ein paar Wochen klargeworden, daß sich im Hintergrund dieser Personalfrage eine bedeutsame Entscheidung abzeichnete. Die Alternative Busse oder Tresckow barg politische Brisanz. Selbstverständlich wußte Manstein, daß Tresckow zu den schärfsten Gegnern des nationalsozialistischen Regimes gehörte. Busse dagegen war ein scheinbar unpolitischer Soldat. Und »unpolitisch« bedeutete damals schlicht und einfach »gehorsam«, was auch immer kommen würde. Mit Busse war der Feldmarschall auf das Beste eingearbeitet. Busse war ein Soldat, mit dem Manstein niemals irgendwelche Schwierigkeiten haben würde. Dazu waren ihm große Tatkraft und überdurchschnittliches Durchsetzungsvermögen eigen. Tresckow dagegen würde dem Feldmarschall, wenn es um grundsätzliche Entscheidungen ginge, mancherlei Schwierigkeiten bereiten. Mit Sicherheit wäre er für Manstein kein bequemer Mitarbeiter.

Noch ein weiteres, und zwar gravierendes Moment sprach für Busse:

Theodor Busse war verschwägert mit dem stellvertretenden Chefadjutanten Hitlers, General Burgdorf. Burgdorf und Busse hatten zwei Schwestern zu Ehefrauen. General Wilhelm Burgdorf galt allgemein als besonders engagierter Nationalsozialist und war dafür bekannt, daß er im Personalamt des Heeres im Sinne des Regimes wirkte, wo immer er konnte.

Es kam zwischen Manstein und Tresckow zu einem dramatischen Gespräch hinter geschlossener Tür. Bevor ich ihn beim Feldmarschall anmeldete, hatte er mir gesagt, worum es gehe, und mich gebeten, das Gespräch nur zu unterbrechen, wenn besonders wichtige Meldungen gekommen seien.

Wenn ich mich recht entsinne, war ich zweimal bei ihnen im Zimmer. Jedenfalls sehe ich beide noch vor mir am Kamin stehen, in höchster Erregung, Manstein bebend vor Aufregung, wie ich ihn noch nicht erlebt hatte, und Tresckow mit Tränen der Verzweiflung in den Augen. Ich hatte den Eindruck, daß hier eine Art Fortsetzung des Stauffenberg-Gesprächs von Taganrog stattfand; nur wurde es von Tresckows Seite aus noch leidenschaftlicher und wohl auch offener geführt.

Später erfuhr ich von Henning, daß Manstein sich ihm endgültig versagt hatte. Die Gedankenwege Tresckows waren dem Feldmarschall einfach unheimlich. Meine persönliche Überzeugung ist auch die, daß sich der so bedeutende Stratege als politischer Soldat unsicher, wenn nicht sogar unfähig fühlte. Bei der Personalentscheidung – Busse oder Tresckow – spielte sicher auch die nahe Verbindung Busses zum Stabe Hitlers eine Rolle. Für die Verbindung zu dem Gedankenkreis Henning Tresckows blieb ja der Ordonnanzoffizier Stahlberg.

In dieser Situation bleibt es eine Meisterleistung Tresckows, daß es ihm gelang, einen seiner engsten Vertrauten und Mitarbeiter im Stabe des Oberkommandos der Heeresgruppe Mitte, den Oberst im Generalstab Georg Schulze-Büttger, in die freiwerdende Stelle des 1. Generalstabsoffiziers (Ia) bei Manstein zu lancieren. Der Phantasie-Reichtum und die Aktivitäten meines Vetters erwiesen sich einmal mehr als unerschöpflich.

Noch wußte ich nichts von dieser »Ersatzlösung«, als wenig später Schulze-Büttger bei uns den Dienst antrat. Als ich ihn fragte, woher er komme, war ich erleichtert, denn nun hatte ich einen Gesprächspartner. Und als ich von »Schu-Bü«, wie wir ihn bald nannten, erfuhr, daß er vor dem Kriege der letzte Adjutant des Generalobersts Beck, des im Jahre 1938 zurückgetretenen Chefs des Generalstabs des Heeres, gewesen war, verband uns gegenseitig vorbehaltloses Vertrauen. Und bald wurde daraus echte Freundschaft, wie ich sie seit Heinrich Yorck nicht mehr gehabt hatte. Zudem besaß Schu-Bü eine in meinen Augen beneidenswerte Gabe: Er konnte die ernstesten Dinge in Humor verpacken.

Für Manstein wie für Schulze-Büttger war die Gestalt des Generaloberst Beck ein Hort der Verehrung. Oft zitierten beide, wenn sie über Beck sprachen, den alten Moltke. Beck war eben der Typ des Generalstäblers nach ihrem Geschmack, der seine vornehmste Aufgabe darin sieht, einen Krieg nicht zu suchen, sondern, wo irgend möglich, zu verhindern.

Wenn man sich damals mit einem Freunde über grundsätzliche Fragen der Strategie und Politik aussprechen wollte, verabredete man sich zu einem Spaziergang. Mit Schu-Bü tat ich das gerne, denn ein Gespräch mit ihm war immer ein Gewinn. Bei einer solchen Gelegenheit sprachen wir über die Frage, die uns immer von neuem ratlos machte: Wann wird dieser schreckliche Krieg zu Ende sein?

Schulze-Büttger antwortete mit einem seiner köstlichen Aperçus: »Ich kann diese Frage auf das Genaueste beantworten: Dieser Krieg ist exakt an dem Tage beendet, an dem der letzte deutsche Volksschullehrer zum Major befördert wird!« Dann aber wurde er ernst: »Solange Hitler den Oberbefehl über die Wehrmacht hat, gibt es kein Ende des Krieges.« Ich stimmte ihm zu, sagte aber, daß ich diese Frage auch mit dem Feldmarschall diskutiert hätte. Manstein bestreite dies. Er denke intensiv nach über die Voraussetzungen und Möglichkeiten eines Remis mit Hitler. Schulze-Büttger hatte diese These schon von Manstein gehört. Als er seinen Dienst bei uns angetreten habe, hätte der Feldmarschall auch ihm gegenüber solche Andeutungen gemacht. »Bleiben Sie, wenn Sie mit dem Oberbefehlshaber alleine sind, bei diesem Thema. Lassen Sie nicht locker!« fügte er hinzu. Dieses Thema sollte uns noch viele Male beschäftigen.

Drei Tage Hitler

In der Nacht vom 16. zum 17. Februar 1943 klingelte mich nach Mitternacht das Telefon aus dem Schlaf. (Inzwischen war das Hauptquartier der Heeresgruppe von Stalino nach Saporoshje verlegt worden.) Die Vermittlung fragte, ob ich genügend wach sei, um ein Gespräch aus dem Führerhauptquartier anzunehmen. Ich bat den umsichtigen Soldaten in der Zentrale um ein bis zwei Minuten und legte mein Schreibzeug bereit. Bald läutete es wieder, und am anderen Ende meldete sich Major Gerhard Engel, Hitlers Heeresadjutant: »Der Führer hat soeben entschieden, daß er in einigen Stunden zum Oberkommando der Heeresgruppe fliegen wird. Mit ihm kommt auch General Zeitzler. Der Führer beabsichtigt, drei Tage bei der Heeresgruppe zu bleiben. Veranlassen Sie alles Erforderliche. Wiederholen Sie bitte.« Ich wiederholte und schloß die Frage an, aus wieviel Personen die Begleitung des Führers bestehe. Engel antwortete: »Rechnen Sie mit hundert Personen.« Ich fragte, wann der Führer bei uns in Saporoshje eintreffen werde. Engel erwiderte, das könne er noch nicht sagen, wir würden es aber rechtzeitig erfahren. Jedenfalls sollten wir sofort mit allen Vorbereitungen beginnen. Er ließ mich nochmal wiederholen, und wir legten auf.

Ich überlegte, wen ich jetzt zuerst wecken sollte. Dann ließ ich mich mit Oberst Schulze-Büttger verbinden. Ich bat ihn, sofort aufzustehen und sich anzuziehen. Ich müßte ihn dringend sprechen. Es sei wichtig. Ohne mich nach dem Grunde meines Anrufs zu fragen, antwortete er, er erwarte mich in seinem Schlafzimmer.

Als ich bei Schulze-Büttger eintrat, saß er bereits fertig angezogen auf der Kante seines Betts. Er bot mir einen Stuhl an, und ich berichtete ihm von Engels Anruf. Mit großen Augen sah er mich an und – à la Berliner Schnauze – platzte heraus: »Stahlberg, det is'n Ding wie ne Wanne!« Und ich erwiderte: »Jawoll, Herr Oberst, det is es.«

Eine lange Pause folgte. Erstaunlicherweise war ich es, der das Schweigen brach: »Herr Oberst, ich glaube, wir beide denken jetzt das gleiche.« – Er sah mich wieder an und sagte: »Ja, Stahlberg. Wir denken das gleiche. Aber so geht es nicht.« Wieder folgte eine lange Pause. Dann sagte er plötzlich: »Wir müssen darüber nachdenken, was es bedeutet, daß der Führer sich drei Tage lang unter unserem Dach befinden wird.« Wieder schwiegen wir. Dann fragte er plötzlich, wer außer uns beiden hier bei uns von dem Anruf Engels etwas wisse. Ich sagte, ich hätte bisher mit niemand gesprochen, aber ich hielte es für sicher, daß unsere Fernsprechvermittlung mitgehört habe. General Müller, der Chef des Nachrichten-Regiments unserer Heeresgruppe, hatte mir einmal gesagt, man müsse immer, und ganz besonders bei Nacht, davon ausgehen, daß irgendwer mithöre; wenn ein Gespräch mit dem Führerhauptquartier laufe, gelte das erst recht.

Schulze-Büttger antwortete: »Wissen Sie, Stahlberg, jede spontane Sache wäre unverantwortlich. Wenn man wirklich so hoch pokern will, dann müssen alle Konsequenzen vorher durchdacht sein. Das, woran wir beide jetzt denken, darf nur ein Startschuß sein. Wenn der abgefeuert wird, dann müssen vorher sämtliche Teilnehmer am Rennen mit ihren Füßen in den Startlöchern stehen.«

Damit war für uns beide das nicht ausgesprochene Thema erledigt. Jetzt galt es, die Ankunft und die Unterbringung unserer »Gäste« vorzubereiten. Zuerst überlegten wir beide, wie und wo wir Hitler unterbringen sollten. Schulze-Büttger hatte eine vorzügliche Idee:

Die Führungsabteilung der Heeresgruppe hatte ihre Diensträume in der obersten Etage eines, soweit ich mich erinnere, dreistöckigen Verwaltungsgebäudes. In der Etage darunter waren die Zimmer der anderen Abteilungen, und in der untersten Etage waren die Räume für unsere Wachkompanie, befanden wir uns doch inmitten einer größeren Stadt. Alle Räume der Führungsabteilung müßten nun jeweils in die unter ihnen liegenden Zimmer umziehen. Nur die Wachkompanie müßte in ein Zelt oder eine Baracke neben dem Hauptgebäude verlegt werden. Hitler und seine hundert Personen starke Begleitung würden die freigewordene oberste Etage bekommen. Wenn es für sie auch eng werden würde – sie mußten sich eben begnügen. Schließlich befanden wir uns im Kriege. Da in dem Gebäude nur die Arbeitsräume unserer Führungsabteilung untergebracht waren – Schlafgelegenheiten und Casinos befanden sich in anderen Häusern –, würden Hitler und seine Begleitung während der Nacht mit der Wache allein im Hause sein.

Wir überlegten die Sicherheitsfragen und gelangten – was lag näher – sofort zu der Frage etwaiger Luftangriffe auf Saporoshje. Zwar war unser Oberkommando aus der Luft noch nie von den Russen angegriffen worden. Wenn aber Hitler wirklich, wie angekündigt, drei Tage in Saporoshje bleiben würde, schien es Schu-Bü und mir kaum vorstellbar, daß man in Moskau nicht spätestens am zweiten Tage über Hitlers Aufenthalt bei uns informiert sein würde. Schu-Bü tat dieses Thema aber sogleich beiseite. Für Fragen der Luftabwehr seien nicht wir, sondern die Luftwaffe zuständig. Jedoch schien es uns beiden ratsam, sich die Unterbringung des Staatsoberhaupts in der obersten Etage eines primitiven und freistehenden Verwaltungsgebäudes tunlichst an höchster Stelle absegnen zu lassen.

Ich ließ mich also mit dem Führerhauptquartier verbinden, ließ – nicht ohne eine gewisse Schadenfreude – Major Engel wecken und übergab das Gespräch an Schulze-Büttger. Der drückte sich diplomatisch aus und sprach von Umlegungen der einzelnen Abteilungen unseres Stabes innerhalb des Gebäudes und erwähnte auch, daß in den Gartenanlagen rund um uns herum für Luftschutzgräben gesorgt sei.

285

Engel schien einverstanden, doch vor Ende des Gesprächs erbat ich nochmal den Telefonhörer. Ich hätte mir, sagte ich, die Unterbringung des Führers überlegt und dächte daran, dem Feldmarschall vorzuschlagen, dessen eigene Arbeitsräume für den Führer frei zu machen. Ich bäte aber, zu bedenken, daß unsere Unterbringung hier sehr primitiv und sehr »russisch« sei. Er möge doch bitte den Führer darauf vorbereiten.

Engel bestätigte dies, bemerkte aber, ich müsse damit rechnen, daß der Führer sehr wahrscheinlich während seines Aufenthalts bei uns auch andere Räume als die für ihn selbst vorbereiteten aufsuchen würde. Es dürfe deshalb auf keinen Fall geschehen, daß er in anderen Räumen auch nur ein einziges Möbelstück sehen könnte, das besser sei als der vergleichbare Gegenstand in seinen eigenen Zimmern. Schulze-Büttger, der jetzt mithörte, hielt sich die Hand vor seinen Mund, um einen Lachanfall zu unterdrücken.

Danach stürzten wir uns in die Arbeit. Ich übernahm die Information des Feldmarschalls, und Schulze-Büttger schlug vor, ich möge, falls Manstein mit unseren Plänen einverstanden sei, die Verlegung seiner drei Arbeitszimmer in die gleichen Räume unmittelbar darunter sowie die Einrichtung unserer drei Zimmer für Hitler selbst übernehmen.

Doch ehe wir uns jetzt trennten, fragte ich ihn, warum wohl Hitler – meines Wissens zum erstenmal in diesem Kriege – sein Hauptquartier verlasse, um drei Tage lang bei einer Heeresgruppe zu sein. Schu-Bü erwiderte, genau diese Frage beschäftige auch ihn vom ersten Augenblick an. Er meinte, die Antwort sei auf unserer Lagekarte abzulesen. Die Spitze der russischen Offensive stehe doch nördlich von uns wenige Kilometer vor Dnjepropetrowsk und weiter südlich weniger als hundert Kilometer von unserem eigenen Hauptquartier Saporoshje entfernt, während Mansteins Gegenoffensive in die südliche Flanke der Russen erst im Anrollen sei. Nach unseren Operationsplänen werde unser Angriff in drei Tagen wirksam werden. Zeitzler habe die Pläne Mansteins offenbar so überzeugend vorgetragen, daß »der größte Feldherr aller Zeiten« eine Chance sehe, Mansteins Operation im Falle ihres voraussehbaren Erfolges als seine eigene darzustellen. Trotzdem sei ihm, Schulze-Büttger, nicht wohl bei dem Gedanken, daß Hitler auf dem Höhepunkt der zu erwartenden Schlacht wieder einmal in die Operationen eingreifen könnte. Wie er das in der Vergangenheit ja schon wiederholt getan habe und der Sache der Deutschen nur Schaden und unnötige Verluste zugefügt habe.

In mein Schlafzimmer zurückgekehrt, klopfte ich an die Verbindungstür zum Feldmarschall und betrat, als ich ihn rufen hörte, das dunkle Zimmer. Ich meldete ihm alles, was in der letzten Stunde geschehen und was durch Schulze-Büttger und mich veranlaßt war. »Mußten Sie mich deshalb aus dem Schlafe holen?« waren seine ersten Worte. Ich meinte, daß ich das für meine Pflicht gehalten hätte. Dann fragte ich, ob er mit der Verlegung seiner Arbeitsräume einverstanden sei. »Ja, natürlich«, kam es aus der Dunkelheit zurück. »Wann will er denn hier sein?« fragte er. Ich antwortete, daß wir noch keine Uhrzeit bekommen hätten. Ich würde für sein rechtzeitiges Wecken sorgen. Als ich mich schon zurückziehen wollte, fragte er: »Sagen Sie mal, Stahlberg, was will der Efendi eigentlich hier?« (Wenn Manstein schlechter Laune war, pflegte er Hitler mit diesem orientalischen Titel zu bezeichnen.) Ich antwortete, daß ich über diese Frage auch schon mit dem Ia nachgedacht hätte, doch stehe mir ein Urteil darüber wohl nicht zu. So, als sei er schon fast im Einschlafen, hörte ich seine Worte: »Ja, ja, Efendi hat mal wieder einen Riecher für das, was seiner Propaganda nützlich ist.«

Von der Fahrbereitschaft ließ ich mir einen Wagen kommen, um mich zum Gebäude der Führungsabteilung bringen zu lassen. Still und menschenleer lag die Stadt. Als wir aber durch das eiserne Gartentor einbogen, wimmelte es schon von Soldaten. Die Außenwachen waren bereits um ein Mehrfaches verstärkt, und innerhalb des großen Gebäudes ging es zu wie in einem aufgeschreckten Bienenschwarm. Soldaten trugen Möbel über das einzige Treppenhaus, so daß ich Mühe hatte, die oberste Etage zu erreichen. Als ich oben aus dem Fenster sah, fuhren schon Lastwagen vor dem Hause vor. Sie brachten Betten, Stühle und Tische, nagelneues Mobiliar: Es kam aus einem Depot für Feldlazarette.

Ich trennte mich für drei Tage von unseren verschlissenen alten Ledersesseln, die zweifellos schon in der Zarenzeit ihren Dienst getan hatten. Aus den drei Zimmern des Oberbefehlshabers der Heeresgruppe, am Ostende des langen Korridors, entstand eine Suite für den Obersten Kriegsherrn.

Das Arbeitszimmer Mansteins wurde das Schlafzimmer Hitlers, mein Vorzimmer wurde Hitlers Arbeitszimmer, das dritte, unser Besprechungszimmer, behielt seine Funktion. Mehrmals durchforstete ich die unteren Etagen nach Inventarstücken; auch an Kleiderständer, Waschtisch usw. mußte gedacht werden. Dann kam mein erstes Problem: In diesen drei Zimmern gab es keinen Wasseranschluß; der

»Komfort« befand sich auf der anderen Seite des Flurs. Dort war sogar ein erstaunlich großer Toilettenraum, aber dieser Raum, mit Verlaub zu sagen – stank unbeschreiblich. Die sanitären Einrichtungen waren alles andere als sanitär. Zwar gab es für Offiziere eine Kabine mit einem Klo, jedoch war es ein Klo ohne Holzrand. Für Mannschaften gab es keine Klos. Für sie genügte ein Loch im Fußboden.

Ich löste das Problem einfach und ließ eine große Kanne Karbol kommen. Karbol war das bewährte Desinfektionsmittel der Kriegslazarette. Zwar verbreitete auch Karbol einen infernalischen Gestank, aber angeblich desinfizierte es höchst wirksam. Ich ließ es reichlich anwenden. Für jedermann sollte bewiesen sein, daß wir unser Bestes getan hatten. Die Toiletten stanken immer noch gemein. Aber nur noch nach Karbol.

Dann kam ein anderes Problem: Es gelang mir nicht, eine Waschschüssel aufzutreiben. Alle Emaille-Schüsseln, die man mir brachte, hatten Schäden, und ich wollte mir nicht von irgendwem sagen lassen, ich hätte für unseren Führer wenigstens eine heile Waschschüssel organisieren können. Also beauftragte ich meinen Burschen, meine eigene Messingwaschschüssel mit Sand zu putzen. Diese Schüssel hatte für mich Geschichte: In einem Dorf südlich Leningrads war eine russische Frau zu mir gekommen und präsentierte mir diese schöne alte, etwa fünfzig Zentimeter breite Schüssel. »Brot!« hatte sie mehrmals zu mir gesagt. Ich gab ihr mehrere Kommißbrote. Hoffentlich würde ich nun die schöne Schüssel nach der Abreise Hitlers noch vorfinden. Um es vorweg zu nehmen: Ich fand sie. Ich besitze sie noch heute.

Schulze-Büttger machte eine Runde, um zu sehen, wie weit ich mit meinen Vorbereitungen war. Er warf auch einen Blick in den Toilettenraum gegenüber. Doch er prallte zurück: »Ein bißchen viel Karbol, Pfui Deibel!« entglitt es ihm. Dann entfloh er. Grinsend.

Inzwischen hatten wir die Ankunftszeit unserer hohen Gäste erfahren. Wenn ich mich recht entsinne, sollte es um die Mittagszeit sein. Ich ließ also den Feldmarschall zu ganz normaler Zeit wecken und traf ihn wie immer in unser beider Frühstückszimmer. Frühstück und Nachmittagstee waren stets unser beider Klausur. Diese zwei Mahlzeiten war ich so gut wie immer mit ihm allein. Er ließ sich meine »Nachtschicht« erzählen. Ungeklärt blieb noch die Frage: Wo sollte seine Geheimkiste während der nächsten drei Tage deponiert sein? Diese Holzkiste, für die ich die Verantwortung trug, stand stets bei Nacht neben meinem Bett, und tagsüber blieb sie in meinem Vorzimmer. Während der Mittagspause oder bei etwaiger Abwesenheit blieb sie ebenfalls im Vorzimmer, weil dort ausreichend für Bewachung gesorgt war. Nun fragte ich den Feldmarschall, ob die Kiste während der nächsten Tage auch mittags in meinem Vorzimmer bleiben solle. Er entschied so, wie ich es erwartet hatte: In den nächsten Tagen würde die Kiste während unserer etwaigen Abwesenheit nicht im Gebäude der Führungsabteilung bleiben.

Ich fragte ihn, ob er die drei Zimmer für Hitler noch zu sehen wünsche. Doch er legte keinen Wert darauf.

Gegen Mittag setzte sich eine lange Kolonne von Wagen zur Abholung quer durch die Stadt in Bewegung. Saporoshje hatte zwei Feldflugplätze, einen ostwärts der Stadt, den anderen westlich des Dnjepr. Die Straßen waren so gut wie menschenleer. Manstein saß mit mir im Fonds seines großen Kübelwagens, das Verdeck war einschließlich der Seitenteile geschlossen. Feldwebel Sakolowski saß am Steuer.

Zu seinem Fahrer gewandt, sagte der Feldmarschall plötzlich: »Also, Sakolowski, Sie werden auf der Rückfahrt in irgendeinen anderen Wagen steigen, diesen Wagen wird Oberleutnant Stahlberg fahren, der Beifahrersitz bleibt frei für den Chefadjutant General Schmundt oder für General Busse, der Führer wird hinten rechts neben mir sitzen.«

Erstaunt sah ich zum Feldmarschall, aber er reagierte nicht. – Ich sollte also Hitler fahren. In meinem Innern krampfte sich etwas. Ausgerechnet ich.

Was hatte den Feldmarschall veranlaßt, diese Platzordnung zu befehlen? War es eine protokollarische Überlegung? Oder wollte er schon auf der Fahrt vom Flugplatz zum Hauptquartier Dinge besprechen, die nach den Regeln der Geheimhaltung in Anwesenheit eines Feldwebels nicht erörtert werden durften?

Auf dem Flugfeld wurden die Wagen nach Rang und Würden aufgestellt. Ich setzte mich zur Probe an das Steuer des großen Kübels und richtete mir den Fahrersitz ein. Nach wenigen Minuten erschienen am Horizont zwei dicht hintereinander fliegende Focke-Wulf Condor und setzten zur Landung an. Als ich noch überlegte, in welcher der beiden Maschinen Hitler wohl sitzen würde, wurde aus dem Cockpit der ersten die quadratische Standarte des deutschen Staatsoberhauptes gesetzt. Manstein löste sich aus unserer Gruppe und stellte sich einige Meter vor uns auf das Feld. Ich nahm meinen Platz »links rückwärts«, wie ich das in Wochenschauen und bei großen Staatsanlässen gesehen hatte.

Der Pilot von Hitlers Flugzeug hatte den Feldmarschall von weitem erkannt. Er setzte die Maschine so genau vor uns, daß man sich mit nur wenigen Schritten begrüßen konnte. Dann öffnete sich oben die Tür, und eine Leiter wurde heruntergehievt. Als erste erschienen zwei SS-Leute, kletterten herunter und postierten sich an ihrem Fuß. Hitler ließ auf sich warten, bis er in der Tür erschien. Die beiden SS-Leute streckten ihm ihre Hände entgegen, um ihn zu stützen, damit er die Leiter nicht rückwärts runterklettern mußte. Das war offensichtlich einstudiert und klappte aufs Beste. Der Oberste Befehlshaber trug einen dunklen Ledermantel, und Manstein grüßte mit seinem Interimsstab*. Nur Manstein wurde mit Handschlag begrüßt, alle übrigen mit angewinkeltem Arm.

Ein paar Minuten lang machte Hitler keinerlei Anstalten, sich zu den etwa dreißig Meter entfernt stehenden Wagen zu begeben, sondern begann eine Unterhaltung mit dem Feldmarschall und seinem Generalstabschef Busse. Ich hielt mich in einiger Entfernung und konnte leider wegen des heftigen Windes kein Wort verstehen. Da fiel mein Blick auf die zweite Condor, und nun sah ich eine größere Gruppe von SS-Leuten im Laufschritt zu unserer Wagenkolonne eilen, und sofort entschwanden die von den SS-Leuten bestiegenen Wagen mit schnellster Fahrt in Richtung Stadt. Also war die Verzögerung unserer Abfahrt ganz offensichtlich geplant.

Schon eine Stunde später erfuhr ich von Schulze-Büttger, der im Hauptquartier geblieben war, den Grund dieses Manövers: Die SS-Leute waren vor dem Gebäude der Führungsabteilung erschienen und hatten in Windeseile die von mir eingerichteten Räume für Hitler bis zum letzten Möbelstück ausgeräumt, jedes einzelne Stück auf dem Flur umgedreht und von außen und innen untersucht, um es dann wieder an den Platz zu setzen.

Nach etwa einer Viertelstunde begab Hitler sich endlich, vom Feldmarschall und uns begleitet, langsamen Schrittes zu unserer Wagenkolonne, an deren Spitze der Wagen des Feldmarschalls stand, deutlich erkennbar an der vorne rechts gesetzten Standarte mit den brokatgestickten gekreuzten Marschallstäben. Alle vier Türen waren geöffnet, Sakolowski hatte den Motor bereits gestartet. Da geschah etwas Unerwartetes: Als wir vier, also Hitler, Manstein, Busse und ich etwa gleichzeitig den Wagen besteigen wollten, fühlte ich mich von hinten rechts unsanft an meinen linken Oberarm gepackt und sehr unwirsch zurückgerissen. Ich wandte mich um und sah in das Gesicht eines SS-Offi-

---

* Im Felde trug ein Feldmarschall nicht den Marschallstab, sondern einen schlanken Ebenholzstab mit silbernem Kopf und Bandelier.

ziers. Die einzigen Worte, die er mir widmete, waren: »Diesen Wagen fahre ich!« Und schon setzte sich der Wagen des Feldmarschalls ohne dessen Ordonnanzoffizier in Fahrt. Es gelang mir noch gerade, auf einen anderen, bereits ebenfalls in Fahrt befindlichen Wagen aufzuspringen, der ausschließlich mit SS-Leibwächtern besetzt war.

Einerseits war ich recht erleichtert, die Bürde losgeworden zu sein, einmal im Leben Hitler chauffiert zu haben, andererseits waren Form und Stil dieses abrupten Fahrerwechsels schlechtes Benehmen. Man hätte sich mir ja auch vorstellen können, ich hätte Hitlers Chauffeur gewiß keine Schwierigkeiten gemacht. Aber Erich Kempka – er soll es gewesen sein – war in solchen Formen wohl nicht besonders gut erzogen.

In ruhiger Fahrt bewegte sich die Kolonne nun in Richtung auf die Stadt. Als wir die ersten Häuser erreichten, gab es eine neue Überraschung.

Um es mit einem Satz zu sagen: Saporoshje war auf den Beinen. Dicht gesäumt stand die Bevölkerung am Straßenrand, und zwischen russischen Männern, Frauen und Kindern sah ich sogar zahlreiche deutsche Soldaten. Die Nachricht von Hitlers Kommen mußte während der letzten Stunde wie ein Lauffeuer durch die Stadt gegangen sein, denn während unserer Hinfahrt zum Flugplatz waren die Straßen noch so gut wie menschenleer gewesen. Im Wagen vor mir saß Hitler rechts neben Manstein, und wenn auch die aus Plastik bestehenden Seitenscheiben eingesetzt waren – Sakolowski hatte immer für gut durchsichtige Scheiben gesorgt –, so waren die Insassen doch leicht zu erkennen. Deutlich konnte ich vor mir die Reaktion rechts und links neben der Straße beobachten. Die russische Zivilbevölkerung blieb stumm, aber die deutschen Soldaten grüßten durch Anlegen der Hand an die Mütze, wie es damals noch vorgeschrieben war. Einige Male sah ich aber auch Soldaten – damals noch gegen die Vorschrift – mit dem Nazigruß salutieren. Das bestätigte, daß sie Hitler erkannt hatten.

Ohne Zwischenfall erreichten wir unser Hauptquartier. Die Wagen fuhren um das Rondell zwischen Einfahrttor und Hauptgebäude so weit herum, daß der erste Wagen vor den Eingangsstufen hielt. So konnte ich Hitler und Manstein beim Betreten des Hauses noch rechtzeitig einholen und ging hinter beiden die Treppe hinauf. Manstein nickte mir freundlich zu, als wollte er sagen, es sei gut, daß ich Anschluß bekommen hätte.

Am Fuß der Treppe zur obersten Etage standen bereits SS-Leute mit Maschinenpistolen. Hier endete nun also unser Bereich.

Manstein und ich brachten Hitler zu den für ihn vorbereiteten Räumen. Hinter uns erschien, noch auf der Treppe, ein SS-Offizier, der einen Schäferhund an der Leine führte. Das also war die berühmte Hündin, mit der zusammen Hitler sich seit Jahren so oft hatte abbilden lassen, ein wirklich prachtvolles Exemplar. Mit Betreten der für Hitler vorgesehenen Zimmer wurde die Hündin von der Leine gelassen und begrüßte ihren Herrn, indem sie an ihm hochsprang und seine Hände leckte.

Nun fand sich für den Feldmarschall auch Gelegenheit, seinen Ordonnanzoffizier vorzustellen. Hitler reichte mir die Hand, doch das war kein Händedruck. Ich empfand seine Hand wie einen Schwamm. Hitler bemerkte, daß er mich schon kenne, obwohl er mich vor elf Tagen im Führerhauptquartier allenfalls über den Lagetisch hinweg gesehen, nicht aber gesprochen hatte. Ich nahm jedenfalls nicht an, daß er sich meiner aus den letzten Tagen des Monats Januar 1933 bei Papen erinnerte.

Dann knöpfte er seinen Ledermantel auf und ließ es geschehen, daß ich ihm den Mantel abnahm. Dabei stellte ich plötzlich mit Schaudern fest, daß Hitler stark aus dem Mund roch. In dem Augenblick, in dem ich den Mantel anfaßte, gab es einen wüsten Ausfall der Schäferhündin, und ich gestehe, daß mir angesichts der zähnefletschenden und sich sprungbereit duckenden Hündin nicht ganz wohl war. Doch erwies sich diese auch noch als ein vorzüglich dressiertes Exemplar. »Kusch, Blondi, Kusch!« fuhr ihr Herr sie an. Und Blondi parierte sofort. Ich hängte den Mantel auf den Kleiderständer, und ich hätte wetten können, daß in den Taschen – wieder wie im Januar 1933 – zwei Pistolen steckten, oder aber, daß der Mantel im Futter einen Kugelschutz hatte. Jedenfalls war er ungewöhnlich schwer.

Nun waren Manstein und ich entlassen und wurden auf dem Flur, der jetzt von Offizieren und SS-Leuten aller Grade wimmelte, von den dort Wartenden begrüßt: Manstein von Hitlers Chefadjutant General Schmundt und ich selbst zuerst von einem sehr korpulenten, seit Tagen unrasierten, unsauber wirkenden Mann in einer grauen Phantasie-Uniform. Er stellte sich mir als Professor Morell vor. Er sei der Leibarzt des Führers.

Theodor Morell wollte von mir wissen, ob es in Saporoshje einen Schlachthof gebe; er benötige noch heute ein Kalb, bei dessen Schlachtung er selbst aus dem noch warmem Tierkörper gewisse Drüsen entnehmen wolle. Notfalls müsse noch heute ein Kalb extra geschlachtet werden, denn er brauche die frischen Drüsen für eine Therapie, die nicht unterbrochen werden dürfe. Ich bat Morell um etwas Geduld, bis ich mit dem Feldmarschall wieder in seinen Diensträumen eine Treppe tiefer sei. Dort würde ich telefonisch versuchen, ihm weiterzuhelfen.

Kaum war dies gesagt, geschah schon wieder etwas Ungewöhnliches. Vom Treppenhaus her bewegte sich auf uns zu eine große, dunkel gefärbte Holzkiste. Sie mag etwa einen Kubikmeter groß gewesen sein. An ihren vier Ecken befanden sich Handgriffe. Vier SS-Leute trugen sie, ein fünfter schritt ihr voran. Dieser bat den Feldmarschall und die Umstehenden, einen Augenblick zur Seite zu treten, damit die Kiste passieren konnte. Dann öffnete der Fünfte die Tür zu dem Toilettenraum, und während uns allen eine Wolke frischen Karbolgeruchs entgegenschlug, verschwanden die Träger samt ihrer Last in dem so schön duftenden Teil dieser Etage. Als die Tür wieder geschlossen war, fragte Manstein den General Schmundt: »Was war denn das?« Etwas verlegen antwortete Schmundt, es sei das neue Trocken-Klosett des Führers.

Nun schien es an der Zeit, diesen so stark duftenden Teil des Flurs zu verlassen. Wir steuerten also dem Treppenhaus zu. Auf der Treppe gab es noch immer ein Kommen und Gehen, als befänden wir uns in einer U-Bahn-Station. Kisten und Körbe wurden in Mengen nach oben getragen, und Professor Morell erklärte mir, das alles seien Ausrüstung und Vorräte der Privatküche des Führers. Mit einem Anflug von Stolz fügte er hinzu, die gesamte Küche samt Personal unterstehe seiner Kontrolle.

In unseren neuen Arbeitszimmern eingetroffen, versuchte ich zuerst, das Problem »Morell und die Kalbsdrüsen« zu lösen. Ich ließ mich telefonisch mit unserem Oberquartiermeister, Oberst Finckh, verbinden. »Herr Oberst«, begann ich, »es geht um eine sehr wichtige Angelegenheit. Vor mir sitzt Herr Professor Morell, der Leibarzt des Führers. Er brauchte für seine Therapie noch heute...«

Zuerst gab Finckh keine Antwort. Dann bat er mich, das alles nochmal zu wiederholen. Ich tat es wörtlich. Dann fragte er, ob der Professor mit uns in der Leitung sei. Als ich verneinte, meinte er, das sei in der Tat eine sehr wichtige Sache, und ich möchte doch den Professor am besten gleich einmal zu ihm schicken. Diese Sache interessiere ihn sehr, und er möchte auch den Professor gerne persönlich kennenlernen. Ich bat um Entschuldigung, daß ich mich mit dieser Bitte um Rat zuerst an den Oberquartiermeister der Heeresgruppe gewandt hätte. »Nein, nein«, erwiderte Finckh, »für solch einen wichtigen Vorgang bin ich genau der Richtige. Wenn es um die Gesundheit unseres Führers geht, ist die höchste Kompetenz gerade ausreichend!« – Ich kannte Finckh schon damals gut genug, um zu wissen, welcher Art Gedanken sich hinter solch makaberem Humor verbargen.

Damit war ich den Leibarzt los, und der war dankbar für meine Initiative. Ich genoß noch nachträglich den feinen Humor in Finckhs Worten.

Dann gab es ein vielfaches Kommen und Gehen in meinem Zimmer, und es erschien auch Leutnant Feil, unser Kriegstagebuchführer. Er war der erste, der mir erzählte, daß hier im Hause während unserer Abwesenheit der Teufel losgewesen sei. Es sei nämlich auf dem zweiten Feldflugplatz jenseits des Dnjepr eine ganze Zahl weiterer Flugzeuge gelandet. Die Zahl der hundert Personen Begleitung sei inzwischen bei weitem überschritten. Man habe fast den Eindruck gewinnen können, das Führer-Hauptquartier sei nach Saporoshje verlegt worden.

Feil und ich standen am Fenster und sahen, daß unten noch immer Gepäck und Kisten in das Haus getragen wurden, als sich hinter uns die Tür zum Flur öffnete. Ein vom Wuchs etwas rundlicher General trat ein. »Mein Name ist Choltitz«, begann er und bat mich um seine Anmeldung beim Feldmarschall. Er sei auf dem Wege zur Übernahme eines neuen Kommandos. Als ich Anstalten machte, zu Manstein hineinzugehen, hielt er mich an. Er habe genügend Zeit und würde sich gerne vorher mit uns beiden unterhalten.

»Sagen Sie mal, meine Herren, warum sind Sie denn hier so aufgeregt?« begann er. Ich erwiderte, Feil und ich seien doch nicht aufgeregt. »Nein, Sie beide meine ich nicht. Aber das ganze Haus ist aufgeregt. Was ist denn hier los?« Da ich nicht wußte, wessen Geistes Kind ich vor mir hatte, spielte ich den Naiven und behauptete, daß ich bis zur Stunde von Aufregung hier im Hause nichts bemerkt hätte. »Na hören Sie mal! Was soll denn die SS hier im Hause? Oder bitte sagen Sie mir, ob ich mich im Hause geirrt habe. Dies ist doch das Oberkommando der Heeresgruppe Süd (aus »Don« war nun »Süd« geworden), oder –?« »Ohne Zweifel, Herr General«, antwortete ich, »und hier nebenan sitzt der Oberbefehlshaber.« »Dann müssen Sie mir bitte erklären«, fuhr Choltitz fort – und jetzt klang etwas von Metall in seiner Stimme –, »warum der General Choltitz auf dem Wege zu seinem Oberbefehlshaber soeben von der SS aufgefordert worden ist, seinen Ausweis vorzuzeigen.«

Ich war erschrocken und bat um sein Einverständnis, dies unverzüglich dem Feldmarschall zu melden, denn dies sei neu für uns. »Lassen

Sie das, ich werde es ihm selbst sagen«, erwiderte Choltitz. »Ich bin im übrigen nicht der einzige Soldat, der hier von der SS kontrolliert wird. Sie sind mir aber immer noch die Antwort schuldig, warum hier im Hause so viel Aufregung ist.« Ich sagte, das sei wahrscheinlich die Anwesenheit des Führers, die hier und da einige Nervosität ausgelöst habe. »Dachte ich's mir doch!« entfuhr es Choltitz, »ich habe auch so etwas gehört. Ist das also wirklich wahr. Sagen Sie mir doch – wie war doch Ihr Name – sagen Sie mir doch, Stahlberg, wo ist denn der Führer?« Ich erwiderte, daß sich der Führer jetzt vermutlich genau über uns befinde, denn über diesem Zimmer sei des Führers Arbeitszimmer.

Nun war für Dietrich von Choltitz wohl der Augenblick gekommen, seine Begabung für eine Art Hofnarren spielen zu lassen: »Welch ein erhebendes Gefühl!« rief er. »Der Führer genau über dem General Choltitz – unglaublich!« Dann fragte er mich, ob ich den Führer schon »von Mann zu Mann« gesehen hätte. Als ich bejahte, meinte er: »Ich nicht. Bitte helfen Sie mir, ihn zu treffen. Man hört immer wieder, daß er so strahlend blaue Augen habe und daß es so herrlich sei, in diese Augen zu sehen!« Als ich solche Art von »Hilfestellung« mit möglichst ungerührtem Gesicht als ziemlich aussichtslos bezeichnete, stand er plötzlich am Fenster und meinte, er habe eine Idee: Ob ich wüßte, wann der Führer spazieren gehe. Ich sagte, ich hätte keine Ahnung und könnte es mir auch kaum vorstellen, daß der Führer hier in Saporoshje spazieren gehen würde. Choltitz fand jedoch immer mehr Spaß an seiner Narrenrolle: »Sehen Sie den Sockel dort unten?« Das war ein weißer Sockel, wie er in Rußland in jeder Ortschaft vor den Dienstgebäuden stand, auf ihm eine aus Gips gefertigte Büste Lenins. Wo deutsche Truppen erschienen, wurden diese Sockel sogleich ihrer Lenin-Büste entledigt, so auch hier. »Wissen Sie, Stahlberg, die Natur hat mich leider benachteiligt und mir nur einen kleinen Körperwuchs gegeben. Ich bitte Sie deshalb, mich rechtzeitig wissen zu lassen, wann der Führer hier das Haus verläßt. Sie erfahren das bestimmt so rechtzeitig, daß mir die Gelegenheit bleibt, den leeren Sockel zu erklimmen, ehe der Führer aus dem Hause tritt. Dort oben will ich stehen, wenn der Führer kommt. Dort kann er den Choltitz nicht übersehen!«

Ich parierte noch einmal und sagte, es gelte meines Erachtens zuvor zwei Voraussetzungen zu erfüllen. Erstens müsse man eine Leiter haben, denn der Sockel sei doch wohl zu hoch, um ihn einfach zu ersteigen, und zweitens müsse man dort oben schwindelfrei sein. Da sah er mich fröhlich an und sagte: »Die Leiter sollte man wohl finden, doch schwindelfrei bin ich leider ganz und gar nicht.« Damit gab er mir einen freundlichen Schlag auf die Schulter und meinte, nun könne ich ihn beim Feldmarschall anmelden. Eine unvergeßliche Begegnung mit einem unvergeßlichen Mann.*

LAGEBESPRECHUNGEN IN SAPOROSHJE

Fünf Lagebesprechungen mit Hitler erlebten wir in diesen drei Tagen. In unserer Arbeits-Etage, also eine Treppe unter den Zimmern Hitlers, war ein größerer Raum dafür hergerichtet worden. In der Mitte stand, wie üblich, der Kartentisch, um den herum sich die Anwesenden versammelten. An der linken Stirnseite saßen – ebenso wie in der Wolfsschanze – die Reichstagsstenographen; ich stellte mich an ihre Ecke. So konnte ich aus der Diagonalen die Hauptpersonen übersehen und hatte das Tageslicht im Rücken.

Die erste Lagebesprechung fand bald nach Hitlers Eintreffen am 17. Februar statt. Inzwischen war auch General Zeitzler in Saporoshje eingetroffen. Manstein stand mit ihm bei der Eingangstür, als General Schmundt erschien und Hitler ankündigte. Dieses Zeremoniell war dasselbe wie in Ostpreußen.

Zwar hatte ich Hitler an diesem Tage schon auf dem Flugfeld und bei der Einweisung in seine Zimmer gesehen. Doch jetzt, wo er mir in wenigen Metern Entfernung gegenüberstand und die Mittagssonne ihn durch die Fenster beleuchtete, erschrak ich über sein Äußeres. Seine Haut war gelblich und schlaff. Er war unrasiert, und die Reverses seiner zweireihigen grauen Uniformjacke waren, offenbar von Essenresten, fleckig. Einen bedenklichen Eindruck machte auf mich seine Körperhaltung. Der Kopf hing aus den Schultern heraus nach vorne, während sein Bauch reichlich füllig herausstand. Hitler machte den Eindruck eines Verbrauchten, ja eines Kranken.

Während Manstein mit seinem Vortrag begann, ohne jemanden dabei anzusehen – wie es seine Art war –, ohne Rücksicht darauf, wer ihm gerade zuhörte, und unbeschwert mit seinen Händen über die Karte hinwegfuhr, um seine Gedanken zu verdeutlichen, blickte Hitler wieder stur auf den Tisch. Wieder war Manstein so intensiv mit der Schilderung der militärischen Lage und der Darlegung seiner Opera-

---

* General von Choltitz erhielt als deutscher Stadtkommandant von Paris am 23. August 1944 von Hitler den Befehl, die Stadt vor Eintreffen der Alliierten in einen Trümmerhaufen zu verwandeln. Er übergab Paris unzerstört.

tionspläne befaßt, daß es mir schien, als sei die Welt um ihn herum versunken. Wieder fiel mein Blick auf Hitler, dessen Augen noch immer auf einen einzigen Fixpunkt gerichtet waren und dort haften blieben, obwohl der Feldmarschall mit seinen Händen weiträumig über die Karte deutete. Und wieder begannen Hitlers Kaumuskeln sich zu bewegen, nicht ein Mal, sondern minutenlang und, wie mir schien, mit zunehmender Stärke. Fast sah es aus, als werde jetzt ein cholerischer Ausbruch kommen. Oft hatte man doch gehört, daß Hitler zu wilden cholerischen Exzessen fähig sei.

Indes, nichts dergleichen geschah. Während ich die Szene auf das Intensivste beobachtete – ja, ich nahm mir bewußt vor, sie nicht zu vergessen –, setzte Manstein unbekümmert seinen Vortrag fort, und Hitler neben ihm hielt nicht inne, seine Kaumuskeln spielen zu lassen. Nachdem ich dies nun innerhalb weniger Wochen zum zweiten Mal erlebte, wurde mir klar, daß dies eine zur Routine gewordene psychologische Taktik war.

Wieder sprach ich Manstein noch am selben Abend auf meine Beobachtung hin an. Doch wieder hatte er nichts davon gemerkt. Als Manstein seinen Vortrag beendet hatte, räusperte sich Hitler, machte ein paar belanglose Bemerkungen, wie, das sei doch interessant, doch erscheine ihm das alles voller Risiken. Manstein kannte diesen Einwand. In einem kurzen Dialog bestätigte sich wieder, daß Hitler nicht fähig war, strategisch zu denken. Er wollte einfach nicht sehen, daß man angesichts einer vielfachen zahlenmäßigen Überlegenheit der Sowjets nur dann eine Chance habe, wenn man entschlossen zum Bewegungskrieg übergehe. Was mich immer wieder von neuem in Staunen versetzte, war die Unfähigkeit Hitlers, von einem so bedeutenden militärischen Fachmann, wie Manstein es war, lernen zu können. So erwies sich Hitler letzten Endes für mich als ein komplexbeladener kleiner Geist.

Bei aller nicht zu bestreitenden Intelligenz blieb sein Denken auf die Erhaltung seiner Stellung als Vorgesetzter beschränkt. Erstaunlich blieb nur sein Gedächtnis für Zahlen. So versuchte er wiederholt auf die russischen Bodenschätze abzulenken, deren Besitz für ihn unabdingbar sei. Fast virtuos warf er dabei mit Zahlen um sich. Die Lagebesprechung an diesem ersten Tage in Saporoshje endete mit einer gewissen Erleichterung. Wenigstens hatte Hitler nicht in Operationen eingegriffen. Das allein war für Manstein schon ein Erfolg.

Man hätte sich in einer Erörterung der Kriegslage mit dem Obersten Befehlshaber der Wehrmacht gewünscht, auch etwas über die anderen

Kriegsschauplätze zu hören, zum Beispiel über die Kämpfe in Finnland, über die Lage in Nordafrika, wo die deutschen Verbände offenbar am Ende ihrer Kräfte waren, und nicht zuletzt über die in ungewöhnliche Dimensionen ausgeweiteten Kämpfe im Pazifik. Doch nichts dergleichen kam.

Die Front in Rußland sollte wohl nicht auch noch daran erinnert werden, daß Hitlers Krieg sich inzwischen zu einem Weltbrand ausgeweitet hatte. Selbst ein Generalfeldmarschall sollte gefälligst auf seinen Bereich beschränkt bleiben. Das war mein Eindruck. Als Manstein mit mir wieder in seinem Arbeitszimmer war, hatte ich die Idee, er möge Hitler telefonisch bitten, irgendeinen der vielen Offiziere, die sich hier in seiner Begleitung eingefunden hatten, einen informatorischen Vortrag über die anderen Kriegsschauplätze halten zu lassen. Manstein winkte ab. Das wäre, sagte er, früher eine Selbstverständlichkeit gewesen. Solche Bitte wäre nur geeignet, Hitler mißtrauisch zu machen. Im Grunde sei Hitler schon seit Jahren mit tief sitzendem Mißtrauen gegenüber Generalität und Generalstab erfüllt. Man würde die Zusammenarbeit, auf die man angewiesen sei, nur weiter erschweren.

Ich machte noch einen anderen Vorschlag. Ob man nicht versuchen solle, Hitler zum Abendessen in kleinem Kreise zu bitten, um danach mit ihm zusammenzusitzen und Gedanken auszutauschen. Manstein entgegnete, er habe Hitler während der Fahrt vom Flugplatz zum Hauptquartier in genau diesem Sinne zum Abend eingeladen. Doch Hitler habe geantwortet, daran sei leider nicht zu denken, denn er müsse heute noch bis spät in die Nacht hinein arbeiten.

Am Nachmittag entstand plötzlich im ganzen Haus Bewegung. Auf Hitlers Befehl lief eine Aktion an, die einer Posse glich. Mäntel und Mützen von Offizieren aller Dienstgrade wurden aus den Büroräumen entliehen, und auf den Korridoren wurden Soldaten und Unteroffiziere der Wachkompanie als Generale und Stabsoffiziere verkleidet. Möglichst viele Generalsmäntel mit roten Aufschlägen wurden gewünscht. Ich mußte auch meinen alten Ledermantel zur Verfügung stellen, verweigerte aber die Herausgabe des Mantels des Feldmarschalls. Irgendwo mußte, wie ich fand, solches Theater seine Grenze finden. General Busse fand die Sache ausgezeichnet; Manstein hüllte sich in Schweigen.

Gleichzeitig fuhren vor unserem Dienstgebäude viele jener Fahrzeuge auf, die heute mittag Hitler vom Flugplatz abgeholt hatten. Einer nach dem anderen der so illuster verkleideten Soldaten verließ bei einbrechender Dunkelheit das Haus und verschwand in den Wagen. Die Bevölkerung von Saporoshje sollte sehen, daß unser hoher Besuch die Stadt bereits wieder verließ. Das Theaterstück gelang vorzüglich. Bald starteten Hitlers beide Condor-Maschinen und flogen in geringer Höhe über die Stadt hinweg nach Westen. Westlich des Dnjepr gab es doch einen zweiten Flugplatz, wo sie wieder landen konnten.

Ich empfand das ganze Manöver als beschämend. Offenbarte sich hier etwa, daß Hitler – schlicht gesagt – feige war?

Ich ging ein paar Zimmer weiter zu Schu-Bü, um mich mit ihm auszusprechen. Er teilte meine Meinung. Auch er sei sprachlos gewesen, als dieser »Führerbefehl« ihn erreicht habe. Wir standen an seiner Lagekarte. Eine der Angriffsspitzen der Russen war immerhin noch an hundert Kilometer von uns entfernt. Heute nacht würden die Russen noch nicht in Saporoshje sein können.

Wir begaben uns gemeinsam ein paar Zimmer weiter zur Abteilung Ic, bei der alle Nachrichten über die Feindseite einliefen. Wir wollten wissen, ob Anhaltspunkte dafür vorlägen, daß die Russen von Hitlers Anwesenheit in Saporoshje Wind bekommen hätten. Es lag nichts Brauchbares vor. Einig waren wir uns jedoch darin, daß man mit hoher Wahrscheinlichkeit annehmen müsse, daß Hitlers Anwesenheit den Sowjets bekannt geworden sei.

Ich meldete dem Feldmarschall, was man beim Ic meinte, und bat ihn um sein Einverständnis, die Örtlichkeiten um das Haus, in dem wir unsere Schlafzimmer hatten, zu überprüfen und mir dort die Lage der Luftschutzgräben einzuprägen. Er sah nur kurz von seiner Lektüre auf, tippte die Asche von seiner Zigarre und bemerkte, ich habe ja eine blühende Phantasie. Ich fragte ihn, ob meine Überlegungen nicht realistisch seien. Nein, meinte er, ganz im Gegenteil. Er habe sich diese Frage auch schon durch den Kopf gehen lassen und sei zu einem entgegengesetzten Ergebnis gekommen: »Mein lieber Stahlberg«, begann er, »hören Sie mal genau zu. In diesem Kriege werden Stalin und Efendi sich einander kein Leid antun. Dessen bin ich ganz sicher. Na, und wenn nicht ich, sondern Sie recht behalten sollten, dann habt Ihr das Problem unserer Sicherheit doch bereits ohne mein Zutun gelöst, indem Sie und ich hier unter den Zimmern vom Efendi sitzen!«

Ich war verblüfft über diese Antwort und konnte mir nicht verkneifen, zu bemerken, eine so hochpolitische Äußerung höre ich von ihm zum ersten Mal. Er beendete die Unterhaltung mit einem »Schluß – und nun ziehen Sie meinetwegen los und erkunden Sie Ihre Luftschutzgräben«. Also doch, dachte ich, aber ich sagte es nicht.

Wir hatten im Hauptquartier mit der Möglichkeit gerechnet, daß Hitler, wenn er wirklich wie angekündigt drei Tage bei uns zu bleiben beabsichtigte, auch außerhalb der Lagebesprechungen einen Nachmittag oder einen Abend mit dem Feldmarschall und einigen weiteren Herren des Stabes zu verbringen wünsche. Für den ersten Abend hatte er Manstein zwar bereits einen Korb gegeben, aber es schien uns kaum denkbar, daß Hitler wirklich mehrere Tage hindurch in seinem Zimmer bleiben würde. Indes entwickelte sich nichts dergleichen. Hitler verließ die oberste Etage nur zu den Lagebesprechungen in unserer Etage. Unseres Wissens hat er bis zu seiner Abreise am übernächsten Tage, dem 19. Februar, das Haus nicht ein einziges Mal verlassen. Nur Blondi wurde dann und wann von einem der SS-Leibdiener ausgeführt. Beide Nächte verliefen ohne Zwischenfälle. Es gab auch keinen feindlichen Luftangriff. Manstein hatte also recht behalten.

Am folgenden Tage, dem 18. Februar, sollten mit Hitler zwei Lagebesprechungen stattfinden. Mit Mansteins Einverständnis nahm ich zur Mittags-Lage meine Filmkamera, eine 16mm-Siemens, mit. Möglichst unauffällig trug ich sie in der linken Hand, denn auch ich wußte, daß Hitler sich nur von seinen eigenen Kameraleuten aufnehmen und sich die Aufnahmen zur Freigabe vorführen ließ. Ich bezog wieder meinen gestrigen Platz und hatte ideale Lichtverhältnisse. Ich wollte nicht nur Hitler und Manstein diskutierend ins Bild kriegen, sondern ich wollte versuchen, Hitler mit der Brille auf der Nase zu filmen. Noch nie war ein solches Bild von ihm in die Öffentlichkeit gelangt. Das Federwerk in der Kamera war aufgezogen, und ich wartete wie ein Jäger auf seine Beute, fünfzehn Meter Film warteten auf den Auslöser, und weitere Filmrollen warteten in meiner Hosentasche. Hitler machte auf mich den gleichen Eindruck wie am Vortage. Seine schlaffe Haltung und die trotz der anwesenden Leibdiener immer noch unsaubere Uniform hatten etwas Erschreckendes.

Manstein begann mit der Lage, die sich infolge der russischen Durchbrüche dramatisch fortentwickelt hatte. Aber Mansteins Gegenoffensive hatte noch nicht begonnen. Für denjenigen, der vor einer militärischen Lagekarte die Entwicklung einer Schlacht jemals miterlebt hatte, herrschte eine unvorstellbare Spannung im Raum.

Wieder hatte ich das Gefühl, daß Hitler dem Vortrag des Feldmarschalls nur wenig folgte. Allerdings stellte er heute ab und zu Zwischenfragen. Ein paarmal nahm er die vor ihm bereitgelegte Brille und setzte sie auf, um sie danach sofort wieder abzusetzen. Beim zweiten- oder drittenmal dieser Bewegung hob ich meine Kamera, möglichst synchron mit Hitlers Hand. Doch sofort ließ Hitler die Hand mit der zusammengelegten Brille auf halbem Wege wieder sinken und verbarg die Brille in der Muschel seiner Hand. Das geschah, wie mir schien, ohne daß er zu mir hinsah. Es schien mir, daß das ganz intuitiv geschah. Ich wiederholte dieses Spiel noch zwei- oder dreimal, aber ohne Erfolg. Schließlich ließ ich meine Filmrolle ablaufen, als Manstein sprach und Hitler schwieg. Wenigstens das hatte ich also aufgenommen, und ich begann, hinter dem breiten Rücken eines der Stenographen einen neuen Film einzulegen.

Doch dazu kam es nicht. General Schmundt, hinter Hitler stehend, kam um den Tisch herum zu mir und flüsterte mir erregt zu, ich möge doch um Gottes willen sofort mit Filmen aufhören, denn der Führer habe ausdrücklich befohlen, daß nur der ihn aufnehmen dürfe, der seine ausdrückliche Genehmigung habe. Im Flüsterton erwiderte ich, es sei doch sehr betrüblich, wenn man diese so hochbedeutende Begegnung nicht im Bilde festhalte. Dem stimmte Schmundt sofort zu und schickte einen seiner »Unter-Adjutanten« nach draußen, um einen Kameramann kommen zu lassen. Der erschien in wenigen Augenblicken, und ich winkte ihn zu mir heran. Nun fanden meine wenigen Meter Film aus derselben Einstellung ihre Fortsetzung, und selbstverständlich hatte der Berufsfilmer die weit leistungsfähigere Kamera. Ich flüsterte ihm zu: »Mit Brille!«, doch er schüttelte den Kopf und flüsterte mir ins Ohr: »Verboten«. Als er eine Aufnahmepause machte, flüsterte ich zu ihm: »Diese Aufnahmen verdanken Sie mir. Ich bekomme dafür eine Kopie von Ihnen.« Er nickte. Noch heute besitze ich den Streifen.

Manstein und Hitler waren derweil in eine wirklich lebhafte Diskussion gelangt. Deutlich bemühte sich der Feldmarschall, von seiner Gegenoffensive abzulenken. Er versuchte, die Gelegenheit zu benutzen, Hitlers fernere Pläne zu erfahren. Doch das gelang ihm nicht. Wieder bat er um Operationsfreiheit, wenigstens in seinem eigenen Heeresgruppen-Bereich. Aber wieder gingen diese Fragen ins Leere. Sprach Manstein von Operationsfreiheit, dann sprach Hitler von Personal- und Materialplanung, vom Auswechseln verbrauchter Verbände im Osten gegen frische aus dem Westen, oder von seiner Absicht, in Kürze einen weiteren Geburtsjahrgang zur Einberufung freizugeben. Dann erzählte er, daß in Frankreich eine neue »6. Armee« aufgestellt werde, die die Tradition der Stalingrad-Armee lebendig halten werde. Die Diskussion wurde endlos, sie redeten wieder aneinander vorbei.

Schließlich beendete Hitler die Lagebesprechung, und man zog sich zum Mittagessen zurück, Hitler und seine Begleitung in ihre oberste Etage; wir übrigen fuhren mit den Wagen zu unseren Unterkünften. Wie verabredet nahm ich die Geheimkiste des Feldmarschalls über die Mittagspause mit. Man konnte ja nicht wissen.

Auf der kurzen Fahrt sprach ich Manstein auf den bedenklichen physischen Zustand Hitlers an. Er stimmte meinen Beobachtungen zu. Er habe, sagte er, auch mit Schmundt darüber gesprochen, der gemeint habe, das sei zweifellos auf die militärische Lage in Afrika zurückzuführen. Mit der Armee Rommel stehe es schlecht.

Für den Abend dieses Tages war eine zweite Lagebesprechung befohlen worden. Nun waren die Fenster im Besprechungsraum verdunkelt. Starkes elektrisches Licht strahlte aus mehreren Lampen von der Decke.

Für mich, den Zuschauer und Zuhörer, der ich mich ganz unbefangen meinen Beobachtungen hingeben konnte, offenbarte sich mit Hitlers Eintreten in den Besprechungsraum etwas völlig Unerwartetes: Ein ganz anderer Hitler betrat den Raum, überhaupt nicht zu vergleichen mit dem von heute mittag und von gestern. Aus dem haltungsarmen und verfallenen Mann war plötzlich eine aufrecht stehende, straffe und vitale Erscheinung geworden. Er war frisch rasiert, seine Haut hatte Farbe, und er trug nun auch eine saubere Uniformjacke. Was hatte man inzwischen mit ihm gemacht? – Morell, sein Leibarzt, war gestern mit ihm in Saporoshje eingetroffen. Später war auch sein zweiter Leibarzt, Karl Brandt, im Hause. General Schmundt hatte mich mit ihm bekannt gemacht und ihn als »Chirurg« des Führers bezeichnet. (Brandt trug übrigens SS-Uniform.) Uns war bekannt, daß Hitler gerne lange in den Tag hinein zu schlafen pflegte, daß er meist erst Stunden nach Mitternacht zu Bett ging. Solch ein Konstitutionswechsel jedoch konnte nicht allein tageszeitliche Ursachen haben. Hier mußten Medikamente gewirkt haben.

Am späten Abend des 18. Februar 1943 erschien bei uns auf Befehl Hitlers auch Feldmarschall Ewald von Kleist, der Oberbefehlshaber der Heeresgruppe A. Diese bestand fast nur noch aus der 17. Armee. Ihr Rückzug vom Kaukasus war um einen Monat zu spät von Hitler genehmigt worden. Anstatt im Dezember der 6. Armee in Stalingrad zu Hilfe zu kommen, hatte sie sich erst im Januar aus dem Kaukasus lösen dürfen. In schweren Rückzugskämpfen zog sie sich auf die Kuban-Halbinsel bei der Meerenge von Kertsch zurück. Mit dem Rücken zum Meer war sie wahrhaftig in keiner beneidenswerten Lage, denn bald würde sie sich nur noch mit Hilfe der geringen Kräfte der deutschen Kriegsmarine über See auf die Krim retten können. Hitler war drauf und dran, dem sinnlosen Opfer der Stalingrad-Armee das weitere Opfer der 17. Armee hinzuzufügen. Es wurde unerträglich, dieser haarsträubenden Kriegführung zuschauen zu müssen. Die Versorgung der Kleistschen Verbände mußte bereits über das Meer durchgeführt werden. War das Opfer der 6. Armee in Stalingrad noch nicht genug gewesen?

Manstein und Kleist setzten sich nach dem Abendessen zusammen, um ihre Gedanken für den auf den nächsten Tag anberaumten gemeinsamen Vortrag vor Hitler abzustimmen. Ich spürte, daß sich die beiden Feldmarschälle nicht mochten. Ihre Temperamente waren verschieden, der ältere Kleist schien mir eifersüchtig auf den jüngeren Manstein. Der Abend verlief kühl. Doch verständlicherweise hörte man der Unterhaltung der beiden Feldmarschälle interessiert zu. In dem Maße, in dem Hitler Manstein gegenüber immer wieder auf die Bodenschätze zwischen Don und Dnjepr zu sprechen gekommen war, hatte er Kleist gegenüber seit Monaten von kaum etwas anderem als von den Ölvorkommen am Kaspischen Meer und, für das Jahr 1944, von neuen Offensivplänen nach Persien, Palästina und Indien gesprochen. Zu Manstein hatte Hitler während der Stalingrad-Krise gesagt, er, Manstein, werde wahrscheinlich derjenige sein, der den Feldzug nach Indien führen werde. Kleist hatte er genau dieselben Avancen gemacht. Betroffen sahen sich die beiden Feldmarschälle an.

Dann unterhielt man sich über Papen, den deutschen Botschafter in der Türkei. Kleist hatte den Besuch eines jungen Diplomaten gehabt, den Papen ihm geschickt hatte, um mit ihm »Verbindung aufzunehmen«. Typisch Papen, dachte ich, als ich das hörte. Aber ich hielt meinen Mund. Manstein meinte mit einer wegwerfenden Handbewegung, sich über den Nahen Osten den Kopf zu zerbrechen, sei doch Zeitvergeudung. Hierin waren sich beide einig. Doch Kleist äußerte, Hitler hänge solchen Gedanken noch immer an. Dies sei der Grund, daß die Kuban-Halbinsel als »Ausgangsbasis« für einen Feldzug über den Kaukasus hinweg gehalten werden solle. Hitlers Kriegführung war unrealistischer denn je zuvor geworden.

Das Erstaunlichste an diesem Abend blieb für mich die Tatsache, daß hier zwei Feldmarschälle im Austausch ihrer Gedanken beieinandersaßen, während ihr Oberster Befehlshaber sich nur ein paar hundert Meter von ihnen entfernt aufhielt. Hätte Hitler auch nur eine Spur von Größe besessen, dann hätte er diese Gelegenheit leicht nutzen können, sich mit den beiden Feldmarschällen zusammenzusetzen, sie umfassend zu informieren oder durch einen Dritten informieren zu lassen. Doch das Gegenteil war der Fall. Er mied den Gedankenaustausch. Vermutlich saß Hitler während dieser Stunden in einem seiner drei Zimmer, umgeben von seinen vier so unprofilierten Adjutanten.

Möglicherweise hatte er sich an diesem Abend auch eine Telefonverbindung mit dem Feldmarschall Rommel geben lassen, dessen Heeresgruppe mit ihren Resten bis nach Tunesien zurückgeworfen worden war. In wenigen Wochen würde Rommel »aus gesundheitlichen Gründen« abgelöst sein, und die Reste der deutschen Truppen in Afrika würden den Engländern und Amerikanern gegenüber kapitulieren.

Vielleicht aber hatte Hitler von Saporoshje aus auch über eine seiner von unseren Nachrichtenverbindungen separierte eigene Verbindung mit seinem Propagandaminister Goebbels telefoniert, der gerade an diesem Abend im Berliner Sportpalast vor seinen begeisterten Parteigenossen den »Totalen Krieg« des Deutschen Reiches proklamierte, mit Sicherheit nicht ohne allerhöchste Genehmigung aus Saporoshje.

Am nächsten Morgen beim Frühstück fragte Manstein mich nach Papen. Wie ich aus meiner Kenntnis der militärischen Lage die Persönlichkeit Papens als Botschafter in der Türkei beurteile. Er habe sich gewundert, warum ich gestern abend, als Kleist über ihn gesprochen habe, nichts zu dem Gespräch beigetragen hätte.

Doch weil ich Manstein bereits vor Wochen über meine Erlebnisse beim Reichskanzler und meine Erfahrungen mit ihm erzählt hatte, wollte ich mich jetzt eines persönlichen Urteils über den deutschen Botschafter in der Türkei enthalten.

Selbstverständlich stimmte der Feldmarschall mir zu. Dennoch bestand er auf einer Antwort.

Also gut, dachte ich, sprechen wir über Papen. In meinen Augen, sagte ich, sei er ein Mann, der sich trotz aller Begabung selbst überschätze. Er sei ein von Ehrgeiz Getriebener. Gewiß gehöre Ehrgeiz zum Politiker, auch die Fähigkeit, das eigene Gewissen abschalten zu können. Gehe man aber einmal davon aus, daß der deutsche Botschafter in der neutralen Türkei vermutlich von der Südseite des Schwarzen Meeres aus über die gesamte Kriegslage besser informiert sei als die Feldmarschälle nördlich davon, dann müsse man doch annehmen, daß der ehemalige deutsche Reichskanzler Papen seit geraumer Zeit auch darüber nachdenke, was er tun werde, wenn sich der Zweite Weltkrieg so weiterentwickeln würde wie in den letzten Monaten. Ich würde mich deshalb nicht wundern, wenn Herr von Papen seit einiger Zeit nachts von seiner eigenen Renaissance träumte. Ich hielte ihn jedenfalls der erstaunlichsten Wendungen für fähig.

Manstein hatte Gefallen an dieser Frühstücksunterhaltung und schien fast vergessen zu haben, daß ihm heute noch ein möglicherweise schwieriges Gespräch mit Hitler bevorstand.

Bei der Mittags-Lage dieses 19. Februar machte Hitler trotz der für seinen Lebensstil »frühen« Tageszeit einen recht frischen Eindruck, nicht zu vergleichen mit dem erschreckenden Bild, das er uns noch vor vierundzwanzig Stunden gegeben hatte. Ich stellte mich wieder zu den beiden Stenographen, die mich in Anbetracht der weit größeren Teilnehmerzahl dieses Tages baten, ihnen die Namen derer zu sagen, die gerade das Wort hatten. Ihre Bleistifte flogen über das viele Papier. Sie schrieben nieder, was ihr Ohr erreichte. Nur die Namen der Sprechenden mußte ich ihnen, so gut ich dazu in der Lage war, soufflieren. Welch ein Durcheinander konnte entstehen, wenn es später galt, aus den Stenogrammen ein zuverlässiges Protokoll zu machen. (An die Möglichkeit, daß im Stenogramm Personennamen falsch aufgenommen oder zugeordnet worden sind, sollten die Forscher denken, wenn sie sich mit den Niederschriften der Hitlerschen Lagebesprechungen beschäftigen.)

Hitler hatte an diesem Tage je einen der Feldmarschälle links und rechts neben sich. Ich hatte den Eindruck, daß er es genoß, Mittelpunkt eines so erlauchten Kreises zu sein. Merkwürdig, dachte ich, wie verschieden sich dieser Mann geben konnte. Heute war auch nichts von seiner lächerlichen Kaumuskel-Spielerei zu sehen.

Nacheinander trugen die Feldmarschälle ihre Lage vor. Ganz offensichtlich vermieden es beide, Konfliktstoff zu geben. Auch General Zeitzler hielt sich hier, wie schon an den beiden Vortagen, deutlich zurück. Auf militärischer Seite mühte man sich, keinen Anlaß zu liefern, daß Hitler in die laufende Operation eingriffe. Bis sich etwas ereignete, was sicherlich niemand im Raum erwartet hatte: Hitler unterbrach, trat ein oder zwei Schritte von der Tischkante zurück, so daß die beiden Oberbefehlshaber jetzt vor ihm standen und sich zu ihm wenden mußten, und erklärte mit Schärfe in der Stimme: »Meine Herren, ich stelle fest, daß es wenig Sinn hat, sich mit Ihnen weiter zu unterhalten, denn Sie haben sich miteinander verabredet. Immer, wenn ich mit Ihnen in der zurückliegenden Zeit einzeln gesprochen habe, waren Ihre Berichte und Ihre Vorschläge in der Sache gegeneinander gerichtet, während Sie heute ein Herz und eine Seele sind.«

Peinliches Schweigen ringsum. Dann wies Manstein die Anschuldigung zurück und bat um Beispiele. Darauf erwiderte Hitler ganz sachlich und kühl: Er denke an das Hin- und Hergezerre um die 1. Panzer-Armee im Dezember. Manstein habe sie für seine Heeresgruppe beansprucht, während Kleist zahllose Male erklärt habe, er könne sie in Anbetracht der ihm gegebenen Weisungen nicht abgeben. Dieses »Beispiel« glich einer Perfidie. Nun explodierten die beiden Feldmarschälle geradezu und plädierten gegeneinander, zeitweise gleichzeitig sprechend und sehr erregt.

Noch einmal trat Hitler einen weiteren Schritt zurück. Nun standen die beiden Feldmarschälle fast wie Kampfhähne einander gegenüber. Bis Hitler mit der Pose des lächelnd Überlegenen sagte: »Schluß jetzt, meine Herren. Sie sehen doch, wie nötig es ist, daß ich es sein muß, der zu entscheiden hat. Bitte beenden Sie jetzt Ihren Streit vor mir!«

Ich war entsetzt über solche Taktik. Wir hatten soeben einen tiefen Blick in die Psychologie Hitlers getan. Dies war eine aufschlußreiche Szene.

Die Lagebesprechung war dann bald beendet. Über das, was Manstein und Kleist am gestrigen Abend gemeinsam verabredet hatten, nämlich Hitlers Gedanken und Pläne über seine weiteren Kriegsabsichten im Großen zu hören, war nicht gesprochen worden. Mit Schulze-Büttger war ich mir am nächsten Tage bei einem kurzen Spaziergang einig, daß Hitler zu dieser Zeit mit Sicherheit überhaupt kein Konzept mehr hatte; es sei denn, zu verteidigen und Zeit zu gewinnen. Doch worauf wartete er?

Wenige Stunden nach Ende der Lagebesprechung verließ Hitler Saporoshje. Noch einmal setzte sich die Wagenkolonne in Bewegung. Es ging wieder durch die Stadt und zum Flugplatz Ost. Seine beiden Flugzeuge waren bereits dorthin überführt worden. Ich selbst fuhr wieder in einem der Wagen hinter Hitler, die Straßen waren fast menschenleer. Erst als wir in den Sperrbezirk des Flugfeldes einbogen, fanden sich dort etwa hundert Schaulustige, meist Angehörige der Luftwaffe.

Vor Hitlers Condor gab es einen langen Abschied, und der Kameramann von gestern stand da, um den Abschied für die Wochenschau festzuhalten. Freundlicherweise hat er dieses Stück Filmstreifen dem meinen hinzugefügt. Hitler schüttelte Feldmarschall von Manstein die Hand und sprach dabei unausgesetzt auf ihn ein. Genau fünfunddreißig Sekunden lang ließ Hitler Mansteins Hand nicht los. (Ich habe es auf meinem Filmstreifen mit der Stoppuhr gemessen.)

Endlich geleiteten ihn zwei seiner SS-Leute zur Leiter der Maschine. Und damit er auf ihr nicht ausrutschte, schoben ihn die beiden von hinten. Auch das habe ich auf meinem Film. Während in der Ferne am Himmel deutsche Jagdflugzeuge erschienen, entschwanden die beiden Condor-Maschinen gen Westen.

»UND DU HAST IHN NICHT TOTGESCHOSSEN?«

Ein paar Tage nach Hitlers Besuch in Saporoshje erschien Henning von Tresckow in meinem Arbeitszimmer. »Was führt Dich so plötzlich zu uns?« fragte ich ihn und wurde mit seiner Antwort sozusagen sofort »zur Ordnung gerufen«: »Na höre mal, mein Lieber. Wenn Ihr hier mehrere Tage lang mit unserem Obersten Kriegsherrn zusammen die militärische Lage erörtert, dann ist es doch wohl eine Selbstverständlichkeit, wenn sich der I a der euch benachbarten Heeresgruppe um Informationen bemüht? Das, was wir bei Mitte auf dem Dienstweg von Süd erfahren, ist in keiner Weise ausreichend.«

Bevor ich ihn beim Feldmarschall anmeldete, meinte er, er wolle mich, ehe er noch bei Tageslicht nach Smolensk zurückfliege, unter vier Augen sprechen. Er werde Manstein gleich bitten, mich für eine halbe Stunde für ein persönliches Gespräch freizugeben. Es solle nicht der Eindruck entstehen, daß er mit mir hinter dem Rücken des Feldmarschalls sprechen wolle. Und mit einem Anflug von Spitzbübigkeit im Gesicht sagte er, ich möge doch bitte die Verbindungstür zum Feldmarschall, solange er dort sei, geschlossen halten; ich wisse ja ohnehin, was er mit dem Feldmarschall zu besprechen habe.

Nach etwa einer halben Stunde kam er aus dem Zimmer Mansteins zurück und sagte sofort: »Komm mit, der Feldmarschall ist einverstanden.« Ich fragte ihn, ob ich nicht einen Wagen bestellen solle, damit wir irgendwo ungestört seien. Das sei nicht nötig, erwiderte er, er habe sich den Ort unseres Gespräches schon vor dem Betreten unseres Dienstgebäudes überlegt.

Damit erreichten wir das Eingangsportal, und ohne ein weiteres Wort nahm er die kreisrunde – in meiner Erinnerung im Durchmesser etwa dreißig bis vierzig Meter große – Vorfahrt vor dem Gebäude, ich besinne mich noch genau: »auf der linken Hand«.

Mindestens eine Runde waren wir schon gegangen, ohne daß ein Wort fiel. Ich fühlte, daß etwas in ihm arbeitete. Schließlich nahm ich als erster das Wort und erzählte ihm in etwas gespielter Harmlosigkeit die Begegnung mit General Choltitz, dort oben an einem der Fenster, eine Etage unter Hitlers Arbeitszimmer. Er hörte schweigend zu, und als ich die kleine Episode beendet hatte, bemerkte er trocken, er freue sich festzustellen, daß ich »unsere Sprache« offenbar schon ganz gut erlernt habe. Und er freue sich auch, solches über Choltitz zu hören. Im übrigen sei ihm auch eine so harmlos klingende Geschichte über Choltitz wichtig, weil man vieles daraus schließen könne, was vielleicht in Zukunft einmal von Bedeutung sein könne.

Bei diesen Worten hatten wir schon etliche Runden um den Vorplatz gedreht, als ich meinte, daß wir hier unten von so gut wie der gesamten Führungsabteilung des Oberkommandos beobachtet werden könnten. »Beobachtet ja, aber nicht gehört«, warf er ein und fuhr fort: »Ich will dir das erklären: mit Schulze-Büttger habe ich vorhin in seinem Arbeitszimmer unter vier Augen gesprochen, mit dem Ordonnanzoffizier des Feldmarschalls, von dem jeder hier weiß, daß er mein Vetter ist, spreche ich in voller Absicht vor aller Augen. Und ich hoffe, daß auch Busse uns hier sieht, ebenso der Feldmarschall.«

Und dann ging er geradewegs auf das Thema zu, das ich erwartet hatte: den Besuch Hitlers bei uns.

»Ihr habt hier also mehrere Tage lang den Hitler im Hause gehabt. Ich möchte jetzt von Dir wissen, ob Du eine Gelegenheit gehabt hättest, ihn totzuschießen.«

Manche Frage hatte ich erwartet, doch diese nicht. Mein Herz klopfte. Ich suchte eine Antwort. Dann sagte ich: »Ja, Henning, ich hätte die Gelegenheit gehabt, nicht nur eine, sondern mehrere Gelegenheiten.«

Bei diesen Worten blieb er stehen, wandte sich nach links zu mir um und sah mir gerade in die Augen: »Und Du hast es nicht getan, obwohl Du es hättest tun können?« Dann gingen wir wieder ein paar Schritte, wieder blieb er stehen und wiederholte, »und Du hast ihn nicht totgeschossen!« Dann nahm er wieder den Rundgang auf und sprach unausgesetzt, und jetzt mit zunehmender Leidenschaft: »Da suchen wir seit Monaten eine Gelegenheit! Wir warten auf sie! Wir sehnen den Tag herbei, an dem wir den Kerl umbringen können, der unser Deutschland zerstört. Wir finden den Tag nicht! Jedesmal klappt es nicht! Jedesmal kommt etwas dazwischen! – Und Ihr hier in Saporoshje, die Ihr das seht wie wir, Ihr laßt die Chance fahren!« –

Wohl eine Runde gingen wir schweigend weiter. Ich brauchte eine Pause, um mich nach diesen ungeheuerlichen Worten zu fassen. Dann sagte ich: »Hast Du mit Schulze-Büttger ebenso wie jetzt mit mir gesprochen?« »Ja, das habe ich«, erwiderte er, »und Schulze-Büttger hat mir auch gesagt, daß Du in der Nacht vor Hitlers Eintreffen immerhin den Mut gehabt hast, ihn auf diese Frage anzusprechen, daß Ihr aber beide gemeint hättet, nichts unternehmen zu sollen.«

Nach einer weiteren Pause fuhr er fort: »Ich werde jetzt einige harte Fragen an Dich richten und bitte um Deine ganz klaren Antworten. Ich habe diese Fragen übrigens vorhin auch an Schulze-Büttger gerichtet. Nachdem Du nun drei Monate lang an der Seite Mansteins zugesehen hast, auf welche Art und Weise wir diesen Krieg führen: Stimmst Du mir jetzt zu, daß Hitler nicht nur ein militärischer Dilettant ist, sondern ein Verbrecher?« Ich antwortete: »Ohne Einschränkung: ja.« Henning weiter: »Und deshalb noch einmal: Warum hast Du den Kerl dann nicht totgeschossen?« Ich antwortete: »Erstens weil ich bis heute nicht weiß, was geschehen soll, wenn Hitler tot ist.« »Und zweitens?« fragte er sofort. Ich sagte: »Weil ich nicht der bin, der zu einer solchen Tat die Kraft hat. – Ich habe bei meiner Division eine ganze Menge Angriffe mitgemacht. Ich besitze auch das Sturmabzeichen. Aber ich habe das große Glück gehabt, noch nie einen mir gegenüberstehenden Menschen gewissermaßen Auge in Auge totschießen zu müssen.« »Das nehme ich Dir nicht ab«, erwiderte Henning; aber ich fuhr fort: »Ich habe erst vor wenigen Tagen Hitler während der Lagebesprechungen stundenlang gegenübergestanden. Ich habe ein paarmal daran gedacht, ob ich es wohl fertigbringen würde, ihn über den Tisch hinweg abzuknallen, denn es wäre für mich ein Leichtes gewesen, meine Walther PP schußbereit in der rechten Hosentasche mitzubringen. Ich war mir aber sicher, daß ich so aufgeregt gewesen wäre, daß ich bestimmt vorbeigeschossen hätte. – Und ich war und bin der Ansicht, daß man als Einzeltäter den Hitler theoretisch zwar beseitigen kann, daß man aber damit nur erreichen würde, daß Göring oder Himmler sofort die Führung übernehmen würden. Und die sind in meinen Augen ebensolche Schurken wie Hitler.«

Nach einer neuen Pause fragte Henning: »Du hast vorhin gefragt, was geschehen soll, wenn Hitler tot ist. Dieser Frage weiche ich nicht aus. Wir denken über sie unausgesetzt nach. Ich werde Dir keine Einzelheiten sagen, aber ich kann Dir versichern, daß viele hochqualifizierte Persönlichkeiten bereit stehen, nach dem Tode Hitlers in die Verantwortung einzutreten.« Ich erwiderte: »Henning, ich bitte Dich! Bedenkst Du, daß es zahllose Kommandobehörden, Ministerien usw. gibt, die sich nicht ohne Kampf ergeben werden?« »Selbstverständlich wissen wir das«, antwortete er, »wir haben bei ›Mitte‹ eine Truppe aufgestellt, die zur Bekämpfung von Partisanen geplant ist. In Wirklichkeit wird sie im entscheidenden Augenblick nach Berlin eingeflogen.

Darum wisse, wir haben da zwei Brüder Boeselager. Die führen diesen Verband und sind beide unsere Leute. Merke Dir den Namen.«

Dann fragte er nach meiner Beurteilung Mansteins. Ich sagte, daß der Feldmarschall alle Gedanken, daß wir den Krieg verlieren könnten, von sich weise. Seine These sei, Hitler werde, wenn ihm eines Tages »das Wasser am Hals stehe«, sich Mansteins erinnern. In höchster Not werde er bereit sein, den Oberbefehl an Manstein abzugeben, um sich selbst zu retten. Henning hörte sich das in Ruhe an, dann sagte er: »Das ist eine der typischen Illusionen Mansteins. Es wird aber nicht mehr sehr lange dauern, bis auch ein Manstein nicht mehr helfen kann!«

Noch immer umrundeten wir das Rondell, als Henning sagte: »Du stimmst mir also zu, daß der Hitler weg muß?« Ich antwortete: »Ja. Aber wie?« Als wenn er etwas suchte, hingen seine Augen auf dem Wege. »Wir denken ständig darüber nach. Im Ziel sind wir uns mit vielen Freunden einig, aber über den Weg gibt es die mannigfachsten Ideen, darunter auch so naive, daß es nur Zeitverschwendung wäre, über sie nachzudenken. Es bleibt nur die gewaltsame Lösung. Und die muß kommen.« »Hast Du vorhin dem Feldmarschall gegenüber auch so offen gesprochen?« fragte ich. »Ja, wozu bin ich denn sonst bei ihm gewesen«, rief er mit einem Anflug von Unwillen.

»Verzeih, Henning, ich muß das wissen, und ebenso Schulze-Büttger«, antwortete ich. »Wir beide sind Manstein gegenüber zur Loyalität verpflichtet, das ist die Basis zu ihm. Schulze-Büttger und ich haben aber schon wiederholt darüber nachgedacht, ob der Zeitpunkt für eine Beseitigung Hitlers wirklich schon reif ist. Wir neigen zu der Annahme, daß es uns militärisch noch viel schlechter gehen muß, ehe das deutsche Volk nachzudenken beginnt.«

Dann fragte ich ihn nach seiner Meinung über das Verhältnis Hitlers zu Stalin. Angesichts der »Panne« mit der Bevölkerung auf den Straßen der Stadt bei Hitlers Ankunft in Saporoshje seien wir davon ausgegangen, daß Stalin spätestens am nächsten Tage gewußt habe, daß Hitler sich bei uns aufhielt. Henning schwieg eine Zeit, ehe er antwortete. »Ich stimme Dir zu. Stalin muß das gewußt haben. Warum er trotzdem keine Bomber nach Saporoshje hat fliegen lassen, hat vermutlich nicht einen, sondern zwei Gründe:

Erstens müssen die Russen seit langem erkannt haben, daß die deutsche Wehrmacht miserabel geführt wird. Denke daran, daß die Russen Feldmarschall Paulus und die anderen Generäle der 6. Armee mit Sicherheit intensiv verhört haben und es zweifellos noch heute tun. Mit anderen Worten: Die Russen müßten ›mit dem Dummbeutel geschlagen‹ sein, wenn sie nicht erkannt hätten, daß die deutschen Armeen ohne Hitlers Führung weit stärkere Gegner wären als mit Hitler. Also werden die Russen logischerweise alles tun, um Hitler zu schonen – noch zu schonen.

Zweitens: Sollten eines Tages die deutschen Streitkräfte und die der Russen im Osten sich gegenseitig so abgenutzt und verschlissen haben, daß ihrer beider Kräfte am Ende sind, während die westlichen Alliierten noch keinen Soldaten auf dem europäischen Kontinent gelandet haben, dann könnten Stalin und Hitler auf die Idee kommen, sich doch noch an einen gemeinsamen Tisch zu setzen und ihre Interessen gegeneinander aufzurechnen. Ich erinnere Dich daran, daß sie das im Jahre 1939 bereits einmal getan haben.«

Erschrocken warf ich ein, daß ich zwar der ersten These zustimme, nicht aber der zweiten. Henning erwiderte: »Ich wünsche mir die zweite These wahrhaftig nicht. Aber ich fürchte manchmal, daß zwei einander verfeindete Kriminelle zu erstaunlichen Wendungen fähig sein könnten. – Wie auch immer, es lohnt sich darüber nachzudenken, und ich würde es für richtig halten, daß Du mit dem Feldmarschall über solche Fragen diskutierst.«

Als unser Gespräch zuende ging – er wollte noch bei Licht in Smolensk sein –, schloß er noch mit einem versöhnlichen Wort: »Sei mir bitte nicht böse, daß ich Dich vorhin so traktiert habe. Auch ich bezweifele nämlich, ob ich in der Lage wäre, so von Mann zu Mann zu schießen und zu treffen. Und was das ›Danach‹ betrifft, haben Schulze-Büttger und Du völlig recht. Es bleibt noch viel zu tun.«

Ein Briefwechsel mit Generaloberst Beck

Eines Tages, an das genaue Datum kann ich mich nicht mehr erinnern, rief Manstein mich in sein Arbeitszimmer. Er war damit beschäftigt, einen Brief zu siegeln. Der rote Siegellack tropfte auf den Umschlag, und der vom Finger abgezogene Siegelring lag bereit.

Nachdem er das Petschaft aufgedrückt hatte, bat er mich, die Tür zu meinem Zimmer zu schließen und Platz zu nehmen.

Dies sei ein Brief an Generaloberst Beck, begann er, und er bäte mich, ihn persönlich nach Berlin zu bringen. »Sie werden aber das Haus von Generaloberst Beck nicht betreten, und Sie werden sich mit dem Generaloberst auch nicht an einem anderen Ort treffen«, sagte er.

Das war ein erregender Auftrag. Zwar kannte ich den ehemaligen Chef des Generalstabs des Heeres nicht persönlich, doch er war mir seit vielen Jahren in so starkem Maße zum Begriff geworden, daß ich fast hätte meinen können, ich kennte ihn genau. Beck war 1938 von seinem Amt zurückgetreten, weil er sich weigerte, Hitlers Kriegspolitik mitzutragen. Er galt als der überragende Kopf des deutschen Generalstabs überhaupt. Und durch meine Freunde Achim Oster und Heinrich Graf Yorck von Wartenburg wußte ich sehr viel über Beck. Ich wußte auch, daß er seit Jahren zur heimlichen Opposition gegen Hitler gehörte, und zwar in führender Stellung.

»Haben Sie eine Idee«, fuhr der Feldmarschall fort, »wem Sie in Berlin den Brief anvertrauen können, damit er Beck erreicht? Es muß natürlich ein absolut zuverlässiger Mensch sein.« Ich überlegte einen Augenblick, dann sagte ich – und ich fühlte mich wie ein Kopfspringer von hohem Brett ins Wasser: »Generalmajor Oster, Herr Feldmarschall.« »Woher kennen Sie denn den?« entgegnete Manstein blitzschnell. Ich sagte: »Seit langen Jahren; sein Sohn Achim ist einer meiner besten Freunde, wir sind als Divisionskameraden in Polen und in Frankreich gewesen, und Frau Oster besorgte zusammen mit meiner Mutter die Volksküche der Evangelischen Kirche in der Berliner Eisenzahnstraße.« »Einverstanden«, sagte Manstein, »und sagen Sie General Oster von mir einen Gruß!«

Jetzt war das Erstaunen auf meiner Seite. Wußte der Feldmarschall etwa, wes Geistes Kind Oster war? Ich ging zurück in mein Zimmer und bestellte mir telefonisch ein Schlafwagenbett im Kurierzug dieses Abends nach Berlin. In jeder Nacht gab es eine Zugverbindung der Heeresgruppe in beide Richtungen. Noch einmal dachte ich in Ruhe über den ungewöhnlichen Auftrag nach. Dann ging ich noch einmal zum Feldmarschall hinein und sagte, es hätten sich mir im Zusammenhang mit seinem Auftrag noch Fragen aufgedrängt. Erstens bat ich, mir zu sagen, ob der Brief eilig sei. Falls ja, könnte ich doch noch heute versuchen, bei der Luftflotte nach einer Flugverbindung zu fragen. Das sei nicht der Fall, antwortete er, und ohne daß ich eine Frage nach dem Inhalt des Briefes gestellt hätte, sagte er, der Generaloberst habe ihm »eine klassische Lagebeurteilung« zugehen lassen; die Stellungnahme zu ihr sei der Inhalt des mir übergebenen Briefes. Auf einen Tag früher oder später komme es nicht an.

Zweitens fragte ich, wem ich den Brief aushändigen solle, wenn ich General Oster aus irgendeinem Grunde in Berlin nicht antreffen sollte. »Machen Sie einen Vorschlag!« antwortete er. Ich sagte: »Admiral

Canaris.«* Prompt erwiderte er: »Kennen Sie den auch?« worauf ich sagte: »Nein, Herr Feldmarschall, aber ich habe schon vieles über ihn gehört, und es würde mich sehr interessieren, Admiral Canaris persönlich kennenzulernen.« »Ist ja allerhand, Stahlberg! Also gut. Falls Sie Oster nicht antreffen, dann meinetwegen Canaris, einverstanden.«

Auf dem Bahnhof Friedrichstraße in Berlin verließ ich am nächsten Morgen den Zug und ging zu Fuß über die Straße Unter den Linden, durch das Brandenburger Tor und den Tiergarten zum Oberkommando der Wehrmacht am Tirpitzufer. Ich ließ mich zum Dienstzimmer von General Oster bringen, traf ihn jedoch nicht an. General Oster sei zum Vortrag beim Admiral, sagten mir die Damen im Vorzimmer, ich möchte Platz nehmen und warten. Sie schienen etwas erstaunt, als ich ihnen sagte, das passe gut zu meinem Auftrag, denn ich wollte auch den Admiral sprechen.

Canaris' Dienstzimmer lag mit seinen Fenstern zum Landwehrkanal. Als ich das Vorzimmer betrat, erschrak ich. Links aus dem Zimmer des Admirals drang lautes Schreien. Irgend jemand tobte dort. »Um Gottes willen, was ist da los?« fragte ich die am Fenster sitzenden Sekretärinnen. Die beiden signalisierten wortlos auch ihr Entsetzen. Immer noch schrie dort nebenan jemand, als ging es um Leben oder Tod. Doch man konnte die Worte nicht verstehen. Gewiß war die Tür von der anderen Seite her gepolstert. Ich blieb noch immer wie angewurzelt in der Mitte des Vorzimmers stehen.

Dann wurde die Tür von innen aufgerissen. General Oster stand vor mir. »Stahlberg, wo kommen Sie denn her!« rief er, und ich sah, daß er noch in höchster Erregung war und schwer atmete. Er zog mich zu Canaris, der am Schreibtisch saß, herein und stellte mich, »den Ordonnanzoffizier des Feldmarschalls von Manstein«, dem Admiral vor. Canaris erhob sich, begrüßte mich freundlich und bot Oster und mir ihm gegenüber Platz. »Was führt Sie denn zu uns?« fragte er. »Ich bringe einen Brief vom Feldmarschall an Generaloberst Beck«, sagte ich und erzählte, was ich dazu wußte. Sofort fragte Canaris, was in dem Brief stehe. Leider konnte ich es ihm nicht sagen, doch Canaris meinte, die Tatsache allein, daß die beiden miteinander korrespondierten, sei äußerst interessant. Dann sagte ich ihm, daß mir der Feldmarschall verboten habe, den Brief selbst zu dem Empfänger zu bringen. Doch auf meinen Vorschlag hin sei er damit einverstanden gewesen, daß Ge-

---

* Admiral Wilhelm Canaris, Chef des Amtes Ausland (Abwehr) im Oberkommando der Wehrmacht, war Hans Osters Vorgesetzter.

neral Oster als »Briefträger« fungiere. »Also hören Sie, Oster«, rief der Admiral amüsiert, »ich gratuliere zum Briefträger!« Ich sagte: »Herr Admiral, es wird noch besser. Ich habe auf meinen Vorschlag hin die ausdrückliche Erlaubnis vom Feldmarschall, Herrn Admiral erforderlichenfalls um die Stellvertretung des Briefträgers zu bitten. Und im übrigen soll ich den Herren Grüße übermitteln.« Es gab einiges Lachen, und die vor wenigen Augenblicken noch so lautstarken Emotionsausbrüche waren offenbar fürs erste vergessen. Es gab noch einige Fragen des Admirals bezüglich Mansteins. Ich hatte den Eindruck, daß Canaris und Oster von Stauffenberg über sein Gespräch mit dem Feldmarschall in Taganrog unterrichtet waren. Doch ich hielt mich zurück, bis Oster plötzlich einwarf, ich sei ein naher Verwandter von Tresckow. Da blitzten Canaris' Augen auf. »Das ist gut«, sagte er. »Wir verehren Tresckow sehr!«

Oster nahm mich mit in sein Dienstzimmer. Es lag in derselben Etage; das Fenster ging zur Hofseite. Ich übergab ihm den Brief an Beck, und er betrachtete ihn von beiden Seiten, als wolle er ihn in der Hand wägen. Dann sagte er, er werde ihn noch heute überbringen.

Er ging zu einem anderen Thema über: »Ich fürchte, ich bin da vorhin beim Admiral sehr laut gewesen.« Ich bestätigte das, aber ich hätte seine Wort aus dem Vorzimmer nicht verstehen können. »Sie können den Grund ruhig wissen, Stahlberg«, antwortete er. »Dies ist der Grund, schauen Sie hier hinein.« Damit reichte er mir ein Akten-Konvolut. Ich schlug es auf – und erstarrte beim Lesen. Ich hatte eine der Ausfertigungen eines zusammenfassenden Berichts von »Einsatzgruppen« des SD (Sicherheitsdienstes) über die Liquidierung von Juden im Reichskommissariat Ostland (Verwaltungseinheit in den besetzten Ostgebieten) in der Hand. Fein säuberlich und übersichtlich dargestellt, aufgeteilt nach Regionen, zusammengefaßt nach exekutierten Personen – Zehntausende, Gesamtsummen bis zu sechsstelligen Zahlen.

Ich reichte Oster den Bericht zurück. Ich war fassungslos und brachte kein Wort hervor. »Das ist heute früh bei uns eingegangen. Nun werden Sie verstehen, was in mir vorgegangen ist. Weiß man bei der Heeresgruppe von diesen Dingen?« Ich sagte, daß ich zwar von solchen Gerüchten gehört hätte; einzig Tresckow hätte vor einigen Monaten zu mir von organisierten Mordaktionen in eroberten Gebieten gesprochen. Oster sagte: »Sie müssen Manstein davon erzählen. Obwohl dieser Bericht nicht das ›Rückwärtige Heeresgebiet‹ der Heeresgruppe betrifft, sollte er trotzdem davon wissen.« Ich versprach, es zu tun. Ich fragte ihn, ob eventuell in diesen Aufstellungen Verluste der Russen bei Partisanenkämpfen enthalten seien. Oster verneinte das ausdrücklich. Verlustmeldungen der Partisanen seien Kampfverluste. Die Ergebnismeldungen des Reichssicherheitshauptamtes seien Berichte über Exekutionen. Beim Abschied sagte Oster mit großem Ernst: »Dies kommt eines Tages auf uns alle zurück.«

Als ich das Oberkommando der Wehrmacht verlassen hatte, mußte ich erst einmal tief Luft holen. Was ich soeben erfahren hatte, war so grauenhaft, daß ich es noch immer nicht fassen konnte. Das war weit schrecklicher als Krieg. Das war blanker Mord, tausendfach geplanter Mord an Unschuldigen, an Männern, Frauen und Kindern. Und mein Urgroßvater Heckscher war doch auch ein Jude gewesen.

Nach meiner Rückkehr meldete ich Manstein, daß General Oster die Zustellung seines Briefes an Beck übernommen habe. Ich erzählte ihm auch von meiner kurzen Begegnung mit Admiral Canaris, und zum Schluß sagte ich ihm, daß Oster mir einen gerade eingetroffenen Bericht des Reichssicherheitshauptamtes über Massenexekutionen des SD an Juden im Reichskommissariat Ostland gezeigt habe. Er hörte sich das schweigend an. Er sagte kein Wort hierzu.

Erst Jahre nach Ende des Krieges, am 5. Februar 1968, hat Feldmarschall Manstein über den Brief Becks und seine eigene Antwort an die Redaktion der Zeitschrift »Alte Kameraden« folgendes geschrieben: »Der Brief Becks endete mit der Mahnung, im Hinblick auf die weitere Entwicklung des Krieges die Operationen möglichst kräfteschonend zu führen, was von jeher mein Bestreben war. Im übrigen schrieb ich, daß ein Krieg ja erst verloren sei, wenn man ihn selbst verloren geben müsse, soweit war es aber m. E. zu jener Zeit noch nicht. Ich bin vielmehr davon überzeugt, daß wir nach unseren erfolgreichen Gegenschlägen am Dnjepr und bei Charkow im März 1943 noch die Möglichkeit gehabt hätten – bei vernünftiger Führung –, wenigstens ein Remis zu erkämpfen.
In dem Schreiben hat Beck mit keinem Wort seinen Plan zur Beseitigung Hitlers oder eines Staatsstreichs erwähnt. Ich habe dann Beck, als er eine schwere Magenoperation hinter sich hatte, noch einmal geschrieben. Er hat sich sehr freundlich bedankt, ohne aber irgend etwas Politisch-Militärisches zu erwähnen.«[*]

Dem habe ich nichts hinzuzufügen.

---

[*] Aus: Rüdiger von Manstein und Theodor Fuchs: Manstein, Soldat im 20. Jahrhundert. Militärisch-politische Nachlese, München 1981, Seite 208/09.

Begegnungen

Bisweilen ging es im Vorzimmer des Feldmarschalls zu wie in einem Taubenschlag. Viele Generäle und Generalstabsoffiziere, die an der Front ein neues Kommando übernahmen, meldeten sich auf der Durchreise beim Oberbefehlshaber der Heeresgruppe. Interessierte sich Manstein für den Besucher oder kannte er ihn sogar, dann konnten aus solchen dienstlichen Meldungen Unterhaltungen werden. War das aber nicht der Fall, dann pflegte der Feldmarschall nicht nur kurz, sondern mehr als kurz zu sein. »Danke für Ihre Meldung.« Und 'raus war der Besucher.

Eines Tages – es war im Frühjahr 1943 in Saporoshje – stand ein alter Bekannter aus der Vorkriegszeit vor mir, Ulrich de Maizière, ein Freund meines Bruders seit ihrer gemeinsamen Dienstzeit beim Infanterie-Regiment 50 in Landsberg an der Warthe. Maizière war Regimentsadjutant gewesen, als Hans-Conrad dort seine erste Leutnants-Stelle antrat. Sie hatten das Leben in der kleinstädtischen Garnison auf ungewöhnliche Art bereichert: Sie hatten Konzerte gegeben, Maizière am Klavier und mein Bruder am Cello, und Sonaten von Beethoven und Brahms gespielt.

Maizière war inzwischen Generalstabsoffizier geworden; sofort brachte er das Gespräch auf den Grund seines Besuchs. Er habe soeben bei Oberst von Werder, unserem Chef für Personalangelegenheiten der Offiziere, erfahren, daß er für die Versetzung zur Waffen-SS vorgesehen sei. Es sei aber für ihn absolut unvorstellbar, der SS anzugehören.

Mir war bekannt, daß von der Obersten Führung befohlen worden war, jüngere Generalstabsoffiziere des Heeres zur Waffen-SS zu versetzen, weil die Verluste der SS infolge mangelhafter Führung unverhältnismäßig hoch geworden waren. Ich schlug Maizière vor, ihn sofort beim Feldmarschall zu melden, damit er sein Anliegen persönlich vortragen könne.

Maizière aber bat mich, dies nicht zu tun, zumal er Manstein noch nie persönlich begegnet sei. Er bat mich, Manstein die Sache von mir aus vorzutragen. Kaum gesagt, verabschiedete er sich hastig und verließ sofort den Raum.

Ich ging sofort zum Feldmarschall hinein und erzählte ihm – so »persönlich« als möglich – von dem Besuch Maizières. Manstein hörte sich meinen Bericht an, und nach einer kurzen Pause, als wenn er über die vielfältigen Perspektiven des Problems nachdächte, sagte er vor sich hin: ein junger Generalstabsoffizier, der es nicht ertragen würde, zur SS versetzt zu werden. »Genau das, Herr Feldmarschall«, bestätigte ich. »Gut, rufen Sie Oberst von Werder an und sagen Sie ihm, ich wünschte, daß Major de Maizière von der SS-Liste gestrichen würde. Und wenn die Versetzung bereits verkündet sein sollte, dann soll er General Schmundt anrufen, ich bäte, die Versetzung rückgängig zu machen, weil ich de Maizière möglicherweise für mich selbst benötigen würde.«

Ich rief Werder an und erfuhr, daß die Versetzungen noch nicht verkündet seien, daß der Wunsch des Oberbefehlshabers also berücksichtigt werden könne. Im übrigen liege ihm eine weitere Liste mit Namen von Generalstabsoffizieren vor, die den Wunsch geäußert hätten, zur SS versetzt zu werden, falls noch ein Platz frei sei. Ein paar Tage später zeigte mir Werder sogar diese Liste. Ich war sprachlos, welche Namen sie enthielt.

Über diesen »Fall Maizière« habe ich später noch oft nachdenken müssen, denn er zeigte, daß es doch manche Möglichkeit gab, sich – zumindest als Offizier – dem Zugriff der SS zu entziehen. Die Episode kennzeichnet auch mancherlei ehrgeiziges Karriere-Denken dieser Zeit, denn längst hatte es sich herumgesprochen, daß man bei der Waffen-SS schneller zu höheren Dienstgraden aufsteigen konnte als beim Heer.

In Saporoshje war es auch, als eines Tages bei uns die Waffen-SS höchstpersönlich im Hause erschien. Hitler hatte der Heeresgruppe ein SS-Panzer-Korps zuführen lassen. Es kam aus freundlicheren Gefilden, nämlich aus Frankreich. Dort war es mit modernsten Waffen ausgerüstet worden.

Manstein war zufrieden, daß das militärisch so wertvolle Armee-Korps immerhin von einem erfahrenen Offizier geführt wurde. Als Kommandierender General fungierte ein ehemaliger Offizier der Reichswehr, SS-Obergruppenführer Paul Hausser, den er schon aus seiner Zeit in Dresden kannte.

Anders stand es um den Divisionskommandeur der »Leibstandarte Adolf Hitler«, die nun zu einer Panzer-Division geworden war. Sie hatte einst die Niederschlagung des Röhm-Putsches »besorgt« und sich bei der Liquidierung politisch unliebsamer Männer in den Tagen des 30. Juni und Anfang Juli 1934 »bewährt«. Nun stand ihr Kommandeur seit jenen Tagen, Sepp Dietrich, als Divisionskommandeur vor uns. Ich empfand es als Schande, ihm die Hand geben zu müssen.

Das SS-Panzer-Korps hatte Hitler für die Ostfront »freigegeben«, um die 6. Armee in Stalingrad zu retten. Doch hatte sich dann wohl herausgestellt, daß man ein Armee-Korps sehr wohl von Frankreich nach Rußland verlegen konnte, daß man das jedoch nicht von heute auf morgen bewerkstelligen konnte. Die 6. Armee gab es inzwischen nicht mehr. Statt dessen bot sich nun ein ebenfalls »populäres« Operationsziel an: Charkow, die Hauptstadt der Ukraine. Sepp Dietrich, mit den Jahren schon etwas rundlich geworden, brannte förmlich vor Begierde, der Rückeroberer von Charkow zu werden. Manstein mußte einige Mühe aufwenden, um ihn daran zu hindern, die große Stadt frontal anzugreifen. Der Gedanke, militärische Aufgaben mit möglichst geringen Opfern zu erfüllen, war in der SS offenbar nicht bekannt.

In der Lagebesprechung Mansteins mit den SS-Führern zeigte sich, daß Sepp Dietrich Schwierigkeiten hatte, eine große Lagekarte zu lesen. Zahlreiche militärische Symbole waren ihm unbekannt, besonders dann, wenn sie auf dem nördlichen Kartenrand eingezeichnet waren und für den dort Stehenden »auf dem Kopf standen«. Kurz entschlossen sprang er vom »Südrand« aus bäuchlings auf den Kartentisch, was sich wiederum als höchst schädlich für die Einzeichnungen erwies.

Wäre die Sache, um die es hier ging, nicht so ernst gewesen, dann hätte man sich darüber wie über eine Kabarett-Nummer amüsieren können.

An einem späteren Tage – es dürfte um die Monatswende März/April 1943 gewesen sein – kam Oberst Schulze-Büttger in mein Zimmer und machte mich mit einem Offizier bekannt, der ihn begleitete: Oberstleutnant im Generalstab Rudolf-Christian Freiherr von Gersdorff. Gersdorff richtete mir Grüße von Henning aus, und Schulze-Büttger bemerkte beiläufig, daß Gersdorff und er in der Führungsabteilung der Heeresgruppe Mitte zusammmengearbeitet hätten. Dies war die damals übliche Form, sich gegenseitig Gewißheit zu schaffen, wie derjenige, dem man gegenüberstand, »einzuordnen« war. Wir hatten eine kurze Unterhaltung zu Dritt, und Gersdorff sagte, er komme nicht in Tresckows Auftrag, sondern auf Befehl des Feldmarschalls von Kluge, des Oberbefehlshabers der Heeresgruppe Mitte. Er wolle Manstein die Lage bei »Mitte« erläutern, doch er wolle auch über Fragen der Spitzengliederung sprechen. Unter diesem Begriff verbargen sich die Überlegungen des militärischen Widerstandes. Unter ein solches

»Schutzdach« konnte man sich zurückziehen, sobald die Erörterung fruchtlos oder gar gefährlich wurde.

Schulze-Büttger verließ uns, bevor ich Gersdorff anmeldete, und Gersdorff bemerkte, er möchte mit dem Feldmarschall unter vier Augen sein. Also schloß ich hinter ihm die Tür.

Ich entsinne mich, daß ich das Gefühl hatte, daß Gersdorff nicht der Geeignete sei, um Manstein zu beeindrucken. Damals wußte ich auch noch nicht, was ich erst Jahre nach dem Kriege in Gersdorffs Memoiren gelesen habe, wo er schildert, daß er wenige Tage vorher den Versuch gemacht habe, sich mit Hitler zusammen im Zeughaus in Berlin in die Luft zu sprengen.

Ich habe keinen Zweifel, daß Gersdorffs Gespräch mit Manstein so gewesen ist, wie er es in seinem Buch schildert. Deutlich erinnere ich mich, daß beide im Nebenzimmer aufgeregt und laut miteinander sprachen, doch konnte ich die Worte nicht verstehen. Gersdorff schreibt, das Gespräch sei dramatisch gewesen. Auch berichtet er, daß er Manstein gegenüber die Historie des Generals von Yorck in Tauroggen zitiert habe. Damit hat Gersdorff den Feldmarschall – sei es mit Absicht oder unbewußt – mißtrauisch gemacht, denn das Stichwort »Tauroggen« hatte schon vor ihm am 26. Januar 1943 in Taganrog Claus Stauffenberg Manstein gegenüber gebraucht. Es liegt nahe, daß Stauffenberg sowohl Tresckow als auch Gersdorff davon berichtet hatte. Gersdorff beschreibt weiter, wie Manstein ihn »abgeblitzt« habe: »Preußische Feldmarschälle meutern nicht!« Diesen Satz hat Manstein auch mir gegenüber einmal gebraucht.

Nochmal Hitler in Saporoshje

Mit dem 21. Februar 1943, zwei Tage also, nachdem Hitler unser Hauptquartier verlassen hatte, zeichnete sich der Erfolg der Mansteinschen Offensive zwischen Donez und Dnjepr ab. Im Norden näherten sich unsere Verbände der Hauptstadt der Ukraine, Charkow. Es sollte die letzte siegreiche Operation im Osten werden. Auf dem Höhepunkt des Geschehens, am 10. März, erschien Hitler erneut bei uns in Saporoshje. Schulze-Büttger und ich empfanden sein plötzliches Erscheinen als Propaganda-Coup. Zwar war Saporoshje mehr als zweihundert Kilometer von Charkow entfernt, doch in Saporoshje schlug das Herz der Offensive. Also könnte es in den Hauptquartieren der Korps und Divisionen so scheinen, als sei es »der größte Feldherr aller Zeiten,

Adolf Hitler«, dem der Erfolg für diese letzte gelungene Operation im Osten zuzuschreiben war.

Um diese Wirkung zu erzielen, bedurfte es für Hitler keines tagelangen Aufenthalts bei uns. Es genügten ein paar Stunden. Er ließ sich von Manstein an der Karte die Lage erklären und machte ein sachverständiges Gesicht. Daß sein SS-Panzer-Korps und seine SS-Leibstandarte an der Operation beteiligt waren, erfüllte ihn, deutlich sichtbar, mit Wohlgefallen.

Manstein war in der Lagebesprechung mit seinen Gedanken weniger bei der sich vollendenden Schlacht als bei der weiteren Planung des Krieges in Rußland. Doch bekam er auf die Fragen, die er in dieser Richtung stellte, wieder keine Antworten. Hitler fertigte das Thema mit allgemeinen und nichts aussagenden Phrasen ab. Keine Antwort war eben auch eine Antwort. Nur über den »kriegsentscheidenden Wert des Donezbeckens« sprach er stets von neuem. Es war immer das gleiche: Wirtschaftspolitik im Vorgriff auf den militärischen Sieg. An diese Maxime klammerte er sich ständig. Diese überaus irrationale Gedankenfolge hat sein Denken wohl vom ersten Tage des Krieges gegen Rußland an ganz entscheidend beherrscht. Wenn er so dozierte, wirkte er auf mich wie ein Oberlehrer vor einer Schulklasse unbegabter Kinder. Er scheute sich nicht, einem Strategen wie Manstein solche Banalitäten zu predigen.

Daß inzwischen die deutschen Armeen insgesamt schwächer und schwächer geworden waren, während gleichzeitig die der Russen – nicht zuletzt infolge der Materiallieferungen der Amerikaner – von Monat zu Monat stärker wurden, das wurde nicht diskutiert. Ganz offensichtlich lief Hitlers Verteidigungskonzept darauf hinaus, an der gesamten Rußland-Front möglichst überall gleich stark zu sein, um – wie er es ausdrückte – »Risiken zu vermeiden«. Demgegenüber bemühte sich Manstein, seinen Vorgesetzten davon zu überzeugen, daß dieses Konzept das ungleich gefahrvollere war. Wenn man schon, sagte Manstein, quantitativ unterlegen sei, müsse man seine Chance erst recht in der Bewegung suchen. Und das bedeute: unter bewußter Inkaufnahme des Risikos. In der Kunst der beweglichen Kriegführung seien wir den Russen immer noch weit überlegen, obwohl sie inzwischen von uns einiges dazugelernt hätten. Gerade jetzt seien wir doch dabei, dies im Raume Charkow zu beweisen.

Der Kernpunkt der strategischen Lage ist kurz geschildert: Auf dem linken Flügel der Heeresgruppe Süd hatten die Russen einen bedeutenden Frontvorsprung erkämpft. Westlich der Stadt Kursk war, wie der Feldmarschall es nannte, ein »Balkon« entstanden. Dieser bot sich den Russen als Ausgangsbasis für einen neuen Stoß weit nach Westen oder Süden geradezu an. Für die Beseitigung des Balkons sprach auch, daß die deutschen Verteidigungslinien um rund vierhundert Kilometer verkürzt und damit Reserven gebildet werden könnten. Dies aber müßte sofort geschehen, ehe die Russen den Balkon mit einem starken Verteidigungssystem ausrüsteten.

Manstein hatte aber noch eine alternative Idee, und diese gefiel uns jungen Gehilfen eigentlich noch besser: Er schlug Hitler vor, den Russen eventuell die »Vorhand« zu lassen, sie also angreifen zu lassen und ihnen zu gegebener Zeit in die tiefen Flanken zu fahren. Mit großer Wahrscheinlichkeit wäre in jedem der beiden Fälle so die ganze Südfront wieder in Bewegung gekommen. Und darauf kam es Manstein an. Er strebte die Bewegung an, während Hitler sie scheute. Manstein suchte die militärische Entscheidung, während Hitler gerade sie scheute oder hinauszuzögern trachtete. So kam es zu keiner Entscheidung.

Zum Mittagessen begaben sich alle Anwesenden in unseren Kasinoraum. Eine hufeisenförmige Tafel war gedeckt, und Manstein führte Hitler an deren Kopfende. Man nahm Platz in der Reihenfolge der Dienstränge bis an die beiden Enden der Tafel. So ergab es sich, daß für den Oberleutnant Stahlberg kein Stuhl übrig blieb. Mir war das recht. Ich stellte mich mit dem Rücken an die Hitler und Manstein gegenüberliegende freie Wand, als sei ich für die Sicherheit der höchsten Herren verantwortlich. So hatte ich die gesamte Szene vor mir. Einen besseren Platz konnte es für mich nicht geben. Und mein Mittagessen würde ich schon später irgendwo zu finden wissen, das war ja jetzt auch unwichtig.

Wie bei uns üblich, trugen die Ordonnanzen einen Eintopf auf. Doch niemand begann zu essen, dieweil dem allerhöchsten Herrn noch nichts serviert worden war. – Bis schließlich zwei in SS-Offiziersuniformen gesteckte Bedienstete mit mehreren Schüsseln erschienen, und mit ihnen der dicke Professor Morell, der Leibarzt. Hinter Hitler und Manstein stehend, wurde aus einer der Schüsseln eine Probe genommen, und der Leibarzt kostete sie. Morell tat das mit zeremoniellem Ernst. Sorgsam bewegte er die Probe zwischen seinen Backen hin und her. Erst dann wurde Hitler seine Schüssel vorgesetzt. Noch begann er aber nicht zu essen, denn jetzt erschien einer der SS-Bediensteten mit einer Flasche Fachinger. Erst nachdem er sie dem Staatsoberhaupt präsentiert hatte, öffnete er sie. Byzantinismus nach klassischem Vorbild.

Noch erhebender war für mich, Hitler beim Essen zu sehen. Sein linker Unterarm ruhte auf dem linken Oberschenkel, während seine Rechte, den Ellenbogen auf dem Tische aufgestützt, den Löffel auf dem möglichst kurz gehaltenen Weg zwischen Schüssel und Mund hin- und zurückbewegte. Die Tischunterhaltung blieb gedämpft, so als befände man sich am Beginn eines Leichenschmauses. Soweit ich es beobachten konnte, schien zwischen den beiden Hauptpersonen überhaupt kein Gespräch zu entstehen.

Abends, als der hohe Besuch wieder abgereist war, fragte ich Manstein, was Hitler aus seiner Extra-Schüssel wohl gegessen habe. »Eine dünne Gemüsesuppe«, sagte er und winkte ab.

Am 14. März wurde die Stadt Charkow zurückerobert, die deutsche Verteidigungsfront verlief nun wieder entlang des Donez und das Tauwetter mit der Grundlosigkeit aller Wege erzwang das Erstarren der Front.

In diesen Wochen verfaßte Manstein eine Denkschrift an die Adresse des »Führers und Obersten Befehlshabers der Wehrmacht«. Ich übertrug sie aus seiner handschriftlichen Kladde in die Maschine mit den großen Schriftzeichen.

Die umfangreiche Lagebeurteilung mündete in der These: Wenn schon an einen absoluten Sieg im Osten nicht mehr zu denken sei, so sollte man ein militärisches Remis anstreben. Mit anderen Worten: Ein militärisches »Unentschieden« solle der »politischen Führung« die Voraussetzungen schaffen, den Krieg im Verhandlungswege zu beenden.

Die Idee eines Remis empfand ich als wirklichkeitsfremd. Nachdem das Dokument abgeschickt worden war, sprach ich beim Nachmittagstee den Feldmarschall auf seine Remis-These an. Er ging gerne auf das Thema ein. Ich hatte keine Mühe, mit ihm allein frei und offen zu diskutieren.

Vorausgesetzt, ich habe seine Denkschrift richtig verstanden, so begann ich, gehe er davon aus, daß Hitler in die Lage versetzt würde, sich zusammen mit Stalin, Churchill und Roosevelt an einen Verhandlungstisch zu setzen, um einen großen Kompromiß auszuhandeln. Manstein bestätigte das. Vereinfacht ausgedrückt sei das seine Meinung. Ich erwiderte, ich hielte dies für eine Illusion. Man müsse bedenken, daß Hitler in öffentlichen Parteiversammlungen mit Rundfunkübertragung Winston Churchill als »Whisky-Säufer« und den Präsidenten der USA als »Paralytiker« geschmäht habe. Allein damit habe Hitler jede

Möglichkeit eines politischen Gesprächs unwiderruflich verbaut. Sodann habe Hitler bereits vor dem Beginn des Krieges Verträge gebrochen, die er selbst nur kurze Zeit vorher geschlossen habe. Er sei also in meinen Augen nicht mehr verhandlungs-, geschweige denn vertragsfähig. Und schließlich seien auf deutscher Seite seit Kriegsbeginn in den von uns besetzten Gebieten Dinge geschehen, die mit dem Völkerrecht unvereinbar seien.

Manstein ließ mich reden, ohne mir zu widersprechen. Doch als ich eine Pause machte, sagte er, er bestreite meine Argumente nicht, aber trotzdem habe ich nicht recht. In der Politik hätten letzten Endes solche Argumente keinerlei Bedeutung. Und vor allem sei es nicht die Aufgabe des Soldaten, über politische Moral zu rechten. Noch habe Deutschland viele Trümpfe in der Hand, die bisher nicht ausgespielt worden seien. Noch sei zum Beispiel kein alliierter Soldat auf dem europäischen Kontinent gelandet. Zwar rechne er jetzt damit, daß die Amerikaner und Engländer in absehbarer Zeit in Italien, auf dem Balkan oder an der Atlantikküste landen würden. Dann könnten wir Deutschen uns notfalls sogar auf die Alpen zurückziehen, die mit sehr geringen Kräften zu verteidigen seien. Noch hätten wir ungeahnte Reserven. Allein, Reserven seien nur von Nutzen, wenn man sie rechtzeitig bilde und rechtzeitig strategische Pläne entwickle. So ging unser Streitgespräch hin und her. Hitler wäre gut beraten, wenn er ihn, Manstein, planen und wirken ließe. Nur wenn so miserabel weitergeführt werde wie in letzter Zeit, nur dann werde es eines Tages kritisch werden. Doch so weit sei es noch nicht.

Inzwischen war, wie fast vorauszusehen, die »kleinere Lösung«, die Wegnahme des russischen Frontvorsprungs westlich von Kursk, von Hitler befohlen worden. Unter dem Stichwort »Zitadelle« sollten die Heeresgruppe Mitte mit ihrem rechten Flügel von Norden und die Heeresgruppe Süd mit ihrem linken von Süden in Richtung auf Kursk angreifen. Die Vorbereitungen dazu liefen an. Der Feldmarschall drängte darauf, daß diese Operation so schnell als nur irgend möglich begann. Doch es sollten noch mehr als zwei Monate vergehen, ehe der Angriff von Hitler freigegeben wurde. Der »Führer« war ein »Zögerer« geworden, er wagte keine durchschlagenden Entschlüsse mehr.

Manstein hatte damals zunehmende Schwierigkeiten mit der Sehkraft seiner Augen. Wir flogen mit unserer Ju 52 von Saporoshje nach Liegnitz, und er ließ sich in der Universitäts-Augenklinik Breslau untersuchen. Professor Dieter – unter dem weißen Arztmantel trug er

323

SS-Uniform – diagnostizierte grauen Star und schlug eine dem Laien verblüffende Therapie vor: eine Mandeloperation, um den grauen Star aufzuhalten. Die Operation geschah, und ich konnte ein paar Tage Urlaub nehmen.

Als ich mich Anfang Mai in Liegnitz zurückmeldete, ging die Reise indes nicht zurück nach Saporoshje, sondern nach München. Hitler, der in Berchtesgaden weilte, wollte über das bevorstehende Unternehmen Zitadelle mit den beteiligten Oberbefehlshabern sprechen.

Hitlers Berghof bei Berchtesgaden

Ein großer offener 7,7 Liter Mercedes mit einem Fahrer der SS brachte uns auf einer neuen und prachtvoll ausgebauten Straße von Berchtesgaden »nach oben« zu Hitlers Berghof am Obersalzberg. Wir passierten mehrere Schranken und hielten vor einer links an der Bergseite angelegten breiten Steintreppe. An ihrem Fuß wartete General Schmundt, Hitlers Chefadjutant, und führte uns die Treppe hinauf. Oben angekommen gelangten wir nach rechts in das Foyer des Hauses.

Der erste Eindruck war erstaunliche Großzügigkeit. Zur linken öffnete sich eine Garderobennische, an deren drei Wänden gut und gerne fünfzig Personen oder mehr ihre Mäntel hätten aufhängen können. Dann kam für mich die erste Überraschung, denn sie stand in krassem Widerspruch zu allem, was Zeitungen und Zeitschriften seit 1933 der Öffentlichkeit von dem so schlichten und einfachen Lebensstil des »Führers und Reichskanzlers«, der sogar auf sein Gehalt als Regierungschef verzichtet habe, erzählt hatten: Vor dem hohen Garderobenspiegel lagen Kamm, Bürste und Handspiegel, wie ich sie so gewichtig noch niemals in meinem Leben in der Hand gehabt hatte, aus massivem Silber gefertigt, fast zu schwer für den Gebrauch.

Die Gegenstände waren mit den Initialen ihres Besitzers gezeichnet, doch nicht etwa von einem Graveur; ein Goldschmied hatte den Adler mit dem Eichenkranz und dem Hakenkreuz aus Gold gefertigt und auf die silbernen Griffe aufgelötet. Zu beiden Seiten des Eichenkranzes befanden sich in lateinischen Versalien die Buchstaben A und H, ebenfalls aus massivem Gold!

Wieder im Foyer gab es die zweite Überraschung. Aus der oberen Etage ertönte lautes Hundegebell, und schon sausten zwei Scotch-Terrier lauthals kläffend die lange Treppe zu uns herunter. Manstein wandte sich erstaunt an General Schmundt, ob es denn neuerdings hier keinen Schäferhund mehr gebe, und der Chefadjutant erzählte etwas verlegen, die beiden Hunde gehörten Frau Dreesen aus Godesberg, die hier seit kurzem den Haushalt führe. »Der Frau des Hoteliers?« fragte der Feldmarschall. Und Schmundt erzählte, daß Frau Dreesen von der Schwester des Führers die Bewirtschaftung des Berghofs übernommen habe. (Erst Jahre nach Kriegsende habe ich erfahren, daß General Schmundt eine Notlüge gebraucht hatte. Die beiden Scotch-Terrier gehörten Eva Braun, Hitlers Freundin.)

General Schmundt führte uns an der Treppe vorbei in ein am Ende des Foyers rechts liegendes Wohnzimmer und bat den Feldmarschall, zu warten. Auf dem Marmorfußboden lagen hier gute orientalische Teppichbrücken; beherrscht wurde das Zimmer von einem großen Kachelofen, um den herum eine Holzbank zum Sitzen einlud. Der Feldmarschall ließ sich gerne auf ihr nieder, während ich mich für den Inhalt der offenen Bücherregale interessierte, die rechts und links von einer Glastür zu einer großen Veranda standen. Lexika und zahlreiche deutsche Klassiker waren hier vertreten, ja es fehlte nicht einmal Shakespeare in der Übersetzung von Schlegel-Tieck.

Sämtliche Bücher dieser umfangreichen Bibliothek waren in Leder gebunden, trugen ihren Autor und den Titel in Goldprägung auf dem Rücken; am Fuß eines jeden Buchrückens stand in Gold das Signum ihres Besitzers; das Zeichen, das ich schon in der Garderobe kennengelernt hatte, kehrte überall in Gold wieder.

Nach einigen Minuten erschien ein SS-Offizier. Er öffnete eine bis jetzt geschlossen gewesene Portiere und führte uns über acht Treppenstufen hinunter in die »Große Halle«. Dieser Raum war beeindruckend. Man kannte Bilder von der Halle aus illustrierten Zeitungen, denn sie war das Prunkstück des Berghofs. Ein einziges, in Sprossen gegliedertes Fenster, gab den Blick frei über das Berchtesgadener Land, hinweg auf das Gebirgsmassiv des Unterbergs. Das Fenster dürfte eine Breite von etwa neun Metern und eine Höhe von sechs Metern gehabt haben. Doch heute war das Fenster geöffnet, und die Temperatur im Raum war nur wenige Grade über der Frostgrenze. Der SS-Bedienstete hatte sich gleich wieder entfernt, niemand kümmerte sich um die Besucher. Manstein und ich begannen uns die Bilder und Gobelins anzusehen. Alles schien von hoher Qualität. Mich beindruckte ein an bevorzugter Stelle aufgehängtes Frauenportrait, es zeigte eine bildschöne dunkle Frau. Ich hätte wetten können, daß es eine Jüdin sei. Doch bei einem späteren Aufenthalt auf dem Berghof sagte mir General Schmundt, es sei eines der Hauptwerke von Anselm Feuerbach und stelle seine Geliebte Nanna dar. Ein großer Konzertflügel von Bechstein stand nahe dem Gemälde.

Allmählich wurde es dem Feldmarschall und mir zu kalt. So entschloß ich mich, zur Tat zu schreiten. An der rechten Seite des Riesenfensters fand ich hinter den Vorhängen eine große Kurbel und begann zu drehen. Die Konstruktion war schlecht! Ich mußte Kraft aufwenden, um das Fenster zu bewegen. Doch nach kaum mehr als einem Meter Höhengewinn riß jemand plötzlich die Eingangstür zum Foyer auf und stürzte sich eilenden Schrittes bis zu mir an das Fenster. Ich möge sofort aufhören, die Bedienung des Fensters obliege niemand anderem als ihm selbst. Ich sagte ihm, es sei zu kalt, um hier längere Zeit zu warten. Indes, der uniformierte Hauswart erklärte mir, dieser Raum dürfe niemals eine Temperatur von mehr als sechzehn Grad Celsius bekommen; das sei ein Führerbefehl.

Also zogen Manstein und ich uns wieder in das weit wärmere Wohnzimmer mit dem Kachelofen zurück und schlossen die Portiere hinter uns. Es war schon eine bodenlose Mißachtung, einen Feldmarschall so lange warten und noch dazu frieren zu lassen.

Endlich aber kam Bewegung in das Haus. Mehrere Chargen erschienen, um die wohl jetzt bevorstehende Ankunft des Hausherrn vorzubereiten. Dazu gehörte vor allem ein ebenfalls Uniformierter, der in beiden Räumen eine Anzahl von goldumrandeten Brillen in geöffneten Etuis auslegte, auf dem großen Marmortisch vor dem Fenster gleich deren zwei, auf dem Bechsteinflügel, auf dem runden Tisch vor dem Kamin, vor den Büchern im Wohnzimmer. Es schien, daß die Plätze wohlüberlegt und befohlen waren.

Ich muß es mir versagen, die Besprechung während dieses für mich ersten Besuches auf dem Berghof im einzelnen zu schildern. Ich bin in Begleitung des Feldmarschalls von Manstein etwa fünf- oder sechsmal auf dem Berghof gewesen. Aber ich möchte es nicht verantworten, die Besprechungen im Detail aus dem Gedächtnis darzustellen. Der interessierte Leser findet genügend zeitgeschichtliche Literatur, um sich zu informieren. Ich will mich deshalb auf einige ganz persönliche Erinnerungen beschränken.

Bei den Besuchen auf dem Berghof war es stets bis kurz vor dem Beginn der Besprechungen ungewiß, wer von den Eingetroffenen unmittelbar teilnehmen würde. Manchmal hieß es: »Begleitoffiziere bitte im Wohnzimmer bleiben!« – Dann standen die Adjutanten und Ordonnanzoffiziere als stille Lauscher hinter der Portiere; einen zentimeterbreiten Schlitz ermogelte man sich trotzdem.

Ein andermal – es muß im März oder April 1943 gewesen sein – war außer Manstein auch Feldmarschall Kluge, der Oberbefehlshaber der Heeresgruppe Mitte, auf den Berghof bestellt. Kluge hatte als Ordonnanzoffizier Rittmeister Eberhard von Breitenbuch bei sich. Breitenbuch und ich waren vor dem Kriege in Schwedt Regimentskameraden gewesen.

Kurz vor Beginn der Besprechung hieß es plötzlich: »Heute ohne Ordonnanzoffiziere.« Kluge ebenso wie Manstein waren ziemlich ungehalten und wiesen General Schmundt darauf hin, daß ihre Ordonnanzoffiziere in ihren Aktentaschen doch die Lagekarten trugen. (Ein Feldmarschall pflegte nicht gerne eine Aktentasche unter dem Arm zu tragen.) Doch es half nichts; Schmundt bemerkte, der Führer habe ausdrücklich erklärt, daß er bei der bevorstehenden Besprechung die Feldmarschälle allein sprechen wolle. Also blieben wir beide mit den Aktentaschen draußen. Ein SS-Mann bekam die Anweisung, Breitenbuch und mich zum Gästehaus Platterhof zu führen. Wir betraten das etwa zweihundert Meter entfernt liegende Haus aber nicht, sondern hielten uns dort auf der Terrasse auf, denn das Wetter war schön und die Aussicht auf das Bergmassiv war einzigartig. Während wir uns der Betrachtung des Panoramas hingaben, merkte ich, daß Breitenbuch nicht mehr auf meine Worte reagierte. Blanker Schweiß stand auf seiner Stirn und seine Hände zitterten. Ich fragte ihn, ob er krank sei und ob wir nicht um einen Wagen bitten sollten, um ihn nach Berchtesgaden in ein Krankenhaus zu bringen. Doch er lehnte alle Hilfe ab und meinte, es werde schon wieder besser. Nicht einmal einen Stuhl, den ich ihm brachte, nahm er an.

Ein paar Jahre nach dem Kriege besuchte ich Breitenbuch in Coppenbrügge am Deister. Er war dort Forstmeister geworden. Ich fragte ihn, was ihm damals auf der Terrasse des Platterhofs wohl gefehlt habe. Er erzählte mir, urplötzlich sei damals die nur kurze Zeit zurückliegende Erinnung über ihn gekommen, als er mit einer Pistole in der rechten Hosentasche erwogen habe, Hitler im Berghof zu erschießen. Tresckow habe ihm zuvor diesen Auftrag gegeben, doch es sei zu keiner Begegnung mit Hitler gekommen, weil er auch damals, ebenso wie dieses Mal von der Lagebesprechung ausgeschlossen worden sei. – Ich erzählte, daß auch ich in Saporoshje von Tresckow getadelt worden sei, daß ich mehrere Gelegenheiten, auf Hitler zu schießen, nicht genutzt hätte. Nun bestätigten wir uns beide gegenseitig, daß wir beide, wenn wir geschossen hätten, mit größter Wahrscheinlichkeit gefehlt hätten. Obwohl wir doch – beide in Schwedt auch im Pistolenschießen ausgebildet – keine schlechten Schützen gewesen waren. »Wir sind eben«, sagte ich, »keine Cassius und Brutus.« Er stimmte ohne Vorbehalt zu.

Ich werde über zwei meiner Besuche mit Manstein auf dem Berghof noch ausführlich berichten, weil sie beide, chronologisch gesichert, wegen ihrer besonderen Bedeutung im Ablauf der Ereignisse festgehalten werden sollten.

Gefahr!

Immer von neuem wurde von Hitler der Angriffstermin auf Kursk, die Zitadelle, verschoben. Jedesmal waren es andere Gründe, die Anlaß zur Verschiebung gaben. In Wirklichkeit – so witzelten wir abends beim Glase Wein – hatte irgend jemand »da oben« Angst vor der eigenen Courage. Doch diskutierte man im Ernst darüber, dann waren wir uns darin einig, daß diese Verschiebungen eines Tages viel Blut kosten würden.

An den Fronten tat sich nichts Wesentliches. So ließ Manstein sich seine Reitpferde aus Schlesien kommen, um wenigstens eine Stunde am Tage im Sattel zu sitzen. Südlich von Saporoshje gab es ein Steppengelände, das zum Galoppieren geradezu einlud. Der Feldmarschall ritt einen großrahmigen, edel gezogenen und hoch im Blut stehenden Schimmel, und ich bekam ebenfalls ein Pferd, das zu reiten eine reine Freude war.

Bei einem solchen Ausreiten zu zweit geschah es, daß mein Pferd im Galopp mit der Vorderhand in ein überwachsenes Loch trat und über Kopf ging. Da es mir aber gelungen war, die Zügel in der Hand zu behalten, war ich bald wieder im Sattel. Wo aber befand sich der Feldmarschall? So sehr ich den Horizont ringsum absuchte, ich konnte weder einen Schimmel noch seinen Reiter entdecken. Wahrscheinlich hatte Manstein meinen Sturz gar nicht bemerkt und war weitergeritten.

Da mein Pferd von dem Sturz leicht lahmte, ließ ich ihm die Zügel und ritt langsam weiter geradeaus. Nach einigen hundert Metern tauchte vor mir in einer Senke ein merkwürdiger schwarzer Koloß auf. Zuerst hielt ich ihn für einen Öltank. Beim Näherkommen entpuppte er sich als das Wrack eines Flußdampfers. Und nun erschien auch der Feldmarschall. Er hatte sich das Ungetüm von allen Seiten angesehen.

Wie mag dieses Schiff hierher in die Steppe gekommen sein? So fragten wir uns auf dem Heimweg. Wir kamen zu dem Schluß, daß die Flutwelle des vor Jahresfrist von der deutschen Luftwaffe torpedierten Dnjepr-Staudamms das Schiff kilometerweit ins Land hineingetragen hatte. Inzwischen aber hatten unsere Bau-Bataillone den Staudamm längst wieder repariert. Bis nach Dnepropetrowsk zurück, also über achtzig Kilometer weit, war der Fluß bereits wieder ein See geworden, und die Turbinen bei Saporoshje lieferten Strom. Eine imponierende Leistung!

Etwa eine Woche später besuchte uns erneut Vetter Henning. Nachdem er den Feldmarschall konsultiert hatte, machte er mit mir den üblichen kurzen Spaziergang.

Diesmal überraschte er mich mit der Frage, ob es zutreffe, daß der Feldmarschall neuerdings nachmittags mit mir ausreite. Ich fragte, woher er das wisse, und erhielt die verblüffende Antwort: »Aus dem Führerhauptquartier.« Bei diesen Worten muß ich wohl ein erstauntes Gesicht gemacht haben, denn er fuhr fort, er müsse mir etwas sehr Wichtiges sagen: »Hitler hat in der letzten Zeit in seinem engsten Kreis mehrere Male laute Wutausbrüche gehabt, wenn der Name Manstein fiel.« Nach seinen Informationen geschehe so etwas in der Regel nur im engsten Kreise, meistens nach Beendigung der abendlichen Lagebesprechungen, also nach Mitternacht, wenn die große Runde entlassen sei. Henning erzählte, er habe sich solche Ausbrüche schildern lassen. Hitler gerate mitunter völlig außer Kontrolle. Oft seien es richtige Tobsuchtsanfälle, und Hitler habe schon häufig in solcher Situation »seinen Leuten« mündliche Befehle zugeschrien, die kriminell seien. »Es sind«, fuhr Henning fort, »in seiner Umgebung einige, die ihm so hörig sind, daß sie solche Befehle sofort weiterleiten und ausführen lassen.«

Im übrigen lasse Hitler seine Oberbefehlshaber bis in ihr Privatleben hinein beobachten und interessiere sich für die Ergebnisse solcher Ausspähung bis in die kleinsten und intimsten Einzelheiten.

Ich fragte Henning, woher er diese Informationen habe, und er erwiderte, daß er mir das nicht sagen könne. Sein Informant habe jedoch für Feldmarschall Manstein besondere Sympathien und habe geäußert, Manstein müsse dringend gewarnt werden. Hitler wisse, daß der Feldmarschall häufig nachmittags mit seinem Ordonnanzoffizier ausreite, so daß es – und er wiederholte das mit den Worten Hitlers – »eine Leichtigkeit sei, die beiden durch einen Partisanenüberfall verschwinden zu lassen.«

Ich bat Henning um seinen Rat, was man angesichts einer so ungeheuerlichen Nachricht tun sollte. Er sagte, der Feldmarschall dürfe diese Sache auf keinen Fall erfahren. Er würde sie als unglaubwürdig bezeichnen und sich weigern, sie überhaupt zur Kenntnis zu nehmen. Die absurde Idee, daß ein Staatsoberhaupt in spätnächtlicher Stunde auch nur mit dem Gedanken spiele, einen seiner Feldmarschälle ermorden zu lassen, werde in Mansteins Kopf überhaupt keinen Eingang finden. Im übrigen sei Schulze-Büttger von ihm, Henning, bereits unterrichtet, so daß ich fürs nächste erst einmal dafür sorgen solle, daß das Ausreiten unterbliebe. Sollte mir das nicht gelingen, was anzunehmen sei, dann müßten Schulze-Büttger und ich Gründe konstruieren, die es dringend erforderlich machten, unsere Ausritte von unserer eigenen Feldpolizei sichern zu lassen.

Ich sprach noch am selben Abend mit Schulze-Büttger und meinte, es falle mir schwer, Henning Tresckows Warnung derartig ernst zu nehmen. Ihm überhaupt nicht, erwiderte er. Tresckows Informationen hätten sich für ihn immer als zutreffend bestätigt. Und im übrigen sehe er nicht ein, warum Hitler, nachdem er schon im Jahre 1934 die Generäle Schleicher und Bredow habe ermorden lassen, nicht im Jahre 1943 den Feldmarschall Manstein und seinen Ordonnanzoffizier umbringen lassen sollte.

Mit der schönen Einsamkeit in der Steppe war es nun vorbei. Als uns beim nächsten Ausreiten mehrmals motorisierte Feldpolizei, respektvoll grüßend, begegnete und uns zeitweise sogar in gemessenem Abstand folgte, bemerkte Manstein neben mir, wer denn das nun wieder angeordnet habe? »Ich«, lautete meine Antwort, weil ich hätte sagen hören, daß sich hier neuerdings einiges Gesindel herumtreibe. »Sie haben einmal wieder eine blühende Phantasie«, sagte er. »Aber vielleicht ist das doch richtig.« Damit war das Thema erledigt.

Ein paar Jahre nach dem Ende des Krieges hat mir Fabian von Schlabrendorff gesagt, wer damals Hennings Informant gewesen war: Niemand geringerer als Hitlers Chefadjutant, General Schmundt. Beide entstammten aus der Zeit der Reichswehr dem 9. (Preußischen) Infanterie-Regiment in Potsdam. Schmundt war nicht gerade der Intelligenteste, er war seinem Führer buchstäblich verfallen. Ohne Zweifel ist er nie auf den Gedanken gekommen, daß er von Henning ausgehorcht wurde und unwissend so manche Information für die größere Sache geliefert hatte.

Ein »Türke« für die Türken

Aus den Wochen des Wartens auf den Angriffsbefehl zur Offensive Zitadelle erinnere ich mich eines seltsamen Befehls, der die Heeresgruppe von höchster Stelle erreichte. Einer hochrangigen türkischen Militärdelegation sollte ein kriegsmäßiges Manöver mit modernsten Waffen hinter der Front gezeigt werden.

Die Armee-Abteilung des Generals der Panzertruppen Kempf mit ihrem Chef des Stabes, Generalmajor Speidel, wurde mit der Planung beauftragt. Die türkischen Offiziere – an ihrer Spitze der Chef des Generalstabes, Generaloberst Toydemir – wurden auf eine Anhöhe geleitet, von der aus man einen Angriff betrachten konnte, wie es ihn in diesem Kriege nicht gegeben hatte. Wie auf einem Feldherrnhügel Friedrichs des Großen kamen wir uns vor. Schwere und leichte Artillerie eröffnete den »Kampf«, Aufklärungspanzer sausten kreuz und quer durch das Gelände, Pioniere mit Flammenwerfern setzten einen Teil des Steppengrases in Brand, Schützenpanzer rollten heran, aus ihnen heraus ergossen sich Scharen von permanent um sich schießenden Soldaten, der Höhepunkt war das Erscheinen mehrerer Kompanien von Panzerkampfwagen neuesten Typs, die eine artistische Demonstration zeigten: Einige der Panzer hatten ihre Geschütztürme um neunzig Grad zur Seite gedreht. Infanteristen sprangen aus der Deckung heraus das lange Kanonenrohr des fahrenden Panzers an und hangelten sich während der Fahrt auf den Koloß hinauf! Es war ein grandioses Schauspiel, mit Platzpatronen selbstverständlich.

Anschließend gab es an langen Tischen unter freiem Himmel ein Eintopfessen, türkische und deutsche Tischfähnchen zierten die Tafel, und in schwungvollen Toasts wurde die »alte türkisch-deutsche Waffenbrüderschaft« des Ersten Weltkrieges beschworen.

Wir hatten den Türken das vorgeführt, was wir als junge Soldaten in Friedenszeiten einen »Türken« genannt hatten. Es lag auf der Hand, daß unsere Schau einen politischen Hintergrund gehabt hatte. Doch welchen?

Spät am Abend – unsere Gäste waren bereits weitergereist – diskutierten wir mit Manstein darüber. Ich äußerte, ich möchte wetten, daß Franz von Papen, der deutsche Botschafter in der Türkei, dahinterstecke.

Wir wußten damals nicht, daß Papen im Jahr zuvor einen »Freundschaftsvertrag« zwischen Deutschland und der Türkei abgeschlossen hatte. Die Türkei hatte bisher eine Neutralitätspolitik verfolgt, Hitler hatte mit ihr, wie man es in Papens Memoiren nachlesen kann, sogar ein Tauschgeschäft abgeschlossen: die Ausrüstung von zwei Panzer-Divisionen gegen Lieferung von Chrom. (Die Türken hatten also die Ausrüstung erhalten, auf die meine alte, zerschlagene 12. Panzer-Division vergeblich gewartet hatte.) Wir in der Führungsabteilung der Heeresgruppe Mansteins wußten, daß Hitler den deutschen Angriff über den Kaukasus in die Türkei geplant hatte, und zu dieser Zeit stand eine Armee der uns südlich benachbarten Heeresgruppe noch immer auf der Kuban-Halbinsel, der – nach Hitlers eigenen Worten – »Ausgangsbasis für einen Angriff über den Kaukasus«. Hatte nicht die deutsche Regierung dereinst auch mit Österreich und ein paar Jahre später mit der Sowjetunion Freundschaftspakte geschlossen, um diese Länder bald darauf zu überfallen? – Die türkischen Militärs, die uns besuchten, hatten undurchdringliche Gesichter gezeigt und »freudig« in die Toasts eingestimmt.

Meine Türken-Geschichte ist indessen noch nicht am Ende. Ein paar Wochen später erhielt ich mit der Kurierpost einen gewichtigen Brief. Auf edelstem Papier las ich den unerwarteten Absender: Der Deutsche Botschafter in der Türkei schrieb an den persönlichen Ordonnanzoffizier Mansteins. »Mein lieber Stahlberg...« begann er. Durch Zufall habe er erfahren, daß ich neuerdings beim Generalfeldmarschall von Manstein... und so fort. Er, Papen, würde es lebhaft begrüßen, wenn wir unsere gemeinsamen alten Beziehungen, die er in so ausgezeichneter Erinnerung habe, wieder aufnehmen würden. Und er hoffe, recht bald von mir Post zu bekommen.... In alter Verbundenheit... Ihr getreuer...

Ein paarmal las ich den Brief, und ich dachte nach, was das bedeuten sollte. Dann ging ich zu Manstein und legte Papens Brief vor ihn auf den Schreibtisch. Als er ihn gelesen hatte, sah er zu mir auf und sagte: »Und was werden Sie tun?« Ich nahm den Brief und riß ihn mehrmals durch, solange, bis ich nur noch Schnipsel in der Hand hatte. »Warum das?« fragte Manstein. Ich antwortete nicht frei von Emotion. Als sie heraus war, wunderte ich mich selbst, es so gesagt zu haben: »Weil ich nicht mehr eine Verbindung zu haben wünsche mit einem Mann, der die Ermordung von drei seiner engsten Mitarbeiter durch die Nationalsozialisten hingenommen hat, ohne auch nur die leiseste Konsequenz zu ziehen.« Manstein sah mich einen Augenblick lang erstaunt an. Dann sagte er ein einziges Wort: »Gut!«

Unternehmen Zitadelle

Mehrmals verschob Hitler den Angriffstermin. Einer der Gründe war das Warten auf neue Panzerkampfwagen. Zitadelle sollte so viele Panzer einsetzen, wie sie noch niemals in der Geschichte dieses Krieges aufgetreten waren.

In den ersten Tagen des Mais erreichte uns der Befehl, daß Zitadelle nunmehr auf den 10. Juni verschoben worden sei. Doch auch im Juni tat sich bei uns nichts, und die Front blieb ruhig. Am 30. Juni aber gab es dann doch etwas Neues. Sämtliche Oberbefehlshaber und Kommandierenden Generale, soweit sie bei den beiden Heeresgruppen Mitte und Süd an Zitadelle beteiligt waren, wurden zum 1. Juli nach München bestellt. Zuerst glaubten wir nicht richtig gelesen zu haben. Nach München? Jawohl nach München.

Als Feldmarschall Manstein mit mir das Parteihaus der NSDAP am Königsplatz erreichte, lief dort so etwas wie ein »großer Bahnhof«. Wir wurden in einen Saal im Obergeschoß geführt. Doch vergeblich schaute man sich nach einem Tisch für die Karten um. Hitler wollte mit seinen beiden Feldmarschällen Kluge und Manstein und den vielen anderen Generälen nicht über die Lage sprechen. Wozu auch. Hatten sie doch ihre Befehle für Zitadelle seit mehr als zwei Monaten bis ins einzelne studiert und warteten auf nichts anderes als den »Startschuß«. Nun aber erschien nach einigem Warten General Schmundt und bat die Anwesenden, auf dem leeren Parkett des Saales einen großen Kreis zu bilden. Mit leichtem Erstaunen entsprachen die Generale diesem Wunsch, ihre Adjutanten und Ordonnanzoffiziere bezogen Plätze im zweiten Glied. Dann verließ Schmundt den Saal, kehrte nach wenigen Sekunden wieder zurück und rief mit lauter Stimme in die Runde: »Meine Herren, der Führer!«

Hitler erschien, grüßte einmal und blieb dann in der Mitte stehen. Niemand sprach ein Wort. Hitler würdigte, von links beginnend, jeden einzelnen der Anwesenden eines intensiven Blickes. Ich empfand diese Form der Begrüßung als leere Pose, als »Feldherrnpose« eines Mannes, der kein Feldherr war. Dann nahm er das Wort und erklärte, der Angriffstag für Zitadelle sei der 5. Juli, und von diesem Tage an liege das Schicksal Deutschlands in den Händen der hierher nach München befohlenen Generale.

Damit war der Zweck der Reise nach München erledigt, und alle fuhren zurück zum Flugplatz Riem. Auf dem Königsplatz und in den Straßen hatten sich genügend Schaulustige angesammelt. So viele Generäle hatte man kaum jemals zusammen gesehen. Eine derart auffällige »Befehlsausgabe vor der Schlacht« würde den Alliierten in Ost und West kaum verborgen bleiben. Spätestens an diesem Tage mußte die Nachricht von einer besonderen militärischen Aktion der Deutschen wohl auch Moskau erreicht haben.

Mit dieser »Befehlsausgabe« in München hatte Hitler vermutlich etwas Ähnliches vorgeschwebt, wie man es auf alten Kupferstichen aus dem Leben Friedrichs des Großen kannte: »Ansprache des Königs an seine Offiziere vor der Schlacht«.

Dann allerdings hätte der Ort dafür nicht München, sondern ein Hauptquartier in der Nähe der russischen Front sein müssen. Diese Veranstaltung hier im Münchener Parteihaus war nichts als eine Farce.

Wir flogen sofort wieder in unser Hauptquartier zurück, starteten jedoch schon am nächsten Tage erneut, und zwar diesmal nach Bukarest. Hitler hatte sich noch eine weitere Demonstration ausgedacht: Am Jahrestage der Eroberung von Sewastopol sollte Manstein dem Staatschef von Rumänien, Marschall Jon Antonescu, eine aus massivem Gold gefertige Ehrengabe überreichen, eine Sonderausgabe des »Krim-Schildes«, den alle deutschen und rumänischen Teilnehmer bei der Eroberung der Krim am linken Ärmel trugen. General Busse und ich standen bei feierlicher Musik hinter Feldmarschall Manstein, als dieser am Gefallenenehrenmal von Bukarest einen Kranz niederlegte. Dann fuhren wir in pompöser Eskorte zum Privathaus Antonescus, wo das Übergabezeremoniell stattfand, und bekamen anschließend ein köstliches Essen.

Am Abend fand ein riesiges Staatsbankett statt. Bevor man zu Tisch ging, bekam jeder von uns mit Wangenkuß des Kriegsministers und Urkunde einen ihm zustehenden wunderschönen Orden. Und als wir unsere fürstlich eingerichteten Hotelzimmer erreichten, war auch an unsere nächtliche Sicherheit gedacht. Vor jeder Schlafzimmertür stand ein Doppelposten in prachtvoller friedensmäßiger Paradeuniform.

Am 4. Juli wieder in unserem Hauptquartier, bezogen wir sofort nach dem Eintreffen unseren Befehlszug und fuhren in die Nähe der Offensiv-Front. Manstein wollte seine beiden Angriffsarmeen aus der Nähe führen.

Am 5. Juli begann die Schlacht, auf die wir alle seit April gewartet hatten. Ich entsinne mich, daß ich kein gutes Gefühl hatte, denn Hitler hatte die Operation so anlegen lassen, daß unsere und die der Heeresgruppe Mitte angehörenden Armeen frontal in ein seit langem von den Russen vorbereitetes Abwehrsystem hineinfahren mußten. Das bedeutete, daß unsere Soldaten in die Stärke des Gegners angreifen mußten, anstatt die Schwachpunkte des Feindes zu attackieren. Aber die Oberbefehlshaber hatten sich gefügt.

Aus der Literatur erfuhr ich später, daß auf deutscher Seite insgesamt 1081 Panzer und 376 Sturmgeschütze angegriffen haben, eine ungeheuerliche Massierung von Kampffahrzeugen.

Wir bezweifelten, ob unser Besuch in Bukarest wirklich den Angriffstermin hatte verschleiern können.

Acht Tage tobte der Kampf. Wo soviel Panzer eingesetzt waren, erschien auch der Generalinspekteur der Panzertruppen, Generaloberst Heinz Guderian. Es war wohl verständlich, daß Guderian sich für die einst von ihm geschaffene Panzerwaffe an Ort und Stelle interessieren wollte. Da er aber als Inspekteur in der Schlacht keinerlei Befehlskompetenzen hatte, empfand Manstein den Besuch als überflüssig, wenn nicht gar lästig. Der Feldmarschall sandte seinen Ordonnanzoffizier zu dem vor dem Befehlszug Wartenden. Der Ordonnanzoffizier tat sein Bestes, um den Gast so lange hinzuhalten, bis der Feldmarschall für den Besucher Zeit haben würde.

Am 12. Juli setzten die Sowjets frische Reserven ein. Noch immer nicht hatten unsere Armeen ihr Ziel, das Schließen eines Kessels um die sowjetischen Verbände, erreicht. Im Gegenteil, die Kräfte der Heeresgruppe Mitte waren am Ende; bei uns, der Heeresgruppe Süd, meinte der Feldmarschall noch so viel Kraft mobilisieren zu können, daß der Sieg zu erringen sein würde.

ROMMEL UND KLUGE

War die Offensive Zitadelle bereits gescheitert, oder stand die Entscheidung kurz bevor? Um diese Frage ging es, als am 12. Juli aus dem Führerhauptquartier der Befehl eintraf, Feldmarschall Manstein möge sich morgen, am 13. Juli, zusammen mit Feldmarschall Kluge, dem Oberbefehlshaber der Heeresgruppe Mitte, zur Mittagslage beim Führer einfinden.

Manstein tobte. Jetzt sei bei Gott nicht der Augenblick, die Oberbefehlshaber ausgerechnet auf dem Höhepunkt der Schlacht eine »Reise nach Ostpreußen« antreten zu lassen. Doch es sollte noch besser kommen.

Als der Feldmarschall mit mir zusammen am Vormittag des 13. Juli, vom Flugplatz Rastenburg kommend, im Gästehaus am Mauersee eintraf, meldete ihm General Schmundt telefonisch, die heutige Mittagslage falle aus, der Feldmarschall werde erst zur Abendlage erwartet. Diese Änderung des Terminplanes hatte zwar Kluge gerade noch rechtzeitig vor seinem Abflug aus Rußland erreicht, nicht aber uns.

Manstein fand sich erstaunlich schnell mit dieser unglaublichen Situation ab. Er hatte sie nicht zu verantworten. Was sollte man jetzt tun? Mindestens acht Stunden würden nutzlos verstreichen. Zuerst ließ er sich ein Telefongespräch zum Oberkommando seiner Heeresgruppe geben, um von Busse zu hören, was es Neues gebe. Dann sagte er zu mir: »Wissen Sie, was wir jetzt machen werden? – Wir gehen baden.«

»Wunderbar!« sagte ich. »Jedoch, Herr Feldmarschall, ich habe keine Badehose einpacken lassen.« Das tue gar nichts, meinte er, hier im Sperrbezirk des Oberkommandos des Heeres befänden sich kaum Angehörige des weiblichen Geschlechts. Wir würden uns in unseren Zimmern entkleiden und den Uniform-Regenmantel überwerfen.

Gesagt, getan, und so verließen wir zusammen das Gästehaus und betraten einen breiten Holzsteg durch den Schilfgürtel des Mauersees. Auf dem kurzen Weg dorthin begegneten wir niemandem, und bald schwammen wir beide, so wie wir geboren waren, genüßlich der Mitte des Mauersees zu.

Nur derjenige, der die Schönheit der ostpreußischen Seen kennt, kann ermessen, wie wohl wir uns fühlten. Ringsum an den Ufern Felder und Wälder, kein Dorf, kein Haus.

Etwa in der Mitte des Sees wendeten wir, unser Holzsteg lag in weiter Ferne.

Wir mögen zwei- oder dreihundert Meter vor unserem Ziel gewesen sein, als ich auf dem Steg Menschen sah. Der Feldmarschall fragte mich, ob Damen dabei seien. Wir waren aber noch zu weit entfernt, ich konnte die Frage nicht beantworten. Als wir dem Steg näher waren, meldete ich, es seien Offiziere zu sehen, einen Damenrock hätte ich indessen bisher nicht ausgemacht. Weiter berichtete ich, daß ich einige »rote Hosen« sehen würde. »Welches Rot?« fragte er. Ich antwortete: »Beide Rots!« (Das der Generale und das der Generalstabsoffiziere.) Schließlich erreichten wir die beiden Sprossenleitern, die auf den Steg hinauf führten.

Ich versuchte zu erkennen, ob ich jemand von denen, die dort oben nach Seemanns Art über der »Reling« hingen, persönlich kannte. – Tatsächlich, dort schien unter den zahlreichen Gesichtern eines zu sein, das mir bekannt war. »Ich glaube, Herr Feldmarschall«, begann ich, »das ist Feldmarschall Rommel!« Und schon ließ sich von oben eine Stimme hören: »Sie haben recht, mein Lieber, dies ist der Feldmarschall Rommel!«

Nun gab es oben wie unten ein großes Hallo, und Manstein rief nach oben: »Endlich lernen wir uns kennen!« Wahrhaftig, Manstein und Rommel waren sich in ihrem Leben bis zu diesem Augenblick noch niemals begegnet. Der eine war eben Generalstäbler und der andere Troupier gewesen. Zwei völlig unterschiedliche Berufswege. Wieder meldete sich Rommel von oben: »Ja, meine Herren, warum kommen Sie denn nicht nach oben?« Und Manstein rief zurück: »Ja, warum eigentlich nicht?« Und so kletterten wir im Adamskostüm die Leitern empor, bis wir vor den wohluniformierten Offizieren standen.

Noch aber ist diese Badegeschichte nicht am Ende, denn ehe ich auf dem Steg stand, hatte ich gesehen, daß unsere Mäntel verschwunden waren! Damit hörte nun für mich allerdings der Spaß auf, und ich fuhr einen der jüngeren Begleitoffiziere Rommels an, mir unverzüglich unsere beiden Mäntel herauszugeben. Rommel indessen kostete die Szene noch aus, tat so, als merke er nichts von meiner »Interpellation« und machte schon Anstalten, uns seine Offiziere vorzustellen. Nun, die Mäntel waren dann selbstverständlich sofort zur Hand und bedeckten unsere Blößen. So entspann sich – nach viel Spaß und Lachen – noch eine gelöste Unterhaltung:

Was denn er, Rommel, hier im Hauptquartier mache, begann Manstein. Ob er ein neues Kommando erhalten habe? Rommel erwiderte wörtlich: »Ich befinde mich hier zu einer Höhensonnen-Kur.« »Höhensonnen-Kur?« fragte Manstein, »was ist denn das?« »Höhensonnen-Kur«, wiederholte Rommel. Obwohl ja mit so schneller Auffassungsgabe ausgestattet, verstand Manstein noch immer nicht und fragte noch einmal: »Höhensonnen-Kur?« Rommel wurde nun deutlicher: »Ich werde hier mit Höhensonne und Glauben bestrahlt!« – Nun endlich verstand Manstein. »Das ist gut«, sagte er und wiederholte, »das ist gut.« Ob man sich heute abend sehen würde, fragte Manstein, und Rommel sagte: »Aber ja – zur Höhensonne.«

Wir zogen uns unsere Pantoffeln an und gingen in das Haus zurück. Er habe von Rommel eine ganz andere Vorstellung gehabt, bemerkte Manstein. Der gefalle ihm gut. Manstein hatte Menschen gerne, die Humor besaßen.

Wie üblich, brach man erst bei Dunkelheit in das Führerhauptquartier zur Abendlage auf. Mit drei Feldmarschällen – Kluge, Manstein und Rommel – saß man nun in dem verdunkelten Waggon, selbstverständlich war auch der »Kugelblitz« – dies war der Spitzname des Generalstabschefs Zeitzler – mit uns. Das Gespräch während der kurzen Fahrt drehte sich um eine brisante Nachricht: Amerikanische und britische Truppen waren vor drei Tagen von Afrika aus in Sizilien gelandet, und die Italiener hatten offenbar so gut wie nichts getan, um die Insel zu verteidigen. Zeitzler berichtete, was er bisher darüber wußte. Die vier saßen in einer Vier-Personen-Nische des alten Dritter-Klasse-Wagens. Ich stand im Mittelgang und hörte zu. Manstein bemerkte trokken, so hätten wir nun also die Westalliierten in Europa. Zeitzler betonte, es müßten nun endlich grundlegende Entscheidungen hinsichtlich der weiteren Entwicklungen des Krieges fallen, doch außer den mageren Lageinformationen sei der Generalstab des Heeres vom dortigen Geschehen völlig ausgeschlossen. Kluge stimmte Manstein und Zeitzler temperamentvoll zu. Nur Rommel schwieg.

Rommel schwieg auch während der Lagebesprechung. Das Thema war ja nicht Sizilien, sondern die schweren Kämpfe bei Kursk. Dennoch mußte man sich entscheiden, was Vorrang haben sollte: die Ostfront oder der Mittelmeerraum. Diese Stunde wäre wohl die letzte gewesen, ein einheitliches Oberkommando zu bilden, um für Deutschland zu retten, was noch zu retten war.

Doch eine so weitreichende und grundlegende Entscheidung vermied Hitler. Er sah wieder, wie schon vor Monaten in Saporoshje, verfallen aus, angeschlagen, verkrampft. Nichts wollte er hergeben. Wieder beobachtete ich das Mahlen seiner Backenmuskeln. Diesmal schien mir die Reaktion, die ich vor Monaten in Saporoshje noch für Pose gehalten hatte, doch vielleicht echt.

Eine klare Entscheidung erging nicht. Doch man spürte, daß Hitler die Offensive auf Kursk abbrechen würde. Und ebenso spürte man, daß er den Heeresgruppen wohl einige Kräfte entziehen würde. Die mochten sich etwas einfallen lassen, um auch mit reduzierten Kräften ihre Aufträge zu erfüllen. Wenn es auch so deutlich nicht ausgesprochen wurde, die Tendenz war herauszuhören.

Nach Ende der Lagebesprechung blieben die Feldmarschälle wieder sich selbst überlassen. Im Gästehaus gab es den schönen großen Raum, wo man sich einen schmalen Imbiß servieren ließ und in bequemen Sesseln diskutieren konnte. Die drei Oberbefehlshaber waren erfahren genug, um vorauszusehen, daß das Ende des Krieges durch die Ereignisse an der Ostfront und in Italien eingeläutet war. Doch wann und wie und wo das sein würde, darüber gingen ihre Meinungen auseinander. Manstein verfocht seine These von der Möglichkeit eines

Remis, Kluge und Rommel vermieden eine Stellungnahme dazu. Es gab guten französischen Rotwein, und allmählich lösten sich die Zungen. Als erster erhob sich Kluge, um sich zur Ruhe zu begeben. Höflich erhoben sich Manstein wie Rommel. Sie standen zu dritt beieinander, und ich hörte aus Kluges Mund ein gewichtiges Wort: »Manstein«, sagte er, »das Ende wird böse sein. Und ich wiederhole, was ich Ihnen schon früher gesagt habe, ich bin bereit, mich Ihnen zu unterstellen.« Manstein dankte, wie man einem Freunde für ein liebenswürdiges Kompliment zu danken pflegt. Freundlich, höflich, unverbindlich.

Bald waren nur noch Rommel, Manstein und ich im Zimmer. Man blieb bei derselben Sorte Wein; und plötzlich war es heraus, Rommel hatte es ausgesprochen: Das Ende des Krieges werde eine einzige Katastrophe sein. Wenn die Alliierten auch noch auf dem Balkan landen sollten und zum Schluß an der Küste des Atlantiks, dann bräche das Haus zusammen.

Manstein konterte: Soweit sei es noch lange nicht. Hitler werde den Oberbefehl abgeben, ehe er scheitere. Rommel blieb hart: »Er wird den Oberbefehl niemals abgeben. Ich kenne ihn offenbar besser als Sie, Herr von Manstein.«

Manstein erhob sich, um Gute Nacht zu sagen. Jetzt stand Rommel neben ihm. »Auch ich bin bereit, mich Ihnen zu unterstellen«, sagte er. Manstein wünschte Gute Nacht und steuerte der Tür zum Flur zu. Kurz vor ihr hielt Rommel mich am Ärmel zurück. Manstein war bereits draußen, als er zu mir sagte: »Ihr Feldmarschall ist ein genialer Stratege. Ich bewundere ihn. Aber er ist ein Illusionist. Sorgen Sie dafür, daß er nicht vergißt, was ich ihm soeben gesagt habe.«

WINNIZA

Zitadelle sollte die letzte deutsche Offensive an der Ostfront gewesen sein. Mit ihrem Scheitern ging das Gesetz des Handelns unwiderruflich auf die Sowjets über. Aber bis zur Einnahme Berlins sollte noch eine lange Kette von Verteidigungsschlachten kommen. Zitadelle hatte den Russen ebenso wie uns schwerste Verluste bereitet. Feldmarschall Kluge hatte am Abend des 13. Juli 1943 zu Hitler von 20 000 Mann bei seiner Heeresgruppe Mitte gesprochen. Feldmarschall Manstein bezifferte später die Verluste der Heeresgruppe Süd auf 20 720 Mann, »davon 3 330 Tote«. Den Gesamtausfall der Sowjets schätzte er auf 85 000

Mann. Und wir standen damals erst am Anfang der Lawine des Schreckens.

Die Russen hatten den »Balkon« bei Kursk halten können, jetzt wurde dieser gewaltige Frontvorsprung genau das, was Manstein schriftlich wie mündlich seinem Obersten Befehlshaber warnend vorausgesagt hatte: die Basis für ihre eigene Offensive. Sie eroberten Charkow zurück, bei Heeresgruppe Mitte nahmen sie Orel. Jetzt hefteten sie den Erfolg an ihre Fahnen.

Die Heeresgruppe Süd verlegte ihr Hauptquartier Anfang Oktober 1943 nach Winniza, nicht weniger als fünfhundert Kilometer zurück nach Westen.

Winniza war noch wenige Monate zuvor Hitlers Führerhauptquartier gewesen. Von hier aus hatte er den Angriff auf Stalingrad und – gleichzeitig – zum Kaukasus geführt. Unsere Führungsabteilung bezog die in einem Waldstück nördlich der Stadt für Hitler erbauten Blockhäuser. Sie waren von der Außenfassade schlicht und rustikal. Doch im Innern fehlte es an keinem Komfort.

Der Feldmarschall bezog mit mir und unseren beiden Burschen Hitlers ehemaliges Wohnhaus. Der Architekt, der dieses Haus gebaut hatte, hatte es außerordentlich geschickt entworfen. Von dem Fußweg aus, auf dem man das Haus erreichte, wirkte es bescheiden. Links und rechts der Haustür gab es nur je zwei Fenstergruppen. Die beiden linken gehörten zum Adjutantenzimmer, das ich nun bezog, die beiden rechten zu einem Wohn- und Besprechungszimmer, das sich allerdings wie ein ausgebreitetes Handtuch nach hinten verlängerte.

Da Hitler mit Gewißheit oft vor seinem Hause fotografiert werden würde, bedurfte es also keiner Bild-Zensur, um Hitler vor seinem »so kleinen und bescheidenen Häuschen« der Öffentlichkeit zu zeigen.

Tatsächlich war Hitlers Haus ein Atrium-Haus. Sein Grundriß war den klassischen Beispielen der untergegangenen Stadt Pompeji entliehen. Mir stand ein eigenes Bad zur Verfügung. Hitlers Suite auf der Rückseite des Hauses enthielt ein schönes Wohn- und Arbeitszimmer, Schlafzimmer und Baderäume.

Mit größtem Interesse sah ich mir das Innere an. Alle Wände waren mit Kiefernholz getäfelt. In Hitlers Suite, die der Feldmarschall nun bezog, gab es sogar zahlreiche Bilder. In Hitlers Arbeitszimmer hing eine Serie von nachgedruckten Spitzweg-Idyllen. Doch als besonders aufschlußreich empfand ich das Bild in Hitlers Schlafzimmer. Es hing so, daß der Blick des im Bett Liegenden zwangsläufig diesem Portrait begegnen mußte.

Es handelt sich um die Reproduktion einer Rötelzeichnung und stellt eine junge, angeblich pommersche Frau dar, weder schön noch interessant.

Als wir später vor den nachdrängenden russischen Truppen Winniza räumen mußten und unsere Pioniere bereitstanden, um das »Haus des Führers« auf ausdrücklichen allerhöchsten Befehl in die Luft zu sprengen, bin ich ganz schnell nochmal hingelaufen, um das Bild aus Hitlers Schlafzimmer als Souvenir mitzunehmen. Ich besitze es noch heute, doch es hängt bei mir so, daß man es möglichst nicht sehen kann, in einem dunklen Korridor dicht unter der Decke.

Feldmarschall Manstein benutzte das »Führer-Haus« nur zum Wohnen. Unsere Arbeitszimmer lagen in einem der anderen Häuser. Lediglich die Abende hindurch saß er mit seiner »kleinen Runde« hier in Hitlers großem Zimmer. Oft ließen wir das Kaminfeuer brennen. Deutlich war zu erkennen, daß wir die ersten waren, die hier Feuer entzündet hatten. Eine interessante gußeiserne Platte war in den Feuerraum eingelassen. Sie stellte den Leibhaftigen im höllischen Feuer dar. Unsere Besucher pflegten wir nachdrücklich auf diese Kamindekoration aufmerksam zu machen. Das gab Schmunzeln oder auch verblüfftes Schweigen.

Bei dieser Schilderung entsinne ich mich des rotbraunen Langhaar-Teckels des Feldmarschalls. »Knirps« hieß dieses reizende und unterhaltsame Tier. Saßen wir zum Essen am Tisch, erschien Knirps regelmäßig bei mir und machte unaufgefordert »Männchen«. Zu deutsch: Knirps bettelte! Ich lehrte ihn ein weiteres Hunde-Kunststück: Auf mein Kommando: »Wie macht der braune Hund?« hob er seine rechte Pfote. Nur wenn er dies tat, bekam er einen Bissen zugesteckt. So hatten wir also einen Hund, der den Hitler-Gruß ausführen konnte. Manstein amüsierte sich über meine Dressur-Erfolge. Ich versprach ihm aber, meine Hunde-Schau nur in Anwesenheit wirklich guter Freunde zu zeigen.

Oberst im Generalstab Eberhard Finckh war der Oberquartiermeister unserer Heeresgruppe. Jetzt in Winniza befand sich die Quartiermeister-Abteilung in der Stadt, also einige Kilometer von unserem Waldlager entfernt. Kam Finckh zum Vortrag, dann ließ ich meine Arbeit liegen, um ihm zuzuhören. Die präzisen und klugen Berichte, seine weit vorausschauenden Beurteilungen faszinierten mich.

Eines Tages trug er dem Feldmarschall vor, er habe mit den Oberquartiermeistern der anderen Heeresgruppen und mit den betreffenden Stellen im Oberkommando des Heeres zu errechnen versucht, wieviel uns der Krieg zur Zeit koste. Manstein fragte, worauf er das beziehe. Vermutlich dachte der Feldmarschall an die finanziellen Kosten. Finckh erwiderte, die finanziellen Seiten zu ermitteln, sei ihm völlig unmöglich. Ihm gehe es vielmehr um die Frage, wieviel Menschen der Krieg zur Zeit täglich koste. Es seien nach seinen Berechnungen täglich ungefähr dreitausend. Er trage das vor, um die Größenordnung deutlich zu machen, innerhalb derer man sich jetzt bewege. Ungefähr dreitausend Menschen täglich. Unsagbar, sich das vorzustellen.

Ganz unvermittelt erhielt ich an einem anderen Tage in Winniza einen Anruf Finckhs. Er müsse mich sprechen, sagte er, es sei wichtig. Ich bat den Feldmarschall um eine Stunde Urlaub nach dem Mittagessen und sagte ihm, Oberst Finckh wünsche, mich persönlich zu sprechen. Er war einverstanden.

Ich fuhr in die Stadt und ließ mich bei Finckh melden. Sofort begann er. Es sei eine sehr schlimme Sache, und der Feldmarschall müsse sie wissen. Doch zuvor wolle er sie mit mir erörtern. Er habe heute vormittag den Besuch von zwei durchreisenden Generalstabsoffizieren gehabt, die ganz zufällig in unserem rückwärtigen Heeresgebiet Zeugen einer Massenhinrichtung von Juden geworden seien. Dies sei in einem Waldgelände geschehen, das sich innerhalb des Zuständigkeitsbereiches unserer Heeresgruppe befinde. Die Hinrichtungen seien ganz eindeutig geplant und wohlorganisiert gewesen, die Exekutoren hätten SD- oder SS-Uniformen getragen.

Ich fragte, ob er auch erfahren habe, wie viele Juden dort ermordet worden seien. Er antwortete, die beiden Zeugen hätten ihm berichtet, daß sie von einem der SS-Offiziere gehört hätten, es habe sich bisher schon um über hunderttausend gehandelt.

Daß SD und SS im besetzten Polen systematisch Juden ausrotteten, wußte ich schon von meinem Besuch in Berlin bei General Oster. Dem Feldmarschall hatte ich das damals auch berichtet. Daß jetzt aber auch in unserem nach Westen zurückverlegten rückwärtigen Bereich gemordet wurde, war für mich neu.

Ich fragte Finckh, warum er mich zuerst informiert habe, anstatt sofort dem Oberbefehlshaber eine Meldung zu erstatten. Er sagte, daß er sofort zu ihm kommen und ihm die Sache vortragen werde, falls er dies wünsche. Innerhalb einer Stunde könne er bei ihm sein.

Wir sprachen noch über die Perspektiven dieser Information. Die SS-Einheiten unterstanden nicht der Heeresgruppe, sondern ihrem

Chef Heinrich Himmler. Von ihm mußten diese Befehle gekommen sein. Himmlers einziger Vorgesetzter aber war Hitler. Ohne den Auftrag des Führers konnte selbst Himmler Massenmorde solchen Umfangs nicht veranlaßt haben. Die »Zuständigkeit« lag also ohne den geringsten Zweifel an »Oberster Stelle«. Örtlich aber betraf sie die Heeresgruppe. Also mußte der Feldmarschall Kenntnis davon erhalten.

Auf der Rückfahrt zum Waldlager überlegte ich mir den Verlauf der bevorstehenden Teestunde mit Manstein. Ich baute unser Schachbrett auf. Bei brisanten Gesprächen mit Manstein konnte eine Schachpartie hilfreich sein.

Kaum war der Tee eingegossen und die Ordonnanz aus dem Zimmer, begann er: »Na, was wollte denn Oberst Finckh von Ihnen?« Eine böse Sache, so begann ich. In unserem rückwärtigen Heeresgruppenbereich seien SS-Einheiten dabei, in Massen Juden umzubringen. Gereizt fuhr er mich an, warum Finckh das zuerst mir erzähle, anstatt zu ihm selbst zu kommen und es ihm zu melden.

Ich antwortete, Oberst Finckh habe mir ausdrücklich aufgetragen, zu melden, daß er auf telefonischen Anruf sofort kommen werde, um eine dienstliche Meldung zu machen.

Es trat eine Gesprächspause ein, und wir begannen die Schachpartie. Dabei ließ er sich nun ausführlich erzählen, was ich wußte. Als ich fertig war, sagte er: »Hunderttausend, haben Sie gesagt?« – »Jawohl, Herr Feldmarschall.«

Jetzt folgte eine heftige Reaktion: Hunderttausend, das sei völlig unglaubhaft. Gesetzt den Fall, es würden wirklich hunderttausend Menschen in einem einzigen Waldstück umgebracht, dann solle doch bitte irgend jemand einmal sagen, wie man hunderttausend Tote verschwinden lassen könne. Mit einer derartigen Unglaubwürdigkeit sei bereits erwiesen, daß ich und »Ihr Freund Finckh« einer gemeinen Propaganda-Intrige aufgesessen seien. Er, Manstein, habe schon im Ersten Weltkrieg als junger Generalstabsoffizier solche unglaubliche Feindpropaganda erlebt. Desto weniger dürfe man jetzt auf solche Tricks hereinfallen. Wir beide, Manstein und ich, hätten uns doch vor einiger Zeit einmal über die Eröffnungsfeier der Olympischen Spiele 1936 in Berlin unterhalten, die wir miterlebt hätten. Damals seien doch im Olympia-Stadion über hunderttausend Menschen gewesen. Wenn man sich das vergegenwärtige, dann solle doch einmal jemand erklären, wo man ein derart großes Volumen von Toten hinbringen solle, um ihre Ermordung zu vertuschen. – Kurz und gut, ich solle meinen

»Freund Finckh« sagen, er verbäte sich solche Märchen. Oder aber, er solle selbst kommen und eine Meldung machen.

Als er endlich eine Pause machte, sagte ich, es sei auch für mich unvorstellbar, wie man hunderttausend Menschen zusammen ermorden könne und die Leichen vom Erdboden verschwinden ließe. Es gehe in meinen Kopf überhaupt nicht hinein, wie so etwas geschehen könnte. Und doch müsse ich wiederholen, daß es Oberst Finckh sei, der mir das berichtet habe, und daß seine beiden Informanten Generalstabsoffiziere seien. Ich hätte vom deutschen Generalstab einen so hohen Respekt, daß ich an seiner Glaubwürdigkeit keinen Zweifel habe.

Wir spielten ein paar Züge Schach. Dann fragte ich, ob ich Oberst Finckh anrufen solle. Er erwiderte, er müsse sich das alles nochmal durch den Kopf gehen lassen.

Es folgten noch ein paar Bemerkungen hin und her, und plötzlich hatte ich eine, wie ich noch heute meine, gute Idee, und ich begann:

»Herr Feldmarschall, ich muß diese Gelegenheit benutzen, um zu sagen, daß unter meinen eigenen Vorfahren ein Urgroßvater ist, der als Jude geboren wurde und, soweit ich weiß, erst im Alter von sechs Jahren evangelisch getauft wurde. So fühle ich mich dem Schicksal der Juden nicht nur grundsätzlich, sondern auch ganz persönlich verbunden.«

Der Feldmarschall war nicht unglücklich, daß ich, ohne mein Thema verlassen zu haben, eine Gesprächsvariante in unseren Disput gebracht hatte. Warum ich ihm das nicht bereits früher erzählt habe, wollte er wissen. Und eingehend ließ er mich berichten, was ich über den Delegierten der Stadt Hamburg im Vorparlament von 1848 der Paulskirche in Frankfurt wußte. »Wirklich Reichsminister des Äußeren?« fragte er. »Jawohl, Herr Feldmarschall, und zuvor auch noch Reichsjustizminister und maßgeblich beteiligt an der Konzipierung der gesamtdeutschen Verfassung von 1848.«

Mehrmals mußte ich des Urgroßvaters Namen wiederholen, weil er ihn nicht kannte: Wilhelm Moritz Heckscher. Später hatte ich noch weitere Gelegenheiten, über meinen Urgroßvater zu sprechen. Im Grunde war der Feldmarschall historisch sehr interessiert. Und nun meinte ich sogar, das Gespräch so gut in der Hand zu haben, daß ich zu einer weiteren Variante griff:

»Herr Feldmarschall, ich werde niemals einen Abend in Saporoshje vergessen, an dem zu später Stunde nach einigen Gläsern Wein Herr Feldmarschall uns Bridge-Partner mit der Geschichte von der Herkunft der Familie Lewinski* überrascht haben, der Geschichte von dem Ur-Ur-Ahnherrn Lewi, der – möglicherweise – vor langen Zeiten in Warschau Oberrabbiner gewesen sei.«

»So, habe ich Ihnen das erzählt?« rief er. »Jawohl, Herr Feldmarschall«, antwortete ich. »Das muß aber sehr spät am Abend gewesen sein!« bemerkte er. »War es auch!« sagte ich und fügte nochmal hinzu, ob ich jetzt Oberst Finckh zum Vortrag bestellen sollte. »Heute noch nicht«, sagte er. Er müsse noch eine Nacht darüber schlafen.

Finckh wurde am folgenden Tage zum Vortrag gebeten. Als ich ihn anmeldete, begrüßte der Feldmarschall ihn so freundlich wie immer, denn er mochte ihn und achtete ihn. Ich schloß die Tür hinter ihm. Jetzt wollte ich nicht mithören, denn ich wußte den Inhalt des Gesprächs und seine Konsequenzen im voraus. Was hätten die beiden dagegen tun können, daß ein paar hundert Kilometer westlich von uns die Schergen von SD und SS organisierten Mord betrieben. Eine Strafanzeige hätte sich an den richten müssen, der die Untaten befohlen hatte, und das konnte letzten Endes nur ein einziger gewesen sein.

Oberst Finckh war ein Jahr später, im Sommer 1944, Oberquartiermeister West in Paris. Am Abend des 20. Juli wirkte er maßgeblich an dem Versuch des Staatsstreichs mit. In Paris wurden in dieser Nacht sämtliche zwölfhundert Funktionäre der SS und der Gestapo verhaftet. Sie ließen sich sogar verhaften, ohne daß geschossen werden mußte. Oberst Finckh wurde am 30. August 1944 in Berlin vom Volksgerichtshof zum Tode verurteilt und durch den Strang hingerichtet. Auch er hatte nichts ausrichten können, um die Ermordungen der Juden westlich von Winniza zu verhindern.

RÜSTUNGSMINISTER SPEER

Des Datums bin ich mir nicht sicher, aber ich glaube, daß es unser Besuch am 9. November 1943 mittags im ostpreußischen Führerhauptquartier Wolfsschanze war, als einer von Hitlers Adjutanten dem zur befohlenen Zeit pünktlich eingetroffenen Feldmarschall ausrichtete, sein Vortragsbeginn werde sich noch »etwas verzögern«. Man führte

---

* Manstein wurde als zehntes Kind seiner Eltern von Lewinski geboren und von seinem Onkel von Manstein adoptiert. Der König von Preußen genehmigte einen neuen Namen: von Lewinski genannt von Manstein.

uns in Hitlers Vorzimmer, in dem einige tiefe Sessel um einen runden Tisch herum standen.

Zu unserer Überraschung saß dort bereits ein vor uns eingetroffener Besucher: Albert Speer, Hitlers Architekt und jetzt sein »Reichsminister für Rüstung und Kriegsproduktion«.

Manstein befand sich in übelster Stimmung, zeugte es doch zumindest von miserablem Stil, einen Feldmarschall antichambrieren zu lassen. Aber was half es, der Feldmarschall setzte sich in den in der Runde am weitesten von Speer entfernten Sessel; kaum daß er Speer die Hand gereicht hätte. Der trug ja nun wirklich keine Schuld an der Situation. Ich nahm zwischen den beiden Platz und bemühte mich um Unterhaltung. Zudem interessierte es mich, Albert Speer näher kennenzulernen. Speer ging gerne und bereitwillig auf meine Fragen ein, denn – so erfuhren wir nun – er, der Rüstungsminister, warte hier schon seit mehr als einer Stunde. Sein Terminkalender dieses Tages sei nun chaotisch geworden.

Angesichts solcher Freimütigkeit im Vorzimmer des Diktators schaltete nun auch ich einen weiteren »Gang« ein und fragte ihn, ob er während eines Vortrages beim Führer stehe oder sitzen dürfe. Er gab eine verblüffende Antwort: er setze sich grundsätzlich hin, und das auch dann, wenn er noch nicht zum Platznehmen aufgefordert worden sei, mit Ausnahme des Vortragsteils, zu dem man große Pläne auslegen müsse. Grundsätzlich jedoch erreiche er nach seiner jahrelangen Erfahrung im Sitzen mehr als im Stehen.

Jetzt begann Manstein, sich für unsere Unterhaltung zu interessieren. Ermutigt fragte ich weiter:

«Was tun Sie, Herr Minister, wenn der Führer Sie in einem Vortrag unterbricht und dann nicht mehr zu Wort kommen läßt?« Prompt kam Speers Antwort: »Ich lasse ihn reden und nehme aus meiner Aktentasche« – diese stand auch jetzt neben seinem Sessel auf dem Boden – »einen Skizzenblock und beginne zu zeichnen. Es dauert niemals lange, bis der Führer mich fragt, was ich da zeichne. Sofort habe ich dann das Gespräch wieder in meiner Hand.«

Dann fragte ich Speer, was er tue, wenn sich das wiederhole; mehrmals könne man doch wohl kaum dieselbe Technik anwenden. »Dafür habe ich immer mindestens zwei Bücher aus meiner Bibliothek in der Tasche. Ich nehme dann eines der Bücher und blättere darin, als wenn ich etwas suchte.«

Ich fragte, ob er mir das Buch »für heute« zeigen könne. Sofort griff er in seine Aktentasche und reichte mir ein großes, kalbsledergebundenes Album, auf dessen Deckel ein prachtvolles bürgerliches Familienwappen prangte. Das Album enthielt eine seit Generationen angelegte Sammlung von Menü-Karten zu Familienfesten, Verlobungen, Hochzeiten, Kindtaufen und so fort.

Jetzt war die Unterhaltung mit Speer schon gelöster; aber wir saßen bereits über eine Stunde hier, der Minister also über zwei.

Plötzlich erhob Manstein sich und ging zur Tür; automatisch folgte ich ihm auf den Korridor: die Sehkraft seiner Augen machte es ihm schwierig, in fremden Häusern den gewissen Ort zu finden. Nachdem ich die gesuchte Tür gefunden hatte, ging ich sofort zurück zu Speer. Nun, unter vier Augen, fragte er mich, fast als wäre es eilig, ob die Heeresgruppe die routinemäßigen Produktionsaufstellungen über Panzer, Waffen, Munitionen usw. aus seinem Ministerium in einer der Originalausfertigungen erhalte oder aber als Information des Oberkommandos der Wehrmacht. Ich konnte ihm sofort sagen, daß ich diese monatlichen Aufstellungen schon viele Male gesehen und mit Interesse gelesen hätte, daß mir jedoch der Briefkopf seines Ministeriums noch niemals vor Augen gekommen sei. »Dann sorgen Sie bitte dafür«, antwortete Speer, »daß diese Aufstellungen mit allergrößtem Mißtrauen gelesen werden, und sagen Sie das bitte auch Ihrem Oberquartiermeister. Unsere Zahlen werden nämlich im Oberkommando der Wehrmacht manipuliert!«

Auf dem Heimflug erzählte ich dies dem Feldmarschall. »Das hat Ihnen Speer gesagt?« war seine Reaktion. Er wollte es kaum glauben. Nach einiger Zeit meinte er, ich solle das dem Oberst Finckh sagen. Und Finckh möge sich irgend etwas ausdenken, um an die Original-Zahlen heranzukommen. Finckh kenne in Berlin genügend Leute, um das zu schaffen. Mehrmals schüttelte er den Kopf.

»TOTALER KRIEG«

Über dienstliche Telefonleitungen hatten wir aus der Heimat Nachrichten von schwersten Bombenangriffen auf Berlin in den Nächten des 22. und 23. November 1943 erhalten, und mich hatte man aus meiner Heimatstadt Stettin angerufen, um mir mitzuteilen, daß unsere Ölfabrik durch gezieltes Bombardement so gut wie ganz vernichtet sei. Der Feldmarschall bot mir an, für ein paar Tage nach Stettin zu fahren. Er gab mir einen Brief an eine seiner Schwestern in Berlin mit, denn die Post funktionierte noch nicht wieder. Ihre Adresse: Brückenallee im Hansaviertel, am Westrand des Tiergartens, eine der vornehmsten Wohngegenden Berlins.

Zu Fuß ging ich durch die schwer getroffene Stadt zum Landwehrkanal, um nach meinem Vater zu sehen: Corneliusstraße 10 a, gegenüber dem Zoologischen Garten. Das Haus existierte nicht mehr. Am Eingangstor hing ein Zettel: »Herr Stahlberg ist gesund. Er befindet sich in Misdroy, Insel Wollin, an der Ostsee, Adresse . . .«

Ich ging weiter in die Brückenallee beim Bahnhof Tiergarten. Dort erinnerte das Inferno an die Schlachtfelder am Wolchow. Ich mußte Schritt für Schritt über Leichen gehen, um das mir bezeichnete Haus zu erreichen. Die Toten zeigten keinerlei Wunden. Die Alliierten hatten Luftminen eingesetzt, eine neue Waffe. Als ich das Haus erreichte, starrte mich eine ausgebrannte Ruine an.

Weiter ging ich zum Stettiner Bahnhof am Ende der Invalidenstraße. Doch es gab keinen Zug nach Stettin. Der Bahnhof lag in Trümmern. Irgendwie gelang es mir, an der Stettiner Strecke entlang zur Station mit dem schönen Namen »Gesundbrunnen« zu kommen. Dort stand ein auf sein Abfahrtssignal wartender Güterzug. Ich ging nach vorne zur Lokomotive und bat den Lokführer, mich nach Stettin mitzunehmen. Er war einverstanden, und ich kletterte zu den beiden Eisenbahnern hinauf. Der Zug fuhr »auf Sicht«. Es dauerte viele Stunden, bis wir in Stettin ankamen. Vom Güterbahnhof Pommerensdorf waren es nur ein paar hundert Meter bis zu unserer Fabrik.

Wozu soll ich beschreiben, was ich vorfand. Die Fabrik existierte nicht mehr. Was seit Urgroßvaters Zeiten 1841 gebaut, gewachsen, modernisiert, vergrößert worden war, schwelte nur noch hier und da. Man hatte sogar mehrere Löschzüge aus Berlin über die neue Autobahn kommen lassen, doch die waren wenige Stunden später unverrichteter Dinge nach Berlin zurückgefahren. Die Öltankanlage war ausgebrannt, die Extraktion war zu Schrott geworden, die Raffinerie war ein Chaos von Eisen, ein Berg von sechstausend Tonnen Sonnenblumenkernen aus der Ukraine, über dem sich zuvor eine Halle gewölbt hatte, brannte noch; er sollte noch mehr als fünf Wochen schwelen. Nur das schöne neue Kraftwerk in den Oderwiesen sowie die Saatenreinigungsanlage an unserem kleinen Hafen waren fast unbeschädigt.

Unser Prokurist bat mich, ihn zum Rathaus zu begleiten. Es mache sich gut, wenn er den uniformierten Junior neben sich habe. Im Rathaus saßen wir mehreren braununiformierten Parteileuten gegenüber, wir nannten die Parteifunktionäre wegen ihrer prächtigen Uniform

»die Goldfasanen«. Man überreichte uns einen Verrechnungsscheck der Deutschen Reichsbank über eine Summe, wie ich sie noch niemals in der Hand gehabt hatte. Man versprach uns tatkräftige Hilfe, denn die Ölfabrik Stahlberg hatte im Rahmen des Planwirtschafts-Systems des Deutschen Reichs ein Kontingent von zehneinhalb Prozent.

Ich führte noch ein paar Telefongespräche, mit meinem Vater in Misdroy, mit meiner Großmutter in Hinterpommern. Sie sagte mir, daß Onkel Hans-Jürgen wieder einmal »verreist« sei, diesmal in die Prinz-Albrecht-Straße in Berlin. Großmutter war mutig – oder leichtsinnig? –, das am Telefon zu sagen. Unser Prokurist hatte mir gerade erzählt, seine Frau sei »eingezogen« worden. Sie sei dienstverpflichtet tätig im »Forschungsamt« in Berlin. Ahnungslos fragte ich, was dort erforscht werde, und erfuhr, Hunderte von Angestellten säßen dort und hätten nichts anderes zu tun, als sich in drei Schichten rund um die Uhr in das Telefonnetz der Post einzuschalten und per Stenogrammblock Bericht zu erstatten. Das Forschungsamt unterstehe dem Reichsmarschall Hermann Göring.

Wie ich gekommen war, so fuhr ich nach Berlin zurück. Die Mischung von Rauch und frischer Luft auf einer Lokomotive tat wohl.

Weder im Großen Duden noch im Großen Brockhaus habe ich das Wort »Arisierung« gefunden. Und doch ist es im nationalsozialistischen Deutschland ein Terminus technicus gewesen. Seine Anwendung konnte entscheiden über Leben oder Tod. Jüdische Unternehmen, jüdische Geschäfte, jüdische Arzt- oder Anwaltspraxen wurden »arisiert«, indem man deren Inhaber oder Geschäftsführer gegen nicht-jüdische »auswechselte«. In seltenen Fällen wurden sogar jüdische Menschen arisiert. Von Hermann Göring ging sogar das Wort um: »Wer arisch ist, bestimme ich.«

Wieder in Berlin, hatte ich Mühe, eine intakte Telefonzelle zu finden. Noch ungewisser war es, den gewünschten Teilnehmer zu erreichen. Als es schließlich gelang und als sich am anderen Ende Tatjana Gsovsky, die verehrte Ballettmeisterin, meldete, bekam ich auch ihre Assistentin Inge Schweitzer an den Apparat. Wir verabredeten uns in einem Restaurant am Kurfürstendamm.

Inge sah blaß und verhärmt aus. »Sie haben Mareile abgeholt!« begann sie. »Was heißt abgeholt?« fragte ich, und Inge berichtete.

Mareile, ihre ältere Schwester, mit der sie zusammenlebte, hatte schon vor einigen Jahren wegen ihrer jüdischen Abstammung ihr Medizinstudium abbrechen müssen; später gehörte sie zu den Unglücklichen, die einen »Gelben Stern« mit dem Schriftzug »Jude« tragen mußten, die die Straße nur noch bei Dunkelheit betreten durften und deren Lebensmittelzuteilungen weit unter den normalen Rationen lagen. Dann war sie »dienstverpflichtet« worden und arbeitete – nur in Nachtschichten – in einer Fabrik für elektrische Geräte.

Eines Morgens war sie von der Arbeit nicht nach Hause gekommen. Inge war sofort zu der Fabrik gefahren. Dort hatte man ihr gesagt, alle jüdischen Arbeiterinnen dieser Abteilung seien nach Mitternacht geschlossen abgeholt worden; sie befänden sich nicht mehr in Berlin.

Inge hatte alles Mögliche in Bewegung gesetzt, um herauszubekommen, wohin man ihre Schwester gebracht hatte, und es war ihr – so unwahrscheinlich es klingen mag – nach wenigen Tagen gelungen.

Die Nachrichtenkette begann bei der BVG, den Berliner Verkehrsbetrieben. Die Straßenbahnen fuhren nach nächtlichem Verkehrsschluß »Sondereinsätze«, vom westlichen Stadtteil Berlins zum Bahnhof Grunewald. Die Güterzüge der Reichsbahn warteten außerhalb der Bahnsteige für Personenbeförderung auf ihre Menschenlast. Am Ende der Nachrichtenkette waren die Lokomotivführer, die die leeren Züge wieder in die Heimat zurückfahren mußten.

»Und wo haben sie Mareile hingebracht?« fragte ich. »Nach Auschwitz«, sagte sie. Ich hatte den Namen Auschwitz noch nie gehört und fragte, was und wo Auschwitz sei. Inge konnte es nicht glauben, daß ich nichts von Auschwitz wisse. Ich beschwor sie, ich wisse es nicht. Dann sagte sie: »Auschwitz ist eines von den vielen Konzentrationslagern in Polen. Es liegt bei Krakau. Aus Auschwitz ist bisher noch niemand zurückgekehrt.«

»Ja, aber was ist mit Dir?« fragte ich. »Du trägst keinen gelben Stern, und Dich läßt man weiterhin bei Tatjana Gsovsky arbeiten?«

Inge öffnete ihre Handtasche und entnahm ihr einen prall gefüllten Briefumschlag. Nachdem sie sich umgesehen hatte, ob sich auch nicht ein Unberufener für uns interessierte, öffnete sie den Umschlag und legte einige Dokumente auf den Tisch. Ich möge sie lesen.

Es waren eidesstattliche Erklärungen. In der ersten erklärte ein Freund ihres jetzt in Amerika lebenden Vaters, daß nicht Dr. Schweitzer der Vater des Fräulein Inge Schweitzer sei, sondern er selbst. In dem zweiten Dokument erklärte die Ballettmeisterin an der Staatsoper, Frau Tatjana Gsovsky, an Eides statt, der in den USA lebende Dr. Schweitzer habe ihr vor seinem Verlassen Deutschlands eröffnet, nicht er sei der Vater Inges, sondern sein alter Freund. Tatjana Gsovskys Erklärung war sogar von einem Berliner Amtsgericht bestätigt worden. Dann folgte das Gutachten eines Genetikers. Der erklärte, die Ohrläppchen der beiden Schwestern Inge und Mareile Schweitzer seien so unterschiedlich, daß sie nicht dieselben Eltern gehabt haben könnten. Eine weitere Erklärung stammte von dem berühmten Flieger Ernst Udet, zuletzt Generaloberst und Generalluftzeugmeister der Deutschen Luftwaffe. Ernst Udet erklärte, nicht Dr. Schweitzer, sondern er selbst sei der außereheliche Vater der Inge Schweitzer gewesen. Udet lebte nicht mehr. Er hatte sich im November 1941 erschossen, als Hitler und Göring ihm die Schuld daran gegeben hatten, daß der deutsche Luftangriff auf England im Sommer 1940 gescheitert war.

Ich fragte Inge, wer denn nun tatsächlich ihr Vater gewesen sei. Natürlich wußte sie es nicht. Aber es stand für sie außer jedem Zweifel, daß es niemand anders als ihr Vater sei. Udet sei mit ihren Eltern befreundet gewesen, ihre Mutter war früh gestorben, und ihr Vater habe Udet vor seiner Auswanderung gebeten, sich um die beiden Töchter zu kümmern, bis er wieder nach Deutschland zurückkehren könne. Für Mareile hatte Udet die »Vaterschaft« nicht übernehmen können, denn die Schwestern sahen nun einmal einander so wenig ähnlich, daß die Erklärung für Inge mit einer ebensolchen für Mareile unglaubwürdig geworden wäre. Welch ein grausames Schicksal!

Bis zur Abfahrt meines Zuges hatte ich noch einige Stunden Zeit, und so begleitete ich Inge in die Fasanenstraße. Am Klavier saß noch immer Maria Kalamkarian, wir nannten sie Maika. Sie spielte aus Klassik und Romantik auswendig, als sei sie ein Musiklexikon. Ich setzte mich neben sie und genoß das Zuhören und das Zuschauen bei der Arbeit der Meisterklasse. Es kam aber keine Stimmung auf. Im Grunde war es keine Zeit mehr für Ballett-Tanz. Ich bat Maika, Bach zu spielen. Sogleich begann sie mit Stücken aus dem Wohltemperierten Klavier. Niemand tanzte noch. Johann Sebastian Bach war eine Hilfe für solch einen Tag. Schließlich sagte Maika: »So, und nun spiele ich noch ein Stück für Mareile, und dann ist Schluß für heute.« Und wir hörten den Schlußchoral aus der Johannes-Passion.

Als es dunkel war, gingen wir zu dritt, Maika, Inge und ich, die Lietzenburger Straße hinunter zum Nollendorfplatz. Ganz unvermittelt sagte Maika: »Du, es ist gut, neben Dir zu gehen, denn Du hast eine anständige Uniform an und trägst sogar eine Pistole.« Ich verstand nicht recht, was sie damit meinte. Sie sagte, sie werde neben mir gewiß nicht »angequatscht«. Ich dachte, wer denn wohl die kleine rundliche Maika auf der Straße anquatschen sollte, und bat sie, mir das zu erklären. Es seien Streifen der Polizei, sagte sie, die sie häufig stellten, warum sie keinen gelben Stern trage. Ich wußte nicht, daß Maika keine Jüdin war, sondern Armenierin. Sie hatte einen deutschen Paß als »Staatenlose«.

Maria Kalamkarian war schon einmal »ausgebombt« worden. Jetzt hatte sie eine Kellerwohnung in der Mackensenstraße. Auf der rechten Seite öffnete sie eine Tür, die direkt vom Bürgersteig in den Keller führte. Wir tasteten uns über die dunklen Stufen nach unten und betraten zur Linken einen fensterlosen Raum, dessen Mobiliar so gut wie nur aus Matratzen, Kisten und ein paar Teppichen bestand. Eigentlich war es sogar ganz gemütlich hier unten.

Ich hängte meinen Mantel an einen Haken und fragte nach einem gewissen Örtchen. Ja, sie habe sogar das. Doch bevor ich mich dorthin begebe, müsse sie »den Weg erst einmal freimachen«. Dort lebe nämlich ein befreundetes Ehepaar. Wenn die mir in meiner Uniform auf dem spärlich beleuchteten Kellerflur unvorbereitet begegnen würden, wären die Folgen nicht abzusehen.

Wahrhaftig, Maria Kalamkarian war eine von den heldenhaften Frauen, denen jüdische Bürger Berlins ihre Rettung verdankten. Sie machte kein Aufhebens davon. (Maria Kalamkarian lebt heute als Klavierlehrerin in Tübingen.)

Mit der selbstverständlichen Gastlichkeit osteuropäischer Völker bereitete sie Tee und brachte von ihren kargen Vorräten zu essen. Plötzlich wollte sie von mir wissen, wann dieser schreckliche Krieg zu Ende sein werde. Ich, meinte sie, müsse das doch wissen, weil ich an einer so hohen militärischen Stelle Dienst tue. Sie war ganz erschrocken, als ich sagte, ich sähe auf absehbare Zeit kein Ende. Dann meinte sie, in Wirklichkeit gebe es doch in Deutschland keinen »vernünftigen Menschen« mehr, der heute noch an den deutschen Endsieg glaube. Die beiden Damen konnten es nicht verstehen, daß sich nicht »jemand finde«, der »diesem Spuk mit Gewalt ein Ende setze«.

Was sollte ich ihnen darauf sagen? Inge erschreckte mich noch mehr: Im Berliner Oberkommando sei eine Gruppe hoher Offiziere, die einen Staatsstreich vorbereite. Ich sagte, ich wisse nichts davon und bezweifele es auch. Was sonst sollte ich den beiden denn sagen? Ich beschwor sie, solche Gedanken nicht weiterzugeben.

Dann folgte eine noch erstaunlichere Aussage: Man habe das Gefühl, es gebe in den höheren Kommandostellen eine ganze Zahl von Leuten, die so ähnlich wie ich sprächen, weil sie über mehr Informationen verfügten als die Masse der Menschen. Aber offenbar habe keiner von ihnen den Schneid zu handeln.

Betroffen schwieg ich. Dann versuchte ich, ein anderes Thema zu nehmen. Ich wollte wissen, was auf die Dauer aus dem Ehepaar werden sollte, das hier im Keller nebenan versteckt war. Nun war die Ratlosigkeit auf der Seite der tapferen Damen. Ich sagte ihnen für den äußersten Notfall zwei Adressen, die ich von meiner Mutter wußte. Als erste die schwedische protestantische Kirche zwischen Kaiserallee und Landhausstraße. In der Landhausstraße könne man nachts anklopfen; und als zweite die Gesandtschaft Schwedens im Tiergartenviertel. Die Schweden hatten zweimal Verwandten von uns Asyl gegeben. (Achim von Rohr-Demmin und Ewald von Kleist-Schmenzin.)

Und außerdem nannte ich ihnen Namen und Adresse meiner Großmutter, Ruth von Kleist-Retzow, Klein-Krössin, Kreis Belgard in Pommern. Doch ich beschwor sie, nichts zu notieren, sondern alles nur im Gedächnis aufzubewahren.

Es war ein bedrückender Abend, ebenso bedrückend, wie es die ganzen Tage in Berlin und in Stettin gewesen waren. Es war schrecklich, nicht helfen zu können. Was sollte ich tun? Noch gerade rechtzeitig fiel mir der Vorrat an Lebensmittelmarken ein, die ich mir bei unserem Stab für solche Notfälle »organisiert« hatte.

Zu Fuß ging ich durch das verdunkelte Berlin, vorbei am Bendler-Block, in dem ich Canaris und Oster erlebt hatte, durch das Brandenburger Tor zum Bahnhof Friedrichstraße. Überall starrten mich die Ruinen an. Die nächtliche Stadt wirkte tot. Auf dem Bahnhof warteten die Kurierzüge zu den verschiedenen Heeresgruppen-Oberkommandos im Osten. Man mußte sich im Dunkel hüten, in den falschen Zug einzusteigen; man könnte bei Leningrad aufwachen anstatt in der Ukraine. Fast schämte ich mich, in solch komfortablem Schlafwagenzug zu reisen.

Wieder in unser Hauptquartier zurückgekehrt, ließ mich der Feldmarschall ausführlich berichten. Ich schilderte ihm den Zustand Berlins, das infernalische Bild der Brückenallee im Hansa-Viertel, ich gab ihm den Brief an seine Schwester zurück, ich erzählte ihm von Stettin, von dem Reisen auf Güterzuglokomotiven, und ich verschone ihn vor allem nicht mit dem Namen des Konzentrationslagers Auschwitz, aus dem bisher noch niemand zurückgekehrt sei. In seinem Gesicht zuckte es. Er schwieg. In einem Nebensatz erinnerte ich an seinen Befehl an mich, was ich wisse, müsse er auch wissen. Nur meinen Besuch im Keller des Hauses in der Mackensenstraße verschwieg ich. Das war ich den Menschen dort unten schuldig.

Ich bemühte mich, ganz sachlich und emotionslos zu berichten. Ich hatte den Eindruck, daß es ihm schwer wurde, mir zuzuhören. Er schwieg. Ich fragte ihn, ob ich weiter berichten solle. »Ja, selbstverständlich«, erwiderte er.

Ein Zwischenruf

Mit Beginn des Jahres 1944 befand sich die Heeresgruppe Süd in schweren Rückzugskämpfen. Unser Hauptquartier war von Winniza mehr als hundert Kilometer nach Westen in die Stadt Proskurow zurückverlegt worden. Am 4. Januar flog Manstein mit mir wieder in das Führerhauptquartier, denn Hitler durchkreuzte unausgesetzt die Operationen der Heeresgruppe. »Halten der Stellungen bis zur letzten Patrone!«, darin erschöpfte sich sein strategisches Denken. Manstein war entschlossen, Hitler jetzt erneut zur Abgabe des Oberbefehls zu bewegen. Immer noch hielt er an seiner These fest, es müsse gelingen, ein militärisches Remis zu erkämpfen. Sei das erreicht, dann könne Hitler auf diplomatischen Kanälen einen politischen Friedenskompromiß aushandeln. Der Feldmarschall traute sich also zu, ein Remis zustande zu bringen, sobald Hitler ihm den Oberbefehl übertrage. General Busse, sein Generalstabschef, bestärkte ihn darin.

An dem Teil der Unterredung mit Hitler, in dem Manstein diesen Vorstoß unternahm, hat niemand außer General Zeitzler teilgenommen. Manstein schildert das Gespräch vom 4. Januar in seinen Memoiren. Der Feldmarschall hat mit mir vor und nach diesem Gespräch mit Hitler häufig über die Frage diskutiert. Ich vertrat die Ansicht, es werde weder ihm noch irgend jemand anderem gelingen, Hitler zur Hergabe auch nur eines Teils seiner Macht zu bewegen. Manstein bestritt das. Die Übermacht der Tatsachen werde Hitler zwingen, einen Teil seiner Machtmittel in andere Hände zu geben, um sich selbst zu retten. Für mich persönlich steht außerhalb jeden Zweifels, daß bei diesen Überlegungen auf seiten Mansteins General Busse entscheidenden Einfluß auf den Feldmarschall ausgeübt hat.

Zum 27. Januar 1944 wurden die Oberbefehlshaber in Rußland und eine große Zahl von Generalen und Admiralen in das Führerhauptquartier befohlen. Ich selbst erfuhr nur, daß Hitler eine grundsätzliche Ansprache zu halten beabsichtige. Ich hatte solch eine Zusammenkunft bisher nur einmal erlebt, als Hitler in München den Angriffstermin für Zitadelle verkündet hatte. Also stand wahrscheinlich wieder eine wichtige Sache bevor.

Der Feldmarschall flog mit mir von Proskurow nicht direkt nach Rastenburg in Ostpreußen, sondern wir starteten bereits am Vortage, dem 26. Januar, um zehn Uhr vormittags nach Liegnitz, wo Mansteins Familie in dem Hause Holteistraße 10 lebte, das ihm vor Kriegsbeginn als Dienstwohnung gedient hatte.

Die Schilderung des Ablaufs der Tage vom 26. bis zum 28. Januar 1944 ist lange Jahre nach Ende des Krieges für die Geschichtsschreibung von Bedeutung geworden. Ich bin deshalb glücklich, daß im Bundesarchiv/Militärarchiv in Freiburg die Kopie eines Dokumentes liegt, das ich selbst nach Ende dieser Reise für das Kriegstagebuch der Heeresgruppe in die Maschine geschrieben und unterzeichnet habe.

Durch eine nicht präzise Zeugenaussage ist nämlich Jahre später die Version verbreitet worden, Manstein habe am 25. Januar 1944 in Posen an einer »NS-Führungstagung« teilgenommen, auf der sowohl Goebbels als auch Himmler gesprochen hätten. Tatsächlich ist Manstein am 25. Januar nicht in Posen, sondern in seinem Hauptquartier in Proskurow gewesen.

Für die Beurteilung der Persönlichkeit Mansteins muß ich sagen, daß seine Teilnahme an einer solchen Tagung völlig undenkbar gewesen wäre, denn er lehnte die Einrichtung der »NS-Politruks« grundsätzlich ab, weil sie die Autorität des vorgesetzten Truppenoffiziers unterhöhlte. Zudem hätte er sich als Feldmarschall kaum an einer Versammlung beteiligt, die von dem OKW-General Hermann Reinecke, dem hohen NS-Führungsoffizier und Beisitzer an Freislers Volksgerichtshof, geleitet wurde.

Weit aufschlußreicher ist es meines Erachtens, daß Manstein am Tage vor der angekündigten Grundsatzansprache Hitlers das Gespräch mit seiner Frau suchte. So flogen wir am Morgen des 27. Januar 1944 mit unserer Ju 52 von Liegnitz nach Rastenburg. Für das Kriegstagebuch der Heeresgruppe Süd* habe ich für den 27. und 28. Januar notiert:

»27. Januar
9.45 Uhr Ab Liegnitz nach Rastenburg (12.00 Uhr), Fahrt zum Führerhauptquartier.
14.00   Gemeinsames Mittagessen der Oberbefehlshaber der Heeresgruppen der Ostfront und einer Anzahl Armee-

---
* Im Bundesarchiv/Militärarchiv in Freiburg.

	Oberbefehlshaber, Kommandierender Generale und Divisionskommandeure mit dem Führer.
15.00	Ansprache des Führers.
20.00	Abendessen der Oberbefehlshaber der Heeresgruppen beim Chef des Generalstabes des Heeres.
23.00	Lagebesprechung beim Führer in dessen Hauptquartier. Anwesend: Chef OKW, OB HGr A, Süd und Mitte, Chef GenstdH, OB Kriegsmarine. (Ende 1.10 Uhr) Übernachtung im Vorwerk.

28. Januar

1.40 Uhr Als Ergebnis der Lagebesprechung folgender Funkspruch Feldmarschall von Manstein an HGr Süd:
1. Panzer-Armee: Angriff III. Panzer-Korps und XXXXVI. Panzer-Korps mit allen Mitteln fortsetzen, um nach Erledigung dortiger Feindkräfte mit III. Panzer-Korps und Leibstandarte SS A.H. nach Nordosten in den Rücken der bei VII. A.K. angreifenden Feindkräfte zu gehen. Bei VII. A.K. Lage hinhalten, möglichst unter Beibehalt derzeitiger Stellung Korps-Abteilung D, bis heranzuziehende 24. Panzer-Division oder durch sie bei 8. Armee freigemachte Kräfte etwa durchgebrochenen Feind auffangen können. (durch Oblt. Stahlberg an Hptm. Mast)

9.00 Uhr Start von Rastenburg nach Proskurow (11.25 Uhr)

(gezeichnet) Stahlberg«

Feldmarschall Manstein diktierte mir diesen Befehl im großen Kaminzimmer des Gästehauses am Mauersee (»Vorwerk«), ohne Lagekarte und Notizzettel. Während ich am Tisch vor dem Kamin saß und mitschrieb, ging er diktierend durch das Zimmer. Dann ließ er mich vorlesen, wünschte mir eine Gute Nacht und begab sich in sein Schlafzimmer, während ich den Befehl aus meiner Kladde telefonisch zur Heeresgruppe durchgab.

Doch nun zurück zum wichtigsten Ereignis dieses Tages, Hitlers Ansprache an die Generalität. Sie fand in einer größeren Baracke statt, die durch eine Milchglaswand geteilt war. Vor Betreten des vorderen Teils wurden alle Begleitoffiziere abgesondert. Hitlers Adjutanten wiesen uns die Stuhlreihen des hinteren Teils zu. Wir hatten uns mit dem Blick auf die Milchglaswand zu begnügen. Ich hörte Hitler sprechen, doch es war nicht möglich, seine Worte zu verstehen. Aber deutlich hörte ich, daß Hitler zunehmend lauter wurde.

Plötzlich riß jemand von innen die Glastür auf, Feldmarschall Keitel eilte – nahezu im Laufschritt – durch den Mittelgang an mir vorbei. Ihm folgte sofort Hitler, auch er in großer Eile. Hinter ihm erschien General Schmundt. Dann kam erst einmal nichts.

Irgend etwas Ungewöhnliches mußte geschehen sein. Ich entsinne mich, daß ich genügend Zeit hatte, einen Augenblick lang daran zu denken, daß der Feldmarschall Keitel bei uns den Spitznamen »Lakaitel« hatte, weil es hieß, er laufe vor seinem Führer zur Tür, um sie für ihn zu öffnen. Ich hatte gemeint, dieser Spitzname sei nichts anderes als Boshaftigkeit; jetzt jedoch hatte ich mit eigenen Augen gesehen, daß er den Tatsachen entsprach.

Manstein erschien mit dem großen Pulk der übrigen Generäle. Er ging mit mir zu den vor der Baracke wartenden Wagen, und während der Fahrt zum Gästehaus erzählte er mir in heftiger Erregung, was vorgefallen war. Er bebte vor Wut.

Es sei »unglaublich« gewesen, was man sich soeben habe anhören müssen. Der Führer habe so gesprochen, als wüßten seine Zuhörer nichts von Gehorsam und Loyalität, und als hätte er vergessen, daß wir alle einmal einen Eid auf ihn geleistet hätten. Als er schließlich ein apokalyptisches Bild von der Vision eines letzten Gefechtes zu zeichnen begonnen habe – in der Mitte er, der Führer, umgeben von seinen letzten, ihm treu ergebenen Feldmarschällen und Generalen – da habe er, Manstein, »es nicht mehr ertragen« können. Da habe er laut gerufen: »Das wird auch so sein, mein Führer«, denn er habe Hitlers Worte als »beleidigend« empfunden.

Immer noch in großer Erregung sprach der neben mir sitzende Feldmarschall – ohne Rücksicht zu nehmen auf den fremden Fahrer vor uns – weiter vor sich hin: Es sei unerträglich gewesen. So sei ihm schließlich »nichts anderes übriggeblieben«, als den Führer zu unterbrechen. Jetzt überlege er, ob er »seinen Abschied nehmen« solle.

Sofort antwortete ich, daß ich das an seiner Stelle tun würde. Er sah mich einen Augenblick lang an und sagte dann, er werde sich das in Ruhe überlegen. Mir war in diesem Augenblick schon ganz klar, daß nichts dergleichen geschehen würde, ehe er nicht das Problem mit seinem Chef des Stabes, General Busse, besprochen hätte. Und dessen Stellungnahme war vorauszusehen. Viele Jahre später bin ich gefragt worden, ob ich es für denkbar hielte, daß Manstein vor Beginn der Hitler-Rede am 27. Januar 1944 inmitten so vieler Teilnehmer an der vorausgegangenen Posener Tagung nicht von irgend jemand erfahren habe, daß Himmler den in Posen versammelten Generalen erstmals in aller Offenheit von der Massenvernichtung der Juden berichtet hatte. Meine Antwort lautet: Ich weiß es nicht. Manstein war nicht, wie wir es heute nennen, »kontaktfreudig«. Menschen gegenüber, die er nicht persönlich kannte, war er unsicher. Für neue Kontakte sorgten seine Frau beziehungsweise seine Begleitoffiziere, jetzt also ich. Befand ich mich unter vielen Menschen nicht unmittelbar neben ihm, dann sah ich ihn oft wie isoliert stehen.

Schmundt notierte am 27. Januar 1944 in seinem dienstlichen Tagebuch*:

»Der Führer spricht in einer sehr ernst gehaltenen Ansprache vor Feldmarschällen und Generalen aller 3 Wehrmachtteile zum Abschluß einer NS-Führungstagung. Während der Ansprache macht Feldmarschall von Manstein einen Zwischenruf.
Im Zusammenhang mit diesem Zwischenruf und den verschiedenen Spannungen in der letzten Zeit wird erneut die Frage erwogen, Feldmarschall von Manstein im Kommando zu ersetzen.«

Aus dem mir in der Nacht vom 27. zum 28. Januar 1944 diktierten Befehl Mansteins ist bereits deutlich geworden, in welchem Umfang es den Russen gelungen war, nach ihrer erfolgreichen Offensive über den Dnjepr weiterhin den Sieg an ihre Fahnen zu heften. Westlich von Tscherkassy hatten sie zwei unserer Armee-Korps, das 42. und das 11., umzingelt. Wieder einmal hatte Hitler den Befehl gegeben, den Kessel zu verteidigen. Ein zweites Stalingrad bahnte sich an.

Jetzt jedoch war Manstein entschlossen, es keinesfalls zu einer Wiederholung von Stalingrad kommen zu lassen. Seine letzten Lagebesprechungen bei Hitler und die offenen Zusammenstöße mit ihm hatten ihn deutlich – und endlich – auf mehr Distanz und Entschlossenheit gebracht.

Um dem Geschehen an der Front näher zu sein, war unsere Führungsabteilung wieder in den Befehlszug gestiegen. Infolge des häufigen Wechsels zwischen Frost, Tauwetter und Schnee waren die Wege ohnehin so grundlos geworden, daß der Schienenweg der zuverlässigere war. Als der Kessel der eingeschlossenen Divisionen durch die Angriffe der Russen enger und enger wurde, entschloß Manstein sich – ohne Hitlers Zustimmung einzuholen –, den Ausbruch zu befehlen. Wir atmeten auf.

* Tätigkeitsbericht des Generals Schmundt, o. O. 1984, S. 126

Für die Nacht vom 16. zum 17. Februar, in der der Durchbruch gelingen sollte, war ich turnusmäßig »Offizier vom Dienst«. In höchster Spannung saß ich nach Mitternacht an den Telefonapparaten, als plötzlich die Meldungen einliefen. Zehntausende unserer Soldaten hatten den Feind in wilder Entschlossenheit überrannt. Wenn auch offenbar die schweren Waffen im tiefen Schlamm zurückgelassen worden waren. Nachdem ich die Meldungen an das Oberkommando des Heeres weitergegeben hatte, weckte ich den Feldmarschall. In das Dunkel seines Schlafwagenabteils hinein meldete ich ihm die Neuigkeit und gratulierte ihm. Mit seinem eigenmächtigen Entschluß entgegen Hitlers Befehl hatte er Tausenden von deutschen Soldaten das Leben gerettet.*

Am nächsten Tage fragten sich die Angehörigen der Führungsabteilung der Heeresgruppe im stillen, wie Hitler nun auf Mansteins Eigenmächtigkeit reagieren würde. Nun, er reagierte eigentlich nicht. Er billigte Mansteins Befehl – nachträglich.

DAS »TREUEGELÖBNIS«

Tscherkassy war nur eine Episode. Doch für die Heeresgruppe Süd war sie bedeutend gewesen. Wie aber sollte der Krieg gegen Rußland weiter geführt werden? Immer von neuem versuchte Manstein, diese Frage ins Gespräch zu bringen. Seit Monaten wiederholte er, »die Oberste Führung« denke drei bis höchstens vier Tage in die Zukunft hinein, während man in einem Krieg gegen Rußland mindestens drei bis vier Monate weit denken müsse.

In Mansteins eigenen Memoiren** befindet sich die kurze Niederschrift eines Telefongesprächs am 18. Februar 1944 mit dem Chef des Generalstabs des Heeres, Zeitzler, die aufschlußreich ist und die ich nachstehend zitiere, weil sie aus meiner Feder stammt. Manstein hatte Zeitzler auf das Kräfteverhältnis zwischen den Sowjets und uns hingewiesen und erneut gefragt, wie man sich das weitere an oberster Stelle vorstelle. Ich zitiere:

Zeitzler: »Ich habe darüber, wie über seine Konsequenzen, erneut ein langes Gespräch mit dem Führer gehabt, bin aber wieder auf keine Gegenliebe gestoßen.«

---
* Nach späteren Berechnungen waren etwa 54000 deutsche Soldaten eingeschlossen gewesen. Mehr als 30000 von ihnen retteten sich durch den Ausbruch.
** Manstein, Verlorene Siege, Bonn 1955, Seite 590/91.

Manstein: »Wie denkt er sich denn die weitere Kampfführung bei uns?«

Zeitzler: »Er sagt, irgendwann muß der Russe ja schließlich mal aufhören, anzugreifen. Seit Juli vorigen Jahres greift er in einem fort an. Ewig geht das nicht. Ich habe ihm darauf gesagt: Mein Führer, wenn Sie jetzt Russe wären, was würden Sie tun? Er antwortete: Gar nichts! Ich erwiderte: Ich würde angreifen und zwar in Richtung Lemberg!«

Treffender als mit diesem kurzen Protokoll kann die militärische Lage an der Ostfront im Frühjahr 1944 wohl kaum charakterisiert werden. Hitler wälzte in seinem Kopf vermutlich ganz andere Sorgen. Oder hatte er den Krieg in Wirklichkeit bereits verloren gegeben?

Um die Mitte des Monats März erschien bei uns sein Chefadjutant, General Schmundt. Bald nachdem er wieder abgeflogen war, erfuhr ich den Grund seines kurzen Besuches: Manstein möge am 19. März zu einer Zusammenkunft aller Feldmarschälle nach Berchtesgaden kommen.

Wir flogen am 19. März 1944 mit unserer Ju 52 nach München, auch General Busse war mit von der Partie. Auf einem Bahnhof unweit des Flugplatzes Riem stand Hitlers eigener Eisenbahnzug zur Abholung bereit. Zum ersten (und einzigen) Mal betrat ich dieses Prachtstück an Luxus und Komfort. Es dauerte noch einige Zeit, bis die geladenen Feldmarschälle versammelt waren, denn sie kamen mit ihren Flugzeugen aus den verschiedensten Himmelsrichtungen und von weit her. So weit ich mich entsinne, waren Kleist, Busch, Rommel, Weichs und vor allem Rundstedt unter ihnen.

Jedem der hohen Offiziere wurde ein elegantes Abteil für sich und seine Begleitung zugewiesen. Kaum, daß wir drei unser Coupé bezogen hatten, machte General Busse dem Feldmarschall den Vorschlag, diese einmalige Gelegenheit zu nutzen, dem Feldmarschall von Rundstedt einen Besuch zu machen. Manstein möge ihn bitten, sich als »Dienstältester der Feldmarschälle« zu deren Sprecher zu machen und Hitler zu bitten, den Oberbefehl über das Heer, zumindest über die Ostfront, abzugeben und einen der ihren zum Oberbefehlshaber oder zum Generalstabs-Chef zu machen. Manstein ging auf Busses Vorschlag sofort ein, und wir erhoben uns, um im Zuge das Abteil Feldmarschall Rundstedts aufzusuchen. Als wir uns bereits auf dem Gang befanden, wandte Busse sich nochmal an Manstein und schlug ihm vor, diesen Besuch ohne mich zu machen. Auch dem stimmte Manstein zu. Ich empfand das als ganz in Ordnung, denn in einer derart brisanten Unterhaltung hatte ein Ordonnanzoffizier wirklich nichts zu suchen.

Der Zug fuhr bereits, als Manstein – ohne Busse – zurückkam. Ich fragte ihn nach dem Verlauf des Gesprächs, und er erzählte, Rundstedt habe ihm im Grundsatz zugestimmt. Doch habe er abgelehnt, sich von den Feldmarschällen zu deren Sprecher machen zu lassen. Rundstedt sei der Ansicht, daß ein solcher Vorschlag, gleichgültig, von wem immer er komme, nur Unheil anrichten würde. Er selbst, Rundstedt, habe das Problem der Spitzengliederung Hitler gegenüber schon mehrmals angesprochen, doch sei er jedesmal »abgeblitzt«. Hitler denke nicht daran, auch nur einen Bruchteil seiner Macht herzugeben. Im übrigen, so erzählte mir Manstein, sei Rundstedt ein müder und kraftloser Mann geworden, nicht mehr vergleichbar mit dem Rundstedt, unter dem er dereinst Chef des Stabes gewesen sei. Zu allem, was Busse und er ihm vorgeschlagen hätten, habe Rundstedt nur »abgewinkt«.

In Berchtesgaden standen zahlreiche große 7,7 Liter-Mercedes-Wagen vor dem Bahnhof. Niemand von uns hatte es für möglich gehalten, daß Hitler sich so viele Wagen dieses aufwendigen Typs hielt. Während der Fahrt zum Berghof begannen rings um das Berchtesgadener Land etwa auf halber Bergeshöhe künstliche Nebelwolken das ganze Tal einzuhüllen. Auf unsere Frage, was das bedeute, erfuhren wir, das Berchtesgadener Land werde neuerdings in Nebel gehüllt, sobald feindliche Flugzeuge sich im Anflug auf Süddeutschland befänden.

Wie üblich empfing General Schmundt die Feldmarschälle am Fuß der Treppe des Berghofs. Selbst angesichts einer so erlauchten Runde hoher Gäste kam auch diesmal der Hausherr nicht zum Eingang seines Hauses, um seine Gäste zu empfangen.

Hitlers vier Adjutanten, und mit ihnen neuerdings als fünfter der SS-Gruppenführer Hermann Fegelein, machten die Honneurs. Die Feldmarschälle wurden in die große Halle geführt, während alle übrigen Offiziere – auch die im Generalsrang wie Busse – in das Wohnzimmer gebracht wurden. Dort war es nun ziemlich eng, und niemand sprach ein Wort, denn jeder wollte wenigstens akustisch etwas von dem aufschnappen, was sich hinter der Portiere acht Stufen tiefer abspielte. Es blieb ein handbreiter Schlitz der Portiere offen, so daß man doch einiges von dem mitbekam, was sich in der großen Halle abspielte.

Schmundt bat die Feldmarschälle, sich in einer Reihe aufzustellen. Rundstedt stand als »Ältester« am rechten Flügel. Ihm übergab Schmundt das Papier, das die Anwesenden einige Tage vorher auf Schmundts Rundreise bereits unterzeichnet hatten. Hitler erschien, und Rundstedt las vor, was das Papier enthielt: ein Treuegelöbnis.

Was aber war der Anlaß gewesen, solch eine seltsame Kundgebung zu veranstalten? General Seydlitz, als Kommandierender General in Stalingrad in russische Gefangenschaft geraten, hatte zusammen mit zahlreichen anderen gefangenen deutschen Offizieren in den Gefangenenlagern ein »Nationalkomitee Freies Deutschland« gegründet und Proklamationen mit schwarz-weiß-roter Umrandung verfaßt, die zum Sturz Hitlers aufriefen und über den deutschen Linien abgeworfen worden waren. Diese hatten Hitler offenbar so stark beeindruckt, daß er einem Rat Schmundts gefolgt war, sich durch diese Veranstaltung der unverbrüchlichen Ergebenheit seiner Feldmarschälle schriftlich sowie mündlich erneut zu versichern.

Die ganze Geschichte ging schnell vorüber, irgend jemand öffnete die Portiere, hinter der wir uns befanden, und alles begab sich an uns vorbei auf die verglaste Terrasse. Dort waren kleine runde Tische und Stühle aufgestellt, man plazierte sich nach Rang und Würden, und zahlreiche SS-Diener erschienen und servierten Kaffee sowie Apfelkuchen mit Schlagsahne.

Schlagsahne hatte ich seit Jahren nicht mehr gesehen. So sprach ich ihr munter zu, nicht ohne die schweren silbernen Kaffeelöffel und Kuchengabeln zu bewundern, denn sie enthielten die aus massivem Gold aufgelöteten Initialen des Hausherrn, wie ich sie schon aus der Gästegarderobe kannte.

In eine lebhafte Unterhaltung mit einem der anderen Ordonnanzoffiziere versunken, fühlte ich plötzlich eine Hand auf meiner rechten Schulter. Als ich aufsah, begegnete ich dem Gesicht des Hausherrn. Ich wollte aufstehen, doch er drückte auf meine Schulter und sagte: »Bleiben Sie sitzen, Herr Oberleutnant. Schmeckt Ihnen der Kuchen?« Ich lobte den Apfelkuchen. Dann war ich froh, als er sich zum nächsten Tisch begab, denn er stank widerlich aus dem Munde.

Dies war eine seltsame Veranstaltung. Bei den vielen Besuchen in Hitlers Hauptquartieren war ich noch nie zuvor bewirtet worden. Zum ersten Mal erlebte ich Hitler als leutseligen Gastgeber.

An diesem Tage verabschiedete Hitler seine Gäste im Foyer des Hauses. Während man sich in der Garderobe seinen Mantel anzog und das Koppel mit der Pistole umschnallte, stellte Hitler sich, flankiert von zwei SS-Dienern, in die Mitte des Foyers. Die neben ihm stehenden Diener hielten jeder ein großes rechteckiges silbernes Tablett.

Auf den Tabletts lagen geöffnete Zigarrenkisten der Firma Boenikke aus Berlin mit großen Zigarren in Metallröhrchen. Manstein nahm sich vor mir eine der dicksten. Wenn er schon in Hitlers Haus nicht hatte rauchen dürfen, dann wollte er sich diesen Genuß wenigstens auf der Heimfahrt gönnen.

Dann war ich an der Reihe und war wohl einen Augenblick etwas unschlüssig, denn ich war Nichtraucher. »Nehmen Sie sich eine, Herr Oberleutnant!« ermunterte Hitler mich. Ich antwortete: »Mein Führer, ich bin Nichtraucher. Aber mein Vater würde solch eine schöne Zigarre gewiß gerne einmal wieder rauchen, und außerdem habe ich einen Onkel, für den ›die dicke Boenicke‹ höchsten Rauchergenuß bedeutet.« Und leutselig wie schon den ganzen Nachmittag kam die Antwort: »Dann nehmen Sie zwei, Herr Oberleutnant!« – Ich nahm zwei Zigarren in Blechröhrchen, wie es sie seit Jahren in Deutschland nicht mehr gab. Dann erhielt ich den schwammigen Händedruck. Drei Schritte weiter wartete Manstein schon auf mich. »Donnerwetter«, sagte er, während wir die lange Treppe zu den Wagen heruntergingen, »ich habe nur eine, und Sie haben zwei!«

Am nächsten Tage besorgte ich mir Verpackungsmaterial und Briefmarken. Sorgfältig entstanden zwei Päckchen. Mit Druckbuchstaben malte ich die Anschriften: an meinen Vater im Ostseebad Misdroy; an meinen Onkel Hans-Jürgen von Kleist-Retzow, zur Zeit Häftling, per Adresse Geheime Staatspolizei, Berlin. Beide Päckchen ohne Absender versteht sich.

Ich steckte sie in zwei weit voneinander entfernt liegende Briefkästen, damit man die Adressen der Empfänger nicht miteinander in Verbindung bringen könnte. Mein Vater hat die Sendung erhalten, mein Onkel nicht.

Reichsführer SS Heinrich Himmler

Meiner Erinnerung nach war es bei einem der Berghof-Besuche im März 1944, als General Schmundt nach Ende einer Mittagslage dem Feldmarschall vorschlug, uns das Haus auf dem Gipfel des Kehlsteins zu zeigen. Der Kehlstein ist 1837 Meter hoch. Wer ihn früher erstieg, wurde mit einer wahrhaft majestätischen Aussicht belohnt. Niemand von uns hatte jemals auch nur andeutungsweise gehört, daß man den Gipfel seit dem Jahre 1939 per Auto und Lift erreichen konnte, denn er lag im Sperrgebiet. Das aus Marmorquadern gebaute Gipfelhaus, die kühne Höhenstraße, die asphaltierten Fußwege, die Bergtunnel und der mehr als hundertzwanzig Meter hohe Lift im Innern des Berges seien, so erzählte Schmundt, 1938/39 als »Geburtstagsgeschenk« für den Führer heimlich gebaut worden. Mehr als zweitausend Arbeiter, unter ihnen zahlreiche italienische Facharbeiter, hätten in Tag- und Nachtschichten daran gearbeitet, damit er zu Hitlers fünfzigstem Geburtstag »überreicht« werden konnte. Die gesamten Kosten hätten »kaum mehr als dreißig Millionen Mark« betragen, »nur« sieben Arbeiter hätten bei dem Bau ihr Leben verloren, der Initiator des Ganzen sei Martin Bormann, der Sekretär des Führers, gewesen.

Erstaunlich, wie redselig, ja naiv der Chefadjutant so etwas erzählte. Während der Fahrt nach oben berichtete er, später habe Bormann auch die Idee gehabt, in das Massiv des Untersberges gegenüber dem Berghof das Profil des Führers als ein mehrere hundert Meter großes Relief hineinhauen zu lassen. Da dies aber im Geheimen nicht zu machen gewesen sei, habe er den Führer um Genehmigung bitten müssen. Die sei ihm jedoch »während des Krieges« verweigert worden.

An diesem Tage hatten wir während der Lagebesprechung auf dem Berghof unter uns das Dröhnen von Preßlufthämmern gehört. Auf Mansteins Frage, was dort unten geschehe, erzählte Schmundt, daß tief in den Obersalzberg hinein ein riesiges Stollensystem gebaut werde.

Er sprach von »kilometerlangen unterirdischen Wegen, von Arbeits- und Wohnräumen, groß genug, um ›im Krisenfall‹ die gesamten Führungsorgane des Reiches aufzunehmen«. Die Stollen seien so angelegt, daß man sie vom Berghof aus auf direktem unterirdischen Weg erreichen könne und daß sie jeder Fliegerbombe trotzen würden. Auch seien sie so gebaut, daß man sie gegen jedes Eindringen von außen wirksam verteidigen könne. Wenn diese Bauarbeiten beendet seien, dann sei der ganze Obersalzberg eine gigantische und uneinnehmbare unterirdische Festung.

Also – dachte ich beim Zuhören – war die apokalyptische Vision Hitlers vom »letzten Gefecht« am 27. Januar in seiner Ansprache an die Generäle, die Mansteins Zwischenruf provoziert hatte, doch ein Stück Realität gewesen?

Auf dem Rückflug in unser Hauptquartier sprach ich den Feldmarschall auf diese Schlußfolgerung an. Er bestritt sie nicht. Die Tatsache, daß der Obersalzberg zu einer unterirdischen Festung ausgebaut wurde, ließ mir keine Ruhe. An einem der folgenden Tage suchte ich meinen Freund Schulze-Büttger in seinem Arbeitszimmer auf. Ich schilderte ihm, was uns General Schmundt erzählt hatte. Unser beider Analysen deckten sich: Hitlers strategisches Denken kreiste jetzt nur noch darum, das Ende des Krieges und damit sein eigenes Ende hinauszuzögern.

Wiederholt traf ich im Führerhauptquartier, wenn außer Manstein auch Feldmarschall Busch zur Lagebesprechung befohlen war, meinen ehemaligen Regimentskameraden Eberhard von Breitenbuch. Er hatte bei Busch dieselbe Stellung wie ich bei Manstein. Schon vor dem Kriege hatte er in Schwedt zu dem Kreise unserer Freunde gehört.

Auf dem Berghof geschah es bei den Besuchen dann und wann, daß Schmundt die Order ausgab: »Heute ohne Begleitoffiziere«. Meistens blieben wir dann im sogenannten Wohnzimmer, um vielleicht doch einiges mitzubekommen, was sich in der großen Halle jenseits der Portiere tat. Ein paarmal aber schickte man uns auch zum Platterhof, dem benachbart liegenden Gästehaus. Dort erzählte mir Breitenbuch auf der Terrasse, wo uns niemand zuhören konnte, von Tresckow habe er erfahren, daß in die Häuser des Obersalzberges bereits viele Hunderte Millionen Reichsmark investiert worden seien. Diese Information datiere aber aus der Zeit, als dort unterirdisch noch nichts gebaut worden sei. Wieviel auch immer die Bebauung des Obersalzberges bis jetzt gekostet haben mochte, man mußte doch davon ausgehen, daß Hitler hier privaten Aufwand trieb, oder hatte man die Staatskasse bemüht? Diese Frage konnte mit Gewißheit allein der Reichsfinanzminister beantworten. Doch Breitenbuch verfügte über eine andere Information: Tresckow habe einmal gesagt, Hitler lasse sich für jede Briefmarke, die die Deutsche Reichspost mit seinem Bild herausbringe, eine Tantieme auf den Verkaufswert zahlen. Ohne die Höhe einer derartigen Tantieme zu kennen, war doch mit Sicherheit anzunehmen, daß hier eine ungeheuerliche Größenordnung erreicht sein müßte. (Nach dem Krieg hat sich herausgestellt, daß Hitler tatsächlich Tantiemen für Briefmarken bezogen hat.) Möglicherweise waren die Bauarbeiten am Obersalzberg gegenüber den Briefmarkentantiemen nur von untergeordneter Bedeutung. Es hieß, Hitler habe ein ungeheures Barvermögen anonym in der Schweiz angelegt.

Nach Ende einer anderen Mittagslage auf dem Berghof in der zweiten Hälfte des März gingen Manstein und Schmundt im Foyer des Hauses in eine Ecke, um etwas miteinander zu besprechen, was ich wohl nicht hören sollte. Ich wartete bei der Garderobe.

Als wir dann nach Berchtesgaden hinunterfuhren – ein SS-Mann fuhr uns –, sagte Manstein zu mir, wir würden nicht, wie beabsichtigt, im Hotel Berchtesgadener Hof übernachten, sondern im Schloß Kleßheim bei Salzburg. Ich wußte nicht, was Kleßheim war, und erfuhr nun,

Kleßheim sei ein schönes, altes Barockschloß, das sich Reichsaußenminister Ribbentrop als Gästehaus für Staatsgäste habe ausbauen lassen.

Zuerst schloß ich aus der Antwort, daß wir möglicherweise heute abend mit Ribbentrop zusammen sein würden, und begann bereits darüber zu sinnieren, was uns heute noch bevorstehen würde, als der Feldmarschall ganz sachlich, und so, als sei dies eine ganz selbstverständliche Sache, sagte: »Wir sind heute abend mit dem Reichsführer SS Himmler zusammen.«

Dieser kurze Satz traf mich wie ein Keulenschlag. Ich konnte nichts anderes sagen als: »Mit Himmler, Herr Feldmarschall?« In meinem Innern aber begann etwas zu wanken. Doch ich durfte nichts sagen, vor uns saß ein SS-Mann. Ich ließ den Wagen vor dem Berchtesgadener Hof halten, meldete unsere Zimmer ab und ließ unsere dort bereits deponierten Koffer kommen. Weiter ging die Fahrt in Richtung Salzburg. Ich saß im Fond des Wagens neben dem Feldmarschall, niemand sprach ein Wort, aber in meinem Kopf arbeitete es. Das Ende des Krieges war abzusehen, Unvorstellbares würde uns bevorstehen, und in diesem Augenblick nahm Manstein Verbindung auf zu Himmler, oder war es umgekehrt? An wessen Händen klebte mehr Blut als an denen dieses Ungeheuers? Irgendwann hatte Manstein mir gesagt, er habe Himmler noch nie gesehen, geschweige denn gesprochen.

Es war schon fast dunkel, als knirschender Kies unter den Rädern des schweren Mercedes mich in die Wirklichkeit zurückholte. SS-Diener ergriffen unsere Koffer, SS-Offiziere begrüßten uns mit lautem Heil Hitler, unsere Suite lag links zu ebener Erde. Schon befanden wir uns in einer Umgebung von Marmor und Seide – und in den Händen der SS.

Als die Ordonnanzen den Raum verlassen hatten, wiederholte ich leise: »Mit Himmler, Herr Feldmarschall?« »Warum nicht«, antwortete er. »Was spricht dagegen?« »Alles, Herr Feldmarschall«, erwiderte ich. Unwillig begann er so etwas wie eine Apologie. Es habe sich noch nie als falsch erwiesen, Menschen persönlich zu kennen, und man könne auch jetzt nicht voraussagen, wozu das einmal nützlich sein könnte.

Wir ließen das Thema fallen.

SS-Ordonnanzen rollten einen gedeckten Tisch herein und servierten ein Abendessen mit mehreren Gängen. Dann erschien ein SS-Offizier und meldete, daß sich der Reichsführer SS im Hause befinde und den Feldmarschall in der oberen Etage erwarte. Als wir wieder allein waren, fragte ich Manstein, ob ich an der Zusammenkunft teilnehmen müsse. »Selbstverständlich«, sagte er und fragte mich, warum ich dazu offenbar keine Lust hätte. Ich sagte, so leise als möglich, es falle mir schwer, und schlug vor, beim Hauptquartier unserer Heeresgruppe anzurufen und nach der Lage zu fragen. Ich würde dann nachkommen und etwaige Lageveränderungen melden. Er war mit meinem Vorschlag einverstanden, und ich bat die Telefonzentrale, einen Offizier zu schicken, um den Feldmarschall abzuholen.

Meine Telefongespräche mit unserem Hauptquartier dehnte ich so lang als irgend möglich aus. Ich sprach mit General Busse, unserem Chef, und am ausgedehntesten mit Schulze-Büttger, dem Ia. Jedesmal meldete ich mich mit den Worten, wir befänden uns »im Gästehaus des Reichsführers SS Himmler«. Meine Gesprächspartner mußten das wissen, bevor das Gespräch begann.

Schließlich ging ich über die große Treppe in die obere Etage. Halle und Treppenhaus waren mit zahlreichen Chargen der SS besetzt. Himmler sorgte für seine Sicherheit!

Der zentrale Repräsentationsraum des Schlosses war beherrscht von einem großen runden Tisch mit etwa acht oder zehn tiefen Sesseln. Manstein und Himmler saßen nebeneinander, aber alle übrigen Sessel waren ebenfalls mit hohen SS-Offizieren besetzt. An den Wänden des Saales standen in zwanglosen Gesprächsgruppen viele andere SS-Offiziere.

Ich meldete mich beim Feldmarschall und berichtete ihm in wenigen Sätzen, was Busse und Schulze-Büttger mir aufgetragen hatten; es waren keine Neuigkeiten von besonderer Bedeutung. Als ich geendet hatte, sagte der Feldmarschall zu Himmler, er möchte ihm seinen Ordonnanzoffizier Stahlberg vorstellen. Ohne sich zu erheben, streckte Himmler mir seine Hand entgegen und zwang mich so, mich vor ihm nahezu zu verbeugen. So sah ich zu meinem Erstaunen, daß Himmlers Backen geschminkt waren.

Manstein forderte mich auf, sich zu ihnen zu setzen. Ich ging eine Runde um den großen Saal, um so zu tun, als sei ich auf der Suche nach einem Stuhl. Niemand begrüßte mich oder zog mich in eine Unterhaltung. Es war mir ganz recht, daß ich hier ein Fremder blieb. Ich suchte mir einen Platz im Blickfeld des Feldmarschalls und blieb dort stehen.

Die Unterhaltung zwischen Manstein und Himmler schien auf konventionelle Dinge beschränkt, wußte ich doch, wie sprühend und lebendig sich Manstein mit anderen unterhalten konnte. So dauerte es nicht lange, bis sich der Feldmarschall erhob, sich bei seiner Tischrunde verabschiedete und zu mir kam.

Am nächsten Morgen brachte man uns ein reichhaltiges Frühstück in unsere Suite, und bald saßen wir wieder im Fond des großen 7,7 Liter-Mercedes von gestern. Der Fahrer hatte das Verdeck geöffnet, obwohl es ein kalter Morgen war. Sollte das eine Boshaftigkeit sein? – Auf der so gut wie leeren Autobahn nach München bemühte sich der SS-Chauffeur, uns zu zeigen, was er selbst und sein Wagen zu leisten im Stande waren. Mehrmals gerieten wir auf gefährliches Glatteis. Es wurde eine schauderhafte Fahrt, und der Feldmarschall fror, ebenso wie ich selbst, erbärmlich. Erst als wir in Riem unserem Flugkapitän Langer vor seiner Ju 52 Guten Morgen sagten, löste sich die Spannung.

Oft habe ich mich gefragt, welches Motiv und welchen Hintergrund Mansteins Zusammenkunft mit Himmler gehabt hat. Mit dem Feldmarschall selbst habe ich nie darüber gesprochen. Er sollte spüren, wie sehr ich diese Sache ablehnte. Wohl aber sprach ich darüber mit meinem Vertrauten Schulze-Büttger, und unser beider Analysen deckten sich wieder. Es war nicht anzunehmen, daß die Initiative von Manstein ausgegangen war. Mit einem großen Maß von Wahrscheinlichkeit stammte die Idee von General Schmundt, denn in Hitlers personalpolitischen Überlegungen war damals Mansteins Stern im Verblassen. Tatsächlich hat Hitler den Feldmarschall schon wenige Tage nach Kleßheim entlassen. Auch kann ich mir kaum vorstellen, daß Hitler selbst der Initiator war. Zwar stieg für ihn der Stern Heinrich Himmlers und seiner SS, trotzdem scheint mir in Hitlers Kopf eine Kombination Manstein-Himmler unwahrscheinlich.

Eine andere Möglichkeit jedoch scheint mir der ernsthaften Überlegung wert. Wir wissen heute, daß auch Himmler im Jahre 1944 den Krieg verloren gegeben und intensiv über das Ende nachgedacht hat. Auch gibt es heute zahlreiche Indizien dafür, daß Himmler im Jahre 1944 ernsthaft mit dem Gedanken gespielt hat, seinen Freund Hitler durch seine SS umbringen zu lassen. Ich werde über diese Vermutung selbst noch zu berichten haben. Es wäre also meines Erachtens durchaus vorstellbar, daß Himmler in Kleßheim vorzufühlen gedachte und daß er dabei von Manstein ebenso »abgeblitzt« wurde, wie vor Monaten Manstein sowohl Tresckow wie auch Stauffenberg abgewiesen hatte.

Manstein selbst hat seine Erinnerung an das Treffen mit Himmler verdrängt. In seinen eigenen Memoiren findet sich kein einziges Wort davon.

Ich selbst habe im Juni 1944 meinem Vetter Henning Tresckow bei unserem letzten Gespräch in Babelsberg bei Berlin die Zusammenkunft Mansteins mit Himmler geschildert. Henning hat mich aufmerksam angehört und schließlich getadelt! »Du warst undiplomatisch«, sagte er. »Du hättest von Anfang bis zum Ende dem Gespräch zwischen Manstein und Himmler zuhören müssen.« Ich antwortete, ich hätte es nicht über mich gebracht, denn ich hätte mich vor Himmler geekelt.

DIE ENTLASSUNG

Am 30. März 1944 landete eine von Hitlers Condormaschinen auf dem Flugplatz bei Lemberg, wo die Heeresgruppe Süd jetzt ihr Hauptquartier hatte. Feldmarschall von Manstein, Oberst Schulze-Büttger und ich begrüßten in der Kabine Feldmarschall von Kleist und seine Begleitung. Die beiden Oberbefehlshaber wußten bereits, daß Hitler sie nach Berchtesgaden befohlen hatte, um ihnen ihre Entlassung auszusprechen. Auch ihre Nachfolger waren bereits bekannt:
 Generaloberst Walter Model würde Manstein ersetzen; ihm ging der Ruf voraus, weniger von seinem Hauptquartier aus als vorzugsweise durch seine persönliche Anwesenheit bei Regimentern und Bataillonen zu »führen«.
 General der Gebirgstruppen Ferdinand Schörner war bei der Truppe dafür bekannt, daß er vor allem ein fanatischer Nationalsozialist war. Es hieß, daß er auf seinen Besuchsfahrten in den Frontbereich deutsche Soldaten, die ihm nicht eindeutig zu melden imstande waren, auf wessen Befehl und wozu sie sich hier gerade aufhielten, kurzerhand am nächsten Baum aufhängen ließ.
 In der Condormaschine herrschte Galgenstimmung. Manstein setzte sich auf die rechte Seite und schaute zum Fenster hinaus; auf meinen Versuch zu einem Gespräch reagierte er nicht. Kleist saß auf der linken Seite und beschäftigte sich mit einer neuen Zigarre. Er zog mich in eine Unterhaltung und dozierte, die zünftige Vorbereitung einer guten Zigarre erfordere ebensoviel Zeit wie ihr Rauchen. Da er wußte, daß meine Mutter aus der Familie Kleist stammte, sollte ich ihm unser beider verwandtschaftliche Beziehungen vortragen. Ich mußte passen.
 Ich ging nach vorne ins Cockpit. Aber heute saß nicht Hitlers Flugkapitän Baur, sondern ein Ersatzmann am Steuerknüppel. Der zeigte sich nicht gesprächig. Auch hing heute keine Schnapsflasche neben dem Pilotensitz. So setzte ich mich mit meinem Freund Schulze-Bütt-

ger in den hinteren Teil der großen Kabine. Uns hatte es noch nie an Gesprächsthemen gemangelt.

Am Fuß der großen Treppe vor dem Berghof begrüßte uns General Schmundt wie üblich. Er führte uns zuerst in das Wohnzimmer, ließ uns dort stehen und verschwand. Nach ein paar Minuten erschien er wieder und bat Manstein allein in die Große Halle. Durch die sich öffnende Portiere sahen wir, daß Hitler dort bereits stand. Dann schloß sich der Vorhang. Es gelang uns nicht, von dem, was dort unten gesprochen wurde, ein Wort zu verstehen. Nur Hitlers Stimme hörten wir; er hielt eine unerwartet lange Rede. Plötzlich öffnete sich die Portiere wieder, und Schmundt bat Schulze-Büttger und mich, zu Hitler und dem Feldmarschall herunterzukommen. So hörten wir Hitlers letzte Worte an Manstein. Er wünschte Manstein einen guten Verlauf der beabsichtigten Augenoperation und schloß, er möge sich bereithalten, bald als Oberbefehlshaber West den Dienst wiederaufzunehmen. (Noch allerdings war Feldmarschall Rundstedt dort Oberbefehlshaber.) Salut – Ende. Generalfeldmarschall von Manstein, sein 1. Generalstabsoffizier und sein Persönlicher Ordonnanzoffizier verließen die große Halle durch die direkte Tür zum Foyer des Hauses. Sie brauchten nicht durch das Wohnzimmer, vorbei an den anderen Wartenden zu gehen. Im Foyer allerdings begegneten sie den beiden Nachfolgern Model und Schörner. Man wahrte die Form, man begrüßte sich kühl.

In der Hotelhalle des Berchtesgadener Hofs setzten wir drei uns vorne links in eine Ecke und bestellten etwas zu essen. Der Feldmarschall war nun gelöst. Bereitwillig, ja lebendig »wie in alten Zeiten«, erzählte er Schulze-Büttger und mir, was wir nicht hatten mithören können.

Hitlers Rede sei »wie ein Nekrolog« gewesen. Oder »nicht ein Nekrolog«, sondern eher »eine Laudatio«. Vor allem habe er den Operationsplan für den Frankreichfeldzug 1940 gewürdigt, der »in die Geschichte eingehen« werde. Hitler habe alle weiteren Stationen seiner militärischen Laufbahn erwähnt, besonders die Eroberung von Sewastopol. Schulze-Büttger fragte – leicht spitzbübisch –, ob der Führer auch von Stalingrad gesprochen hätte. Schmunzelnd erwiderte der Feldmarschall, der Name Stalingrad sei nicht gefallen. Aber kein Wort der Kritik, wie in den vergangenen Monaten, keine Erwähnung der vielen Differenzen wegen strategischer Probleme, nichts von den Vorwürfen der letzten Wochen. Wohl aber das Etui mit den »Schwertern zum Eichenlaub des Ritterkreuzes« – er zog es aus der Tasche und legte es vor uns auf den Tisch. Wir gratulierten.

Als wir ihn fragten, ob Hitler die Entlassung irgendwie begründet hätte, erzählte uns der Feldmarschall etwas Unglaubliches. Ja, er hätte sie begründet:

Die »Zeit der Operationen« sei jetzt vorbei, hätte er ihm gesagt. Jetzt gelte es nicht mehr zu »operieren«, sondern nur noch zu verteidigen, »bis zur letzten Patrone und bis zum letzten Mann«. Und dafür sei Model der geeignete Oberbefehlshaber, denn der »flitze überall an der Front herum, wo es brenne«! Model sei jetzt für die Ostfront »der Richtige«. Schulze-Büttger und ich schauten uns an. Wir scheuten uns, weitere Fragen zu stellen.

Während wir aßen, betrat eine große, fröhlich tönende Gesellschaft das Hotel. Die Männer trugen SS-Uniform, einige der Gesichter kamen mir bekannt vor, die jungen Mädchen waren »Blitzmädchen«*. Sie alle nahmen an einem uns diagonal gegenüber stehenden runden Tisch Platz. Es wurden gleich ganze Schnapsflaschen serviert, die Runde wurde laut. Bald sang man Soldatenlieder, man grölte, einige küßten ihr Mädchen, schon saß die erste auf dem Schoß ihres Tischherrn.

Unser Kellner schüttelte den Kopf, er könne nichts tun, der Tisch sei »von oben« bestellt worden. »Von oben?«, wir fragten, was das heiße. »Von Oben« sei die Verwaltung des Obersalzbergs. Einer der Herren hätte Geburtstag.

So beendete Feldmarschall Manstein den Tag seiner Entlassung. Früher als üblich erhob er sich. Ich verabredete mit Schulze-Büttger, daß wir beide noch eine Flasche Wein trinken sollten. Dann begleitete ich Manstein bis zu seiner Schlafzimmertür.

Nun saßen Schu-Bü und ich hinter unserer Flasche. Noch waren wir wie benommen von dem, was uns der Feldmarschall soeben erzählt hatte: Die Zeit der Operationen sei jetzt vorbei, hatte Hitler ihm gesagt. Der Mann, der es von 1914 bis 1918 nicht einmal bis zum Unteroffizier gebracht hatte, erdreistete sich, dem bedeutendsten Strategen dieses Krieges eine solche Ungeheuerlichkeit ins Gesicht zu sagen. Der Mann, der nach den Berechnungen im Generalstab im Durchschnitt täglich dreitausend Deutsche opferte, schämte sich nicht, so etwas auszusprechen. Niemand wußte besser als er selbst, daß sein Krieg längst verloren war. Schu-Bü war vor dem Kriege Adjutant des Generaloberst Beck, des Chefs des Generalstabs des Heeres, gewesen, er wußte, wovon er redete. Beck hätte es ihm schon 1938 vorausgesagt: Hitler sei ein Mann ohne Gewissen. Er sei die Inkarnation des

---

* »Blitzmädchen« nannten wir die uniformierten Telefonistinnen. Auf dem Ärmel trugen sie das Zeichen eines Blitzes.

Unmenschen. »Dieser Krieg wird nicht enden, solange Hitler lebt«, sagte Schulze-Büttger.

Und wir sprachen über Manstein, den Feldherrn, den die große Mehrheit aller deutschen Generalstabsoffiziere für den großen Strategen unserer Zeit hielt, den Feldmarschall, dem sich zu unterstellen die Feldmarschälle Kluge und Rommel in meiner Gegenwart sich bereit erklärt hatten, den Mann, der es nicht wagte, sich gegen Hitler zu entscheiden. Und warum nicht? Weil »preußische Feldmarschälle nicht meutern«, wie er es in vertrauter Runde wiederholt gesagt hatte. Welch eine Tragik waltete über diesem Leben. Noch wäre Zeit zu einer grundlegenden Wendung; noch stand kein feindlicher Soldat auf deutschem Boden. Noch wäre Deutschland in der Lage, etwas zu opfern, um vieles zu retten.

Das Gespräch mit Schulze-Büttger sollte unser letztes gewesen sein. Am 13. Oktober – wenig mehr als in einem halben Jahr – sollte in Berlin-Plötzensee der Henker sein Leben beenden.

DAS LETZTE KRIEGSJAHR

LIEGNITZ – DRESDEN

Auf dem Bahnhof Lemberg wartete am Abend des 3. April 1944 der tägliche Kurierzug auf das Zeichen zur Abfahrt. An das Ende des Zuges war für den scheidenden Feldmarschall Manstein ein besonderer D-Zug-Wagen angehängt worden, kein Salonwagen wie bisher, sondern ein Bauwohnwagen der Reichsbahn. Oberst im Generalstab Finckh hatte das organisiert. Ich hatte ihm gesagt, der Feldmarschall habe von Hitler den Befehl erhalten, sich für eine Verwendung als Oberbefehlshaber West bereitzuhalten. Finckh hatte sofort geschaltet: »Dann braucht er einen Wagen mit einem Arbeitsraum und mehreren Schlafabteilen. Sorgen Sie dafür, daß der Wagen in Liegnitz bleibt und dem Feldmarschall stets abrufbereit zur Verfügung steht.«

Ich hatte Manstein gefragt, was jetzt nach seiner Entlassung aus mir werde. Er wünsche sich, hatte er erwidert, daß ich weiter bei ihm bleibe. Einem Feldmarschall stehe auf Lebenszeit ein Adjutant zur Verfügung. Seit der Zeit Friedrichs des Großen – oder schon früher – sei ein Feldmarschall niemals »außer Dienst«. Er bleibe Feldmarschall, solange er lebe. Ich war nun also nicht mehr Ordonnanzoffizier, sondern »Adjutant des Generalfeldmarschalls von Manstein«.

Vor uns auf dem Bahnsteig standen sämtliche Offiziere der Führungsabteilung, um Lebewohl zu sagen. Niemals wieder würden sie unter einem Oberbefehlshaber solchen Formats zu arbeiten haben. Vor dem neuen – seit zwei Tagen – Generalfeldmarschall Model graute ihnen. Finckh und Schulze-Büttger hatten beim Oberkommando des Heeres bereits um ihre Versetzung gebeten. General Busse, der Chef, blieb bei Model. Sie beide würden vielleicht nicht schlecht zusammenpassen.

Dann rollte der Zug in die Nacht hinein. In Liegnitz würde unser Waggon abgehängt werden.

An diesem Abend saß ich noch lange allein zusammen mit dem Feldmarschall. Wir tranken einen guten Burgunder, und ich benutzte die

Gelegenheit, dem Feldmarschall vorzuschlagen, wie ich meine Aufgabe an seiner Seite in Zukunft sähe.

Ich wollte versuchen, ihn über das weitere Kriegsgeschehen besser und umfassender zu informieren, als es bisher möglich gewesen sei. Seit der Schlacht um Stalingrad hatte ich doch erlebt, in welchem Maß der Oberbefehlshaber einer Heeresgruppe im Unklaren gehalten wurde über das, was außerhalb seines eigenen Befehlsbereiches geschah.

Er fragte mich, wie ich das in die Tat umzusetzen gedächte. Ich sagte ihm, daß ich in Abstimmung mit ihm sehr viel zu reisen gedächte. In zahlreichen hohen Kommandobehörden kannte man mich ohnehin längst als seinen Ordonnanzoffizier. Ich sei überzeugt, daß mir nun als seinem Adjutanten die Türen offenstehen würden. Er war einverstanden.

In Liegnitz wurde ich sehr gastlich und freundschaftlich in das Haus aufgenommen. Während Manstein nach Breslau in die Universitäts-Augenklinik ging, begann ich mit meinen Informationsreisen. Zuerst nahm ich Kontakt mit meinem Bruder auf. Er war nicht weniger als achtmal an der Front verwundet worden und tat jetzt als Schwerversehrter Dienst in der Organisationsabteilung des Oberkommandos des Heeres. Hier war Major im Generalstab Graf Stauffenberg bis zum Januar 1943 als Leiter der Abteilung II tätig gewesen. Bei dieser Abteilung spürte man noch immer den Geist Stauffenbergs, der dort einen ungewöhnlich starken Einfluß gehabt hatte. Mein Bruder sorgte aber auch dafür, daß ich die Offiziere persönlich kennenlernte, die in der Abteilung Fremde Heere arbeiteten. Zum ersten Mal sah ich dort auf Lagekarten und Statistiken, in welchem Ausmaß der Krieg, den Hitler am 1. September 1939 entfacht hatte, zum Weltbrand geworden war.

Man zeigte mir auch die Lagekarte von Italien, die Manstein nie gesehen hatte, und ich notierte die unter dem Luftwaffenfeldmarschall Albert Kesselring kämpfenden deutschen Armeen, Korps und Divisionen. Die deutschen Heeresgruppen auf dem Balkan und in Italien unterstanden nicht dem Oberkommando des Heeres, sondern dem Oberkommando der Wehrmacht. Den Landungen der Alliierten in Italien, nacheinander in Sizilien, in Kalabrien und im Golf von Salerno, sowie den mörderischen Kämpfen bei Cassino galt meine besondere Aufmerksamkeit, denn Italien war nicht nur ein militärischer, sondern auch politischer Kriegsschauplatz geworden. Im Juli des vergangenen Jahres hatten die Italiener Mussolini gestürzt und Marschall Pietro Badoglio an seine Stelle gesetzt. Hitler hatte seinen Freund Mussolini im September durch ein Kommando-Unternehmen der SS aus seiner Gefangenschaft befreit; seitdem kämpften italienische Soldaten sowohl auf der Seite der Alliierten als auch auf deutscher Seite.

Inzwischen war Manstein in der Universitäts-Augenklinik in Breslau operiert worden. Als wir ihn abholten, begleitete der Ordinarius für Augenheilkunde seinen prominenten Patienten bis an den Wagen. Unter dem geöffneten weißen Arztmantel zeigte er wieder mit Stolz seine SS-Uniform.

Während der Rekonvaleszenz in Liegnitz stellten sich Komplikationen ein. Der Feldmarschall litt große Schmerzen und vertrug kein Licht. Im abgedunkelten Zimmer trug ich ihm meine militärischen Recherchen vor. Ob ich ihm den Krieg im Pazifischen Ozean oder die Kämpfe in Italien schilderte, immer von neuem verblüfften mich seine geographischen Kenntnisse. Die Karten aus dem geographischen Atlas hatte er im Kopf. Hätte er gewollt, er hätte es zur Meisterschaft im »blinden« Schachspiel bringen können.

Mein Vortrag über den Krieg in Italien erregte ihn auf das höchste. Deutlich spürte ich, daß er von seinem Feldmarschall-Kameraden Kesselring überhaupt nichts hielt. Aber auch die Oberbefehlshaber der Alliierten kamen bei ihm schlecht weg. »Die Herren in Italien führen wie Pinscher!« rief er aus. »Sie vergeuden ihre Truppen. In Italien sollte man mit unseren modernen Waffen überhaupt nicht Krieg führen. Man zerstört nur die Kunstdenkmäler und vergeudet das Blut der Soldaten. Wenn man schon in Italien Krieg führen zu müssen glaubt, dann sollte man eine einzige Entscheidungsschlacht in der Po-Ebene suchen. – Wäre ich alliierter Oberbefehlshaber, ich würde die Deutschen mit geringen Kräften in Süditalien binden, um mit den Hauptkräften in Genua an Land zu gehen und die ganze Heeresgruppe Kesselrings von ihrer Basis abzuschneiden. So würde mir Italien wie eine reife Frucht in den Schoß fallen!«

Ich fragte Manstein, wie er den Krieg in Italien jetzt führen würde. Er sagte, er würde sämtliche deutschen Kräfte aus Italien nach Deutschland zurückziehen, möglichst so schnell, daß die Engländer und die Amerikaner gar nicht folgen könnten. Wir könnten die Alpenpässe mit geringen Kräften verteidigen. Die beweglichen Verbände der Heeresgruppe Kesselring müßten dann in der Heimat aufgefrischt und als operative Reserven bereitgestellt werden.

Ich wollte wissen, wo er im Fall der zu erwartenden alliierten Invasion das Primat unserer Verteidigungsstrategie sehe, im Osten oder im Westen, und erhielt eine Antwort, mit der ich mich nicht einverstanden erklärte. Diese Entscheidung sei eine politische Entscheidung, der Soldat aber sei Diener der Politik. Wir sollten uns auf die Diskussion militärischer Fragen beschränken und uns nicht den Kopf über politische Probleme zerbrechen. Ich protestierte; trotzdem dachte er nicht daran, das Thema zu verlassen.

In solchen Unterhaltungen gewann ich eine Verbündete in der Person von Mansteins Schwägerin, Dorothea von Loesch, die mit im Hause lebte. Die schöne, intelligente und kluge Salzburgerin war die Witwe des im Westfeldzug als Sturzkampfflieger gefallenen Bruders von Frau von Manstein. Sie hatte unser aller Respekt.

Jede Diskussion hat Gottlob ein Ende. Unsere Streitgespräche waren bisweilen voller Brisanz. Und da wir aus Rücksicht auf unseren Patienten im Dunkeln diskutieren mußten, bewegte sich manch ein solches Gespräch nach damaligen Regeln am Rande des Legalen. Die Dunkelheit des Raumes war hilfreich. Manstein und seine Frau beharrten auf der Loyalität gegenüber dem Souverän. Frau von Loesch und ich argumentierten für die Grenzen des Gehorsams. Schien der Augenblick gekommen, wo sich Argumente und Gegenargumente zu wiederholen begannen, brachen wir ohne jeden Mißklang ab.

Es gab in diesen ein bis zwei Wochen noch einen anderen geistigen Ausgleich für den Leidenden: Er ließ sich von mir hinter abgeblendeter Leselampe ein bedeutendes Buch vorlesen: Wilhelm Dibelius, »England« in zwei Bänden. Ich tat es gern, zumal auch ich profitierte. Der erste Band war nahezu bewältigt, als er wieder sehen konnte.

Im Mai befand sich der Feldmarschall mit seiner Frau, seinem Sohn und seiner Schwägerin zur Nachkur im Sanatorium Weißer Hirsch bei Dresden. Auch ich wurde mitgenommen. Zwei Wagen hatten wir bei uns, das große BMW-Cabriolet und einen Volkswagen-Kübelwagen für mich. Ich hatte mir diesen kleinen geländegängigen Flitzer besorgt, um unabhängig und beweglich zu sein.

In Berlin hatte ich meinen Freund Achim Oster getroffen. Ich hatte mir in Zossen, dem Ausweichquartier des Oberkommandos der Wehrmacht, neue Lageinformationen geholt. Achim war zum Personalamt zitiert worden. Es ging um seinen Vater, der schon vor einem Jahr vom Dienst bei Admiral Canaris suspendiert worden war. Das Reichskriegsgericht ermittelte gegen ihn. Die Gestapo und die SS hatten Verdacht geschöpft, daß im Amt Canaris konspiriert werde. Ich ließ mir von Achim Oster die Adresse seines Vaters geben. Er hatte sich in das Haus seiner Familie in Dresden zurückgezogen.

Wieder auf dem »Weißen Hirsch« berichtete ich dem Feldmarschall, was ich in Zossen erfahren hatte. Dann bat ich um sein Einverständnis, Generalmajor Oster zu besuchen, um Genaueres zu erfahren. Ich könnte mir für diesen Besuch Zivil anziehen und ein öffentliches Verkehrsmittel nehmen. »Besuchen Sie ihn in Uniform, grüßen Sie ihn von mir und nehmen Sie den BMW«, hatte er geantwortet. Ich rief General Oster an, und wir verabredeten, daß ich am kommenden Nachmittag mit dem Wagen zu ihm kommen und gerne mit ihm eine Spazierfahrt machen würde.

Als ich am nächsten Tage vor seinem Hause hielt, kam er sofort heraus. Er trug einen grauen Regenmantel und einen Hut. Erstmals sah ich ihn in Zivil. »Mein Gott«, rief er aus, »Sie kommen mit dem Wagen des Feldmarschall Manstein; jedermann kann auf dem vorderen rechten Kotflügel (an dem aufgemalten ›Krim-Schild‹) sehen, wessen Wagen das ist!« Ich antwortete: »Ich mache noch einen weiteren Vorschlag, Herr General. Ich öffne das Verdeck. Jedermann soll sehen können, daß der General Oster und der Adjutant des Feldmarschalls Manstein ein glockenreines Gewissen haben.« Er lachte und half mir beim Festmachen des Verdecks.

Ich fragte ihn, wo wir hinfahren sollten. »Am liebsten auf dem linken Elbeufer nach Meißen«, antwortete er. Bei herrlichem Frühlingswetter fuhren wir über die berühmte Augustus-Brücke, passierten die Semper-Oper und den Zwinger und genossen unsere Spazierfahrt. »Welch ein herrlicher Tag!« rief er mehrere Male aus.

Gleichzeitig sprudelte es förmlich aus ihm heraus. Seine leidenschaftliche Verzweiflung über die Tragödie unseres Vaterlandes, sein abgrundtiefer Haß gegen Hitler und seine »Mörderclique« und nun sein eigenes Scheitern. »Sie, Stahlberg, ahnen ja nicht, welches Ausmaß die organisierten Verbrechen Hitlers und Himmlers inzwischen erreicht haben!« Dann wollte er von mir wissen, wie weit Tresckow, Finckh, Schulze-Büttger und ich den Feldmarschall über die Vernichtung der Juden informiert hätten. Ich sagte, daß ich diese Frage nur für mich selbst beantworten könne und daß Manstein die Nachrichten über Auschwitz und andere Vernichtungslager für »so unglaubwürdig halte, daß er sich weigere, sie zur Kenntnis zu nehmen«. Von Tresckow, Finckh und Schulze-Büttger hatte er gesprochen. Wie gut zeigte er sich über uns informiert!

Mehrere Male bewegte sich unser Gespräch um das Thema »Die Feldmarschälle«. Es gebe unter ihnen einige, die er nur noch verachten könne, weil sie dem »Gefreiten« wider besseres Wissen und um ihrer Karriere willen »hörig« geworden seien. Ich sagte, ich sähe Manstein anders. Von der Anlage her »ein Moltke«, könne er sich nicht damit abfinden, daß seine Kenntnisse und seine Begabung von Hitler mißbraucht worden seien. Noch warte er auf »seine Stunde«. Die Tatsache, daß er heute seinen Adjutanten zum General Oster geschickt habe, spreche, so meinte ich, Bände.

Oster wurde still. Bei Meißen überquerten wir den Strom und fuhren zurück nach Dresden. Im letzten Augenblick fiel mir ein, womit ich ihm eine kleine Freude hatte machen wollen: In einer Vitrine auf der Nordseite des Kurfürstendamms in Berlin, nur ein paar Meter von der Ecke Joachimsthaler Straße entfernt, hatte ich erst vor wenigen Tagen ein Portraitfoto des Generals Oster gesehen. Das Fotoatelier Tita Binz hätte offenbar noch nicht erfahren, meinte ich, daß der Dargestellte schon seit einem Jahr »in Ungnade gefallen« war. »Doch«, sagte er, »Frau Binz weiß das genau. Gerade darum hat sie das Bild am Kurfürstendamm ausgestellt.«

Das war meine letzte Begegnung mit Hans Oster. Ein paar Wochen später wurde er verhaftet. Er starb kurz vor dem Ende des Krieges am 9. April 1945 zusammen mit Dietrich Bonhoeffer, Admiral Canaris, dem Obersten Heeresrichter Karl Sack und weiteren Gesinnungsgenossen im Konzentrationslager Flossenbürg am Galgen.

GENERALMAJOR HENNING VON TRESCKOW

Auf irgendeinem Wege, ich weiß nicht mehr welchem, hatte mich die Nachricht erreicht, Henning sei General geworden. Ich versuchte, ihn telefonisch zu erreichen, um ihm zu gratulieren. Es gelang nicht. Man sagte mir, Tresckow befinde sich im Urlaub in Berlin.

Ich schlug dem Feldmarschall vor, nach Zossen zu fahren. Ich wollte zur Abteilung »Fremde Heere West« gehen und darum bitten, einen Blick auf die Feindlagekarte Englands mit der Bereitstellung der alliierten Invasions-Armee werfen zu dürfen. Ein Freund meines Bruders arbeitete dort als Generalstabsoffizier.

Der Feldmarschall war einverstanden. Als ich ihm sagte, ich wolle auch Tresckow besuchen, der angeblich General geworden sei, trug er mir Gratulation und Grüße auf.

Meine Reise verlief wie geplant, wenn es mir auch nicht gelang, die Feindlagekarte von England zu Gesicht zu bekommen.

Ich erfuhr aber im Gespräch, daß in England Armeen in Millionengröße bereitstanden.

In Zossen erfuhr ich leicht, wo sich Tresckow zur Zeit befand: in Babelsberg bei Potsdam, Straße der SA 25 (ehemals Kaiserstraße).

Mit der S-Bahn gelangte ich nach Babelsberg, und bald stand ich vor der mir bezeichneten Villa. Ich drückte auf die Klingel, überraschend schnell wurde geöffnet, vor mir stand Hennings Frau Eta. Sie sah blaß aus. »Bitte komm nicht herein. Geh bitte spazieren« – sie wies mit der Hand in eine Richtung – »Henning kommt nach und wird Dich finden.« Langsam schlenderte ich in die mir gewiesene Richtung. Es dauerte nicht lange, bis Henning mich einholte. Er trug Zivil. Ich gratulierte und richtete Mansteins Grüße aus. Ich fragte nicht nach den Gründen, warum Eta mich gebeten hatte, nicht das Haus zu betreten. Sie würde schon Gründe dafür gehabt haben. Wir sprachen sofort über die Kriegslage.

Henning stand nicht mehr im Oberkommando der Heeresgruppe Mitte, er war jetzt Chef des Stabes der 2. Armee auf dem Südflügel seiner alten Heeresgruppe. Im Augenblick war es an der Ostfront ruhig. Doch vieles deutete darauf hin, daß nicht nur im Westen die Invasion, sondern auch im Osten die entscheidende Großoffensive bevorstanden. Gegenüber den Sowjets seien unsere Kräfte im Zustande größerer Unterlegenheit als je zuvor. Unsere Front gliche einer Perlenschnur, sagte Henning. Operative Reserven seien so gut wie nicht mehr vorhanden. Hitler habe die stärksten der noch verbliebenen deutschen Verbände nach Frankreich verlegt.

Damit waren wir bei der ersten Frage: Bedeutete das, der Verteidigung im Westen würde Vorrang eingeräumt vor der Abwehr im Osten? Henning gab eine mich erschreckende Antwort: Er habe den schweren Verdacht, Hitler werde sich, wenn ihm das Wasser bis an den Hals stehen würde, mit seinem Erzfeind Stalin arrangieren. »Ganoven wie diese beiden sind zu allem fähig«, sagte er. Unvorstellbar schien uns das, unausdenkbar in seinen Konsequenzen.

Meine nächste Frage war, wie er die bevorstehende Invasion der Alliierten im Westen beurteile. Henning rechnete mit allerschwersten Kämpfen bei der Landung.

Ich knüpfte die Frage an, wann das Attentat gegen Hitler endlich komme. Henning blieb stehen, sah mich an und sagte: »Das Attentat wird kommen, und zwar bald. Alles ist vorbereitet. Der es tun wird, steht nun fest.« Ich fragte weiter. Ich wollte wissen, wo er selbst sein werde, wenn Hitler tot sei. Er sagte: »Ich werde sofort in Berlin sein. Auch das ist vorbereitet.«

Ich fragte, ob denn der Staatsstreich, der doch dann folgen müsse, vorbereitet sei. Der Staatsstreich berge doch weit schwierigere Probleme als nur die Tötung Hitlers. Henning antwortete: »Auch der Staatsstreich ist vorbereitet.« Ich fragte, ob er denn eine Chance sehe, daß der Staatsstreich gelingen werde. Und nun kam eine Antwort, die mich erschütterte: »Mit der größten Wahrscheinlichkeit wird alles schiefgehen.« Voller Entsetzen sagte ich: »Und trotzdem?« »Ja«, sagte er, »trotzdem!«

Im Weitergehen sprach er vor sich hin, als wäre er allein. Man müsse sich vorstellen, wie in späteren Generationen die Weltgeschichte über uns Deutsche urteilen würde, wenn es in Deutschland nicht einmal eine Handvoll Männer gegeben hätte, die diesem Verbrecher in den Arm gefallen seien. Noch wüßten bis jetzt nur wenige Deutsche, welche unsagbaren Verbrechen von den Nazis verübt würden. Nur in den obersten Kommandobehörden sei das bisher bekannt. Eines Tages aber würden es alle erfahren. Und dann würden sie mit Recht über die herfallen, die davon gewußt haben und nichts getan haben, um es zu verhindern. »Deshalb muß Hitler umgebracht werden. ›Coûte que coûte!‹« Als er das sagte, war in seinem Gesicht eine Härte, die ich noch nie an ihm erlebt hatte.

Ich fragte, warum das Attentat so spät komme. Er bezog seine Antwort auf mich persönlich. Ich sei doch oft genug zu Lagebesprechungen im Führerhauptquartier gewesen, um einen Begriff davon zu haben, wie leicht das gesagt, doch wie schwer es in die Tat umzusetzen sei. »Unter denen, die zu Hitler noch Zugang haben, fanden wir keinen, der dazu bereit war. Jetzt aber haben wir einen«, sagte er.

Ich meinte, mir sei nicht wohl bei dem Gedanken, Hitler werde umgebracht, bevor die westlichen Alliierten auf dem europäischen Kontinent stünden. Henning erwiderte, über die Frage »vor oder nach der Invasion« sei viel gestritten worden. Er selbst habe die Ansicht vertreten »vor der Invasion«, weil die Engländer und die Amerikaner ohne die Opfer einer Invasion verhandlungsbereiter sein würden. Doch dieser Streit sei so lange blasse Theorie geblieben, als noch niemand vorhanden gewesen sei, der das Attentat übernehmen würde.

Schließlich fragte er mich, ob Manstein von den Verbrechen an den Juden wisse. »Ja«, sagte ich, »doch er hält die Nachrichten für so unglaubwürdig, daß er sich weigert, sie ›zur Kenntnis zu nehmen‹. Andererseits schickt er mich zu Dir, ebenso wie erst vor wenigen Tagen zu Oster, obwohl ich ihm schon vor einem Jahr von dem Tätigkeitsbericht der SS-Einsatzgruppen in den besetzten Ostgebieten erzählt habe, die mir Oster gezeigt hatte.«

Henning erschrak, als ich sagte, ich sei in Dresden mit Oster zusammengewesen. »Du weißt«, sagte er, »daß gegen Oster ermittelt wird. Oster befindet sich in höchster Gefahr.« Ich bestätigte, es von Osters Sohn Achim zu wissen. »Du solltest jetzt solche Besuche meiden«, sagte er, »die nicht unbedingt notwendig sind.« Ich versprach es ihm. Er fragte weiter nach Manstein. Ich schilderte ihm Mansteins Maxime von Loyalität und Gehorsam. Ich warb um Verständnis für den Feldmarschall, dem der Fahneneid eine so unabdingbare Bindung sei. Wir sprachen über Mansteins Mangel an Menschenkenntnis und seine Unfähigkeit, zu erkennen, daß Hitler nicht allein eine strategische »Null«, sondern eine durch und durch charakter- und gewissenlose Person sei.

Dann fragte Henning: »Wo steht Manstein, wenn Hitler tot ist?« Ich sagte, ich sei sicher, er werde dort stehen, wo die Legalität sei. »Für einen Feldmarschall ist das zu wenig«, sagte er.

Inzwischen näherten wir uns wieder dem Bahnhof Babelsberg. Als wir das Gebäude schon sehen konnten, blieb er nochmals stehen. Wieviel Spaziergänge hatte er doch seit meiner Jugend mit mir gemacht. Immer, bevor er etwas sagte, das ihm von größter Wichtigkeit war, blieb er zuerst stehen und wandte sich mir zu. So auch jetzt: »Du gehörst jetzt zu denen, die das Nessoshemd* tragen. Gott behüte Dich.« Er gab mir die Hand und wandte sich zum Gehen. Ich setzte an, um ihn zu fragen, was das Nessoshemd bedeute. »Schlag im Lexikon nach!« Er ließ mich stehen. Ich sah ihm nach. Ich sollte ihn nicht wiedersehen.

Am 21. Juli 1944 setzte er seinem Leben selbst ein Ende.

BOTSCHAFTER HERBERT VON DIRKSEN

Wie sollte sich ein von Hitler entlassener Feldmarschall die Zeit vertreiben? Manstein besuchte zunächst seine Freunde in der Umgebung. Die meisten hatte er seit Beginn des Krieges nicht mehr gesehen.

Herbert von Dirksen, letzter deutscher Botschafter in London bis zum 3. September 1939, dem Tage, an dem Großbritannien Hitler den Krieg erklärt hatte, lud zum Abendessen nach Gröditzberg. Am Fuße des Bergs mit der im Dreißigjährigen Krieg zerstörten Burg steht das aus drei Flügeln bestehende Barockschloß, ein fürstlicher Sitz. Durch das große Mittelportal betrat man die Empfangshalle. Hier hielten

---

* Nessoshemd: Nach der griechischen Mythologie endete Herakles unter Qualen durch das fleischzerfressende Gewand des Zentauren Nessos, das ihm seine Gattin als Liebeszauber geschickt hatte.

dereinst die Kutschen, damit die Gäste trockenen Fußes die Wohnräume erreichen konnten. Die Wagen verließen dann das Schloß durch das Portal zum Park, wendeten dort und passierten die Empfangshalle zum zweiten Mal, um über die breite Allee die Pferdeställe und Wagenremisen zu erreichen.

Der Diplomat empfing uns mit den Allüren eines Weltmannes, ein Meister gesellschaftlicher Formen, war doch schon sein Vater Kaiserlicher Gesandter in Japan gewesen. Der Sohn hatte das Deutsche Reich fünf Jahre lang in Moskau, danach in Tokio und zuletzt in London vertreten.

Zwar hielten im Jahre 1944 die Wagen der Gäste nicht mehr im Hause, aber dafür stand genau dort ein pompöser Marmortisch. Gleich einer Bibel auf dem Altar einer gotischen Kathedrale lag ein übergroßes, aufgeschlagenes Gästebuch bereit, die Namen der Geladenen aufzunehmen. Doch die aufgeschlagene Seite mußte zuvor gewendet werden, so daß der Gast nicht umhinkonnte, in Ehrfurcht zu erstarren. Wahrhaftig, die Spitzen des Dritten Reiches waren vor dem Kriege hier ein- und ausgegangen. Nun erst entsann ich mich der damaligen Berliner Klatschgeschichten um den »Führer« und die alte, inzwischen verstorbene Mutter des Schloßherrn.

Die Tischrunde zum Essen blieb erfreulich klein. Manstein, seine Frau, seine Schwägerin und sein Adjutant waren die einzigen Gäste. Die beiden alten Herren sorgten für die Unterhaltung, und ich lauschte mit Interesse. Dirksen nahm das Thema, das sein größtes Anliegen war.

Am 31. März 1939 hatten Großbritannien und Frankreich angesichts Hitlers Vertragsbruchs mit der Besetzung der Rest-Tschechei und der folgenden Drohungen der deutschen Regierung gegen Polen diesem Lande eine Garantieerklärung gegeben. Einige Wochen später hatte der deutsche Botschafter in London auf Grund umfangreicher Informationen eine Denkschrift verfaßt und diese an den Reichsaußenminister Ribbentrop »zur Weitergabe an den Führer und Reichskanzler« gesandt. Mit diesem Dokument, so Dirksen, habe er die Reichsregierung beschworen, Polen auf keinen Fall anzugreifen. Großbritannien sei fest entschlossen, zu seiner Polengarantie zu stehen und Polen im Falle eines deutschen Angriffs militärischen Beistand zu leisten.

Dirksen erzählte uns, weder Ribbentrop noch Hitler hätten ihm gegenüber auf die Denkschrift reagiert. So sei Großbritanniens Ultimatum und die Kriegserklärung vom 3. September 1939 zwangsläufig gewesen. Hitler habe eben nicht damit gerechnet, daß Premierminister Chamberlain diesmal so hart reagieren würde.

Er habe zweifellos gedacht, die britische Regierung werde ein zweites Mal so kompromißbereit sein wie im September 1938 in München, als Hitler gedroht hatte, die Tschechoslowakei anzugreifen.

Was indes den ehemaligen Botschafter besonders erregte, war die Tatsache, daß man ihn nach Ausbruch des Krieges überhaupt nicht zu seinem »Schlußvortrag« empfangen hatte. Mehrmals habe er um einen Termin gebeten, aber weder der Außenminister noch das Staatsoberhaupt hatten ihm eine Audienz gewährt. Dies vor allem hatte den korrekten Diplomaten tief verletzt.

Es wurde ein ungewöhnlich interessanter Abend. Irgendwie ähnelten Mansteins und Dirksens Wege einander. Beide hatten ihrem Lande in bedeutender Stellung gedient; ihrer beider Schicksal war der Diktator geworden, der die Regeln des Protokolls nur solange beachtete, als sie ihm persönlich nützten. Beide – so schien es mir – lebten eigentlich in der für sie »falschen« Generation. Beide wollten es offenbar nicht fassen, daß so vieles, was im 19. Jahrhundert gegolten hatte, im 20. Jahrhundert nicht mehr gelten sollte.

Manstein vertrat noch immer die Ansicht, der Krieg sei zwar nicht mehr zu gewinnen, aber er müsse noch längst nicht verloren gegeben werden. Dirksen deutete an, Stalin sei »ansprechbar«. Er, Dirksen, habe als Botschafter in Moskau – ohne Dolmetscher – manches Gespräch mit ihm geführt. Manstein ebenso wie Dirksen warteten noch auf ihre Stunde!

Im Laufe des Abends stellte es sich heraus, daß Dirksen über die militärische Lage nur mangelhaft informiert war. Der Adjutant des Feldmarschalls erhielt den Auftrag, jede neue militärische Lagekarte, die er nach Liegnitz brachte, anschließend auch in Gröditzberg vorzutragen.

Offensiven von Westen, von Süden und von Osten

Am 6. Juni 1944 landeten die Alliierten an der französischen Kanalküste. Ich entsinne mich noch genau meiner Empfindungen, als uns die Nachricht erreichte: »Gott sei Dank, der Vorhang zum Beginn des hoffentlich letzten Aktes hat sich gehoben!«

Hätte ich an diesem Tage noch in meiner alten Panzer-Division gestanden, und hätte mich das Schicksal bestimmt, an der Küste der Normandie gegen die Invasoren zu kämpfen, ich hätte zusammen mit meinen Kameraden meine verdammte Pflicht getan, »wie das Gesetz es befahl«. Wenn auch wunden Herzens, denn es war etwas anderes, ob man gegen die Sowjets kämpfte oder gegen Engländer, Amerikaner und Franzosen, die ausgezogen waren, um die Welt von diesem Unmenschen und seiner Welteroberungspolitik zu befreien.

Jetzt aber stand ich nicht mehr an der Front, sondern ich gehörte zu den »Wissenden«, und dies Wissen barg Verantwortung. Das »Du bist mitverantwortlich«, das Henning Tresckow mir einmal auf der Schloßfreiheit in Schwedt aufgegeben hatte, mahnte.

Ein paarmal fuhr ich nach Berlin und besorgte Informationen. In der Normandie wurde hart gekämpft. Im Oberkommando des Heeres hörte ich einen jüngeren Generalstabsoffizier sagen, wie sehr man über die Kampfmoral der Amerikaner erstaunt sei. Man hatte das nicht erwartet. Die Alliierten hielten ihre Landeköpfe, zwei künstliche Häfen hatten sie an der Küste montiert. Sie verstärkten ihre Kräfte von Tag zu Tag, während sie die Gegenangriffe der deutschen Divisionen abschlugen. Die Reste der deutschen Luftwaffe waren praktisch ausgeschaltet. Deutlich zeichnete sich ab, daß die Landung gelungen war.

Bereits nach zwei Wochen brachen die Amerikaner aus ihren Landungsköpfen aus und eroberten Cherbourg. Mit ihm besaßen sie nun vor Ende des Monats Juni einen großen Hafen für weitere Landungen. Unsere Niederlage im Westen schien bevorzustehen. Während sich auf deutscher Seite die Verbände abnutzten, verstärkten sich die Kräfte der Alliierten ständig.

In Italien wurde weiterhin wie bisher Schritt für Schritt nach rückwärts Widerstand geleistet. Man stand sich jetzt dort auf halbem Wege zwischen Rom und Florenz gegenüber. Hitler dachte nicht daran, Italien aufzugeben und zu räumen. Eine ganze Heeresgruppe blieb in Italien weiter am Gegner gebunden, man hätte sie dringender denn je im Osten gebraucht!

Dort aber war eine Front von weit mehr als zweitausend Kilometern gegen die Russen zu verteidigen. Als ich Manstein die Lagekarte im Osten vortrug, stöhnte er. Mit einem Blick sah er die dort nahende Katastrophe voraus. Er fragte mich, ob auf der Karte möglicherweise ein paar deutsche Verbände vom Zeichner vergessen worden seien. Ich konnte aber berichten, daß »die oberste Führung« in den zurückliegenden Wochen Kräfte im Osten abgezogen und nach Frankreich verlegt habe.

Ich setzte mich auf die Eisenbahn und fuhr zum Oberkommando der ehemaligen Heeresgruppe Mansteins. Sie hieß nicht mehr »Süd«, sondern »Nordukraine«. Hitler hatte sie mit diesem Namenswechsel gewissermaßen »moralisch« an die Ukraine festnageln wollen. Das war es, was der Oberste Kriegsherr unter »Taktik« verstand. Wir hatten das selbst erlebt, als Mansteins Heeresgruppe im Stalingradwinter den Namen »Don« getragen hatte.

Wieder in Liegnitz, erfuhren wir vom Beginn der russischen Großoffensive im Abschnitt der Heeresgruppe Mitte. Ein paar Tage später begab ich mich wieder nach Berlin und ließ mir im Oberkommando des Heeres eine Kopie der Lage in Rußland zeichnen. Die Heeresgruppe Mitte war zerschlagen worden. Zwar hatte die auf ihrem rechten Flügel stehende 2. Armee noch gerade rechtzeitig auf eine verkürzte Verteidigungslinie zurückgehen können, doch links von ihr gab es keine zusammenhängende Front mehr. Korps, Divisionen und Regimenter hatten sich auf Hitlers Befehl zu »Festungen« eingeigelt. Der weitaus größte Teil des Heeresgruppenbereichs glich Inseln im Meer. Zwischen ihnen waren die Wege nach Westen frei.

Ein »Schuldiger« war auch schon gefunden worden: Feldmarschall Busch war bereits abgelöst (Ende Juni 1944) und von Model ersetzt worden. Der hatte nun die zweifelhafte Ehre, zusätzlich zur Heeresgruppe Nordukraine auch noch das Oberkommando über die Reste der Heeresgruppe Mitte übernehmen zu dürfen. Wir zählten zusammen: Von den vierzig Divisionen der Heeresgruppe Mitte existierten noch etwa 28. Die Verluste an Soldaten konnten vorerst nur geschätzt werden, nicht unter dreihunderttausend, sagte man mir. Die Stadt Minsk, die wir vor drei Jahren genommen hatten, war verloren, die Rote Armee stand mit ihren Spitzen kaum mehr als zweihundert Kilometer vor der ostpreußischen Grenze.

Nachdem Manstein die Karte eingehend betrachtet hatte, fragte ich ihn, wie er diese Lage beurteile. Er meinte, es sei unser Glück, daß die Russen zwar kämpfen könnten, jedoch von der Kunst des Führens nicht viel verstünden. Sie würden vermutlich bald wieder anhalten, um ihren Nachschub heranzuführen. Als ich die Lagekarte in Gröditzberg vortrug, fühlte ich kein Echo. Dirksen verzog keine Miene.

Der Feldmarschall hatte mich gebeten, anschließend an Gröditzberg zum Truppenübungsplatz – wenn ich mich recht erinnere, hieß er Neuhammer – zu fahren. Von dort aus habe Feldmarschall Busch ihn angerufen. Er habe Busch meinen Besuch bereits angekündigt.

Ich fand Feldmarschall Busch im Kommandantenhaus. Sein Ordonnanzoffizier war noch immer mein Regimentskamerad Breitenbuch. Ich entfaltete die Lagekarte auf einem großen Tisch, während Busch sich auf einem Stuhl niederließ, um sie in Ruhe zu betrachten. Als er nun sah, was in den wenigen Tagen seit seiner Ablösung aus seiner Heeresgruppe geworden war, schlug er beide Hände vor sein Gesicht, schrie laut auf und warf sich mit seinem massigen Körper über die Karte.

BERCHTESGADEN, AM 11. JULI 1944

Während im Osten die Offensive den Russen in wenigen Tagen einen Geländegewinn von rund dreihundert Kilometern gebracht hatte, wurde im Westen Frankreichs, in der Normandie, noch um jeden Fußbreit Boden hart gerungen. Seitdem aber die Halbinsel Cotentin mit dem Hafen von Cherbourg im Besitz der Amerikaner war, konnten diese ihre Truppen von Tag zu Tag so gut wie ungehindert verstärken. Von meinem Bruder erfuhr ich telefonisch, daß man die Kräfte der Alliierten in Frankreich bereits auf mehr als eine Million Soldaten schätzte. Fast beiläufig hörte ich in einem solchen Gespräch, Hitler habe den Oberbefehlshaber West, Feldmarschall Rundstedt nach Hause geschickt und Feldmarschall Kluge an seine Stelle gesetzt. Manstein war betroffen, als ich ihm das mitteilte, hatte ihm doch Hitler noch am 30. März gesagt, er solle sich bereithalten, Oberbefehlshaber West zu werden. Das ständig sich wiederholende Auswechseln von Feldmarschällen bewies die Ratlosigkeit an der Spitze.

Am 10. Juli fuhr ich von Liegnitz mit der Bahn über Berlin nach Berchtesgaden. Hitler befand sich wieder auf dem Berghof, so daß ich in Berchtesgaden alle Organe des militärischen Oberkommandos auffinden konnte, um Informationen zu bekommen.

Ich erreichte das Berchtesgadener Kasernengelände am späten Vormittag des 11. Juli und ging zuerst zur Organisationsabteilung des Oberkommandos des Heeres, um meinen Bruder aufzusuchen. Auf dem Flur traf ich Generalmajor Hellmuth Stieff, den Chef der Abteilung. Er fragte mich, wie es Manstein gehe und ob es Neues über ihn zu berichten gebe. Ich verneinte. Er schien es eilig zu haben und sagte, wir würden uns später zum Mittagessen sehen.

Anschließend begab ich mich zur Operationsabteilung, suchte die Zeichenabteilung auf und bat wie schon oftmals, mir für den Feldmarschall Manstein von den Kriegsschauplätzen West, Süd und Ost Kopien der Lagekarten anzufertigen. Ich spürte eine merkwürdige Spannung im Hause; sie war wohl auf die so schwierige Lage an den Fronten zurückzuführen. Noch einmal ging ich in das Arbeitszimmer meines Bruders und sprach ihn auf diese nur gefühlsmäßige Empfindung an. Er bestätigte sie mir, jedoch konnte auch er sie mir nicht begründen. Wir verabredeten, ich würde ihn später zum Mittagessen abholen.

Nun ging ich quer über den Kasernenhof zu dem Gebäude, das durch die Buchstaben HN gekennzeichnet war. Hier saß der Chef des Heeresnachrichtenwesens, General der Nachrichtentruppen Erich Fellgiebel.

Zu Fellgiebel ging ich stets besonders gerne, einmal, weil er mit Manstein persönlich befreundet war, zum anderen, weil er immer die umfassendsten Informationen besaß, und schließlich, weil er, seit ich ihn einmal im Hauptquartier in Ostpreußen bei einem etwas unkontrollierten Wutausbruch leicht »handgreiflich« beruhigt hatte, Vertrauen zu mir hatte. Seitdem hatte er mich im Spaß schon einige Male seinen »Retter in höchster Not« tituliert.

Als ich mich bei ihm anmelden ließ, kam er mir schon in seinem Vorzimmer entgegen und zog mich, wie in großer Eile, in sein Arbeitszimmer hinein. Ich hatte kaum Platz genommen, als er sofort begann: »Stahlberg, Sie kommen genau im richtigen Augenblick. Stauffenberg ist auf dem Berghof und hat in seiner Aktentasche die Bombe. Jetzt steht der Augenblick bevor, in dem Manstein von seinem Eide frei ist. Jetzt muß er es wissen. Wann sehen Sie ihn?«

Ich war zuerst unfähig, ein Wort zu sagen. Mein Herz jagte plötzlich vor Aufregung (eine schreckliche Eigenschaft, mit der ich auf die Welt gekommen bin und die mich schon so häufig in kritischen Augenblicken gepeinigt hat). Als ich mich gefangen hatte, konnte ich zuerst nur ein Wort herausbringen: »Stauffenberg?« »Ja, Stauffenberg!« rief er, viel zu laut, dachte ich. »Wissen Sie unter denen, die noch Zugang haben, einen anderen, einen besseren?« Nein, ich wußte natürlich keinen, aber ich sagte, ich hätte gehört, Stauffenberg habe nur noch ein Auge, nur noch einen Arm, und an diesem nur noch drei Finger.

»Mein Gott«, entfuhr es mir, »wie soll dieser Mann das zuwege bringen?« Fellgiebel sagte, es komme auf die innere Stärke eines Mannes an, um so etwas zu tun. Stauffenberg besitze sie.

Nun fragte ich nach Einzelheiten. So erfuhr ich, es könne sein, daß Stauffenberg die Bombe ungezündet wieder mit zurückbringe. Es sei bereits das zweite Mal, daß er sie in die Lagebesprechung mitgenommen habe. Er warte auf eine Besprechung, bei der außer Hitler auch Göring und Himmler zugegen seien. Die Sprengkraft sei so berechnet, daß alle um den Lagetisch herumstehenden Personen getötet würden.

Dann wechselte Fellgiebel das Thema. Er fragte nochmal, wann ich Manstein sehen würde, und ich mußte ihm versprechen, sofort bei meiner Rückkehr nach Liegnitz dem Feldmarschall Vortrag zu halten. Wir waren uns aber einig, daß der Feldmarschall lediglich erfahren dürfe, daß Hitlers Tod, falls er nicht heute erfolge, an einem der nächsten Tage bevorstehe. Ich fragte nach den Vorbereitungen des Staatsstreiches und erfuhr, daß die Vorwarnungen herausgegangen seien. Stauffenberg – er war jetzt Oberst im Generalstab und Chef des Generalstabs beim Befehlshaber des Ersatzheeres in Berlin – werde selbst der Organisator sein. Dann fragte Fellgiebel plötzlich, ob der Feldmarschall etwaige Reisen noch mit dem Flugzeug mache. Erstaunt über solche Frage sagte ich, er nehme nur noch den Wagen. Darauf sagte er, er habe einen besonderen Grund für seine Frage. Er habe als Chef des Nachrichtenwesens so einige Vertraute, die dann und wann einmal in die Leitungen hineinhorchten. So habe er den sehr dringenden Verdacht, daß beim Tode des Generaloberst Eduard Dietl »der Berghof die Hand im Spiel gehabt« habe. Ich fragte nach Näherem und erfuhr, daß es bei Dietls letztem Vortrag auf dem Berghof zu einer lautstarken Kontroverse mit Hitler gekommen sei. Der Oberbefehlshaber der deutschen Truppen in Finnland sei mit schmähenden Worten entlassen worden. Auf seinem Rückflug sei die Maschine Dietls bald nach dem Start aus rätselhaften Gründen abgestürzt. »Wenn Sie wüßten«, schloß er, »welche unvorstellbaren Verbrechen vom Berghof aus befohlen werden, Sie würden es mir nicht glauben!«

Dann ging ich, um meinen Bruder zum Essen abzuholen. Als wir zusammen den Kasernenhof zum Offizierskasino überquerten, bemerkte ich zu ihm, hier sei ja heute »der Teufel los«. Ich nahm als selbstverständlich an, mein Bruder wisse schon länger als ich, was sich hier anbahnte. Erst nach Ende des Krieges erfuhr ich von ihm, daß er von dem Attentatsplan absolut nichts gewußt habe, obwohl er mitten in einem der Zentren der Vorbereitung saß. Es galt als eiserner Grundsatz, daß niemand mehr wissen durfte, als er zur Durchführung der ihm übertragenen Aufgabe unbedingt wissen mußte. Doch erzählte mir mein Bruder auf dem kurzen Weg zum Kasino, daß General Stieff zu den leidenschaftlichsten Feinden Hitlers gehöre. Wieder einmal bestätigte sich mir, warum die wirklichen Feinde Hitlers dort waren, wo man miterlebte, wie Hitler regierte und führte: nicht bei der kämpfenden Truppe, sondern bei den Oberkommandos.

In der ersten Etage des Kasinogebäudes betraten wir den Speiseraum. Auf dem linken Teil stand ein großer, runder, von Sesseln umgebener Tisch. Rechts war die Tafel für zwanzig bis dreißig Personen gedeckt. Die meisten Stühle waren schon besetzt. Ich machte eine Begrüßungsrunde und setzte mich an das Kopfende des Tisches mit den Fenstern im Rücken. Links von mir saß mein Bruder, rechts Rittmeister Hans von Herwarth. So hatte ich eigentlich den besten aller Plätze, um nicht nur die Tafel, sondern den ganzen Speiseraum zu übersehen. Die Tischunterhaltung bewegte sich in halblautem Ton.

Plötzlich ging die Tür auf. Stauffenberg erschien und blieb zuerst stehen. Wie in Taganrog im Januar 1943 bei mir im Zimmer blickte er einmal im Kreise. Mit seinem Erscheinen aber geschah etwas, was mich erschreckte. Etwa die Hälfte der an unserer Tafel sitzenden Generäle und Generalstabsoffiziere war aufgesprungen. Sie eilten zu Stauffenberg hin und umringten ihn. Herwarth, mein Bruder und ich waren sitzengeblieben. Ich war entsetzt über die Reaktion der meisten Anwesenden bei Stauffenbergs Erscheinen. Wer wußte etwas von dem, was ich seit einer Stunde wußte? Wer von ihnen wußte nichts?

Die meisten der bei Stauffenberg Stehenden kamen nicht zurück an unsere Tafel, sondern gingen mit ihm zusammen zu dem runden Tisch auf der anderen Seite des Zimmers und ließen sich dort nieder. Die Sessel reichten nicht, einige Jüngere setzten sich auf die Armlehnen.

Inzwischen hatten wir unser Essen verzehrt, und ich bat Herwarth und meinen Bruder, nicht auf mich zu warten, weil ich noch mit Stauffenberg sprechen wollte. Sie verließen den Raum, und bald erhob man sich auch drüben an dem runden Tisch. Ich stand sofort auf. Ich hatte ein inneres Verlangen, ein kurzes Wort an Stauffenberg zu richten.

In der Mitte des Raumes traf ich mit ihm zusammen. Ich stellte mich vor. Er aber besann sich auf unser Zusammentreffen in Taganrog. Ich wünschte, er möge wissen, daß meine Gedanken bei ihm seien. »Ich danke Ihnen, ich kann solch ein Wort brauchen.« Dann fragte er: »Sind Sie noch bei Manstein?« Als ich das bejahte, fuhr er fort: »Das ist gut. Gibt es etwas Neues?« Ich erwiderte: »Nein.« Er wünschte mir gute Heimreise und reichte mir die verstümmelte Hand.

Auf dem Kasernenhof mußte ich erst einige Runden gehen, bis mein Puls wieder normal schlug. Hatte ich doch ein paar Worte mit dem gewechselt, der bereit war, alles zu wagen, um unser Vaterland, ja um die ganze Welt von dem Unmenschen zu befreien. Welche Kraft mußte dieser Mann haben, um sich im Angesicht des für diesen schrecklichen Krieg Hauptschuldigen zu entschließen, das Attentat gegen ihn noch nicht zu vollstrecken! Noch nicht, weil seine ersten Mitschuldigen Göring und Himmler fehlten, die mit ihm sterben sollten.

Ein drittes Mal noch sollte sich das am 15. Juli 1944 in dem inzwischen nach Ostpreußen verlegten Hauptquartier wiederholen. Auch an diesem Tage nahm Stauffenberg die Bombe aus Hitlers Besprechungszimmer wieder mit heraus. Erst am 20. Juli 1944 kam es zur Tat.

Auf der Autobahn zwischen Liegnitz und Breslau

Ich fuhr mit der Bahn die Nacht hindurch. Aber ich vermochte kaum zu schlafen. Noch immer vibrierte es in mir. Was für Nerven mußte Stauffenberg haben! Wie oft doch war ich selbst in Lagebesprechungen bei Hitler mit dabeigewesen. Wie oft hatte ich die mißtrauischen und kalten Blicke der SS-Leute gespürt. Wie einfach hätte es sein können, daß irgendeiner von denen plötzlich den Wunsch geäußert hätte, einmal nur einen Blick in meine Aktentasche mit den Plänen des Feldmarschalls zu werfen.

Hermann Göring und Heinrich Himmler wollte er also zusammen mit Hitler beseitigen. Göring, weil Hitler ihn bei Kriegsbeginn vor dem Deutschen Reichstage als seinen Nachfolger bestimmt hatte. Und Himmler, weil er der Chef der SS war, die seit dem 30. Juni 1934 die von Hitler befohlenen Morde ausgeführt hatte und aus der während des Krieges SS-Divisionen, SS-Armeekorps und sogar SS-Armeen geworden waren. Und die Uniform der SS trugen nun auch die Wächter in den Konzentrationslagern und die Organisationen zur planmäßigen Vernichtung der Juden! Das hatte sich doch längst in Deutschland herumgesprochen!

In aller Ruhe durchdachte ich mein bevorstehendes Gespräch mit dem Feldmarschall. Ich durfte es nur unter vier Augen führen, vor allem ohne Anwesenheit der Damen. Das Gespräch mußte also außerhalb des Hauses stattfinden.

General Stieff, der Chef der Organisationsabteilung, hatte gefragt, wie es Manstein gehe, und auch Stauffenberg hatte nach Manstein gefragt. Das konnte bedeuten, daß man mit Manstein sprechen wollte, sobald Hitler nicht mehr lebte. General Fellgiebel, Mansteins alter Freund aus der Zeit der Reichswehr und der Weimarer Republik, hatte es noch deutlicher gesagt: Jetzt stehe der Tag bevor, an welchem der Feldmarschall von seinem Eide frei sei.

Ich selbst hatte erlebt, wie die Feldmarschälle Kluge und Rommel – unabhängig voneinander – Manstein gesagt hatten, sie würden »am Ende« bereit sein, sich ihm zu unterstellen. Nun war inzwischen Kluge statt Manstein Oberbefehlshaber West geworden, und Rommel war Heeresgruppen-Oberbefehlshaber in der Normandie. Bedeutete das alles, daß Manstein von Stauffenberg und seinen Freunden für ihre weiteren Pläne doch noch nicht »abgeschrieben« war?

Zum Frühstück meldete ich mich in Liegnitz zurück. Als der Eßtisch abgeräumt war, breitete ich meine Karten aus und trug vor, was es Neues zu berichten gab. Auch die Damen hörten zu und stellten Fragen. Als ich die Pläne zusammenfaltete, sagte ich vor allen Anwesenden, ich bäte, bevor ich nach Gröditzberg zum Vortrag führe, noch um ein Gespräch in einer persönlichen Angelegenheit. Manstein reagierte sofort: »Gut, dann fahren Sie mit mir heute nach Breslau, wo ich mit meiner Bank sprechen will, und wir lassen den Fahrer hier.«

Feldwebel Sakolowski hatte das große Mercedescabriolet des wundervollen Typs »540 K« aus dem letzten Friedensjahr bereits vor die Haustür gestellt und machte ein betrübtes Gesicht, als er erfuhr, er brauche nicht zu fahren. So blieb ihm nur noch übrig, mich zu bitten, den Wagen auf der Autobahn nicht zu schnell zu fahren, denn die Qualität des Kraftstoffs sei so miserabel geworden, daß man den Motor dieses herrlichen Wagens leicht ruinieren könne.

Sakolowski brauchte nicht besorgt zu sein. Ich hatte anderes im Kopf, als mich an einem großen Kompressormercedes zu erfreuen. Kaum war ich mit dem neben mir sitzenden Feldmarschall auf der Autobahn, als er begann: »Nun, dann schießen Sie mal los. Was haben sie denn auf dem Herzen?«

Dieses Gesprächs entsinne ich mich noch wörtlich, nicht allein, weil es schwer wog, sondern auch weil es kurz war:

»Herr Feldmarschall, ich fühle mich verpflichtet zu melden, daß der Führer heute oder an einem der nächsten Tage umgebracht wird.«

Pause. Lange Pause. Keine Antwort. Nach einiger Zeit – sie erschien mir wie eine Ewigkeit – kam eine Antwort: »Sagen Sie mir das nochmal!« Ich wiederholte wörtlich.

Wieder eine lange Pause. Ich wandte keinen Blick zur rechten Seite. Ich war froh über die vielen Fasanenhähne und -hennen, die die Autobahn bevölkerten. Sie erforderten meine größte Aufmerksamkeit. Ich hasse es, ein Stück Wild zu überfahren. Nach einer weiteren »Ewigkeit« kam die Frage, die ich erwartete und über deren Beantwortung ich in der letzten Nacht lange nachgedacht hatte:

»Von wem haben Sie diese Nachricht?« Ich antwortete sofort: »Von General Fellgiebel.«

Nach wiederum einer Pause ließ er mich meine Antwort wiederholen: »Von General Fellgiebel.« Nach langem, kilometerlangem Schweigen fühlte ich den Zeitpunkt gekommen, eine Frage an den Feldmarschall zu richten: »Herr Feldmarschall, ich möchte die Frage stellen, ob ich diese Meldung besser hätte unterlassen sollen?« Seine Antwort kam sehr schnell: »Selbstverständlich nein! Sie waren verpflichtet, mir das zu melden!« Ich atmete auf.

Nach wiederum langem Schweigen tauchten in der Ferne die Türme von Breslau auf, als der Feldmarschall plötzlich das Schweigen brach und sagte: »Stahlberg, ist ja allerhand, was wir beide jetzt wissen.« Ein schwerer Stein fiel von meinem Herzen, und ich antwortete nur: »Jawohl, Herr Feldmarschall.« Auf der Rückfahrt nach Liegnitz sprach Manstein kein Wort mit mir. Im Hause angekommen, ging er sofort in die Schlafzimmeretage. Wem würde er jetzt sagen, was ich ihm gemeldet hatte? Oder würde er zu niemand etwas sagen?

Während des Mittagessens fragte er mich unvermittelt, ob ich nicht an der Ostsee irgendein gutes Haus wisse, wo wir alle zusammen zwei oder drei Wochen Urlaub machen könnten. Ich nannte ihm die Hotelpension »Seeschloß« in Bansin auf der Insel Usedom.

Frau Karow, die Besitzerin vom Seeschloß, war hochbeglückt, als ich sie anrief. »Oh, ein Feldmarschall, und noch dazu der Feldmarschall von Manstein«, rief sie in das Telefon, und zu morgen abend werde sie gleich ihren Stammgast Wernher von Braun aus Peenemünde einladen. Das werde eine große Freude sein. Frau Karow war nur schwer zu bremsen. Ein paarmal mußte ich wiederholen, daß wir nichts anderes als Ruhe und Erholung im Sinn hätten.

Dann fuhr ich zum Hauptbahnhof und vereinbarte den Kurs, mit dem der Bauwohnwagen des Feldmarschalls in der kommenden Nacht von Liegnitz nach Ostseebad Bansin zu fahren sei. Ohne Berlin oder Stettin zu berühren – wegen der nächtlichen Bombenangriffe!

Manstein verpaßte mir eine gehörige »Gardinenpredigt«, als ich ihm meldete, wann und wie wir reisen würden. Ich solle aus ihm und seinem Haushalt doch bitte nicht eine »Hofhaltung« machen! Ich erwiderte, es könne doch gut möglich sein, daß er in Bansin plötzlich von höchster Stelle angerufen würde, um so schnell als möglich als neuer Oberbefehlshaber West nach Paris zu eilen, und dafür hätten wir doch den Wohnwagen. Er lachte, und schließlich machte es ihm doch Spaß, einmal auf diese Weise in die Ferien zu fahren. Weder er noch ich sprachen das aus, was unser tatsächliches Anliegen war: Nämlich ihm und mir im Hinblick auf die kommenden Tage ein möglichst auffälliges Alibi zu zimmern.

Die Nacht wurde wegen der vielen Rangieraufenthalte nicht gerade sehr komfortabel. Das Ab- und Ankoppeln von einem Zug an den anderen ist nun einmal mit Geräusch verbunden. Doch am Morgen des 13. Juli hielten wir auf einem Abstellgleis in Bansin. Mansteins BMW und mein VW-Kübel standen zu unserer Abholung vor uns.

20. JULI 1944

Noch immer besaß ich den batteriebetriebenen Rundfunkempfänger, den mir Antoinette Esher 1934 in London geschenkt hatte. Frau Karow hatte mir auf meine Bitte ein Zimmer gegeben, wo ich niemand stören würde. In Wirklichkeit wollte ich so wohnen, daß ich nachts auch London würde hören können, ohne Gefahr zu laufen, daß mich irgend jemand wegen Abhörens des »feindlichen« Rundfunks anzeigte. Einen Kofferempfänger konnte man nachts unter seine Decke holen. Dem einfachen Bürger drohte die Todesstrafe, sobald er wegen dieses Deliktes angezeigt wurde.

Regelmäßig hörte ich mehrmals am Tage die deutschen und nachts die englischen Nachrichten ab. Wir genossen Meer und Sonne, einmal besuchte ich auf der Nachbarinsel Wollin meinen Vater, der sich in Misdroy ein möbliertes Zimmer gemietet hatte. Unter den übrigen Gästen der Pension Seeschloß fand ich nur eine Bekannte, Helga von der Forst, die Ehefrau des früheren Kommandanten des Avisos »Grille«; sein Schiff hatte im Frieden dem deutschen Staatsoberhaupt zur Verfügung gestanden, sobald es die Marine zu besichtigen galt. Hitler hatte an dem Marineoffizier Gefallen gefunden, ihn als Verbindungsoffizier in seine Nähe kommandieren lassen. Die Forsts lebten nun in Berchtesgaden. So ergaben sich einige interessante Unterhaltungen und mehr auch nicht.

Aber am Abend des 20. Juli kam plötzlich die Rundfunkmeldung: Im Führerhauptquartier in Ostpreußen sei ein Bombenattentat auf den Führer verübt worden. Doch der Führer sei unverletzt geblieben und werde sich noch heute über den Rundfunk an das deutsche Volk wenden.

Ich vermag die Uhrzeit dieser Rundfunkmeldung nicht mehr zu sagen. Es mag gegen sieben Uhr gewesen sein. Jedenfalls hatte man noch nicht zu Abend gegessen.

Ich ging zu Mansteins und meldete, was ich soeben erfahren hatte. Der Feldmarschall fragte, ob ich gehört habe, wer der Attentäter sei. Da dies noch nicht bekanntgegeben worden war, gab er mir den Auftrag, unverzüglich General Fellgiebel im Führerhauptquartier anzurufen und ihn um nähere Einzelheiten zu bitten. Ich gestehe, daß mir bei diesem Auftrag war, als setze mein Herz für einen Schlag aus.

Auf dem Wege zu meinem Zimmer traf ich in der Halle des Hauses Frau von der Forst. Sie hatte dort schon auf mich gewartet. »Haben Sie gehört«, rief sie mir entgegen, »ein Attentat auf den Führer... ich muß Sie sofort sprechen.« Ich bat um Geduld, ich müsse zuvor ein Telefongespräch führen.

In meinem Zimmer meldete ich über die Postleitung das Gespräch an: »›Führungsblitz‹ im Auftrage Feldmarschalls von Manstein – Führerhauptquartier Wolfsschanze – General der Nachrichtentruppe Fellgiebel.« Die Telefonistin bat mich, am Apparat zu bleiben, ich hörte einige Schaltgeräusche, nach höchstens zehn Sekunden kam die mir so gut bekannte Stimme: »Fellgiebel.« Ich meldete mich und sagte, ich riefe im Auftrage des Feldmarschalls Manstein an. Wir hätten soeben die Rundfunkmeldung gehört, der Feldmarschall bitte um Näheres. Nach einer Pause, wie um Luft zu holen, sagte er: »Es ist alles so, wie Sie es soeben im Rundfunk gehört haben. Ich habe nichts hinzuzufügen. Grüßen Sie den Feldmarschall von mir. Und leben Sie wohl!«* Sofort nach dem letzten Wort wurde offenbar in der Wolfsschanze aufgelegt. Jedenfalls war die Verbindung unterbrochen. – Fellgiebels Stimme hatte tieftraurig geklungen.

Auf dem Wege zum Zimmer des Feldmarschalls traf ich erneut Frau von der Forst. Ich bat sie, zu warten. Dann schilderte ich Manstein mein kurzes Gespräch mit Fellgiebel, richtete seine Grüße aus und sagte, ich würde wieder an den Rundfunkempfänger zurückgehen und ihm melden, sobald es etwas Neues gebe.

Doch zuerst ging ich mit Frau von der Forst auf die Strandpromenade. Sofort begann sie: Ob ich wisse, wer das Attentat begangen habe?

---

* General Fellgiebel hatte im Rahmen der Vorbereitungen für den Staatsstreich die Aufgabe übernommen, alle Telefonleitungen des Führerhauptquartiers sofort nach dem Attentat abschalten zu lassen. Er wurde am Abend des 20. Juli als einer der ersten von der Gestapo verhaftet. Möglicherweise ist dieses Telefongespräch sein letztes gewesen.

Ich verneinte. Sie aber wisse es, kam es aufgeregt aus ihr heraus, sie wisse es genau. Die SS sei es gewesen. Das sei keine bloße Vermutung von ihr. Die SS habe seit längerer Zeit ein Attentat auf den Führer geplant. Die SS habe es bis in alle Einzelheiten vorbereitet.

Als sie mich endlich zu Wort kommen ließ, sagte ich, ich könne das nicht glauben, die SS-Leute seien doch »die Treuesten der Treuen«. Ich spielte den Ahnungslosen, den Naiven. Sie aber gab nicht nach. Seit Jahren lebe sie mit ihrem Mann in Berchtesgaden, kenne dort viele Menschen, ihr Mann und sie hätten dort viele Freunde, nicht nur bei den Kameraden von der Marine, sondern auch bei den Diplomaten und auch bei der SS. Ich beendete das Gespräch, ich müsse zurück an den Rundfunkempfänger.

Nach Mitternacht hörte ich in der Hotelhalle zusammen mit den anderen Gästen Hitlers Rede*. Nun erfuhr es die Öffentlichkeit: Stauffenberg war es gewesen.

Dann ging ich zum Zimmer des Feldmarschalls und klopfte an die Tür. Er war noch nicht zu Bett gegangen und saß mit seiner Frau am Tisch. Ich meldete ihm, Hitler habe gesprochen und verkündet, Stauffenberg sei es gewesen. Einen Moment sah er mich wie fassungslos an, dann schrie er los, wie ich es bei ihm noch nie erlebt hatte. Er tobte. »Ist der denn wahnsinnig geworden! Wie konnte der so etwas tun!« Immer von neuem wiederholte er es. Als er ruhiger wurde, fragte ich, ob er noch Befehle für mich habe. Dann wünschte ich eine gute Nacht.

---

* Wortlaut der Rede Hitlers in der Nacht vom 20. zum 21. Juli 1944 über alle deutschen Sender:
»Deutsche Volksgenossen und -genossinnen! Ich weiß nicht, zum wievielten Male nunmehr ein Attentat auf mich geplant und zur Ausführung gekommen ist. Wenn ich heute zu Ihnen spreche, dann geschieht es aus zwei Gründen: Erstens, damit Sie meine Stimme hören und wissen, daß ich selbst unverletzt und gesund bin. Zweitens, damit Sie aber auch das Nähere erfahren über ein Verbrechen, das in der deutschen Geschichte seinesgleichen sucht.
Eine ganz kleine Clique ehrgeiziger, gewissenloser und zugleich verbrecherischer, dummer Offiziere hat ein Komplott geschmiedet, um mich zu beseitigen und zugleich mit mir den Stab praktisch der deutschen Wehrmachtführung auszurotten. Die Bombe, die von dem Oberst Graf von Stauffenberg gelegt wurde, krepierte zwei Meter an meiner rechten Seite. Sie hat eine Reihe mir teurer Mitarbeiter sehr schwer verletzt, einer ist gestorben. Ich selbst bin völlig unverletzt bis auf ganz kleine Hautabschürfungen, Prellungen und Verbrennungen. Ich fasse es als eine Bestätigung des Auftrages der Vorsehung auf, mein Lebensziel weiter zu verfolgen, so wie ich es bisher getan habe ...
Der Kreis, den diese Usurpatoren darstellen, ist ein denkbar kleiner. Er hat mit der deutschen Wehrmacht und vor allem auch mit dem deutschen Heer nichts zu tun ... Diesmal wird nun so abgerechnet, wie wir das als Nationalsozialisten gewohnt sind!«

Während ich die Treppe hinunterstieg, ging es mir durch den Kopf: War diese Emotion echt? Ich wurde das Gefühl nicht los, daß sie vor allem an die Adresse seiner Frau gerichtet war.

In der Halle saßen die Gäste noch vor dem Rundfunkempfänger. Ich bat Frau von der Forst um einen zweiten Spaziergang. Draußen auf der Standpromenade fragte ich: »Und was sagen Sie nun?« Sie blieb aber dabei, es sei die SS, die zuerst ein Attentat geplant habe. Man könne schließlich auch die SS nicht hindern, über das Ende des Krieges nachzudenken. Frau von der Forst vermutete, man müsse wohl bei der SS in Erfahrung gebracht haben, was Stauffenberg beabsichtigte. Und erst daraufhin habe man wahrscheinlich weitere Überlegungen »abgeblasen«. Getreu der uralten historischen Erfahrung, nach der bei Revolutionen die Aktivisten der ersten Stunde zu scheitern pflegen, während ihre Nachfolger die Ernte einbringen.

In dieser Nacht fand ich lange keinen Schlaf. Meine Gedanken waren bei Stauffenberg. Ob er noch lebte? Was würde jetzt auf die vielen zukommen, die wie Henning von Tresckow und Fabian von Schlabrendorff, wie Fellgiebel vorausgedacht, vorausgeplant oder sogar gehandelt hatten? Und was würde mit den zahllosen Mitwissern geschehen?

Meine Gedanken wanderten auch zurück zu dem Abend im Schloß Kleßheim bei Salzburg. Hatte Himmler dort bei Manstein nicht doch sondieren wollen?

Die restlichen Tage in Bansin vergingen in gedrückter Stimmung. Stauffenberg war noch in der Nacht zum 21. Juli zusammen mit drei weiteren Offizieren standrechtlich erschossen worden. Feldmarschall Rommel war ein paar Tage vorher in Frankreich bei einem Tiefffliegerangriff schwer verwundet worden. Generaloberst Beck hatte die Waffe gegen sich selbst gerichtet. Der Staatsstreich war, wie Tresckow es befürchtet hatte, gescheitert.

Vieles veränderte sich jetzt schlagartig. Hitler hatte den SS-Führer Himmler zum Befehlshaber des Heimatheeres ernannt. Generaloberst Guderian, der rückhaltlose Verehrer Hitlers, war an Stelle von Zeitzler Chef des Generalstabes des Heeres geworden. Was Clausewitz, Moltke und Beck einst geschaffen hatten, der in der ganzen Welt als Vorbild bewunderte Generalstab, war in der Hand der Nazis. Goebbels, der Propagandaminister, bekam den zusätzlichen Titel eines »Reichsbevollmächtigten für den totalen Kriegseinsatz«. Welche Kompetenzen verbargen sich hinter dieser martialischen Amtsbezeichnung? Der Kompetenzwirrwarr mußte nun zum Chaos werden. Der innere Auflösungsprozeß zeichnete sich ab.

Schließlich gab es auch äußerlich etwas Neues: Alle Soldaten der Wehrmacht hatten nicht mehr »militärisch« durch Anlegen der Hand an die Kopfbedeckung zu grüßen, sondern uns wurde der »Deutsche Gruß« befohlen. Wie Partei und SS mußten wir fortan salutieren.

Ich unternahm jetzt keine Reisen mehr zu Oberkommandos und Hauptquartieren. Überall wurde jetzt versetzt, verhaftet, »gereinigt«. Man konnte nicht mehr wissen, wen von den alten Bekannten man in den hohen Kommandostellen noch antreffen würde. Wie leicht könnte man sich selbst verdächtig machen, wenn man nach jemandem fragen würde, der sich bereits in einem der Keller der Gestapo befand. Nur nach Zossen, dem Ausweichquartier des Oberkommandos des Heeres, wagte ich noch einen Abstecher, denn mein Bruder, der sich von Berchtesgaden aus zum Generalkommando in Stettin hatte versetzen lassen, hatte mir Hinweise gegeben, wen man in Zossen noch ansprechen konnte und wen man tunlichst zu meiden hatte.

Am 24. Juli hörte ich im Bericht des Oberkommandos der Wehrmacht den Satz: »Der Chef des Generalstabes einer Armee, Generalmajor von Tresckow, hat in vorderster Linie den Heldentod gefunden.« Ich erstarrte. Henning war nicht der Generalstabschef, der seinen Platz in der Führungsabteilung einer Armee verlassen hätte, um »in vorderster Linie« zu kämpfen. Je härter eine Armee kämpfen muß, desto mehr gehört der Generalstabschef an seinen Platz. Wenn Henning wirklich sein Oberkommando verlassen hatte, um nach vorne zu fahren, dann bedeutete das, daß er seinen Tod gesucht hatte.

Henning war der führende Organisator des militärischen Widerstandes gegen Hitler gewesen. Er hatte mir gesagt, daß er seit langem dabei sei, ein Netz über Hauptquartiere und Oberkommandos zu flechten. Nach der Beseitigung Hitlers werde es einen neuen Anfang geben. Nachdem Hitler das Attentat überlebt hatte, würde er Rache nehmen, sobald dieses Netz entdeckt war. Man kannte Hitler genug, um zu wissen, daß seine Rache vor niemandem anhalten würde, gleich ob Leutnant oder Feldmarschall.

Der Wortlaut dieses einen Satzes im OKW-Bericht vom 24. Juli 1944 bewies jedoch, daß man an höchster Stelle das Netz noch nicht entdeckt hatte. Noch ahnte Hitler nicht, daß es sich am 20. Juli 1944 nicht um »eine ganz kleine Clique ehrgeiziger, gewissenloser und zugleich verbrecherischer, dummer Offiziere« gehandelt hatte, sondern genau, und Wort für Wort, um das Gegenteil.

Jetzt aber war die befreiende und Frieden verheißende Tat Stauffenbergs mißlungen, und ohne jeden Zweifel hatte Henning von Tresckow sein Leben geopfert, um zu retten, was noch zu retten war. Ihn selbst hatte das »Nessoshemd« verzehrt. Von nun an war es ihm nur noch um das Überleben derer gegangen, die er geworben und die sich ihm anvertraut hatten.

Ich hatte mir damals eine große Landkarte des europäischen Kontinents besorgt. In sie zeichnete ich ein, was ich jetzt noch über die militärische Lage erfuhr. Da ich aber damit rechnen mußte, daß diese Karte plötzlich in »falsche« Hände geraten würde, achtete ich peinlich genau darauf, daß ich nur noch das einzeichnete, was ich aus den Wehrmachtberichten herauslesen konnte. Dem Feldmarschall legte ich meine Europakarte so oft als möglich vor und fragte ihn nach seinen Ansichten.

In diesen Tagen nach dem 20. Juli stand noch kein feindlicher Soldat auf deutschem Boden. Im Gegenteil: Norwegen war noch immer von unseren Truppen besetzt. Am nördlichen Polarmeer wurde noch immer bei Murmansk gekämpft. Im Süden Finnlands waren die Sowjets nach Westen eingedrungen. Leningrad war von den Russen befreit worden, aber in Estland, Lettland und Litauen kämpfte unsere Heeresgruppe Nord noch verzweifelt mit der Ostsee im Rücken. In Polen stand die Rote Armee vor Brest-Litowsk und im Süden des Landes noch ostwärts von Lemberg. Rumänien und Ungarn, Bulgarien, Griechenland, Albanien und Jugoslawien waren noch immer in deutscher Hand. In Italien standen sich die Gegner weiterhin südlich von Florenz gegenüber. In Frankreich tobten schwerste Kämpfe in der Normandie, eintausendfünfhundert Bombenflugzeuge der Alliierten hatten gerade einen »Bombenteppich« auf deutsche Verbände herabgeworfen, es war jetzt nicht mehr daran zu denken, daß die Invasionsarmeen vom Kontinent vertrieben werden könnten. Doch das ganze übrige Frankreich war noch im Besitz der deutschen Besatzungstruppen. Ebenso auch Belgien, die Niederlande und Dänemark.

Wäre diese Lage nicht eine geradezu klassische Voraussetzung für Waffenstillstandsverhandlungen? Eine deutsche Regierung ohne Hitler hätte doch noch vieles in der Hand gehabt, um »handeln« zu können. Solche Gedanken beschäftigten mich nach dem 20. Juli. An einem dieser Tage fragte ich Manstein, ob diese gesamteuropäische Lage nicht seinen Gedanken entgegenkomme, wie er sie mir im Jahr 1943 in seiner Denkschrift an Hitler zur Frage eines »Remis« diktiert hatte.

Selbstverständlich witterte der Feldmarschall sofort den provokatorischen Hintergrund meiner Frage. Und so erhielt ich keine eindeutige Antwort. Er wiederholte das schon früher so häufig gebrauchte Wort, Remis und Kompromisse seien in jedem Krieg und immer möglich, vorausgesetzt, man suche sie. Sie aber zu suchen, sei Aufgabe des Politikers, nicht aber des Soldaten.

Ich konnte an diesem Tage nicht wissen, daß ich Manstein gegenüber genau die Frage angesprochen hatte, die in den Köpfen derer, die im militärischen Widerstand an führender Stelle nachgedacht und geplant hatten, zentrale Bedeutung gehabt hatte. Ich konnte das nicht wissen, aber ich ahnte es, denn diese Frage lag auf der Hand!

Bei seiner Entlassung hatte Hitler dem Feldmarschall gesagt, er möge sich darauf einstellen, in Kürze Oberbefehlshaber West zu werden. Inzwischen aber hatte statt Manstein Feldmarschall Kluge diese Aufgabe erhalten. Auch die Stelle des Chefs des Generalstabs des Heeres, die Manstein für sich im Auge gehabt hatte, vermutlich, um auf diesem Wege über sie zu gegebener Zeit Hitler doch noch die Schaffung eines Chefs des Großen Generalstabes abzuringen, war mit Guderian neu besetzt worden. Mansteins Gedanken hatten oft um die Frage eines Chefs des Großen Generalstabs gekreist.

Inzwischen aber waren mit den Ernennungen Kluges und Guderians solche Überlegungen gegenstandslos geworden.

Mir selbst war das ganz lieb. Aus zahlreichen Diskussionen mit dem Feldmarschall wußte ich, daß Manstein den Krieg in Europa als Oberster Befehlshaber sehr anders führen würde, als Hitler es tat. Allein seine wiederholt geäußerte kritische Meinung, die in Italien kämpfende deutsche Heeresgruppe nach Norden über die Alpen zurückzunehmen, um eine starke Operationsreserve zu bilden, hätte völlig neue Lagen geschaffen, sei es im Westen oder im Osten. Ebenso deutete Manstein mehrmals an, die deutsche Heeresgruppe auf dem Balkan gehöre schon längst zurück nach Deutschland. Dem »größten Feldherrn aller Zeiten« war die Einsicht, daß man einen Krieg nicht führen kann, ohne Reserven zu haben, auch jetzt noch völlig fremd. Offenbar wartete er nur noch auf ein Wunder. So war ich, wie gesagt, beruhigt, daß Manstein offenbar kein Oberkommando mehr bekommen würde. Gewiß hätte er weit besser geführt, als es auf deutscher Seite getan wurde. Allein, mit Hitler als Vorgesetztem hätte er den längst verlorenen Krieg nur noch verlängern können.

Im Tannenberg-Denkmal

Im August wurde ein Steckbrief über das ganze Reich veröffentlicht: Gesucht wurde der ehemalige Leipziger Oberbürgermeister Dr. Carl Goerdeler. Für seine Ergreifung war eine Million Reichsmark ausgesetzt. Eine so hohe Belohnung war in unserem Land nie zuvor ausgelobt worden.

Nun wußte ich, daß man das »Netz« entdeckt hatte. General Oster hatte mir in Dresden gesagt, daß der kommende deutsche Reichskanzler Carl Goerdeler sei. Manstein bemerkte im Familienkreis bei Tisch, »man« habe ihm im vergangenen Jahr einmal nahegelegt, Dr. Goerdeler zu einem Gespräch zu empfangen. Indes habe er ein richtiges Gespür gehabt, als er den Besuch abgelehnt habe.

Weit schwerer bewegte uns die Nachricht, der Führer habe die Einrichtung eines »Ehrenhofes« der Deutschen Wehrmacht befohlen; Vorsitzender sei Feldmarschall von Rundstedt, weitere Mitglieder seien Feldmarschall Keitel und Generaloberst Guderian. Aufgabe des Ehrenhofes sei es, bei hinreichendem Verdacht der Teilnahme oder der Mitwisserschaft des beabsichtigten Staatsstreiches den verdächtigten Offizier zu degradieren und aus der Wehrmacht auszustoßen. Danach sei der Verdächtige der Gestapo und dem Volksgerichtshof zu übergeben. Durch dieses Verfahren wurden die Wehrmachtsangehörigen der gesetzlichen Kriegsgerichtsbarkeit entzogen. Welch eine Verhöhnung von Recht und Gesetz offenbarte sich in dieser Verordnung.

Gleichzeitig wurden – als erste »vom Ehrenhof degradiert und aus der Wehrmacht ausgestoßen« – folgende Namen veröffentlicht: Feldmarschall von Witzleben, Generaloberst Hoepner, General Fellgiebel und General Stieff. Post mortem war auch General von Tresckow solche »Ehre« widerfahren. Die Degradierten wurden sofort vor Gericht gestellt, in Berlin-Plötzensee verurteilt und durch den Strang hingerichtet.

In diesen Wochen einen Blick in die Tageszeitungen zu werfen, war unerträglich. Papen hatte seinen Posten als Botschafter in der Türkei geräumt, weil die Türken nun doch noch in den Krieg gegen Deutschland eingetreten waren. Hitler hatte Papen für seine Verdienste mit dem Ritterkreuz des Verdienstkreuzes ausgezeichnet. SS-Führer Hermann Fegelein, Himmlers persönlicher Vertreter bei Hitler, dem ich so oft im Hauptquartier Hitlers begegnet war und der im Juni 1944 die Schwester von Hitlers Freundin Eva Braun geheiratet hatte, hatte das Eichenlaub zum Ritterkreuz erhalten (wofür, fragte man sich). Überhaupt ging jetzt ein wahrer Ordensregen auf die Deutschen nieder. Unvermittelt meldete sich auch der schon fast vergessene ehemalige Oberbefehlshaber des Heeres, Feldmarschall Brauchitsch, in den Zeitungen zu Wort. Man las aus seiner Feder, wie sehr er seinen Kameraden Witzleben und dessen Freunde verachtete und wie hingebend er Hitler zu huldigen trachtete. Auch von einem neuen Panzerkampfwagen berichteten die Zeitungen. Man hatte ihm den Namen »Panther« gegeben, in »Groß-Serie« werde er produziert. Auf die Stadt London wurden täglich V 1-Raketen abgefeuert, als »Vergeltung« für die Invasion in der Normandie. In den Fabriken Deutschlands wurde die 60-Stundenwoche eingeführt.

Deutlich fühlte ich, daß Manstein unruhig wurde. Eines Tages sagte er, er wolle sich jetzt ein Stück Land und einen Hof kaufen, möglichst in Hinterpommern. Es gab dort Freunde, die er gerne als Nachbarn haben würde, die Schönheit Pommerns hatte es ihm angetan, seit er in Kolberg Bataillonskommandeur gewesen war. Ich gab zu bedenken, ob es nicht besser sei, in Schleswig-Holstein oder in Westfalen auf die Suche zu gehen. Ich sagte etwas von »Westverschiebung Polens«. Doch er entgegnete, wenn Pommern verloren sei, dann seien wir alle verloren.

So nahm ich das Telefon und begann zu suchen. Zuerst sprach ich mit Alexander von Quistorp, dem Leiter der Preußischen Zentrallandschaftsbank in Berlin am Wilhelmplatz. Er blieb freundlich und deutlich zurückhaltend. Dann erlangte ich eine Verbindung mit einem Herrn Dr. Hagemann, einem weithin angesehenen landwirtschaftlichen Berater in Pommern. Niemand wußte in der Landwirtschaft Hinterpommerns besser Bescheid als er. Manstein und ich nahmen den Wagen und verabredeten uns zu mehreren Besichtigungen. Es war lehrreich, mit Herrn Hagemann über pommersche Felder zu fahren, doch bei jedem Objekt war etwas auszusetzen. Nur kranke Betriebe waren zu kaufen. Die Besitzer gesunder Höfe dachten nicht daran, zu verkaufen. Ein alter Herr, mit dem ich verwandt war, sagte mir kurz und bündig, er dächte nicht daran, seinen Besitz zu verkaufen, selbst dann nicht, wenn ihm jemand ein Mehrfaches des Wertes bar auf den Tisch blättern würde.

Herr Hagemann bemerkte noch, ohne die Zustimmung des Gauleiters Franz Schwede-Coburg in Stettin sei überhaupt nichts zu machen, auch dann nicht, wenn Käufer und Verkäufer sich einig seien. Also bat ich bei dem Gauleiter um einen Besuchstermin. Da saßen wir dann am nächsten Vormittag im Vorzimmer des Herrn Gauleiters. Der ließ die

Besucher mehr als eine halbe Stunde warten. Dann verließen wir das Dienstgebäude. Ich war froh, daß es mit diesem Mann zu keinem Gespräch gekommen war.

An einem der ersten Tage im Oktober kam die Nachricht, General Schmundt sei an den Folgen des Attentats vom 20. Juli verstorben; am 7. Oktober werde der Feldmarschall zum Staatsakt im Tannenberg-Denkmal in Ostpreußen erwartet.

Am 6. Oktober fuhren wir mit dem Wagen nach Berlin. Wegen der vorgeschriebenen Verdunkelungskappen auf den Scheinwerfern vermied man das Reisen bei Dunkelheit. Wir trafen bei Tageslicht in Berlin ein. Der Sonderzug nach Ostpreußen sollte den Bahnhof Friedrichstraße erst am späten Abend verlassen.

In einem der Hotels Unter den Linden, ich glaube, es war das Adlon, nahmen wir einen Tisch in der Halle. Während der Feldmarschall sich Tee bestellte, beschaffte ich Informationen über Veranstaltungen in der Reichshauptstadt, die man noch am selben Abend besuchen könnte.

Und wirklich gab es noch etwas: In der Staatsoper Unter den Linden war ein Symphoniekonzert angekündigt, Bruckners VIII. Symphonie unter Herbert von Karajan. Ich bat den Hotelportier, mir zwei Karten zu besorgen. Er schüttelte den Kopf. Ich zog mein Portemonnaie aus der Tasche, vergeblich. In der Telefonzentrale ließ ich mir die Opernintendanz geben: nichts zu haben, war die Antwort; ich sprach von zwei Stühlen, die man wohl in die Mittelloge des ersten Rangs stellen könne; nichts wirkte. Ich ließ nicht locker. Ich fragte nach den beiden Proszeniumslogen neben der Bühne. Ich kannte doch das Haus. Jawohl, in der linken, der Intendantenloge, könne man wohl hinter die verkauften Plätze noch zwei Stühle stellen. Ich möge mich rechtzeitig an der Kasse melden.

Manstein erschrak, als ich ihm meinen Erfolg meldete. »Mein Gott, Bruckner«, stöhnte er. »Warum nicht Mozart?« Ich verschwieg, daß ich nur Proszeniumsplätze bekommen hatte. Ich hätte den ganzen Konzertbesuch riskiert. In diesen Tagen war ich aber in einer Stimmung, in der ich Bruckner hören wollte, gerade jetzt Bruckner.

Als der Feldmarschall mit mir das Opernhaus betrat, wich das Publikum vor ihm nach den Seiten zurück. Wann begegnete man schon einem ordendekorierten Marschall samt Interimsstab und Adjutanten in einem Karajan-Konzert. Mehrmals hörte ich Mansteins Namen; man kannte ihn aus Zeitungen und Wochenschauen.

Kaum hatten wir auf den für uns bestimmten Stühlen an der Rückwand der Loge Platz genommen, trat das Orchester auf. Mit Schrecken erkannte ich, wie sehr es verstärkt war. Und wir saßen doch unmittelbar hinter den acht Hörnern, deren Schalltrichter auf uns gerichtet waren. Da ich seit Jahren kein Symphoniekonzert mehr gehört hatte, störte mich die Ungunst unserer Sitzplätze nicht im geringsten. Doch wenn das Blech zum dreifachen Forte einsetzte, hielt sich der Feldmarschall neben mir beide Ohren zu. War dann wieder Pianissimo an der Reihe, beobachtete ich, wie sehr sich Manstein über Herrn von Karajans schöne Dirigentenposen amüsierte.

Auf dem Bahnhof Friedrichstraße versammelte sich vor dem Sonderzug viel Prominenz. Wenn der Führer zum Staatsakt gebeten hatte, konnte – oder wollte – man nicht fehlen. Erst recht nicht dann, wenn die Trauerfeier für den Chefadjutanten dort stattfand, wo der Sarg des Feldmarschalls von Hindenburg stand, des Siegers der Tannenbergschlacht 1914 und letzten deutschen Reichspräsidenten. Vermutlich bestieg den langen Schlafwagenzug auch manch einer, der sich seit dem 20. Juli so etwas wie ein nachträgliches Alibi zu schaffen trachtete.

Als der Sonderzug gegen Mittag des nächsten Tages hielt, befanden wir uns unmittelbar an der breiten Eingangsöffnung des von gewaltigen Türmen umgebenen Oktogons, des »Deutschen Nationaldenkmals«. Beim Verlassen des Zuges schlug uns eisiger Wind entgegen. Gegenüber dem Turm mit den Särgen Hindenburgs und seiner Frau stand etwas verloren der mit der Kriegsflagge bedeckte Sarg von Hitlers Adjutant. Welche Unverhältnismäßigkeit von Größe und Bedeutung! Umgeben von der Symbolik preußischer und deutscher Geschichte, gestaltet in der Zeit der Weimarer Republik, heute zur Kulisse einer Demonstration gegen die bestimmt, die den Versuch gewagt hatten, das Deutsche Reich vor dem Untergang zu retten!

Nach Rang und Würden nahmen sie ihre Stehplätze ein. Ich entsinne mich der Feldmarschälle Busch und Keitel, der Generalobersten Schörner und Guderian, des Generals Burgdorf, Schmundts Nachfolger als Chefadjutant (in wenigen Tagen würde er es sein, der dem Feldmarschall Rommel im Auftrage Hitlers die Giftampulle bringen und ihn zum Selbstmord zwingen würde); ich entsinne mich des Reichsleiters der NSDAP Martin Bormann, des politisch stärksten und gefährlichsten Mannes im Dunkel um Hitler; ich entsinne mich auch des Grafen Lutz Schwerin von Krosigk, des Reichsministers der Finanzen (er hatte dieses Amt seit seiner Zugehörigkeit zum Kabinett Papen 1932 noch immer inne). Ich entsinne mich auch eines schneidig auftretenden jungen Obersts, der den Feldmarschällen mit überlaut schallender

Stimme die zum Staatsakt angetretene Trauerparade meldete. (Erst während der nächtlichen Rückfahrt im Zuge erfuhr ich, wer er war: Remer sei sein Name, am 20. Juli habe er sich in Berlin, als Major und Kommandeur des Wachbataillons, als treu und zuverlässig bewährt.) Da ich ein gutes musikalisches Gedächtnis habe, entsinne ich mich auch der Musikstücke, die, von einem Musikkorps gespielt, in dem weiten Rund des Denkmals erklangen: Mit einem Stück aus Wagners »Götterdämmerung« begann man, mit Beethovens Hymne »Die Himmel rühmen des Ewigen Ehre« endete man. Alles lief so ab, wie irgend jemand es befohlen hatte. Einer allein fehlte: Der Führer und Reichskanzler, der Oberste Befehlshaber.

Die Trauerrede wurde also nicht von Hitler gehalten. Statt seiner trat Feldmarschall Busch vor. Vermutlich hatte man ihn bestimmt, weil er einst in Potsdam als Kommandeur des 9. (Preußischen) Infanterie-Regiments Schmundts Vorgesetzter gewesen war. Doch eine preußische Rede wurde es nicht. Vielmehr entsinne ich mich, daß Buschs Rede eine Ovation unwandelbarer Gefolgstreue zu dem wurde, der nicht anwesend war.

Nachdem der Sarg in einem unserem Sonderzug angekoppelten Wagen verschwunden war, erhielt ich von Manstein den Auftrag, zum Abendessen im Speisewagen einen Tisch für vier Personen reservieren zu lassen. Es wurde ein langer Abend. Mir gegenüber saßen Manstein und Generaloberst Guderian, der neue Chef des Generalstabs des Heeres, rechts neben mir der Adjutant des letzteren.

Zunächst drehte sich die Unterhaltung um die militärische Lage. Die Sowjets hatten bei Riga die Küste der Ostsee erreicht und damit die Heeresgruppe Nord abgeschnitten. Wieder einmal hatten Hitlers Haltebefehle zu einer katastrophalen Niederlage geführt. Diesmal hatte Hitlers strategische Unfähigkeit nicht nur zum Verlust einer Division, eines Korps oder einer Armee geführt, sondern er hatte eine ganze Heeresgruppe ins Abseits manövriert. Die Anwesenheit ihrer beiden Adjutanten ließ die Feldherrn uns gegenüber zwar nur andeutungsweise Kritik an der »obersten Führung« laut werden. Doch die beiden jungen Offiziere hatten längst gelernt, »zwischen den Zeilen zu lesen«.

Bei der Heeresgruppe Mitte, also vor Ostpreußen, näherten sich die Russen der deutschen Grenze. Fast beiläufig fragte Manstein seinen Gesprächspartner, was denn aus dem Tannenberg-Denkmal werde; mag sein, daß ihn auch die Frage nach dem Schicksal der beiden Särge seiner Verwandten Hindenburg beschäftigte. Jedenfalls erfuhren wir, daß die Hindenburg-Särge rechtzeitig nach Westen gebracht werden sollten. Das Denkmal aber werde zur Sprengung vorbereitet.

Bei ein paar Flaschen Wein wurde die Tischunterhaltung nach dem Essen gelöster. Unvermittelt fragte Manstein: »Sagen Sie mal, Guderian, ich habe gehört, daß Sie in der Provinz Posen ein Landgut bekommen haben. Wie haben Sie das eigentlich gemacht?« Und unbeschwert von jeglichen Hemmungen erzählte Guderian, man habe ihm eine Liste schöner polnischer Güter gegeben. Die habe er einige Tage lang besichtigt und sich schließlich für das passende Objekt entschieden. Manstein reagierte betroffen und fragte, ob denn die polnischen Besitzer dort noch gewohnt hätten. Als Guderian das bejahte, fragte er, was denn dann aus denen geworden sei. Guderian erwiderte, er wisse das nicht. Als er sein Gut übernommen habe, seien die Polen nicht mehr dort gewesen. Wo sie geblieben seien, entziehe sich seiner Kenntnis. Manstein war sprachlos. Ein paarmal zuckte es in seinem Gesicht. Ich kannte ihn zu gut, um zu wissen, was das bei ihm bedeutete: Auf solche Weise zu einem Gut zu kommen, war nicht sein Stil.

Am nächsten Morgen erlebte auch Berlins Bahnhof Friedrichstraße sein militärisches Zeremoniell. Dann rollte die Kolonne hinter der Lafette mit dem Sarg durch die zerstörten Straßen zum Invalidenfriedhof. Inmitten der Gräber der großen Heerführer des Königreichs Preußen fand nun auch der von seinem obersten Kriegsherrn noch auf dem Sterbebett zum General der Infanterie beförderte Adjutant seine letzte Ruhestätte.

Unter den Trauergästen hatte sich auch Großadmiral Erich Raeder, der schon im Januar 1943 entlassene Oberbefehlshaber der Kriegsmarine, eingefunden. Als die Beisetzung beendet war, schlug Raeder dem Feldmarschall vor, einen Spaziergang über den Friedhof zu machen. Die Wege zwischen den Gräberreihen reichten gerade für zwei nebeneinandergehende Personen. Ich folgte so dicht als möglich. Zu sehr interessierte mich das, was die beiden vor mir Gehenden diskutierten. Ihr Thema war sofort das Unternehmen »Seelöwe«, die von Hitler im Sommer 1940 geplant gewesene deutsche Invasion an der Südküste Englands. Manstein hatte damals ein Korps geführt, dessen Divisionen von Boulogne aus im ersten der drei Treffen bei Beachy Head an Land hatten gehen sollen, um später zu den Verbänden zu gehören, die London durch Umfassung von Westen einzunehmen hatten.

Jetzt wollte Raeder von Manstein wissen, warum er ihm damals »so viel Schwierigkeiten gemacht habe«. Manstein reagierte erstaunt. An Schwierigkeiten habe er nie gedacht, vielmehr sei er der festen Überzeugung gewesen, sein Korps erfolgreich zur englischen Insel hinüberzubringen, vorausgesetzt, man verzögere nicht den Angriffstermin. Doch dann sei es dieser unsinnige, von Göring initiierte Luftkrieg gewesen, der den Engländern die Zeit verschafft hätte, um sich auf die Verteidigung ihrer Küsten sorgfältig und wirkungsvoll vorzubereiten. Eine Luftwaffe sei eben doch nur so etwas wie eine moderne Artillerie. Zur Eroberung eines Landes brauche man immer noch eine Infanterie. Es könne aber keine Rede davon sein, daß er der Kriegsmarine Schwierigkeiten habe machen wollen.

Raeder widersprach nicht, erklärte aber, die Invasion in England möge schon realisierbar gewesen sein. Die englische Kriegsmarine jedoch hätte die Verbindungswege zur englischen Insel bald unterbrochen. Die deutschen Seestreitkräfte seien zu schwach gewesen, um das zu verhindern. So wäre eine deutsche Invasion letzten Endes zum Scheitern verurteilt gewesen.

So diskutierten die beiden Strategen miteinander, wahrten die Form und verabschiedeten sich kameradschaftlich.

Am späten Nachmittag besuchte Manstein mit mir den Reichsfinanzminister Graf Schwerin von Krosigk in seinen Diensträumen am Wilhelmplatz. Sein großes Arbeitszimmer war so stark verdunkelt, daß nur noch eine kleine Tischlampe spärliches Licht auf die Mitte des Schreibtisches warf. Die Szene erinnerte mich an Bühnenbilder des großen Regisseurs Max Reinhardt. Der Kopf des Ministers paßte so gar nicht in den Kreis derer, die das Schicksal des Deutschen Reiches jetzt schon seit zwölf Jahren zu verantworten hatten.

Im übrigen war auch er ratlos, was man tun könne, um jetzt noch ein Landgut zu kaufen.

Dem Ende entgegen

Im August 1944 gab es zwischen Manstein und mir eine persönliche Differenz. Er hatte mich gefragt, warum ich eigentlich noch immer Oberleutnant sei, und ich hatte geantwortet, das liege ohne Zweifel daran, daß ich noch nicht befördert worden sei. Er hatte gelacht und mich beauftragt, beim Heerespersonalamt ein Formular für Beförderungsvorschläge anzufordern.

Als das Blatt am 28. August eintraf, füllte ich es soweit aus, als es meine Personaldaten betraf, und legte es ihm vor, damit er die Frage nach der Beurteilung des Vorgeschlagenen beantworten und mir diktieren könnte. Er schrieb mir seine Beurteilung in Kladde auf einen Zettel. Die Frage nach der politischen Einstellung beantwortete er schlicht und einfach mit dem Wort »Nationalsozialist«.

Ich tippte die Beurteilung in das Formular, die Beantwortung der Frage nach der politischen Einstellung ließ ich weg.

Als ich ihm den Antrag zur Unterschrift vorlegte, fragte er mich sofort, warum ich das Wort Nationalsozialist nicht abgeschrieben habe. Ich antwortete: »Weil ich kein Nationalsozialist bin.« Er sagte, er wisse das. Aber dann werde ich mit Sicherheit nicht befördert werden. Ich antwortete, daß ich auf meine Beförderung ohnehin nicht besonderen Wert legte; Adjutant bei ihm zu sein, bedeute mir mehr, als zum Hauptmann befördert zu werden. Nun wurde er ernst: Wenn der Vorschlag kein Wort über meine politische Einstellung enthalte, desavouiere ich ihn selbst. Ich gab noch nicht nach, denn der Gedanke, ich würde im August 1944 in meiner Personalakte beim Oberkommando des Heeres gewissermaßen von Amts wegen als Nazi bestätigt, schien mir unerträglich. Ich verschwieg, daß ich es auch höchst überflüssig fand, daß meine Personalpapiere nach dem 20. Juli 1944 überhaupt aus dem Regal des Personalamtes genommen und dem neuen Chef, General Burgdorf, vorgelegt würden. Der Feldmarschall beendete den Disput kurz und bündig: »Schluß jetzt. Sie werden das fehlende Wort nachträglich einfügen, und damit basta!«

Ich ging zurück in mein Zimmer, spannte aber das vorgedruckte Formular nicht mehr in die Maschine ein, sondern schrieb auf ein neutrales Blatt einen neuen Antrag. Das Einfügen könnte unnötig auffallen. Als ich an das für mich so schwerwiegende Ende gelangte, schämte ich mich, als ich es las.

Diesmal unterschrieb Manstein sofort. Ich bat ihn, auch den Durchschlag – für mich persönlich – voll zu unterschreiben. Er tat es. Ich habe das Blatt noch heute.

Als wir nach dem Staatsakt im Tannenberg-Denkmal nach Liegnitz zurückkehrten, lag meine Beförderung zum Hauptmann bei der Post. Unterzeichnet war sie von General Burgdorf.

Ein paar Tage später war ich wieder kurz in Berlin, um Lageinformationen zu besorgen. Ich traf mich mit meinem Freunde Achim Oster. Er erzählte, er sei zum Personalamt befohlen gewesen; dort habe ihn General Ernst Maisel, Burgdorfs Stellvertreter, zu sich zitiert und ihn aufgefordert, sich mit einer schriftlichen Erklärung von seinem Vater, General Hans Oster, »loszusagen«. Auf Achims Forderung, ihm die Begründung mitzuteilen, habe ihm Maisel die Antwort verweigert. So wartete Achim auf den nächsten Befehl des Amtes. Es war ganz klar: Achim Oster befand sich in höchster Gefahr.

Noch eine weitere, nicht minder erschreckende Information hatte Achim von einem Freunde bekommen: Feldmarschall Erwin Rommel, der am 17. Juli in Frankreich schwer verwundet und am 14. Oktober angeblich an den Folgen dieser Verwundung gestorben und dessen Leichnam auf Befehl Hitlers mit einem feierlichen Staatsakt in Ulm öffentlich geehrt worden war, sei in Wirklichkeit auf persönlichen Befehl Hitlers zum Selbstmord gezwungen worden. Zur Durchführung dieser Schandtat hätten sich die Generale Burgdorf und Maisel hergegeben.

Fast so, als sei es ein Weihnachtsgeschenk, drückte mir am Tage vor Heiligabend Feldmarschall Manstein zwei Briefe in die Hand. Da sie mich beträfen, könne ich sie behalten, sagte er. Als ich sie las, erstarrte ich. Absender war der Chef des Heerespersonalamts, General Burgdorf.

Im ersten der Briefe, mit Datum vom 16. Dezember 1944, bezog Burgdorf sich auf seinen (mir nicht bekannt gewordenen) Brief vom 24. Oktober 1944 und schlug dem »Hochverehrten Herrn Generalfeldmarschall als Nachfolger für Oberleutnant Stahlberg den Oberleutnant von K. vor«.

Der zweite Brief mit dem Datum vom 22. Dezember 1944 hatte folgenden Wortlaut:

»Hochverehrter Herr Generalfeldmarschall!
Den Brief vom 15. 12. habe ich heute erhalten. Selbstverständlich kann Stahlberg noch weiter dort bleiben. Ich werde das Amt anweisen, daß seine Kommandierung vorläufig bis zum 28. 2. 45 verlängert wird. Leider sehe ich vorläufig keine Möglichkeit, mich mit Ihnen, Herr Generalfeldmarschall, zu treffen, da unser Quartier (das Führerhauptquartier) verlegt ist und ich auf Grund der Ereignisse im Westen auch in absehbarer Zeit nicht nach Lübben, Berlin oder Zossen komme.
Mit den besten Wünschen für ein gesundes Weihnachtsfest und ein frohes neues Jahr, das uns allen hoffentlich die siegreiche Beendigung dieses Krieges bringen wird, bin ich mit ehrerbietigem Gruß und
      Heil Hitler
      Ihr,
      hochverehrter Herr Generalfeldmarschall,
      sehr ergebener
      Burgdorf«

Was verbarg sich hinter dem Inhalt dieses Briefwechsels? War man auf meine nahen Beziehungen zu Henning von Tresckow gestoßen? Hitlers »Ehrenrat« hatte ihn nach dem 20. Juli post mortem aus dem Heere ausgestoßen. Oder zu General Fellgiebel? Noch am Abend des 20. Juli hatte ich mit ihm telefoniert. (Damals wußte ich noch nicht, daß ich einer der letzten, wenn nicht der letzte überhaupt gewesen war, der mit ihm gesprochen hatte. Sofort danach war er verhaftet, vom Volksgerichtshof zum Tode verurteilt und schon am 4. September in Berlin-Plötzensee gehängt worden.) Wie auch immer, General Burgdorf hatte mich aus der Umgebung Mansteins entfernen wollen. Manstein aber hatte sich entschlossen, mich bei sich zu behalten, war er doch am 12. Juli durch mich zum Mitwisser des bevorstehenden Attentats auf Hitler geworden. Nachdem er mich nicht sofort hatte verhaften lassen, mußte es jetzt in seinem Interesse liegen, mich nicht aus der Hand zu geben. Wir waren aufeinander angewiesen.

Überhaupt überstürzten sich im Monat Oktober viele Ereignisse. Am 17. hatten Presse und Rundfunk ganz ohne Anlaß das Treuegelöbnis publiziert, das die Feldmarschälle des Heeres am 19. März auf dem Berghof vor Hitler zelebriert hatten. Warum erst nach sechs Monaten? Manstein hatte mir den Wortlaut nie zu lesen gegeben. Jetzt stand er in sämtlichen Zeitungen:

»Wir, die Generalfeldmarschälle des Heeres, haben mit ernster Sorge und Bekümmernis nunmehr die Gewißheit erhalten, daß der General der Artillerie Walther von Seydlitz-Kurzbach schnöden Verrat an unserer heiligen Sache übt... Er hat das Recht verwirkt, den Offiziersrock zu tragen, in dem annähernd 50000 Offiziere des Heeres in diesem Kriege ihr Leben für Sie, Ihre Idee und das unter Ihnen geeinte deutsche Volk geopfert haben... Er hat die geheiligte Tradition des deutschen Heldentums mit Füßen getreten. Er hat das Andenken an die Gefallenen dieses Krieges besudelt... Mehr denn je wird es unsere Aufgabe sein, Ihr von hohen Idealen erfülltes Gedankengut im Heere zu verankern, so daß jeder Soldat des Heeres ein um so fanatischerer Kämpfer für die nationalsozialistische Zukunft unseres Volkes wird. Wir wissen, daß nur ein im Nationalsozialismus erzogenes Heer die Belastungsproben bestehen wird, die uns heute noch vom Siege trennen. Nehmen Sie, mein Führer, dieses Bekenntnis Ihrer Feldmarschälle des Heeres als ein Zeugnis unserer unwandelbaren Treue entgegen.«

Am 11. Oktober 1944 drangen die Sowjets in Ostpreußen ein und begannen, Rache zu nehmen. Vor ihnen flohen die alten Männer, die Frauen und die Kinder. Eine Völkerwanderung setzte ein, wie sie der europäische Kontinent seit dem 4. Jahrhundert nicht erlebt hatte. Von jetzt an sahen wir sie auf den Landstraßen an uns vorbeiziehen. In den kommenden Monaten des Winters sollten es Millionen werden.

Am 18. Oktober ließ Hitler die Schaffung eines »Volkssturms« verkünden. Sämtliche Männer im Alter zwischen sechzehn und sechzig Jahren hatten nun – auch ohne Uniform, also wie Partisanen – ihre Städte, Dörfer und Häuser zu verteidigen. Und Propagandaminister Goebbels gab dem deutschen Volk den Vers mit auf den Weg, mit dem sich im Jahre 1813 die Preußen gegen den Eroberer Napoleon I. erhoben hatten: »Nun Volk steh auf und Sturm brich los!«

Auch im Westen waren Amerikaner und Engländer im Vormarsch. Längst hatte der deutsche Stadtkommandant von Paris, General von Choltitz, die Stadt entgegen Hitlers Befehl unzerstört an die Gegner übergeben.

Auf einer meiner Erkundungsfahrten traf ich meine Mutter in Berlin. Man hatte sie als Stabsführerin in das Präsidium des Deutschen Roten Kreuzes versetzt. Jetzt fragte sie mich, ob sie mir Eintrittskarten zu den Sitzungen des Volksgerichtshofs besorgen solle; das Präsidium des DRK sei von der Partei aufgefordert worden, bei der Verteilung der Eintrittskarten zu helfen. Mich schauderte. Ich fragte sie, was für Menschen es seien, die mit anzusehen wünschten, wie dieses Tribunal Recht und Gesetz verhöhnte.

Bei Aachen standen die westlichen Alliierten seit dem 21. Oktober auf deutschem Boden. In dieser Lage verstärkte die offizielle Propaganda ihre Nachrichten vom bevorstehenden Einsatz der deutschen »Wunderwaffe«. Sie werde die kriegsentscheidende Wende bringen. Hätte es wirklich eine Wunderwaffe gegeben, wir hätten es gewußt. Schon seit einigen Monaten wurde eine deutsche Rakete (V 1) nach England geschossen. »Zur Vergeltung«, hieß es. Seit September kam eine V 2 hinzu. War sie die Wunderwaffe? Mancher glaubte es ernsthaft.

Am 16. Dezember horchte die Welt auf. Im Westen hatten die Deutschen eine »Ardennen-Offensive« begonnen. Feldmarschall Rundstedt hatte nun wieder ein Frontkommando bekommen. In der Erinnerung an den Mansteinschen Operationsplan von 1940 hatte Hitler vermutlich zu diesem Strohhalm gegriffen. Manstein schickte mich sofort nach Berlin, um eine Kopie des Operationsplans zu holen. Als er sich am nächsten Tage über die Karte beugte, fragte er mich nach den Reserven.

Ich sagte, daß ich alles eingezeichnet hätte, was ich im Oberkommando erfahren habe. Er richtete sich auf und bemerkte: »So einfach stellt Efendi sich das vor, eine Offensive mit Durchbruch in die Tiefe des Feindes ohne Reserven!«

Ein paar Tage jubelte der Wehrmachtbericht von »überwältigenden« Erfolgen. Dann war es ausgerechnet die 6. SS-Panzer-Armee, bei der sich der deutsche Angriff nach schwersten Verlusten bereits am dritten Tage festlief. Zu Weihnachten war die letzte deutsche Offensive gescheitert. Manstein bemerkte: »Wenn General Eisenhower jetzt entschlossen angreifen würde, könnte er den Krieg in wenigen Wochen beenden.«

Noch eine Hochzeit

Hätte Hitler auch nur eine Spur von echtem Verantwortungsbewußtsein gehabt, dann hätte er spätestens nach dem Scheitern der Ardennen-Offensive in den Weihnachtstagen 1944 die Kriegsgegner um Waffenstillstand bitten müssen. Damit hätte er jetzt noch Millionen Deutscher vor dem Tode bewahrt. Er tat aber das Gegenteil. Am 1. Januar 1945 erließ er, ebenso wie auch Göring, Dönitz, Guderian und Himmler, jeder für sich, siegverheißende Aufrufe an das deutsche Volk. Es komme jetzt nur noch darauf an, durchzuhalten, dann sei uns allen der Endsieg sicher.

In diesen Tagen war es mein Bruder, der für Ablenkung sorgte. Er hatte in Breslau wegen seiner schweren Kriegsverletzungen den angeblich so vorzüglichen Augenarzt in SS-Uniform aufgesucht und bei dieser Gelegenheit eine der Nichten von Frau von Manstein kennengelernt und sich gleich bis über beide Ohren in das schöne, charmante und überaus intelligente Mädchen verliebt. Nach der Devise »Wer zuerst kommt,...« wurde kurzentschlossen ein Hochzeitstermin festgesetzt. Verwandte und Freunde wurden zum 18. Januar nach Lorzendorf in Schlesien eingeladen. Es war, als befänden wir uns im tiefsten Frieden. Lorzendorf liegt unmittelbar an der alten Reichsgrenze zwischen Schlesien und Polen.

Da wir in Liegnitz seit einigen Tagen keine genauen Lageinformationen erhalten hatten, setzte ich mich am Tage vor der Hochzeit in meinen VW-Kübelwagen, um mich in der Gegend umzuschauen. Bei der Truppe hätte man das mit dem Ausdruck »Aufklärung« bezeichnet.

Über Breslau erreichte ich die Kreisstadt Namslau. Auf dem Marktplatz sah ich vor einem größeren Gebäude – es war wohl das Rathaus –

das Hinweisschild für den Gefechtsstand eines Armeekorps. Ich stellte meinen Wagen an die Seite. Bei einem Armeekorps würde ich genügend Informationen erhalten, um zu wissen, wo sich die Angriffsspitze der Russen befand.

Als ich das Haus betrat, wunderte ich mich, daß nirgendwo ein Wachsoldat zu sehen war. Merkwürdig, dachte ich, ein unbewachter Korpsgefechtsstand?

In der ersten Etage fand ich das Zimmer mit dem Schild »I a«. Ein Generalstabsoffizier saß an einem Feldfernsprecher und bemühte sich um eine Sprechverbindung, ein jüngerer Offizier beugte sich über eine Lagekarte.

Ich meldete mich als Adjutant des Feldmarschalls von Manstein und bat, mir zu zeigen, wo die Divisionen dieses Korps im Augenblick stünden. Die beiden Offiziere sahen mich an, als komme ich vom Mond: »Wir haben keine Divisionen mehr. Wir haben nur noch Trümmer von Regimentern. Die Front nach Osten ist offen.« Ich fragte, welche Aufgabe das Korps habe, und erfuhr, man solle im Verlauf der ehemaligen Reichsgrenze eine neue Verteidigungslinie aufbauen. Das sei jedoch Theorie, denn das Korps verfüge nicht einmal mehr über ein intaktes Bataillon.

Ich fragte nach der Feindlage und hörte, man bemühe sich unausgesetzt über Funk und Fernsprecher um Aufklärungsergebnisse. Die Ergebnisse seien jedoch dürftig. Flüchtlinge aus den ehemals polnischen Landesteilen hätten von russischen Panzern gesprochen. Es scheine, als versammelten die Russen in einem größeren Walde, etwa sechs bis acht Kilometer nordostwärts von Lorzendorf, ihre Panzer.

Ich fuhr sofort weiter nach Lorzendorf. Hier waren Alt und Jung so eifrig mit den Vorbereitungen zur Hochzeit beschäftigt, wie das vor Hochzeitstagen zu sein pflegt. Allerdings konnte von vorhochzeitlicher Stimmung kaum die Rede sein.

Am nächsten Morgen – welch ein denkwürdiger Tag der preußischen Geschichte war doch der 18. Januar – fuhr ich zunächst zurück nach Namslau. Dort hoffte ich, mit dem Feldmarschall zusammenzutreffen, um ihm das Wenige, was ich hier über die militärische Lage in Erfahrung gebracht hatte, zu melden. Ich traf ihn tatsächlich. Der Kommandierende General des Korps, das hier kämpfen sollte, aber keine Divisionen mehr hatte, stand an seinem Wagen und meldete ihm, was ich schon wußte.

In Lorzendorf hatten wir in der Person des Feldwebels Sakolowski, Mansteins Fahrer, nun wenigstens einen Soldaten, der dafür sorgen würde, daß wir im äußersten Fall rechtzeitig das Hochzeitshaus verlassen, in die Wagen springen und die Flucht ergreifen könnten. Außer ihm sah ich in und um Lorzendorf nicht einen einzigen deutschen Soldaten. Wir sorgten dafür, daß die Wagen der Gäste auf dem Hof so abgestellt wurden, daß es bei einer überstürzten Flucht kein Chaos gäbe.

In wohlgeordnetem Hochzeitszuge verließen wir bald das Gutshaus, um durch den Park zur Kapelle zu ziehen. Es hätte sehr stimmungsvoll sein können, denn aus der Ferne hörte man die Klänge des Harmoniums, an dem meine Mutter zuerst mit Mendelssohns Hochzeitsmarsch, und bald in Bachchoräle übergehend, präludierte. Aber Feldwebel Sakolowski meldete in letzter Minute, daß der Lorzendorfer Volkssturm eben jetzt beginnen werde, Dämme, Durchlässe und Brücken in Richtung der alten Reichsgrenze zu sprengen. Und schon krachten die Explosionen durch den Park und gaben ein vielfaches Echo. Wer nicht informiert war, konnte wirklich glauben, die feindlichen Panzer hätten bereits den Rand des Parks erreicht und ließen ihre Kanonen sprechen.

Ich verließ meinen Platz im Brautzuge und eilte voraus, um meine Mutter am Harmonium zu beruhigen. Leichenblaß saß sie an ihrem Instrument und musizierte so tapfer, als stünde das Jüngste Gericht kurz bevor. Während sie ihr Spiel nicht unterbrach, ließ sie sich von mir über den kriegerischen Lärm informieren. Sie schüttelte den Kopf; sie dankte mir, daß ich sie beruhigen wolle; sie wisse aber, daß es nicht der Volkssturm, sondern die Russen seien, und sie werde spielen, solange sie könne. Dann informierte ich den Pfarrer, der in der offenen Tür auf das Brautpaar wartete. Er wenigstens glaubte mir, was meine Mutter nicht hatte glauben wollen.

Von der kirchlichen Feier kann ich nichts erzählen, denn ich hielt mich im Park auf, um angestrengt zu horchen, ob aus östlicher Richtung Panzergeräusche zu hören waren. Bei meiner 12. Panzer-Division hatte ich manchen feindlichen Panzerangriff erlebt und kannte das Geräusch, das anrollenden russischen Panzern kilometerweit vorausgeht, wenn der Wind günstig weht. Deshalb entsinne ich mich, daß wir an diesem Tage Ostwind hatten; wirklich hörte ich in der Ferne das mir so wohlbekannte Rasseln der Ketten sowjetischer Panzer. Es brach nicht ab; das bedeutete, es handelte sich vermutlich nicht um einen einzelnen, sondern um zahlreiche Kampfwagen. Ich schätzte die Entfernung auf etwa zehn Kilometer.

Offenbar sammelten sich die Sowjets tatsächlich in jenem mir bezeichneten Wald, ehe sie ihren Angriff auf die alte Reichsgrenze begannen. Mußten sie doch als selbstverständlich annehmen, daß die Deutschen gerade hier erbitterten Widerstand leisten würden. Hätten sie eine bessere militärische Aufklärung betrieben, dann hätten sie gewußt, daß der Weg nach Breslau und an die Oder offen vor ihnen lag.

Das Hochzeitsessen unter vielen brennenden Kerzen war feierlich, gut und reichlich. Allein, die Tischunterhaltung war beklommen, und die Tischreden waren schrecklich. Doch Lorzendorf wahrte seinen Stil. Der verehrungswürdige alte Großvater der jungen Braut, Stephan Graf Zedlitz-Trützschler, sprach, in Vertretung des im Polenfeldzug gefallenen Brautvaters, Worte, die zum Nekrolog auf sein geliebtes Schlesierland wurden. Er war nicht fähig, seine Rede zu beenden. Seine Worte erstickten.

Gleich nach ihm erhob sich der neben meiner Mutter sitzende Feldmarschall. Ich sehe noch, mir gegenüber, seine noble Erscheinung in der Galauniform. Noch seien wir nicht am Ende, rief er. Noch nicht!

Kaum war die Tafel aufgehoben, als die ganze Gesellschaft wie fluchtartig das Haus verließ. Glücklich die wenigen, die noch über einen Wagen verfügten. In heller Verzweiflung aber diejenigen, die wir nur noch im Pendelverkehr zum Bahnhof in Namslau bringen konnten. Ich sah den Bahnsteig unter seinen abgeblendeten Laternen. Er faßte nicht mehr die Zahl derer, die hier schon seit Stunden auf einen Zug hofften. Manchen Frauen und Mädchen sollte Grauenhaftes bevorstehen.

Die Familie Manstein und ich nahmen den Weg über Breslau. Es war bitterkalt, und die Straße war vom Eis überzogen. Hätte man Schlittschuhe gehabt, man wäre wohl besser vorwärts gekommen als mit dem Auto. Ich hielt mich mit meinem VW dicht hinter dem BMW Mansteins. So konnte ich ohne Licht fahren. Das Verdeck des kleinen Wagens ließ ich offen. Man konnte nicht wissen.

Wir passierten Oels. Die Umrisse des links der Straße liegenden Schlosses des letzten deutschen Kronprinzen zeichneten sich wie die eines Geisterschlosses vom Himmel ab. Wir mögen wohl fünf Kilometer vor Breslau gewesen sein, als ich über mir den tiefen Orgelton von Flugzeugen hörte. Ich gab ein Signal nach vorne, wir hielten und setzten die Wagen an den Straßenrand. Vor unseren Augen begann ein schreckliches Schauspiel: Breslau wurde bombardiert. Die Flugzeuge kamen in mehreren Wellen, nicht aber aus westlicher Richtung, sondern aus dem Osten. Deutsche Nachtjäger zur Bekämpfung des Feindes erschienen nicht. Waren jetzt auch die Russen, so fragten wir uns, schon in der Lage, deutsche Städte zu bombardieren? Noch wußten wir nicht, daß die amerikanischen und englischen Luftflotten bereits fähig waren, Deutschland »im Pendelverkehr« zwischen West und Ost aus der Luft anzugreifen.

Flakscheinwerfer suchten den Himmel ab, die deutschen Flugabwehrgeschütze schossen, was sie konnten. Allein, wir sahen keinen Treffer.

Wir umfuhren Breslau nördlich auf kleinen Straßen. Nach Mitternacht trafen wir in Liegnitz ein. Hier bat Manstein mich um einen persönlichen Dienst. Er gab mir keinen Befehl – niemals hatte er mir einen Befehl gegeben –, er bat mich, zurückzufahren nach Lorzendorf, dort sämtliche Einwohner aus dem Schlaf zu wecken und unverzüglich in gemeinsamem Treck nach Westen über die Oder zu schicken. Ebenso möge ich die benachbarten Hennersdorfer zur Flucht nach Westen veranlassen. In Hennersdorf residierte auf ihrem »Altenteil« des Feldmarschalls Schwiegermutter, die »alte Frau von Loesch«.

Jedermann in Schlesien wußte, daß der Nazi-Gauleiter Karl Hanke der Bevölkerung bei Todesstrafe verboten hatte, die Heimat zu verlassen. Die Menschen sollten nicht fliehen, sondern die Ortsgruppenleiter der Partei sollten, notfalls mit Gewalt, dafür sorgen, daß die Menschen gefälligst ihre Häuser verteidigten. Ich war auf einiges gefaßt.

Mansteins Schwägerin, Frau von Loesch, bot sich an, mitzufahren. Ich war dankbar für ihre Begleitung. Eine Persönlichkeit wie sie konnte nur hilfreich sein. Ich rüstete den VW mit Benzin aus, Kanister so viel als möglich. Die Damen stellten Proviant für mehrere Tage zusammen, Thermosflaschen mit Kaffee oder Tee, damit man auch andere damit versorgen könnte. Frau von Loesch erschien mit einer Klinikpackung Pervitin, dem vermaledeiten Giftzeug zum Wachbleiben. Sie hatte es noch von ihrem als Stukaflieger gefallenen Mann. Vor allem vergaß ich nicht meine Maschinenpistole und nahm an Munition mit, was ich besaß. Ich hatte mir die Waffe erst im Oktober beim Zeugamt aushändigen lassen. Ich fühlte mich mit ihr sicherer als nur mit einer Pistole.

Wir nahmen den Weg über die Autobahn nach Breslau. Im Zickzack suchten wir uns einen Pfad durch die brennende Stadt. Die Einwohner waren auf den Straßen, bemühten sich zu löschen, bargen Verletzte und Tote. Jetzt hatten wir den »Totalen Krieg«, den Goebbels vom Berliner Sportpalast aus über alle deutschen Sender dem deutschen Volk angekündigt hatte.

Beim ersten Dämmern des 19. Januar standen wir in Lorzendorf auf dem Gutshof. Gerade kamen die Frauen aus dem Dorf, um die Kühe zu melken. Das Gutshaus lag noch im Schlaf. Ich klopfte an die Haustür, ich klingelte, ich klopfte wieder, niemand öffnete. Ich suchte mir einen Stock und schlug das erste Fenster rechts neben der Haustür ein.

Drinnen schaltete ich das Licht ein und ging in die obere Etage. Die Tür zum Elternschlafzimmer bestand aus der vorgesetzten Doppeltür eines antiken Barockschranks. Die Kuriosität war mir bekannt. Ich öffnete und begann, als sei ich in der Kaserne »Unteroffizier vom Dienst«, mit dem Wecken. Ich warf einen Blick in das Eßzimmer. Die Hochzeitstafel von gestern abend war noch nicht abgeräumt.

In wenigen Augenblicken glich das Haus einem aufgeschreckten Ameisenhaufen. Ich lief hinüber zum Kuhstall. Die Frauen saßen auf ihren Melkschemeln unter den Kühen. In das friedliche Geräusch der in die Eimer spritzenden Milch rief ich laut, sie müßten jetzt sofort mit dem Melken aufhören, auch dann, wenn die Kühe noch nicht ausgemolken seien. Sie müßten sofort in ihre Häuser laufen und mit dem Einpacken für den Treck nach dem Westen beginnen. Auf dem Gutshof würden die Wagen vorbereitet. Der Treck müsse in wenigen Stunden abmarschbereit sein, denn die russischen Panzer seien nicht mehr weit.

Ich wunderte mich, wie schnell und wie still die Frauen meinen Worten folgten. Offenbar brachten sie einem Offizier des Heeres mehr Vertrauen entgegen als dem Ortsgewaltigen der NSDAP.

Dann fuhren wir weiter nach Hennersdorf, etwa drei Kilometer entfernt. Unterwegs waren meine Augen mehr nach links auf den verschneiten Acker gerichtet als auf die eisglatte Straße, denn parallel zur Chaussee verlief die alte Reichsgrenze. Von dort könnten die Panzer der Sowjets kommen. So rutschte mir der Wagen in der Linkskurve von der Straße. Es gelang uns aber, ihn wieder auf die Chaussee zurückzubringen. Wie gut, daß wir zu zweit gefahren waren.

Hennersdorf war schon auf den Beinen. Von Lorzendorf aus hatte man bereits telefoniert. Die »alte Frau von Loesch« stand auf der Terrasse ihres kleinen Gutshauses; sie hatte die deutschen Arbeiter und Arbeiterinnen sowie einige Kriegsgefangene um sich versammelt und war gerade dabei, gleich einem guten Kommandeur vor der Schlacht, ihre Aufträge zu verteilen. Wunderbar klar und ruhig klang es, wie sie ihre Schützlinge auf die einzelnen Wagen verteilte.

Dann nahm die alte Dame mich beiseite. Sie wollte von mir wissen, ob es wirklich ihr Schwiegersohn, der Feldmarschall, gewesen sei, der mich geschickt habe. Wir müßten damit rechnen, daß es wegen des

Treckverbotes ernsthafte Schwierigkeiten mit dem NSDAP-Ortsgruppenleiter geben werde. Der sei ein fanatischer Nazi. Ich versprach, zur Zeit des Abmarschs in Hennersdorf zu sein.

Zurück in Lorzendorf, fanden wir ein Chaos vor. Alles, was in Hennersdorf klar und ruhig angeordnet wurde, befand sich hier in aufgeregtem Durcheinander. Ich war nur froh, daß die Russen noch nicht angegriffen hatten.

Jetzt hatte ich noch etwas Zeit und fuhr nach Namslau, in der Hoffnung, beim Korps-Stab neue Informationen über die Feindlage zu bekommen. Was ich erfuhr, war zwar im Augenblick beruhigend, doch für den morgigen Tag, den 20. Januar, rechnete man fest mit dem Beginn der großen russischen Offensive. Man stimmte meiner Absicht zu, den Treck nicht über Breslau ziehen zu lassen, sondern ihm als Ziel die Stadt Brieg an der Oder zu sagen. Es war ziemlich sicher anzunehmen, daß die Chaussee nach Breslau schon am nächsten Tag völlig verstopft sein würde. Nach Brieg aber würde der Treck auf einsamen Waldwegen besser vorankommen.

Als ich zur vereinbarten Zeit wieder in Hennersdorf eintraf, sammelten sich die Wagen der bäuerlichen Betriebe gerade auf der Dorfstraße. Auf dem Gutshof war alles abmarschbereit. Die kleine alte Dame stand wieder auf der Terrasse ihres Hauses. Mit fester Stimme rief sie den Scheidenden ihr »Hennersdorf – Lebewohl!« zu. Als letzte bestieg sie ihren Kutschwagen. Ich werde diese großartige Frau nicht vergessen.

Ich hängte mich als letztes Fahrzeug an das Ende der Kolonne. In meinem Wagen war noch Platz für etwaige Nachzügler.

Kaum war ich auf der Dorfstraße, als der Treck vor mir wieder hielt. Ich rief nach vorne, warum es nicht weitergehe. Die Antwort kam von Wagen zu Wagen zurück: »Der Ortsgruppenleiter läßt uns nicht fahren! – Der Ortsgruppenleiter läßt uns nicht fahren!«

Von diesem Augenblick an handelte ich fast automatisch. Ich nahm meine Maschinenpistole aus der Halterung, setzte ein Patronenmagazin ein und steckte zwei weitere in meine Manteltaschen. Auf der linken Seite der Treckkolonne ging ich nach vorne, kurz bis vor den Dorfausgang.

Tatsächlich, da standen vor dem ersten Wagen des Trecks zwei Parteifunktionäre in ihren braunen Uniformen mit der roten Hakenkreuz-Armbinde und der Pistole am braunen Koppel. Es waren kräftige und wohlgenährte Männer bäuerlicher Statur. Ihrem Alter nach hätten beide gemäß dem Gesetz über die Allgemeine Wehrpflicht in Deutschland als Soldaten an die Front gehört. Ich blieb etwa zwei Meter vor ihnen stehen und forderte sie auf, die Straße freizugeben. Der offenbar Ältere sagte laut: »Befehl vom Gauleiter Hanke aus Breslau: Kein Einwohner darf das Dorf verlassen!«

Jetzt packte mich der Zorn. Ich entsicherte meine Maschinenpistole, richtete sie auf die Brust des Braunen und rief so laut, daß es möglichst viele der hinter mir wartenden Leute hörten: »Und dies ist ein Befehl des Generalfeldmarschalls von Manstein: Verlassen Sie sofort die Straße, oder ich schieße!«

Noch zögerten beide. Ich ging noch einen Schritt näher auf den Älteren zu und rief: »Dies ist mein letztes Wort; verlassen Sie die Straße, oder ich schieße!«

Nun hoben beide, noch etwas zögernd, ihre Hände. Wahrhaftig, fuhr es mir durch den Sinn, zwei Parteifunktionäre heben vor einem Hauptmann des Heeres die Hände! »Wir weichen der Gewalt!« rief der Ältere. Beide gingen zur Seite und verschwanden danach rasch in einem Haus.

Ich bat den ersten Wagen, anzufahren, und blieb stehen, bis der letzte mich passiert hatte. Viele von den Leuten nickten mir freundlich zu. Langsam, Schritt für Schritt, gleich einem Trauerzug verließ der Treck das Dorf.

Dann ging ich zurück zu meinem einsam auf der Straße stehenden VW. Der Motor lief noch. Ich gab Gas, um das Dorf so schnell als möglich zu verlassen. Die beiden Parteileute hätte ich ungern als »Nachzügler« mitgenommen. Sie sollten selbst zusehen, daß sie noch rechtzeitig entkamen. Im Schrittempo hängte ich mich wieder an das Ende des Trecks.

Als ich die Chausseekurve durchfuhr, aus der ich heute früh herausgeflogen war, hörte ich vor mir von Wagen zu Wagen höhnisch klingende Rufe. Ich konnte sie mir zuerst nicht erklären. Dann aber sah ich rechts von uns quer über die verschneiten Felder zwei in dunkles Zivil gekleidete Männer auf die Mitte unseres Zuges zulaufen. Sie hatten wohl auch deshalb den zwar kürzeren, aber weit mühsameren Weg über den Acker gewählt, um mir nicht ein zweites Mal begegnen zu müssen.

Die beiden Parteifunktionäre hatten sich ein paar Sekunden lang wirklich in höchster Lebensgefahr befunden. Bei Gott! Ich war drauf und dran gewesen, sie beide zu erschießen. Doch hatten auch sie nichts anderes getan als ihre Pflicht und nur den Befehl ihres Gauleiters ausgeführt!

In Lorzendorf war inzwischen alles zum Abmarsch bereit, die Trecks der beiden Dörfer vereinigten sich. Ich bat die Verantwortlichen zu mir und riet ihnen, von Namslau aus auf keinen Fall die Straße nach Breslau zu nehmen. Ich gab ihnen zu verstehen, wie leicht es geschehen könnte, daß man den Treck in Breslau nicht passieren ließe, sondern zum Bau von Panzerhindernissen einsetzen würde. Es komme vielmehr darauf an, zuerst und auf kürzestem Wege über die Oder zu gelangen; das aber bedeute: Brieg zu erreichen. Wir vereinbarten den Weg dorthin, und ich sagte ihnen, ich werde vorausfahren, um zu klären, ob man die Oderbrücke benutzen dürfe. Wenn die Kräfte der Pferde ausreichen, sollten sie versuchen, die Nacht hindurch vorwärts zu kommen. Ich würde von Brieg aus auf dem vereinbarten Wege zurückkommen, um sie über alles Weitere zu informieren.

Dann setzten sich die Wagen in Bewegung. Ich wartete wieder ab, bis das letzte Fahrzeug das Dorf verlassen hatte. Im Gegensatz zu Hennersdorf ließ sich hier kein uniformierter Ortsgruppenleiter blicken. Auch von dem Lorzendorfer Volkssturm, der hier gestern noch so viel Lärm gemacht hatte, war weit und breit nichts mehr zu sehen. Viele Frauen und Kinder weinten herzzerreißend. Aus dem großen Kuhstall drang das laute Klagen der Kühe, deren übervolle Euter die Tiere leiden ließen.

Brieg erreichten wir erst im Morgengrauen, denn wir kamen mit dem unbeleuchteten Wagen nur langsam voran. Auf dem Landratsamt war man in höchster Aufregung, denn soeben war die Nachricht eingetroffen, daß die Russen die alte schlesisch-polnische Grenze überschritten hätten. Die Lorzendorfer und die Hennersdorfer waren also noch einmal davongekommen*. Man sagte mir, daß die Oderbrücke zum Übergang freigegeben sei, Breslau aber solle verteidigt werden. Wir fuhren zurück in Richtung Namslau und trafen auf halbem Wege die Lorzendorfer. Sie fütterten gerade ihre Pferde. Ich bestätigte ihnen den Weg über Brieg. Die alte Frau von Loesch nahm mich beiseite. Sie habe im ausländischen Rundfunk von einer »Oder-Neiße-Linie« gehört. Nun wollte sie von mir hören, welche Neiße gemeint sei. Es gab doch in Schlesien drei Flüsse dieses Namens, die Glatzer Neiße, die Jauersche Neiße und die Görlitzer Neiße. Das war für sie und ihren Treck eine wichtige Frage. Ich konnte sie nicht beantworten. Ich riet

---

* Erst Jahre nach dem Kriege habe ich erfahren, daß einige alte Menschen in Hennersdorf und Lorzendorf zurückgeblieben waren. Ich hatte das während des Aufbruchs nicht bemerkt. Die dort Zurückgebliebenen sind am 20. Januar 1945 ausnahmslos von den Russen erschossen worden.

ihr, mit dem für uns Deutsche ungünstigsten Fall, der Görlitzer Neiße, zu rechnen.

U<small>NHEIMLICHE</small> A<small>BREISE</small>

Seit dem 20. Januar 1945 war Schlesien nun Kriegsschauplatz. Trotz aller Gauleiterbefehle entwickelte sich der Strom der nach Westen Fliehenden unaufhaltsam. Im Hause Manstein rechnete man damit, daß die Russen über kurz oder lang auch Liegnitz erreichen würden.

Der Feldmarschall beauftragte mich, im Oberkommando des Heeres anzufragen, ob das Landhaus Achterberg auf der Westseite des Truppenübungsplatzes Bergen bei Celle eventuell für ihn und seine Familie als Domizil zur Verfügung stünde. Als letzter hatte dort der im Polenfeldzug 1939 gefallene ehemalige Oberbefehlshaber des Heeres, Generaloberst Freiherr von Fritsch, gewohnt.

Achterberg war tatsächlich frei, und Manstein beschloß, Liegnitz zu verlassen und dorthin überzusiedeln. Ich fuhr zum Hauptbahnhof und gab Anweisung, unseren Bauwohnwagen zur Fahrt nach Dorfmark bei Soltau vorzubereiten. Unter der Transportnummer 7 291 775 wurde die Abfahrt auf den 25. Januar nach Frankfurt an der Oder festgelegt*. Von dort aus sollte das Ziel wegen der ständigen Luftangriffe der Alliierten auf die großen Städe unter Umfahrung von Berlin und Hannover erreicht werden.

Zum letzten Mal fuhr ich mit dem Wagen nach Gröditzberg, um dem ehemaligen Botschafter von Dirksen das, was ich über die militärische Lage in Schlesien wußte, vorzutragen. Ich riet ihm dringend, auch für sich selbst den Wechsel nach dem Westen Deutschlands vorzubereiten. Dirksen aber wiederholte, was er mir andeutungsweise schon früher gesagt hatte: Er werde in Gröditzberg bleiben. Bei Eintreffen der Russen werde er verlangen, ihn auf schnellstem Wege nach Moskau zu bringen, damit er alle die Zukunft des Deutschen Reiches betreffenden Fragen, soweit sie außenpolitisch relevant seien, mit Herrn Stalin persönlich besprechen könne. Er sei sich sicher, daß Stalin ihn empfangen werde. Die Geschichte werde weitergehen. Auch Deutschland werde weiter existieren. Er stelle sich darauf ein, sich mit dem Ende des Krieges wieder in den diplomatischen Dienst zu begeben.

---

* Meine Notizkalender der Jahre 1943 und 1944 hatte ich im Juli 1944 vernichtet. Den Kalender von 1945 besitze ich noch heute.

Ich muß wohl ein erstauntes Gesicht gemacht haben. Aber Dirksen erinnerte mich daran, daß er das Deutsche Reich einst in Moskau, in Tokio und in London vertreten habe. Wer, sagte er, sei geeigneter, das Band zur Sowjetunion neu zu knüpfen, als er?

Jahre nach Ende des Krieges erfuhr ich die Fortsetzung dieser Geschichte: Dirksen habe wirklich das Eintreffen der Russen in Gröditzberg abgewartet. Die Offiziere der Roten Armee seien über seine Forderung, nach Moskau zu Stalin gebracht zu werden, so verblüfft gewesen, daß sie ihm erlaubten, in seinem Schloß zu bleiben und die Antwort aus Moskau abzuwarten. An einem dieser Tage habe Hitler, als ihm die Lage in Niederschlesien vorgetragen wurde, plötzlich auf der Karte den Ortsnamen Gröditzberg gesehen und, da er vor dem Kriege dort Gast gewesen sei, gefragt, wo sich Herr von Dirksen befinde. Am Tage darauf habe man ihm gemeldet, der ehemalige Botschafter sei offenbar nicht geflohen, sondern in Gröditzberg geblieben, somit also in den Händen der Russen. Sofort habe Hitler befohlen, ein Kommandounternehmen durch die Front zu schleusen und Dirksen aus Gröditzberg herauszuholen. Gesagt, getan, und Dirksen befand sich wenig später wieder in deutschen Händen.

Die Episode Dirksen wirft auch ein bezeichnendes Licht auf Hitlers Führungsstil: Zu einem Zeitpunkt, als es für ihn und seinen Krieg auf nichts anderes mehr als auf das Ende zuging, hatte der oberste Kriegsherr noch Zeit und Gedanken, um sich mit einem letzten Endes völlig unbedeutenden Detail zu befassen. Oder hatte etwa der zeitlebens von Mißtrauen Verfolgte intuitiv erfaßt, daß Dirksen auf der Seite der Russen für ihn doch noch hätte gefährlich werden können?

In diesen Januartagen machten Mansteins von Liegnitz aus noch einige Besuche in der Umgebung. Auf einer solchen Fahrt hatten wir ein aufwühlendes Erlebnis:

Vor einer Straßenkreuzung mußten wir mit dem Wagen halten, weil ein langer Zug von Frauen in Sträflingskleidern die Weiterfahrt verhinderte. Unseren Augen bot sich ein erschreckendes Bild. Halbverhungerte Gestalten, viele von ihnen tief gebückt, mit fahlen und gelben Gesichtern, schleppten sich mit letzter Kraft vor uns über die Straßenkreuzung.

Uniformierte Frauen mit der Pistole am Gürtel trieben sie mit lauten Rufen an. Einige von ihnen schwangen Lederpeitschen.

Ich stieg aus, ging nach vorne und fragte nach Woher und Wohin. Die Antwort, derer man mich würdigte, war kurz: »Gefangenentransport Lager Großrosen«. Ich meldete sie dem Feldmarschall. Sein Gesicht war erstarrt, seine Frau bedeckte ihre Augen mit beiden Händen. Ich hatte den Ortsnamen Großrosen* nie zuvor gehört.

So grauenhaft das Bild der gefangenen Frauen auch war, ich empfand eine Spur von Genugtuung, daß wir Augenzeugen eines Teils dessen geworden waren, was man mir gegenüber als »unglaubwürdig« bezeichnet hatte.

Zur Reise nach Achterberg wurden Familie und Haushalt in zwei Gruppen geteilt, die einen mit der Menge der Koffer und Kartons sollten den Bauwohnwagen besteigen, die anderen den BMW und den VW. Der Eisenbahnwaggon würde am 25. Januar um vier Uhr nachmittags am Zuge P 250 nach Frankfurt an der Oder hängen, die Autos würden am Abend des folgenden Tages Liegnitz verlassen.

Mitten im Sortieren und Einpacken am 25. Januar klingelte es an der Haustür. Ich ging an die Glastür der unteren Etage und öffnete. Vor mir stand ein untersetzter Mann. Er trug einen schwarzen Ledermantel. Er hielt mir einen Dienstausweis entgegen und sagte: »Geheime Staatspolizei!« Ich fragte nach seinem Begehr. »Wir haben erfahren, daß Generalfeldmarschall von Manstein beabsichtigt, Liegnitz zu verlassen. Sie wissen, Herr Hauptmann, daß das verboten ist!«

Ich entsinne mich, daß es mich kalt und heiß durchfuhr. Wer konnte dahinterstecken? Ich dachte an das, was in den letzten Monaten von Mund zu Mund über die Vernehmungen und die Verhaftungen in Berlin durchsickerte. Ich wunderte mich über mich selbst, wie schnell ich reagierte: »Lassen Sie uns in Ruhe, mein Herr«, sagte ich. »Der Herr Feldmarschall hat den Befehl des Führers erhalten, seine Familie unverzüglich nach Westdeutschland zu schicken und sich selbst für eine neue Verwendung bereitzuhalten.« Der Gestapo-Mann erwiderte: »Dann entschuldigen Sie bitte, Herr Hauptmann. Wir wußten das noch nicht. Heil Hitler!« Ebenso plötzlich, wie er erschienen war, verließ er das Haus.

Ich fuhr sofort zum Hauptbahnhof, um mich darüber zu informieren, ob die Gestapo etwa in die Reisedispositionen eingegriffen hatte. Das war nicht der Fall. Dennoch war ich froh, als der Zug planmäßig Liegnitz verließ. Die Familie Manstein und ich erreichten mit den Wagen am 27. Januar Berlin.

---

* Bei dem Dorf Großrosen, zwanzig Kilometer südlich von Liegnitz, existierte seit 1940 ein Konzentrationslager.

DIE AGONIE BEGINNT

Als ich am Vormittag des 29. Januar 1945 den Feldmarschall und seine Frau in Berlin-Steglitz vor dem Hause Munsterdamm 31, wo sie bei Bekannten logierten, abholen wollte, erschien Manstein ohne seine Frau. Wir stiegen in den BMW, und ich fragte, wohin es jetzt gehe. »Wir fahren in die Reichskanzlei. Ich will den Führer sprechen.« Ich meinte, nicht richtig gehört zu haben, und fragte: »Voßstraße, Herr Feldmarschall?« Er erwiderte: »Nein. Wilhelmstraße.« Ich gab zu bedenken, meines Wissens befinde sich der Haupteingang zur Reichskanzlei seit 1939 nicht mehr in der Wilhelmstraße, sondern im neuen Seitenflügel in der Voßstraße. »Gut«, sagte er, »dann fahren wir in die Voßstraße.«

Während der Fahrt dachte ich darüber nach, was Manstein jetzt wohl mit Hitler besprechen wolle. Hätte Hitler den Feldmarschall zu sich befohlen, dann hätte Manstein anders geantwortet. Er hätte, wie früher so oft, gesagt, der Führer wünsche ihn zu sprechen, oder ähnlich. Aber noch nie hatte ich den Feldmarschall sagen gehört, daß er den Führer sprechen wolle. Die zweite Möglichkeit sah ich in dem Satz, den wir in den beiden zurückliegenden Jahren so oft diskutiert hatten: »Wenn ihm das Wasser bis an den Hals steht, wird er mich rufen...« Dann aber hätte Manstein seinen Triumph mir gegenüber kaum unterdrückt. An dritter Stelle dachte ich an den Zwischenruf vom 27. Januar 1944 – fast genau vor einem Jahr – im Führerhauptquartier in Ostpreußen: Das apokalyptische Bild Hitlers mit der Vision des letzten Gefechts, die Feldmarschälle um sich geschart; Manstein hatte Hitler unterbrochen und ihm zugerufen: »Das wird auch so sein, mein Führer!« Sollte etwa der jetzige Besuch Mansteins Bereitschaft zu diesem »letzten Gefecht« dokumentieren? – Kein besonders reizvoller Gedanke für mich, als Adjutant demnächst mit von dieser Partie zu sein!

In der Voßstraße hielten wir vor dem mittleren Hauptportal dieser mehr als vierhundert Meter langen neoklassizistischen Fassade. Zwei SS-Männer standen auf Posten vor dem Mitteldurchgang, nicht wie zu alten Zeiten »unter Gewehr«, sondern mit Maschinenpistolen unter dem Arm. Sakolowski bekam den Auftrag, hier zu warten. Schon schritten wir geradewegs auf den Durchgang zwischen den beiden Posten zu. Die SS-Leute blickten eine Sekunde lang wie unschlüssig auf die unerwarteten Besucher, schlugen dann aber doch die Hacken zusammen und nahmen Haltung an.

Die Haupttür war nicht verschlossen, nach wenigen Schritten befanden wir uns in der Mitte der aus architektonischer Gigantomanie überproportioniert langen Halle. Nun war die Unschlüssigkeit auf unserer Seite. Kalter Wind wehte uns entgegen, denn viele der Fenster zur Gartenseite waren zertrümmert. War es denn denkbar, daß sich hier niemand blicken ließ, um uns zu begrüßen und nach unserem Begehr zu fragen?

Wir warteten. Niemand erschien. Schließlich fragte der Feldmarschall mich, ob wir uns jetzt nach links oder nach rechts wenden sollten. Ich überlegte. Noch nie hatte ich die Reichskanzlei betreten, weder die »alte« noch die »neue« an der Wilhelmstraße. Es hatte sich allerdings herumgesprochen, Hitler arbeite und lebe jetzt in einem im Garten der Reichskanzlei gebauten Bunker tief unter der Erde. Wo mochte sich der Bunker befinden? Rechts, in Richtung Wilhelmstraße, hielt ich für unwahrscheinlich. Also schlug ich vor, nach links zu gehen (erst nach dem Kriege habe ich erfahren, daß Manstein und ich in die falsche Richtung gegangen waren).

Wir mußten einige Schlangenlinien gehen, denn die wohl zehn Meter hohe Decke war an mehreren Stellen von Bomben getroffen worden, man sah durch metergroße Löcher den Himmel; der Schutt darunter war noch nicht beseitigt worden.

Am westlichen Ende der Halle gelangten wir zu einer hohen Tür. Ich öffnete. Wir betraten einen großen Raum. Auch hier kein Mensch. Gegenüber war wieder eine Tür. Wieder öffnete ich; dieses Zimmer schien mir noch größer als das erste. Doch gegenüber saßen an einem Tisch neben einer weiteren Tür zwei SS-Leute, die ersten Menschen in dem gespenstisch leeren Gebäude. Sie erhoben sich und grüßten, der Feldmarschall erwiderte mit dem Interimstab: »Ich bin Feldmarschall von Manstein. Bitte melden Sie mich dem Führer.« Einer der beiden fragte: »Sind Sie angemeldet, Herr Feldmarschall?« Manstein verneinte, aber er komme in wichtiger Angelegenheit. Man bat uns, Platz zu nehmen und zu warten. Neben einem der Fenster stand ein Antichambre-Sofa. Einer der SS-Männer verschwand; wir setzten uns.

Wir warteten lange. Mindestens eine halbe Stunde saßen wir dort. Der bei uns gebliebene SS-Mann maß den Feldmarschall und mich mit unverhohlener Neugier. Niemand sprach ein Wort.

Endlich kam der andere zurück. »Ich habe Befehl, auszurichten, daß der Führer nicht empfängt«, meldete er. »Haben Sie dem Führer oder einem der Adjutanten gemeldet, wer ich bin?« fragte Manstein, und ich merkte an seiner Stimme, daß er Mühe hatte, sich zu beherrschen. »Das habe ich, Herr Feldmarschall!« »Dann wünsche ich, einen der Adjutanten zu sprechen!« Mansteins Stimme war jetzt eine Spur lauter. »Ich bedaure, Herr Feldmarschall, ich habe Befehl, niemand vorzulassen.«

Wortlos erhob sich der Feldmarschall. Ohne Gruß verließ er den Raum. Schweigend steuerten wir wieder durch die lange Halle. In meinem Kopf arbeitete es: Nicht einmal mehr einer der Adjutanten war gekommen, um Manstein zu begrüßen. Schlimmer konnte es nicht sein. Das glich einer Beleidigung. Kein General Burgdorf, kein Admiral von Puttkamer, kein Adjutant des Heeres, kein Luftwaffenoberst von Below, nicht einmal mehr der SS-Gruppenführer Fegelein, die hier doch alle Dienst taten. Für Feldmarschall von Manstein war hier niemand mehr zu sprechen.

Die SS-Posten vor dem Hauptportal knallten wieder ihre Hacken zusammen. Sakolowski öffnete die Wagentüren. Wir holten Frau von Manstein ab und verließen Berlin über die Autobahn nach Westen.

Wir hatten Berlin noch gerade rechtzeitig verlassen. Wenige Tage später wurde die Stadt von mehr als tausend Flugzeugen erneut bombardiert.

Das Landhaus Achterberg auf der Westseite des Truppenübungsplatzes Bergen erwies sich als ein Idyll. Während rings um uns ganz Deutschland dem Untergang zusteuerte, konnte man sich hier noch ungestört den Schönheiten der Heide hingeben. Aus der nahen Kreisstadt erschien ein freundlicher alter Herr, um sich als kommissarischer Landrat vorzustellen. Einem Feldmarschall machte man, wie es sich gehört, einen Antrittsbesuch. Sein »brauner« Vorgänger hatte seinen Dienst bereits quittiert.

Was der »Kommissarische« von der anderen Seite des Truppenübungsplatzes erzählte, war haarsträubend. Dort läge zwischen den Orten Bergen und Belsen ein Konzentrationslager. Von Tag zu Tag vermehre sich die Zahl der eintreffenden Häftlinge, halbverhungerte Frauen und Männer. Er sprach sogar von »uniformierten Weibern«, die als Wachpersonal mit Pistole und Peitsche ihres Amtes walteten.

Nach dreizehntägiger Irrfahrt von Liegnitz bis Dorfmark traf endlich auch der Bauwohnwagen ein. Damit gab es für mich selbst eigentlich keine dienstliche Aufgabe mehr. Ich bekam das Einverständnis, wieder wie im vergangenen Jahr »auf Reisen« zu gehen, Lageinformationen zu suchen und möglicherweise hier und dort mit Rat und Tat helfen zu können.

Zuerst fuhr ich nach Berlin und suchte in der Brandenburgischen Straße 28 die Wohnung meiner Mutter auf. Das Haus war zwar nicht in Flammen aufgegangen, sondern »nur« von einer der neuen Luftminen durchblasen worden. Die tragenden Wände standen noch. In den Trümmern der Wohnungseinrichtung fand ich, fast unbeschädigt, die Streichquartettlampe meiner Mutter, auf deren Schirm einst Heinz Boese in der Kunstakademie am Steinplatz die vier Stationen aus Andersens Märchen »Von der Himmlischen Musik« gemalt hatte. Mehr war hier nicht zu retten. Erst beim Verlassen der Wohnung sah ich dort, wo vorher die Wohnungstür gewesen war, die Handschrift meiner Mutter: »Wir sind mit dem Präsidium des Deutschen Roten Kreuzes in Schloß Wiesenburg in der Mark.«

Ich fuhr in die Fasanenstraße, um bei Tatjana Gsovsky nach ihrer Assistentin Inge Schweitzer zu fragen, und erfuhr, Inge sei unter einem Hause gegenüber der Städtischen Oper in der Bismarckstraße verschüttet gewesen, habe Berlin verlassen und sei angeblich in Freiburg.

Mit viel Glück fand ich ein Hotel. Das Savoy war fast unbeschädigt.

Am nächsten Tage fuhr ich über die Autobahn nach Stettin. Als ich aus dem Wagen stieg, hörte ich in der Ferne deutlich das Rollen der russischen Artillerie. Ich fand meinen Bruder im Generalkommando. Wo er konnte, organisierte er Flüchtlingstransporte. Unsere Ölfabrik, nach ihrem ersten Luftangriff notdürftig wieder aufgebaut, arbeitete noch.

Über Altdamm fuhr ich nach Misdroy an der Ostsee. Unser Vater hatte sich noch nicht zur Flucht entschließen können. Wohin sollte er jetzt gehen? Wir sorgten dafür, daß er in Hamburg bei Freunden unterkam.

Mein Bruder hatte Nachrichten über Verwandte in Pommern. Onkel Franz-Just von Wedemeyer war auf seinem Gut Schönrade in der Neumark mit allen männlichen Einwohnern des Dorfes von einem Kommando der Roten Armee erschossen worden. Nur sein Gestütsmeister war entkommen. Er hatte sich auf dem Heuboden verstecken können und durch eine Luke alles mitangesehen. Unser Onkel war nicht einmal Mitglied der Nazi-Partei gewesen. Onkel Hans-Jürgen von Kleist-Retzow, von dem wir wußten, daß er sich seit dem 21. Juli 1944 zusammen mit seinem Vetter Kleist-Schmenzin in Berlin im Gefängnis Moabit befand, hatte meinen Bruder eines Tages in Stettin angerufen. Die Gestapo hatte ihn ohne Angabe von Gründen aus der Haft entlassen. Nun wollte er versuchen, sich nach Kieckow durchzuschlagen.

Über die Stettiner Oderbrücken fluteten die Trecks nach Westen.

Die Völkerwanderung war auf ihrem Höhepunkt. Wer das Westufer der Oder erreicht hatte, fühlte sich gerettet. Onkel Hans-Jürgen aber wanderte gegen den Strom der Fliehenden nach Osten. Ihm ging es um seine Frau, seine Mutter (meine Großmutter) und die Kieckower Arbeiterfamilien.

Später erfuhren wir, wie es weitergegangen war. Er hatte Kieckow wirklich erreicht und brach von dort sofort mit seinem Treck nach Westen auf. Aber bald wurden sie in einem Walde von einer sowjetischen Panzerkompanie gestellt. Als ein russischer Offizier bei der Kontrolle der Ausweise feststellte, daß er einen Herrn von Kleist vor sich hatte, rief er: »Du Generalfeldmarschall!« Der Hinweis, daß der Feldmarschall ein weit entfernter Verwandter von ihm sei, nützte wenig. Eigentlich konnte man dem russischen Offizier seinen Irrtum nicht übelnehmen, denn die äußere Erscheinung meines Onkels glich wirklich der eines Feldherrn. Wenn er also tatsächlich nicht der Feldmarschall wäre, dann stand er für die Russen im Verdacht, von der SS nur deshalb freigelassen worden zu sein, um als deutscher Spion gegen sie zu arbeiten. Also brachten sie ihn mit dem Flugzeug nach Moskau und sperrten den gerade von der SS Freigegebenen in die Lubjanka, Stalins Gefängnis des Schreckens. Ein Jahr Lubjanka mit ihren Dunkelzellen, in denen der Gefangene nicht wußte, ob es Tag oder Nacht war, zerrütteten seine Gesundheit. Erst im Jahre 1947 entließen die Russen ihn nach Deutschland. Ein Greis war er geworden, doch ungebrochen.

Als ich wieder in Achterberg war, bat Feldmarschall von Manstein mich, den Versuch zu machen, nochmal nach Schlesien durchzukommen, um seine Schwiegermutter, die alte Frau von Loesch, zu finden. Ich sollte versuchen, sie nach dem Westen zu bringen. Angeblich befände sie sich mit ihrem Treck in einem Dorf unweit des Riesengebirges.

Auf der Straße nach Hannover streikte plötzlich der Motor meines VW. Mit klappernden Lagern fand ich eine Werkstatt des Heeres. Ein freundlicher Kraftfahrzeugmeister hatte noch einen neuen Motor im Lager. Nach ein paar Stunden fuhr ich weiter. Der Meister warnte mich: »Fahren Sie nicht zu schnell, Herr Hauptmann, die neuen Lager halten das nicht mehr aus.«

Ich erreichte Dresden. Das war das Schrecklichste, was ich an Zerstörung einer Stadt jemals gesehen hatte. Die Innenstadt, dieses Juwel, war ein einziges Trümmerfeld. Auf einem Platz neben den berühmten Kirchen war ein Stapel von toten Menschen zu einem Scheiterhaufen aufgeschichtet worden. Aufräumungsmannschaften bemühten sich, ein Feuer in Gang zu halten, um die Körper zu verbrennen.

Von Achterberg aus hatte ich telefonisch in Erfahrung gebracht, wo sich das Hauptquartier der Heeresgruppe Schlesien jetzt befand: In Kolin an der Elbe, wo Friedrich der Große einst eine Schlacht verloren hatte. Ich fuhr von Dresden nach Prag und von dort nach Kolin. Im Hauptquartier der Heeresgruppe Mitte beantwortete mir ein junger Leutnant bereitwillig alle Fragen, ohne daß er wußte, wer ich war. Oberbefehlshaber sei hier Generaloberst Schörner, und jenseits des Riesengebirges stehe die 17. Armee mit Hauptquartier in Bad Salzbrunn. Schnell machte ich kehrt; ich hatte keine Lust, Herrn Schörner zu begegnen.

Unterwegs erinnerte ich mich: Heeresgruppe Mitte – Feldmarschall von Bock – Henning von Tresckow – und nun Schörner, der fanatischste Nazi unter Hitlers Generälen. Und die 17. Armee: Vor Stalingrad hatte Manstein mit Hitler um diese Armee gerungen, um die eingeschlossene 6. Armee zu retten. Aber Hitler wollte mit ihr das Öl bei Baku am Kaspischen Meer gewinnen – und dann sollte sie nach Palästina marschieren – und dann nach Indien.

In Bad Salzbrunn betrat ich das Vorzimmer des 1. Generalstabsoffiziers. Mir war eingefallen, daß mein Freund Otto Feil, der bei uns das Kriegstagebuch geführt hatte, jetzt hier stünde. Ich fragte nach ihm. Er sei gestern bei einer Erkundung gefallen, sagte man mir. Otto Feil, der – wie auch ich, seit wir in einer hohen Kommandobehörde Dienst getan hatten – miterlebt hatte, wie unsinnig, wie verbrecherisch Hitler seinen Krieg führte, war, nicht zuletzt aufgrund der Arbeit am Kriegstagebuch, zu einem Hasser Hitlers geworden, weil der das Vertrauen der Soldaten, die für ihn in den Tod gingen, so schmählich mißbrauchte; auch er war nun kurz vor dem Ende noch »für den Führer« gefallen.

Die Informationen über die Lage in Schlesien waren dürftig. Die Russen befanden sich schon diesseits der Oder. Liegnitz war gefallen, Breslau, von Hitler zur »Festung« erklärt, war umzingelt. Nicht ein General des Heeres, sondern der Gauleiter der NSDAP kommandierte in der Stadt.

Unweit von Bad Salzbrunn fand ich auch die alte Dame, die ich suchte. Doch sie weigerte sich, sich von ihrem Treck zu trennen, sie wollte bei den Menschen bleiben, für die sie die Verantwortung trug. Das sei ihre Pflicht, sagte sie.

Auf dem Rückweg fuhr ich über Schreiberhau im Riesengebirge, um nach meiner Schwester zu sehen. Ihr Mann war dort ärztlicher Direktor des Städtischen Krankenhauses. Er und seine Frau hatten sich entschlossen, zu bleiben. Ein Chefarzt konnte nicht fliehen.

April 1945

Was jetzt noch in Deutschland geschieht, erscheint rückblickend unwirklich.

Längst sind die britischen und amerikanischen Armeen über den Rhein hinweg tief in unser Land eingedrungen. An vielen Stellen leisten unsere Truppen bereits keinen Widerstand mehr. An anderen Stellen kämpfen deutsche Verbände noch aufopferungsvoll gegen die Alliierten. Es ist kaum zu verstehen, daß manche deutsche Division im Westen ebenso harten Widerstand leistet wie andere im Osten. Immer noch werden im Westen bedeutende Brücken und strategisch wichtige Viadukte gesprengt, um die Alliierten aufzuhalten. Sollte es jetzt nicht vor allem darauf ankommen, wer zuerst in Berlin ist? Jetzt geht es doch bereits um die Zukunft Deutschlands nach Hitler!

Während die westlichen Alliierten bereits die Weser erreicht haben, ist im Ruhrgebiet eine ganze Heeresgruppe unter dem Befehl des Feldmarschalls Model umzingelt. Als wir am 10. April in Achterberg erfahren, daß die Spitze der Amerikaner bereits vor Hannover steht, entschließt sich Feldmarschall Manstein, Achterberg zu verlassen. Er verspürt keine Lust, sich den Truppen des Gegners als »Beute« zu präsentieren, solange noch kein Waffenstillstand verkündet ist.

Unser erstes Ziel ist ein Dorf bei Bad Oldesloe in Holstein. Die Fahrt dorthin in unseren beiden Wagen am 11. April wird beschwerlich. Auf den Landstraßen begegnen uns pferdebespannte Trecks aus Pommern, aus Ostpreußen. Familie Manstein, die Begleitung, das Gepäck sind auf zwei Wagen verteilt; ich steuere den BMW. Beim Ausweichen bin ich mehrmals gezwungen, den »Sommerweg« zu benutzen. Viele Treckpferde haben Hufnägel verloren. Mehrere Reifenpannen folgen einander. Mit aufgekrempelten Ärmeln montiere ich Reifen und klebe Schläuche.

Am 13. April hören wir in Oldesloe vom Tode des amerikanischen Präsidenten Franklin D. Roosevelt. Wir sind uns einig, daß sein Tod den Lauf der Dinge in Deutschland nicht mehr ändern wird. Am 16. April erfahren wir, daß nun auch die Sowjets ihren Angriff über die Oder begonnen haben. Am 18. April kapituliert die Heeresgruppe Model im Ruhrkessel. Model, von dem Hitler zu Manstein gesagt hat-

429

te, der »flitze überall bei der Truppe herum«, und das sei mehr wert, als jetzt noch zu »operieren«, erschießt sich. Aber nirgendwo hört man, daß in Berlin irgend jemand darüber nachdenke, die Zeit sei vielleicht reif, um den Kampf und das sinnlose Blutvergießen einzustellen.

Der Feldmarschall beauftragt mich, telefonisch zu erkunden, wo sich jetzt das für den Norden Deutschlands zuständige Heeresgruppen-Oberkommando befindet. Am Morgen des 19. April fährt er mit mir nach Hamburg. Im Stadtteil Wohltorf bei Bergedorf finden wir in einer großen alten Villa das Hauptquartier der Heeresgruppe Nord-West. Sie wird seit wenigen Tagen von Feldmarschall Busch geführt, demselben Busch, dem ich im vergangenen Sommer die Vernichtung seiner Heeresgruppe Mitte vorgetragen hatte und der vor Breitenbuch und mir darüber zusammenbrach – inzwischen ist er von Hitler rehabilitiert worden. Sicherlich hatte man Hitler gemeldet, wie treu und ergeben Busch am Sarge Schmundts im Tannenberg-Denkmal gesprochen hatte. Die neue Aufgabe für ihn gleicht einer Ernennung zum Totengräber.

Zwei Feldmarschälle stehen nun vor der Lagekarte. Der Gegner ist hier der britische Feldmarschall Bernard Montgomery. Deutlich zeichnet sich ab, daß Montgomery Hamburg nicht frontal angreifen wird, sondern südlich an der Stadt vorbei die Elbe überwinden und wahrscheinlich in Richtung auf die Ostsee bei Lübeck operieren wird. Für Manstein bedeutet dies, daß er sein Domizil bei Oldesloe noch einmal wechseln wird, um seiner Gefangennahme vor dem Ende der Kämpfe zu entgehen.

Beide Feldmarschälle diskutieren über die hoffnungslose Lage der Heeresgruppe. Plötzlich höre ich von Busch die Frage, ob man den Nord-Ostsee-Kanal beiderseits von Rendsburg noch zur Verteidigung mit Front nach Süden vorbereiten solle. Es kostet Überwindung, zuzuhören.

Ich benutze eine Gelegenheit, den mir persönlich bekannten neuen Ordonnanzoffizier Buschs beiseite zu nehmen. Er hat die Stelle bei Busch eingenommen, die zuvor Eberhard Breitenbuch innegehabt hatte. Ich frage ihn, ob er mir raten könne, wo ich weiter nördlich in der Provinz Schleswig-Holstein ein neues Fluchtdomizil für die Familie Manstein fände. Er braucht nicht lange nachzudenken: Auf der Ostseeinsel Fehmarn lebe die Witwe des in Böhmen ermordeten SS-Obergruppenführers Reinhard Heydrich. Es sei ein wunderschönes und auch wohl ausreichend großes Haus mit Gästezimmern, und die Hausfrau sei sehr reizend. Bei ihr könne man gewiß logieren, »bis die militärische Krise überwunden sei«. Ich könne mich bei Frau Heydrich auf ihn berufen. – Hier bleibt mir nichts als Schweigen.

Plötzlich tut sich die Tür auf; vor uns steht der Reichsminister für Rüstung und Munition, Albert Speer. Er komme aus Berlin, sagt er, und habe – »zum letzten Mal« – den Führer gesprochen. Man setzt sich und hört gespannt zu.

Nach Hamburg sei er geflogen, um den hiesigen Gauleiter Karl Kaufmann zu bewegen, entgegen dem Befehl des Führers die Brücken über die Elbe nicht sprengen zu lassen. Sprachlos hören die beiden Feldmarschälle zu. »Entgegen dem Befehl des Führers...?« Speer bestätigt: »Jawohl, entgegen!« Der Feldmarschall und Oberbefehlshaber der Heeresgruppe – niemand anders als er trägt doch hier die militärische Verantwortung – erfährt das erst nach dem Gauleiter von Hamburg! Welch ein Chaos der Zuständigkeiten hat sich schon ausgebreitet!

Speer schildert seinen letzten Besuch im Tiefbunker der Berliner Reichskanzlei: Im Arbeitsraum sitzt unter dem Portrait Friedrichs des Großen ein zitternder, verfallener, zerstörter, kranker Mann. Er hört dem Besucher kaum mehr zu. Er hat das Bündel der Schreib- und Zeichenstifte mit einer Hand aus der Schale gegriffen und stößt es unausgesetzt vor sich auf die Tischplatte, bis die Spitzen zerbrochen sind und die Tischplatte bis tief in das Holz beschädigt ist. Daneben liegt eine Nummer des nur noch aus wenigen Seiten bestehenden »Völkischen Beobachters«. Aufgeschlagen ist die letzte Fortsetzung: »Selbstberichte Friedrichs des Großen aus dem Siebenjährigen Kriege«. Ein einziges Buch, Thomas Carlyles »Geschichte Friedrichs des Großen«, liegt herum.

Speer erzählt von den beiden Armeeführern, an die sich des Führers letzte Hoffnung klammere, die Generale Wenck und Busse.

Wir horchen auf: Wenck? – Busse? – Ist es ein Zufall, daß es jetzt zwei Generalstabsoffiziere aus der Schule des Feldmarschalls Manstein sind, die kurz vor Toresschluß noch zu Armee-Oberbefehlshabern aufgestiegen sind?

Wenck, auf den sich im November 1942 alle Augen richteten, als es ihm mit einem »Trick« gelungen war, zwei aus dem Raum von Stalingrad nach Westen fliehende rumänische Armeen »aufzufangen«. Das hatte ihm die Beförderung vom Oberst im Generalstab zum Generalmajor eingebracht.

Und Busse, Mansteins ehemaliger 1. Generalstabsoffizier und später – statt Tresckow – Mansteins letzter Generalstabschef: Hatten nicht

General Fellgiebel und unser Heeresgruppen-Nachrichtenführer Generalmajor Ernst Mueller mich seit 1943 zur Vorsicht in Gegenwart von Busse gemahnt, weil jener fast regelmäßig nachts mit seinem Schwager im Führerhauptquartier, General Burgdorf, telefoniere? Jetzt war Burgdorf Hitlers Chefadjutant, und Busse war ausgewählt worden, um als Oberbefehlshaber der 9. Armee seine Heimatstadt Frankfurt an der Oder und, als sie verloren war, die Reichshauptstadt zu verteidigen.

Speer spricht über die Lage um Berlin. Man rechne damit, daß die Einschließung der Stadt nur noch eine Frage weniger Tage sei. Er fragt die Feldmarschälle, ob sie es für möglich hielten, daß Wenck von Südwesten aus noch bis zur Reichshauptstadt durchstoßen könne. Er erhält keine Antwort.

Speer berichtet freimütig, er habe vom Führer den Befehl, dafür zu sorgen, daß alle großen Fabriken im Deutschen Reich vor Eintreffen des Feindes zerstört würden. Mit diesem Auftrag fahre er seit Wochen von Fabrik zu Fabrik und beschwöre die Direktoren, dafür einzustehen, daß dieser Befehl nicht befolgt werde. Die beiden Feldmarschälle schweigen, sie schütteln den Kopf.

Unser Programm an diesem 19. April ist noch nicht beendet. Feldmarschall Manstein nimmt mich beiseite und fragt, ob ich in Hamburg noch ein erstklassiges Restaurant wisse, wo man endlich einmal wieder gut zu Mittag essen könne. Ich nenne ihm »Ehmke« am Gänsemarkt. Im Vorbeifahren habe es mir geschienen, als sei es noch in Betrieb. Ehmke habe auch elegante Séparées in der ersten Etage. Er bittet mich, ein Séparée reservieren zu lassen und Frau von Manstein zu verständigen.

Und in der Tat: Das Restaurant »Ehmke« steht noch. Das Essen gleicht auch jetzt noch einem Ausflug in die »gute alte Zeit«. Auch an diesem Apriltag bestätigt Ehmke seinen guten alten Ruf. Während wir wie in alten Zeiten den gastronomischen Künsten huldigen, sprechen wir, sobald die befrackten Kellner draußen sind, ungestört über Albert Speer und seine unerwarteten Eröffnungen. So frei und so offen hat bisher noch kaum jemand vor gleichzeitig zwei Feldmarschällen Hitlers gesprochen.

Wir ahnen nicht, daß Speer zu dieser Stunde bereits wieder auf dem Wege zurück nach Berlin ist. Uns hatte er doch eben erst gesagt, er sei »zum letzten Mal« bei Hitler gewesen. Zwar hat er den Mut gehabt, vor zwei Feldmarschällen unmißverständlich gegen Hitler zu sprechen. Nicht aber hat er gewagt, zu sagen, daß er noch am selben Tag erneut bei Hitler sein wolle, um »ihn noch einmal zu sehen«*. Albert Speer ist doch noch nicht frei von seinem Herrn und Meister. Der aber sitzt in seinem Tiefbunker unter der Erde und hat sich am Ende mit »Friedrich dem Großen« umgeben. So beweist der Tyrann, daß er Preußen und seinen großen König niemals verstanden, sondern nur »benutzt« und somit mißbraucht hat.

Von Oldesloe aus begebe ich mich allein mit dem Wagen aufs Geratewohl nach Norden, um ein neues Quartier zu suchen. Die alte Freundin Irmgard Georgius, in den dreißiger Jahren Deutschlands beste Turnierreiterin, gibt mir in Waldhof einige Tips. Die Gutshöfe sind meist schon überbesetzt mit Flüchtlingstrecks aus den Ostprovinzen. In einem der Herrenhäuser schlägt man mir die Tür vor der Nase zu. »Jetzt auch noch ein Feldmarschall! Wir denken nicht daran!«

Am Straßenrand winken zwei Marineoffiziere und bitten, mitgenommen zu werden. Einer trägt das Ritterkreuz, er ist U-Boot-Kommandant. Sie wollen nach Plön. Ich bin froh, daß ich neben mir jemand zum Erzählen habe, und kann es kaum fassen, daß ein U-Boot-Kommandant sein Boot zwar durch die Minenfelder hindurch bis vor die amerikanische Ostküste bringen kann, nicht aber mit der Landkarte durch Schleswig-Holstein zu finden weiß. Der andere aber erweist sich als höchst brauchbarer Luftbeobachter, denn englische Jagdflugzeuge fegen über die Straßen auf der Suche nach Beute.

Drei Tage lang fahre ich von Ort zu Ort, ohne etwas Passendes zu finden. Man hat in den zwölf Jahren des »Dritten Reichs« eine »Nase« dafür bekommen, ob das Haus, das man betritt, ein »Nazi-Haus« ist. Ich möchte das Kriegsende nicht in einem nationalsozialistisch gefärbten Haus erleben.

Und doch finde ich schließlich das Ziel meiner Wünsche. In Weißenhaus an der Ostseeküste, unweit von Oldenburg, stehe ich vor dem Gutsherrn und seiner Frau: Graf Clemens Platen bittet mich gleich zu einer Tasse Tee, damit wir gemeinsam überlegen können.

Dann gehen wir durch das schöne große Haus. Das Erdgeschoß ist bis an die Decken mit Möbeln und Kisten angefüllt. Der Fundus des Kieler Landesmuseums liegt hier. Fast begraben unter Bilderkisten steht ein schwarzer Konzertflügel. Ich öffne den Deckel über der Tastatur, nehme eine liebevoll gearbeitete Stickerei in die Hand und lese die Noten eines Themas aus Humperdincks »Hänsel und Gretel«. Pla-

---

* Albert Speer, Erinnerungen, Berlin 1969, Seite 472/73 und Anm. 10 (Seite 591/92).

tens erklären: An diesem Flügel hat Humperdinck diese herrliche Oper komponiert. Weißenhaus wird unser Quartier sein, wenn das Ende des Krieges kommt. Am 30. April siedeln wir hierher über.

Hitler ist tot!

Auf dem Dachboden des Weißenhauser Gutshauses werden für mich vier Teppiche als Ersatz für vier Wände aufgehängt. Eine Matratze, ein paar Kisten, ein gemütliches »Zimmer« ist fertig.

Am nächsten Tage – es ist der 1. Mai 1945 – schalte ich mein Radio ein. Im Sender Hamburg beginnen gerade die ersten Takte des zweiten Satzes aus Bruckners VII. Symphonie. »Sehr feierlich und sehr langsam« haben die Tuben und Bratschen eingesetzt. Ich meine die Aufnahme zu erkennen: Furtwängler mit den Berliner Philharmonikern. Es tut gut, diese Symphonie endlich einmal wieder zu hören.

Plötzlich packt mich Mißtrauen. Was hat es zu bedeuten, daß heute Bruckners Siebente gesendet wird? Als der Satz endet, erhalte ich die Antwort: Mit pathetischer Stimme verkündet der Sprecher:

»Aus dem Führerhauptquartier wird gemeldet, daß unser Führer, Adolf Hitler, heute nachmittag in seinem Befehlsstand in der Reichskanzlei, bis zum letzten Atemzug gegen den Bolschewismus kämpfend, für Deutschland gefallen ist. Am 30. April hat der Führer Großadmiral Dönitz zu seinem Nachfolger ernannt.«*

Was in diesem Augenblick in mir vorgeht, kann ich nur schwer beschreiben. Gott sei Dank – ich fühle mich wie vor meinem eigenen Tode errettet. Die Spannung und die Last der mehr als neun Monate seit dem 20. Juli 1944 sind plötzlich von mir gewichen. Und das Ende des Krieges ist nahe.

Ich brauche ein paar Minuten zum Atemholen und lege mich hin, um nachzudenken. Als erstes empfinde ich die Perfidie des Mißbrauchs gerade dieses Brucknersatzes im Zusammenhang mit dem Tode dieses Unmenschen. »In der Reichskanzlei kämpfend?« – Wie paßt das zu Albert Speers letztem Bericht aus der Reichskanzlei? – Und »Dönitz zum Nachfolger«? Kein Göring, kein Goebbels, kein Himmler? Schon beginne ich zu ahnen, daß in der Rundfunkmeldung nur ein einziger Punkt wahr sein kann: Der Tod Hitlers. Und Dönitz als Staatschef? Was ist denn Dönitz mehr als ein Offizier der Kriegsmarine?

---

* In Wahrheit hat Hitler bereits am 30. April 1945 Selbstmord begangen.

Eine Treppe tiefer klopfe ich an die Tür Mansteins. Er sitzt mit seiner Frau am Tisch und liest in einem Buch. Ich melde: »Herr Feldmarschall, der Führer ist tot.« Ein paar Sekunden lang sieht er mich ohne jedes Zeichen einer Bewegung an. Dann gellt ein Schrei seiner Frau auf: »Nein! – Das kann nicht sein!« – Zum erstenmal, seit ich Begleitoffizier des Feldmarschalls bin, entgleitet mir ein Stück meiner Selbstkontrolle, und ich sage: »Doch, gnädige Frau, der Kerl ist tot!« Kaum sind die paar Worte heraus, da bedauere ich sie. Der Feldmarschall eilt um den Tisch herum und bemüht sich um seine Frau.

Ich berichte das übrige: »Kämpfend in der Reichskanzlei«, »Dönitz der Nachfolger«. Ich frage, ob er noch Befehle für mich habe, und verabschiede mich.

Ich gehe in die Wohnung der Platens. Sie haben es, wie ich, im Rundfunk gehört. Wir diskutieren die Nachricht. Platen holt aus seinem Keller eine Flasche Wein.

In den folgenden Tagen bemüht sich Manstein um Kontakte, zuerst zu Feldmarschall Bock, der bei Beginn des Rußland-Feldzuges die Heeresgruppe Mitte führte, dann aber zu den zahlreichen Feldmarschällen Hitlers gehört hatte, die dieser aus irgendwelchen Gründen »in die« – wie wir Jungen es zu nennen beliebten – »Rüben gejagt« hatte. Bock hat sich angesichts der Kriegslage in die Gegend von Lensahn zurückgezogen. Großadmiral Dönitz, unser neues »Staatsoberhaupt«, regiert von der Marineschule Plön aus. Auch er verlangt, Manstein zu sprechen. Wir fahren nach Plön. Doch bei Großadmiral Dönitz ist kurz vorher bereits der Reichsführer der SS, Himmler, gewesen. Jedenfalls ist das Hickhack für die Zeit nach Hitler offenbar bereits in vollem Gange. Es hatte zuvor geheißen, Dönitz wolle Manstein an Stelle von Feldmarschall Keitel zum Chef des Oberkommandos der Wehrmacht machen. Doch damit sind wohl weder Keitel noch der oberste SS-Führer einverstanden. Schließlich ist es für Manstein alles andere als reizvoll, sich jetzt noch in die Mannschaft der Totengräber einreihen zu sollen.

Am 3. Mai gibt es noch einen tragischen Zwischenfall. Feldmarschall von Bock hat sich von Lensahn aus in Weißenhaus zum Tee angesagt. Ich stehe bereits vor dem Gutshaus, um den Besucher zu begrüßen, als ich in der Ferne britische Jagdflugzeuge erblicke. Schon höre ich die Salven ihrer Bordwaffen. Eine halbe Stunde später telefoniere ich nach Lensahn, denn ein ungutes Gefühl bewegt mich. Die Limousine Bocks ist tatsächlich von einem der Flugzeuge getroffen worden. Bock liegt schwer getroffen im Lazarett in Oldenburg, seine Frau und seine Tochter sind tot. Manstein fährt zusammen mit mir zum Lazarett. Vor uns liegt, bis zur Unkenntlichkeit in Verbände gehüllt, der verwundete Feldmarschall. Als ein Oberarzt dem Patienten sagt, wer vor ihm am Bett stehe, hören wir nur noch wenige Worte: »Manstein, retten Sie Deutschland!« Es sollen die letzten Worte Bocks gewesen sein. Auf der Rückfahrt nach Weißenhaus geht es mir erneut durch den Kopf: Wieder habe ich die Worte eines älteren Feldmarschalls mit angehört, der den Jüngeren, sei es direkt oder indirekt, als »primus inter pares« betrachtet: Kluge, Rommel und nun auch Bock.

Zu dieser Stunde verhandelt der Beauftragte von Großadmiral Dönitz, der Generaladmiral Hans Georg von Friedeburg, im britischen Hauptquartier bei Lüneburg bereits mit Feldmarschall Montgomery über einen Waffenstillstand zwischen Großbritannien und Deutschland.

Vor Feldmarschall Montgomery

Am 4. Mai hören wir im Rundfunk, daß Generaladmiral von Friedeburg im Auftrage von Dönitz, des von Hitler vor seinem Selbstmord ernannten neuen Staatsoberhauptes des Deutschen Reichs, im Hauptquartier des englischen Feldmarschalls Montgomery unweit von Lüneburg ein Waffenstillstandsabkommen unterzeichnet hat. Nur vier Tage nach Hitlers Tod kommt es, wenigstens hier, zum Ende des Krieges.

Am folgenden Tage bittet Feldmarschall von Manstein mich, einen persönlichen Brief an Montgomery zu entwerfen, mit dem er seinen Aufenthaltsort mitteilt und sich dem englischen Oberbefehlshaber zur Verfügung stellt.

Am 6. Mai – es ist ein Sonntag – sitze ich vor Sonnenaufgang im großen BMW des Feldmarschalls am Steuer. Graf Platen, der Gutsherr von Weißenhaus, fährt mit mir. Er trägt Hut und Lodenmantel und bemerkt, es sei das erste Mal, daß er mit dem Geschehen des Krieges in Berührung komme: Ein lebenslanges Augenleiden habe ihn nicht Soldat werden lassen.

Aus gutem Grund haben wir das Cabrioletverdeck geöffnet. Jedermann soll von weitem sehen, daß wir nur friedliche Absichten hegen, ist doch der Lüneburger Waffenstillstand angeblich erst seit gestern wirksam.

Mit der Geschwindigkeit eines Radfahrers schleichen wir durch die Dunkelheit. Die Verdunkelungskappen auf den Scheinwerfern geben nur kümmerliches Licht durch einen Schlitz von zehn mal einem Zentimeter. So ist es seit dem 1. September 1939 vorgeschrieben.

Jetzt sind wir auf der Chaussee in Richtung Bad Segeberg. Wo, fragen wir uns, werden wir dem ersten englischen Soldaten begegnen? Von deutschem Militär ist nichts zu sehen. Kein Soldat, den wir nach der Waffenstillstandslinie fragen könnten, nicht ein einziger.

Die Uhr zeigt etwa eine halbe Stunde nach vier – im Osten beginnt es zu dämmern –, als ich rechts vor mir, fast zur Hälfte hinter einem Chausseebaum verdeckt, die Umrisse eines Panzerspähwagens erkenne. Ich gehe herunter auf Schrittempo und sehe die Mündung eines leichten Kanonenrohres auf mich gerichtet. (Für einen ehemaligen Panzerdivisionsoffizier löst das keine angenehmen Empfindungen aus.)

Ich halte vor dem Panzerspähwagen und warte ab; das Rohr bleibt genau auf mich gerichtet. Aus der Seitenluke des Spähwagens klettert ein englischer Soldat heraus und kommt zu mir heran; es ist ein Sergeant. Er fragt mich, wohin ich wolle. Auf englisch sage ich zu ihm, daß ich Befehl habe, einen Brief des Feldmarschalls Manstein an den britischen Feldmarschall Montgomery zu überbringen. Ich muß ihm das ein paarmal wiederholen. Vermutlich hat er einen solchen Fall noch nicht erlebt. Dann geht er zu seinem Panzer und läßt sich ein Mikrofon herausreichen. Auch er muß es mehrere Male wiederholen.

Nach einigen Minuten kommt er zurück und bittet mich um den Platz des Beifahrers. Der andere Gentleman möge sich bitte nach hinten setzen. Indem er zu mir einsteigt, fällt mir auf, daß er offenbar vergessen hat, seine Pistole umzuschnallen. Als wäre es Gedankenübertragung, murmelt er, ehe er sich setzt: »Excuse me«, geht zurück zu seinem Panzerspähwagen und läßt sich Koppel und Pistole herausreichen.

Nach wenigen hundert Metern Fahrt kommen wir an ein Dorf. Beim ersten Bauernhof bittet er mich, links auf den großen Hof zu fahren. Dort steht schon ein junger Leutnant, als warte er auf uns, grüßt und läßt mich wiederholen, was ich seinem Unteroffizier bereits gesagt habe. Dann bittet er Platen und mich in das Bauernhaus. Nach links kommen wir in ein großes Zimmer. Ein langer Frühstückstisch ist hier bereits gedeckt.

Ich stelle dem jungen Offizier meinen Begleiter vor. »Count?« fragt er, »a real count?«

Wir erfahren, daß man den Kommandeur bereits geweckt habe, doch lasse er sagen, daß es heute noch zu früh sei, um schon aufzustehen. Wir möchten also warten, denn man würde gerne mit uns zusammen frühstücken. Fast entschuldigend fügt der Leutnant hinzu, man habe nämlich gestern abend »den Sieg zelebriert«, so daß man erst vor kurzem ins Bett gekommen sei. Der Leutnant hilft Platen und mir aus den Mänteln. Tatsächlich, ein englischer Offizier hilft uns aus den Mänteln! Er hängt unsere Garderobe an einen Ständer, auch mein Koppel mit der Pistole. Er holt uns ein paar englische Zeitungen und entfernt sich. Einige Stunden läßt man uns allein.

Dann plötzlich füllt sich das Zimmer in wenigen Augenblicken mit Offizieren. Mich plaziert man in die Mitte der Tafel; wir erfahren, daß wir Gäste des Offizierskorps eines Fallschirmjägerbataillons sind.

Während die Ordonnanzen ein klassisches englisches Frühstück servieren, entwickelt sich – kaum glaublich – rasch ein offener und freier Gedankenaustausch. Ich nutze sofort die Gelegenheit, um mit Nachdruck zu betonen, wie unzutreffend es sei, alle Deutschen mit Nationalsozialisten gleichzusetzen. Aufmerksam hört die ganze Tafelrunde mir zu. Als ich beiläufig frage, ob jemand der Anwesenden vielleicht zufällig meinen Vetter Lionel Brett kenne, ruft jemand vom hintersten Tischende zu mir herüber, ob ich den Architekten Lionel Brett meine. Als ich das bejahe, wird aus der gegenseitigen Unterhaltung – leider – eine Fragestunde, und zehn Jahre, nachdem ich in London volontiert habe, fehlt mir manche wichtige Vokabel. Man fragt mich nach meinen Erfahrungen mit den Russen. Ein sehr junger Leutnant erklärt, er sei überzeugter Kommunist, und dies sei für ihn der stärkste Beweggrund, gegen die Nazis gekämpft zu haben. Darauf erwidere ich, wie nahe meiner Ansicht nach Nationalsozialismus und Kommunismus einander verwandt seien. Die Offiziere schweigen. Ich fühle das Erstaunen über meine Worte.

Schließlich bin ich es, der darum bitten muß, mich weiterfahren zu lassen, weil ich noch heute vor Montgomery zu stehen hoffe.

Jetzt sitzt ein junger englischer Major neben mir im Wagen. Er dürfte jünger sein als ich. Meine Frage, ob er den Feldmarschall Montgomery kenne, verneint er. Offenbar ist dies der Grund, weshalb er den ehrenvollen Auftrag bekommen hat, mich zu seinem Oberbefehlshaber zu bringen. Sein großes Interesse gilt dem BMW. Ich erkläre ihm, daß es sich um einen Prototyp aus dem Jahre 1939 handelt. Nach einigen Kilometern sagt er: »I like this car. It will be mine.« So ungerührt als möglich erwidere ich, ich könne ihn daran nicht hindern, er zwinge mich aber, dies dem Feldmarschall Montgomery persönlich zu melden.

Als wir uns Hamburg nähern, frage ich ihn, ob er diese Stadt kenne.

Er verneint und fügt hinzu, er habe in Deutschland noch nicht eine einzige Großstadt gesehen. Seine Truppe habe ausschließlich an den Großstädten seitlich vorbei operiert. Ich frage den Major, wohin wir denn nun in Hamburg fahren würden. Er nennt mir das Hotel Atlantik. So fahre ich mit ihm auf einem großen Umweg durch die schwer zerstörten östlichen Stadtteile. Für meinen englischen Begleiter ist dies die erste zerstörte Stadt, die er sieht. Er bleibt stumm. Nur einmal höre ich die Worte: Mein Gott.

Vor dem Hotel Atlantik halte ich gegenüber vom Haupteingang. Fast unbeschädigt, ist es offenbar militärisches Hauptquartier in Hamburg. Nicht ohne deutliche Geste lasse ich den Autoschlüssel in meiner Uniform verschwinden. Von der Hotelhalle aus führt man Platen und mich in einen der rechts liegenden Bankettsäle. Hier hat man das Mittagessen schon beendet. An einer langen Tafel sind wir die einzigen Gäste. Eine Ordonnanz setzt eine Terrine mit Essen vor uns auf den Tisch, daneben eine Karaffe Rotwein. Unser junger Major ist für uns verschwunden. Bald erweist sich, daß sein Traum einer Begegnung mit seinem Oberbefehlshaber bereits ausgeträumt ist.

Ein junger Hauptmann erscheint, akzentfrei deutsch sprechend. Als wir uns mit ihm zusammen den Elbbrücken nähern, frage ich ihn: »Intelligence Service?« »Yes« ist die Antwort.

Mitten auf der großen alten eisernen Brücke ist eine Sperre errichtet. Kein Deutscher darf die Elbe überschreiten. Aber vor uns hält trotzdem ein deutscher Lastwagen. Ein schwarzer Sarg steht auf der Pritsche, Kränze mit Schleifen liegen neben dem Sarg. Eine Gruppe von schwarzgekleideten Leidtragenden verhandelt noch mit einem britischen Offizier. Dann läßt er sie weiterfahren*. Der nächste Wagen sind wir; der Hauptmann neben mir zeigt seinen Dienstausweis, wir passieren.

Jetzt ist die Chaussee nach Lüneburg für uns frei. Erst zögernd, ja mißtrauisch, beginnt der Hauptmann neben mir zu fragen. Bald frage ich ihn, so direkt als möglich: »Sie sind Deutscher?« Er sei Deutscher gewesen, sagt er. Dann fragt er mich, ob ich Bergen-Belsen gesehen hätte. Ich muß verneinen. Schon fragt er weiter: »Haben Sie von Bergen-Belsen gewußt?« – »Ja.« Sofort kommt seine nächste Frage: »Hat Feldmarschall von Manstein gewußt?« Ich schweige. Eine Zeitlang spricht niemand ein Wort. Dann versuche ich, das Gespräch auf unse-

---

* Jahre später habe ich erfahren, der Trick mit dem Sarg (ohne Leiche), mit Kränzen und Trauerkleidung sei einige Wochen hindurch die einzige Möglichkeit für einen Deutschen gewesen, bei Hamburg über die Elbe zu kommen.

ren Konflikt zwischen Pflichterfüllung und Gewissen zu lenken. Ich erzähle ihm, daß nahe Verwandte und Freunde von mir von den Nationalsozialisten umgebracht worden seien, und bekomme eine mich erschreckende Antwort: »Wir wissen das. Wir haben auch über Sie bereits Informationen.«

In Lüneburg wehen aus vielen Häusern weiße Fahnen. Vor einer Woche noch stand auf das Hissen weißer Fahnen in Deutschland die Todesstrafe, ohne Gerichtsverfahren.

Am Südrand der Stadt muß ich halten. Vor uns verläßt eine gepanzerte Pioniereinheit die Kaserne. Pontons, Brückengeräte in einer Größe, wie wir Deutsche sie niemals auch nur annähernd gehabt haben. Ich schätze, daß das, was da vor uns aus der Kaserne rollt, eine Brücke über die untere Elbe ist. Ich frage den englischen Offizier neben mir, ob das englisches oder amerikanisches Gerät sei. »Die USA haben es uns gegeben.«

Ein paar Kilometer südlich von Lüneburg biegen wir nach links von der Straße ab. Wieder eine Überraschung: Wir fahren auf einer künstlichen Straße über den Acker. Nie zuvor habe ich solch militärisches Gerät gesehen. Nach wenigen hundert Metern erreichen wir einen leicht bewaldeten Hügel. Immer noch rollen wir über den stählernen Teppich, dann öffnet sich der Bestand der jungen Bäume, und wir halten auf der Kuppe des Hügels. Wir befinden uns in der Mitte eines großen Zeltlagers. »Hier sind wir im Hauptquartier der Heeresgruppe«, erklärt unser Begleiter und bittet uns, das Weitere abzuwarten. Dann verschwindet er und läßt uns allein.

Platen und ich haben nun Zeit. Dies also ist die Stelle, an der vor zwei Tagen der Waffenstillstand zwischen Großbritannien und Deutschland geschlossen wurde. – In welchem der großen Zelte rings um uns herum mag das geschehen sein? Nirgendwo sieht man ein Schild, kein Hinweis findet sich, aus dem man schließen kann, wer sich in welchem Zelt befindet. Wie viele deutsche Hauptquartiere habe ich doch gesehen. Alle waren sie in großen Häusern, oft in alten Schlössern untergebracht, niemals in einem Zeltlager. Die Zelte dieses Hauptquartiers haben wahrscheinlich schon in der Sahara gestanden. »In England ist alles anders« – hier bestätigt es sich wieder.

Ab und zu geht ein Soldat oder Offizier über die Lichtung. Niemand aber interessiert sich für uns, wir fühlen uns unbeobachtet. Niemand ist zu mir gekommen, um mir meine Pistole abzunehmen. Es ist, als gehörten wir hierhin. So verrinnen die Stunden.

Plötzlich aber ändert sich die Szene. Der Hauptmann, der uns hierher geführt hat, erscheint und fordert mich auf, mich an einen von ihm bezeichneten Punkt zu stellen. Graf Platen, über dessen Funktion er vergeblich versucht hat, Klarheit zu gewinnen, erhält Anweisung, sich etwas zurück zu postieren. Dann öffnen sich, wie auf Kommando, die Zelte um uns, und eine große Zahl von Offizieren und Soldaten aller Grade erscheint. Eine kleine, drahtig-sportliche Erscheinung eines Soldaten im Uniformhemd mit offenem Kragen, ohne Rangabzeichen und Orden, steht vor den übrigen, wenige Meter von mir entfernt. Ich ahne, wer es ist.

Links von mir tritt ein Stabsoffizier vor und fordert mich auf deutsch zur Meldung auf. Ich melde meinen Namen, Dienstgrad und Dienststellung und füge die Bitte hinzu, mir zu sagen, vor wem ich stehe. Der Stabsoffizier antwortet: »Sie stehen vor Seiner Majestät Oberbefehlshaber der britischen Truppen, Feldmarschall Montgomery.«

Nun erst beginnt der Feldmarschall zu sprechen, nicht zu mir, sondern zu seinem Offizier: Ich möge vortragen, was ich zu übermitteln habe. Ich erwidere, ich habe einen persönlichen Brief des Feldmarschalls von Manstein an Feldmarschall Montgomery zu überbringen. Darauf Montgomery: »Sagen Sie, was in dem Briefe steht.« Ich antworte, ich habe keine Order, den Brief zu interpretieren, sondern ihn zu überbringen und um Antwort zu bitten.

Jetzt tritt der Dolmetscher zu mir, ich übergebe den Brief, und er übergibt ihn Montgomery. Sogleich entfernen sich die Engländer. Platen und ich sind wieder allein.

Wieder verrinnen Stunden. Längst ist es schon dunkel, als der Stabsoffizier, dem ich den Brief übergab, plötzlich neben uns steht. Der Inhalt des Briefes sei an das Alliierte Hauptquartier und an die britische Regierung übermittelt worden, sagte er. Feldmarschall von Manstein möge bis auf weiteres in Weißenhaus bleiben und dort alles andere abwarten. Die Truppe sei informiert und es sei Sorge getragen, daß es keine subalternen Übergriffe geben werde. Ich könne nun nach Weißenhaus zurückfahren.

Ich gebe ihm zu bedenken, daß es mir kaum gelingen werde, ungehindert über die Straßen und vor allem über die Elbe zu kommen. Er werde mir einen Passierschein schreiben lassen, sagt er und verschwindet. Nach einigen Minuten steht er wieder vor mir. Im Schein der Taschenlampe lese ich den kurzen englischen Wortlaut: »Die beiden Insassen dieses Wagens, Hauptmann Stahlberg und Graf Platen, haben Feldmarschall Montgomery eine persönliche Botschaft von Feldmarschall Manstein überbracht. Sie kehren nun zurück und haben freie

Durchfahrt.« (Original siehe letzte Tafelseite.) Ich danke ihm. Er wünscht uns gute Fahrt.

Der Motor des BMW läuft bereits. Da klopft der Stabsoffizier an die Seitenscheibe neben mir. Ich steige nochmal aus, und der Engländer sagt: »Ich vergaß, Ihnen zu sagen, daß seit heute die Verdunkelung aufgehoben ist. Sie können die Kappen von den Scheinwerfern abnehmen.«

Mein Gott, durchfährt es mich, mit welcher Sehnsucht haben wir auf den Tag gewartet, an dem wir wieder Licht machen dürfen.

Ich muß das Handwerkszeug nehmen, denn die Verdunkelungskappen sind unter den Metallrahmen befestigt. Während ich mit dem einen der Scheinwerfer beginne, hat sich der englische Stabsoffizier plötzlich einen zweiten Schraubenzieher aus dem Handwerkskasten genommen und beginnt bereits, an dem anderen zu arbeiten. Mit Bewegung sehe ich zu ihm hin.

Als alles erledigt ist, stehen wir uns zum zweitenmal gegenüber, um uns zu verabschieden. Da tut der Engländer etwas ganz »Unenglisches«: Er streckt mir die Hand entgegen.

PERSONENREGISTER

Adenauer, Konrad 255
Albers, Hans 35
Albrecht, Prinz von Preußen 102
Alexander I., Zar von Rußland 257
Anastasia, Großfürstin von Rußland 65, 121 f.
Anderson, Anna siehe Anastasia
Antonescu, Jan 334

Badoglio, Pietro 374
Bäumer, Gertrud 106
Baur, Hans 274 f., 373
Beck, Ludwig 110 f., 114 f., 264, 282 f., 311 ff., 371 f., 396
Becker, Heinrich 111, 135, 140 ff., 151 ff., 156 ff., 171, 174, 177 ff., 182 ff., 193, 195 ff., 208 f., 212 f., 215, 217
Behr, Winrich 257 ff.
Below, Nikolaus von 258 ff., 425
Bentz, Beatrice 106
Bergengruen, Major i. G. 216, 219
Bielski, polnischer Fürst 145 ff., 167
Bismarck, Gottfried von 6, 253 ff.
Bismarck, Hans-Otto von 169
Bismarck, Herbert von 19 ff., 23, 47 ff., 53, 122 f.
Bismarck, Klaus von 21, 128 ff., 254
Bismarck, Fürst Otto von 13, 39, 42, 108
Bismarck, Ruth-Alice von (geb. von Wedemeyer) 128 ff.
Blaskowitz, Johannes 170
Blomberg, Werner von 31, 46, 59, 61, 64, 107

Boese, Heinrich (Heinz) 426
Boeselager, Georg Freiherr von 310
Boeselager, Philipp Freiherr von 310
Bock, Fedor von 174, 428, 435 f.
Bonhoeffer, Dietrich 5, 101 ff., 214
Bormann, Martin 364, 403
Bose, Herbert von 60, 62, 170, 235
Brandt, Karl 302
Brauchitsch, Walther von 202, 275, 401
Braun, Eva 325, 400
Braun, Gretl 400
Braun, Otto 36
Braun, Wernher von 392
Breitenbuch, Eberhard von 327, 365, 385, 430
Bredow, Ferdinand E. von 60, 62, 170, 330
Bredow, Maria Gräfin von 26, 30, 62
Brett, Lionel (Viscount Esher) 74 f.
Brüning, Heinrich 16 f., 19 f.
Burchard-Motz 55
Burgdorf, Wilhelm 282, 403, 407 ff., 425
Busch, Ernst 46, 360, 368, 385, 403 f., 430 f.
Busse, Theodor 232, 236, 242, 281 ff., 289 f., 302, 308, 334, 336, 354, 357, 360 f., 367, 373, 431

Canaris, Wilhelm 104, 115, 313 ff., 353, 376
Carlyle, Thomas 431

Caulaincourt, Armand Augustin 178f.
Chamberlain, Arthur Neville 111f., 114f., 120f., 126, 162, 383
Chemin-Petit, Hans 106
Choltitz, Dietrich von 294ff., 307f., 410
Churchill, Winston Leonard Spencer 115, 126f., 162, 322
Clausewitz, Carl von 223, 270, 396
Clausius, Oberst im Generalstab 251
Cleve, Frida 212
Colvin, Jan 125

Daladier, Édouard 112, 114
Dibelius, Wilhelm 376
Dieter 323f., 411
Dietl, Eduard 388
Dietrich, Sepp (Joseph) 317
Dirksen, Herbert von 381ff., 420f.
Dirksen, Viktoria von 382
Dirksen, Willibald von 382
Dönitz, Karl 411, 434f.
Dollfuss, Engelbert 100
Dovifat, Emil 17
Duesterberg, Theodor 16, 27f.

Ebert, Friedrich 61
Eisenhower, Dwight David 411
Elizabeth, Herzogin von York 72f.
Elizabeth II., Königin von Großbritannien 73
Engel, Gerhard 284f.
Engelhardt, Helmuth 188, 191f., 198ff., 203
Esher, Viscountess Antoinette (geb. Heckscher) 63, 69, 71ff., 163, 393
Esher, Viscount Oliver 63, 69, 71ff.

Falkenhayn, Erich von 46
Fegelein, Hermann 400, 425
Feil, Otto 232, 241, 271f., 294f., 428

Fellgiebel, Erich 5f., 226, 262ff., 279f., 387f., 390, 392ff., 396, 400, 409
Finck, Werner 122
Finckh, Eberhard 5, 241f., 255, 293f., 341–345, 373, 377
Fischer, Edwin 234
Forst, Helga von der 393ff.
Franco, Francisco 209
Freisler, Roland 126, 355
Friedeburg, Hans Georg von 436
Friedrich II. (der Große) 6, 11, 42, 44f., 117, 123, 251f., 331, 334, 373, 431
Friedrich Wilhelm I., König in Preußen 45
Fritsch, Werner Freiherr von 107, 420
Fürsen, Angelica (geb. Stahlberg) 75
Fürsen, Antoinette 75
Furtwängler, Wilhelm 15, 163, 434

Gaulle, Charles de 155
Gempp, Walter 39
Gersdorff, Rudolf-Christoph Freiherr von 318f.
Georg VI. 72
Georgius, Irmgard 56, 433
Goebbels, Joseph 18f., 34, 37f., 43f., 56, 72, 108, 168f., 304, 355, 396, 409
Goerdeler, Carl 400
Göring, Hermann 22, 37f., 48ff., 72, 169, 172, 235, 242, 349, 390, 411
Grimm, Hans 30
Gsovsky, Tatjana 106, 133f., 349ff., 426
Guardini, Romano 17
Guderian, Heinz 335, 396, 399f., 403ff., 411

444

Hagemann, Albert 401
Halder, Franz 114
Hammerstein-Equord, Kurt Freiherr von 31
Hannussen, Jan 39
Hanke, Karl 415, 418
Harpe, Josef 179, 200, 203
Hausser, Paul 317
Heckscher, Johann Gustav Wilhelm Moritz 55, 78, 108, 315, 344
Henderson, Neville 125
Herwarth von Bittenfeld, Hans 389
Heusinger, Adolf 275
Heydrich (Witwe von R. Heydrich) 430f.
Himmler, Heinrich 72, 343, 355, 366ff., 390, 396, 411, 435
Hindenburg, Oskar von 32, 46, 61
Hindenburg, Paul von Beneckendorff und von 15ff., 20ff., 24, 26, 30, 33, 43, 45f., 61, 64, 83, 234, 403, 405
Hitler, Adolf 16 passim
Hoepner, Erich 400
Hoesch, Leopold von 70
Hoth, Hermann 250, 256
Huch, Ricarda 106
Hugenberg, Alfred 27, 29f.
Hylton, Jack 72

Joachim, Joseph 106
Johann, Erzherzog von Österreich 78
Jung, Edgar 60, 62, 170, 235

Kalamkarian, Maria 133, 351f.
Karajan, Herbert von 402f.
Karow 392f.
Kaufmann, Karl 431
Keitel, Wilhelm 261, 357, 400, 403, 435
Kempf, General der Panzertruppen 331
Kempf, Wilhelm 106

Kemka, Erich 290f.
Keppel 204
Kesselring, Albert 374ff.
Ketteler, Wilhelm Freiherr von 109, 235
Kleist, Berndt von 220
Kleist, Ewald von (Feldmarschall) 151f., 155, 236f., 302ff., 361, 369
Kleist, Ewald von 5, 29, 31ff., 35f., 82, 108, 114f., 118, 122f., 238, 266, 353, 426
Kleist-Retzow, Hans-Jürgen von 114, 189, 213f., 363, 426f.
Kleist-Retzow, Jürgen-Christoph von 188ff.
Kleist-Retzow, Konstantin von 169
Kleist-Retzow, Hans-Friedrich von 188ff.
Kleist-Retzow, Maria von (geb. von Diest) 214
Kleist-Retzow, Ruth von (geb. Gräfin Zedlitz und Trützschler) 73, 101f., 104, 169, 188f., 213f., 353
Kleist-Schmenzin, Ewald von siehe Kleist, Ewald von
Klemm, Richard 138
Klepper, Jochen 106
Klingler, Karl 105f.
Kluge, Günther von 233, 318, 327, 333, 335f., 339, 372, 386, 391, 399
Kohlrausch, Eduard 17

Lenin, Wladimir Iljitsch 295
Lenski, Arno von 85
Leverkuehn, Paul 121f.
Lewinski, Rittmeister von 81, 83ff., 89ff.
Leyen, Jeannette Freifrau von der (geb. Stahlberg) 75
Lloyd George, David 115, 126
Loesch, Amaly von (geb. von Schack) 415ff., 427f.
Loesch, Conrad von 228, 414

Loesch, Dorothea von (geb. Strakke) 376, 415 ff.
Loesch, Maria von 411 ff.
Lubbe, Marinus van der 37, 39, 50
Luther, Martin 104

Maisel, Ernst 407
Maizière, Ulrich de 316 f.
Mannerheim, Carl Gustav von 198
Manstein, Erich von 216, 224 passim
Manstein, Gero von 229, 254
Manstein, Jutta Sibylle (geb. von Loesch) 225, 355, 376, 396, 420, 423, 425, 432
Manstein, Rüdiger von 315 f., 368, 376
Meissner, Otto 61
Model, Walter 369 ff., 373, 385, 429
Molotow, (Skrjabin) Wjatscheslaw Michajlowitsch 173
Moltke, Helmut Karl Bernhard Graf von 223, 270, 396
Mommsen, Ernst-Wolf 41 ff.
Montgomery, Bernard 430, 436–442
Morell, Theodor 292 ff., 302, 321
Mueller, Ernst 284
Müller, Ludwig 101
Mussolini, Benito 111 f., 120, 166, 173, 374 f.

Napoleon I. Bonaparte 65, 172, 178, 202, 409
Neurath, Konstantin Freiherr von 107
Nikolaus II., Zar 65
Ninow, Klara 65 f., 98

Oppenfeld, Horst von 272
Orsenigo, Cesare 46, 51
Oster, Achim 110, 113, 125, 137, 168 ff., 312, 376, 381, 407 f.

Oster, Hans 5, 104, 115, 312 ff., 353, 377 f., 380 f., 407
Owens, Jesse 98 f.

Pacelli, Eugenio (Papst Pius XII.) 52
Papen, Franz von 20 ff., 24 ff., 33 ff., 37 ff., 43 ff., 52 f., 56 ff., 62 ff., 70, 100 f., 108 f., 235, 238, 292, 303 ff., 331 f., 400
Papen, Frau von (geb. von Boch) 26, 32, 34, 64
Papen, Isa von 25, 29, 34 f.
Papen, Nini von 25, 29, 34 f.
Paulus, Friedrich 242, 252, 257 ff., 272, 310
Planck, Max 106
Platen-Hallermund, Clemens Graf von 433 ff.
Puttkamer, Karl Jesco von 425
Putlitz, Wolfgang Gans Edler Herr von und zu 69 ff.

Quistorp, Alexander von 401

Raeder, Erich 405 f.
Rathenau, Walther 13
Reichenau, Walther von 61
Reinecke, Hermann 355
Reinhardt, Max 406
Remer, Otto Ernst 403 f.
Ribbentrop, Joachim von 70, 107, 134, 366, 382
Richthofen, Wolfram Freiherr von 242 f.
Ripke, Helmut 94, 428 f.
Ripke, Ruth-Roberta (geb. Stahlberg) 94 ff., 129, 428
Röhm, Ernst 58 f.
Rohr, Achim von 132, 353
Rommel, Erwin 138, 173, 249, 267, 278, 302, 304, 337 ff., 360, 372, 394, 396, 403, 408
Roosevelt, Franklin Delano 120, 322, 429

Rundstedt, Gerd von 234, 281, 360ff., 370, 386, 400, 410f.

Sack, Karl 104
Schenk von Stauffenberg, Claus Graf siehe Stauffenberg
Schlabrendorff, Ernst Wilhelm Freiherr von 123
Schlabrendorff, Fabian von 6, 115, 121ff., 126, 129, 221ff., 330
Schlabrendorff, Luitgarde von (geb. von Bismarck) 121ff., 129
Schleicher, Kurt von 20, 24f., 31, 60, 62, 170, 330
Schmidt-Hannover, Otto 27
Schmundt, Rudolf 245f., 261ff., 275, 289, 292f., 296, 301, 317, 324–326, 330, 336, 357f., 360ff., 402ff., 430
Schörner, Ferdinand 369, 403, 428
Schröder, Kurt Freiherr von 27
Schulz, Friedrich 231, 235, 252, 265, 270, 281
Schulze-Büttger, Georg 5, 282ff., 299, 308ff., 318f., 330, 367ff., 373, 377
Schwede-Coburg, Franz 401f.
Schweitzer 350f.
Schweitzer, Inge 133, 349ff., 426
Schweitzer, Mareile 349ff.
Schwerin von Krosigk, Lutz Graf 403, 406
Seldte, Franz 27
Seydlitz-Kurzbach, Walther von 251f., 362, 409
Specht, »Pepo« 228f., 254
Speer, Albert 345ff., 431–434
Speidel, Hans 331
Stahl, Paul 55
Stahlberg, Caroline 75
Stahlberg, Hans-Conrad 128, 272, 316, 374, 378, 386ff., 411ff., 426
Stahlberg, Spes (geb. von Kleist-Retzow) 21, 39, 65, 67, 78, 94ff., 99f., 104ff., 130ff., 169, 209ff., 369, 410, 413, 426
Stahlberg, Walter 13, 51ff., 57, 67, 75f., 78f., 97, 348f., 363, 393, 426
Stalin, Josef 134, 145, 150, 172f., 180, 204, 322, 379, 383, 420, 427
Stauffenberg, Claus Graf Schenk von 5, 226, 262–272, 319, 368, 374, 387–390, 395f.
Stieff, Helmuth 386, 388, 390, 400
Stockmar, Christian Friedrich Freiherr von 124f.
Strasser, Gregor 25, 62
Stresemann, Gustav 51, 100

Thälmann, Ernst 16
Toydemir, Generaloberst 331
Tresckow, Erika von (geb. von Falkenhayn) 23, 45f., 382
Tresckow, Gerd von 21
Tresckow, Henning von 5, 21ff., 46f., 67, 81, 88f., 174ff., 203, 219–231, 263, 265, 281f., 307–311, 314, 318f., 327, 329f., 365, 368f., 377–381, 384, 396f., 409, 428
Tresckow, Katharina von 105
Tresckow, Rüdiger von 45
Tschirschky und Boegendorff, Fritz-Günther von 36, 53–57, 60, 62, 109

Udet, Ernst 351

Vansittart, Robert Gilbert 115
Vermehren, Erich 121f.
Vernezobre de Laurieux, Mathieu 102
Vilmar, Wilhelm 11f.

Wedemeyer, Franz-Just von 23, 426
Wedemeyer, Hans von 20ff., 25f., 29f., 35, 62, 128f., 237f.

Wedemeyer, Maria von 104, 130
Wedemeyer, Ruth von (geb. von Kleist-Retzow) 21, 128
Weichs, Maximilian Freiherr von 236, 360
Weizsäcker, Adelheid Freiin von 95, 138
Weizsäcker, Carl-Friedrich Freiherr von 95, 138
Weizsäcker, Ernst Freiherr von 95, 106, 137 f.
Weizsäcker, Heinrich Freiherr von 95, 137 f., 169
Weizsäcker, Marianne Freifrau von (geb. von Graevenitz) 95, 106
Weizsäcker, Richard Freiherr von 138
Wenck, Walther 244 f., 431
Werder, Oberst von 316
Wilhelm, Linus 106
Wilhelm II. 31
Wilhelm, Kronprinz 234, 414

Wilhelm, Prinz von Preußen 21
Witzleben, Erwin von 110, 400 f.
Wöhler, Otto 233
Wolf 79 f.
Wolf, Martin 16

Yorck von Wartenburg, Heinrich Graf 109 ff., 113, 125, 128, 135, 137 f., 141 ff., 151 ff., 156, 160 ff., 165 f., 168, 170 f., 175, 283
Yorck von Wartenburg, Johann David Ludwig 269
Yorck von Wartenburg, Peter Graf 172

Zedlitz und Trützschler, Robert Graf von 226
Zedlitz und Trützschler, Stephan Graf von 414
Zeitzler, Kurt 251, 253 f., 262 ff., 271, 278 ff., 286, 296, 338, 354, 359

BILDNACHWEIS

Bilder 7, 20, 28 Bildarchiv Preußischer Kulturbesitz, Bild 30 Ullstein Bilderdienst, alle übrigen Bilder aus dem Privatarchiv des Autors.